알고리즘 중심의 머신러닝 가이드

제2판

Machine Learning: An Algorithmic Perspective, Second Edition

by Stephen Marsland

알고리즘 중심의
머신러닝 가이드 제2판

1쇄 발행 2016년 12월 28일

지은이 스티븐 마슬랜드
옮긴이 강전형
펴낸이 장성두
펴낸곳 제이펍

출판신고 2009년 11월 10일 제406-2009-000087호
주소 경기도 파주시 회동길 159 3층 3-B호
전화 070-8201-9010 / **팩스** 02-6280-0405
홈페이지 www.jpub.kr / **원고투고** jeipub@gmail.com
독자문의 readers.jpub@gmail.com / **교재문의** jeipubmarketer@gmail.com

편집부 이민숙, 황혜나, 이 슬, 이주원 / **소통·기획팀** 민지환, 현지환
본문디자인 조찬영 / **교정·교열** 배규호 / **표지디자인** 미디어픽스
용지 신승지류유통 / **인쇄** 해외정판사 / **제본** 광우제책사

ISBN 979-11-85890-72-2 (93000)
값 32,000원

제이펍은 독자 여러분의 아이디어와 원고 투고를 기다리고 있습니다. 책으로 펴내고자 하는 아이디어나 원고가 있으신 분께서는
책의 간단한 개요와 차례, 구성과 저(역)자 약력 등을 메일로 보내주세요.
jeipub@gmail.com

알고리즘 중심의
머신러닝
가이드 제2판

Machine Learning:
An Algorithmic Perspective, Second Edition

스티븐 마슬랜드 지음 | 강전형 옮김

다시 한 번 이 책을 모니카에게 바칩니다.

차례

옮긴이
머리말

미국에서 Code.org를 주축으로 시작된 프로그래밍 교육 열풍은 우리나라에서도 일어나고 있다. 교육부와 미래창조과학부가 소프트웨어 교육을 초중고 정규 수업에 편입하는 계획을 발표함에 따라 프로그래밍에 대한 관심이 빠르게 높아지고 있다. 다가올 미래에는 프로그래밍이 더 이상 소프트웨어 엔지니어들만의 일이 아닐지도 모른다. 한편, 우리나라에서는 이세돌 프로기사와 구글 알파고(Alpha Go)의 바둑 경기 이후로 인공지능과 머신러닝에 관한 관심도 크게 높아졌다.

미국의 회사들은 인공지능과 머신러닝을 더 이상 연구의 범주에서만 사용하지 않고 도전적인 문제를 해결하기 위한 실용적 도구로 사용하기 시작한 지 오래다. 예를 들면, 대중들의 관심을 받은 IBM 슈퍼컴퓨터 왓슨(Watson)은 2009년 2월 14일부터 16일까지 방송 프로그램 <제퍼디!(Jeopardy!)>를 통해 사상 최대 우승자인 브레드 러터와 가장 긴 승리 기록을 보유한 켄 제닝스와 대결했고, 결국 승리했다. IBM은 왓슨을 지속적으로 발전시켜서 보건학(Health Science)에 도입했고, 전문의와 함께 환자를 돌보기 위해 사용한다. 환자에 대한 임상 정보를 입력하면 이를 바탕으로 환자의 상태를 분석해 주고 증상에 알맞은 치료법도 조언해 준다. 컴퓨터가 의사를 대신해 환자를 진단하는 시대가 다가온 것이다. 또 다른 예로, 구글의 알파고는 구글 딥마인드가 개발한 인공지능 바둑 프로그램이다. 2015년 10월 판 후이 2단과 다섯 번을 대결해서 모두 승리하였고, 2016년 3월에는 이세돌 9단과 다섯 번의 대결에서 4승 1패로 승리해 세계를 놀라게 했다. 물론, 제한적인 환경에서의 대결이지만, 인공지능이 인간이 잘하는 영역에서 대결할 수 있을 만큼 발전한 것이다.

이와 같이 머신러닝과 인공지능이 큰 관심을 받기 시작한 지는 오래되었다. 다만, 이제는 더 이상 머신러닝이 몇몇 특별한 소수의 엘리트가 하는 일이 아니다. 이제 프로그래머들에게 머신러닝은 필수과목이 되고 있다. 구글은 이미 'Machine Learning First Company'라는 슬로건을 들고 검색 회사에서 머신러닝 회사로 진화하고 있다. 구글이 시도하는 '머신러닝 닌자 프로그램(Machine Learning Ninja Program)'을 보면 현재 구글이 추구하는 방향을 쉽게 이해할 수 있다. 이 프로그램은 구글의 재능 있는 프로그래머들을 선별해서 6개월간 머신러닝 팀에 속하게 하고, 이들에게 인공지능과 머신러닝 기술을 학습시킨다. 그리고 그들에게 프로젝트를 맡기고 직접 서비스 런칭까지 일련의 경험을 제공한다. 잘 생각해 보면, 이 노력은 구글이라는 회사의 모든 영역에 머신러닝이라는 도구를 접목시키게 하려는 의도를 뚜렷이 보여 준다. 모든 제품에 인공지능을 도입하려면 회사의 구성원들이 모두 이를 이해하는 프로그래머가 되어야 하는 것이다.

머신러닝의 열풍이 이제 관련 종사자의 범주를 벗어나고 있다는 점이 흥미롭다. 어찌 보면 프로그래밍의 일반화와 머신러닝의 일반화가 이루어질 날도 머지않은 듯 보인다. 역자가 머신러닝이라는 학문을 배우기 위해 미국에 온 8년 전만 해도 머신러닝을 배우기 위해서는 논문을 읽고 바닥부터 코딩을 해서 실험해야 하는 환경이었다. 하지만 이제는 너무 많은 자료와 코드들이 인터넷에 존재한다. 텐서플로(TensorFlow) 같은 툴은 역자가 8년 전에는 꿈도 꾸지 못한 기능들을 제공해 줘서 머신러닝을 적용하기 너무 쉽게 만들어 주었다.

세상은 이렇게 변했다. 그리고 이제 어디로 향해야 할지도 정해졌다. 한국의 독자 여러분들도 부디 이 책의 실습 예제를 통해 머신러닝의 기본 개념을 학습하고 기본적인 궁금증을 해결하기 바란다. 머신러닝을 뒷받침하는 복잡한 수학적인 것들에 대한 이해도 중요하지만, 이 책을 통해 기본적인 수학적 개념과 핵심 알고리즘들의 개념을 확실히 잡을 수 있을 것이다. 부디 이 책으로 공부하는 모든 독자들이 머신러닝에 더 쉽게 접근할 수 있고 더 많은 관심을 갖게 되기 바란다.

이 책이 나오기까지 많은 수고해 주신 장성두 님, 이슬 님, 배규호 님, 조찬영 님, 이주원 님, 이민숙 님, 그리고 그 외에 모든 제이펍 관계자들께도 감사의 말씀을 드린다.

옮긴이 **강전형**

2판 서문

이 책의 초판이 나오고 나서 지난 4년간 머신러닝에 흥미로운 발전이 이루어졌다. 현실적인 연구로 심층 신뢰 네트워크(deep belief networks)가 성공적으로 떠올랐고, 또 다른 측면에서는 머신러닝 알고리즘들에 관한 통계 해석 연구가 지속적으로 이뤄지고 있다. 특히, 머신러닝에 관한 통계 해석적인 접근은 머신러닝 연구에 매우 좋은 영향을 미치고 있는데, 다른 한편으로는 통계학적인 배경이 부족한 컴퓨터 사이언스를 전공한 학생들이 이 분야에 접근하기 어렵게 만든다. 머신러닝 알고리즘에 초점을 맞춘 이 책이 그러한 학생들에게 도움이 되길 바란다. 또한, 학생들이 이 책을 통해 필요한 프로그래밍뿐만 아니라 수학, 통계 개념을 익히는 여행을 시작하게 되길 바란다.

이와 더불어, 파이썬 언어와 함께 제공된 라이브러리들은 계속 개발되고 공유되고 있어서 프로그래머들에게 더 다양하고 유용한 도구들로 제공되고 있다. 공유된 라이브러리들과 자료들은 머신러닝 문제에 적용해서 실험할 수 있는 간단한 서포트 벡터 머신(support vector machine) 코드를 제공하는 데 사용되었고, 이와 함께 이 책에 공유된 다른 코드들도 간단하게 만드는 데 적용되었다. 이 책의 예제로 사용된 모든 코드는 http://stephenmonika.net/('Book' 탭에서)에서 찾을 수 있으며, 코드를 직접 사용하고 문제에 적용해서 머신러닝을 학습하기 바란다.

이 책에서 몇 가지 변화된 점들은 다음과 같다.

- 두 가지 새로운 분야, 즉 심층 신뢰 네트워크(17장)와 가우시안 프로세스(18장)에 관해서 각각 새로운 자료들을 추가했다.
- 더 자연스러운 흐름을 위해서 각 장을 재구성했고, 필요한 자료들을 보강했다.
- 실행 코드와 실습 수행 자료를 추가하여 서포트 벡터 머신 자료들을 보강했다.
- 랜덤 포레스트(Random Forests, 13.3절), 퍼셉트론 수렴 이론(Perceptron, 3.4.1절), 정확성 측정 방법에 관한 적합한 고려 사항(2.2.4절), MLP를 위한 켤레 기울기 최적화(9.3.2절), 칼만 필터(Kalman filter)에 관한 설명과 파티클 필터(particle filter)에 관한 설명(16장)이 추가되었다.
- 파이썬의 명명 규칙(naming convention)을 수정하는 등의 작업을 통해 코드를 개선하였다.
- 이 책 전반에 걸쳐 설명과 세부 사항을 개선하였다.

다양한 부분에서 이 책을 개선하기 위해 직접 연락을 해서 도움을 주신 분들과 더 많은 설명과 추가 사항들을 제안해 주신 분들께 감사드린다. 머신러닝의 이론적인 면과 응용적인 측면에서 수업을 들으며 함께 자료들을 공부한 매시(Massey) 대학교 학생들에게도 감사드린다. Nirosha Priyadarshani, James Curtis, Andy Gilman, Örjan Ekeberg와 the Osnabrück Knowledge-Based Systems Research 그룹, 특히, Joachim Hertzberg, Sven Albrecht, Thomas Wieman 님은 2판의 내용에 특별히 기여해 주었다.

뉴질랜드 애시허스트에서
스티븐 마슬랜드

1판 서문

머신러닝의 가장 흥미로운 점은 근본적으로는 컴퓨터 사이언스, 통계학과 엔지니어링에 이르기까지 다양한 학문 분야의 경계에 놓여 있다는 점이다. 그런데 머신러닝의 흥미로운 점은 장점이기도 하지만, 이 분야들이 서로 이전까지 왕래가 없었으므로 문제점이기도 하다. 설상가상으로, 머신러닝이 적용될 수 있는 분야는 금융에서 바이오까지, 그리고 약학에서 물리학, 화학을 넘어서는 분야까지 매우 넓다. 하지만 지난 10여 년 동안 다양한 분야의 많은 연구가의 도움으로 여러 전문 분야의 접근이 어우러지고 받아들여졌다. 다양한 전문 분야의 배경을 가진 독자들의 다양한 흥미를 고려한다면, 머신러닝 책을 집필하는 일은 더 복잡해졌다.

대학에서 머신러닝은 인공지능의 한 영역으로 연구되고 있는데, 이로 인해 머신러닝은 컴퓨터 사이언스의 학문으로 분류되고 주로 알고리즘에 집중해서 다루었다. 하지만 알고리즘의 동작 원리를 이해하기 위해서는 학부 컴퓨터 사이언스 교육에서 간과되는 통계학과 복잡한 수학적 배경 지식이 어느 정도 필요하다. 컴퓨터 사이언스나 엔지니어링 학부생들을 위한 수업 교과서를 살펴보면서 발견한 것 중 하나는 이를 이해하는 데 요구되는 수학적 배경 지식이 꽤 높다는 점이다. 머신러닝 책에서 요구하는 수학적 배경 지식과 머신러닝을 공부하려는 독자들의 수학적 배경 지식의 간극을 줄이기 위해서 나는 학생들에게 제공할 수업 자료를 만들었고, 결국 그 자료로 이 책을 집필하게 되었다. 이 책은 머신러닝 방법들에서 사용되는 알고리즘에 중점을 두었고, 알고리즘의 동작 이해에 집중했다. 책을 실용적으로 활용하는 데 도움을 주기 위해서 많은 프로그래밍 예제와 웹사이트 자료를 제공했고, 이는 이 책의 그림이나 예제들로 이용되었다. 이 책의 웹사이트 주소는 http://stephenmonika.net/MLbook.html이다.

실용적인 접근 방법을 제시하기 위해서 이 책의 예제들은 의사 코드(pseudocode)가 아닌 실제 프로그래밍 언어로 제공되며, 독자들로 하여금 선택된 언어에 따라서 발생하는 불필요한 문제들을 피하고 실제로 프로그램 실행과 데이터 적용에 집중할 수 있도록 했다. 머신러닝 코드를 작성하기 위해서 다양한 컴퓨터 언어도 사용될 수 있고, 각각의 언어에 대해 좋은 자료들이 있지만, 이 책의 예제 코드들은 파이썬으로 작성되었다. 파이썬은 무료로 사용할 수 있고, 플랫폼에 종속적이지 않으며, 비교적 사용하기 쉽고, 과학적 계산에 기본이 되었으므로 선택되었다.

다른 프로그래밍 언어로 코드를 작성할 줄 안다면 파이썬을 배우는 데에 큰 어려움이 없을 것이다. 만약 코드를 작성하는 법을 모른다면 파이썬이 첫 번째로 학습하기 좋은 언어이기도 하다. APPENDIX에서 기본적인 수학 계산을 위한 파이썬을 간략히 소개한다.

머신러닝은 풍부한 자료를 갖고 있는 분야다. 머신러닝의 복잡한 수학 과정을 따라가기 위해서 좋은 서적들이 많지만, 이 책이 머신러닝 학부 과정 학생들과 그보다 더 심화 과정의 학생들에게 좋은 시작점이 되기를 바란다. 인터넷에는 머신러닝을 위한 자료들이 많은데, 머신러닝 공개 소스 소프트웨어 웹사이트(http://mloss.org/software/)에서 다양한 언어의 소프트웨어 링크들을 제공한다.

머신러닝에 대한 매우 유용한 자료들이 UCI 머신러닝 자료실(http://archive.ics.uci.edu/ml/)에 있다. 이 웹사이트에서 많은 데이터세트들을 다운로드받을 수 있고, 이를 다양한 머신러닝 알고리즘에 적용해서 알고리즘이 얼마나 잘 동작하는지 살펴볼 수 있다. 이 책의 예제에도 자료실의 데이터들이 주로 사용되었다. UCI 머신러닝 자료실의 데이터를 통해서 데이터를 모으고, 학습 이전에 필요한 전처리 과정을 수행하지 않고 바로 알고리즘을 실습해 볼 수 있다. 데이터 전처리 과정은 실제로 머신러닝으로 문제를 해결하는 데 아주 중요한 영역이긴 하지만, 알고리즘을 배우는 데에는 방해가 될 뿐이다.

이 책의 각 장을 읽고 오류를 찾고, 충고해 주고, 필요할 때 독려해 준 많은 분께 감사의 말씀을 드린다. 특히, 이 책의 초판에서는 Zbigniew Nowicki, Joseph Marsland, Bob Hodgson, Patrick Rynhart, Gary Allen, Linda Chua, Mark Bebbington, JP Lewis, Tom Duckett, Monika Nowicki 님께 감사드린다. 또한, 나에게 머신러닝을 알려 주고 몇몇 예제에 관한 아이디어를 준 Jonathan Shapiro 님께 특별히 감사드린다.

뉴질랜드 애시허스트에서
스티븐 마슬랜드

베타리더
후기

제이펍은 책에 대한 애정과 기술에 대한 열정이 뜨거운 베타리더들로 하여금
출간되는 모든 서적에 사전 검증을 시행하고 있습니다.

🦋 강대명 (카카오)

초보자가 처음 읽기에는 다소 어렵지 않을까 생각합니다만, 머신러닝 이론을 어느 정도 파악하고 있는 개발자에게는 머신러닝 알고리즘을 구현하며 배울 수 있는 좋은 책인 것 같습니다. 파이썬 Numpy를 이용해 코드를 보여 주는 건 정말 좋았습니다.

🦋 공민서 (숭실대학교)

머신러닝 알고리즘을 공부하던 차에 우연한 기회에 이 책을 접하게 되었네요. 이론적인 기본은 어느 정도 이해하고 있다고 생각했었는데, 읽는 내내 저의 한없는 부족함만 발견했습니다. 이 책은 머신러닝 기본서로 많이 거론되는 비숍(Bishop)의 《Pattern Recognition and Machine Learning》처럼 머신러닝 알고리즘의 근간을 이루는 수학과 이론을 깊이 있게 다루고 있고, 알고리즘을 파이썬 코드로 구현하고 있어서 독자들의 이해를 도와줍니다. 내용의 난이도나 이론적인 충실함은 굉장히 좋다고 생각합니다만, 저에게는 만만한 책이 아니었습니다. 아쉬운 점은 번역된 용어들이 오히려 이해를 해치는 경향이 있었는데, 용어로 인한 혼동을 줄이기 위해 책 전체를 재점검하여 출간한다고 하니 다행입니다. 그렇다면 정말 충실한 내용을 담은 책이기에 머신러닝을 공부하는 학생에서 실무자까지 두루 찾는 책이 될 수 있을 것 같습니다.

🦋 김용균 (이상한모임)

제목대로 알고리즘을 중점적으로 다루는 머신러닝 책입니다. 수식이 많이 포함되어 있어 부담스럽게 느낄 수 있지만, 각 알고리즘과 수식마다 부연 설명이 많고 장마다 읽을거리를 제공하고 있어서 모르는 부분도 찾아보기 쉽게 구성되어 있습니다. 저는 코드에 더 익숙한 편이라 각 알고리즘을 파이썬을 사용해 구현하는 부분이 좋았습니다. 일부 번역투 문장이 보였는데, 잘 다듬어 나오면 좋을 것 같습니다.

🦋 박재유 (KAIST 소프트웨어대학원)

머신러닝이라는 용어를 처음 언급한 스탠퍼드 대학교의 아서 사무엘(Arthur Samuel) 교수는 머신러닝을 '프로그래밍 작업 없이 컴퓨터 스스로 학습하도록 하는 것'이라고 정의했습니다. 그렇지만 머신러닝을 수행하는 코드의 구현은 여전히 프로그래머의 몫입니다. 기존의 관련서들은 머신러닝의 다양한 방법론을 확률론적 접근이나 통계 및 수학적인 방법을 위주로 설명하였다면, 이 책은 프로그래머가 각종 알고리즘을 직접 구현할 수 있도록 다양한 예제 코드와 연습 문제를 제공하고 있습니다. 번역도 전체적으로 깔끔하여 좋았습니다.

🦋 손은주 (한양대학교)

책의 흐름이 비교적 간단한 부분에서 복잡한 쪽으로 서술되어 있습니다. 그래서 계단을 하나씩 밟고 올라가듯 무리하지 않고 머신러닝에 대해 심도 있는 학습을 할 수 있었습니다. 풍부한 설명, 이해하기 쉬운 예제, 그리고 알고리즘을 직접 구현해 놓은 코드들 덕분에 혼자서 공부해도 부담 없는 책입니다.

🦋 윤정훈 (쿠팡)

전반적으로 머신러닝에 대한 주요 키워드와 내용을 담고자 했던 부분이 정말 좋았습니다. 어려운 수식도 있었지만, 주요 개념에 대해서 독자가 이해하기 쉽게 설명하고자 했던 내용은 전반적으로 만족스러웠습니다. 앞으로 이런 번역서가 더욱 많이 출판되었으면 좋겠습니다. 그리고 머신러닝뿐만 아니라 딥러닝 등 인공지능과 관련된 책들도 많이 출간되었으면 합니다.

🦋 이석곤 (엔컴)

이 책은 머신러닝의 개념과 통계학의 기본적인 아이디어가 머신러닝에 어떻게 접목되는지를 잘 보여 줍니다. 그리고 알고리즘을 테스트할 파이썬 코드도 제공되고 있어서 이론과 실습을 책 한 권으로 살펴보며 각 기법과 특징을 배울 수 있습니다. 여러 번 정독한다면 머신러닝 알고리즘은 이 책을 통해 충분히 마스터하실 수 있을 것 같습니다.

🦋 이석진 (클래스타임)

다른 베타리더들은 어떻게 읽었는지 모르지만, 저는 이 책에 몇 가지 문제가 있다고 생각합니다. 문맥이 갑자기 달라져 이해하기 어려운 부분도 있었고, 전문 용어가 일관되지 못하게 표현한 것들도 보였습니다. 그리고 구어체를 사용한다거나 전문적인 이론에 대한 모호한 설명도 있었습니다. 보이는 대로 체크를 했는데, 출간 전에 이러한 것들을 바로잡아 출판되길 기대합니다.

🦋 정현철 (유진로봇)

애초에 생각했던 것보다 봐야 할 내용이 많아서 쉽지 않은 베타리딩이었습니다. 수식도 만만찮
았고요. 인공지능에 관심이 많아서 열심히 보기 보았는데, 쉬운 듯 어려웠습니다. 나중에 출간
되면 다시 한 번 정독해야 할 것 같습니다. 파이썬 코드로 실제 알고리즘을 제시한 부분은 정말
좋았습니다. '파이썬으로 배우는 머신러닝'이란 책 제목을 추천해 봅니다. :)

1

들어가기에 앞서

당신이 만든 소프트웨어를 판매할 수 있는 웹사이트가 있다고 가정해 보자. 당신은 웹사이트 방문자들에게 개인별 맞춤 서비스를 제공하기 위해서 방문자들의 컴퓨터 기종, 운영체제(OS), 웹 브라우저, 거주 국가 및 웹사이트를 방문했던 시간에 관한 데이터를 모으기 시작한다. 당신은 모든 방문자에게서 이와 같은 데이터를 쉽게 모을 수 있으며, 실제로 방문자들이 무엇을 구매했고, 어떻게 결제했는지(페이팔(PayPal) 또는 신용카드)까지도 알 수 있다. 따라서 당신은 웹사이트에서 고객들이 구매했던 품목 리스트(**컴퓨터 운영체제 종류, 웹 브라우저, 국가, 시간, 구입 소프트웨어와 결제 방법**) 데이터를 갖고 있다. 예를 들어, 첫 번째 수집된 데이터는 다음의 세 가지와 같을 수 있다.

- 매킨토시 OSX, 사파리, 영국, 아침, SuperGame1, 신용카드
- 윈도우 XP, 인터넷 익스플로러, 미국, 오후, SuperGame1, 페이팔
- 윈도우 비스타, 파이어폭스, 뉴질랜드, 저녁, SuperGame2, 페이팔

당신은 페이지가 로딩되는 동안 수집된 데이터(컴퓨터 운영체제, 국가, 구입한 시기 등)를 바탕으로 각각의 방문자에게 관련성이 더 높은 소프트웨어를 '방문자가 관심 있어 할 항목들'이라는 박스에 보여 주고 싶다. 앞으로 더 많은 사람이 웹사이트에 방문하면, 이에 따른 데이터를 더 많이 모아서 구매 경향(예를 들면, 뉴질랜드 출신 매킨토시 사용자들은 첫 번째 게임을 좋아하고, 파이어폭스 사용자들은 대부분 컴퓨터에 관한 기본 지식을 갖고 있어서 자동 업데이트가 가능한 애플리케이션과 바이러스 백신 서비스 등과 같은 상품을 원한다)을 파악하고

자 한다.

많은 양의 데이터를 모으고 나면 수집된 데이터를 살펴보기 시작할 것이고, 데이터를 사용해서 무엇을 할 수 있는지를 생각할 것이다. 지금 설명한 문제는 머신러닝(machine learning, 기계학습)에서 **예측(prediction)**이라는 문제이고, 이는 데이터가 주어진 상태에서 비슷한 방문자들은 비슷한 품목에 관심을 보인다는 추론을 바탕으로 다음 방문자의 구매 목록을 예측하는 것이다. 이 문제를 어떻게 해결할 수 있을까? 바로 이 질문이 이 책에서 다루고자 하는 근본적인 문제다. 가지고 있는 데이터의 예제와 그에 대한 정답(실제로 구입된 소프트웨어)을 사용해서 학습자(learner)에게 예제와 정답을 제공하는 것은 **지도학습(supervised learning)**이라는 머신러닝의 한 분야다. 이에 관해서는 1.3장에서 더 자세히 다룰 것이다.

1.1 데이터에 질량이 있다면 지구는 블랙홀이 될 것이다

전 세계적으로 컴퓨터는 매일 테라바이트(terabyte) 정도의 양을 수집하고 저장한다. MP3 파일이나 휴일에 찍은 사진을 제외하고도 상점, 은행, 병원, 실험실에 많은 컴퓨터가 있고, 이 컴퓨터들에 데이터가 끊임없이 저장되고 있다. 예를 들어, 은행에서는 사람들이 돈을 어떻게 지출하는지에 관한 데이터를 모으고 있으며, 병원에서는 환자가 앓고 있던 증상이나 병에 대해서 어떤 치료를 받았는지를(의사가 어떻게 대응했는지) 기록하고, 자동차의 엔진 감시 장치는 엔진이 언제 동작하지 않을지를 예측하기 위해서 정보를 기록하고 있다. 여기서 우리는 이 데이터들을 사용해서 어떤 유용한 일을 수행할 수 있을까? 은행의 컴퓨터가 만약 고객들의 지출 패턴을 학습할 수 있다면 신용카드 사기를 빠르게 찾아낼 수 있지 않을까? 병원의 데이터가 공유될 경우 기대만큼 효과가 없는 치료를 빠르게 알 수 있지 않을까? 지능형 자동차는 당신의 차가 행여라도 범죄 다발 지역에서 고장 나 멈추기 전에 미리 알려줄 수 있지 않을까? 이런 질문들이 머신러닝 알고리즘들이 대답해 줄 수 있는 것들이다.

과학은 대용량의 데이터를 저장할 수 있는 컴퓨터의 능력을 이용해 왔다. 생물학에서는 DNA 염기 서열이 만들어 내는 데이터들의 유전자 표현을 측정할 수 있는 능력을 이용해서 단백질 전사 데이터(protein transcription data)와 각 종간의 관계 계통수(phylogenetic tree) 등을 이끌어 냈다. 다른 과학 분야 역시 빠른 변화를 이끌었는데, 천문학의 경우에는 전 세계의 천문대에서 디지털 망원경을 사용해서 매일 밤 테라바이트 양의 고화질의 밤하늘

이미지들을 저장하고 있다. 마찬가지로, 의학계에서는 다양한 MRI 스캔 데이터와 간단한 혈액 체크와 같은 의학 실험 측정 결과 값을 저장한다. 유럽원자핵공동연구소(CERN)에 있는 대형 하드론 가속기(Hadron Collider)는 25페타바이트(petabyte)의 데이터를 매년 생산해 내고 있다. 데이터의 폭발적인 증가 양상은 이미 잘 알려져 있고, 이제 새로운 도전은 거대한 데이터를 어떻게 유용하게 사용할 것인가의 문제가 되었다.

유용한 정보를 추출해 내기 힘든 이유는 데이터가 너무 크거나 복잡하기 때문이다. 데이터가 저장되는 방법 자체도 데이터의 유용성을 저해한다. 숫자가 가득한 파일이 주어졌을 때 오랜 시간 많은 숫자를 쳐다보는 것은 쉽지 않다. 하지만 작은 부분을 추출해서 그래프로 그려 보면 그래도 뭔가를 이해할 수 있다. 그림 1.1에 있는 표와 그래프를 비교해 보자. 그래프는 비교적 이해하기 쉽고 보기도 편하다. 불행하게도 우리가 사는 3차원 세상은 고차원에서 많은 것을 수행하기 힘들게 하며, 위에 주어진 네 가지 간단한 웹 페이지 데이터 예제조차도 각각의 차원에서 살펴보려면 네 개의 그림이 필요하게 된다. 이 문제에 대해서 취할 수 있는 두 가지 방법은 차원을 줄이든가(두뇌가 문제를 파악하기 쉬울 정도의 차원) 아니면 컴퓨터를 사용하는 것이다. 컴퓨터를 사용한다면 자연스럽게 고차원의 문제가 더는 문제가 되지 않을뿐더러 이를 살펴보는 데에도 큰 문제를 느끼지 않게 된다. 두 장의 그림 (그림 1.2)은 차원을 줄이는 문제에 관해서 보여 주는데(기술적으로는 기존의 차원을 **저차원으로 투영하는 것**을 말한다) 이 경우 유용한 정보가 숨겨질 수도 있고, 사물이 이상하게 보일 수도 있다. 이를 통해 우리는 왜 **머신러닝**이 유명해졌는지를 볼 수 있다. - 인간이 가진

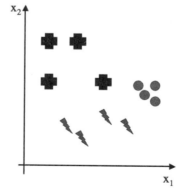

x_1	x_2	Class
0.1	1	1
0.15	0.2	2
0.48	0.6	3
0.1	0.6	1
0.2	0.15	2
0.5	0.55	3
0.2	1	1
0.3	0.25	2
0.52	0.6	3
0.3	0.6	1
0.4	0.2	2
0.52	0.5	3

그림 1.1 숫자로 표현된 데이터 포인트들의 집합과 이를 점들로 표현한 그래프. 표보다 그래프로 표현하면 데이터들은 더 쉽게 이해되지만, 데이터가 3차원을 넘어가면 눈으로 한 번에 보기 힘들다.

그림 1.2 두 개의 풍력 터빈의 다른 모습이 (뉴질랜드 애시허스트의 테 아피티(Te Apiti) 풍력 발전 단지) 30도의 각도로 각각 찍힌 사진. 3차원의 물체가 2차원으로 투영(projection)되면서 정보가 숨겨진다.

제한 사항들은 컴퓨터를 통해서 저차원의 일들을 수행함으로써 사라지게 된다. 3차원보다 차원의 수가 너무 크게 넘어서지 않는다면 크기나 색을 사용해서 다른 차원의 정보를 표현하는 **글리프**(glyph)를 이용하는 것도 방법이 되지만, 차원의 수가 100을 넘어선다면 이런 방법도 크게 도움이 되지는 않는다.

사실, 당신은 이미 머신러닝 알고리즘을 사용한 적이 있을 것이다. 예를 들면, 머신러닝은 이미 마이크로소프트의 오피스에서 제공하는 악명 높은 페이퍼클립(paperclip, 가장 좋은 예제가 아닐 수도 있겠지만), 스팸 메시지 필터, 음성 인식 소프트웨어, 다양한 컴퓨터 게임 등 많은 소프트웨어 프로그램에서 이용되고 있다. 또한 알고리즘은 주유소 보안 카메라 및 유료도로 번호판 자동 인식 시스템을 일부 구성하고 있으며, 미끄럼 방지 제동 장치, 차량 안정 시스템에서도 적용되고 있다. 은행에서 대출 여부를 결정하는 상황에서도 알고리즘이 사용되고 있다.

이번 절의 제목은 데이터가 매우 양이 많을 경우에만 사실이 된다. 전 세계 컴퓨터에 얼마나 많은 데이터가 있는지 아는 것은 불가능하지만, 2006년에는 **160엑사바이트**(exabyte, 160×10^{18}바이트) 정도의 데이터가 만들어졌고, 2012년에는 대략 2.8제타바이트(zettabyte, 2.8×10^{21}바이트), 2020년에는 대략 40제타바이트에 이를 것이라고 예측된다. 지구만한 블랙홀을 만들려면 약 40×10^{35}그램의 질량이 필요하다. 그래서 데이터는 당신이 컴퓨터는커녕 데이터 펜을 들 수 없을 정도로 무거워야 한다. 흥미진진하게도 2.8제타바이트의 데이터를 예측했던 같은 보고서에서('Big Data, Bigger Digital Shadows, and Biggest Growth in the Far East', 저자: John Gantz와 David Reinsel, 후원: EMC) 말하기를 대략 25% 정도의 데이터가 유용할 것이며, 단지 3% 정도가 이미 작업되었으며, 0.5%도 안 되는 양이 실제 분석되고 있다.

1.2 학습

주제를 더 깊이 다루기 전에 학습(learning)이라는 개념에 대해서 다시 생각해 보자. 중요한 개념은 테라바이트(terabyte) 이상의 **데이터를 가지고** 기계를 통해서 학습한다는 점이다. 하지만 이 데이터의 양은 인간의 행동 관점인 경험을 통한 학습이라는 개념에서 살펴보기에는 너무 거대한 양이다. 적어도 인간이나 다른 동물들은 **경험을 통한 학습**으로 지능을 축적한다는 점에 동의할 것이다. 학습은 나이와 상관없이 우리의 삶을 유연하게 만들고, 새로운 환경에 계속 적응하고 또 새로운 비법을 익히도록 한다. 동물의 학습에서 중요한 부분은 **기억**(memorization)하고, **적응**(adaptation)하고, 이를 **일반화**(generalization)하는 것이다. 지금 주어진 환경을 경험했을 때를 인지하고, 그에 맞는 행동들을 시도해 보고, 통하지 않으면 다른 방법을 시도할 것이다. 마지막 개념인 일반화는 다른 상황을 보고 그것에 가장 비슷한, 이미 알고 있는 상황을 인지해 내는 것이며, 한쪽에 통하는 방법을 다른 쪽에 적용할 수 있도록 하는 것이다. 이는 우리의 지식을 매우 다른 환경에서도 사용할 수 있게 만들어 주고, 학습을 매우 유용하게 한다.

물론, 지능에는 다른 부분들도 매우 많이 존재한다. 예를 들면, **추론**(reasoning)과 **논리적인 연역**(logical deduction) 같은 부분인데 지금 당장은 이 부분에 대해서 깊이 있게 생각하지 않겠다. 이 책에서는 지능의 근본적인 부분(학습과 적용)과 이를 컴퓨터에서 어떻게 모델링할 수 있는지 생각해 볼 것이다. 요즘에는 컴퓨터를 통해서 추론하고 사실을 도출하게 만드는 분야도 많은 관심을 받고 있다. 이는 대부분의 초기 **인공지능**(AI, Artificial Intelligence)의 기본 관심 사항이었고, 컴퓨터가 기호들을 다루고 이를 통해 환경을 반영하므로 **기호 처리**(symbolic processing)라고도 불렸다. 반면, 머신러닝은 기호들이나 기호 처리들이 관련되지 않으므로 **비기호 처리**(subsymbolic processing)라 불린다.

1.2.1 머신러닝

머신러닝은 컴퓨터의 행동(예측이나 로봇 제어 같은 행위)을 **변경하고 적응**해서 컴퓨터가 취한 행동들이 알맞은 행동(정답)에 가깝게 만드는 것이다. 당신이 십자말풀이 또는 다른 게임을 컴퓨터와 겨룬다고 생각해 보자. 처음에는 계속해서 당신이 컴퓨터를 이길지 모른다. 하지만 매번 게임을 하다 보면 컴퓨터는 당신을 이기기 시작하고, 결국에는 당신이 절대로 컴퓨터를 이길 수 없게 된다. 아마도 당신의 실력이 줄었든지 컴퓨터가 게임에 승리하는 방법을 배웠기 때문에 이런 결과가 나타났을 것이다. 컴퓨터가 당신을 이기면서 배운 점들은 결국 다른 게임 플레이어들에게도 적용될 수 있어서 컴퓨터가 새로운 게임 플레이어와 게임을 할 때도 처음부터 다시 학습할 필요가 없게 된다. 이것이 바로 일반화의 개념이다.

머신러닝에 내재된 다학문적 접근(multi-disciplinarity)이 관심을 끌기 시작한 것은 오래전이 아닌 지난 세기부터였다. 머신러닝은 신경과학, 생물학, 통계학, 수학, 물리학의 아이디어들을 사용해서 컴퓨터를 학습시켰다. 당신의 귀와 귀 사이에 존재하는 물과 전기로 이뤄진(몇몇 화학성분과 함께) 뇌를 통해서 컴퓨터를 학습시킬 수 있다는 아주 엄청난 증거들도 나타났다. 3.1절에서 간략하게 이를 더 알아 볼 텐데, 머신러닝 학습 알고리즘을 만들기 위해 뇌의 어떤 부분을 빌려서 적용시키고 가져다 쓸 수 있는지 알아보겠다. 비록 **뉴럴 네트워크**(neural network)를 처음 연구했던 사람들도 인지하지 못했지만, 뉴럴 네트워크 연구는 통계학적인 학습으로 다시 재해석되면서 발전했다. 유용한 정보들을 대량의 데이터에서 추출해 내는(곡괭이와 안전모가 아닌 컴퓨터와 볼펜을 사용한 사람에 의해) **데이터 마이닝**(data mining)은 머신러닝에 다른 변화를 가져다 주었다. 데이터 마이닝이라는 분야는 효율적인 알고리즘이 필요했고, 컴퓨터 사이언스 분야의 중요성을 더욱 확인시켜 주었다.

머신러닝의 **계산 복잡도**(computational complexity) 역시 우리의 관심사 중 하나인데, 이는 머신러닝을 통해 결국 도출해 내고자 하는 것이 알고리즘이기 때문이다. 매우 큰 데이터에 적용할 알고리즘들이 고차다항식의 복잡도(high-degree polynomial complexity)를 가지고 있으며, 그보다 더 악조건인 경우도 있다는 점 역시 매우 중요하다. 복잡도는 보통 트레이닝(training)할 때의 복잡도와 학습된 알고리즘을 적용할 때의 복잡도로 나뉜다. 트레이닝은 자주 실행될 필요가 없는 부분이기에 중요한 시간적인 요인으로 크게 작용하지 않으므로 보통은 오래 걸려도 괜찮다고 여긴다. 대부분의 경우에는 테스트 결과가 빨리 결정되어야 하며, 낮은 계산 비용(low computational cost)으로도 많은 테스트 데이터를 처리하는 것이 중요하다.

1.3 머신러닝의 종류

이번 장을 시작하면서 살펴보았던 방문자 데이터를 이용해서 소비자들의 소프트웨어 구매를 예측하는 예제에는 몇 가지 흥미로운 점들이 있다. 첫 번째로 데이터에서 방문자가 어떤 소프트웨어를 구매했는지 그들의 나이가 어떻게 되는지를 아는 것은 상당히 유용한 정보가 될 수 있다. 하지만 그들의 웹 브라우저에서 직접 나이 정보를 모으는 것은 불가능하다(쿠키 정보를 통해서 방문자의 나이를 알 수는 없다). 당신이 원하는 변수(전문용어로 피처(feature, 특성, 특징)라고 한다)들을 고르는 일도 문제에 대한 솔루션을 찾는 것만큼이나 굉장히 중요한 일이며, 이 책에서도 앞으로 여러 번 다룰 것이다. 또한, 선택한 피처들을 어떻게 처리할지도 굉장히 중요한 문제다. 이런 점들은 방문자가 접속한 시간을 피처로 사용하는 예에서 살펴볼 수 있다. 당신의 컴퓨터는 1,000분의 1초(millisecond) 단위로 이를 적용할 수 있지만, 방문자들의 비슷한 행동양식을 찾기 위해서는 1,000분의 1초 단위 정보는 유용하지 않다. 이런 이유로, 위의 예제에서 방문자들의 시간대를 **새벽, 아침, 낮, 저녁, 밤**으로 분류할 것이다. 분명하게도 여기서 사용된 시간들의 값은 각각 시간대에 맞게 적용되어야 한다.

여기서 우선, 학습이라는 개념에 대해서 **"연습을 통해서 주어진 과제에 대해 점점 더 좋은 결과를 갖는 것"**이라고 가볍게 정의하고 들어가자. 이 정의는 몇 가지 필수적인 의문을 갖게 한다. 컴퓨터가 어떻게 더 잘하고 있는지 아닌지를 알 수 있을까? 그리고 어떤 방법을 통해서 발전할 수 있는지를 찾을 수 있을까? 이런 질문들에 답이 될 수 있는 것이 몇 가지 있으며, 각각의 답이 다른 종류의 머신러닝을 만들어 냈다. 우선, 기계가 학습하는지를 어떻게 알 수 있는지에 관해 살펴보겠다. 알고리즘에게 문제와 정답을 알려 주고, 다음에 비슷한 종류의 질문에 답을 잘 유추하게 할 수 있다(웹 페이지 예제의 경우에 어떤 방문자가 어떤 소프트웨어를 구매했는지 알고 있으므로 이를 사용한다). **일반화**라는 개념을 사용해 몇몇 예제에 대한 정답을 알려 주면, 나머지 문제에 관해서도 정답을 유추해 낼 수 있다고 생각하는 것이다. 다른 방법으로, 주어진 문제에 대한 답이 맞는지 아닌지를 알려 주면서 왜 정답인지는 말하지 않고 알고리즘이 알아서 정답을 찾아가게 만들 수 있다. 이것의 변종으로는 주어진 각각의 답에 관해 맞는지 아닌지를 알려 주기보다는 각각의 가능한 답마다 점수를 주는 방법이 있을 수 있다. 마지막으로, 만약 무엇이 정답인지 아닌지 알 수 없는 상황이라면 알고리즘이 입력 값들을 보고 어떤 점들이 유사한지를 찾아내도록 하는 방법도 있을 것이다.

이렇게 다양한 답들이 다양한 머신러닝 알고리즘을 분류하는 유용한 체계를 제공한다.

지도학습(Supervised learning): **트레이닝 세트(training set)**와 각각에 대한 **목표 값(target value)**이 제공되고, 이 제공된 데이터세트를 통해 모든 입력 값에 대해 정답을 유출해 낼 수 있도록 **일반화시킨다.** 이것은 또한 예제를 통한 학습이라고도 불린다.

비지도학습(Unsupervised learning): 정답이나 목표 값이 제공되지 않는 경우, 알고리즘이 정답을 제공하기보다는 예제 간에 유사점을 찾아내고, 이를 통해서 **분류** 체계를 확립

할 수 있게 한다. 통계학적인 비지도학습은 **밀도 추정**(density estimation)이라 불린다.

강화학습(Reinforcement learning): 지도학습과 비지도학습의 중간에 속한다. 알고리즘이 출력하는 결과 값에 대해 어느 답이 틀렸는지를 알려 주지만, 이를 어떻게 고쳐야 하는지는 알려 주지 않는다. 그래서 알고리즘이 직접 다양한 가능성을 스스로 정답을 얻을 때까지 시도해 보도록 만든다. 강화학습은 시험지에 작성된 답에 점수를 매기지만, 어떻게 발전시킬 수 있는지를 말해 주지 않으므로 **비판**을 통한 학습이라고도 불린다.

진화학습(Evolutionary learning): 생물학적 진화 역시 학습 과정이라고 여겨질 수 있는데, 생물학적인 유기체는 살아남을 확률을 높이고, 그들의 후손을 남기기 위해서 환경에 적응한다. 어떻게 이 진화학습 모델들이 컴퓨터에 적용되는지는 **적합도**(fitness, 제출된 답이 얼마나 좋은지에 대한 점수)를 통해서 살펴볼 것이다.

가장 보편적인 학습인 지도학습을 다음 몇 개의 장에서 자세히 살펴볼 것이다. 다음 장을 시작하기에 앞서, 지도학습이 무엇이고 이를 사용해서 어떤 문제들을 해결할 수 있는지 살펴보자.

1.4 지도학습

앞서 제시했던 웹 페이지 예제는 전형적인 지도학습의 문제다. **입력** 데이터들과 도출해 내고 싶은 **목표 값**들로 이뤄진 데이터들은 보통 수식으로 표현한다면 입력된 데이터들은 (x_i, t_i), 입력 값들은 x_i, 목표로 하는 답은 t_i로 표현된다. i는 몇 번째 데이터인지를 가리키는 지시자이며, 1부터 최대 N까지 범위를 갖는다. 입력 값과 목표 값은 벡터들임을 강조하기 위해 두꺼운 글씨체로 쓰인다. 각각의 데이터는 여러 가지 다른 피처들에 대한 값을 가지고 있다(이 책에서 사용된 용어들은 2.1절에서 더 자세히 다루었다). 만약에 모든 가능한 입력 값에 대한 예제를 모아서 아주 큰 순람표(look-up table)로 만들 수 있다면, 머신러닝이라는 개념 자체가 필요 없을 것이다. 머신러닝을 일반화보다 더 우월하게 만드는 것은 트레이닝 시에 보지 못한 예제들에 대해서도 머신러닝 알고리즘은 합리적인 답을 도출해 낸다는 점이다. 또한, 알고리즘이 노이즈(noise)와 실제 데이터를 측정하고 모으는 데 일어날 수밖에 없는 부정확성을 머신러닝은 잘 처리한다. **일반화**라는 것에 관해 정확하고 엄밀하게 정의하기는 힘들지만, 예제들을 통해서 좀 더 이해해 보도록 하자.

1.4.1 회귀

다음과 같은 데이터 점들이 주어지고, $x = 0.44$일 때 이에 대한 결과 값(앞으로 이를 y라고 부를 것이다. 이것이 목표 값(target)이 아니다)을 생각해 보자(x, t, y는 벡터가 아닌 스칼라 값이므로 두꺼운 글씨체가 아니다).

x	t
0	0
0.5236	1.5
1.0472	-2.5981
1.5708	3.0
2.0944	-2.5981
2.6180	1.5
3.1416	0

값 $x = 0.44$는 위의 예제에 주어지지 않았지만, 이에 대한 **예측** 값을 측정하고 싶다. 먼저 이 값들은 어떤 함수를 통해서 구해졌다고 가정하고, 그 함수를 찾아보자. 그 함수를 찾는다면 어떠한 x값에 대해서도 y값을 찾을 수 있을 것이며, 이는 통계학에서 **회귀**(regression) 문제라고 부른다. 회귀 문제에서는 대부분의 주어진 데이터 값들을 되도록 가깝게 지나는 수학적 함수를 찾는 문제다. 이는 알고 있는 값들을 바탕으로 그 사이사이에 있는 다른 값들을 예측해 내는 **함수 근사법**(function approximation) 또는 **보간법**(interpolation)이다.

이제 남은 문제는 어떤 함수를 선택할 것인가다. 그림 1.3을 살펴보자. 왼쪽 위의 그림은 표에서는 7개의 x와 y 값을 보여 주며, 다른 그래프들은 7개의 데이터 점들을 통과하는 다양한 곡선들을 찾기 위한 시도를 보여 준다. 왼쪽 아래 그림은 두 가지 가능한 답, 직선을 이용해서 점들을 연결했을 때와 3차 함수를 이용했을 때($ax^3 + bx^2 + cx + d = 0$와 같이 표시될 수 있는 식들)를 보여 준다. 오른쪽 위의 그림은 다른 다항식 $ax^{10} + bx^9 + ... + jx + k = 0$,을 사용해서 구해진 것이고, 마지막으로 오른쪽 아래 그림은 함수 $y = 3\sin(5x)$를 보여 주고 있다. 그렇다면 당신은 이 중에 어떤 함수를 선택할 것인가?

직선 함수를 사용한 경우 대부분의 입력 값을 설명해 줄 수 없으므로 좋은 선택이 아닌 듯 보인다. 하지만 같은 그래프의 3차 함수의 경우는 또한 데이터 입력 값들에 전혀 가깝게 지나지 않으므로 엉망처럼 보인다. 그러면 오른쪽 위 그래프는 어떤가? 대부분의 점을 다 지나가지만 매우 꾸불꾸불하다(y축을 살펴보면 다른 그림에서 3인 값이 100까지 올라간다). 사실 주어진 데이터들은 오른쪽 아래의 사인 함수(sine function)를 사용해서 만들어졌고, 이에 대한 오른쪽 두 개의 솔루션은 매우 괜찮아 보인다. 어떠한 솔루션이 더 좋은지에 대해

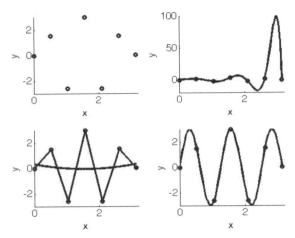

그림 1.3 왼쪽 위: 샘플 문제로부터 몇몇 데이터 점들을 보여 준다. 왼쪽 아래: 이미 알고 있는 데이터 점들을 바탕으로 두 가지 가능한 예측 값: 점들을 직선으로 연결하거나 입방 근사(cubic approximation)를 사용한다(이렇게 할 때는 모든 점을 지나지 않게 된다). 오른쪽 그림들: 두 개의 복잡한 예측의 경우(자세한 내용은 아랫글 참조) 아래쪽 그림이 위쪽보다 더 좋아 보인다.

서는 그것들이 얼마나 일반화될 수 있느냐에 달렸다. 주어진 점들 사이의 점을 선택하고, 함수 곡선을 이용해서 이 값을 예측한다면 오른쪽 아래 곡선이 더 좋다고 할 수 있다.

머신러닝 알고리즘이 수행할 수 있는 한 가지는 데이터 포인트들 사이를 보간하는 것이다. 얼핏 볼 때는 그리 똑똑한 방법으로 보이지 않을 수 있고, 2차원 공간에서도 매우 어렵게 보이지만, 고차원 공간에서는 사용되기에 어려운 문제가 아니다. 다음 장에서 다룰 예정이지만 많은 예제를 여러 그룹(class)으로 모으는 **분류**(classification) 역시 비슷하게 작용한다. 알고리즘은 우리의 정의대로 학습하며, 이를 채택하면서 성능은 향상된다. 현실의 문제들은 대부분 분류 또는 회귀 문제로 변경될 수 있다.

1.4.2 분류

분류는 입력 벡터들이 N 가지 가능한 그룹 중에 어느 곳에 속할지를 결정하는 문제다. 가장 중요한 점은 주어진 각 그룹의 예제들을 바탕으로 데이터들을 분리하는 것인데 — 각각의 예제는 정확하게 한 그룹에 속하게 되며, 모든 그룹은 가능한 출력 값들을 모두 포함할 수 있다. 이 두 가지 제약이 꼭 사실적이지는 않으며, 때로는 예제들이 여러 그룹에 부분적으로 속하기도 하며, **퍼지 분류기**(fuzzy classifier)가 이런 문제들에 대해 답을 찾는다. 하지만 이 책에서 다루지는 않는다. 또한, 많은 경우에 모든 입력 값에 대해서 분류를 할 수 없는데, 예를 들면 뉴럴 네트워크를 이용해서 자판기의 입력 동전을 인식하도록 학습시킨다고 하자. 분류기를 이용해 모든 뉴질랜드 동전을 분류할 수 있도록 트레이닝시켰지만, 영국 동전이 기계에 들어온다면 어떻게 될까? 이럴 때 분류기는 당당하게 가장 가까운 답으로 뉴질랜드 동전이라고 예측할 것이다. 하지만 이것은 우리가 원하는 모델이 아니며, 우리는 학습기를 훈련시킬 때 보여 주지 못했던 예제들에 대해서도 잘 동작하게 트레이닝시키고 싶다. 이것을 **이상치 탐지**(novelty detection)라 부른다. 지금은 문제를 간단하게 만들기 위해서 정해진 범위 안에서 분류할 수 없는 것을 입력 값으로 받지 않는다고 가정하겠다.

위의 가정을 바탕으로 동전 분류기를 어떻게 만들지 생각해 보자. 자판기 구멍에 동전이 들어오면 이를 사용해 몇 가지 측정을 할 것이다. 지름, 무게, 모양들이 피처로 사용되며, 이를 입력 벡터로 만든다. 입력 벡터는 세 가지 요소(지름, 무게, 모양)를 사용하고, 각각이 몇 번이나 나왔는지를 표현할 것이다(모양을 숫자로 표현하기 위해서는 이를 부호화해야 한다. 예를 들면, 1 = 원, 2 = 육각형 등등). 물론, 측정할 수 있는 다른 피처들도 존재한다. 자판기에 원자 흡수 분광기(atomic absorption spectroscope)가 장착되어 있다면 재질이나 밀도와 이의 구성 성분도 측정할 수 있을 것이다. 또한, 카메라가 장착되어 있다면 동전 사진을 찍어서 이를 분류기에 이미지로 입력하여 사용할 수 있을 것이다. 어떤 피처들을 골라서 사용할 것인지를 정하는 일은 쉬운 일이 아니다. 너무 많은 입력 값을 사용할 경우 분류기의 훈련 시간이 길어지므로 바람직하지 않으며(또한, 너무 큰 차수를 사용할 경우 더 많은 데이터 포인트가 필요하다. 이것이 널리 알려진 **차원의 저주**(curse of dimensionality)이며, 이에 대해서는 2.1.2절에서 더 자세히 다룬다), 이런 피처들을 바탕으로 데이터를 정확하게 분리할 수 있는지를 확인해야 한다. 예를 들어, 색으로만 동전을 분리하려고 하면 매우 부정확한 결과를 도출할 것이다. 20센트와 50센트 동전은 은으로 만든 동전이며, 1달러와 2달러 동전은 모두 동으로 만들어졌기 때문이다. 하지만 동전의 색과 크기를 함께 사용한다면 뉴질랜드 동전 분리하기 문제에 꽤 쓸 만한 답을 도출할 수 있다. 전혀 쓸모없는 피처들도 있는데, 예를 들면 동전이 동그랗다는 사실을 아는 것은 뉴질랜드 동전을 구분하는 데 전혀 도움이 되지 않는다(그림 1.4 참고). 하지만 다른 나라 동전을 위한 분류기를 만드는 것이 목표라면 매우 유용한 피처가 될 수도 있다.

이 책에서 분류를 수행하는 함수들은 문제에 따라 다른 해법을 배우지만, 다른 그룹들을 분리해 내는 데 사용될 결정 경계를 찾는다는 점에서 근본적으로 목표가 유사하다. 분류기의 입력 값으로 사용될 수 있는 피처들 중에 현재 입력 값이 속할 그룹을 결정하는 데 도움을 줄 피처들의 값을 생각해 보자. 그림 1.5는 세 가지 다른 그룹들의 2D 입력 값에 대한 두 가지 **결정 경계**를 나타낸다. 왼편에 주어진 것은 직선이며 굉장히 단순하지만, 곡선을 사용한 오른쪽보다는 잘 분류하지 못한다.

그림 1.4 뉴질랜드 동전

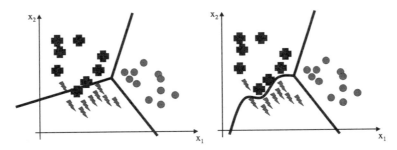

그림 1.5 왼쪽: 분류 문제에 대해서 가능한 직선 결정 경계. 오른쪽: 또 다른 가능한 결정 경계를 나타내며, '더하기' 표시를 '번개' 표시로부터 더 잘 분리하는 듯 보이지만 곡선이 사용되었다.

이제까지 두 가지 다른 형태의 문제를 살펴보았고, 이제는 머신러닝의 실제적인 면에서 전체 진행 과정을 살펴보겠다.

1.5 머신러닝 과정

이번 장에서는 정해진 문제에 대해서 어떤 머신러닝 알고리즘이 선택되고, 적용되고, 평가되는지 전반적인 과정을 간략하게 살펴보자.

데이터 모으기와 준비 과정: 이 책에서는 데이터가 이미 준비되어 있고, 이들을 쉽게 다운로드받아서 바로 알고리즘을 실험해 볼 수 있으므로 매우 편리할 것이다. 하지만 대부분의 경우에는 데이터를 처음부터 모아야 하거나 운이 좋다면 이미 모인 데이터를 다듬는 준비 과정을 거쳐야 한다. 만약 완전히 새로운 문제를 다룰 경우에는 이에 알맞은 데이터를 수집해야 하므로 피처 선택하기 단계를 수행한다. 유용할 것으로 생각하는 대부분의 피처들을 포함하는 적당히 작은 데이터를 모으고, 이를 사용해서 실험해 보고, 최고의 피처를 선택해서 전체 데이터세트를 다시 수집하고 분석한다.

여기서 어려운 점은 데이터의 많은 부분이 많은 측정이 필요하거나 너무 다양한 곳에 다른 형태로 분산되어 수집이 힘들다는 것이다. 대부분 많은 경우에 데이터에 존재하는 심각한 오류들과 누락된 데이터들 등의 문제로 인해서 데이터를 **깔끔하게** 정리하고 모으기 어렵다.

지도학습의 경우에는 목표 값도 필요한데 대부분의 경우 이를 모으기 위해서는 그 분야 전문가들의 많은 시간 투자가 요구된다.

마지막으로, 데이터의 양에 대한 문제를 살펴보자. 머신러닝 알고리즘은 가능한 한 오차가 없는 데이터가 매우 많이 요구되는데, 데이터가 커지면 계산 비용도 따라서 커지므로 데이터 양과 계산 비용의 적절한 수준을 찾는 것이 중요하다. 그렇지만 이게 말처럼 쉬운 건 아니다.

피처 선택(Feature Selection): 1.4.2절에서처럼 자판기 동전 인식을 위해 유용할 것이라 생각되는 가능한 피처들을 살펴보는 일이다. 직접 실험을 통해서 문제에 가장 적합하고 유용한 피처들을 찾는 것이다. 이 단계에서는 어느 정도 문제나 데이터에 관한 사전 지식이 요구된다. 예를 들면, 동전 예제에서는 잠재적으로 유용한 또는 제외해야 할 피처들을 찾아내는 데 일반 상식이 사용되었다. 피처들을 찾아낼 때 많은 시간이나 비용을 사용하지 않고 모으는 것이 중요하다. 또한, 수집 과정에서 생길 수 있는 오차나 데이터의 변질에 영향을 덜 받는 피처들을 선택하는 것도 중요하다.

알고리즘 고르기(Algorithm Choice): 데이터가 선택되면 알고리즘을 선택해야 하는데 어떤 알고리즘을 선택하느냐는 각각 알고리즘의 원칙이나 사용 가능한 예들을 알아야 한다.

파라미터와 모델 선택(Parameter and Model Selection): 많은 알고리즘은 수동적으로, 또는 어떤 실험을 통해서 적당한 값을 찾아야 하는 파라미터 선택하기 문제를 내포하고 있다. 이것은 이 책의 적당한 시점에서 다시 살펴볼 것이다.

트레이닝(Training, 학습, 훈련): 데이터, 알고리즘, 파라미터가 정해지면 컴퓨팅 리소스를 이용해서 트레이닝이 이루어진다. 트레이닝은 주어진 데이터를 이용해서 모델을 만들기 위해 이루어지며, 모델은 새로운 데이터에 대해서 결과 값을 예측할 수 있다.

평가(Evaluation): 시스템이 실제로 사용되기 전에 트레이닝 데이터가 아닌 새로운 데이터를 통해서 검증하고 평가하는 일이 필요하다. 또한, 이 과정은 그 분야의 전문가와의 비교 그리고 그 비교를 위한 적당한 지표(metrics)를 선택하는 일을 포함한다.

1.6 프로그래밍 노트

이 책은 머신러닝 알고리즘들을 이해하고 이를 직접 프로그램으로 작성해서 사용하는 데 도움을 주고자 한다. 이 책에서는 알고리즘을 의사코드(pseudocode)와 NumPy를 이용한 파이썬(Python)으로 코딩된 프로그램을 사용해서 머신러닝을 설명하고 있으며(Appendix A에서 초보자들을 위해 파이썬과 NumPy에 대해서 다룬다), 설명에 사용된 실행 가능한 코드들은 웹 페이지를 통해 공유한다. 직접 데이터에 프로그램을 테스팅해 보거나 파라미터를 선택해서 적용해 보지 않고, 이론적인 머신러닝 알고리즘을 어떻게 쓰는지에 대한 이해만으로는 전체적인 큰 그림을 볼 수 없다. 일반적으로 스스로 코드를 작성해 보는 것이 알고리즘을 이해했는지를 확인하고 세부 사항을 알아보는 가장 최선의 방법이다.

하지만 머신러닝 알고리즘 코드를 디버깅하는 일은 일반 코드를 디버깅하는 작업보다 어렵다. 비록 프로그램을 컴파일하고 실행하는 일은 꽤 쉽게 수행할 수 있지만, 이 작업만으로는 알고리즘을 실제로 학습한다고 보기 어렵다. 따라서 프로그램의 테스팅을 조심스럽게 수행할 필요가 있는데, 대부분 알고리즘은 확률적(stochastic)이라서 같은 결과가 반복되지 않으므로 어려움이 있다. 이런 부분은 일시적으로 난수 시드(random number seed)를 정해서 사용하면 같은 번호의 패턴이 생성되므로 다음에 주어진 파이썬 실행 코드 예제에서 볼 수 있듯이 문제를 피할 수 있게 된다. 파이썬 명령어(>>> 표시)를 통해서 생성된 10개의 시드 번호들이 같은 난수 시드를 사용한 경우에 같은 것을 볼 수 있으며, 이들은 계속해서 같은 값을 반환할 것이다(컴퓨터가 만들어 내는 난수 번호들에 대해서는 15.1.1절에서 자세히 다룬다).

```
>>> import numpy as np
>>> np.random.seed(4)
>>> np.random.rand(10)
array([ 0.96702984, 0.54723225, 0.97268436, 0.71481599, 0.69772882,
        0.2160895 , 0.97627445, 0.00623026, 0.25298236, 0.43479153])
>>> np.random.rand(10)
array([ 0.77938292, 0.19768507, 0.86299324, 0.98340068, 0.16384224,
        0.59733394, 0.0089861 , 0.38657128, 0.04416006, 0.95665297])
>>> np.random.seed(4)
>>> np.random.rand(10)
array([ 0.96702984, 0.54723225, 0.97268436, 0.71481599, 0.69772882,
        0.2160895 , 0.97627445, 0.00623026, 0.25298236, 0.43479153])
```

이런 방법으로 각각의 프로그램 실행 시에 발생하는 무작위성을 막을 수 있으며, 파라미터 값이 항상 동일하도록 유지해 준다.

다른 유용한 것으로는 2차원 토이 데이터세트(toy dataset)를 사용해서 직접 그래프를 그려 보고, 예측하지 못했던 부분들이 일어나는지를 확인하는 방법이다. 또한, 데이터들을 매우 간단하게 직선으로 분리될 수 있도록 만들 수 있는데(자세한 내용은 3장에서 다루겠다), 이를 통해서 적어도 간략한 사례에 대해서 잘 작동하는지 살펴볼 수 있다.

임시방편으로는 목표 값을 입력 값의 하나로 집어넣는 방법이 있는데 이렇게 하면 알고리즘이 잘못된 답을 출력하지 못하도록 할 수 있다.

마지막으로, 참고 자료로 사용할 수 있도록 작성된 프로그램과 참고 프로그램의 코딩 결과를 비교해 보는 것도 유용하다. 그리고 웹 페이지에 제공된 코드를 참고 자료로 사용해 독자들이 예상하지 못한 난관이나 이상한 오류들을 해결하는 데 도움이 되기를 바란다.

1.7 이 책의 로드맵

가능하다면 이 책은 일반적인 것에서 구체적인 것으로, 또한 간단한 부분에서 복잡한 쪽으로 관련된 개념들을 각각의 장에서 다루며 진행하려 한다. 알고리즘에 더 집중하고 실습을 통해 배울 수 있도록 확률 개념부터 시작하기보다는 간단하고 오래 사용되었던 알고리즘인 지도학습부터 시작하겠다.

2장에서는 머신러닝에서 지배적으로 나타나는 발상을 집중해서 살펴보겠으며, 데이터와 책을 이해하기에 요구되는 기본적인 확률과 통계학에 관해서 살펴보겠다.

3, 4, 5장에서는 역사적으로 유명했던 지도학습을 뉴럴 네트워크와 보간법의 기본적인 개념을 통해서 살펴볼 것이다. 뒤로는 차원 감축(dimensionality reduction)(6장)과 확률 모델이 이용되는 EM(Expectation Maximization) 알고리즘과 최근접 이웃법(nearest neighbour methods)(7장)을 살펴본다. 최선의 결정 경계(optimal decision boundaries)에 관한 아이디어와 커널 기법(kernel method)은 8장에서 다루며, 주로 서포트 벡터 머신(Support Vector Machine)과 이와 관련된 알고리즘들을 살펴볼 것이다.

앞으로 다룰 알고리즘들의 근본적인 기법은 최적화(optimisation)인데 이를 9장에서 간략하게 살펴볼 것이고, 4장의 다층 퍼셉트론(Multi-layer Perceptron) 개념을 최적화의 관점으로 살펴볼 것이다. 그 다음 장에서는 이산적인 값을 최적화하는 방법에 대해 검색을 예로 살펴볼 것이다. 이와 더불어 진화학습인 유전 알고리즘(genetic algorithms)(10장), 강화학습

(reinforcement learning)(11장), 트리 기반의 학습자(tree-based learners)(12장)를 살펴본다. 13장 에서는 여러 학습자의 힘을 합해서 결론을 도출하기 위한 트리(trees) 형태를 띤 방법을 살펴보겠다.

중요한 주제인 비지도학습(unsupervised learning)은 14장에서 다룰 것이며, 주로 자기조직화 특성 지도(Self-Organising Feature Map)와 다른 많은 비지도학습의 알고리즘들이 6장에서 소개될 것이다.

나머지 4개의 장에서 소개할 것은 최근에 등장한 통계 기반의 머신러닝 알고리즘인데 모두 다 완전히 새로운 것은 아니다. 15장에서는 마르코프 체인 몬테 카를로(Markov Chain Monte Carlo)에 관한 소개, 확률 그래프 모델(Graphical Model)에 관한 조사, 비교적 오래된 알고리즘인 은닉 마르코프 모델(Hidden Markov Model)과 파티클 필터(particle filters)와 칼만 필터(Kalman Filter), 베이지언 네트워크(Bayesian networks)를 다루겠다. 심층 신뢰 네트워크 (Deep Belief Networks)의 아이디어를 17장에서 다룰 것이며, 전통적인 아이디어인 홉필드 네트워크(Hopfield network)와 함께 대칭 네트워크(symmetric network)를 살펴볼 것이다. 18 장에서는 가우시안 프로세스(Gaussian Processes)에 관하여 소개하겠다.

마지막으로, 파이썬과 NumPy에 관한 소개가 Appendix A에 제공되며, 이를 숙지하면 이 책과 책 웹사이트에 소개된 코드들을 충분히 이해할 수 있을 것이다.

머신러닝 개념을 이해하는 데 기본적인 개요가 될 충분한 자료들을 2, 3, 4 장에서 다루었다. 한 학기 분량의 머신러닝 소개를 위한 수업으로는 그다음 6, 7, 8장을 다루고, 9장의 뒤쪽 반 정도부터 10, 11장 그리고 14장을 추천한다.

좀 더 심화 과정을 위해서는 9장의 최적화 관련 자료들과 함께 13, 15, 16, 17, 18장을 추천한다.

이 책에서 다루는 내용을 이해하는 데 이 책 한 권 자체로 충분하도록 구성하였다. 그리고 수학적인 아이디어는 적당한 곳곳에서 설명하였고, 참고 자료를 첨부하였다. 머신러닝에 관한 기본적인 지식이 있는 독자들은 부분적으로 건너뛰거나 간략하게 살펴보아도 전체를 이해하는 데 아무 문제가 없을 것이다.

더 읽을거리

통계적인 방법과 예제 기반의 다른 머신러닝에 관련된 자료는 다음을 참고하기 바란다.

- Chapter 1 of T. Hastie, R. Tibshirani, and J. Friedman. *The Elements of Statistical Learning*, 2nd edition, Springer, Berlin, Germany, 2008.

비슷한 자료에 관한 다른 견해들은 다음을 참고하기 바란다.

- Chapter 1 of R.O. Duda, P.E. Hart, and D.G. Stork. *Pattern Classification*, 2nd edition, Wiley-Interscience, New York, USA, 2001.
- Chapter 1 of S. Haykin. *Neural Networks: A Comprehensive Foundation*, 2nd edition, Prentice-Hall, New Jersey, USA, 1999.

CHAPTER 2

들어가며

이번 장의 두 가지 목표는 머신러닝에 두루 적용되는 중요한 개념을 알아보고, 데이터 처리와 통계학의 기본적인 아이디어가 머신러닝에 어떻게 접목되었는지를 살펴보는 것이다. 초보자에게 기본적인 개념을 소개하고, 통계학 개념의 바이어스(bias)와 분산(variance)을 사용해서 학습의 효과를 조절하는(바이어스가 높도록 학습하면 분산이 낮아지며 바이어스를 낮도록 학습하면 분산값이 높아지는 현상) 효율적인 방법을 2.5절에서 설명한다.

2.1 용어 설명

살펴보았지만, 이 책에서 사용할 용어를 다시 알아보자. 학습 알고리즘에 사용할 **입력 값**(inputs)과 **입력 벡터**(input vectors), 그리고 알고리즘의 **출력 값**(outputs)에 관해서 살펴볼 것이다. 입력 값은 알고리즘에 입력되는 데이터들이다. 일반적으로 대부분의 경우에 머신러닝 알고리즘은 입력 값의 집합을 통해 출력 값(답)을 반환하는 과정을 반복한다. 입력 벡터는 보통 실수(real numbers)로 되어 있고, 연속된 번호들의 **벡터**로 표현되어 있다(예를 들면, 0.2, 0.45, 0.75, −0.3). 벡터의 크기는 요소들의 개수를 뜻하며, 이는 **입력 값의 차원**(dimensionality)이라고 불린다. 벡터를 점으로 그린다면 벡터의 한 요소마다 한 차원의 공간(dimensional space)이 필요하고, 예제에서는 4차원을 보여 주고 있다. 2.1.1절에서 더 자세히 살펴보겠다.

이 책에 등장하는 수식은 벡터(배열)나 행렬로 표현하며, 소문자의 굵은 글씨체는 벡터를 표현하고, 대문자의 굵은 글씨체는 행렬을 나타낸다. 벡터 $\mathbf{x}$는 $(x_1,\ x_2,\ \dots,\ x_m)$들을 포함하고 있다. 이 책에서는 다음과 같은 용어를 사용하겠다.

입력(Inputs): 입력 벡터는 알고리즘에 입력으로 주어진 데이터를 나타내며 $\mathbf{x}$라고 표현하고, x_i 요소들을 가지고 있는데, 여기서 i는 1부터 전체 차원인 m까지의 범위를 갖는다.

가중치(Weights): 노드 i와 j를 **연결하는 가중치**는 w_{ij}로 표현하며, 뉴럴 네트워크에서는 뇌의 시냅스(synaps)를 표현한다. w_{ij}들은 행렬 $\mathbf{W}$를 이룬다.

출력(Outputs): 출력 벡터 $\mathbf{y}$는 j 값이 1에서 벡터의 차원인 n까지의 값을 갖는 y_j값들을 갖는다. 알고리즘의 결과 값은 입력 값들과 현재 설정된 네트워크의 가중치에 따라 달라진다는 것을 상기하기 위해서 $\mathbf{y}(\mathbf{x},\ \mathbf{W})$라고 표현한다.

목표 값(Targets): 목표 값들을 벡터 $\mathbf{t}$로 표현하며, 각각의 요소 t_j는 j가 1에서 전체 차원 크기 n까지를 갖는다. 알고리즘이 정답 값인 목표 값을 통해서 학습하므로 지도학습에서는 꼭 필요하다.

활성화 함수(Activation Function): 뉴럴 네트워크에서 $g(\cdot)$은 수학 함수를 나타내고, 뉴런(neuron)이 가중된 입력 값에 대해서 활성화되는 것을 결정한다(임계 함수(threshold function) 3.1.2.절).

오류(Error): 오류를 통해서 알고리즘의 출력 값($\mathbf{y}$)과 실제 목표 값($\mathbf{t}$) 간의 거리를 계산한다.

2.1.1 가중치 공간

데이터로 작업을 할 때, 그래프로 나타내고 살펴보는 것이 매우 효과적이다. 입력 값이 단지 2 ~ 3차원이라면 매우 쉽게 x축을 첫 번째 피처, y와 z를 두 번째와 세 번째 피처로 표현한 후에 입력 값의 위치를 각 축에 표시할 수 있다. 이와 같은 방법으로는 3차원에서 표현할 수 없는 어떤 차원도 표현할 수 있다.

데이터가 200개의 차원을 가지고 있다 해도 (각 입력 벡터마다 200개의 요소 값을 갖는) 각각의 차원이 **상호 직교**(mutually orthogonal)하는 200개의 축으로 표현할 수 있다. 컴퓨터의 장점 중 하나는 실제 생활에서와 다르게 어떠한 제약도 없다는 것이고, 200개의 차원 배열을 표현할 수도 있다. 정확한 알고리즘을 선택하는 것은 언제나 어려운 일이지만, 알고리즘이 정확하다면 컴퓨터에게 200차원에 해당하는 문제가 사람에게 2차원에 해당하는 문제보다 결코 어렵지 않다.

데이터 집합을 세 가지 피처의 3차원 공간에 투영하여 산점도를 그릴 수 있지만, 혼란스러운 점이 존재한다. 그림에서는 3차원상에서 대부분의 점들이 서로 가까이 놓여져 보이지만,

전체 데이터에서 보았을 때는 매우 멀리 존재할 수 있다. 이와 같은 문제는 3차원에 존재하는 점들을 2차원으로 살펴봤을 때 경험할 수 있다. 그림 1.2는 풍력 발전 터빈을 두 가지 다른 각도에서 보여 주고 있다. 두 개의 터빈은 한 각도에서는 매우 가깝게 보이지만, 다른 각도에서는 서로 많이 떨어져 있는 것처럼 보인다.

데이터 점들을 그려 보는 것처럼 원하는 무엇이든지 그래프로 표현할 수 있다. 특히, 머신러닝 알고리즘의 파라미터들을 그려 볼 수 있다. 뉴럴 네트워크의 경우(다음 장에 다룰 것이다) 뉴럴 네트워크의 가중치 값들이 뉴런 입력 값과 연결되는 값이기 때문에 이를 살펴보는 것은 꽤나 유용하다. 그림 2.1의 왼쪽에는 뉴럴 네트워크의 도식이 있는데 왼쪽에 입력 값을 표현하고 오른쪽에 뉴런을 표현하고 있다. 뉴런들로 입력되는 가중치들을 하나의 차원 집합들의 가중치 공간으로 생각한다면 이를 그림으로 표현할 수 있다. 특정 뉴런을 연결하는 가중치들에 대해서 가중치들의 강도 값을 각각의 축에 표현해서 그림으로 나타낸다면, 즉 첫 번째 차원에 w_1의 값을 표현하고, 두 번째 차원의 축에 w_2의 값을 표현하는 방법으로 그림 2.1의 오른쪽과 같이 표현된다.

각 뉴런의 위치를 가중치 각각의 값으로 같은 공간에 표현함으로써 뉴런들과 입력 값이 얼마나 가까이 존재하는지를 생각해 볼 수 있다. 두 개의 공간은 같은 차원을 가지므로(바이어스 노드를 사용하지 않는다는 가정하에 가중치 공간은 원래 하나의 차원을 더 가지고 있다 (3.3.2절)) 뉴런들의 위치를 입력 공간에 표시한다. 가중치를 바꿈으로써 뉴런들의 가중치 공간에서의 위치를 바꿔 주는 다른 학습 방법을 제공해 준다. 입력 값과 뉴런들의 거리를 유클리드 거리(Euclidean distance)를 통해서 구할 수 있으며, 2차원일 경우 다음과 같은 식으로 표현된다.

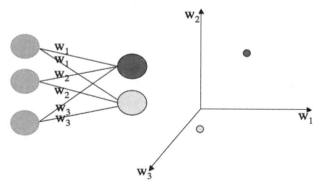

그림 2.1 가중치 공간에서의 두 뉴런의 위치. 네트워크의 라벨들은 각 가중치의 차원을 나타내며 값이 아니다.

$$d = \sqrt{(x_1 - x_2)^2 + (y_1 - y_2)^2}. \tag{2.1}$$

뉴런들과 입력 값이 서로 얼마나 가까이 있는지를 사용해서 뉴런이 언제 활성화해야 할지, 하지 말아야 할지를 정할 수 있다. 만약, 뉴런이 입력 값과 가까이 위치한다면 뉴런은 활성화하며, 가까이 있지 않다면 비활성화한다. 가중치 공간 그림은 입력 차원의 크기가 미칠 수 있는 효과를 보여 줌으로써 머신러닝 개념을 이해하는 데 꽤나 유용할 수 있다. 입력 벡터는 예제에 대해서 모든 것을 말해 주는데 보통의 경우에는 어떤 것이 유용한지 모르므로(1.4.2절의 동전 분류하기 예에서 살펴보았듯이) 영향이 있을 것으로 보이는 모든 정보를 포함시켜서 알고리즘이 직접 살펴보도록 하는 것이 중요하다. 불행히도 이 방법은 꽤나 큰 비용을 요구한다.

2.1.2 차원의 저주

차원의 저주는 매우 자극적인 제목인데 이 제목만으로 이번 절이 얼마나 중요한지 알 수 있다. 저주의 본질은 차원의 수가 늘어도 **초구**(hypersphere) 구성 단위의 용적은 늘지 않는다는 것이다. 초구의 구성 단위는 중심(좌표계의 중심)부터 시작해서 거리 1까지 떨어진 곳까지 닿을 수 있는 모든 영역이다. 구는 2차원에서는 (0, 0) 중심에서 시작하는 반지름 1인 원(그림 2.2)을 나타내고, 3차원에서는 (0, 0, 0) 중심의 구(그림 2.3)를 나타내며, 고차원으로 가면 초구가 된다. 다음 표는 초구의 구성 단위의 크기를 처음 몇 개 차원에서 보여 주고 있고, 그림 2.4는 같은 점을 보여 주지만, 또한 차원이 무제한으로 갈수록 초구의 크기는 0으로 가게 된다는 점을 보여 준다.

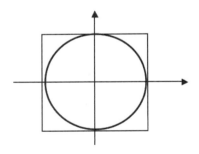

그림 2.2 2차원의 단위원과 경계 상자

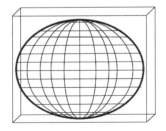

그림 2.3 3차원의 단위구와 경계 정육면체. 구의 경우 원보다 더 코너 쪽 영역에 덜 미치게 되며, 이 현상은 고차원으로 갈수록 더 심화된다.

차원	부피
1	2.0000
2	3.1416
3	4.1888
4	4.9348
5	5.2636
6	5.1677
7	4.7248
8	4.0587
9	3.2985
10	2.5502

이 현상은 얼핏 보면 꽤나 직관에서 어긋나 보인다. 하지만 폭 2의(각 축마다 −1에서 1까지의 값) 박스 안에 들어 있는 초구를 생각해 보면, 각각의 박스면이 초구의 끝에 닿는 점에서만 만나고 있다. 원의 경우에 대부분의 박스 내부 영역은 원에 포함되고 있으며, 각 코너만이 제외되고 있다(그림 2.2). 3차원의 경우에도(그림 2.3) 비슷하게 나타난다. 하지만 100차원 초구의 경우(당신이 머릿속에 그리기 힘든 경우)에는 중심으로부터 박스의 코너 쪽으로 대각선을 따라서 모든 차원이 0.1일의 값일 경우에 초구의 경계선에서 교차한다. 나머지 90%의 박스 안쪽의 선은 초구의 바깥쪽에 있으며, 전체 초구의 부피는 분명히 차원이 증가할수록 줄어들게 된다. 그림 2.4의 그래프는 20차원 이상이 되었을 때를 보여 주며, 부피는 0에 가까워진다. 그래프는 차원 $n(v_n=(2\pi/n)v_{n-2})$의 초구 부피를 위한 공식을 사용해서 계산되었다. 따라서 n이 2π 이상이 될 때 전체 부피는 줄어들기 시작한다.

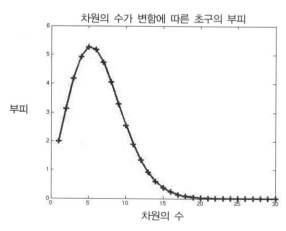

그림 2.4 부피의 크기마다 달라지는 단위 초구의 부피

차원의 저주로 입력 차원이 점점 커지기 시작하면 머신러닝 알고리즘을 일반화시키는 데 더 많은 데이터가 필요하게 된다. 이런 이유로 알고리즘에 어떤 정보를 입력할지 매우 조심해서 정해야 하며, 데이터에 대해서 어느 정도 미리 이해하고 있어야 한다.

입력 차원이 얼마인지와 상관없이 머신러닝의 목적은 입력 데이터에 관해서 예측을 하는 것이다. 그렇다면 알고리즘이 얼마나 잘 수행하는지를 어떻게 평가할지에 관해 생각해 보자.

2.2 알고 있는 것을 잘 이해하라 : 머신러닝 알고리즘 평가하기

머신러닝의 목표는 회귀 분석 모델이 되든지 클래스의 분류가 되든지 간에 그 예측 값을 정확하게 출력하는 것이다. 알고리즘이 얼마나 성공적인지를 아는 단 하나의 방법은 예측 값을 실제로 알고 있는 목표 값과 비교하는 것인데 그것이 지도학습의 트레이닝이 수행되는 방법이다. 즉, 알고리즘이 트레이닝 데이터세트에 대해서 얼마의 오류 값을 갖는지를 살펴보는 방법이 필요하며, 알고리즘이 일반화되고 이제까지 보지 못한 예제에 대해서도 잘 동작하게 하려면 같은 데이터 예제를 사용해서 평가할 수는 없다. 따라서 부가적인 다른 테스팅 데이터가 필요하다. 테스트 데이터(입력, 목표)를 이용해서 실제 출력 예측 값과 목표 값을 비교해 보며, 가중치 값이나 다른 파라미터 값들을 업데이트하는 데 사용하지 않고, 단지 알고리즘이 얼마나 잘 학습되었는지만을 확인한다. 이로 인해 트레이닝에 사용되는 데이터 양이 줄어드는 문제점이 있지만, 이는 항상 있는 문제다.

2.2.1 오버피팅

불행하게도 우리는 알고리즘이 얼마나 더 복잡한 것을 학습하면서 이를 얼마나 더 잘 일반화하고 있는지도 알고 싶으므로 알고리즘 트레이닝 때 일반화 정도를 확인해야 한다. 사실, 오버 트레이닝(over-training)은 언더 트레이닝(under-training)만큼이나 위험하다. 대부분의 머신러닝 알고리즘은 가변성의 정도가 상당히 큰데, 뉴럴 네트워크의 경우 가중치 변수가 아주 많고 매우 다양하다. 함수에 존재하는 것보다 더 크게 분산되므로 조심해야 한다. 트레이닝을 너무 오랫동안 하면 데이터에 오버핏(overfit)하게 되며, 데이터의 오류와 부정확성조

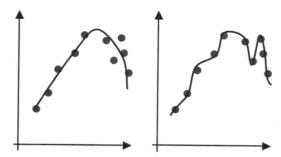

그림 2.5 오버피팅(overfitting)의 효과로 일반적인 생성 함수(왼쪽에서 보듯이)를 찾기보다는 뉴럴 네트워크가 입력 값에 공존하는 노이즈까지도(오른쪽) 완벽하게 찾아서 적응한다. 이는 곧 네트워크의 일반화 능력을 줄이게 만든다.

차 학습하게 된다. 그러므로 우리가 학습하는 모델이 너무 복잡하면 일반화될 수 없다.

그림 2.5는 두 가지 학습 과정상의 알고리즘 추정 값(곡선으로)을 그림으로 보여 준다. 왼쪽 그림에서 함수 곡선은 전체 데이터의 트렌드를 잘 따라서 적응한다(일반적인 함수에 깔려 있는 것을 잘 일반화한다). 여기서 곡선은 트레이닝 데이터를 가깝게 지나가지만, 점들을 완벽하게 지나가지 않아서 트레이닝 오류는 0이 아니다. 네트워크가 점점 학습하면서 결국 더욱 더 작은 트레이닝 에러를(0에 가까운) 가지는 복잡한 모델을 만드는데 이는 노이즈 부분까지도 트레이닝 데이터에 오버핏해서 트레이닝 예제들을 그대로 기억하게 한다. 따라서 알고리즘이 오버핏되기 전에 학습 과정을 멈추어야 하므로 매 시간 단계(timestep)마다 얼마나 잘 일반화되었는지를 알아야 한다. 트레이닝 데이터를 통해서는 오버핏을 확인할 수 없고, 테스팅 데이터 역시도 마지막 테스팅을 위해서 사용해야 하므로 이를 위해 사용할 수 없다. 따라서 오버피팅을 확인하기 위한 세 번째 데이터가 필요하며, 이는 학습의 정도를 확인하기 위한 데이터이므로 **밸리데이션 세트**(validation set)라 부른다. 이는 통계학에서 **크로스 밸리데이션**(cross-validation)이라고 불리며, **모델 선택**의 한 부분이고 모델에 맞는 파라미터를 선택하고 가능한 한 일반화시키도록 해준다.

2.2.2 트레이닝, 테스팅, 밸리데이션 세트

이제 세 가지 데이터가 필요하다. 알고리즘을 실제로 학습시킬 트레이닝 데이터, 학습이 얼마나 잘 되고 있는지를 확인할 밸리데이션 데이터, 그리고 마지막 결과를 확인할 테스팅 데이터다. 이로 인해 데이터를 준비하는 측면에서는 비용이 매우 높아지며, 지도학습의 관점에서 생각해 본다면 모든 데이터에 대한 목표 값이 있어야 하기 때문이다(비록 비지도학습이라 하더라도 밸리데이션과 테스트 세트에 대해서 비교할 수 있도록 목표 값이 필요하다). 하지만 정확한 라벨 (목표 값)을 구하는 것이 항상 쉬운 것만은 아니다. 이런 이유로 데이터에 대해서 학습이 필요해진다. **반지도학습**(semi-supervised learning) 영역은 많은 양의 라벨 데이터에 대한 요구를 해결하기 위해 노력한다. 자세한 사항은 '더 읽을거리'에서 확인하기 바란다.

각각의 알고리즘은 학습을 위해서 적절한 데이터 양이 필요하다. 필요한 데이터의 정확한 양은 각기 다르지만, 기본적으로 알고리즘이 각각의 입력 타입에 대해서 다양하고 많은 데이터를 볼수록 정확해질 수 있다. 하지만 계산 시간이 늘어나는 단점도 생긴다. 비슷한 논란이 밸리데이션과 테스트 데이터에 대해서도 적용된다. 일반적으로 각각에 대한 비율을 정하는 것은 알고리즘을 사용하는 사람의 몫이지만, 보통 충분한 데이터가 있다면 50:25:25, 그렇지 않다면 60:20:20 정도로 적용한다. 어떻게 데이터를 나눌 것인가 역시 문제다. 많은 데이터들은 보통 첫 번째 데이터를 클래스 1에, 그 다음 데이터를 2에 순차적으로 나눈다. 처음 몇 개를 트레이닝에 할당한다면 다음 몇 개는 테스트에 넣는 방법인데 이는 아주 안 좋은 결과를 가져온다. 왜냐하면 많은 클래스에 대해서 트레이닝이 효과를 보지 못하게 되기 때문이다. 데이터를 무작위로 정렬해서 각각의 데이터 포인트를 무작위로 하나의 세트에 그림 2.6과 같이 적용하면 해결할 수 있다.

만약, 밸리데이션 데이터를 만들기 위해서 트레이닝 데이터가 부족한 현상이 나타난다면 알고리즘이 배울 예제가 부족하게 되면서 충분한 트레이닝이 되기 힘들다. 이럴 경우에 **리브섬아웃**(leave-some-out), **멀티폴드 크로스 밸리데이션**(multi-fold cross-validation)을 적용할 수 있다. 이 개념은 그림 2.7에 나타나 있다. 데이터세트를 K개의 부분 집합으로 나누고, 하나의 부분집합이 밸리데이션 세트로 사용되고, 나머지 K-1세트를 트레이닝으로 사용한다. 다음 번에는 다른 부분 집합이 밸리데이션으로 쓰이고, 나머지 데이터(K-1개의 세트)를 사용해 새로운 모델을 트레이닝하며, 이 과정을 K번 수행할 수 있다. 마지막으로, 가장 작은

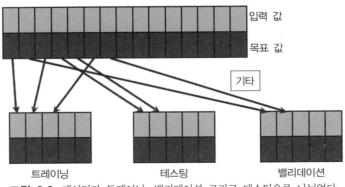

그림 2.6 데이터가 트레이닝, 밸리데이션 그리고 테스팅으로 나뉘었다.

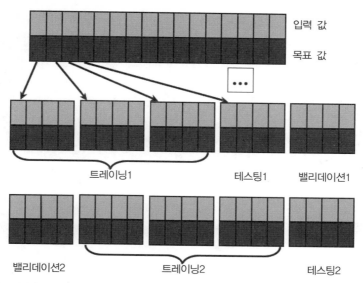

입력 값

목표 값

...

트레이닝1   테스팅1   밸리데이션1

밸리데이션2   트레이닝2   테스팅2

그림 2.7 리브섬아웃(leave-some-out), 멀티폴드 크로스 밸리데이션(multi-fold cross-validation)과 같은 방법은 트레이닝 데이터가 부족할 때 많은 모델링을 시도해 볼 수 있게 해준다. 데이터를 여러 개의 세트로 나눈 후에 대부분의 세트에 대해서 모델을 트레이닝하고 따로 빼놓은 세트를 사용해 밸리데이션과 테스팅을 수행한다. 이와 같은 방법을 통해 여러 개의 모델이 다른 데이터세트를 사용해서 트레이닝을 수행할 수 있다.

밸리데이션 오류를 보이는 모델을 선택하고, 이를 테스트해서 사용한다. 트레이닝을 통해 K개의 다양한 모델을 만들면서 데이터 양과 계산 시간의 트레이드오프(tradeoff)가 생기게 된다. 아주 극한의 경우에는 **리브원아웃** 크로스 밸리데이션(leave-one-out cross-validation)을 사용할 수 있으며, 알고리즘을 확인하기 위해 하나의 데이터만 사용하고, 나머지 모든 데이터를 이용해서 트레이닝한다.

2.2.3 혼동 행렬

다음으로는, 얼마나 많은 데이터를 테스트나 트레인 알고리즘에 사용했느냐에 상관없이 모델의 결과를 평가해야 한다. 이번 절에서는 분류 문제의 결과를 평가하는 한 방법인 **혼동 행렬**(confusion matrix)에 관해서 살펴보겠다. 회귀 문제는 좀 더 복잡한데, 결과 값이 연속적이므로 제곱합 오류(sum-of-squares error)를 사용하도록 한다. 앞으로 책의 예제를 통해서 이런 방법들을 살펴보도록 한다.

혼동 행렬은 간단한 개념이다. 사각 행렬을 만들어서 가능한 모든 클래스 값을 수평과 수직 방향에 적고, 알고리즘이 예측한 결과 값을 위쪽에 그리고, 실제 목표 값을 왼쪽에 적는다. 예를 들어, 행렬의 (i, j)에 있는 요소는 얼마나 많은 i클래스인 입력 값이 알고리즘에 의해 j라고 예측되었는지를 나타낸다. 대각선에 나타나는 값은 정답을 맞힌 경우다 (왼쪽 위에서 시작해서 오른쪽 아래 방향의 대각선에 들어 있는 값을 나타낸다). 예를 들어, C_1, C_2, C_3 클래스 세 개가 있다고 하자. 각각의 경우에 대해서 나타난 횟수를 표에 채운다. C_1 클래스인데 알고리즘에서 C_1이라고 예측한 경우, C_2라고 예측한 경우에 대해서 다음과 같이 적용한다.

	출력 값		
	C_1	C_2	C_3
C_1	5	1	0
C_2	1	4	1
C_3	2	0	4

표를 완성하고 나면 세 개의 클래스들에 대해서 대부분 제대로 분류되었다는 것을 볼 수 있지만, C_3의 예제 두 개가 C_1이라고 결과가 나왔다는 것도 확인해 볼 수 있다. 이 방법은 클래스들의 개수가 적을 때 결과를 한눈에 알아보는 좋은 방법이다. 한 개의 숫자로 나타내고 싶을 때는 **대각선에 있는 요소들의 합**을 전체 행렬 요소들의 합으로 나누면 되는데 이는 정답의 비율을 나타내며 **정확도(accuracy)**라고 불린다. 앞으로 살펴보겠지만, 머신러닝 알고리즘에서 결과를 평가하는 데 사용되는 다른 방법도 있다.

2.2.4 정확도 지표

우리는 **정확도(accuracy)**를 측정하는 것 이상으로 결과에 대해서 더 많은 분석을 수행할 수 있다. 가능한 클래스 결과 값들에 대해서 생각해 본다면, 이를 간단한 차트로 정리할 수 있다. **참 긍정(true positive)**은 클래스 C_1이 클래스 C_1이라고 맞게 나온 경우, **거짓 긍정(false positive)**은 클래스 C_1이 아닌데 클래스 C_1으로 예측된 경우, 부정 예제(negative example)는 클래스 C_1이 다른 클래스라고 나온 경우를 나타낸다.

참 긍정	거짓 긍정
거짓 부정	참 부정

혼동 행렬과 마찬가지로 차트에서 대각선에 있는 요소들은 정답을 나타내며, 나머지 값들은 오답을 나타낸다. 차트와 거짓 긍정들(false positives)에 대한 개념은 2진 분류(binary classification)를 위한 것이다. **정확도**는 참 긍정과 부정들의 합을 전체 예제의 개수로 나눈 값이 된다(기호 #는 개수를 의미하며, TP는 참(True)과 긍정(Positive)을 의미한다).

$$정확도 = \frac{\#TP + \#FP}{\#TP + \#FP + \#TN + \#FN}. \tag{2.2}$$

정확도 자체는 네 가지 가능한 구역의 값들을 하나로 묶어 버려서 결과 값들에 대해서는 아무런 정보를 주지 못한다.

분류기의 성능을 해석해 줄 수 있는 두 쌍의 상호 보완적인 측정법이 있는데 바로 **민감도**(sensitivity)와 **특이도**(specificity), **정밀도**(precision)와 **재현율**(recall)이고, 각각의 정의와 그 예제들은 다음과 같다.

$$민감도 = \frac{\#TP}{\#TP + \#FN} \tag{2.3}$$

$$특이도 = \frac{\#TN}{\#TN + \#FP} \tag{2.4}$$

$$정밀도 = \frac{\#TP}{\#TP + \#FP} \tag{2.5}$$

$$재현율 = \frac{\#TP}{\#TP + \#FN} \tag{2.6}$$

민감도(긍정률)는 긍정이라고 판별난 부분 중에 **실제 긍정 예제들의 비율**을 나타내며, 특이도는 부정이라고 판별난 부분 중 실제 부정 예제들의 비율을 나타낸다. 정밀도는 실제 긍정 예제들 중에 긍정이라고 제대로 맞게 분별된 비율을 나타내고, 재현율은 긍정이라고 판별난 부분 중 실제로 긍정의 비율, 즉 민감도를 나타낸다. 다시 차트를 살펴보면 민감도와 특이도는 열들의 값을 합해서 분모로 사용하며, 정밀도와 재현율은 첫 번째 열과 첫 번째 행을 합해서 사용하면서 실제로 부정 예제들에 대해서는 학습자가 어떻게 수행하고 있는지 정보를 놓치고 있다.

위에 주어진 측정법들은 정확도보다 더 많은 정보를 제공하고 있다. 만약, 정밀도와 재현율을 고려한다면 두 가지는 거짓 긍정 값들이 증가하면 거짓 부정 값들이 감소하는 것처럼 서로 정반대의 범위를 평가해 주고 있는 것을 알 수 있다. 두 가지 개념은 합쳐져서 F_1 측정 하나의 값으로 표현될 수 있는데, 이는 다음과 같이 정의된다.

$$F_1 = 2 \frac{정밀도 \times 재현율}{정밀도 + 재현율} \tag{2.7}$$

거짓 긍정들의 개수에 따라서는 다음과 같이 정의된다(거짓 예제들의 평균을 계산하는 것으로 볼 수도 있다).

$$F_1 = \frac{\#TP}{\#TP + (\#FN + \#FP)/2}. \tag{2.8}$$

2.2.5 수신자 조작 특성 곡선

위에서 언급한 방법들을 사용하여 특정한 분류기의 성능을 측정할 수 있다. 뿐만 아니라 분류기들을 서로 비교해 보는 방법도 있다. 해당 분류기에 다른 파라미터들을 적용해서 학습을 수행해 보는 방법이나, 아니면 전혀 다른 종류의 분류기들과 비교해 보는 방법도 있다. 이럴 경우 **수신자 조작 특성 곡선**(ROC curve, Receiver Operator Characteristic curve)이 유용하다. 그림 2.8의 예제에서 참 긍정의 비율을 y축에 표현하고, 거짓 긍정을 x축에 표현한다. 분류기를 한 번 실행하면 ROC 그래프의 한 점으로 표현하고, 완벽한 분류기는 (0, 1)(100% 참 긍정, 0% 거짓 긍정)에 가까워지고, **반분류기**(anti-classifier)는 (1,0)에 가까워진다. 따라서 왼쪽 위에 가까울수록 더 좋은 결과를 보이는 분류기가 된다. (0,0)에서 (1,1) 사이의 대각선에 놓여 있는 임의의 분류기들은 모두 동등한 기회를 가지며(긍정과 부정 클래스들이 동등하게 나타난다면), 이런 결과를 얻으려면 많은 노력이 필요하다(아주 공평한 동전의 경우가 이에 속한다).

여러 다른 분류기들을 비교하거나 한 분류기에 적용된 다른 파라미터를 평가하기 위해서는 대각선의 '기회' 선에서 가장 멀리 있는 점을 계산하면 된다. 하지만 '**곡선 아래의 영역**

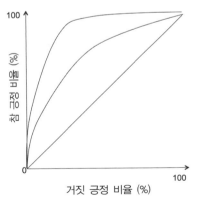

그림 2.8 ROC 곡선의 예제. 대각선은 정확한 기회(chance)를 나타내며, 선의 윗부분은 더 좋은 기회를 나타내고 선에서 더 멀어질수록 더 좋다. 두 개의 곡선 중에 대각선에서 더 멀리 위치한 곡선이 더 정확한 방법을 나타낸다.

(AUC, Area Under the Curve)'을 계산하는 것이 일반적인 방법이다. 만약, 분류기에 대해서 단 하나의 점들만 있다면 곡선은 (0,0)부터 그 점까지 그리고, 다시 (1,1)까지 사다리꼴을 그린 다. 여러 개의 점들이 있다면(트레이닝과 테스트를 다른 데이터세트에 적용해서 분류기를 반복 했을 때) 순서대로 대각선을 따라서 포함된다.

ROC 커브에서 한 점이 아닌 곡선을 갖기 위한 핵심은 크로스 밸리데이션을 사용하는 것이다. 10 크로스 밸리데이션을 사용한다면 10개의 분류기(classifiers)가 있는 것이고, 각 기 10가지의 테스트 세트에 대한 답을 갖게 된다(정답 라벨과 함께). 실제 라벨들은 각기 다 른 크로스 밸리데이션 트레인 결과에 대해서 순위 리스트를 만들어 내는 데 사용할 수 있 고, 이는 다시 ROC 커브에 각각의 분류기에 대한 10개의 데이터 포인트를 통해서 표현되 는 데 사용될 수 있다. 각각의 분류기에 대해서 ROC 커브를 만들어 낸다면 각각의 결과에 대해 평가할 수 있게 된다.

2.2.6 불균형 데이터세트

주의할 점은 정확도를 위해서 내재적으로 같은 수의 긍정과 부정에 속하는 예제들이 데이 터세트에 존재(데이터세트의 **균등함**)한다고 가정한다는 점이다. 하지만 보통 이것은 사실이 아니고, 대부분의 경우 학습자에게 나타날 수 있는 문제점으로 작용한다. 그렇지 않은 경우 에는 **균형화된 정확도**(balanced accuracy)를 민감도와 특이도 값의 합을 2로 나눠서 계산할 수 있다. 더 정확한 계산법은 **메튜 상관 계수**(Matthew's Correlation Coefficient)이며, 다음과 같이 계 산된다.

$$MCC = \frac{\#TP \times \#TN - \#FP \times \#FN}{\sqrt{(\#TP + \#FP)(\#TP + \#FN)(\#TN + \#FP)(\#TN + \#FN)}} \tag{2.9}$$

만약, 분모에 어떤 괄호 안의 값이라도 0을 갖는다면 전체 분모 값을 1로 설정한다. 이 방법으로 균형 정확도를 계산할 수 있다.

이 방법들에 대한 평가의 마지막 한 가지를 덧붙이자면, 만약 두 개 이상의 클래스가 존 재할 경우 다른 종류의 오류를 분리해 내는 것이 쓸모가 있는데 이를 위해서 각각 클래스 에 대해서 한 세트의 거짓 긍정과 거짓 부정보다 많은 개수가 존재하므로 더욱 복잡한 계 산을 요구한다. 이 경우에 특이도와 재현율은 다른 지표가 된다. 하지만 한 클래스를 긍정 으로 사용하고, 나머지 클래스들을 전부 부정들로 사용해서 계산하고, 이를 여러 클래스에 돌아가며 반복 적용하면 한 세트의 결과를 생성할 수 있다.

2.2.7 정밀도 측정

학습 시스템의 정확도를 평가하는 다른 방법이 있는데 불행히도 **정밀도**라는 같은 용어를 다른 의미로 머신러닝 알고리즘 측정 체계 개념으로 사용한다. 입력 값들을 통해서 결과 값들을 살펴보고, 알고리즘의 결과 값들과 목표 값들을 비교해 보기 전에 알고리즘에 대해서 새로운 것을 측정할 수 있다. 알고리즘에 비슷한 입력 값을 넣는다면 비슷한 결과 값을 예상할 수 있다. 이를 통해 알고리즘의 예측 결과가 얼마나 반복할 수 있는지, 즉 알고리즘의 가변성을 측정할 수 있으며, 이를 정밀도라고 부른다. 평균 값 주변으로 값들이 얼마나 펼쳐져 있는지, 또한 결과 값들을 얼마나 예상할 수 있는지를 보여 주는 확률 분포도의 변화량이라고 정밀도를 생각하면 좋을 것이다.

그림 2.9 플레이어는 가장 높은 점수인 20점을 세 번 다 맞추기를 목표로 했다고 가정했고(각각의 점수는 구역 끝에 표시되어 있고, 원 바깥쪽 얇은 띠는 두 배의 점수이며, 중간의 얇은 띠는 세 배의 점수; '중심점(bullseye)'의 밖과 안쪽은 각각 25점과 50점이다), 네 장의 사진은 각기 다른 결과를 보여 준다. 왼쪽 위: 매우 정확함: 높은 정밀도와 진실도, 오른쪽 위: 낮은 정밀도와 좋은 진실도, 왼쪽 아래: 높은 정밀도와 낮은 진실도, 오른쪽 아래: 꽤 좋은 진실도와 정밀도이지만, 실제 결과는 좋지 않은 편이다.(Stefan Nowicki의 다트판이 이용되었다.)

알고리즘이 정밀하다고 해서 꼭 정확한 것은 아니며, 알고리즘이 항상 틀린 예측을 도출한다면 가변성은 좋지만 정확도는 좋지 않을 수 있다. 알고리즘의 예측이 얼마나 실제 값과 비슷한지를 측정하는 측량은 **진실도**(trueness)라고 부르며, 이는 정답과 예측 값의 평균 거리로 계산할 수 있다. 진실도는 몇몇 클래스들이라도 유사하지 않은 상황이라면 분류 문제에 대해서 의미 없는 측량이다. 그림 2.9에서 진실도와 정밀도의 개념을 전통적인 방법으로 설명해 봤다. 다트 게임의 네 가지 예제는 한 게임 플레이어가 세 개의 다트를 던졌을 경우 나타나는 다양한 진실도와 정밀도를 보여 준다.

이번 절에서는 머신러닝의 결과 값에 대해서 살펴보았고, 입력 값을 다양한 데이터세트로 사용하는 방법에 대해서 살펴보았다. 다음 절에서는 다시 원점으로 돌아가서 확률을 사용해서 데이터들을 어떻게 분석하는지 생각해 보겠다.

2.3 데이터를 확률로 변경

그림 2.10에 있는 그래프는 두 가지 클래스 C_1과 C_2에 대한 몇 피처들의 측정 값을 보여준다. C_2 클래스에 속하는 맴버들은 더 높은 x값을 갖는 편이지만, 두 클래스들 사이에 겹치는 부분도 있다. 클래스에 대한 정확한 예측이 어느 범위 안에서는 쉬워 보이지만, 두 클래스가 겹치는 부분은 불분명해 보인다. 예를 들어, 'a'와 'b'라는 알파벳을 구분하는 데 그 높이를 사용한다고 생각해 보자(그림 2.11). 대부분의 사람들은 a를 b보다 작게 쓸 테지만 모두가 그렇지는 않을 것이다. 하지만 이 예제에서는 비밀 무기를 가지고 있다. 영어에서 a는 보통 b보다 더 자주 사용된다는 것이다(위에서 다뤘던 불균형 데이터세트에 대한 이야기다). 우리가 영어 단어를 보면 75%의 경우에는 a인 것이다. 글자가 a일 **확률** 예측에 **사전 지식**(prior knowledge)을 사용하면, 이 경우엔 $P(C_1) = 0.75$, $P(C_2) = 0.25$가 된다. 우리가 글자를 보지

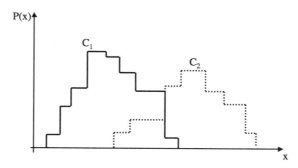

그림 2.10 두 가지 클래스의 속할 확률에 대한 피처 값들(x)의 막대 그래프

그림 2.11 글자 a와 b를 픽셀 폼으로 나타냈다.

도 않고 예측해야 한다면 a를 매번 선택해도 75%의 경우에 답을 맞힐 수 있다. 하지만 x값이 주어진 후 이에 대한 클래스를 맞혀야 하는 경우라면 단지 사전 지식만을 가지고 이를 결정하는 것은 바보 같은 행위다. 다양한 x값에 대한 트레이닝 세트가 존재하고, 각각에 대해서 클래스 라벨을 가지고 있으니 말이다. 데이터를 사용해서 $P(C_1)$값을 계산할 수 있고 (전체 클래스에서 C_1이 나온 개수를 전체 데이터 개수로 나눈다), **조건부 확률**(conditional probability) 역시 구할 수 있다. x값이 주어졌을 때 C_1에 속할 확률: $P(C_1 \mid X)$ 조건부 확률은 x 피처 값이 X일 때 C_1이라는 클래스에 속할 확률을 말해 준다. 그림 2.10에서 $P(C_1 \mid X)$의 값은 작은 X값에 대해서 큰 X값보다 더 높은 확률을 보이게 된다. 이것이 분류를 위해서 우리가 계산하고 싶은 값이다. 그렇다면 이를 직접 막대 그래프에서 읽을 수 없는데 어떻게 조건부 확률을 구할 수 있을 것인가?

먼저, 연속적인 x값을 비연속적인 값들로 분리시키는 작업을 한다. 그림 2.10에 이와 같은 작업이 나타나 있다. 우리가 두 개의 클래스에 대해서 매우 많은 예제들을 가지고 있고, 막대 그래프의 막대들이 각각의 값들을 표현할 수 있다면, **결합 확률**(joint probability), $P(C_i, X_j)$는 얼마나 자주 C_i가 X_j 막대에 나타나는지를 말해 준다. 막대 그래프 막대 X_j를 보고 몇 개의 예제들이 C_i에 속하는지 개수를 세고, 전체 예제의 숫자로 나누면 된다.

$P(X_j \mid C_i)$ 역시 계산할 수 있는데, 이는 다른 종류의 조건부 확률이고, C_i에 속한 예제가 트레이닝 세트에서 얼마나 자주 X_j의 측정 값을 갖는지를 나타낸다. 이 정보는 바로 X_j 막대에 들어 있는 C_i 클래스의 개수를 세고, 이를 클래스에 속한 전체 예제들의 숫자로 나눠서 구한다. 앞으로 소개될 기본적인 설명들을 통해 통계 수업에서 배운 기본 개념을 다시 기억하기를 바라며, 만약 잘 떠오르지 않는다면 잠시 통계학 입문에 관련된 책을 보기 바란다.

지금부터 트레이닝 데이터를 통해서 두 가지 개념, 즉 결합 확률 $P(C_i, X_j)$와 조건부 확률 $P(X_j \mid C_i)$를 생각해 보자. $P(C_i \mid X_j)$를 실제로 계산해 보려면, 두 확률이 서로 어떻게 연결되는지를 살펴봐야 한다. 이미 알고 있겠지만, 답은 **베이즈 규칙**(Bayes' rule)을 통해서 끌어낼 수 있다. 결합 확률과 조건부 확률을 연결시키는 고리가 있는데 다음과 같다.

$$P(C_i, X_j) = P(X_j|C_i)P(C_i), \qquad (2.10)$$

또는 이와 동등하게 다음처럼 표현된다.

$$P(C_i, X_j) = P(C_i|X_j)P(X_j). \qquad (2.11)$$

두 식 모두 $P(C_i, X_j)$를 나타내므로 식의 오른쪽 부분은 같아야 하고, 한 번의 나눗셈으로 다음을 유도할 수 있다.

$$P(C_i|X_j) = \frac{P(X_j|C_i)P(C_i)}{P(X_j)}. \qquad (2.12)$$

이것이 베이즈 규칙이다. 위의 식은 머신러닝에서 가장 중요한 개념이므로 이전에 본 적이 없다면 이번 기회에 꼭 기억하자. 베이즈 규칙은 **사후 확률**(posterior probability) $P(C_i \mid X_j)$를 **사전 확률**(prior probability) $P(C_i)$와 **클래스 조건 확률**(class–conditional probability) $P(X_j \mid C_i)$를 사용해서 표현한다. 분모는 정규화(normalization)를 수행하고, 이를 통해 확률의 합을 1로 만든다. 지금 당장은 각각의 부분을 어떻게 계산해야 하는지 떠오르지 않을 수도 있다. 하지만 어떤 데이터 X_k라도 어떤 C_i에 속해야 하므로 모든 클래스의 변수를 병합하면(marginalize) 다음과 같다.

$$P(X_k) = \sum_i P(X_k|C_i)P(C_i). \qquad (2.13)$$

베이즈 규칙이 중요한 이유는 계산하기 더 쉬운 인자들을 사용해서 우리가 원하는 목표인 사후 확률을 계산할 수 있기 때문이다. 사전 확률은 얼마나 자주 각각의 클래스가 나타나는지를 트레이닝 세트를 통해서 구할 수 있고, 클래스 조건부 확률은 피처의 값들을 막대 그래프로부터 구할 수 있다. 조건부 확률을 사용해서(그림 2.12) 각각의 예제를 하나의 클래스 C_i에 할당할 수 있다.

$$P(C_i|\mathbf{x}) > P(C_j|\mathbf{x}) \ \ \forall \ i \neq j, \qquad (2.14)$$

여기서 x는 피처 값들의 벡터를 나타낸다. **최대 사후 확률**(MAP, Maximum A Posteriori) 가설이라고 알려져 있으며, 이를 통해서 결과로 어떤 클래스를 선택할지 결정할 수 있다. 여기

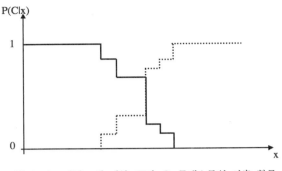

그림 2.12 피처 x에 대한 C_1과 C_2 클래스들의 사후 확률

서 생각해 볼 점은 과연 이 방법이 옳은 방법인가 하는 것이다. 분류 문제 수행을 위한 데이터에 가져야 할 올바른 질문이 무엇인지는 통계학과 머신러닝 분야의 많은 연구에서 수행되었는데 이 책에서는 이 문제에 대해 가볍게 짚고 넘어가겠다.

MAP의 질문은 **트레이닝 세트가 주어졌을 때 각각의 입력 값이 어떤 클래스에 속할 가능성이 가장 높은지를 찾는 것이다.** 세 가지 가능한 클래스들이 있다고 가정하고, 입력 값 x에 대해서 각각의 클래스에 대한 사후 확률이 $P(C_1 \mid \text{x}) = 0.35$, $P(C_2 \mid \text{x}) = 0.45$, $P(C_3 \mid \text{x}) = 0.2$ 이라고 하자. 사후 확률 가설이 말하기를 입력에 대해서 가장 높은 사후 확률을 보이는 클래스 C_2에 속한다고 한다. 데이터가 속한 클래스를 바탕으로 무엇인가 한다고 가정해 보자. 만약, 클래스가 C_1이나 C_3라면 행동 1을 취하고, C_2라면 행동 2를 취한다. 예를 들어, 입력 값이 혈액 검정 결과라고 하자. 그리고 세 가지 클래스는 각각 가능한 질병을 나타내고, 결과 값은 특정 항생제 치료를 해야 할지 말지를 결정하는 것이라고 하자. MAP 방법은 C_2라는 행동을 결정했고, 질병을 치료하지 않기로 했다. 그러나 C_2에 속하지 않을 확률이란 무엇이며, 질병 치료를 위해서 항생제 치료를 **해야 했을까?** 이 확률은 $1-P(C_2) = 0.55$ 이다. 이렇게 보면 확률적으로 더 높으므로 항생제 치료를 해야 할 것이고, **MAP** 예측은 틀린 듯 보인다. 모든 클래스의 마지막 결과들을 모두 고려해서 사용하는 방법이 **베이즈 최적 분류**(Bayes' Optimal Classification)다. 사후 확률을 최대화시키기보다는 잘못 분류된 확률들을 최소화시키는 방법이다.

2.3.1 위험 최소화

앞서 의료 관련 예제에서 보았듯이 오분류(misclassification) 확률을 최소화시키는 방법을 사용해서 분류를 수행하는 것은 가능하다. 오분류에 포함된 **위험**(risk)을 고려해 본다면 건강한 사람을 아프다고 오분류하여 생기는 위험은 반대로 건강하지 않은 사람을 건강하다고 오분류하는 것에 내재된 위험보다 작다(항상 그런 것은 아니다. 예를 들면, 부작용이 있는 치료들에 대해서 질병이 없는 사람이 부작용이 나타났다고 통보받고 싶지는 않을 것이다). 이 경우에는 C_i 클래스를 C_j 클래스로 분류하는데, 내재된 위험을 포함한 **손실 행렬**(loss matrix)을 만들 수 있다. 2.2절에서 본 혼동 행렬(confusion matrix)과 대각선 값이 모두 0이라는 사실을 제외하면 비슷하다. 여기서 대각선의 값은 모두 정답이기에 손실이 없다. 손실 행렬을 만들고 나면 분류기의 위험을 줄이는 방향으로 각각의 케이스에 대해 관련된 손실값을 곱해서 변경하면 된다.

2.3.2 나이브 베이즈 분류기

분류의 결과나 정확도를 걱정하기 전에 분류 수행 부분의 MAP 결과를 계산하는 식 (2.14) 부분으로 돌아가 보자. 위에 설명된 것과 같이 계산하면 잘 동작할 것이다. 하지만 벡터의 값이 여러 요소들을 갖는다고 가정한다면 다양한 피처에 대해서 많은 값이 측정되어야 할 텐데 이는 분류기에 어떤 영향을 미칠 것인가? 막대 그래프의 모든 트레이닝 데이터를 살펴보고, 식 $P(X_j \mid C_i) = P(X_j^1, X_j^2, \dots X_j^n \mid C_i)$을 예측한다(위첨자 인덱스는 벡터의 요소들을 가르킨다). X의 차원이 증가할수록(n이 커짐에 따라) 막대 그래프 각각의 막대에 있는 데이터의 양은 줄어들며, 차원이 증가할수록 더 많은 데이터가 필요하게 된 것인데 이는 차원의 저주다(2.1.2절).

분류 결과가 주어진 상황에서 피처 벡터들의 요소들은 조건부 독립성(conditionally independent)임을 가정하므로 이를 간단히 만들 수 있다. 따라서 주어진 C_i 클래스에 대해서 다른 피처들의 값들은 서로서로 영향을 미치지 않게 된다.

분류기 이름은 나이브(naïve)인데 이는 보통 큰 의미가 없으며, 피처들이 서로 독립적인지를 말해 준다. 동전을 분별하는 것을 시도한다면 동전의 무게와 반지름은 서로 독립적이라고 말할 수 있다(꼭 실제로 그렇지는 않지만). 하지만 독립적이라는 의미는 피처들의 값이 주어졌을 때 이의 확률 $P(X_j^1 = a_1,\ X_j^2 = a_2,\ \dots,\ X_j^n = a_n \mid C_i)$는 모든 독립적인 확률의 곱과 동등하다는 의미다.

$$P(X_j^1 = a_1 | C_i) \times P(X_j^2 = a_2 | C_i) \times \dots \times P(X_j^n = a_n | C_i) = \prod_k P(X_j^k = a_k | C_i), \quad (2.15)$$

이는 계산을 아주 쉽게 만들며, 차원의 저주 문제를 줄여 준다. 나이브 베이즈 분류기의 분류 기준은 다음에 주어진 계산의 값이 최대가 되는 클래스 C_i를 선택하는 것이다.

$$P(C_i) \prod_k P(X_j^k = a_k|C_i). \tag{2.16}$$

이것은 전체 확률 계산을 아주 간결하게 만들고, 특정 몇몇 영역에서는 아주 놀라울 정도로 정확한 결과를 보여 준다. 간결성을 통해서 피처들은 서로 조건부 독립적이고, 나이브 베이즈 분류기는 정확한 MAP 분류를 수행한다.

12장의 트리(tree)를 이용한 학습에서, 특히 12.4절에는 숙제 마감일과 다른 주어진 스케줄을 바탕으로 오늘 저녁에 어떤 행동을 취할지를 맞히는 예제가 나온다. 데이터는 다음과 같이 지난 며칠 동안 무엇을 했는지가 주어진다.

마감?	파티가 열리고 있는지?	게으른 상태인지?	활동
긴급	있다	그렇다	파티
긴급	없다	그렇다	공부
근접함	있다	그렇다	파티
없음	있다	아니다	파티
없음	없다	그렇다	술집
없음	있다	아니다	파티
근접함	없다	아니다	공부
근접함	없다	그렇다	TV 시청
근접함	있다	그렇다	파티
긴급	없다	아니다	공부

12장에서 이 데이터에 대한 결정 트리 학습(decision tree learning) 결과를 살펴볼 것인데 여기서는 나이브 베이즈 분류기를 사용해서 살펴보겠다. 피처 변수들의 현재 값(마감일, 파티가 오늘 있는지 등등)들을 사용해서 분류기를 학습하고, 오늘 저녁에 당신이 취할 행동들에 대한 확률을 계산한다. 그리고 가능성이 가장 높은 클래스를 선택할 것인데 그 확률은 매우 작을 것이다. 매우 작은 확률 값은 베이즈 분류기들의 문제점 중 하나인데 너무 많은 확률들을 곱함으로써 1보다 작은 값들이 매우 작아지게 되어 버린다.

만약, 마감일은 다가오지만, 다른 어떤 것도 급하지 않으며, 오늘 아무런 파티도 계획에 없고, 현재 매우 게으른 상태라면, 분류기는 다음과 같이 계산된다.

- P(Party) × P(Near | Party) × P(No Party | Party) × P(Lazy | Party)
- P(Study) × P(Near | Study) × P(No Party | Study) × P(Lazy | Study)
- P(Pub) × P(Near | Pub) × P(No Party | Pub) × P(Lazy | Pub)
- P(TV) × P(Near | TV) × P(No Party | TV) × P(Lazy | TV)

위의 데이터를 이용하면 다음과 같이 계산된다.

$$P(\text{Party}|\text{near (not urgent) deadline, no party, lazy}) = \frac{5}{10} \times \frac{2}{5} \times \frac{0}{5} \times \frac{3}{5}$$
$$= 0 \tag{2.17}$$

$$P(\text{Study}|\text{near (not urgent) deadline, no party, lazy}) = \frac{3}{10} \times \frac{1}{3} \times \frac{3}{3} \times \frac{1}{3}$$
$$= \frac{1}{30} \tag{2.18}$$

$$P(\text{Pub}|\text{near (not urgent) deadline, no party, lazy}) = \frac{1}{10} \times \frac{0}{1} \times \frac{1}{1} \times \frac{1}{1}$$
$$= 0 \tag{2.19}$$

$$P(\text{TV}|\text{near (not urgent) deadline, no party, lazy}) = \frac{1}{10} \times \frac{1}{1} \times \frac{1}{1} \times \frac{1}{1}$$
$$= \frac{1}{10} \tag{2.20}$$

위의 결과를 종합해 볼 때 당신은 오늘 **TV**를 시청할 것이다.

2.4 기본적인 통계학

이번 절에서는 통계학 기본 개념들에 관해 간략히 알아보고 넘어가자. 이미 많은 개념들을 알 테지만, 혹시 희미하게 기억나는 부분들이 있을 것이므로 이들을 다시 살펴본다. 특히, 머신러닝에 필요한 부분들은 더 집중적으로 살펴본다. 기본적인 통계학 개론에 관련된 책들에서는 여기서 얻는 정보보다 더 좋은 기본 정보를 얻을 수 있을 것이다.

2.4.1 평균

아주 기본적인 개념부터 시작하자. 데이터세트의 특성을 나타내는 대표적인 두 개의 개념은 **평균**과 **분산**일 것이다. **평균**(average)은 매우 간단하고 자주 사용되며, 값은 모든 값을 더해서 전체 데이터 개수로 나눠서 구할 수 있다. 두 개의 다른 평균이 있는데 그것은 **중간 값**(median)과 **최빈 값**(mode)다. 중간 값은 값들을 정렬했을 때 가장 중간에 존재하는 값을 나타낸다. 물론, 짝수 개수라면 정확한 중간 값이 없어서 보통 중간의 두 개 값을 택해서 평균을 구한다. **난수를 생성해서 사용하는 알고리즘**으로 중간 값을 구하는 빠른 알고리즘이 있으며, 많은 알고리즘 책에서 이를 다루니 참고하자. 모드는 가장 자주 사용되는 값을 나타내며,

각각의 요소들이 몇 번씩 나왔는지 숫자를 세고, 그중 가장 자주 나온 값을 선택한다. 이제 **분산**을 구하는 방법도 생각해 보고 확률 분포도 구해 보자.

2.4.2 분산과 공분산

난수들의 집합이 존재한다면 그 집합의 평균과 중간 값을 구하는 방법은 앞에서 살펴봤다. 하지만 통계학에서 또 다른 유용한 값이 있는데 그중 하나는 **기댓값**(expectation)이다. 기댓값이라는 이름은 도박 게임을 통해서 벌 수 있는 돈의 기댓값을 나타내며, 이는 확률 이론 발전의 중심이 도박임을 살짝 보여 준다. 각각의 확률과 그에 대한 보상 가능 값을 곱한 값들의 합으로 구할 수 있다. 만약, 길거리에서 판매하는 1달러짜리 복권의 우승 상금이 10만 달러이고, 총 20만 장의 티켓을 판매한다면 티켓의 **기댓값**은 다음처럼 계산할 수 있다.

$$E = -1 \times \frac{199,999}{200,000} + 99,999 \times \frac{1}{200,000} = -0.5, \tag{2.21}$$

−1은 티켓 구매 가격이며, 이는 199,999장에 대해서 적용할 수 있고, 99,999는 1등 상금에서 티켓 값을 뺀 값이다. 기댓값은 실제 수치가 아니라는 것을 기억하자. 따라서 실제로 50센트를 돌려받는다는 말이 아니다. 숫자들의 집합에 대해서 기댓값을 계산한다면 평균 값을 구하게 된다.

분산은 얼마나 값들이 흩어져 있는지를 표현하며, 편차들의 제곱에 합의 평균으로 구할 수 있다(평균, μ).

$$\mathrm{var}(\{\mathbf{x}_i\}) = \sigma^2(\{\mathbf{x}_i\}) = E((\{\mathbf{x}_i\} - \boldsymbol{\mu})^2) = \sum_{i=1}^{N} (\mathbf{x}_i - \boldsymbol{\mu})^2. \tag{2.22}$$

표준 편차(standard deviation)는 σ, 분산의 제곱근이며, 분산은 평균 값과 변수의 변화를 보여 준다. 두 변수가 얼마나 다른가는 **공분산**(covariance)을 사용해서 일반화할 수 있다. 공분산은 두 변수가 얼마나 상관성이 있는지를 계산해 주며, 다음처럼 계산된다.

$$\mathrm{cov}(\{\mathbf{x}_i\}, \{\mathbf{y}_i\}) = E(\{\mathbf{x}_i\} - \boldsymbol{\mu})E(\{\mathbf{y}_i\} - \boldsymbol{\nu}), \tag{2.23}$$

여기서 ν는 집합 $\{\mathbf{y}_i\}$의 평균을 나타낸다. 두 변수 값이 서로 **독립**(independent)이라면 공분산의 값은 0이 된다(변수들은 **상관 관계가 없다**(uncorrelated)). 두 값이 함께 증가하거나 감소하면 공분산은 양수가 되며, 한 값이 증가하는데 다른 값이 감소함을 보이면 공분산은 음수가 된다.

데이터에서 모든 쌍의 변수의 연관성(correlation)을 알아보는 데 공분산을 사용할 수 있다. 이를 위해서 각 쌍의 공분산을 계산해야 하며, 이를 **공분산 행렬**(covariance matrix)에 입력한다. 공분산 행렬은 다음과 같이 나타난다.

$$\Sigma = \begin{pmatrix} E[(\mathbf{x}_1 - \boldsymbol{\mu}_1)(\mathbf{x}_1 - \boldsymbol{\mu}_1)] & E[(\mathbf{x}_1 - \boldsymbol{\mu}_1)(\mathbf{x}_2 - \boldsymbol{\mu}_2)] & \dots & E[(\mathbf{x}_1 - \boldsymbol{\mu}_1)(\mathbf{x}_n - \boldsymbol{\mu}_n)] \\ E[(\mathbf{x}_2 - \boldsymbol{\mu}_2)(\mathbf{x}_1 - \boldsymbol{\mu}_1)] & E[(\mathbf{x}_2 - \boldsymbol{\mu}_2)(\mathbf{x}_2 - \boldsymbol{\mu}_2)] & \dots & E[(\mathbf{x}_2 - \boldsymbol{\mu}_2)(\mathbf{x}_n - \boldsymbol{\mu}_n)] \\ \dots & \dots & \dots & \dots \\ E[(\mathbf{x}_n - \boldsymbol{\mu}_n)(\mathbf{x}_1 - \boldsymbol{\mu}_1)] & E[(\mathbf{x}_n - \boldsymbol{\mu}_n)(\mathbf{x}_2 - \boldsymbol{\mu}_2)] & \dots & E[(\mathbf{x}_n - \boldsymbol{\mu}_n)(\mathbf{x}_n - \boldsymbol{\mu}_n)] \end{pmatrix} \tag{2.24}$$

여기서 $\mathbf{x}_i$는 열 벡터로 i번째 변수들의 요소를 나타내며, 그 평균은 μ_i다. 행렬은 정사각형이며, 이의 대각선에 있는 요소들은 분산의 값과 같고, 이는 $\mathrm{cov}(\mathbf{x}_i, \mathbf{x}_j) = \mathrm{cov}(\mathbf{x}_j, \mathbf{x}_i)$처럼 좌우대칭적이다." 식 (2.24)는 다시 행렬 형태로 쓸 수 있는데 다음과 같다.

$\Sigma = E[(X - E[X])(X - E[X])^T]$, X의 평균은 $E(X)$.

6장에서 공분산 행렬의 다른 용도를 살펴볼 것이며, 이번 장에서는 데이터에 관해 공분산 행렬이 무엇을 나타내는지 살펴볼 것이다. 본질적으로는 각 데이터의 다양한 정도를 다른 차원에서 나타낸다고 생각하면 유용하다. 그림 2.13에 보이는 두 개의 데이터세트가 주어진다 가정하고, 테스트 점들('X'라고 그려진 그림의 점들)에 대해서 이것이 데이터의 부분이었는지를 묻는다고 하자. 왼쪽 그림에 대해서는 아마 그렇다고 할 것인데, 오른쪽 그림에 대해서는 아니라고 할 것이다. 이유는 두 점은 중간 부분에서 같은 거리에 있는데도 우리는 평균 값과 전체 데이터의 분포를 바탕으로 테스트 점들이 어떻게 놓여 있는지를 살펴보기 때문이다. 데이터들이 잘 조절되었다면 테스트 점들은 평균에 가까울 것이고, 만약 점들이 이곳저곳에 분포되어 있다면 평균 값으로부터의 거리는 중요하지 않게 될 것이다. 이런 점을 고려해서 거리를 측정하는 수식을 만들 수 있다. 1936년에 처음 고안해 낸 사람의 이름을 따서 **마할라노비스 거리**(Mahalanobis distance)라고 부르고 다음과 같이 표현한다.

$$D_M(\mathbf{x}) = \sqrt{(\mathbf{x} - \boldsymbol{\mu})^T \Sigma^{-1}(\mathbf{x} - \boldsymbol{\mu})}, \tag{2.25}$$

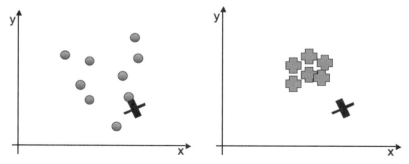

그림 2.13 두 개의 다른 데이터세트와 테스트 점

x는 열 벡터를 나타내고, μ는 열 벡터의 평균 Σ^{-1}은 공분산 행렬의 역행렬이다. 공분산 행렬을 단위 행렬(identity matrix)로 정한다면 마할라노비스 거리는 유클리드 거리가 된다. 마할라노비스 거리를 계산하기 위해서는 공분산 행렬의 역행렬을 구해야 하기에 꽤 높은 계산 비용이 요구되는데, 다행히 넘파이(NumPy)에서는 아주 쉽다. 데이터의 공분산 행렬을 측정하는(np.cov(x): 데이터 행렬 x) 함수가 있고, 역함수는 np.linalg.inv(x)를 통해서 계산한다. 물론, 역행렬이 모든 경우에 존재하지는 않는다.

다음으로, 가능한 피처 값들의 범위에 대해서 일어날 확률인 확률 분포(probability distribution)에 대해서 생각해 보자. 너무나도 많은 확률 분포가 있는데, 가장 잘 알려지고 자주 등장하는 것은 가우시안 분포(Gaussian distribution)다.

2.4.3 가우시안

가장 잘 알려진 확률 분포는(사실 많은 사람들이 아는 단 하나의 분포이며 알아야 할 분포다) **가우시안 분포** 또는 **정규 분포**(normal distribution)다. 1차원에서 이는 종 모양(bell-shaped) 곡선을 그림 2.14와 같이 보이며, 공식은 다음과 같다.

$$p(x) = \frac{1}{\sqrt{2\pi}\sigma} \exp\left(\frac{-(x-\mu)^2}{2\sigma^2}\right), \tag{2.26}$$

여기서 μ는 평균을 나타내고, σ는 표준 편차를 나타낸다. 가우시안 분포는 **중심 극한 정리**(Central Limit Theorem) 때문에 자주 나타난다. 이에 따르면 아주 많은 작은 크기의 난수들을 생성하면 결국 가우시안을 따르게 되며, 고차원에서는 다음과 같다.

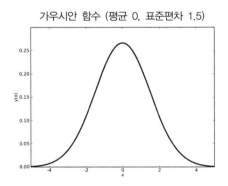

그림 2.14 가우시안 곡선의 1차원 그림

$$p(\mathbf{x}) = \frac{1}{(2\pi)^{d/2}|\mathbf{\Sigma}|^{1/2}} \exp\left(-\frac{1}{2}(\mathbf{x} - \boldsymbol{\mu})^T \mathbf{\Sigma}^{-1}(\mathbf{x} - \boldsymbol{\mu})\right), \qquad (2.27)$$

여기서 Σ는 $n \times n$ 공분산 행렬이다(여기서 $|\Sigma|$는 행렬식(determinant)이고 Σ^{-1}는 역행렬이다). 그림 2.15는 세 가지 다른 경우의 2차원을 보여 주는데 공분산 행렬이 단위 행렬인 경우, 대각 행렬일 경우, 그리고 일반적인 경우다. 첫 번째 경우는 **구면 공분산**(spherical covariance matrix)이고, 하나의 파라미터를 갖는다. 두 번째와 세 번째의 경우에는 2차원에서의 타원을 정의하며, 두 경우 모두 축들에 정렬되어 있고, n^2의 파라미터들을 갖는다.

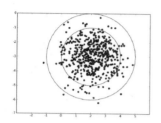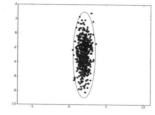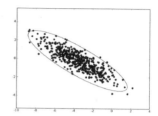

그림 2.15 공분산 행렬이 단위 행렬(왼쪽), 대각 행렬(중간), 그리고 일반적인(오른쪽) 경우의 2차원 가우시안 분포

2.5 바이어스 분산 트레이드오프

이번 장을 마감하면서 지난 장에서 살펴본 통계학 아이디어를 사용해서 학습의 수행 정도를 평가하는 방법을 이론적인 측면에서 살펴본다.

어떤 종류의 머신러닝 알고리즘을 트레이닝하든 모델 선택의 과정과 모델의 파라미터를 선택해야 한다. 알고리즘이 더 많은 자율성을 가질수록 더 복잡하게 적용될 수 있었고, 복잡한 모델들은 오버피팅의 위험이 있으며, 더 많은 데이터가 요구되어서 밸리데이션 데이터를 통해서 오버피팅되지 않음을 확인해야 함을 살펴봤다. 복잡한 모델이 꼭 더 좋은 결과를 보여 주지 않는다는 것을 이해하는 또 다른 개념이 존재한다. 어떤 사람들은 이를 바이어스 분산 트레이드오프 대신 **바이어스 분산 딜레마**(bias-variance dilemma)라고도 부르는데 이는 너무 지나친 표현으로 보인다.

사실 이는 매우 간단한 개념이며, 모델이 나빠질 수 있는 경우에는 크게 두 가지가 있다. 첫 번째는 정확하지 않음에도 불구하고 데이터를 꽤 잘 설명해 주는 경우이고, 두 번째는 정확도는 높지만 결과 값의 변화량이 큰 경우다. 첫 번째 것은 **바이어스**(bias)라고 알려져 있고, 두 번째 것은 통계적 **분산**(variance)이라고 알려져 있다. 더 복잡한 분류기의 경우 바이어스를 향상시키지만, 분산에 높은 비용을 지불해야 한다. 또한, 모델의 분산을 줄이면 반대로 바이어스가 높아지게 된다. 물리학에서 **하이젠베르크 불확정성 원리**(Heisenberg Uncertainty Principle)처럼 본질적으로 두 가지 모두 향상시킬 수 없는 것이다. 예를 들어, 어떤 데이터에 직선을 사용한 경우와 높은 차원의 다항식을 사용한 경우를 생각해 보면, 다항식의 경우 더 많은 점들을 따라가도록 설정할 수 있다. 직선의 경우 분산이 없지만 큰 바이어스가 있고, 이는 데이터에 대한 적합성을 작게 만든다. 스플라인(spline)은 트레이닝 데이터에 무작위의 정확도로 적응시킬 수 있지만, 분산은 매우 크다. 분산의 경우 바이어스가 줄어드는 것보다 더 크게 증가하는데, 이는 스플라인이 더 적합성이 크게 되기 때문이다. 다른 모델들보다 훨씬 월등한 모델이 있지만, 좋은 모델의 복잡도를 선택하는 것이 좋은 결과에 중요한 영향을 미친다.

목표 값과 예측 값과의 오류를 계산하는 가장 일반적인 방법은 두 값의 차이를 제곱해서 합하는 것이다(제곱하는 이유는 부호가 다른 값들이 상쇄되는 것을 막기 위함이다). **제곱합 오차 함수**(sum-of-squares error function)를 살펴보면 바이어스와 분산으로 분리할 수 있음을 볼 수 있다. 예를 들어, 근사 값을 구하고자 하는 함수가 $y = f(\mathbf{x}) + \epsilon$이고, 여기서 ϵ는 평균 0에 분산 σ^2의 가우시안을 따르는 노이즈라고 가정하자. 머신러닝 알고리즘을 사용해서 가설 $h(\mathbf{x}) = \mathbf{w}^T \mathbf{x} + b$(w는 2.1절의 가중치 벡터)를 데이터에 제곱합 오류 $\sum_i (y_i - h(\mathbf{x}_i))^2$가 최소가 되도록 적응시킨다고 하자.

어떤 방법이 성공적인지 아닌지를 고려하기 위해서는 독립적인 데이터에 고려되어야 하기에 새로운 입력 x에 대한 확률 변수라고 가정된 제곱합 오류의 기댓값을 계산한다. 기댓값은 $E[x] = \bar{x}$, 평균 값임을 기억하자. 약간의 대수학을 사용해서(여기서 Z는 확률 변수) 식을 변형시켜 보겠다.

$$
\begin{aligned}
E[(Z - \bar{Z})^2] &= E[Z^2 - 2Z\bar{Z} + \bar{Z}^2] \\
&= E[Z^2] - 2E[Z]\bar{Z} + \bar{Z}^2 \\
&= E[Z^2] - 2\bar{Z}\bar{Z} + \bar{Z}^2 \\
&= E[Z^2] - \bar{Z}^2.
\end{aligned}
\tag{2.28}
$$

이를 사용해서 새로운 데이터 점의 제곱합 오류 기댓값을 계산할 수 있다.

$$
\begin{aligned}
E[(y^* - h(\mathbf{x}^*))^2] &= E[y^{*2} - 2y^* h(\mathbf{x}^*) + h(\mathbf{x}^*)^2] \\
&= E[y^{*2}] - 2E[y^* h(\mathbf{x}^*)] + E[h(\mathbf{x}^*)^2] \\
&= E[(y^{*2} - f(\mathbf{x}^*))^2] + f(\mathbf{x}^*)^2 + E[(h(\mathbf{x}^* - \bar{h}(\mathbf{x}^*))^2] \\
&\quad + \bar{h}(\mathbf{x}^*)^2 - 2f(\mathbf{x}^*)\bar{h}(\mathbf{x}^*) \\
&= E[(y^{*2} - f(\mathbf{x}^*))^2] + E[(h(\mathbf{x}^*) - \bar{h}(\mathbf{x}^*))^2] + (f(\mathbf{x}^*) + \bar{h}(\mathbf{x}^*))^2 \\
&= \text{noise}^2 + \text{variance} + \text{bias}^2.
\end{aligned}
\tag{2.29}
$$

식의 세 개 항 중 첫 번째 항은 조절할 수 없는 부분이다. 이는 **기약 오차**(irreducible error)이고, 테스트 데이터의 분산 값이다. 두 번째 항은 분산이고, 세 번째 항은 바이어스 값의 제곱 값이다. 분산은 특정 트레이닝 세트에 따라서 얼마나 x^* 값이 변하는가를 말해 주고, 편향성은 $h(x^*)$의 평균 오류를 말해 준다. 바이어스와 분산은 교체할 수 있는데 이를 사용해서 모델을 바이어스가 작지만(답들이 평균적으로 일반적이도록) 분산이 높게(답들이 여기저기 흩어지도록) 또는 반대로 만들 수 있다. 하지만 결코 둘 다 0으로 만들 수는 없다. 그런데 특정 모델과 데이터세트에 대해서 합리적인 파라미터들의 집합이 있고, 좋은 결과를 주는 바이어스와 분산 값을 찾을 수 있지만, 이 점을 찾는 것이 모델 적용의 어려운 문제다.

트레이드오프는 머신러닝이 일반적으로 무엇을 하는지 살펴보는 좋은 지표가 되는데 이제부터는 뉴럴 네트워크부터 시작해서 실제 머신러닝 알고리즘을 어떻게 사용하는지 살펴보기로 한다.

더 읽을거리

기본 확률과 통계학 개념에 대해서는 어떤 기본 통계학 교과서든 잘 설명해 주는데 머신러닝의 관점에서 다음을 살펴보자.

- Sections 1.2 and 1.4 of C.M. Bishop. *Pattern Recognition and Machine Learning*. Springer, Berlin, Germany, 2006.

바이어스 분산 트레이드오프를 위해서는 다음을 살펴보자.

- Sections 7.2 and 7.3 of T. Hastie, R. Tibshirani, and J. Friedman. *The Elements of Statistical Learning*, 2nd edition, Springer, Berlin, Germany, 2008.

반지도학습(semi-supervised learning)을 위한 두 권의 책이 있는데 이 분야를 살펴볼 좋은 자료다.

- O. Chapelle, B. Schölkopf, and A. Zien. *Semi-supervised learning*. MIT Press, Cambridge, MA, USA, 2006.
- X. Zhu and A.B. Goldberg. *Introduction to Semi-Supervised Learning*. Synthesis Lectures on Artificial Intelligence and Machine Learning, 2009.

연습 문제

2.1 베이즈 법칙을 사용해서 다음 문제를 풀어 보자.

파티에서 같은 학교 동창이라는 사람을 만났다. 아주 희미하게 알아볼 듯 하지만, 긴가민가해서 가능성을 알아보기로 한다.

- 희미하게 알아보는 1 / 2의 사람들이 동창일 확률
- 파티에 있는 1 / 10의 사람들이 동창일 확률
- 파티에 있는 1 / 5의 사람들이 희미하게 문제를 알아볼 확률

2.2 2.3.1절의 위험을 계산하는 방법을 사용해서 어떻게 나이브 베이즈 분류기를 변경할 수 있을지 생각해 보자.

3

뉴런, 뉴럴 네트워크, 선형 판별식

지금까지 머신러닝 개념에 대해서 자세히 살펴보았고, 이제부터는 머신러닝이 실제로 어떻게 적용되는지 살펴보자. 그러기 위해서 먼저 우리 머리 골격의 보호를 받고 있는 뇌에서 이뤄지는 학습이 머신러닝에서도 가능하다는 것을 살펴보겠다.

3.1 뇌와 뉴런

동물들의 학습은 뇌에서 일어난다. 만약, 뇌의 동작 원리를 이해할 수 있다면 그 동작 원리를 머신러닝에 적용할 수 있을 것이다. 뇌는 매우 강력하고 복잡한 체계를 가지고 있지만, 기본 구성은 아주 단순하고 이해하기 쉽다. 곧 더 자세히 살펴보겠지만, 산술적인 관점에서 바라본다면 뇌는 우리가 원하는 학습을 잘 수행하고 표현하고 있다. 뇌는 매우 복잡하면서도 노이즈가 많고 일관성 없는 이미지와 같은 고차원의 데이터에 대해서도 빠른 속도로 정답을 유추해 내는 능력을 보인다. 이 신비로운 기관은 고작 1.5킬로그램의 무게로 이뤄져 있으며, 자신의 일부를 지속적으로 손실시키고 있지만, 성능은 퇴화되지 않고 **견고하며** 강건하다.

　그렇다면 뇌는 어떻게 작동하는 것일까? 사실 아직까지 뇌의 정확한 작동 원리는 알려지지 않았다. 이 책에서는 아주 기본적인 차원에서 뇌의 중앙 처리 구성 단위에 대해서 알아보도록 한다. 1차원 처리 단위 신경세포는 **뉴런**(neuron)이라 불린다. 뇌에는 보통 1,000억 개 정도의 뉴런이 있다고 알려져 있고, 각각의 뉴런은 작업 역할에 따라 아주 다양한 형태로 나뉜다. 하지만 뉴런의 일반적인 작동 원리는 대부분의 경우에 비슷하다. 뇌의 유체에서 화학적 전달자 역할을 하거나 뉴런 내부의 전위를 높이거나 낮추는 역할을 한다. 만약, **막 전위차**(membrane potential)가 임계점에 이르면 뉴런은 활성화하게 되고, **축색돌기**(axon)로 고정된 강도와 기간의 신호(pulse)를 보낸다. 축색돌기는 다른 여러 뉴런들과 연결되어 있고, **시냅스**(synapse)를 통해서 다른 뉴런들과 연결된다. 각각의 뉴런은 보통 수천 개의 다른 뉴런들과 연결되어 있어서 뇌에는 대략 100조 개의 시냅스가 있다고 추정된다. 작동한 뉴런이 다음 작동 전에 에너지 충전을 위해 기다리는 시기는 **불응기**(refractory period)라고 한다.

각각의 뉴런은 독립적인 처리 장치(processor)이며, 아주 간단한 계산 수행을 결정하는 일을 수행한다. 이런 관점에서 뇌를 100억 개의 엄청난 규모의 병렬 컴퓨터라고도 볼 수 있다. 만약, 이것이 뇌가 가진 비밀의 전부라면 이 구조를 그대로 컴퓨터로 모델링하고, 인간이나 동물의 지능을 갖춘 컴퓨터를 만들 수 있을 것이다. 이것이 **강인공지능**(strong AI)의 관점인데 이 책에서는 그 정도의 큰 목표를 다루지는 않고, 학습하는 프로그램들을 만드는 정도로 다룰 것이다. 뇌에서 학습이 어떻게 일어나는지 살펴보기 위해 **가소성**(platicity)은 중요한 개념이다. 가소성은 뉴런들을 연결하는 시냅스의 연결 **강도를 조절**하고, 새로운 연결을 만드는 뇌의 능력을 말한다. 시냅스가 어느 정도의 강도로 적용되는지에 대한 모든 메커니즘이 알려져 있지는 않지만, 도널드 헵(Donald Hebb)에 의해 1949년에 처음으로 소개된 한 가지 이론을 살펴보겠다.

3.1.1 헵의 법칙

헵의 법칙(Hebb's Rule)에 따르면 시냅스의 연결 강도는 두 뉴런 간의 작용 연관성에 비례한다. 다시 말하자면, 두 개의 뉴런이 계속해서 번갈아 가며 함께 작용한다면 두 개의 뉴런을 연결하는 강도는 더 강해지며, 반면에 두 개의 뉴런이 전혀 함께 작용하지 않으면 두 개의 뉴런을 연결하는 부분도 약해진다. 요점은 두 개의 뉴런이 어떤 요인에 함께 반응한다면 두 뉴런은 연결되어야 한다는 것이다. 간단한 예로, 할머니를 알아보는 뉴런이 존재한다고 하자(이 뉴런은 아마도 많은 수의 영상 처리 뉴런으로부터 입력을 받겠지만, 이에 대해서는 일단 걱정하지 말자). 만일, 할머니께서 방문하실 때마다 초콜릿을 주신다고 하면 뇌에서 초콜릿 맛과 연결된, 행복에 관련하는 뉴런이 자극될 것이다. 이 두 뉴런들이 한꺼번에 작용했으므로 연결되고, 시간이 지남에 따라 두 뉴런의 연결성은 더 강력해진다. 결국에는 할머니 사진을 바라보기만 해도 초콜릿이 떠오르게 된다. 어디선가 들어본 듯한 내용이지 않은가? 바로 파블로프(Pavlov)가 **고전적 조건 학습**(classical conditioning)이라 불리는 이 아이디어를 이용했고,

이를 활용해서 강아지를 훈련시켰다. 강아지에게 음식을 보여 주며 동시에 벨을 울리는 훈련을 하면 음식을 보았을 때 침샘을 자극하는 뉴런과 벨 소리를 듣는 뉴런이 동시에 작용하게 되고, 이는 두 뉴런의 연결을 강화시켰다. 시간이 지나면서 시냅스는 두 개의 뉴런을 강하게 연결해서 벨 소리를 듣는 것만으로 침샘을 자극하는 뉴런을 작동시키기에 충분하게 되며 침을 흘리게 된 것이다.

뉴런 간의 시냅스 연결과 합쳐진 뉴런들의 조합들이 함께 작용하면서 점점 더 강하게 되는 이 현상은 **장기 상승 작용**(long-term potentiation)과 **신경 가소성**(neural plasticity)이라고 알려져 있고, 실제 뇌의 작동 메커니즘과 연관이 있는 것으로 나타났다.

3.1.2 맥컬록과 피츠의 뉴런들

뉴런을 연구하는 일은 쉽지 않다. 뉴런을 뇌에서 분리시켜야 하고, 실험 제어와 통제에 반응하는 것을 살펴보기 위해서 이를 살아 있는 상태로 유지해야 한다. 이 작업들에는 많은 정성과 힘이 필요하다. 뉴런은 매우 작으므로(10^{11}개의 뉴런이 뇌에 있다는 것을 감안한다면 이해가 갈 것이다) 전극을 시냅스에 흐르게 하는 것도 어려운 일이다. 이러한 문제점을 해결하기 위해서 우리 눈으로 식별할 수 있는 매우 큰 뉴런을 가진 대왕오징어를 연구하기도 한다. 호킹(Hodgkin)과 헉슬러(Huxler)는 1952년에 다양한 화학적 농도를 바탕으로 막 전위차를 계산해 내는 미분 방정식을 만들었고, 이 업적으로 노벨상을 탔다. 여기서는 이보다 좀 더 간단한, 1943년에 소개된 산술적인 뉴런 모델을 자세히 살펴보겠다. 수학 모델의 목표는 다른 부차적인 요인들을 제외하고, 아주 기본적인 동작을 표현시킬 모델을 만드는 것인데 맥컬록(McCulloch)과 피츠(Pitts)의 뉴런 모델링은 완벽한 예를 보여 준다.

(1) **가중치 값들:** w_i는 시냅스에 해당한다.
(2) **가산기:** 입력된 신호들의 합으로 구해지며, 이는 전하(electrical charge)를 모으는 세포의 막과 동일시된다.
(3) **활성화**(activation function) **함수:** 바로 뉴런이 활성화할지 비활성화할지를 정한다.

제시된 모델은 그림 3.1에 나와 있는데, 이 그림을 이용해서 수학적 설명을 해보겠다. 그림의 왼쪽에는 입력 노드들의 집합이 있고(x_1, x_2, ... x_m라고 표시), 이 노드들은 어떤 값을 갖는다. 예시로 세 개의 입력 값이 있다고 가정하고, $x_1 = 1$, $x_2 = 0$, $x_3 = 0.5$라고 하자. 실제 뉴런들의 경우 입력 값은 다른 뉴런들의 출력 값으로 정해진다. 0이란 값은 뉴런이 작동하지 않았다는 뜻이며, 1은 활성화했다는 뜻이지만, 여기서 쓰인 0.5라는 값의 경우엔

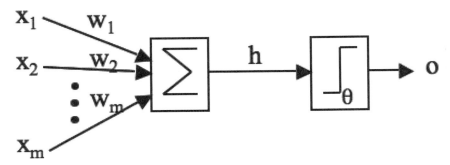

그림 3.1. 맥컬록와 피츠의 뉴런 수학 모델. 뉴런은 입력 값 x_i와 가중치 w_i를 곱한 값들의 합으로 계산한다. 이 값의 합이 θ라는 임계 값보다 크면 뉴런은 활성화되고 그렇지 않으면 작동하지 않는다.

어떤 생물학적인 의미는 없다(실제로 이에 대한 설명은 매우 장황하고 연관성이 없기 때문에 넘어가겠다). 각각의 뉴런의 활성화들은 시냅스를 통해서 뉴런에 전달되는데 각각의 시냅스는 **가중치**(weights)라고 불리는 강도를 갖는다. 시냅스의 강도는 신호의 강도에 영향을 미치므로 입력 값에 시냅스의 가중치를 곱한다($x_1 \times w_1$, $x_2 \times w_2$, …와 같이 적용한다). 모든 신호들이 뉴런에 도착할 때면 활성화를 할 만큼 신호가 강력한지를 확인해 봐야 하는데 이에 관련된 식은 다음과 같다.

$$h = \sum_{i=1}^{m} w_i x_i, \tag{3.1}$$

식은 입력 값에 시냅스 가중치를 곱한 합들을 의미한다. 식에는 m개의 입력 값이 있고, 우리의 예제에선 $m = 3$이다. 시냅스 가중치 값이 각각 $w_1 = 1$, $w_2 = -0.5$, $w_3 = -1$이라 가정하면 뉴런 모델의 입력 값은 다음과 같다. $h = 1 \times 1 + 0 \times -0.5 + 0.5 \times -1 = 1 + 0 + -0.5 = 0.5$. 뉴런은 구해진 값에 따라서 활성화할지 결정한다. 실제 뉴런의 경우에는 막 전위차 (membrane potential)가 임계 값을 넘는지를 확인한다. 임계 값은(θ로 표시), $\theta = 0$이라고 가정하자. 뉴런은 활성화되었나? 예제에서 $h = 0.5$이고, $0.5 > 0$이므로 뉴런은 활성화되고 1이라는 값을 출력한다. 뉴런이 활성화되지 않는다면 0 값을 출력할 것이다. 이와 같이 맥컬록과 피츠의 뉴런은 2진법의 임계 값을 갖는다. 입력 값의 합(시냅스의 강도나 가중치를 곱해서)을 구하고 임계 값과 비교해서 뉴런을 활성화시킬지(출력 값이 1일 때) 않을지(출력 값이 0일 때)를 결정한다. 뉴런의 나머지 반쪽 부분인 활성화를 결정하는 부분은 다음과 같이 표현된다(**활성화 함수**(activation function)라고 불린다).

$$o = g(h) = \begin{cases} 1 & \text{if } h > \theta \\ 0 & \text{if } h \le \theta. \end{cases} \tag{3.2}$$

위에서 살펴본 모델은 가장 간단한 것이지만, 뉴런과 비슷하고 아주 간단하게 변형된 활성화 함수(임계 값을 다른 형태로 변경)가 대부분의 뉴럴 네트워크 학습을 위해 사용된다. 사실 위에 설명된 뉴런은 매우 간단해 보이지만, 앞으로 확인할 수 있듯이 간단한 뉴런들로 만들어진 네트워크도 가중치 값 w_i가 제대로만 설정된다면 보통 컴퓨터가 수행하는 어떤 것도 수행해 낼 수 있다. 따라서 앞으로 몇 장에서 다루게 될 가장 주요한 사항 중 하나는 이 가중치들을 결정하는 방법이다.

3.1.3 맥컬록과 피츠 뉴럴 모델의 한계점

위에 소개된 뉴런 모델이 얼마나 현실적인지는 생각해 볼 만한 질문이다. 물론, 대답은 매우 현실적이지 않다는 것인데 실제 뉴런은 이보다 훨씬 복잡하다. 실제 뉴런의 입력 값들 또한 반드시 1차원 합의 형태가 아니며, 비선형 합일 수도 있다. 하지만 눈에 띄는 차이점은 실제 뉴런의 경우 하나의 값을 출력하지 않고, 정보를 인코드(encode)해서 파동의 연속적인 값인 **스파이크 서열**(spike train)을 출력한다. 다시 말하면, 뉴런은 임계 값을 바탕으로 반응하는 것이 아닌, 연속적인 방법으로 차별화된 출력을 생산해 낸다. 활성화를 결정하는 값 역시 시간이 지남에 따라 임계 값이 변화한다. 뉴런은 생화학적 장치이므로 활성화를 위해 얼마나 많은 충전이 필요한지에 대한 신경전달물질(neurotransmitter)의 양은 기관의 그때그때 상태에 따라 달라진다. 또한, 뉴런들은 앞으로 우리가 모델링할 방법처럼 순서대로 업데이트되지 않고 무작위로 갱신된다. 뉴럴 네트워크 모델 중에 **비동기**(asynchronous)식으로 작동하는 것이 있지만, 현재로는 정확히 순서대로 업데이트되는 알고리즘에 집중하도록 한다.

가중치 w_i는 양수 값 또는 음수 값을 갖고 뉴런을 더 활성화하는 **흥분성 연결**(excitatory connections)과 덜 활성화하는 **억제성 연결**(inhibitory connections)을 관장한다. 뇌에는 두 가지 타입의 시냅스가 모두 있지만, 맥컬록과 피츠 뉴런들의 경우에는 가중치가 양수에서 음수로 변할 수 있는데 시냅틱 연결은 흥분성 연결과 억제성 연결이 있으며 서로 변경이 불가능하므로 생물학적으로는 사실적이지 않다. 더군다나 실제 뉴런들은 다시 자기 자신에게 연결되는 피드백 루프(feedback loop)의 시냅스들을 가질 수 있는데 뉴럴 네트워크를 만들 때는 보통 이를 사용하지 않는다. 많은 예외들도 있지만, 이 책에서 자세히 다루지는 않겠다.

여러 가지 피처를 포함시켜서 모델을 발전시키는 것이 가능하지만, 맥컬록과 피츠의 뉴런들도 사진들을 기억하고 학습해서 이미지 데이터를 분류하는 등 뇌의 행동을 따라 묘사할 만큼 흥미롭다. 지난 장에서 보았던 가장 중요한 뉴런의 활성화 함수에서는 간단한 뉴런 모델을 위해 복잡한 생물학적 개념들, 이를테면 화학 농도(chemical concentration), 불응기(refractory period) 등은 무시되었다. 따라서 학습이 이뤄진 후의 일들을 이해하기 위해서 사용하거나 몇몇 문제에 대한 해결책을 찾을 때에 이용될 때에만 의미가 있다. 이번 장에서 동물학습이 아닌 **머신러닝**을 통해서 두 가지를 다 시도해 보겠다.

3.2 뉴럴 네트워크

한 가지 분명한 사실은 한 개의 뉴런만 보면 흥미롭지 않다는 것이다. 한 개의 뉴런이 할 수 있는 일은 별로 없으며, 단지 입력 값에 대해서 활성화를 결정하는 일을 한다. 사실, 한 개의 뉴런은 학습을 하는 주체도 아니다. 같은 입력 값의 집합을 계속해서 전달해 준다면, 뉴런의 활성화 결정은 변함없이 같은 결과를 보일 것이다. 뉴런을 좀 더 흥미로운 주체로 만들기 위해서는 어떻게 **뉴런들을 네트워크**로 연결하고, 학습의 주체로 만들지를 생각해 봐야 한다.

그렇다면 첫째로 생각해야 하는 문제는 뉴런이 어떻게 학습할 수 있을까 하는 것이다. 앞으로 몇 장에 걸쳐서 알고리즘이 입력 값과 정답을 포함한 데이터 예제를 사용해서 학습하는 **지도학습**을 살펴볼 것이다. 어찌 보면 이미 알고 있는 정답에 대해서 왜 학습해야 하는지 무의미해 보일 수도 있다. 여기에서 중요한 점은 1.2절에서 살펴본 **일반화** 개념이다. 데이터에 어떤 패턴이 존재한다고 가정할 경우 뉴럴 네트워크가 몇몇 예제를 통해서 패턴을 찾아 배우면 다른 예제들에 대해서도 정확하게 예측할 수 있을 것이다. 이것이 **패턴 인식**(pattern recognition)의 개념이다.

알고리즘에 대해서 깊이 생각하기에 앞서 우선 학습이 무엇인지에 대해서 생각해 보자. '들어가기에 앞서'에서 학습이란 "당신이 무엇인가를 계속 잘 하게 만드는 것"이라고 말했다. 첫 학기에 프로그래밍을 할 수 없었는데 두 번째 학기에 할 수 있게 되었다면 당신은 프로그램을 학습한 것이다. 뇌 안에서 무엇인가 변화가 일어난 것이고, 이를 적용한 것이며, 이를 통해 전에는 할 수 없었던 일들을 해낼 수 있다. 맥컬록과 피츠의 뉴런(그림 3.1)을 다시 살펴보고, 모델에서 무엇이 변화할 수 있나를 생각해 보자. 뉴런을 구성하는 것들은 입력 값, 가중치, 임계 값이 있다(각각의 뉴런에 하나의 임계 값이 있지만 입력 값은 많다). 입력 값은 변화할 수 없는 외부 요인이므로 가중치 값과 임계 값을 변경해야 한다. 그렇다면 가중치를 통해서 학습할 수 있다는 것인데, 흥미로운 것은 가중치는 뉴런의 일부분이 아니라 시냅스의 모델일 뿐이라는 점이다. 뉴런에 대해서 너무 흥미를 갖다 보니 잊고 있던 것이 있는데 서로 연결되어 있는 뉴런들 사이에서 학습이 이뤄진다는 점이다.

뉴런을 학습시키기 위해서 해야 할 질문은 다음과 같다.

뉴런들의 가중치 값과 임계 값을 어떻게 변경하면 네트워크가 더 자주 정답을 맞히게 할 수 있을까?

질문은 찾았으니 이제 초현대적으로 보이는 명칭이며, 첫 번째로 확인할 뉴럴 네트워크인, **퍼셉트론**(perceptron)을 살펴보고 문제를 해결하는 데 어떻게 사용하지는 알아보자(1958년에 만들어진 모델이며, 실제로 우주시대에 만들어졌다). 알고리즘이 어떻게 작동하는지 이해하고 나면 어떤 문제를 해결하고 어떤 문제를 해결할 수 없는지 살펴보자. 마지막으로, 어떻게 통계학이 학습에 대한 통찰력을 주는지에 관해서도 살펴보겠다.

3.3 퍼셉트론

간단하게 말해서 퍼셉트론은 그림 3.2에 나와 있듯이 입력 값 집합과 이를 뉴런과 연결하는 가중치들로 이뤄진 맥컬록과 피츠의 뉴런들의 집합일 뿐이다. 왼쪽의 옅은 회색으로 되어 있는 원들이 **입력 값 노드**들이다. 입력 값 노드들은 뉴런들이 아니며, 어떻게 값들이 네트워크로 입력되는지 또 얼마나 많은 입력 값(**입력 벡터의 차원**이며 벡터에 존재하는 요소들의 수)들이 있는지를 도식적으로 표현해 준다. 보통은 뉴런들처럼 원으로 나타내서 종종 혼란을 주기도 하므로 여기서는 더 옅은 색으로 표현했다. 뉴런들은 오른쪽에 보이는 합산자(원으로 표시)와 임계 값 확인자(thresholder)로 표현되어 있다. 실제로는 임계 값 확인자를 따로 그리지는 않지만, 이들이 뉴런의 부분이라는 것을 기억해야 한다.

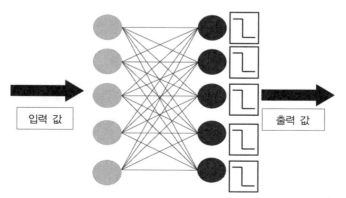

그림 3.2 퍼셉트론 네트워크는 입력 값의 집합(왼쪽)과 맥컬록과 피츠의 뉴런들이 가중치들로 연결된다.

퍼셉트론의 뉴런들은 서로 독립적임을 기억하자. 한 뉴런의 행동은 전혀 다른 뉴런에게 영향을 미치지 않으며, 독립적인 각자의 반응은 가중치들과 곱해진 값의 합으로 통합되며, 이 값과 임계 값 비교를 통해서 활성화를 결정한다. 각각의 뉴런에 적용되는 가중치들조차도 독립적이며, 모든 뉴런들이 입력 값들만을 공유하고 있다는 것을 기억하자.

그림 3.2에서 뉴런의 개수는 입력 노드들과 같지만, 상황에 따라서 다를 수도 있다. 일반적으로 m개의 입력 값과 n개의 뉴런들을 가진다. 지도학습을 사용하므로 입력 값의 개수와 출력 값의 개수는 사용하는 데이터에 의해 정해지며, 목표는 퍼셉트론이 데이터를 사용해서 활성화와 비활성화에 대한 패턴을 찾아내고, 입력 값에 대해서 원하는 특정 **목표 값**을 구하도록 학습하는 것이다.

맥컬록과 피츠의 뉴런은 i라는 입력 값 지시자를 사용해서 가중치들의 입력 값을 w_i라고 표시한다. 퍼셉트론에서는 뉴런과 가중치들을 w_{ij}라고 연결시키며 j는 뉴런들의 지시자이다. 예를 들면, w_{32}는 입력 노드 3번과 뉴런 2번을 연결하는 가중치를 나타낸다. 뉴럴 네트워크를 구현할 때 2차원 배열을 사용해서 가중치들을 저장한다.

뉴런의 활성화를 결정하는 작업은 이제 간단하다. 입력 노드들의 값을 정하고, 입력 벡터의 요소들과 매칭시켜서 각각의 뉴런에 식 (3.1), (3.2)를 적용한다. 모든 뉴런들에 이를 적용시키면 활성화와 비활성화에 대한 결정을 0과 1로 채워진 벡터로 표현한다. 예를 들어, 그림 3.2에서 보듯이 다섯 개의 뉴런들이 있다고 가정하면, 출력 패턴은 (0, 1, 0, 0, 1)과 같이 표현되며, 두 번째와 다섯 번째 뉴런은 활성화되고, 나머지는 비활성화됨을 나타낸다. 출력 패턴을 목표 값들과 비교하고 입력 값에 대해서 어떤 뉴런이 정답을 도출했는지 오답을 도출했는지 찾아낸다.

정답을 도출해 내지 못한 뉴런들에 대해선, 활성화해야 할 때 하지 못하고 비활성화되어야 할 뉴런이 활성화했을 때는 가중치 값들을 조절한다. 여기서 문제는, 어떤 가중치들을 변경해서 다음 시도에 정답을 도출할 것인지 마지막에 완성하고 싶은 뉴럴 네트워크의 가중치 값들 역시 미리 알지 못한다는 점이다. 더 자세한 사항은 4장에서 알아보기로 하고 지금은 간단한 해결 방법을 찾아보기로 하겠다.

입력 벡터를 네트워크에 입력했는데 하나의 뉴런이 오답을 도출했다고 하자. m개의 가중치 입력 노드들이 그 뉴런에 연결되어 있다. 그 뉴런을 k라고 표시한다면 관련 있는 가중치들은 i는 1부터 m까지의 범위를 갖는 w_{ik}다. 이제 어떤 가중치들을 수정해야 하는지 알았지만, 어떻게 값들을 수정해야 할지는 여전히 미지수다. 먼저 생각해야 할 점은 가중치가 큰지 작은지를 생각해 보는 것이다. 언뜻 보기에 쉬운 문제인 듯 보이는데 비활성화해야 하는 뉴런이 활성화되었다면 가중치가 큰 경우였을 테고, 활성화해야 하는 뉴런이 비활성화되었다면 가중치 값이 작았기 때문일 것이다. 뉴런이 수정되어야 할 값으로는 출력 값과 목표 값 차이를 $(y_k - t_k)$ 계산해서 이 값이 음수이면 뉴런은 활성화해야 하는데 비활성화된 경우일 것이고, 양수라면 비활성화되어야 하는데 활성화된 경우일 것이다. 하지만 입력 값이 음수일 수 있으므로 이와 같은 논리는 성립하지 않는다. 따라서 뉴런이 활성화되어야 하는 상황에 가중치를 음수로 만들어야 하는 상황이 생긴다. 종합적으로 생각해 볼 때 다음과 같은 방법, 즉 $\triangle w_{ik} = -(y_k - t_k) \times x_i$로 가중치를 수정해서, 새로운 가중치 값은 지난 번의 가중치 값에서 $\triangle w_{ik}$만큼 변화되어야 한다.

뉴런의 임계 값에 관해서는 아직 살펴보지 않았는데 이의 중요성에 대해서 생각해 보자. 입력 값이 0이라고 하면 뉴런이 잘못 되었다고 해도 $\triangle w_{ik}$ 값이 0이므로 절대로 가중치를 변경할 수가 없다. 3.3.2절에서 임계 값 변경에 관해서 더 자세히 살펴보고, 가중치를 얼마나 변경해야 하는지에 관해서 생각해 보자. $\triangle w_{ik}$ 값은 **학습률**(learning rate)이라는 파라미터를 곱해서 구해지는데 보통 η라고 표기된다. 학습률은 얼마나 빨리 네트워크를 학습시킬지를 정한다. 이는 중요한 개념인데 다음 장에서 자세히 살펴볼 것이다. 종합적으로 가중치 w_{ij}를 업데이트하는 식은 다음과 같다.

$$w_{ij} \leftarrow w_{ij} - \eta(y_j - t_j) \cdot x_i. \tag{3.3}$$

네트워크의 가중치를 제대로 업데이트하기 위해서 모든 트레이닝 데이터는 많은 횟수를 반복해서 학습에 이용되어야 한다. 초반에는 네트워크가 몇몇 예제에 대해서는 정답을 제시하고, 몇몇에 대해서는 오답을 제시하겠지만, 반복적으로 학습을 하면서 결국에 성능이 향상되고, 어느 순간 향상이 멈추면 결국 학습을 멈출 것이다. 얼마나 오래 트레이닝을 해야 하는지를 결정하는 것은 쉬운 문제가 아니며(이와 관련된 몇 가지 방법에 관해 4.3.3절에서 알아보겠다), 지금으로는 반복(iterations) 횟수의 최댓값(T)을 미리 정하는 방법을 선택한다. 물론, T번의 반복 전에 모든 예제에 관해서 정답을 도출한다면 학습을 멈추기에 충분할 것이다.

3.3.1 학습률 η

식 (3.3)은 가중치를 변경하는 방법을 설명해 주며, 파라미터 η 를 통해 변경하는 가중치의 크기를 결정한다. 학습률을 선택하지 않는다면 1로 설정되는데, 이 경우 가중치는 오답이 유추될 때마다 크게 변경되어 네트워크를 **불안정하게** 만들고, 학습은 멈추지 않게 된다. 반대로 작은 학습률을 사용하면 입력 값들을 더 많이 적용해야 하므로 학습이 완료되는 데 시간이 더 걸린다. 하지만 더욱 안정감이 있고, 데이터에 존재하는 **노이즈**(오류)와 부정확성에 영향을 덜 받게 된다. 따라서 입력 값에 존재하는 노이즈의 양에 따라서 적당한 학습률을 0.1

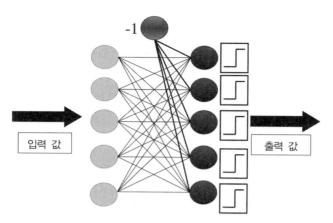

그림 3.3 퍼셉트론 네트워크의 바이어스(bias) 입력 값

$\eta < 0.4$로 설정한다. 학습률은 퍼셉트론 알고리즘에는 큰 영향이 없지만, 이 책에 소개될 다른 많은 알고리즘의 경우에는 아주 중대한 영향을 미친다.

3.3.2 바이어스 값 입력

맥컬록과 피츠의 뉴런에서는 각각 뉴런에 얼마의 값이 주어져야 활성화될지를 정하는 임계 값 θ를 설정했다. 뉴런의 활성화를 정하는 이 값은 변경할 수 있어야 한다. 예를 들어, 뉴런에 입력된 값이 모두 0이라면 가중치가 어떤 값을 갖느냐에 상관없이 뉴런의 활성화는 임계 값으로 결정되기 때문이다. 만약, 임계 값이 변경이 불가능하다면, 입력 값 0에 대해서 어떤 뉴런은 활성화하고 어떤 뉴런은 비활성화시키는 것은 불가능하다. 가중치가 현재 얼마로 설정되어 있든지 두 뉴런의 임계 값이 같다면 입력 값 0에 대해서 똑같이 동작할 것이기 때문이다.

임계 값을 변경하기 위해서는 추가적으로 작성되어야 할 또 다른 파라미터가 필요한데 앞서 설명한 가중치 변경 방법이 새로운 파라미터에 어떻게 적용되어야 하는지는 불분명하다. 다행히도 이를 위한 좋은 방법이 있다. 임계 값을 뉴런에 대해서 0이라 설정했다고 하자. 그리고 뉴런에 추가의 입력 노드를 고정의 가중치 값으로 추가하자(보통 ± 어떤 값이든지 설정할 수 있는데 이 책에서는 -1이란 값을 사용하겠다). 알고리즘을 업데이트할 때 다른 가중치들과 함께 이를 포함시키고, 뉴런이 활성화 비활성화됨에 따라 새로 추가된 입력 값에 연결된 가중치도 함께 바뀌게 될 것인데 이 입력 노드를 **바이어스**(bias) 노드라고 부른다. 보통 0번을 적용해서 j번째 뉴런에 연결된 가중치는 w_{0j}라고 표현한다.

3.3.3 퍼셉트론 학습 알고리즘

이제 첫 번째 학습 알고리즘을 코딩할 준비가 되었다. 그림 3.3을 잘 기억하고 알고리즘을 읽어 나간다면 도움이 될 것이며, 알고리즘을 살펴본 후에 예제를 통해서 한 번 더 자세히 살펴보겠다. 알고리즘은 크게 **트레이닝**(training) 단계와 **리콜**(recall) 단계로 나뉜다. 리콜 단계는 트레이닝이 끝난 후에 사용되며, 트레이닝이 끝난 후에 더 많은 빈도로 사용될 부분이므로 이 단계의 수행 속도가 빨라야 한다. 트레이닝 단계에서 리콜 식이 사용되는 것을 볼 수 있는데 오류가 계산되고 가중치가 트레이닝되기 전에 뉴런들의 활성화를 계산해야 하기 때문이다.

퍼셉트론 알고리즘

- **초기화**
  - 모든 가중치 값을 작은 난수(양수 또는 음수)로 설정한다.

- **트레이닝**
  - T번 또는 알고리즘의 모든 출력 값이 정답일 때까지 반복
    * 모든 입력 벡터에 대해서
      · 각 뉴런 j에 대해서 활성화를 **활성화 함수** g를 이용해서 계산

$$y_j = g \left(\sum_{i=0}^{m} w_{ij} x_i \right) = \begin{cases} 1 & \text{if } \sum_{i=0}^{m} w_{ij} x_i > 0 \\ 0 & \text{if } \sum_{i=0}^{m} w_{ij} x_i \leq 0 \end{cases} \tag{3.4}$$

      · 각각의 가중치들을 다음 식을 사용해서 업데이트

$$w_{ij} \leftarrow w_{ij} - \eta(y_j - t_j) \cdot x_i \tag{3.5}$$

- **리콜**
  - 각 뉴런 j의 활성화를 다음 식을 사용해서 계산

$$y_j = g \left(\sum_{i=0}^{m} w_{ij} x_i \right) = \begin{cases} 1 & \text{if } w_{ij} x_i > 0 \\ 0 & \text{if } w_{ij} x_i \leq 0 \end{cases} \tag{3.6}$$

제시된 알고리즘은 웹사이트에 공유된 퍼셉트론 코드와 다르며, 이에 대해서는 3.3.5절에서 더 살펴보겠다.

알고리즘의 계산 복잡도를 계산하는 일은 매우 쉽다. 리콜 단계는 모든 입력 값들을 뉴런들에 대해서 반복적으로 적용하므로 $\mathcal{O}(mn)$이 된다. 트레이닝 단계도 위와 같으며, T번의 반복이 더해지므로 $\mathcal{O}(Tmn)$이 된다.

알고리즘을 처음 접한다면 이를 어떻게 코드로 작성할지 막막할 수 있다. 마찬가지로 너무나도 간단한 알고리즘이 어떻게 입력 데이터를 학습하고 예측에 이용되는지 믿기 어려울 수 있다. 이를 위해서는 직접 예제를 통해서 알고리즘의 작동 원리를 알아보고, 어떤 결과가 기대되는지를 생각해 보는 방법만이 이해를 도울 수 있을 것이다. 우선, 예제를 통해서 알고리즘을 다시 한 번 살펴보자.

3.3.4 퍼셉트론 학습의 예제: 논리 함수

사용할 예제는 논리 함수 OR이다. 물론, 뉴럴 네트워크를 이용해서 학습시킬 대상의 문제는 아니지만, 좋은 예제로 작용할 것이다. 그렇다면 뉴럴 네트워크는 어떻게 생겼을까? 두 개의 입력 노드와 바이어스(bias) 노드가 있고, 하나의 출력 값이 있다. 입력 값과 목표 값은 그림 3.4의 왼쪽 표에 주어졌으며, 오른쪽에는 함수의 **정답 값**(원으로 표시), **오답 값**(엑스 표시)이 그래프로 주어진다. 그림 3.5에는 이에 대한 뉴럴 네트워크가 나와 있다.

In$_1$	In$_2$	t
0	0	0
0	1	1
1	0	1
1	1	1

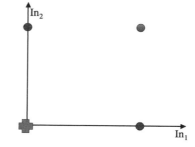

그림 3.4 OR 논리 함수에 대한 데이터와 네 개의 데이터 점들

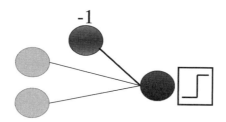

그림 3.5 3.3.4절 예시의 퍼셉트론 네트워크

그림 3.5에서 보듯이 세 개의 가중치 값이 있으며, 알고리즘에 따라서 각각 가중치 값을 작은 난수로 초기화한다. 난수가 $w_0 = -0.05$, $w_1 = -0.02$, $w_2 = 0.02$라고 하자. 첫 번째로 입력 값 0:(0, 0)을 대입해 보자. 위에서 정한 대로 바이어스 가중치는 언제나 −1이라고 설정한다. 뉴런에 입력되는 값은 따라서 $-0.05 \times -1 + -0.02 \times 0 + 0.02 \times 0 = 0.05$가 된다. 0보다 큰 값이므로 뉴런은 활성화되고 1을 출력한다. 목표 값은 0이므로 업데이트 법칙에 따라서 식 (3.3)을 통해서 각각의 가중치를 따로따로 업데이트한다(학습률은 $\eta = 0.25$를 사용하자).

$$w_0 \quad : \quad -0.05 - 0.25 \times (1 - 0) \times -1 = 0.2, \tag{3.7}$$

$$w_1 \quad : \quad -0.02 - 0.25 \times (1 - 0) \times 0 = -0.02, \tag{3.8}$$

$$w_2 \quad : \quad 0.02 - 0.25 \times (1 - 0) \times 0 = 0.02. \tag{3.9}$$

다음 입력 값 (0, 1)을 대입해 보고, 출력 값을 구해 보자(뉴런이 비활성화되는 것을 계산을 통해 확인하자). 다시 학습 법칙을 대입해 보면 다음과 같다.

$$w_0 \quad : \quad 0.2 - 0.25 \times (0 - 1) \times -1 = -0.05, \tag{3.10}$$

$$w_1 \quad : \quad -0.02 - 0.25 \times (0 - 1) \times 0 = -0.02, \tag{3.11}$$

$$w_2 \quad : \quad 0.02 - 0.25 \times (0 - 1) \times 1 = 0.27. \tag{3.12}$$

입력 값 (1, 0)과 (1, 1)에 대해서는 이미 네트워크의 출력 값이 정답이므로 가중치를 업데이트할 필요가 없다. 이제 모든 입력 값들을 다 한 번씩 살펴보았다. 불행히도 모델은 여전히 오답들을 출력하고 있으므로 가중치 값들이 더 이상 변하지 않을 때까지 알고리즘 입력 값들을 다시 모델에 적용시켜 트레이닝을 해야 한다. 실제 애플리케이션의 경우에는 가중치가 멈추지 않고 계속 변화할 수 있는데 그럴 경우에 전체 반복 수 T를 정해서 적용한다.

알고리즘을 계속 손으로 계산하거나 컴퓨터 코드로 적용시켜 보면 결국 가중치가 변하지 않는 값으로 수렴하게 된다. 가중치가 변화하지 않고 수렴할 때 퍼셉트론은 예제들에 대해서 제대로 학습을 완료한 상태가 된다. 알고리즘의 수렴 가중치 값은 학습률, 초기화 값 등에 따라서 다를 수 있으므로 다양하게 다른 가중치 값들이 적용될 수 있다는 것을 알아두자. 정확한 가중치 값을 찾기보다는 입력 값들에 대해 잘 일반화되는 가중치 값들을 찾는 것이 목표다.

3.3.5 구현

이제 알고리즘을 코드로 변경하는 일은 어렵지 않은 일이다. 변수들을 담는 데 필요한 데이터 구조를 디자인하고, 코드를 작성하고, 테스트하면 된다. 데이터 구조들은 머신러닝 알고리즘을 위해서 매우 기본적인 것이며, 입력 값, 가중치, 출력 값, 목표 값을 담기 위해서 행렬이 필요하다. 뉴럴 네트워크에서는 데이터를 표현하기 위해서 **입력 벡터**(input vectors)라는 용어를 사용한다. 벡터는 각 노드에 대한 값들을 담고 있는 리스트이며, 퍼셉트론에게 값을 전달하기 위해 사용한다. 컴퓨터 코드를 작성하기 위해서는 값들을 배열(array)에 담는다. 뉴럴 네트워크가 흥미로워지기 위해서는 하나의 데이터 포인트를 보여 주기보다는 많은 입력 값들을 보여야 한다. 따라서 데이터를 보통 2차원 행렬을 사용해서 표현하며 각각의 행에 데이터 포인트를 담는다.

C나 자바(Java) 같은 언어들에서는 반복문(loop)을 작성해서 각각 행렬의 열에 있는 입력 값들을 하나씩 사용하면서 반복하고, 그 속에서 각각의 입력 노드들을 반복문으로 돌아가며 계산해야 한다. 파이썬(Python) 문법을 사용해서(Appendix A에는 파이썬에 관한 간략한 소개가 있다) inputs 배열에 있는 nData 점들에 대해 트레이닝을 한 후에 적용되는 리콜 코드는 다음과 같다(다음은 웹사이트에서 찾아볼 수 있다).

```
for data in range(nData): # 전체 입력 벡터들에 대해서 돌아가며 실행
    for n in range(N): # 뉴런들을 돌아가며 실행
        # 뉴런들의 가중치와 입력 값의 곱의 합을 구한다
        # activation 값들을 0으로 설정
        activation[data][n] = 0
        # 입력 노드들과 바이어스 노드를 돌아가며 실행
        for m in range(M+1):
            activation[data][n] += weight[m][n] * inputs[data][m]

        # 뉴런을 활성화할지 비활성화할지 결정
        if activation[data][n] > 0:
            activation[data][n] = 1
        else
            activation[data][n] = 0
```

파이썬의 수치 관련 라이브러리 **넘파이**는 배열과 행렬의 곱셈 수행에서 편리한 방법을 (MATLAB과 R이 제공하는 것과 유사함) 제시한다. 이를 이용하면 더 작은 반복문을 사용해서 코드를 작성할 수 있고, 더 읽기 쉽고 짧은 코드로도 같은 기능을 구현할 수 있다. 처음

에는 쉽게 이해되지 않으며, 이해를 돕기 위해 약간의 수학 개념 특히 배열과 행렬을 살펴볼 필요가 있다. 컴퓨터 계산에서 배열은 단지 2차원적인 **행렬**을 나타낸다. 네트워크의 가중치들의 집합을 배열로 np.array를 통해서 만들 수 있고, 이는 $m+1$개의 행(입력 노드 $+1$개의 바이어스 노드)과 n개의 열(뉴런의 개수)을 갖는다. 배열의 위치(i, j)에는 입력 i와 뉴런 j를 연결하는 가중치를 담고 있다. 수학적으로 잘 정의된 배열과 행렬의 곱으로 표현하는 방법을 통해서 많은 부분을 간단하게 만들어 준다. 고등학교 때 이미 배운 내용이지만, 행렬의 곱셈은 두 행렬의 **내적 차원**(inner dimensions)이 같을 때만 가능하다. 행렬 **A**의 크기가 $m \times n$이고 행렬 **B**의 크기가 $n \times p$라고 가정하자. 여기서 **A**행렬과 **B**행렬을 곱하기 위해서 보이는 n이 바로 내적 차원을 나타내는데 이는 $(m \times n) \times (n \times p)$로 표현된다.

AB는 가능하나 **BA**는 $m = p$가 충족되지 않으면 불가능하다. 두 행렬의 곱셈은 **B**의 **첫 번째 열**을 반시계방향으로 90도 돌려서 행으로 만들고, **A**의 첫 번째 행과 각각의 요소들끼리의 곱의 합으로 계산한다. 이렇게 계산된 값이 답 행렬의 첫 번째 요소가 된다. 마찬가지로 첫 번째 행의 두 번째 요소의 값은 **B**의 두 번째 열을 반시계방향으로 90도 돌려서 행으로 만들고, **A**의 첫 번째 행과 각각의 요소들의 곱의 합으로 계산한다. 다음의 예를 살펴보자.

$$
\begin{pmatrix} 3 & 4 & 5 \\ 2 & 3 & 4 \end{pmatrix} \times \begin{pmatrix} 1 & 3 \\ 2 & 4 \\ 3 & 5 \end{pmatrix} \tag{3.13}
$$

$$
= \begin{pmatrix} 3 \times 1 + 4 \times 2 + 5 \times 3 & 3 \times 3 + 4 \times 4 + 5 \times 5 \\ 2 \times 1 + 3 \times 2 + 4 \times 3 & 2 \times 3 + 3 \times 4 + 4 \times 5 \end{pmatrix} \tag{3.14}
$$

$$
= \begin{pmatrix} 26 & 50 \\ 20 & 38 \end{pmatrix} \tag{3.15}
$$

넘파이는 이와 같은 곱셈 연산을 np.dot() 함수를 통해서 제공한다. >>> 는 파이썬의 명령어 입력(command line)을 의미한다. 따라서 위와 같은 계산을 위해서 다음을 실행해 보자.

```
>>> import numpy as np
>>> a = np.array([[3,4,5],[2,3,4]])
>>> b = np.array([[1,3],[2,4],[3,5]])
>>> np.dot(a,b)
array([[26, 50],
       [20, 38]])
```

np.array() 함수는 넘파이 배열을 만들어 주며, 꺾쇠괄호(square brackets) 안에 꺾쇠괄호들을 정의한 경우에는 배열의 각각의 행이 배열로 정의된 행렬이 된다. 명령어 입력을 통해서 2차원 배열 안의 값들을 콤마를 이용해서 여러 행을 한 줄에 입력할 수 있지만, 넘파이를 이용해 이를 출력해 보면 값들을 더 잘 보이도록 행렬의 각 행을 다른 줄에 보여 준다는 사실에 주목하자.

퍼셉트론을 완성하기까지는 많은 여정이 남은 것처럼 보이지만, 이제 거의 다 왔으니 조금 더 다가가 보자. 입력 벡터들은 $N \times m$ 크기의 2차원 배열로 N은 입력 벡터들의 크기이며, m은 입력 값들의 개수를 나타낸다. 가중치 배열은 $m \times n$ 크기로 나타내서 두 행렬의 곱셈 연산이 가능하도록 한다. 출력 값들은 $N \times n$ 행렬의 크기를 갖고, 각 요소의 값은 뉴런들이 각각 N개 입력 벡터에 대한 계산 값들의 합을 담고 있다. 다음으로, 활성화를 이들의 합으로 계산하면 된다. 넘파이는 np.where(condition, x, y)라는 유용한 함수가 있는데 condition은 논리적 연산자이며, x와 y는 값들이다. 이 함수는 행렬을 반환하는데 condition이 참인 곳에는 x값을 대입하고, 그렇지 않은 곳에는 y값을 대입한다. 다음의 예를 보자.

```
>>> np.where(a>3,1,0)
array([[0, 1, 1],
       [0, 0, 1]])
```

3보다 큰 곳에는 $x = 1$ 값을 리턴하고, 작거나 같은 곳에는 $y = 0$ 값을 리턴한 것을 볼 수 있다. 이 함수를 이용하면 너무나도 간편하게 퍼셉트론의 리콜 함수는 두 줄의 코드로 다음과 같이 쓰여질 수 있다.

```
# 활성화 계산
activations = np.dot(inputs,self.weights)

# 임계 값 비교 후 활성화 결정
return np.where(activations>0,1,0)
```

트레이닝 과정은 그리 어렵지 않다. 초반 트레이닝 알고리즘은 리콜 계산 부분과 같고, 정의된 함수로 진행된다. pcnfwd라는 함수는 전체 네트워크를 실행시키고, 출력 값을 구한다. 가중치 업데이트는 다음과 같이 계산된다. 가중치는 $m \times n$ 행렬, 활성화 결과는 $N \times n$ 행렬, 입력 값은 $N \times m$ 행렬로 구성되어 있다. 따라서 np.dot(inputs, targets-activations) 를 이용해서 행렬의 곱을 계산하기 위해서는 입력 행렬을 $m \times N$으로 변형시켜야 한다. 이 는 행과 열을 바꿔 주는 np.transpose() 함수를 통해서 가능하다.

```
>>> np.transpose(a)
array([[3, 2],
       [4, 3],
       [5, 4]])
```

이를 사용하면 전체 네트워크의 가중치 업데이트는 한 줄의 코드로 가능하다(학습률은 에타(eta)로 표현됨, η).

```
self.weights -= eta*np.dot(np.transpose(inputs),self.activations-targets)
```

입력 행렬이 올바른 크기라는 가정하에(np.shape() 함수를 이용해서 행렬의 각 차원의 크기 를 확인할 수 있다), 이제 남은 것은 입력 벡터에 바이어스 노드(-1값)를 덧붙이고, 가중치에 초기화 값을 설정하는 것이다. 우선, np.concatenate() 함수를 통해서 행렬의 크기를 조절 할 수 있는데 1차원의 배열에 -1값들을 입력하고, 이를 입력 배열에 넣는다(코드에서 nData 는 책에서 N과 같다).

```
inputs = np.concatenate((inputs,-np.ones((self.nData,1))),axis=1)
```

다음으로, 가중치들에 초기화 값을 설정한다. 모든 값을 0으로 설정해도 학습이 완료되 면 알고리즘은 결국 정답을 도출할 것이다. 그 대신 4.2.2절에서 다룰 작은 난수 값들로 가중치들을 초기화한다(nIn은 m이며 nOut은 n이다).

```
weights = np.random.rand(nIn+1,nOut)*0.1-0.05
```

이제 필요한 코드를 부분별로 다 살펴봤고 이를 종합하면 된다. 이 책의 웹사이트에 방문 해서 전체 프로그램인 pcn.py를 살펴보자. 알고리즘에 모든 입력 값들이 들어가고, 오류 값이 계산되고, 가중치 값들은 한꺼번에 배치(batch)로 업데이트되는 배치 버전(batch version)이므로 코드는 조금 다르다. 처음 선보인 **순차 버전**(sequential version)과는 다른 **배치 버전**(batch version)은 파이썬으로 작성할 때 더 간단하고 잘 동작한다.

손으로 계산해 봤던 OR 예제를 통해서 코드를 동작시켜 보자. OR 데이터를 만들어 내는 것은 쉬운데 코드를 데이터에 동작시키기 위해서는 파일을 읽어야 하고(pcn), pcntrain 함수를 실행시켜야 한다. 아래에는 배열을 설정하고 함수를 실행시키는 방법과 난수로 초기화된 가중치를 사용해서 프로그램의 5번 실행 반복 결과를 보여 주고 있다(가중치는 첫 번째 반복이 지나고 나서 변화하지 않았는데, 물론 난수를 이용했으므로 실행 때마다 다른 결과 값을 보여 줄 것이다).

```
>>> import numpy as np
>>> inputs = np.array([[0,0],[0,1],[1,0],[1,1]])
>>> targets = np.array([[0],[1],[1],[1]])
>>> import pcn_logic_eg
>>>
>>> p = pcn_logic_eg.pcn(inputs,targets)
>>> p.pcntrain(inputs,targets,0.25,6)
Iteration: 0
[[-0.03755646]
 [ 0.01484562]
 [ 0.21173977]]
Final outputs are:
[[0]
 [0]
 [0]
 [0]]
Iteration: 1
[[ 0.46244354]
 [ 0.51484562]
 [-0.53826023]]
Final outputs are:
[[1]
 [1]
 [1]
 [1]]
Iteration: 2
[[ 0.46244354]
 [ 0.51484562]
 [-0.28826023]]
Final outputs are:
[[1]
 [1]
```

```
        [1]
        [1]]
  Iteration: 3
  [[ 0.46244354]
   [ 0.51484562]
   [-0.03826023]]
  Final outputs are:
  [[1]
   [1]
   [1]
   [1]]
  Iteration: 4
  [[ 0.46244354]
   [ 0.51484562]
   [ 0.21173977]]
  Final outputs are:
  [[0]
   [1]
   [1]
   [1]]
  Iteration: 5
  [[ 0.46244354]
   [ 0.51484562]
   [ 0.21173977]]
  Final outputs are:
  [[0]
   [1]
   [1]
   [1]]
```

여기서 우리는 네 개의 데이터포인트 (0, 0), (1, 0), (0, 1), (1, 1)을 입력 값으로 퍼셉트론을 트레이닝시켰다. 하지만 새로운 (0.8, 0.8)과 같은 입력 값에 대해도 뉴럴 네트워크는 출력 값을 예측할 수 있다. (0.8, 0.8)과 같은 예제는 논리 함수 측면에서는 말이 되지 않지만, 뉴럴 네트워크로 할 수 있는 대부분의 것들이 흥미롭다는 것을 보여 준다. 그림 3.6은 **결정 경계**(decision boundary)를 보여 주는데 입력 값에 관해서 어떻게 결과를 추론할지를 십자가와 원의 경계를 통해 보여 준다. 3.4절에서 왜 결정 경계가 직선을 갖는지 더 살펴보겠다.

위의 퍼셉트론 알고리즘이 출력한 결과들은 트레이닝 입력 값에 관한 것이다. 네트워크를 사용해서 pcnfwd 함수를 실행하면 다른 입력 값에 대해서 결과를 도출할 수 있다. 하지만 데이터에 −1값들을 마지막에 덧붙여 줘야 한다.

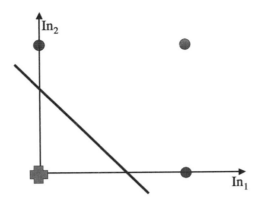

그림 3.6 OR 함수에 대한 퍼셉트론의 결정 경계

```
>>> # 입력 값의 행렬에 바이어스 노드 추가하기
>>> inputs_bias = np.concatenate((inputs,-np.ones((np.shape(inputs)[0],1))), axis=1)
>>> pcn.pcnfwd(inputs_bias,weights)
```

테스트 데이터에 대한 결과는 2.2절에서 설명된 트레이닝 알고리즘의 정확도를 측정하기 위해 사용될 수 있다.

지금까지의 데이터에 대한 학습 설명은 1969년의 뉴럴 네트워크 기술 정도까지 도달했다. 그 이후로 민스키(Minsky)와 파퍼트(Papert)는 《퍼셉트론즈(Perceptrons)》라는 책을 출판했다. 이 책을 통해서 퍼셉트론의 학습 가능성에 대해 연구해 보고, 또 네트워크가 학습할 수 있는 영역과 없는 영역에 대해서도 설명했다. 불행히도 이 책을 통해서 뉴럴 네트워크에 대한 연구는 20년 동안 이뤄지지 않았다. 그 이유를 알기 위해서 퍼셉트론의 학습을 다른 방향에서 살펴보겠다.

3.4 선형 분리성

그렇다면 퍼셉트론이 계산하는 것은 무엇일까? OR 데이터의 출력 뉴런 예제에서는 뉴런이 활성화하는 경우를 비활성화하는 경우로부터 분리시키려 했다. 그림 3.4의 오른쪽 그래프는 직선을 사용해 십자가를 원으로부터 쉽게 분리해 낼 수 있다(결과는 그림 3.6 참조). 이것이 바로 퍼셉트론이 시도하는 것이다. 퍼셉트론은 뉴런이 활성화하는 곳과 비활성화하는 곳을 나누는 2D에서는 직선을 찾고, 3D에서는 **면**을 찾고, 더 높은 차원에서는 **초평면**을 찾는다.

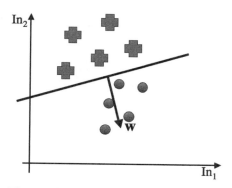

그림 3.7 데이터를 두 클래스로 나누는 결정 경계

이 선을 **결정 경계**(decision boundary) 또는 **판별식**(discriminant function)이라고 부르는데 이에 관한 예가 그림 3.7에 나와 있다.

프로그램 구현에서 사용했던 행렬의 표기법을 다시 생각해 보자. 단, 여기서는 하나의 벡터 $\mathbf{x}$를 사용한다. 뉴런은 $\mathbf{x} \cdot \mathbf{w}^T \geq 0$($\mathbf{w}$는 $\mathbf{W}$의 행이며, 특정 뉴런에 대한 입력을 담고 있으며, OR 예제의 $\mathbf{W}$와 같으며, $\mathbf{w}^T$는 $\mathbf{w}$의 행 벡터들을 **열 벡터**로 바꾸기 위한 **트랜스포스**(transpose)다)일 때 활성화한다. $\mathbf{a} \cdot \mathbf{b}$ 표기는 두 벡터의 **내적**(inner product) 또는 **스칼라곱**(scalar product)을 표시한다. 첫 번째 벡터의 n번째 요소와 두 번째 벡터의 n번째 요소를 곱하고, 요소들을 모두 합한다. 고등학교 때 배웠듯이, $\mathbf{a} \cdot \mathbf{b} = \|a\| \|b\| \cos \theta$이며, θ는 $\mathbf{a}$와 $\mathbf{b}$ 사이의 각도를 의미하고, $\|a\|$는 벡터 $\mathbf{a}$의 길이를 의미한다. 내적은 두 벡터의 각도를 계산해서 이 길이와의 곱으로 구한다. 넘파이에서는 np.inner() 함수로 계산할 수 있다.

퍼셉트론으로 다시 돌아와서, 결정 경계는 입력 벡터가 $\mathbf{x}_1 \cdot \mathbf{w}^T = 0$이 되는 곳인데 $\mathbf{x}_2 \cdot \mathbf{w}^T = 0$이 되는 다른 입력 벡터 $\mathbf{x}_2$를 찾았다고 가정하자. 두 개의 식을 같이 합하면 다음과 같다.

$$\mathbf{x}_1 \cdot \mathbf{w}^T = \mathbf{x}_2 \cdot \mathbf{w}^T \tag{3.16}$$

$$\Rightarrow (\mathbf{x}_1 - \mathbf{x}_2) \cdot \mathbf{w}^T = 0. \tag{3.17}$$

마지막 식이 의미하는 바가 무엇인가? 내적이 0이 되기 위해서는 $\|a\|$ 또는 $\|b\|$ 또는 $\cos \theta$가 0이 되어야 한다. $\|a\|$나 $\|b\|$가 0이 될 이유가 없으므로 $\cos \theta = 0$이어야 한다. 이는 바로 $\theta = \pi / 2$(또는 $-\pi / 2$)가 되어야 함을 나타내고, 두 벡터들은 서로 직교해야 한다는 의미다. 그림 3.7에서 보듯이 $\mathbf{x}_1 - \mathbf{x}_2$는 결정 경계에 놓인 두 점을 연결하는 직선이며, 가중치 벡터 $\mathbf{w}^T$는 반드시 수직이 되어야 한다.

입력 데이터와 목표 값이 주어진 상태에서 퍼셉트론은 예제들을 뉴런이 활성화하고 비활성화하는 영역으로 분류하는 직선을 찾는다. 물론, 직선이 존재한다면 좋은 일이지만, 그렇지 않다면 문제가 많다. 이렇게 직선이 존재하는 경우는 **선형 분리**(linearly separable) 경우라고 부른다. 만약에 학습하고자 하는 데이터에 분리할 수 있는 직선이 존재하지 않으면 어떨까? 이런 경우는 매우 쉽게 만들 수 있으며, 논리 함수에도 존재한다. 직접 살펴보기 전에 한 개 이상의 뉴런이 있다면 어떻게 될까 생각해 보자. 각각의 뉴런에 대한 가중치는 다른 직선을 나타내므로 여러 개의 뉴런들로는 여러 개의 직선을 사용해서 공간을 여러 개의 클래스들로 분류할 수 있을 것이다. 그림 3.8에 네 개의 뉴런을 이용한 퍼셉트론의 결정 경계선을 보여 주고 있고, 이를 통해서 클래스들을 잘 분류할 수 있다.

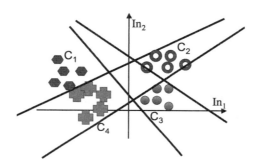

그림 3.8 네 개의 뉴런을 사용한 퍼셉트론이 계산한 결정 경계

3.4.1 퍼셉트론 수렴 이론

1969년의 뉴럴 네트워크 기술 수준에 이르기 위해 살펴볼 중요한 한 가지 사실이 더 있다. 로젠블랫(Rosenblatt)은 1962년에 발표한 증명(proof)에서 퍼셉트론은 직선으로 분리할 수 있는 데이터라면 클래스들을 나누는 해법을 찾으며 유한 숫자의 반복을 통해서 수렴한다는 사실을 보였다. 전체 반복 횟수는 $1/\gamma^2$에 제한을 받는데, γ는 분류하는 초평면과 가까운 데이터 점과의 거리다. 정리(theorem)의 증명은 꽤 간단한 대수학이 요구되는데 이를 함께 살펴보겠다. 정수(R)의 범위에 있다면 강력하게 요구되는 사항은 아니지만, 모든 입력 벡터의 크기를 $\|\mathbf{x}\| \leq 1$라고 가정하자.

직선으로 분리할 수 있다고 가정했으니 데이터를 분류하는 가중치 벡터 $\mathbf{w}^*$가 존재한다. 퍼셉트론 학습 알고리즘은 $\mathbf{w}^*$와 가능하다면 평행한 어떤 벡터 $\mathbf{w}$를 찾기 위해 노력할 것이다. 두 벡터가 평행한지 알아보려면 내적 $\mathbf{w}^* \cdot \mathbf{w}$을 사용하는데 두 벡터가 평행하면 그 사이 각도가 $\theta = 0$이고 $\cos \theta = 1$이며, 그때 내적 값이 최대가 된다. 따라서 가중치를 업데

이트할 때 $\mathbf{w}^* \cdot \mathbf{w}$가 계속 증가하면 알고리즘이 수렴한다는 것을 보이는 것이다. 하지만 $\mathbf{w}^* \cdot \mathbf{w} = \|\mathbf{w}^*\|\|\mathbf{w}\| \cos \theta$이므로 $\mathbf{w}$의 길이도 너무 커지지 않는 것을 확인해야 한다. 따라서 가중치를 업데이트할 때 $\mathbf{w}^* \cdot \mathbf{w}$ 값과 $\mathbf{w}$의 길이를 확인해야 한다.

알고리즘의 t 번째 반복에서 네트워크에 어떤 특정한 출력 값 y를 생산하는 입력 값 $\mathbf{x}$를 입력했다고 하자. 이때 네트워크는 잘못된 출력 값을 만들어 $y\mathbf{w}^{(t-1)} \cdot \mathbf{x} < 0$이 되었다고 하자. 여기서 $(t-1)$은 $(t-1)$번째 스텝에서의 가중치를 가리킨다. 가중치는 $\mathbf{w}^{(t)} = \mathbf{w}^{(t-1)} + y\mathbf{x}$로 업데이트되어야 한다(간단히 하기 위해 $\eta = 1$로 설정하며, 이는 퍼셉트론의 경우에는 상관없다).

이 변화가 어떻게 영향을 미치는지 보기 위해 약간의 계산이 필요하다.

$$
\begin{aligned}
\mathbf{w}^* \cdot \mathbf{w}^{(t)} &= \mathbf{w}^* \cdot \left(\mathbf{w}^{(t-1)} + y\mathbf{x} \right) \\
&= \mathbf{w}^* \cdot \mathbf{w}^{(t-1)} + y\mathbf{w}^* \cdot \mathbf{x} \\
&\geq \mathbf{w}^* \cdot \mathbf{w}^{(t-1)} + \gamma
\end{aligned} \tag{3.18}
$$

여기서 γ는 $\mathbf{w}^*$에 의해 정해진 최적의 초평면과 어느 데이터와의 최소 거리다.

위의 식을 통해서 어떤 가중치의 업데이트도 내적은 적어도 γ만큼 증가하며, t번째 반복이 지나면 가중치 업데이트는 $\mathbf{w}^* \cdot \mathbf{w}^{(t)} \geq t\gamma$가 된다. **코시 슈바르츠 부등식**(Cauchy–Schwartz inequality)을 이용해서 $\mathbf{w}^* \cdot \mathbf{w}^{(t)} \leq \|\mathbf{w}^*\|\|\mathbf{w}^{(t)}\|$가 되며, 두 식을 통해서 $\|\mathbf{w}^{(t)}\|$ 길이에 대한 하한 값(lower bound) $\|\mathbf{w}^{(t)}\| \geq t\gamma$를 알아낼 수 있다.

t반복 후에 가중치 벡터의 길이는 다음과 같다.

$$
\begin{aligned}
\|\mathbf{w}^{(t)}\|^2 &= \|\mathbf{w}^{(t-1)} + y\mathbf{x}\|^2 \\
&= \|\mathbf{w}^{(t-1)}\|^2 + y^2\|\mathbf{x}\|^2 + 2y\mathbf{w}^{(t-1)} \cdot \mathbf{x} \\
&\leq \|\mathbf{w}^{(t-1)}\|^2 + 1
\end{aligned} \tag{3.19}
$$

마지막 식에서 $y^2 = 1$와 $\|\mathbf{x}\| \leq 1$이고, 네트워크가 오류를 발행했으므로 $\mathbf{w}^{(t-1)}$와 $\mathbf{x}$는 서로 수직이다. 이를 통해서 t 스텝 후에 $\|\mathbf{w}^{(t)}\|^2 \leq k$가 된다.

이 두 개의 부등식을 합치면 다음과 같이 된다.

$$
t\gamma \leq \|\mathbf{w}^{(t-1)}\| \leq \sqrt{t}, \tag{3.20}
$$

또한, $t \leq 1/\gamma^2$ 조건에 따라서 많은 반복 후에 알고리즘은 수렴하게 된다.

가중치가 직선으로 분리할 수 있다면 알고리즘이 수렴한다는 것을 보았고, 걸리는 시간은 초평면과 가장 가까운 데이터 포인트 사이의 거리 함수라는 것을 보았다. 이는 마진(margin)이라고 불리는데 8장에서 이 정보를 이용하는 알고리즘을 살펴볼 것이다. 퍼셉트론은 모든 트레이닝에서 정답을 출력할 수 있으면 학습을 멈추고, 최대 **마진**(margin)을 찾는 다는 보장은 할 수 없지만, 직선으로 분리할 수 있다면 이를 찾을 수 있다. 하지만 데이터 가 직선으로 분리할 수 없다면 무슨 일이 일어날지 모른다. 이를 알아보기 위해 다른 예제 로 넘어가겠다.

3.4.2 배타적 논리합 함수

XOR 함수는 OR 함수와 같이 네 개의 입력 값을 받는데 이는 그림 3.9와 같다. 그림을 보면 직선을 통해서는 true값을 false값과 분류할 수 없다는 것을 알 수 있다(십자가들과 원들을 분류).

In₁	In₂	t
0	0	0
0	1	1
1	0	1
1	1	0

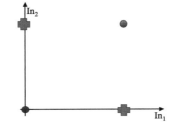

그림 3.9 XOR 논리 함수에 이용된 입력 값과 목표 값 그리고 네 개의 데이터

이번 예제에서 보면 XOR 함수는 직선으로 분리할 수 없다. 위의 분석이 맞다면 퍼셉트론은 정답을 도출해 낼 수 없을 것이다. 퍼셉트론 코드를 이용해서 다음을 도출할 수 있다.

```
>>> targets = np.array([[0],[1],[1],[0]])
>>> pcn.pcntrain(inputs,targets,0.25,15)
```

그리고 다음과 같은 출력을 보인다(초반 반복은 제외했다).

```
Iteration: 11
[[ 0.45946905]
 [-0.27886266]
 [-0.25662428]]
Iteration: 12
[[-0.04053095]
```

```
    [-0.02886266]
    [-0.00662428]]
Iteration: 13
[[ 0.45946905]
  [-0.27886266]
  [-0.25662428]]
Iteration: 14
[[-0.04053095]
  [-0.02886266]
  [-0.00662428]]
Final outputs are:
[[0]
  [0]
  [0]
  [0]]
```

알고리즘은 수렴하지 않으며, 두 가지 틀린 답을 계속 반복하기만 하고 오래 실행한다고 해도 이는 변화하지 않는다. 이렇게 간단한 논리 함수조차도 퍼셉트론은 정답을 학습하는 데 실패한다. 이것이 민스키와 파퍼트가 《퍼셉트론즈》에서 밝힌 사실이며, 퍼셉트론은 이런 문제조차 풀 수 없는 것이 밝혀지면서 오랫동안 뉴럴 네트워크 연구는 중지되었다. 이를 위한 명확한 해결책이 있는데 뉴럴 네트워크를 더 복잡하게 만드는 것이다. 뉴런을 더 만들어서 복잡하게 서로 연결해 보고 도움이 되는지 알아보겠다. 이는 네트워크의 트레이닝을 더욱 어렵게 만드는데 다음 장에서 더 자세하게 알아보도록 하겠다.

3.4.3 도움이 될 만한 통찰력

3.4.2절 토론을 통해서 XOR 함수는 선형 함수로는 풀 수 없다고 생각할 수 있지만, 이는 사실이 아니다. 그림 3.10처럼 2차원 대신 3차원으로 문제를 다시 작성해 보면 두 클래스를 분류해 내는 평면을 찾을 수 있다. 3차원으로 문제를 다시 작성한다는 말은 곧, (x, y)면에서 봤을 때 변함이 없도록 3차원 좌표를 따라서 $(0, 0)$의 좌표계를 옮겨야 한다는 말이다. 함수에 대한 진리표(truth table)는 그림 3.10 왼쪽에 나와 있다(3차원이 추가되었고, $(0,0)$의 위치를 변형시켰다).

In$_1$	In$_2$	In$_3$	출력 값
0	0	1	1
0	1	0	0
1	0	0	0
1	1	0	1

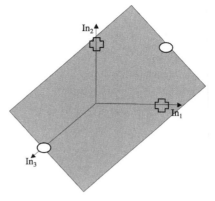

그림 3.10 3차원 XOR 문제에 대한 결정 경계(어두운 평면)는 십자가를 평면의 아래로 분류하고, 원을 위로 분류한다.

이를 보여 주기 위해서 같은 퍼셉트론 코드를 사용했다.

```
>>> inputs = np.array([[0,0,1],[0,1,0],[1,0,0],[1,1,0]])
>>> pcn.pcntrain(inputs,targets,0.25,15)
Iteration: 14
[[-0.27757663]
 [-0.21083089]
 [-0.23124407]
 [-0.53808657]]
마지막 출력 값은:
[[0]
 [1]
 [1]
 [0]]
```

사실 두 개의 클래스에 대해서 선형 함수로 분류하는 것은 올바른 차원의 수를 사용한다면 항상 가능하다. 효율적인 방법으로 이 같은 문제를 해결하는 방법들이 많이 있으며, **커널 분류기**(kernel classifier)라고 부른다. 커널 분류기는 **서포트 벡터 머신**의 기본이 되는데 이에 대해서 8장에서 다루겠다.

지금은 선형 퍼셉트론으로 비선형 데이터를 해결하기 위해 비선형 변수(non-linear variables) 사용을 피할 수 없게 된다. 예를 들면, 그림 3.11은 같은 데이터세트의 두 가지 버전을 보여 준다. 왼쪽에는 x_1, x_2가 좌표계이며, 오른쪽에는 x_1, x_2, $x_1 \times x_2$가 좌표계가 된다. 여기에 데이터를 나눌 수 있는 평면을 적용하는 것은 쉽다(2D의 직선).

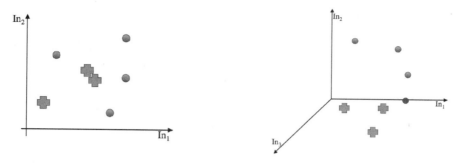

그림 3.11 왼쪽: 분리 불가능한 2D 데이터. 오른쪽: 같은 데이터를 세 번째 좌표계 $x_1 \times x_2$ 사용 시 분리 가능하다.

컴퓨터를 사용해서 어려운 산술 연산을 적용하기 전에 통계학에서는 분류와 회귀 문제를 오랫동안 다뤄왔으며, 선형 방법은 오랫동안 사용되어 왔다. 학습에 대한 다른 이해를 제공했는데 이제 통계학과 컴퓨터 사이언스 방법을 통해서 전체 영역에 관해 더 이해할 수 있게 했다. 3.5절에서 **선형 회귀**(linear regressor) 통계학 방법을 살펴볼 것인데 그전에 퍼셉트론을 사용해서 다른 예제를 살펴보겠다. 예제로 필요한 코드와 결과를 제공하며, 나머지 부분은 책을 읽으면서 직접 알아가도록 하자.

3.4.4 또 다른 예제: 피마 인디언 데이터세트

UCI 머신러닝 저장소(http://archive.ics.uci.edu/ml/)는 매우 많은 데이터를 제공하는데 이를 사용해서 머신러닝 알고리즘을 실행하고 테스트할 수 있다. 퍼셉트론과 선형 회귀 모델을 테스트하기 위해서는 아주 잘 알려진 데이터세트를 사용한다. 미국 애리조나 주의 피마 인디안(Pima Indians) 그룹의 여덟 가지 측정 값을 머신러닝 저장소에서 제공하는데 이를 통해서 당뇨병이 있는지 없는지를 분류한다. UCI 저장소에 피마(pima)라고 불리는 데이터로 제공되고 있고, 폴더 안에 파일은 각각 다른 변수들의 의미를 제공한다.

이를 다운로드받고 관련된 모듈들을 임포트(import)하고(넘파이를 통해서 배열을 사용하고, PyLab을 통해 데이터 그래프를 사용하며, Perceptron을 책의 웹사이트로부터 받아서 사용한다), 파이썬에 데이터를 로드한다. 이를 위해서 다음을 참고한다(모든 **임포트**들이 다 바로 필요한 것은 아니지만 나중에 사용할 것이다).

```
>>> import os
>>> import pylab as pl
```

```
>>> import numpy as np
>>> import pcn

>>> os.chdir('/Users/srmarsla/Book/Datasets/pima')
>>> pima = np.loadtxt('pima-indians-diabetes.data',delimiter=',')
>>> np.shape(pima)
(768, 9)
```

os.chdir의 폴더는 실제로 데이터가 저장된 장소로 변경해야 한다. np.loadtxt() 커맨드를 사용해서 어떤 문자를 사용해서 데이터들을 분리할지 결정한다. np.shape()를 통해서 768개 데이터들이 있고, 각각의 행은 9개의 번호를 갖고 있다. 이들은 8차원의 데이터와 클래스(파이썬은 0번부터 시작하는 인덱스로 8번 인덱스가 클래스)를 나타낸다. 이와 같이 각 행별로 하나씩의 데이터가 정렬되어 있는 형태가 이 책에서 계속 사용될 포맷이다.

데이터를 살펴보면 전체 데이터는 8차원의 데이터를 담고 있어서 한 번에 그래프로 표현할 수 없다는 것을 알 수 있다. 하지만 어떠한 2차원 데이터를 표현하는 것은 가능하다. 그럼 몇 가지 차원들을 살펴보자. 두 개의 클래스들을 그래프로 표현하기 위해서 np.where를 사용한다. 이를 사용해서 다른 모양과 색을 사용해 그래프로 표현할 수 있는데 Matplotlib의 pl.plot 커맨드를 사용해야 하며, 이를 위해 임포트해야 한다(import pylab as pl 사용). 하나의 클래스의 인덱스들은 indices0에 또 다른 클래스의 인덱스들을 indices1에 담고 나면 다음을 사용할 수 있다.

```
pl.ion()
pl.plot(pima[indices0,0],pima[indices0,1],'go')
pl.plot(pima[indices1,0],pima[indices1,1],'rx')
pl.show()
```

그림 3.12에서 볼 수 있듯이 녹색 원과 빨간 십자가의 첫 2차원을 그림으로 표현한다. pl.ion()은 데이터가 실제로 그래프로 그려지는 것을 확인해 주며, 소프트웨어 설정에 따라서 필요하지 않을 수 있고, pl.show()는 프로그램이 중지되어도 그래프가 같이 중지되지 않도록 해준다. 피처들을 보면 두 개의 클래스를 직선으로 분리할 수 없어 보인다. 하지만 다른 조합의 피처들을 살펴보고 더 좋은 대안을 찾아보자.

전체 데이터세트에 퍼셉트론을 사용해 보자. 다양한 학습률을 설정해 보고 다른 반복 횟수도 적용해 본다. 전체적으로 50 ~ 70% 정도의 정답률을 오류 행렬 명령어 confmat()을

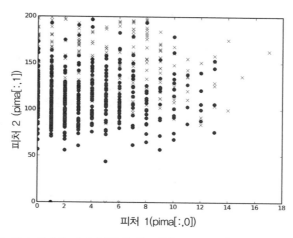

그림 3.12 피마 인디언 데이터세트의 첫 2차원 그래프를 'x'와 '○' 클래스로 표시

통해서 확인할 수 있다. 그렇게 나쁜 결과는 아니지만, 너무 불안정하며 때로는 30% 정확도를 보이기도 하는데 이는 매우 좋지 않은 결과다.

```
p = pcn.pcn(pima[:,:8],pima[:,8:9])
p.pcntrain(pima[:,:8],pima[:,8:9],0.25,100)
p.confmat(pima[:,:8],pima[:,8:9])
```

트레이닝과 테스팅에 같은 데이터를 적용했으므로 이는 물론 2.2절에서 살펴본 대로 공평하지 않은 테스트다. 이를 해결하기 위해 짝수의 데이터 포인트들을 트레이닝에 적용하고, 홀수 번호의 데이터 포인트를 테스팅에 적용해 본다. 연산자를 사용해서 이를 쉽게 적용할 수 있는데 시작점과 마지막 점을 스텝 사이즈와 함께 적용할 수 있으며, 넘파이는 숫자가 입력되지 않은 곳에 자동으로 처음과 끝점을 입력한다.

```
trainin = pima[::2,:8]
testin = pima[1::2,:8]
traintgt = pima[::2,8:9]
testtgt = pima[1::2,8:9]
```

지금으로는 트레이닝과 테스트 세트를 걱정하기보다 결과를 어떻게 발전시킬지 생각해 보자. 또한, 데이터 **전처리**(preprocessing)를 준비한다.

3.4.5 전처리 : 데이터 사전 준비

머신러닝 알고리즘은 입력 값과 목표 값의 분석을 위해 미리 준비하고, 네트워크를 트레이닝할 때 아주 효율적인 학습을 한다. 기본적인 예제로 뉴런 출력 값으로 0 또는 1을 사용하고, 이들이 0과 1값이 아닐 경우 이를 0과 1값이 되도록 변형한다. 사실 활성화 함수를 출력층 뉴런들에 적용해서 목표 값을 0과 1로 변형하는 것은 아주 일반적이며, 이를 통해서 가중치 값이 불필요하게 커지는 것을 막을 수 있다. 입력 값을 스케일링하는 것 역시 문제에 도움이 된다. 가장 일반적인 입력 데이터 스케일링 방법은 각각의 데이터 차원별로 독립적으로 처리하고, 평균 0에 단위 분산을 갖도록 만들거나 최대 1값 최소 −1값을 갖는 범위로 변경하는 것이다. 두 가지 스케일링 방법 모두 비슷한 효과를 보이나, 첫 번째 방법이 이상치 데이터들이(outliers) 다른 데이터들을 방해하는 것을 막을 수 있다. 이 방법은 데이터 **정규화**(normalization) 또는 **표준화**(standardisation)라고 부른다. 정규화의 경우 모든 알고리즘에 필수적이지 않고 도움은 되지만, 어떤 알고리즘에 대해서는 매우 중요하다. 넘파이에서는 np.mean() 과 np.var() 함수를 이용해서 쉽게 수행할 수 있지만, axis=0 열들과 axis=1 행들을 다 합할 때 조심해야 한다. 여기서 입력 변수들만 정규화되어 있음을 주의하자. 이는 항상 사실이 아니며, 이미 목표 값은 0과 1이며, 퍼셉트론의 가능한 출력 값이다.

```
data =(data - data.mean(axis=0))/data.var(axis=0)
targets =(targets - targets.mean(axis=0))/targets.var(axis=0)
```

조심해야 할 부분은 트레이닝과 테스트 세트를 정규화하면 두 데이터는 평균과 분산 값이 다르므로 따로따로 분리되어 버릴 수 있다는 점이다. 이런 이유로 데이터를 분리하기 전에 미리 정규화해야 한다. 데이터세트에 대한 사전 지식 없이 정규화가 가능하지만, 데이터를 살펴보면서 적용할 유용한 데이터 전처리 방법은 존재한다. 예를 들면, 피마 데이터세트의 0번째 열은 임신했던 횟수이며(모든 대상은 여성이다), 7번째 열은 나이다. 임신에 관련된 변수를 먼저 살펴보면 8번 이상 임신한 대상의 숫자는 생각보다 작으며, 이들에 대한 값을 8로 변경해도 무관해 보인다. 동일하게 나이는 **양자화**(quantization)하면 좋으며, 21-30, 31-40, 등등과 같은 방법으로 분리한다(데이터의 최소 나이는 21이다). 이를 위해서 np.where 함수를 사용한다. 이와 같은 변경을 하고 나면 훨씬 좋은 결과를 볼 수 있다.

```
pima[np.where(pima[:,0]>8),0] = 8
```

```
pima[np.where(pima[:,7]<=30),7] = 1
pima[np.where((pima[:,7]>30) &(pima[:,7]<=40)),7] = 2
#데이터 사전 처리를 수행한다.
```

기본적인 형태의 **피처 선택**을 해야 하고, 다른 종류의 피처를 하나씩 사용해서 트레이닝해 보고 더 좋은 결과가 나오는지, 피처를 하나 제외했을 때 더 좋은 결과가 나오는지 살펴본다. 이를 통해 출력 값과 각각의 피처 사이에 **상관관계**를 테스트하는 것이 가장 간단한 방법이다. 더 좋은 방법은 2.4.2절에서 공분산을 통해서 살펴본다. 또한, **차원 축소** 방법을 고려해서 데이터에 관련된 정보를 유지하며, 6장처럼 저차원의 표현법을 만들어 낸다. 퍼셉트론을 논리 함수보다 더 좋은 예제에 사용해 보았고, 이제 또 뉴럴 네트워크가 아닌 통계학에서 시작된 다른 선형 방법을 살펴보겠다.

3.5 선형 회귀

분류에서의 회귀 문제는 일반적으로 통계학에서 다루는 회귀 문제인 데이터를 표현하는 함수선을 찾는 문제와 구별된다. 하지만 분류 문제를 회귀 문제로 변형시키는 것이 일반적이다. 이를 위해서 두 가지 방법이 적용될 수 있는데 첫 번째로는 **지시 변수**(indicator variable)를 사용해서 각각의 데이터가 어떤 클래스에 속하는지를 표시한다. 이제 분류 문제는 데이터를 사용해서 표시 변수를 **예측**하는 회귀 문제가 된다. 두 번째 방법은 반복적인 회귀인데 한 번에 하나씩의 클래스에 적용하는 것이다.

분류 문제는 위와 같은 방법으로 회귀 문제로 변형될 수 있으므로 이제 회귀 문제를 살펴보겠다. 퍼셉트론과 통계 방법들의 차이는 문제가 설정되는 방법이다. 회귀를 위해서는 알고 있는 x_i 값들을 사용해서 알 수 없는 값 y(클래스를 위한 지시 변수 또는 어떤 데이터에 대한 미래 값)에 대한 함수로 계산한다. 직선을 고려해 보면 출력 y는 x_i 값들에 상수 파라미터를 곱한 것의 합이 된다($y = \sum_{i=0}^{M} \beta_i x_i$). β_i는 직선을 정의하며(3D에서 평면, 고차원에서는 초평면) 이들은 데이터 점들을 통과하거나 적어도 점들을 가까이 지나간다.

그림 3.13은 2차원과 3차원에서의 경우를 보여 준다. 이제 데이터에 가장 잘 맞는 선을 (고차원에서 평면이나 초평면) 어떻게 정의하는지를 살펴보겠다. 가장 일반적인 해법은 각 데이터에서 선까지의 거리를 최소화하는 것이다. 점과 선의 최단 거리는 점에서 선까지의 직선을 통해서 찾을 수 있다. 수업시간에 배운 기하학을 바탕으로 이 직선의 거리가 최단

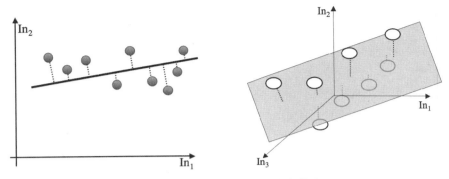

그림 3.13 2차원 3차원에서 선형 회귀

거리임을 알고 있고, 피타고라스 정리를 통해서 거리를 구할 수 있다. 거리들의 합을 **오차 함수**로 정의하고 이를 최소화한다. **최소제곱법**을 사용해서 제곱근을 제외하고, 제곱합 오류를 최소화해서 최솟값을 찾는다. 실제 값과 예측 값 사이의 차이의 제곱에 합을 최소화하기 위해서 파라미터를 선택해야 하며 이는 다음과 같다.

$$\sum_{j=0}^{N} \left(t_j - \sum_{i=0}^{M} \beta_i x_{ij} \right)^2. \tag{3.21}$$

이는 다시 행렬의 형태로 다음과 같이 작성된다.

$$(\mathbf{t} - \mathbf{X}\boldsymbol{\beta})^T (\mathbf{t} - \mathbf{X}\boldsymbol{\beta}), \tag{3.22}$$

여기서 t는 목표 값을 포함한 열 벡터이고, $\mathbf{X}$는 입력 값들의 행렬이다(바이어스 입력 값도 포함한 퍼셉트론과 유사하다). 이를 최소화하기 위해서 파라미터 벡터 β에 대해서 미분하고, 이를 0으로 $\mathbf{X}^T(\mathbf{t} - \mathbf{X}\boldsymbol{\beta}) = 0$을 설정한다($\mathbf{AB}^T = \mathbf{B}^T\mathbf{A}$가 적용될 수 있고, $\beta^T\mathbf{X}^t\mathbf{t} = \mathbf{t}^T\mathbf{X}\beta$ 역시 모두 스칼라 항이므로 적용할 수 있다). 이는 $\beta = (\mathbf{X}^T\mathbf{X})^{-1}\mathbf{X}^T\mathbf{t}$가 된다(행렬 $\mathbf{X}^T\mathbf{X}$는 역행렬을 갖는다고 가정한다). 입력 벡터 $\mathbf{z}$에 대해서 예측 값은 $\mathbf{z}\beta$가 된다. $\mathbf{X}$의 역행렬은 $\mathbf{X}\mathbf{X}^{-1} = \mathbf{I}$를 만족시키며(I는 대각선에 1값을 갖고 나머지에 0값을 갖는 단위 행렬이다), **행렬**이 정사각 행렬일 경우(행과 열이 같은 수인 경우)에만 역행렬이 있으며, **행렬식**(determinant)은 0이 아닌 값이 된다.

파이썬 넘파이의 `np.linalg.inv()` 함수를 사용하면 간단히 계산할 수 있다. 이제 전체 함수는 다음과 같이 작성된다(줄바꿈을 표시하는 문자가 사용되어서 여러 줄들을 연속으로 커맨드 입력하도록 한다).

```
def linreg(inputs,targets):
        inputs = np.concatenate((inputs,-np.ones((np.shape(inputs)[0],1))),axis=1)
        beta = np.dot(np.dot(np.linalg.inv(np.dot(np.transpose(inputs),' inputs)),↵
        np.transpose(inputs)),targets)

        outputs = np.dot(inputs,beta)
```

3.5.1 선형 회귀 예제

논리 OR 함수에 선형 회귀를 사용하는 것은 0과 1 값을 목표 값으로 설정해서 회귀를 수행하고, 이를 통해 분류를 수행하므로 이상해 보인다. 또한, 1.25 값과 같은 출력 값은 1 값이 아닌 값이므로 이를 오류로 여기고, 정확하게 예측된 경우도 오답으로 여기게 된다. 이를 해결하기 위해 다음과 같은 경우의 결과를 살펴보자.

```
[[ 0.25]
 [ 0.75]
 [ 0.75]
 [ 1.25]]
```

이 값들이 무엇을 의미하는지 분명해 보이지 않지만, 이 값들 각각을 0.5값과 비교해서 이보다 작으면 0으로, 크면 1로 설정하면 정답이 된다. XOR 함수에 적용해 보면 이는 여전히 선형 방법임을 보여 준다.

```
[[ 0.5]
 [ 0.5]
 [ 0.5]
 [ 0.5]]
```

선형 회귀를 테스트하는 더 좋은 방법은 실제 회귀 데이터세트를 찾는 것이며, UCI 데이터 저장소는 매우 유용하다. auto-mpg 데이터세트는 자동차에 대한 데이터(무게, 마력, 등)를 사용해서 연료 효율성을 예측한다(갤런당 마일수, mpg). 데이터세트는 몇 가지 과락된 데이터들이 존재한다는 문제가 있다(이들은 ?로 표현됨). 따라서 np.loadtxt() 방법을 사용할 수 없으며, 데이터를 저장하고 ?표가 있는 줄은 하나하나 제거해야 한다. 또한, 자동차 이름의 경우에도 사용할 수 없으므로 다음의 명령어 np.loadtxt를 이용해서 제거한다.

```
auto = np.loadtxt('/Users/srmarsla/Book/Datasets/auto-mpg/auto-mpg.data.txt', comments='"')
```

이제 트레이닝과 테스트 데이터로 분리하고, β 벡터를 트레이닝 세트를 사용해서 찾아 낸다. 이를 통해서 테스트 데이터 예측 값을 얻어내는 데 사용한다. 하지만 혼동 행렬은 결과를 분석할 클래스들이 없으므로 도움이 되지 않는다. 대신에 선형 회귀의 정의에 사용된 제곱합 오류를 사용해서 예측 값과 실제 값 사이의 차이를 사용한다. 분명히 작은 값일 수록 좋은 것이며, 다음과 같이 계산된다.

```
beta = linreg.linreg(trainin,traintgt)

testin = np.concatenate((testin,-np.ones((np.shape(testin)[0],1))),axis=1)
testout = np.dot(testin,beta)
error = np.sum((testout - testtgt)**2)
```

이제 데이터의 정규화가 도움이 되는지 테스트해 보고, 퍼셉트론에서 사용한 피처를 선택할 수 있다. 더 많은 진보된 선형 통계학 방법들이 있는데 이 중 하나인 선형 판별 분석 (linear discriminant analysis)에 관해 알아야 할 것들을 6.1장에서 다루겠다.

더 읽을거리

실제 뇌에 더 알고 싶거나 흥미를 갖고 있다면 다음과 같은 유명한 과학 서적들을 살펴보기 바란다.

- Susan Greenfield. *The Human Brain: A Guided Tour.* Orion, London, UK, 2001.
- S. Aamodt and S. Wang. *Welcome to Your Brain: Why You Lose Your Car Keys but Never Forget How to Drive and Other Puzzles of Everyday Life.* Bloomsbury, London, UK, 2008.

더 공식적인 자료를 위해서는 다음을 참고하자(처음에 나오는 'Roadmaps'에 특히 유의).

- Michael A. Arbib, editor. *The Handbook of Brain Theory and Neural Networks*, 2nd edition, MIT Press, Cambridge, MA, USA, 2002.

맥컬록과 피츠의 원본 논문은 다음과 같다.

- W.S. McCulloch and W. Pitts. A logical calculus of ideas imminent in nervous activity. *Bulletin of Mathematics Biophysics*, 5:115–133, 1943.

다음 책은 뉴럴 네트워크를 기반으로 하는 학습에 대한 매우 좋은 동기가 된다.

- V. Braitenberg. *Vehicles: Experiments in Synthetic Psychology*. MIT Press, Cambridge, MA, USA, 1984.

뉴럴 네트워크의 역사를 알고 싶다면 퍼셉트론 첫 논문과 선형 분별성에 대한 요구를 보여 주는 흥미로운 자료들을 살펴보자(어떤 사람들은 이 분야의 시계를 20년 뒤로 돌린 것에 대해 비판한다). 위드로와 렐(Widrow and Lehr)이 쓴 이 분야의 정리를 살펴보자.

- F. Rosenblatt. The Perceptron: A probabilistic model for information storage and organization in the brain. *Psychological Review*, 65(6):386–408, 1958.
- M.L. Minsky and S.A. Papert. *Perceptrons: An Introduction to Computational Geometry*. MIT Press, Cambridge MA, 1969.
- B. Widrow and M.A. Lehr. 30 years of adaptive neural networks: Perceptron, madaline, and backpropagation. *Proceedings of the IEEE*, 78(9):1415–1442, 1990.

같은 분야를 다른 시각에서 살펴본 서적들은 다음과 같다.

- Chapter 5 of R.O. Duda, P.E. Hart, and D.G. Stork. *Pattern Classification*, 2nd edition, Wiley-Interscience, New York, USA, 2001.
- Sections 3.1–3.3 of T. Hastie, R. Tibshirani, and J. Friedman. *The Elements of Statistical Learning*, 2nd edition, Springer, Berlin, Germany, 2008.

연습 문제

3.1 두 개의 입력 값, 한 개의 출력 값과 활성화 함수를 생각해 보자. 두 가중치 값이 $w_1 = 1$, $w_2 = 1$이고, 바이어스 값은 $b = -1.5$이라면 입력 값 (0, 0)의 출력은? 입력 값 (1, 0), (0, 1), (1, 1) 각각의 출력 값은 무엇인가? 함수에 대한 판별식을 그려 보고, 이 식을 작성해 본다. 어떤 논리 게이트를 표현한 것인가?

3.2 논리 연산자 NOT, NAND, NOR를 만들어 내는 퍼셉트론을 살펴보자.

3.3 **패리티 문제**(parity problem)는 입력된 1의 개수가 짝수이면 1을 출력하고, 홀수이면 0을 출력한다. 퍼셉트론은 세 개의 입력 값에 대해서 학습할 수 있는가? 네트워크를 디자인해서 시도해 보자.

3.4 퍼셉트론과 선형 회귀 코드를 웹사이트에서 저장하고 패리티 문제에 테스트해 보자.

3.5 웹사이트의 퍼셉트론은 배치 업데이트 알고리즘인데 3.3.5절에서 살펴본 대로 전체 데이터세트를 사용해서 오류를 찾고 가중치가 업데이트된다. 코드를 순차적 업데이트할 수 있도록 수정하고, 두 가지 버전의 결과를 비교해 보자.

3.6 퍼셉트론에 의해 처리될 수 없는 사진 프로세싱 작업을 생각해 보자(힌트: 분류를 위해서 각각의 픽셀을 살펴보는 것만으로 처리할 수 없는 작업을 생각해 보자).

3.7 퍼셉트론이 찾은 초평면 결정 경계 공식은 $y(\mathbf{x}) = \mathbf{w}^T\mathbf{x} + b = 0$이다. 점 $\mathbf{x}'$에 대해서 $\|\mathbf{x} - \mathbf{x}'\|^2$를 최소화해서 점에서 초평면까지의 최단거리가 $|y(\mathbf{x}')| / \|w\|$임을 살펴보자.

3.8 이 책의 홈페이지에 있는 손으로 쓴 글씨 그림 데이터(MNIST 데이터세트)를 저장하고 퍼셉트론을 이용해서 학습해 보자.

3.9 웹사이트에 공유된 prostate 데이터를 퍼셉트론과 로지스틱 회귀를 사용해서 결과를 비교해 보자.

3.10 퍼셉트론의 수렴 이론에서 $\|\mathbf{x}\| \leq 1$를 가정했다. 증명을 수정해서 특정 R에 대해서 $\|x\| \leq \mathbf{R}$ 가정을 하도록 하자.

CHAPTER

4

다층 퍼셉트론

지난 장에서 우리는 선형 모델(linear model)이 사용하고 이해하기 쉽다는 것을 알았지만, 선형 모델은 직선을 사용해서 분류할 수 있는 선, 평면, 고평면에만 적용할 수 있는 약점이 있음을 살펴보았다. 하지만 대부분의 재미있는 문제들은 직선으로 분류할 수 없으므로 선형 모델은 한계점이 많다. 또한, 3.4절에서 대부분 문제의 피처들을 변형하는 법을 잘 찾아낸다면 직선으로 분류할 수 있다는 것을 살펴보았다. 같은 개념에 관해서는 8장에서 더 다뤄 볼 것이고, 이번 장에서는 더 복잡한 네트워크들에 대해서 알아보자.

이제 뉴럴 네트워크는 가중치를 통해서 학습이 된다는 것을 알았다. 더 많은 계산을 수행하려면 더 많은 가중치들을 추가해야 하는데 적용할 수 있는 방법이 두 가지 있다. 출력 뉴런들이 다시 입력으로 들어가도록 반대 방향으로 연결되는 가중치들을 추가하거나 아니면 그냥 더 많은 뉴런들을 추가하는 것이다. 첫 번째 방법은 **순환망**(recurrent networks)이라고 부른다. 이 방법은 오래 연구되었지만, 많이 사용되지는 않는다. 이번 장에서는 두 번째 방법에 관해서 살펴보겠다. 입력 노드들과 출력 노드들 사이에 더 많은 뉴런들을 추가할 수 있고, 이는 그림 4.1에서 보듯 복잡한 뉴럴 네트워크을 만들어 낼 것이다.

4.3.2절에서는 더 많은 층들의 노드들이 추가됨으로써 뉴럴 네트워크를 어떻게 더 강력하게 만드는지 생각해 볼 것이다. 지금은 퍼셉트론 같은 선형 모델이 풀지 못하는 2차원 XOR 문제를 과연 풀 수 있는지를 확인해 보겠다. 그림 4.2에 가능한 네트워크 해법이 나와 있는데 정답을 도출할 수 있는지를 확인하기 위해서 네트워크에 각각의 입력 값을 입력하고, 두 개의 퍼셉트론으로 간주하고 네트워크를 수행한다. 첫 번째로는 뉴런들의 활성화

를 계산해야 하고(먼저 중간 층들(C와 D 그림 4.2)에 있는 뉴런들의 활성화를 계산하고, 계산된 활성화를 출력층의 뉴런의 입력 값으로 사용해서 출력 값을 계산한다), 그 값들을 뉴런들의 입력 값으로 이용해서 출력 값을 계산한다. 예를 들어, (1,0) 값이 입력된다면 어떻게 될지 살펴볼 것이다. 나머지를 확인해 보는 작업은 독자의 몫이다.

(1,0) 값이 입력된다면 노드 A에 1이 입력되고 노드 B에 0이 입력된다. 뉴런 C에 대한 입력 값은 $-1 \times 0.5 + 1 \times 1 + 0 \times 1 = -0.5 + 1 = 0.5$가 되며, 이 값이 0보다 커서 뉴런 C는 활성화되어 1을 출력한다. 뉴런 D에 대한 입력 값은 $-1 \times 0.5 + 1 \times 1 + 0 \times -1 = 0.5$가 되며, 동일한 이유로 활성화될 것이다. 몇몇 예제를 더 계산해 보면 E 뉴런은 A와 B에 다른 값이 입력될 때 활성화되며, 같은 값일 때 비활성화되므로 XOR 함수를 그대로 모델링하고 있음을 확인할 수 있다.

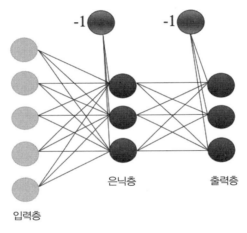

그림 4.1 복수 층의 뉴런들로 연결된 다층(multi-layer) 퍼셉트론 네트워크

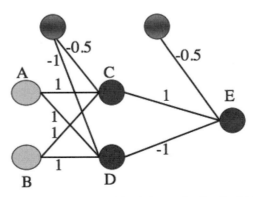

그림 4.2 XOR 문제에 대한 다층 퍼셉트론 네트워크의 가중치 정답

퍼셉트론이 해결하지 못한 문제에 대한 답을 도출해 내므로 생각한 방향이 맞다고 생각될 수 있다. 하지만 이제 더 흥미로운 문제들이 제시된다. 어떻게 하면 목표 값을 도출해 낼 수 있는 가중치를 찾도록 네트워크를 트레이닝할 수 있을까? 퍼셉트론에 사용했던 출력 값의 에러 계산법을 시도해 볼 수 있다. 목표 값을 알고 있으므로 출력 값과 목표 값의 차이를 계산할 수 있지만, 첫 번째 층 또는 두 번째 층 중 어느 층에 속한 가중치 값이 틀렸는지를 알 방법이 없다. 또한, 중간 층의 네트워크에 있는 어떤 뉴런이 활성화해야 하는지 알 수 없다. 이런 이유로 네트워크 중간에 있는 뉴런들이 어떤 값을 가져야 하고 정답인지를 직접적으로 알 수 없으므로 **은닉층**(hidden layer)이라고 부른다.

뉴럴 네트워크를 연구하는 사람들에게 이 문제를 해결하는 방법을 찾는 데는 오랜 시간이 걸렸고, 루메하르트(Rumelhart), 힌튼(Hinton), 맥클랜드(McClelland)에 의해 1986년에 해결되었다. 하지만 통계학과 엔지니어에게는 이미 잘 알려진 문제에 대한 해법이었고, 단지 뉴럴 네트워크에도 내재한 문제인지를 몰랐을 뿐이다. 이번 장에서 이들에 의해 제시되었으며, 현재에도 많이 사용되는 다층 퍼셉트론(MLP, Multi-layer Perceptron) 해법을 살펴보겠다.

MLP는 가장 보편적으로 사용되는 뉴럴 네트워크다. 이를 사용할 때 작동 원리를 이해하지 못하고 사용하면 블랙박스(black box)로 취급되며, 이는 보통 나쁜 결과를 보여 준다. 어떻게 작용하는지 무엇을 할 수 있는지를 알기 위해서는 통계학, 수학, 컴퓨터 공학에 관해서 알아야 하는데 이제부터 시작하겠다.

4.1 전향

퍼셉트론에서 사용된 것처럼 MLP를 트레이닝하는 것은 두 단계로 분류된다. 주어진 입력 값과 가중치 값을 통해서 계산되는 출력 값과, 그 출력 값과 목표 값의 차이 값에 대해서 가중치를 갱신하는 단계를 네트워크 **전향**(forward) **후향**(backward)으로 작동시킨다. MLP에서 전향으로 어떻게 동작하는지는 XOR 예제를 통해서 위에서 벌써 살펴봤으며, 이는 알고리즘의 리콜 단계다. 퍼셉트론과 거의 유사한데 다른 점이 있다면 두 번에 걸쳐서 이를 실행해야 한다는 것이다. 두 번째 층에 대한 입력 값이 존재하지 않으므로 이를 위해서 각 층별로 적용시켜서 계산을 퍼트려 간다. 두 층의 노드들을 만든 MLP는 더 많은 층들로 구성될 수 있다(4.3.2절에서 더 자세히 다뤄 보겠다). 이런 변화는 우리의 리콜(전향) 알고리즘을 전혀 변화시키지 않는다. 각 층의 활성화를 계산하고, 그 결과 값을 다음 층의 입력 값으로 넘겨 주는 과정을 반복할 뿐이다. 그림 4.1의 왼쪽 입력 값부터 시작한다. 이 입력 값을 사용해서 첫 번째 층의 가중치를 사용해 은닉층의 활성화를 계산하고, 이 활성화 값을 다음 층의 가중치들과 결합해 출력층의 활성화를 계산한다. 네트워크의 출력 값을 계산하고 나면 그 값을 목표 값과 비교해서 에러를 계산한다.

4.1.1 바이어스

각 뉴런별로 바이어스(bias)를 도입할 필요가 있다. 퍼셉트론에 적용했듯이(3.3.2절) 하나의 입력 값을 −1로 설정해서 각 뉴런으로 가는 가중치 값들의 조절을 통해서 트레이닝에 사용한다. 따라서 각각의 네트워크에 뉴런은(은닉층이든 출력이든) 하나씩의 여분에 정해진 입력 값을 갖게 되는 것이다.

4.2 후향 : 오차 역전파

후진 방향으로 갱신되는 부분이 알고리즘에서 까다로운 부분이다. 출력 값에서의 에러를 계산하는 것은 퍼셉트론보다 어렵지 않지만, 갱신하는 것은 어렵다. 살펴보는 방법은 **오차 역전파**(back-propagation)라고 부르는데 에러를 네트워크의 반대 방향으로 보내는 것이다. **기울기 하강법**으로 이를 적용하여 아래에서 간단하게 설명하고, 9장에서 더 자세히 다루기로 한다. 또한, 9.3.2절에서는 MLP에 어떻게 일반적인 기울기 하강법을 적용하는지 살펴볼 것이다.

역전파를 가장 잘 설명하는 방법은 수학식의 유도를 통하는 것이지만, 처음부터 시도하기에는 어렵다. 따라서 먼저 말과 그림으로 설명을 시작해 보며, 4.6절에서 수학적인 접근을 해본다. 지금 살펴볼 개념을 4.6절을 통해서 더 잘 이해할 수 있지만, 어렵다고 느끼는 독자들은 넘어가도 좋다. 처음엔 매우 복잡해 보이지만, 먼저 크게 세 가지 중요한 점을 알고 넘어가야 한다. 첫 번째는 미분학이다. $1/2x^2$을 미분하면 x가 된다. 두 번째 x를 t에 대해서 미분한다면 0이 된다. 마지막으로, 연쇄 법칙(chain rule)을 다변수 함수 미분시 적용할 수 있다.

퍼셉트론을 생각해 보면 목표 값이 활성화될 때 출력 값이 활성화가 되도록 목표 값이 비활성화될 때 출력 값이 비활성화되도록 가중치를 갱신했다. 각 뉴런 k에 대한 **오차 함수** $E_k = y_k - t_k$를 사용했고, 이를 줄이는 방향으로 갱신했다. 네트워크에는 한 집합의 가중치 값만 존재하므로 네트워크를 트레이닝시키기에 충분했다.

여전히 에러를 줄이는 같은 방법을 사용하지만, 다층에 가중치 값들이 존재하는 상황에서는 이를 조율하기 쉽지 않다. 문제는 다층 퍼셉트론의 가중치 조율 시에 어떤 가중치가 에러를 만들어 냈는지 찾아야 한다는 것이다. 에러는 입력 값에서 은닉층을 연결하는 가중치 값 또는 은닉층에서 출력층을 연결하는 곳 어디서든 발생할 수 있다. 더 복잡한 네트워크의 경우 은닉층 어디서든 발생할 수 있지만, 이는 같은 문제이므로 하나의 은닉층을 집중해서 살펴본다.

퍼셉트론에 사용되었던 오차 함수 $\sum_{k=1}^{N} E_k = \sum_{k=1}^{N} y_k - t_k$이고, N은 출력 노드의 개수다. 두 가지의 에러 중에 첫 번째 에러는 목표 값이 출력 값보다 컸기 때문이고, 두 번째 에러에서는 목표 값이 출력 값보다 작았기 때문이라고 하자. 그리고 그 차이가 똑같다면 두 개의 에러를 합한 결과가 0이 되기에 이를 오차 함수로 사용하면 오류가 없다는 잘못된 결론에 도달하게 된다. 이를 막기 위해 에러의 값이 다 같은 부호를 갖도록 해야 한다. 다양한 방법으로 이를 해결할 수 있지만, 가장 좋은 방법 중에 하나는 **에러의 제곱합**이다.

$$E(\mathbf{t}, \mathbf{y}) = \frac{1}{2} \sum_{k=1}^{N} (y_k - t_k)^2. \tag{4.1}$$

식의 앞에 놓인 1/2이란 값은 미분을 했을 때 더 간단한 식을 만들기 위한 트릭일 뿐이다. 식을 미분하면 함수의 기울기를 구할 수 있으며, 이는 어느 방향으로 증가하거나 감소할 수 있는지를 알려 준다. 따라서 오차 함수를 미분하면 에러의 기울기를 찾을 수 있다. 학습의 목표는 에러를 줄이는 것이므로 오차 함수의 내려가는 방향(기울기의 반대 방향)의 길을 따라가면 원하는 곳에 이를 수 있다. 그림 4.3과 같은 평면에 공을 굴린다고 생각해 보자. 중력은 공이 구덩이에 이르기 전까지 아래로 내려가게 만들 것이다. 이곳이 에러가 최소인 곳이며, 여기서 찾고자 하는 곳이다. 이런 이유로 알고리즘은 **기울기 하강법**(gradient descent)라고 불린다. 그렇다면 미분을 어떤 변수에 대해서 해야 하는가? 네트워크에서 변화하는 것은 단 세 가지인데 입력 값, 활성화 함수의 출력 값, 그리고 가중치 값이다. 첫 번째, 두 번째 값은 상수이므로 가중치에 대해서 함수를 미분해야 한다.

활성화 함수에 관해서 이야기하면서 퍼셉트론에 사용했던 임계 값 함수를 생각해 볼 필요가 있는데 그림 4.4에서 볼 수 있듯이 함수의 중간에 갑자기 값이 변화하는 비연속성을 가지고 있어서 미분이 불가능하다. 뉴런은 활성화하고 비활성화하는 그 중점에서 값이 갑자기 변화해야 하는 문제를 가지고 있다. 이를 해결하기 위해서 임계 값 함수와 비슷하지만 기울기를 계산할 수 있는 미분 가능한 활성화 함수를 찾으면 이를 해결할 수 있다. 임계 함수 그래프를 살펴보면 S모양의 변화를 보인다(그림 4.4). S모양의 함수를 가진 수학 함수가 있으며 **시그모이드**(sigmoid) **함수**(그림 4.5)라고 불린다. 이는 또한 4.6.3절에서 나오듯이 수학적으로 좋은 미분식의 형태를 갖고 있다. 가장 자주 사용되는 형태는(β는 양수의 파라미터다) 다음과 같다.

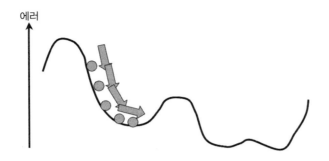

그림 4.3 네트워크의 가중치 값은 지역 최솟값에 도달할 때까지 에러 값이 계속 줄어들어서 마치 공이 중력으로 인해 굴러 내려가도록 트레이닝되어야 한다.

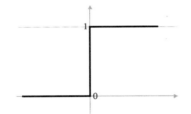

그림 4.4 퍼셉트론에 사용되었던 임계 값 함수. 0에서 1로 값이 변화할 때 비연속성에 주목하자.

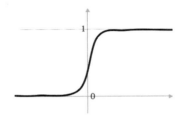

그림 4.5 시그모이드 함수는 질적으로 꽤 비슷해 보이지만, 부드럽게 변화하며 미분 가능하다.

$$a = g(h) = \frac{1}{1 + \exp(-\beta h)}. \qquad (4.2)$$

어떤 책에서는 다른 형태의 활성화 함수를 사용하는데 다음과 같다.

$$a = g(h) = \tanh(h) = \frac{\exp(h) - \exp(-h)}{\exp(h) + \exp(-h)}, \qquad (4.3)$$

이는 쌍곡선 탄젠트 함수(hyperbolic tangent function)로서 여전히 시그모이드 함수이고, 다른 점이 있다면 0에서 1이 아닌 −1에서 1의 값으로 수렴한다는 점이다. 쌍곡선 탄젠트 함수 역시 비교적 간단한 미분식을 가진다.

$$\frac{d}{d_x} \tanh x = (1 - \tanh^2(x)).$$

식 (4.2)와 식 (4.3)은 서로 쉽게 변환할 수 있는데 수렴하는 범위를 $0.5 \times (x + 1)$을 적용해서 (± 1)에서 (0, 1)로 변경한다.

이제 새로운 에러 계산식과 활성화 함수를 찾았다. 이를 미분하고 가중치를 변화해서 에

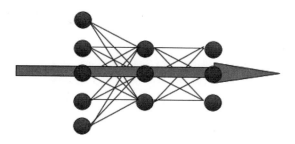

그림 4.6 다층 퍼셉트론의 전향 알고리즘

러를 줄여가는 방향을 찾고, 네트워크의 에러를 줄여서 가중치를 갱신할 수 있다. 알고리즘 실행 측면에서 본다면 입력 값을 네트워크에 실행해서 어떤 노드가 활성화되는지 찾는 것이며, 출력 값에서의 에러를 목표 값과 타깃 값의 차이의 제곱합으로 계산한다(식 4.1). 다음 단계로 에러에 대한 기울기를 계산하고, 각 가중치 값을 갱신을 결정하는 데 사용한다. 출력층에 연결되어 있는 노드들에 대해서 먼저 적용하고 입력 층에 이를 때까지 층별로 적용해서 갱신한다. 하지만 이 방법에는 두 가지의 문제가 있다.

- **출력** 뉴런들은 입력 값을 모른다.
- **은닉층**의 뉴런들은 목표 값을 모른다. 또한, 다른 은닉층들에서는 입력 값도 목표 값도 모르지만, 우리가 사용할 알고리즘에서는 문제가 되지 않는다.

출력층에서의 에러들은 계산할 수 있지만, 어떤 입력이 에러를 만들어 냈는지 모르므로 퍼셉트론에서처럼 두 번째 층의 가중치를 갱신할 수 없다. 하지만 고등학교 때 배웠던 미분법의 **연쇄 법칙**(chain rule)을 사용한다면 이는 쉽게 해결된다. 연쇄 법칙에 따르면 가중치 값이 변함에 따라 에러가 어떻게 변화는지를 알고 싶다면 가중치에 대한 입력값을 변화하면 어떻게 에러가 변하는지와 가중치가 변함에 어떻게 입력값이 변화는지를 곱하면 된다. 연쇄 법칙은 원하는 미분식을 계산하기 위해서 유용하다. 먼저, 출력 노드에 대한 활성화를 은닉 노드들의 활성화와 출력 가중치에 대해서 작성하고, 네트워크 반대 방향으로 계산된 에러를 전달해서 은닉층에서 뉴런들에 대한 목표 값들을 결정할 수 있다. 같은 방법은 여러 은닉층을 가진 네트워크에도 동등하게 적용할 수 있다. 어떤 함수를 미분해야 하는지 추적하는 것이 힘들어지지만, 추가의 트릭이 필요하진 않다.

필요한 모든 공식은 4.6절에서 유도할 것이고, 과정이 매우 어려우니 천천히 잘 읽어 보기를 바란다. 에러의 기울기를 가중치에 대해 미분해서 가중치 값을 오차 함수 곡선의 하강 방향으로 움직여 에러를 줄인다는 것이 중요한 사항이다. 오차 함수를 가중치에 대해서 미분하는 것은 직접 계산이 불가능하므로 아는 부분에 대해서 미분을 적용하는 연쇄 법칙을 시도한다. 이를 통해서 가중치들의 집합들에 대해서 각각 두 개의 갱신 공식을 출력층에서부터 입력층으로 갱신한다.

4.2.1 다층 퍼셉트론 알고리즘

이제 기본적인 알고리즘의 세부 사항에 대해서 살펴보고, 다음 장에서 얼마나 많은 데이터가 필요한지, 얼마나 오래 트레이닝을 해야 하는지, 어떻게 네트워크의 크기를 결정하는지에 대한 실제적인 쟁점에 관해서 살펴보겠다. L개의 입력 노드와 1개의 바이어스 노드가 있고, M개의 은닉층 노드와 1개의 바이어스 노드, 그리고 N개의 출력 노드가 있다고 하자. 전체 가중치의 숫자는 $(L + 1) \times M$개의 가중치가 입력 은닉층 사이에 존재하고, $(M + 1) \times N$개의 가중치가 은닉층과 출력층 사이에 존재한다. 바이어스 노드가 존재한다면 인덱스는 0부터 사용하고, 그렇지 않을 경우 1부터 L, M, N까지 사용한다. 예를 들면, $x_0 = -1$은 바이어스 입력이고, $a_0 = -1$은 바이어스 은닉 노드다. 알고리즘은 어떤 수의 은닉층의 개수도 가질 수 있으며, 그 경우에 M은 여러 가지 값이 되며 은닉층 사이의 추가적인 가중치들이 존재한다. 앞으로 i, j, k는 합에서 지시자로 사용될 것이며, 그리스 문자(ι, ζ, κ)는 정해진 지시자를 표현할 때 사용될 것이다.

알고리즘 작동에 관해 간단하게 살펴보고, 역전파를 통해서 어떻게 **MLP**를 트레이닝하는지를 살펴보겠다.

1. 입력 벡터를 입력 노드들에 입력한다.
2. 네트워크를 통해서 가중치 값들이 들어간다(그림 4.6).
   - 입력 값과 첫 번째 층의 가중치가 (v로 표시) 은닉 노드들의 활성화를 결정하는 데 사용된다. 활성화 함수 $g(\cdot)$는 식 (4.2)에 보이는 시그모이드 함수를 사용한다.
   - 뉴런들의 출력 값과 두 번째 층의 가중치 값들을(w로 표시) 사용해서 출력 뉴런이 활성화될지 결정한다.
3. 네트워크의 출력 값과 목표 값 차이의 제곱합으로 에러를 구한다.
4. 에러 값은 네트워크의 반대 방향으로 입력된다.
   - 먼저, 두 번째 층의 가중치 값들이 갱신된다.
   - 다음으로, 첫 번째 층의 가중치 값들이 갱신된다.

- **초기화**
  - 모든 웨이트들을 작은 양수나 음수의 난수 값으로 초기화

- **트레이닝**
  - 반복:
    * 각 입력 벡터마다:

    전향 단계:
    · 각 은닉층의 뉴런 j 활성화를 계산:

    $$h_\zeta \quad = \quad \sum_{i=0}^{L} x_i v_{i\zeta} \tag{4.4}$$

    $$a_\zeta = g(h_\zeta) \quad = \quad \frac{1}{1 + \exp(-\beta h_\zeta)} \tag{4.5}$$

    · 출력층의 뉴런까지 네트워크를 통해서 계산(4.2.3절 참고):

    $$h_\kappa \quad = \quad \sum_{j} a_j w_{j\kappa} \tag{4.6}$$

    $$y_\kappa = g(h_\kappa) \quad = \quad \frac{1}{1 + \exp(-\beta h_\kappa)} \tag{4.7}$$

    후향 단계:
    · 출력에서의 에러를 계산:

    $$\delta_o(\kappa) = (y_\kappa - t_\kappa)\, y_\kappa(1 - y_\kappa) \tag{4.8}$$

    · 은닉층에서의 에러를 계산:

    $$\delta_h(\zeta) = a_\zeta(1 - a_\zeta) \sum_{k=1}^{N} w_\zeta \delta_o(k) \tag{4.9}$$

    · 출력층 가중치 값 갱신:

    $$w_{\zeta\kappa} \leftarrow w_{\zeta\kappa} - \eta \delta_o(\kappa) a_\zeta^{\text{hidden}} \tag{4.10}$$

    · 은닉층 가중치 값 갱신:

    $$v_\iota \leftarrow v_\iota - \eta \delta_h(\kappa) x_\iota \tag{4.11}$$

    * (순차 갱신을 이용한다면) 입력 벡터의 순서를 무작위로 변화해서 매 반복 때마다 다른 순서를 가지고 트레이닝하도록 유도
  - 학습이 멈출 때까지(4.3.3절 참조)

- **리콜**
  - 전향 단계의 트레이닝 섹션을 사용

위에 제공된 것은 기본 알고리즘이다. 퍼셉트론처럼 넘파이를 사용하면 다양한 행렬의 곱셈 코드를 읽기에도 계산하기에도 빠르게 만드는 강점을 가지고 있다. 웹사이트의 코드는 배치 버전의 알고리즘인데 가중치 갱신이 모든 입력 벡터가 이용된 후에 이뤄진다(4.2.4절에서 이를 다시 살펴본다). 알고리즘의 핵심 부분인 가중치 값 갱신 계산은 다음과 같이 구현된다.

```
deltao=(targets-self.outputs)*self.outputs*(1.0-self.outputs)
deltah = self.hidden*(1.0-self.hidden)*(np.dot(deltao,np.transpose(self.weights2)))

updatew1 = np.zeros((np.shape(self.weights1)))
updatew2 = np.zeros((np.shape(self.weights2)))

updatew1 = eta*(np.dot(np.transpose(inputs),deltah[:,:-1]))
updatew2 = eta*(np.dot(np.transpose(self.hidden),deltao))
self.weights1 += updatew1
self.weights2 += updatew2
```

알고리즘에서 개선되어야 할 부분들이 있는데 더 생각해 봐야 할 중요한 것들은 다음과 같다. 즉, 얼마나 많은 데이터가 필요한지, 은닉 노드들은 몇 개가 필요하고, 얼마나 오랫동안의 트레이닝이 필요한지 등이다. 우선, 개선해야 할 사항들을 살펴보고, 실제적으로 알고리즘에서 필요한 점들은 4.3절에서 살핀다. 책의 초반임을 감안해서 이번 장에서는 많은 세부 사항들이 주어졌는데 책의 후반부에 가서는 많은 세부 사항들이 빠른 전개를 위해 제외된다. 먼저, MLP를 사용해서 XOR 논리 함수를 체크할 수 있는가를 다음의 코드(웹 페이지의 logic 함수)를 통해서 살펴보자.

```
import numpy as np
import mlp

anddata = np.array([[0,0,0],[0,1,0],[1,0,0],[1,1,1]])
xordata = np.array([[0,0,0],[0,1,1],[1,0,1],[1,1,0]])

p = mlp.mlp(anddata[:,0:2],anddata[:,2:3],2)
p.mlptrain(anddata[:,0:2],anddata[:,2:3],0.25,1001)
p.confmat(anddata[:,0:2],anddata[:,2:3])

q = mlp.mlp(xordata[:,0:2],xordata[:,2:3],2)
q.mlptrain(xordata[:,0:2],xordata[:,2:3],0.25,5001)
q.confmat(xordata[:,0:2],xordata[:,2:3])
```

출력 값들은 다음과 같다.

```
Iteration: 0 Error: 0.367917569871
Iteration: 1000 Error: 0.0204860723612
Confusion matrix is:
[[ 3. 0.]
 [ 0. 1.]]
Percentage Correct: 100.0
Iteration: 0 Error: 0.515798627074
Iteration: 1000 Error: 0.499568173798
Iteration: 2000 Error: 0.498271692284
Iteration: 3000 Error: 0.480839047738
Iteration: 4000 Error: 0.382706753191
Iteration: 5000 Error: 0.0537169253359
Confusion matrix is:
[[ 2. 0.]
 [ 0. 2.]]
Percentage Correct: 100.0
```

몇 가지 주목할 점 중에 첫째는 성공적으로 정답을 도출해 낼 수 있다는 점이다. 하지만 AND 연산자를 모델링하는 데조차 퍼셉트론보다 훨씬 많은 반복이 요구된다는 것을 볼 수 있다. 따라서 간단한 직선 예제조차도 복잡한 네트워크 구조를 사용하는 대신 가중치 값을 찾는 데 비교적 많은 계산 비용이 지불된다. 때로는 5,000번 정도의 반복도 XOR 함수를 모델링하는 데 부족할 정도다.

4.2.2 가중치 초기화하기

MLP 알고리즘에서는 가중치 값을 작은 난수 값으로 초기화될 수 있다고 제한했다. 그렇다면 얼마나 작은 값이며, 초기화된 값들은 과연 어떤 영향을 미치는가? 한 가지 직접적인 방법은 코드를 통해서 실험해 보는 것이다. 가중치 값을 0으로 설정하고 네트워크가 학습을 얼마나 잘 하는지 보고, 또 아주 큰 값으로 정하고 어떻게 다른지 비교해 보겠다. 하지만 왜 작아야 하는지는 시그모이드 모양을 보면 이해할 수 있다. 가중치 값을 −1 또는 1로 가깝게 초기화한다면(큰 값을 나타낸다) 시그모이드에 입력 값은 +1과 −1에 가까울 것이며, 뉴런 출력 값은 0 또는 1일 것이다(시그모이드가 **수렴하고** 최댓값이나 최솟값에 이를 것이다). 가중치 값이 매우 작다면(0에 가까운 값) 입력 값은 여전히 0에 가까울 것이고, 이 부분에서 뉴런의 출력 값은 1차원 함수를 따르므로 선형 모델이 된다. 두 가지 모두 네트워크를 위해서 매우 유용하지만, 둘 사이에서 시작된다면 어느 쪽이든 자동으로 선택된다.

초기화 값의 크기를 결정하는 부분은 좀 더 많은 생각이 필요하다. 각각의 뉴런은 n개의 다른 입력 값을 받으며(은닉층의 경우엔 입력 노드들로부터, 출력층의 경우엔 은닉 뉴런들로부터), 입력 값들이 균일한 분산을 갖는다면 뉴런에 입력되는 일반적인 값은 $w\sqrt{n}$이 되며, 여기서 w는 가중치의 초기 값이다. 가중치 값을 $-1\sqrt{n} < w < 1\sqrt{n}$ 사이로 정하면 잘 동작하며, 여기서 n은 가중치들로 들어오는 입력 층의 노드들의 개수다. 이런 세팅은 뉴런으로 들어오는 입력 값의 합을 최대 1로 만들어 준다. 가중치가 크다면 뉴런의 활성화 값은 0 또는 1에 가까워지게 되고, 이는 곧 작은 기울기를 의미하므로 학습도 매우 천천히 이루어진다. 로지스틱 함수 β에 대해서는 트레이드오프가 있는데 작은 β값이(예를 들어, $\beta = 3.0$이거나 작은 경우) 더 효율적이다. 무작위로 값을 초기화해서 학습에서 처음에 다양한 곳에서 시작하며, 비슷한 변화 크기를 유지시켜서 모든 가중치의 갱신에 비슷한 시간이 걸리게 만든다. 이것은 **균일학습**(uniform learning)이라고 알려져 있으며, 이것이 지켜지지 않으면 네트워크가 입력 값들마다 다른 수행 능력을 보이게 되므로 중요하다.

4.2.3 다른 출력 활성화 함수들

위에서 설명된 알고리즘에서는 은닉층과 출력층에서 시그모이드 뉴런(sigmoid neuron)이 사용되었다. 출력 값이 클래스 0 또는 1이 되므로 분류 문제로는 문제가 없지만, 회귀 문제 (regression problems)에서는 0 또는 1값이 아닌 연속적인 값을 가져야 한다. 따라서 출력 값에 있는 시그모이드 뉴런들은 그리 유용하지 않다. 대신에 출력 뉴런을 **선형 노드**들로 변환해서 입력 값들의 합을 통해서 활성화를 결정할 수 있다($g(h) = h$ 식 (4.2)의 항). 은닉층의 뉴런들은 변경하지 않고 그대로 유지하며, 출력 노드들만 변화시킨다. 더 이상 활성화, 비활성화의 패턴을 가지고 있지 않으므로 뉴런의 모델은 아니지만, 회귀 문제에 대한 모델이 가능하고, 0 또는 1값에 대한 결정이 아닌 연속적 숫자를 출력할 수 있다.

또 다른 타입의 출력 뉴런으로 사용되는 **소프트맥스**(soft-max) 활성화 함수는 **1에서 N까지의 결과 값을 출력**하는 분류 문제에 많이 사용되며, 더 자세한 내용은 4.2.2절에서 다룰 것이다. 소프트맥스 함수는 활성화 출력 값의 합이 1이 되고, 모두 0에서 1 사이에 놓이도록 뉴런의 입력 값의 지수 함수(exponential)를 계산하고, 모든 뉴런들의 입력 값의 합으로 나눠서 출력 값을 다시 스케일(rescale)한다. 활성화 함수는 다음과 같다.

$$y_\kappa = g(h_\kappa) = \frac{\exp(h_\kappa)}{\sum_{k=1}^{N} \exp(h_k)}. \tag{4.12}$$

물론, 활성화 함수가 바뀌면 이의 미분식도 변화할 것이며, 학습 방법(learning rule) 또한 달라진다. 알고리즘의 변화는 식 (4.7)과 식 (4.8)이 되며, 4.6.5절에서 식의 유도 과정을 설명한다. 선형 활성화(linear activation) 함수는 첫째로 다음처럼 변경된다.

$$y_\kappa = g(h_\kappa) = h_\kappa, \tag{4.13}$$

두 번째 식은 다음처럼 변경된다.

$$\delta_o(\kappa) = (y_\kappa - t_\kappa). \tag{4.14}$$

소프트맥스 활성화 함수에 대한 식 (4.8)은 다음으로 변경된다.

$$\delta_o(\kappa) = (y_\kappa - t_\kappa)y_\kappa(\delta_\kappa K - y_K), \tag{4.15}$$

여기서 κ = K이면 δ_κ K = 1이며, 다른 경우에는 0이다. 더 자세한 사항은 4.6.5절을 참고하자. 오차 함수가 **크로스 엔트로피**(cross-entropy) 형태를 갖도록 변경된다(ln은 자연 로그 (natural logarithm)).

$$E_{\text{ce}} = -\sum_{k=1}^{N} t_k \ln(y_k), \tag{4.16}$$

델타(delta)는 선형 출력을 위해서 식 (4.14)가 되는데 더 자세한 사항은 4.6.6절을 참고하자. 식의 갱신 부분을 계산하기 위해서는 최적화되는 오차 함수를 계산하고, 이를 미분한다. 코드에 추가되는 부분은 사용자들로 하여금 `mlpfwd` 함수와 `mlptrain` 함수를 통해 출력 활성화 함수를 선택하도록 한다. 전자에서 새로 바뀐 코드는 다음과 같다.

```
# 다른 종류의 출력 뉴런들
if self.outtype == 'linear':
        return outputs
elif self.outtype == 'logistic':
    return 1.0/(1.0+np.exp(-self.beta*outputs))
elif self.outtype == 'softmax':
    normalisers = np.sum(np.exp(outputs),axis=1)*np.ones((1,np.shape(outputs)[0]))
    return np.transpose(np.transpose(np.exp(outputs))/normalisers)
else:
    print "error"
```

4.2.4 순차와 배치 트레이닝

MLP는 배치 알고리즘으로 만들어졌다. 뉴럴 네트워크에 모든 트레이닝 예제들이 전달되면 에러 제곱합 계산을 통해서 가중치를 갱신한다. 따라서 매번 반복 때마다 한 집합의 가중치 갱신이 이뤄진다. 매번 알고리즘이 반복될 때 대부분의 입력 값에 의해서 가중치 갱신의 방향이 정해지므로 입력 값 하나하나의 변화에 민감하게 반응하지 않고, 더 정확하게 에러 기울기를 구하게 해주며, 이를 통해서 지역 최솟값에 빠르게 수렴한다.

초반에 제시된 알고리즘은, 에러와 가중치 갱신이 각각의 데이터 입력 값에 대해서 이뤄지는 **순차적인 버전**(sequential version)이었다. 더 효율적일 것이라는 보장은 없지만, 반복문을 사용해서 프로그램 작성이 쉽고 더 일반적이다. 더 쉽게 수렴하지 않으므로 지역 최솟값을 피할 가능성이 높아지고, 더 좋은 해결책을 제시하곤 한다. 이 책에 소개된 알고리즘 설명은 순차 버전이지만, 넘파이를 사용해서 책 웹사이트에 공유된 코드는 쉬운 행렬 곱셈을 이용한 배치 버전이다. 배치 버전을 순차 버전으로 바꾸는 것은 아주 간단한 일이다(이번 장의 마지막에 이를 연습 문제로 제시한다). 순차 버전의 경우 가중치 갱신 순서가 중요하므로 수도 코드에서 매번 반복문을 실행할 때 입력 벡터들의 순서를 무작위로 변경할 것을 제안했다. 이를 통해서 알고리즘의 학습 속도를 빠르게 만들어 준다. 넘파이는 이를 위해 유용한 함수를 제공하는데 np.random.shuffle()는 리스트의 번호들을 입력으로 받아서 순서를 무작위로 바꿔 주며 다음과 같이 사용할 수 있다.

```
np.random.shuffle(change)
inputs = inputs[change,:]
targets = targets[change,:]
```

4.2.5 지역 최솟값

학습 규칙(learning rule)의 원동력은 네트워크의 에러를 기울기 하강법(오차 함수를 미분해서 에러를 줄이는 데 사용한다)을 통해서 줄여 가는 것이다. 오차 함수를 줄여 가는 방향으로 가중치 값을 변경하는 최적화를 수행하는 것이다. 지금쯤 명확해졌겠지만, 에러의 기울기를 따라서 하강하고, 경사지의 바닥에 이르기까지 반복을 이용한다. 하지만 경사지에서 하강하는 방향으로 가는 것은 결국 현재에 있는 위치에서 가장 가까운 **지역 최솟값**에 이르게 된다. 언덕을 내려가는 공을 다시 상상해 보면 웅덩이의 바닥에 멈추게 될 것이다. 이는 전체에서 가장 작은 값이 아닌 **지역**에서 가장 작은 값이고, 지금은 알 수 없지만 다음 언덕을 향해 보면 더 작은 값이 존재할 수도 있다(공은 다음 언덕을 올라가서 전체 최솟값을 찾을 에너지가 부족하다. 그림 4.3을 다시 살펴보자).

기울기 하강법은 같은 방법으로 여러 차원에서 이뤄지므로 비슷한(때로는 더 심각한) 문제를 갖고 있다. 문제는 효율적인 하강 방향을 2차원 이상의 상황에서 계산하는 것이 어렵다는 것이다. 등고선 지도는 우리가 사는 3차원 세상에 대해서 아름다운 그림으로 기울기를 보여 준다. 예를 들면, 언덕에서 가장 가까운 계곡의 바닥까지 걸어 내려간다고 생각해 보면 더 이해가 잘 될 것이다. 눈을 감고 한 발씩 움직이며, 더 높은 지역인지 낮은 지역인지를 찾는 방법으로 다음 이동 방향을 찾는다고 생각하자. 현재 위치에서 가장 가까운 계곡으로 이르는 길은 가장 경사가 높은 방향으로 다음 발자국을 내디딘다고 찾을 수 있는 것은 아니다. 이에는 두 가지 이유가 존재한다. 첫 번째로 당신은 주변에서 가장 가파른 값을 찾기 때문이며, 두 번째로 가장 가파른 방향은 때로는 전체 최솟값으로 향하는 방향이 아니고 깊은 골짜기를 지나치는 방향이 되기 때문이다. 그림 4.7을 살펴보자.

여기서 다룬 모든 것들이 **MLP**를 포함해서 대부분의 최적화 문제에서 사실이다. 우리는 에러 평면이 어떻게 생겼는지 모르므로 전체 최솟값이 어디에 있는지 알 수 없다. 할 수 있는 것은 지역적인 피처를 통해서 현재 위치 주변에 대한 계산뿐이다. 우리가 찾는 최솟값은 결국 시작점이 어디였는지에 따라서 결정된다. 전체 최솟값 주변에서 시작하면 주변에 가장 가까운 지역 최솟값을 찾는 것이 결국 전체 최솟값을 찾게 만든다. 또한, 최솟값에 도달하는 데 걸리는 시간도 결국 평면의 모양에 따라 결정된다.

보통의 경우에는 여러 가지 다른 출발점에서 다른 여러 개의 네트워크의 최솟값을 찾는 시도를 통해서 전체 최솟값을 찾는다. 또한, 알고리즘이 지역 최솟값에 머물지 않도록 만들 수 있는 방법이 있는데 이에 대한 효율적인 방법이 다음 장에 소개된다.

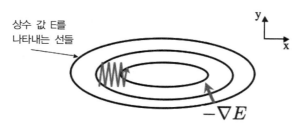

그림 4.7 2D에서 하강의 의미는 등고선의 수직 방향이다. 눈을 감고 언덕을 걸어 내려가는 상상을 하자. 평평한 방향을 찾았다면 그 방향과 직교하는 방향은 언덕을 오르거나 내려가는 방향이 된다. 하지만 이 방향은 지역 최솟값(local minimum)에 직접 도달할 수 있는 방향이 아니다.

4.2.6 모멘텀 정하기

다시 언덕에 공을 굴리는 예제로 돌아가 보자. 공이 언덕을 내려가다 멈추는 이유는 구덩이의 바닥에 이르렀을 때 에너지가 다 소비되었기 때문이다. 이때 공에 조금의 가중치를 줄수 있다면 굴러 가는 모멘텀을 생성하게 되고, 작은 언덕에서 지역적 최솟값에 벗어나 전체 최솟값을 찾는 데 도움을 준다. 이 아이디어는 지난번에 갱신한 가중치 값을 현재 가중치 갱신 값의 모멘텀을 적용해서 뉴럴 네트워크 학습에 적용시킬 수 있다. 2차원에서는 평균적인 방향을 선택함으로써 지역적인 변화에 영향을 덜 받게 되고, 공이 골짜기의 바닥 방향으로 굴러가게 만들게 된다. 이는 그림 4.8에 나온다.

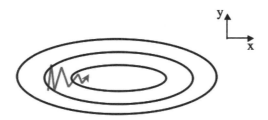

그림 4.8 지역적 최솟값을 피하는 데 모멘텀(momentum)은 도움이 되며, 이를 통해 안정적인 최적화를 이끌고 수렴을 돕는다.

모멘텀 사용의 다른 이점은 작은 학습률을 사용할 수 있다는 데 있다. MLP 알고리즘에서 바뀌는 부분은 식 (4.10)과 식 (4.11)에 나와 있으며, 다른 점은 두 번째 항에 다음과 같이 가중치를 추가해 주는 것이다.

$$w_{\zeta\kappa}^{t} \leftarrow w_{\zeta\kappa}^{t-1} + \eta\delta_o(\kappa)a_\zeta^{\text{hidden}} + \alpha\Delta w_{\zeta\kappa}^{t-1}, \tag{4.17}$$

여기서 t 는 현재 갱신을 표시하고, $t-1$은 지난 갱신을 표시한다. $\Delta w_{\zeta\kappa}^{t-1}$는 지난번에 가중치에 적용된 갱신(여기서 $\Delta w_{\zeta\kappa}^{t} = \eta\delta_o(\kappa)a_\zeta^{\text{hidden}} + \alpha\Delta w_{\zeta\kappa}^{t-1}$)이며, $0 < \alpha < 1$는 모멘텀 상수다. 보통 $\alpha = 0.9$이 사용되며, 이는 매우 작은 차이점이지만, 학습의 속도를 매우 빠르게 만들어 준다.

```
updatew1 = eta*(np.dot(np.transpose(inputs),deltah[:,:-1])) + momentum*updatew1
updatew2 = eta*(np.dot(np.transpose(hidden),deltao)) + momentum*updatew2
```

다른 방법으로는 **가중치 감소**(weight decay)가 있는데 이는 반복 횟수가 증가하면서 가중치의 크기를 감소시키는 것이다. 작은 가중치들은 네트워크를 거의 선형으로(거의 0에 가까우므로 시그모이드가 선형으로 증가하는 부분이다) 만들어 주므로 더 좋으며, 비선형적인 학습 부분에 영향을 주는 가중치들만이 커져야 한다. 모든 입력에 대해서 학습이 반복될 때마다 모든 가중치는 어떤 상수$(0 < \epsilon < 1)$ 값이 곱해진다. 이를 통해서 네트워크가 더 간단해지며 결과를 더 좋게 만들지만, 불행히도 절대로 안전하지는 못하고, 종종 학습을 매우 좋지 않게 만들므로 조심히 사용되어야 한다. ϵ값을 정하는 방법은 실험을 통해서 이뤄진다.

4.2.7 미니배치와 확률적 기울기 하강

4.2.4절에서는 배치 알고리즘은 각각의 입력 값에 대해서 가중치 갱신을 하는 순차 알고리즘과 비교해서 최솟값으로 빠르게 수렴하지만, 전체보다는 지역적 최적 값을 찾을 가능성이 더 높다고 살펴봤다. 두 가지 관찰들에 대한 이유는 배치 알고리즘이 가파른 기울기 방향을 더 잘 찾으므로 보통 더 정확한 방향을 찾기 때문이지만, 여전히 지역 최솟값을 향하게 한다.

미니배치(minibatch)를 사용하면 두 가지 방법의 장점들만 사용할 수 있는데 트레이닝 데이터를 무작위의 배치들로 나누고, 각각의 배치에 대해서 기울기를 측정하고 가중치를 갱신하는 방법을 모든 배치가 사용될 때까지 돌아가며 적용해서 가중치를 갱신한다. 모든 배치들이 다 사용되고 나면 트레이닝 세트는 다시 무작위로 새로운 배치들로 나뉘고, 같은 방법을 다시 반복한다. 배치의 크기가 작으면 기울기를 예측할 때 잘못된 방향으로 향하는 경우들의 비용을 감소하고도 에러가 적당히 작아서 지역 최솟값을 벗어나는 데 도움을 준다.

미니배치의 다른 방법으로는 무작위로 하나의 데이터를 사용해서 알고리즘의 기울기 예측에 사용하는 방법이 있다. 하나의 데이터가 평등하게 무작위로 선택되고, 벡터 하나에 대한 에러가 계산되고, 이의 기울기에 따라 가중치를 갱신한다. 새로운 무작위 입력 벡터가(이전에 선택되었던 것과 같을 수 있는) 선택되고, 다시 같은 과정을 반복한다. 이것을 **확률 기울기 하강법**(stochastic gradient descent)이라고 부르며, MLP뿐 아니라 어떤 기울기 하강(gradient descent)에도 사용될 수 있다. 트레이닝 데이터가 매우 클 때 전체를 이용해서 기울기 계산하는 것이 매우 큰 비용이 들므로 확률 기울기 하강법이 사용된다.

4.2.8 개선점들

수렴과 역전파 알고리즘의 성능을 높이기 위해서 다른 몇 가지 방법이 있다. 첫 번째로 알고리즘이 진행되면서 학습률을 점점 낮추는 것이다. 네트워크는 가중치가 초반에 무작위로 선택되었으므로 갱신할 때 큰 변화가 적용되지만, 나중에도 계속 큰 변화를 적용시킨다면 문제가 생기게 된다. 가중치의 에러에 대한 2차 도함수를 사용하면 성능 향상에 대한 결과를 알 수 있다. 역전파 알고리즘에서 우리는 1차 도함수를 사용해서 학습을 이끌었지만, 2차 도함수를 사용하면 네트워크를 발전시키는 데 도움이 되며, 자세한 사항은 9.1절에서 더 알아본다.

4.3 다층 퍼셉트론의 실제

지난 절에서는 MLP 네트워크의 디자인과 구현에 관해서 살펴봤다. 이번 절에서는 네트워크를 사용해서 실제 문제를 해결하는 데 선택해야 하는 점들에 관해 살펴본다. 그런 후에 MLP를 사용해 제시된 아이디어들을 네 가지 다른 문제, 즉 회귀, 분류, 시계열 예측, 데이터 압축에 대한 해결책을 찾는 데 사용해 보겠다.

4.3.1 트레이닝 데이터 양

한 층의 은닉층을 가진 MLP의 경우에 $(L + 1) \times M + (M + 1) \times N$ 개의 가중치가 있는데 L, M, N은 각각 입력층, 은닉층, 출력층의 크기를 의미한다. 추가의 +1들은 조절할 수 있는 가중치의 바이어스(bias) 노드들이다. 트레이닝 단계에서 조절이 필요한 변수들이 꽤나 많이 존재한다. 역전파 알고리즘은 트레이닝 데이터에서 구해지는 에러 값들로 가중치들의 값들을 찾는다. 더 많은 데이터를 갖고 있다면 더 좋은 학습을 할 수 있을 것이지만, 걸리는 시간 또한 늘어난다. 불행히도 해결해야 하는 문제에 따라서 걸리는 시간도 달라지므로 최소한으로 요구되는 데이터 양을 계산하는 방법은 없다.

경험에 근거한 법칙은 MLP를 사용할 때 보통 가중치의 개수의 10배에 해당하는 데이터 예제들이 필요하다는 것이다. 이는 아주 큰 숫자의 예제들을 요구하는 것이며, 같은 데이터를 많은 반복을 통해서 사용해야 하므로 뉴럴 네트워크 학습은 계산 비용이 아주 높은 연산이다.

4.3.2 은닉층의 수

가중치의 개수를 결정하는 데 은닉 노드들의 개수와 은닉층의 개수 선택을 해야 하는 내제적인 문제가 있다. 정확한 개수를 선택하는 것은 성공적인 알고리즘을 만드는 데 중요하다. 그림 데모를 통해서 두 개의 은닉층은 MLP 학습을 위해서 필요한 최대의 개수라는 것을 볼 수 있다. 사실, 수학적으로는 하나의 은닉층에 아주 많은 은닉 노드들을 사용하면 충분하다는 것을 보일 수 있다. 이는 보편 근사(universal approximation)라고 부르며, 더 읽을 자료들을 통해서 더 자세히 살펴보자. 하지만 나쁜 소식은 은닉층의 노드 개수를 결정하는 데에 어떠한 이론적인 바탕도 없다는 것이다. 실험적으로 다른 개수의 은닉 노드들을 사용해 보고 가장 좋은 결과를 주는(4.4절에서 다룬다) 개수를 사용할 수밖에 없다.

우리는 원하는 만큼 많은 층을 사용해서 역전파 알고리즘을 사용할 수 있으나, 어떤 가중치를 갱신해야 하는지 찾는 데 더 어려움을 겪게 될 것이다. 다행히도 앞에서 언급되었듯이 두 개 이상의 층이 필요가 없는데(하나는 은닉층 또 하나는 출력층) 이것이 가능한 이유는 지역적 시그모이드 함수들을 선형 조합을 통해서 어떤 매끄러운 함수(smooth function)이든지 다 만들 수 있기 때문이다. 그림 4.9를 보면 왜 두 개 층이 충분한지를 보여 준다. 시그모이드 함수들을 합치면 리지(ridge) 함수 같은 형태를 만들 수 있고, 리지 함수 같은 형태를 합치면 하나의 최댓값을 갖는 함수를 만들 수 있다. 이것들을 합쳐서 다른 층의 뉴런들을 사용해서 변형하면 지역적인 답을 얻을 수 있고(범프(bump) 함수), 어떤 함수들의 매핑이라도 무작위의 정확도로 범프들의 선형 조합으로 접근될 수 있다. MLP가 이를 시도하는 것이 그림 4.10에 나온다. 5장에서 **방사 기저 함수**(radial basis functions)를 이용해서 같은 아이디어를 다시 사용할 것이다. 그림 4.9는 두 개의 은닉층이 충분하다는 것을 보여준다. 사실 하나의 층만으로도 충분하지만, 이를 위해서는 엄청 많은 수의 은닉 노드들이 필요하다. 이는 **보편적 근사 정리**(universal approximation theorem)라 알려져 있으며, 이번 장 마지막에 수학적인 논문 자료들에 대한 참고 자료가 나온다.

두 개의 은닉층은 이런 범프 함수를 계산하는 데 충분하며, 네트워크는 예측하고자 하는 함수가 연속적이면 계산할 수 있다. 퍼셉트론처럼 선형인 경우뿐만 아니라도 어떠한 결정 경계도 근사가 가능하다.

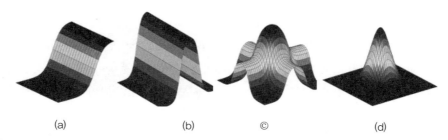

(a)   (b)   ©   (d)

그림 4.9 MLP 학습이 시그모이드 뉴런의 출력으로 표현되었고(a), 이는 뉴런들과 반대 모양을 갖는 것과 함께 더해져서 언덕 모양으로 나타나고(b), 다른 언덕 모양을 90도로 돌려서 추가로 붙이면 범프가 만들어지며(c), 이를 원하는 대로 다듬어서(d), 범프들이 더해져서 출력 층에 더해지게 된다. 따라서 MLP는 각각의 입력 값들의 지역적 표현을 학습한다.

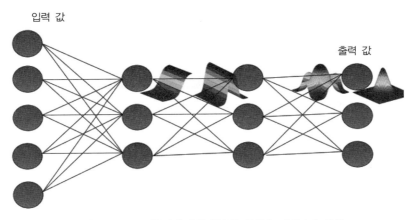

입력 값

출력 값

그림 4.10 MLP의 효율적인 학습의 모양을 단계마다 표현

4.3.3 학습을 중지해야 할 시기

MLP의 트레이닝은 알고리즘이 전체 트레이닝 데이터를 많이 반복하게 되는데 각 단계에서 네트워크가 오류를 작성할 때마다 가중치를 조절해 준다. 언제 학습을 멈춰야 하는지 결정하는 것은 중요한 문제이며, 이제부터 살펴보겠다. 불행히도 가장 쉬운 방법을 사용하는 것은 통하지 않는다. 반복 횟수를 N으로 정해 놓고 수행하는 것은 네트워크가 오버핏되거나 반대로 충분히 학습되지 못한 상태로 멈추게 하는 위험이 있다. 또한, 정해진 작은 에러 값에 도달하기까지 계속 반복한다고 정한다면 알고리즘이 전혀 멈추지 않거나 오버핏하는 위험을 갖는다. 하지만 두 방법 모두를 사용하면 도움이 되고, 에러가 줄어들기 시작하면 트레이닝을 멈출 수 있다.

하지만 밸리데이션 세트는 현재 학습 단계에서 얼마나 일반화되었는지를 보여 주므로 더 유용한 정보를 제공해 준다. 트레이닝 수행 과정을 에러 제곱합 그래프로 표현해 보면, 초반에 꽤 빠르게 줄어들다가 지역 최솟값을 찾기 위해서 조금씩 변화하게 된다. 지역 최솟값을 찾기 전에 멈추고 싶지는 않지만, 이미 살펴봤듯이 트레이닝을 너무 오래하면 네트워크가 오버핏하게 된다. 이럴 때 바로 밸리데이션 세트가 유용하다. 네트워크를 정해진 반복 횟수만큼 수행하고, 밸리데이션 세트를 이용해서 얼마나 일반화되었는지 살펴본다. 그리고 다시 몇 번의 반복을 더 수행하고 밸리데이션 세트로 살펴보는 식을 반복한다. 어느 순간 밸리데이션 세트에 대한 에러가 증가하기 시작하면 네트워크가 데이터를 사용해서 이에 대한 함수를 학습하기를 중단하고, 노이즈들에 대해서 배우기 시작하기 때문이다(그림 4.11). 이 단계에서 우리는 트레이닝을 멈추는데 이는 **조기 종료**(early stopping)라 부른다.

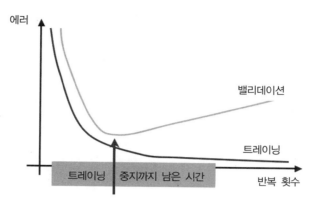

그림 4.11 트레이닝에서 오버피팅의 영향과 밸리데이션 오류 곡선. 화살표는 트레이닝이 언제 멈춰져야 하는지를 보여 준다.

4.4 MLP의 활용 예

이번 장은 실질적인 내용을 다루는데 컴퓨터로 예제들을 직접 작업하고 수정해 보도록 하자. MLP는 퍼셉트론에서처럼 가중치의 변화를 직접 살펴보기에는 너무 복잡하다.

따라서 데이터를 사용해서 직접 네트워크가 어떻게 학습하는지를 살펴보겠다. MLP를 이용해서 해결할 수 있는 네 가지 문제, 즉 회귀(regression), 분류(classification), 시계열 예측 (time-series prediction), 데이터 압축 / 데이터 노이즈 제거(data compression / data denoising)에 관해서 살펴보도록 하자.

4.4.1 회귀 문제

회귀 분석 문제로 아주 간단한 예를 살펴보겠다. 간단한 수학 방정식을 사용해서 데이터들을 생성하고, 이를 사용해서 다시 **모**(generating) **함수**를 찾도록 네트워크를 트레이닝시킨 후에 새로운 입력 값에 대해서 목표 값을 예측해 본다.

여기서 사용할 함수는 매우 간단한 사인 곡선이며, 다음과 같은 방법으로 데이터를 생성한다(넘파이를 임포트해야 한다).

```
x = np.ones((1,40))*np.linspace(0,1,40)
t = np.sin(2*np.pi*x) + np.cos(4*np.pi*x) + np.random.randn(40)*0.2
x = x.T
t = t.T
```

여기서 reshape()를 사용해야 하는 이유는 넘파이가 기본적으로 lists에 대해서 배열 $N \times 1$을 갖기 때문이다. np.shape()를 사용해서 결과를 비교해 보고, 배열의 전치 함수 .T를 살펴보자.

```
>>> x = np.linspace(0,1,40)
>>> np.shape(x)
(40,)
>>> np.shape(x.T)
(40,)
>>>
>>> x = np.linspace(0,1,40).reshape((1,40))
>>> np.shape(x)
(1, 40)
>>> np.shape(x.T)
(40, 1)
```

이제 데이터들이 어떻게 생겼는지 다음을 통해서 그래프를 그려서 살펴보자(그림 4.12).

```
>>> import pylab as pl
>>> pl.plot(x,t,'.')
```

이제 데이터에 MLP를 트레이닝시켜 보자. 하나의 입력 값 x와 출력 값 t에 뉴럴 네트워크는 하나의 입력 값과 하나의 출력 값을 갖는다. 또한, 출력 값이 0 또는 1의 함수 결과 값이 되도록 출력에서 선형 뉴런을 사용한다. 얼마나 많은 은닉 노드들이 필요한지는 실험을 통해서 알아봐야 한다. 시작하기 전에 데이터를 정규화시켜야 하고(3.4.5절에 살펴본 방법), 데이터를 트레이닝, 테스팅, 밸리데이션 집합으로 나눈다. 비록 충분하지 않은 양이 될 수 있지만, 40개의 데이터 포인트 중에 반은 트레이닝 세트로 사용한다. 또한, 데이터를 50 : 25 : 25로 나누어서 홀수 번째 데이터는 트레이닝 데이터에 포함시키고, 짝수 번째 데이터 중에 4로 나눠지는 인덱스를 갖는 경우에 테스팅 데이터에 포함시키고, 4로 나눠지지 않는 짝수 번째 데이터는 밸리데이션 데이터에 포함시킨다.

```
train = x[0::2,:]
test = x[1::4,:]
valid = x[3::4,:]
traintarget = t[0::2,:]
```

```
testtarget = t[1::4,:]
validtarget = t[3::4,:]
```

데이터를 준비하고 나면 이제 **MLP**를 트레이닝시키면 된다. 먼저, 세 개의 은닉 노드를 사용하고, 학습률을 0.25로 하고, 네트워크를 101번 반복해서 살펴보자.

```
>>> import mlp
>>> net = mlp.mlp(train,traintarget,3,outtype='linear')
>>> net.mlptrain(train,traintarget,0.25,101)
```

알고리즘의 출력은 다음과 같다.

```
Iteration: 0 Error: 12.3704163654
Iteration: 100 Error: 8.2075961385
```

에러가 점점 줄어들고 있는 것을 통해 네트워크가 학습되고 있는 것을 알 수 있다. 이제 몇 개의 은닉 노드들이 필요하고, 얼마나 오랫동안 네트워크를 트레이닝해야 하는지 알아 보자. 첫 번째 문제를 해결하기 위해서 여러 가지 다른 네트워크들을 테스트해 보고, 어떤 경우에 낮은 에러를 보이는지 찾아봐야 한다. 그러기 전에 우선 언제 멈춰야 하는지를 알아야 하므로 두 번째 문제를 먼저 살펴보겠다. 네트워크를 정해진 반복수 만큼(10번이라고 하자) 반복하고, 밸리데이션 세트에 대해서 에러를 확인하고(포워드 알고리즘을 사용한 리콜 단계), 학습을 밸리데이션 세트 에러가 증가하기 전에 멈춘다. 이를 위한 파이썬 프로그램이 제공되지만, 사용 시 중요한 점은 밸리데이션 에러를 계속 살펴보고 증가하기 전에 멈춰야 한다는 것이다. 다음의 코드는 **MLP**에 사용된 함수이며, 이 책의 웹 페이지에도 공유되어 있다. 마지막 두 번의 밸리데이션 에러를 확인해서 작은 변화로 인한 조기 학습 정지(premature stopping)를 막는다. 조기 학습 정지는 다음과 같다.

```
old_val_error1 = 100002
old_val_error2 = 100001
new_val_error = 100000

count = 0
while (((old_val_error1 - new_val_error) > 0.001) or ((old_val_error2 - ↵
old_val_error1)>0.001)):
```

```
        count+=1
        self.mlptrain(inputs,targets,0.25,100)
        old_val_error2 = old_val_error1
        old_val_error1 = new_val_error
        validout = self.mlpfwd(valid)
        new_val_error = 0.5*np.sum((validtargets-validout)**2)

print "Stopped", new_val_error,old_val_error1, old_val_error2
```

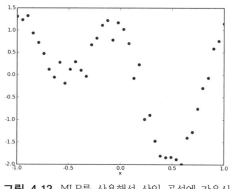

그림 4.12 MLP를 사용해서 사인 곡선에 가우시안 노이즈(Gaussian noise)를 추가해서 만들어진 데이터를 학습한다.

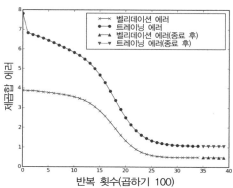

그림 4.13 MLP 학습 과정의 에러들을 그래프로 표현(가장 위의 선은 트레이닝 전체 에러; 아래 선은 밸리데이션 세트에 대한 에러; 트레이닝 세트에 대한 에러가 더 큰 이유는 데이터 점들이 더 많기 때문이다). 조기 종료(early-stopping)는 선이 없는 부분, 십자가 모양이 삼각형이 되는 지점에서 학습을 정지시킨다. 이와 함께 학습을 계속 유지시켜서 에러가 점점 안 좋아지는 상황을 보여 준다.

그림 4.13은 함수를 실행시켰을 때의 결과 값과 트레이닝과 밸리데이션 에러들을 보여 준다. 조기 종료로 학습이 멈추는 포인트는 밸리데이션 데이터 포인트가 없는 부분이다. 그 뒷부분을 보면 밸리데이션 에러가 나아지지 않고 있으므로 조기 종료를 수행해도 제대로 된 모델을 제공한다는 점을 확인할 수 있다.

이제 다시 네트워크 크기를 정하는 문제로 돌아가 보자. 한 가지 기억해야 할 것은 가중치는 무작위로 초기화되므로 시작점이 변하고, 우연히 좋은 시작점에서 출발한 특정 네트워크의 크기가 좋은 결과를 보일 수 있다는 점이다. 따라서 각각의 네트워크 크기에 대해서 10번씩 반복하고, 이를 평균 내서 살펴봐야 한다. 다음의 표는 몇 가지 다른 크기의 네트워크에 대한 밸리데이션 에러 제곱합 결과를 보여 준다.

은닉 노드 갯수	1	2	3	5	10	25	50
평균 에러	2.21	0.52	0.52	0.52	0.55	1.35	2.56
표준 편차	0.17	0.00	0.00	0.02	0.00	1.20	1.27
최대 에러	2.31	0.53	0.54	0.54	0.60	3.230	3.66
최소 에러	2.10	0.51	0.50	0.50	0.47	0.42	0.52

제시된 값들을 보면 1개 은닉 노드를 사용한 네트워크에 비해 최대 에러 값이 훨씬 작은 2 ~ 10개 정도의 은닉 노드들을 선택하는 것이 바람직해 보인다. 또한, 너무 많은 은닉 노드들을 사용할 때는 네트워크에 너무 많은 변형을 부여하므로 에러가 늘어나는 것을 주목하자. 이제 독자들은 다양한 크기의 은닉층에 대한 비슷한 실험을 해볼 수 있을 것이다.

4.4.2 MLP에서의 분류

MLP를 이용해서 분류 문제를 해결하는 것은 출력 값에 대한 인코딩이 정해지면 그리 어려운 문제가 아니다. 입력 값은 피처 측정 값이므로(정규화된) 다를 것이 없다. 하지만 출력 값의 경우 다양한 선택이 가능한데 하나의 선형 노드를 출력 y로 사용할 수도 있고, 임계값 함수를 사용해서 활성화를 결정할 수 있다. 예를 들어, 네 가지 클래스가 있는 문제에 대해서는 다음처럼 사용할 수 있다.

$$\text{Class is: } \begin{cases} C_1 & \text{if } y \leq -0.5 \\ C_2 & \text{if } -0.5 < y \leq 0 \\ C_3 & \text{if } 0 < y \leq 0.5 \\ C_4 & \text{if } y > 0.5 \end{cases} \tag{4.18}$$

하지만 클래스의 개수가 많아짐에 따라 비현실적이게 되는데 이유는 경계가 되는 값이 매우 비논리적이기 때문이다. 예를 들어, 경계에 아주 가까운 값 $y = 0.5$?의 경우를 생각해 보자. 이를 무작위로 클래스 C_3에 속한다고 할 수도 있지만, 뉴럴 네트워크는 경계에 얼마나 가까운지 우리에게 주는 정보가 없으므로 이런 예제가 얼마나 분류하기 어려운지를 알 방법이 없다.

더 좋은 방법의 출력 인코딩(output encoding) 사용은 1-of-N 인코딩이다. 각각 다른 노드를 사용해서 다른 클래스를 표현하고, 목표 벡터가 속한 클래스에 대해서만 1값을 가지며, 나머지는 0을 갖는다. 예를 들면, (0, 0, 0, 1, 0, 0)은 6개의 클래스 중에 네 번째 클래스에 속한다는 것이다. 따라서 0 또는 1의 2진수 결과 값을 사용한다.

네트워크가 트레이닝된 후에 분류를 실행하는 것은 이제 쉬운 문제다. 출력 벡터에서 가장 큰 **y**값을 갖는 요소 y_k를 고르기만 하면 된다. 수학식으로 표현했을 때는 $y_k > y_j \, \forall \, j \neq$

k;(여기서 ∀는 **모든 요소**를 의미한다) 다른 어떤 가능한 y_j 중에 가장 큰 값을 갖는 y_k를 고른다. 이 방법은 두 개의 뉴런 결과 값이 같을 경우는 거의 없으므로 확실한 결정을 보인다. 뉴런 중에 가장 큰 활성화 값을 갖는 것이 선택되고 나머지는 무시되므로 **하드 맥스** (hard-max) 활성화 함수라고 알려져 있다. 다른 대안으로는 4.2.3절에서 본 **소프트맥스** (soft-max) 함수를 사용하는 것이다. 소프트맥스 함수는 다른 값들과 비교해서 얼마나 큰 값인지 각각의 뉴런을 리스케일링(rescaling)하므로 모든 값을 합하면 1이 된다. 그러므로 대부분의 값들은 $\frac{1}{p}$가 되며(p는 출력 뉴런의 개수), 1에 가장 가까운 하나의 값만이 선택된다.

어떤 분류기를 사용하든지 분류를 실행시킬 때 한 가지 조심해야 하는 것이 있다. 두 개의 클래스가 있는 문제에서 분류를 실행하는데 90%의 데이터가 클래스 1에 해당한다고 하자. 이는 현실적으로 충분히 일어날 수 있는 일이며, 예를 들어 의료 데이터를 생각해 본다면 대부분의 경우 음성 판정일 것이다. 이런 경우에 알고리즘은 테스트에 대해서 언제나 음성이라고 판단할 것인데 이는 90%의 경우 정답이기 때문이다. 90%의 정답률을 보이지만, 쓸모없는 분류기인 것이다. 이런 이유로 항상 각각의 클래스에 해당하는 예제의 개수를 비슷하게 맞출 필요가 있다. 언뜻 들으면 많은 데이터가 있는 클래스에 대한 대부분의 데이터를 다 버려야 하므로 낭비라고 생각할 수 있다. 물론, **노벨티 탐색**(novelty detection)이라는 다른 방법을 통해서 트레이닝 데이터와 다르게 보이는 데이터들은 양성의 예제라고 가정하고, 음성의 경우만을 사용할 수 있다. 이에 대한 참고 자료는 이번 장의 끝에서 제공한다.

4.4.3 분류 예: 아이리스 데이터세트

다른 예로 UCI 머신러닝 저장소(machine learning repository)의 다른 데이터를 사용해 보겠다. 꽃받침과 꽃잎의 길이와 폭에 대한 데이터를 사용해서 아이리스(붓꽃)를 세 가지 다른 타입으로 분류하는 문제다. 이 문제는 유명한 통계학자이자 생물학자인 피셔(R.A. Fisher)에 의해서 1930년대에 처음 시도되었다. 불행히도 데이터를 넘파이의 loadtxt() 함수를 통해서 바로 사용할 수 없다. 마지막 항목인 클래스가 숫자가 아니고 글자로 되어 있어서 loadtxt() 함수가 읽을 수 없기 때문이다. 이를 해결하는 두 가지 방법이 있다. 첫 번째 방법은 텍스트 에디터를 사용해서 검색하고 변경해서 이를 저장한 후에 사용하는 방법이다. 다른 방법은 다음과 같은 파이썬 코드를 사용하는 것이다.

```python
def preprocessIris(infile,outfile):
```

```
        stext1 = 'Iris-setosa'
        stext2 = 'Iris-versicolor'
        stext3 = 'Iris-virginica'
        rtext1 = '0'
        rtext2 = '1'
        rtext3 = '2'

        fid = open(infile,"r")
        oid = open(outfile,"w")

        for s in fid:
            if s.find(stext1)>-1:
                oid.write(s.replace(stext1, rtext1))
            elif s.find(stext2)>-1:
                oid.write(s.replace(stext2, rtext2))
            elif s.find(stext3)>-1:
                oid.write(s.replace(stext3, rtext3))
        fid.close()
        oid.close()
```

변환된 파일은 loadtxt()를 통해서 읽어들일 수 있다. 데이터의 마지막 열은 class ID이며, 나머지 열들은 네 가지 항목에 대한 측정 값이다. 입력 값들을 3.4.5절에서 사용한 방법으로(최댓값을 사용) 정규화시키고, 마지막 class ID는 변경하지 않도록 한다.

```
iris = np.loadtxt('iris_proc.data',delimiter=',')
iris[:,:4] = iris[:,:4]-iris[:,:4].mean(axis=0)
imax = np.concatenate((iris.max(axis=0)*np.ones((1,5)),np.abs(iris.min(↷
axis=0))*np.ones((1,5))),axis=0).max(axis=0)
iris[:,:4] = iris[:,:4]/imax[:4]
```

처음 몇 개의 데이터들은 다음과 같다.

```
>>> print iris[0:5,:]
[[-0.36142626 0.33135215 -0.7508489 -0.76741803 0. ]
 [-0.45867099 -0.04011887 -0.7508489 -0.76741803 0. ]
 [-0.55591572 0.10846954 -0.78268251 -0.76741803 0. ]
 [-0.60453809 0.03417533 -0.71901528 -0.76741803 0. ]
 [-0.41004862 0.40564636 -0.7508489 -0.76741803 0. ]]
```

다음으로, 클래스 번호(1, 2, 3...)로 되어 있는 데이터의 목표 값을 1-of-N 인코딩으로 변경해야 한다. 이는 꽤 간단한 일인데 새로운 배열을 0으로 초기화한 후에 각각의 엔트리를 1로 변경하면 된다.

```
# 트레이닝, 밸리데이션, 테스트 세트로 분리한다.
target = np.zeros((np.shape(iris)[0],3));
indices = np.where(iris[:,4]==0)
target[indices,0] = 1
indices = np.where(iris[:,4]==1)
target[indices,1] = 1
indices = np.where(iris[:,4]==2)
target[indices,2] = 1
```

이제 데이터를 트레이닝, 테스팅, 밸리데이션 세트들로 나눈다. 150개의 예제가 존재하고, 같은 숫자의 클래스 예제들이 존재하므로 데이터를 버릴 필요가 없다. 데이터의 반은 트레이닝, 4분의 1씩 각각 테스팅과 밸리데이션에 넣는다. 파일을 살펴보면 처음 50개의 예제가 클래스 1에 속하고, 다음 50개가 클래스 2에 속하는 것을 볼 수 있다. 따라서 순서를 무작위로 뒤섞은 후에 데이터를 나눠서 한 곳에 클래스가 몰리지 않도록 작업한다.

```
# 데이터를 무작위로 섞어서 순서를 바꾼다.
order = range(np.shape(iris)[0])
np.random.shuffle(order)
iris = iris[order,:]
target = target[order,:]

train = iris[::2,0:4]
traint = target[::2]
valid = iris[1::4,0:4]
validt = target[1::4]
test = iris[3::4,0:4]
testt = target[3::4]
```

이제 데이터가 준비되어서 네트워크를 트레이닝할 준비가 되었다. 이전에 사용되었던 다음 명령어들은 이제 꽤나 익숙할 것이다.

```
>>> import mlp
>>> net = mlp.mlp(train,traint,5,outtype='softmax')
```

```
>>> net.earlystopping(train,traint,valid,validt,0.1)
>>> net.confmat(test,testt)
Confusion matrix is:
[[ 16. 0. 0.]
 [ 0. 12. 2.]
 [ 0. 1. 6.]]
Percentage Correct: 91.8918918919
```

알고리즘은 대부분의 테스트에 대해서는 정확하게 추측하는데 클래스 2에 대해서 두 개의 오류만 존재하고, 클래스 3에 대해서 하나의 오류만 존재한다.

4.4.4 시계열 예측

시계열 예측(time-series prediction)이라고 알려져 있는 데이터 분석 과제는 시간이 가면서 데이터가 어떻게 변화하는지를 보고 미래에 어떻게 될지를 예측하는 문제다. 이는 꽤나 어려운 과제이면서 중요한 문제다. 시간별 데이터의 변화를 보여 주는 데이터는 어느 분야에나 존재하므로 이는 중요하고 유용한 문제다. 주식시장의 변화를 분석하거나 전염병이 퍼지는 것을 예측하는 문제들이 가장 유명한 문제다. 설령, 어떤 주기성이 데이터에 존재한다고 해도 스케일이 다르게 나타나므로 어렵다. 몇 해에 걸쳐서 평균 기온 데이터를 보면 여름에는 더워지고 겨울에는 추워지는 패턴을 볼 수 있지만, 여름에 기온이 아주 높은 고점(peak)이 데이터에서 흩어져서 나타나므로 전체적으로 기온이 상승하는지 하강하는지 한눈에 보기는 어렵다.

실제적인 데이터의 다른 문제들로는 얼마나 많은 데이터들을 예측을 위해서 살펴봐야 하는지(뉴럴 네트워크에 얼마나 많은 입력이 필요한지) 그리고 얼마의 간격을 두고 입력 값을 추출해야 하는지(매 초 단위? 10번째마다? 아니면 모두 다?) 등이 있다. 예측 값을 y 뉴럴 네트워크 함수 function $f(\cdot)$를 사용해서 수식으로 작성한다.

$$y = x(t + \tau) = f(x(t), x(t - \tau), \ldots, x(t - k\tau)), \tag{4.19}$$

얼마나 많은 데이터 포인트가 필요한지 그리고 얼마나 자주 간격을 두고 데이터를 사용할 것인지는 τ와 k의 선택의 문제다.

뉴럴 네트워크를 트레이닝하는 데 이용될 목표 값은 시계열(time-series)의 부분이므로 트레이닝은 매우 간단하다. 예를 들어, $\tau = 2$와 $k = 3$ 값을 사용한다고 하자. 그럼, 첫 번째 입력 데이터는 데이터의 1, 3, 5가 되고, 타깃은 7번째 요소가 된다. 다음, 입력 벡터는 2,

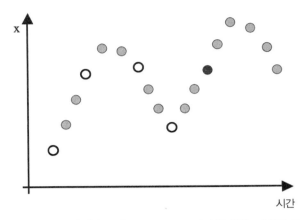

그림 4.14 시계열 그래프(time-series plot)의 부분, 데이터 포인트와 τ와 k의 의미를 보여 준다.

4, 6이 되고 목표 값은 8번째 요소, 그 다음에는 3, 5, 7이고, 목표 값은 9번째 요소가 되며, 네트워크를 시계열에 입력시켜서 트레이닝하며 미래의 값을 예측한다. 테스팅에 사용될 데이터는 트레이닝에서 사용하면 안 된다는 것을 다시 주목하자. 그림 4.14는 $\tau = 3$과 $k = 4$를 사용한 시계열을 보여 주며, 흰색 원으로 표현된 부분이 입력 벡터이고, 검은색 원이 목표 값이 된다.

이제부터 사용되는 데이터는 웹사이트에 공유되어 있다. 뉴질랜드의 파머스톤노스(Palmerston North)의 오존 두께를 1996년부터 2004년까지 매일 측정한 값이 존재한다. 오존 두께는 돕슨 단위(Dobson Units)로 측정되며, 0도씨 1기압에서 0.01mm의 두께다. 오존 두께가 감소하는 부분적인 이유는 지구 온난화이며, 이는 피부암을 증가시키고 있으며, 뉴질랜드에 존재하는 오존 구멍의 크기는 남극 대륙만하다는 사실은 이미 알고 있을 것이다. 하지만 매년 오존의 두께가 변화한다는 사실은 모를 수도 있다. 그림 4.15를 보면 더욱 분명해진다. 전형적인 시계열 문제는 미래 오존의 레벨을 예측하는 것이며, 이를 통해서 오존의 평균 레벨의 전반적인 감소세를 잡아낼 수 있는지 살펴보자.

데이터는 PNoz = loadtxt('PNoz.dat')를 통해서 읽을 수 있고(다운로드받은 파일이 같은 폴더에 있다면), 이는 데이터를 **PNoz**라는 배열에 담는다. 벡터에 있는 네 가지 요소는 연도, 그 해의 날짜수, 오존 레벨, 이산화황 가스 레벨이며, 전체 2,855개가 있다. 오존 데이터가 어떻게 생겼는지 보고 싶다면 plot(arange(shape(PNoz)[0]),PNoz[:,2],'.')를 사용하자.

시계열 데이터로부터 입력 벡터를 생성하는 것이 복잡하다. 우선, τ와 k값을 선택하고 벡터에서 k값을 τ의 간격으로 읽어야 하는데 슬라이스(slice) 연산자를 다음과 같이 사용하면 된다.

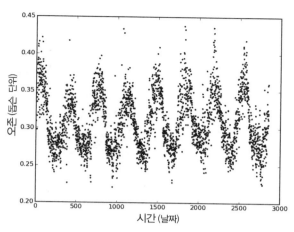

그림 4.15 1996년부터 2004년까지의 뉴질랜드 파머스톤노스(Palmerston North) 오존 두께

```
test = inputs[-800:,:]
testtargets = targets[-800,:]
train = inputs[:-800:2,:]
traintargets = targets[:-800:2]
valid = inputs[1:-800:2,:]
validtargets = targets[1:-800:2]
```

다음으로는 트레이닝 테스팅과 밸리데이션 세트로 분류해야 하는데 여기서 각 데이터가 세계의 그룹에 체계적으로 선택되었는지 꼭 확인해야 한다. 예를 들어, 짝수 번째 데이터를 입력 값으로 사용하는데 어떤 특정 피처가 홀수 번째 데이터에만 나오는 경우가 생기면 트레이닝에서 이 경우를 놓치게 된다. 데이터의 순서를 무작위로 섞으면 이를 피할 수 있다. 하지만 보통 시계열 문제에서는 데이터의 마지막 부분을 테스팅 데이터로 사용하며, 이런 식으로 사용했을 때 나타날 수 있는 결과가 그림 4.16에 나온다.

이제부터 시계열을 회귀 문제로 생각하면 된다. 출력 노드들은 선형 활성화를 사용해야 하고, 에러 제곱합 값을 최소화하도록 모델하면 된다. 여기서 클래스는 없으므로 혼동 행렬(confusion matrix)은 쓸모없다. MLP를 다른 수의 입력 노드와 은닉 노드로 테스팅하는 것 이외에도 다른 τ와 k값을 사용해서 테스트해 봐야 한다.

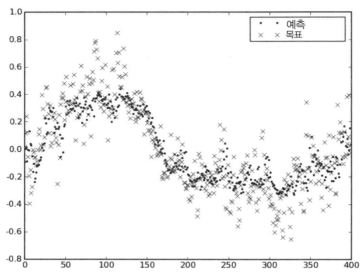

그림 4.16 MLP를 시계열 예측을 위해 사용해서 오존의 400 예측 값과 실제 출력 값을 보여 준다. $k = 3$, $\tau = 2$라고 설정했다.

4.4.5 데이터 압축: 자기 연산 네트워크

이번 장에서는 MLP의 재미있는 변형된 형태를 살펴보겠다. 네트워크를 트레이닝시켜서 출력층에서 입력 값들을 재생산한다고 생각해 보자(**자기 연산 학습**(auto-associative learning)이라고 부르며, 때로는 **오토인코더**(autoencoder)라고 부른다).

네트워크를 트레이닝해서 입력에서 보여진 값들이 출력으로 재생산된다는 것은 별로 유용하게 느껴지지 않을 수 있지만, 은닉층이 더 작은 개수의 뉴런을 가진다고 생각해 보자(그림 4.17 참조). **병목** 지역인 은닉층은 입력의 모든 정보를 표현해야 하고, 이는 출력에서 재생산되어야 한다. 입력 데이터를 **압축**해서 입력층의 노드보다 더 작은 차원으로 이를 표현할 수 있다. MLP의 은닉층이 어떤 정보를 제공하는지를 살펴본다면 적은 차원의 수로 데이터의 중요한 요소들을 축약하고 노이즈를 제외하고 다른 표현 방법을 찾는 것이다.

자기 연산 네트워크는 이미지나 데이터를 압축하는 데 이용될 수 있다. 데이터 A가 그림 4.18에 도식으로 표현되어 있는데 2차원 이미지를 조각들로 나누고 이를 잘 붙여서 긴 선인 1차원 벡터로 표현된다. 이 벡터의 값들은 이미지 색의 강도 값을 나타내며, 이는 입력 값들이다. 네트워크가 같은 이미지를 출력으로 재생산하도록 은닉층의 활성화는 각 이미지를 저장한다. 트레이닝 후에 입력 노드들과 첫 번째 가중치들을 없앨 수 있다. 은닉 노드들에 어떤 값을 집어넣으면(특정 이미지에 대한 활성화 값, 그림 4.19 참고) 이 활성화 값을 네트워크의 두 번째 가중치들과 결합해서 정답의 이미지가 출력층에 재생산된다. 그러므로 저장해야 하는 값은 두 번째 층의 가중치와 은닉 노드들의 활성화 값이며, 이것이 압축 버전이다.

자기 연산 네트워크는 트레이닝 후에 네트워크가 입력 값과 가장 잘 맞는 트레이닝된 이미지를 재생산하므로 노이즈를 없애는 데 사용할 수 있다. 첫 번째 가중치를 버리지 않고 노이즈가 추가된 이미지를 입력에 집어넣으면 네트워크는 입력 이미지와 가장 유사한 이미지를 재생산해 내며 노이즈가 추가되기 전의 이미지를 만들어 낸다.

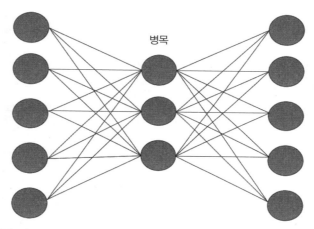

그림 4.17 자기 연산 네트워크. 네트워크는 입력 값을 출력층에서 재생산하도록 트레이닝되며, 병목 은닉 층을 통과하면 압축된 데이터가 나온다.

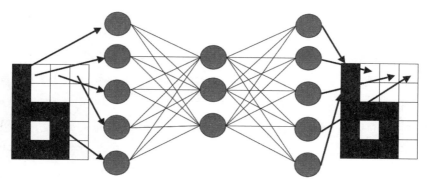

그림 4.18 압축을 위해 어떻게 자기 연산 네트워크에 이미지가 입력되고 프로세스되는지 보여 준다.

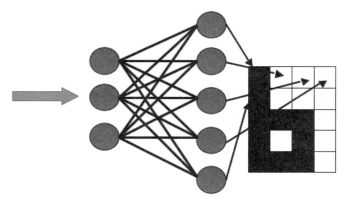

그림 4.19 네트워크가 트레이닝된 후에 어떻게 은닉 노드들과 두 번째 층의 가중치들이 이용되어 압축된 이미지를 만들어 내는지 보여 준다.

은닉 노드들이 이를 어떻게 표현하는지 궁금할 수 있다. 사실 노드들이 모두 선형 활성화 모드라면 네트워크가 학습한 것은 데이터의 **주성분을 계산**한 것이다. **주요 성분 분석**(PCA, Principal Components Analysis)은 차원을 줄이는 유용한 기술이며, 6.2절에서 다뤄진다.

4.5 MLP 사용법

이번 장에서는 많은 내용들을 다뤘다. 데이터가 있을 때 어떻게 다층 퍼셉트론(multi-layer perceptron)을 사용하는지 다시 한 번 간략하게 살펴보자. 이번 장을 통해서 전체적인 맥락이 간략화되고 중요한 몇 가지 요소들을 다시 정리할 수 있기를 바란다.

입력과 출력 값을 정하기: 시작하기에 앞서 먼저 해결하고 싶은 문제가 무엇인지 생각해 보고, 이에 필요한 데이터가 있는지 살펴봐야 한다. 이 단계에서 어떤 피처를 사용하는 것이 문제에 적합한지를 살펴봐야 하며(기본 뉴런인지 선형 노드를 사용할 것인지), 출력 값 인코딩을 정해야 한다. 이런 점들은 보통 풀고자 하는 문제에 대해서 구할 수 있는 데이터의 입력 피처들과 목표 값에 의해 결정되기도 한다. 학습의 후반부에 입력 피처들이 더 필요한지 네트워크를 다시 트레이닝하고 다시 평가해서 알아보는 것도 유용하다.

입력 데이터 정규화: 데이터에서 평균 값을 빼서 이를 분산으로 나눈다(또는 최댓값이나 최솟값을 뺀 값 중에 큰 값을 사용해도 된다).

데이터를 트레이닝, 테스팅, 밸리데이션 세트로 분리: 네트워크의 학습 능력을 트레이닝에 사용했던 데이터로 측정할 수는 없다. 알고리즘은 트레이닝을 통해서 일반화하는 것뿐만 아니라 오버피팅(overfitting)이나 데이터의 노이즈도 학습하므로 보통 굉장히 잘 적응하고 있기 때문이다. 일반적으로 데이터를 세 가지 집합으로 나누는데 이 세 가지 즉, 트레이닝, 테스팅, 밸리데이션, 네트워크가 트레이닝을 통해서 얼마나 잘 학습했는지를 테스팅하는 데 쓰인다. 데이터의 양이 얼마나 많은지에 따라서 데이터를 나누는 비율이 달라지지만, 보통은 50 : 25 : 25를 사용하며, 충분한 데이터가 없는 경우에는 크로스 밸리데이션을 대신 사용한다.

네트워크 구조 정하기: 이미 입력 노드들의 수와 출력 뉴런들의 수를 알고 있는 상황에서 은닉층이 필요한지를 결정해야 하고, 필요하다면 얼마나 많은 뉴런들이 사용될지를 정해야 한다. 하나 이상의 은닉층을 고려해 봐야 할지도 모른다. 네트워크의 구조가 복잡해지면서 더 많은 데이터가 트레이닝에 필요하고 학습에도 더 많은 시간이 요구된다. 또한, 오버피팅이 더 잘 일어나게 만든다. 네트워크 구조를 정하기 위해서 몇 가지 다른 수의 은닉 노드들을 사용하고, 가장 잘 동작하는 것으로 결정하는 방법을 사용한다.

네트워크 트레이닝시키기: 뉴럴 네트워크를 트레이닝시키는 것은 다층 퍼셉트론 알고리즘을 트레이닝 데이터에 적용하는 것이다. 이 단계는 보통 몇 번의 반복 후에 네트워크의 일반화를 밸리데이션에 적용해서 측정하는 조기 종료(early stopping)와 함께 진행된다. 뉴럴 네트워크는 매우 많은 자유도가 있는데 그래서 몇 번의 반복이 지나면 일반화를 지나서 노이즈와 트레이닝 데이터에 존재하는 부정확성에까지 적응하기 시작한다. 이 시기에서 밸리데이션에 대한 테스트 오류가 증가하기 시작하며 학습은 중지되어야 한다.

네트워크 테스트: 네트워크를 트레이닝하고 나면 테스트 데이터를 사용해야 한다. 이를 통해서 네트워크가 이제까지 보지 않은 데이터에 대해서 얼마나 동작하는지를 볼 수 있으며, 이는 실제로 목표 값이 없는 새로운 데이터에 얼마나 적용할 수 있는지를 알 수 있게 해준다.

4.6 역전파 유도

이번 절에서는 역전파 알고리즘(back-propagation algorithm)을 유도해 본다. 이를 통해서 어떻게 알고리즘이 동작하는지를 이해해 본다. 몇몇 대수학을 제외하면 크게 어려운 수학적인 개념이 요구되지 않는다. 세 가지 중요한 개념은, 첫째로 $\frac{1}{2}x^2$를 x에 대해서 미분하면 x가

된다는 것이다. 두 번째로 연쇄 법칙(chain rule) $\frac{dy}{dx} = \frac{dy}{dt}\frac{dt}{dx}$이다. 마지막으로, y가 x에 대한 함수가 아니라면, $\frac{dy}{dx} = 0$가 된다는 점이다. 이 세 가지를 유념하고 나면 이 책의 유도 과정들을 따라가는 것이 어렵지 않을 것이다. 다음 각 단계별로 확인해 보자.

4.6.1 네트워크 출력 값과 오류

뉴럴 네트워크의 출력 값은 다음의 세 가지 함수다(알고리즘 전향 부분의 마지막).

- 현재 입력 값($\mathbf{x}$)
- 네트워크의 노드에 사용되는 **활성화 함수** $g(\cdot)$
- 네트워크의 가중치들(첫 번째 은닉층은 $\mathbf{v}$, 두 번째 은닉층의 가중치는 $\mathbf{w}$로 표시)

학습에 사용하는 입력 값과 알고리즘 학습에 활성화 함수는 변경할 수 없다. 가중치가 단 하나 남은 변경 가능한 부분이고, 네트워크의 성능을 증가시키는 데 이를 조절할 수 있다. 하지만 활성화 함수의 퍼셉트론에 사용된 임계(threshold) 함수는 미분 가능하지 않으므로 다시 생각해 봐야 한다(0에서 연속적이지 않다).

4.6.3절에서 더 자세히 생각해 보겠지만, 잠시 네트워크의 에러에 대해서 알아보자. 알고리즘을 **전향**으로 동작시키고, 입력 값을($\mathbf{x}$) 알고리즘에 넣고 첫 번째 가중치($\mathbf{v}$)를 사용해서 은닉 뉴런의 활성화를 측정한다. 다음은 활성화 값과 두 번째 가중치($\mathbf{w}$)를 이용해서 출력 뉴런의 활성화를 계산하면 이것이 바로 네트워크($\mathbf{y}$)의 출력 값이 된다. 앞으로 입력 노드들을 가리키는 데 i를 사용하고, 은닉층의 뉴런을 가리키는 데 j를 사용하고, 출력 뉴런을 가리키는 데 k를 사용할 것이다.

4.6.2 네트워크의 오류

퍼셉트론 학습 법칙을 살펴볼 때 오차 함수의 값 $E = \sum_{k=1}^{N} y_k - t_k$를 줄여 나가는 것을 시도했다. 그리고 학습 법칙을 사용해서 에러를 점점 줄여 나갔다. 기울기 하강법의 원칙을 사용해서 이번에는 더 좋은 방법으로 적용해 보겠다.

네트워크의 에러에 대해서 먼저 생각해 보자. 분명 출력 값 y와 목표 값 t와의 차이와 상관 있다는 것은 명백하다. 앞으로 가중치 $\mathbf{v}$와 $\mathbf{w}$가 출력 값을 변경할 수 있는데 이는 에러를 변경하므로 $E(\mathbf{v}, \mathbf{w})$라고 표시한다.

퍼셉트론에서는 에러를 $E = \sum_{k=1}^{N} y_k - t_k$라고 사용했지만, 이는 출력 값과 목표 값의 크기에 따라서 많은 출력 노드들이 오답을 작성하면 어떤 값은 음수를 출력하고, 또 어떤 값은 양수를 출력해서 이것들이 다 상쇄될 수 있는 문제점이 있다. 여기서는 대신에 목표 값과 출력 값의 차이를 제곱하고 이것들의 합을 사용해서 에러를 계산하도록 한다(에러식 에서 $\mathbf{v}$는 존재하지 않으므로 제외하고 $E(\mathbf{w})$라고 사용한다).

$$E(\mathbf{w}) = \frac{1}{2}\sum_{k=1}^{N}(y_k - t_k)^2 \tag{4.20}$$

$$= \frac{1}{2}\sum_{k=1}^{N}\left[g\left(\sum_{j=0}^{M}w_{jk}a_j\right) - t_k\right]^2 \tag{4.21}$$

두 번째 식에서는 은닉층 뉴런들의 입력과 은닉층의 가중치를 사용해서 출력 뉴런의 활 성화를 결정하는 식으로 변경해서 표현했다. 이제 퍼셉트론에 대해서 생각해 보기 위해서 입력 노드 i와 출력 노드 k로 변경하면 식 (4.21)은 다음과 같이 변경된다.

$$\frac{1}{2}\sum_{k=1}^{N}\left[g\left(\sum_{i=0}^{L}w_{ik}x_i\right) - t_k\right]^2. \tag{4.22}$$

여기서 퍼셉트론에 활성화 함수 $g(\cdot)$가 연속적이지 않으므로 임계 함수를 미분할 수 없 다. 당장은 이를 생각하지 말자. 퍼셉트론에는 또한 은닉 노드들이 존재하지 않으므로 출 력 뉴런의 활성화 함수는 $y_\kappa = \sum_{i=0}^{L}w_{i\kappa}x_i$이며, x_i는 입력 노드의 값이며, 바이어스 노드 를 포함한 모든 입력 노드들의 합을 계산한다.

기울기 하강 알고리즘을 사용해서 고정된 ι와 κ값을 가진 상태에서 각 가중치 $w_{\iota\kappa}$를 조 절하고, $E(\mathbf{w})$ 마이너스 기울기 방향으로 갱신한다. 앞으로 ∂는 **편도 함수**(partial derivative)를 나타내며, 이는 여러 가지 다양한 E를 미분할 수 있는 함수가 이용될 수 있으므로 사용된 다. 편도 함수를 잘 모른다면 미분 함수(normal derivative)와 비슷한 것이라고 생각하면 되 며, 옳은 방향으로 미분한 것이라고 하면 된다. 알고 싶은 기울기는 다른 가중치에 대해서 어떻게 오차 함수가 바뀌는가 하는 것이다.

$$\frac{\partial E}{\partial w_{\iota\kappa}} = \frac{\partial}{\partial w_{\iota\kappa}}\left(\frac{1}{2}\sum_{k=1}^{N}(y_k - t_k)^2\right)$$

$$= \frac{1}{2}\sum_{k=1}^{N}2(y_k - t_k)\frac{\partial}{\partial w_{\iota\kappa}}\left(y_k - \sum_{i=0}^{L}w_{i\kappa}x_i\right) \tag{4.23}$$

$$\tag{4.24}$$

t_k는 알고리즘에 주어지는 값이고, 가중치에 대한 함수가 아니므로 모든 k, ι, κ값에 대해서 $\frac{\partial t_k}{\partial w_{\iota\kappa}} = 0$이다. 단, $w_{\iota\kappa}$의 함수인 부분은 $\sum_{i=0}^{L} w_{i\kappa}x_i$뿐이고, $i = \iota$일 때는 $w_{\iota\kappa}$이고, 미분 값은 1이 된다. 따라서 다음과 같다.

$$\frac{\partial E}{\partial w_{\iota\kappa}} = \sum_{k=1}^{N} (t_k - y_k)(-x_\iota). \tag{4.25}$$

가중치 갱신 법칙의 아이디어는 $-\frac{\partial E}{\partial w_{\iota\kappa}} w_{\iota\kappa}$ 의 방향으로 기울기를 따라서 **하강**시키는 것이다. 가중치 갱신 법칙(학습률 η)은 다음과 같다.

$$w_{\iota\kappa} \leftarrow w_{\iota\kappa} + \eta(t_\kappa - y_\kappa)x_\iota, \tag{4.26}$$

이는 꽤나 익숙하게 보일 것이다(식 (3.3)을 보자). y_κ를 다르게 계산하는 것에 주목하자. 퍼셉트론에서는 역치 활성화 함수를 이용하며, 위에서는 역치 함수를 무시했다. 이는 뉴런처럼 활동하도록 만들기 위해서는 활성화하거나 비활성화하는 뉴런의 특성을 잡아내지 못하고, 연속적인 값을 보여 주므로 유용하지는 않다. 하지만 우리는 기울기 하강을 사용하기 위해서 출력 값을 미분할 수 있어야 하며, 이를 위해 미분 가능한 활성화 함수를 사용할 필요가 있다.

4.6.3 활성화 함수의 요건들

뉴런을 모델하기 위해서 우리는 다음과 같은 특성을 가진 활성화 함수를 원한다.

- 기울기를 계산할 수 있도록 미분 가능해야 한다.
- 뉴런이 활성화하든지 비활성화할 수 있도록 양쪽 범위에서 수렴해야 한다.
- 수렴하는 양쪽 값의 중간에서는 꽤 빠르게 값이 바뀌어야 한다.

시그모이드 함수라고 불리는 함수 집단은 그림 4.5와 같이 S 모양을 가지고 있고, 위의 조건들을 완전히 만족시킨다. 보통 많이 사용되는 형태는 다음과 같다.

$$a = g(h) = \frac{1}{1 + \exp(-\beta h)}, \tag{4.27}$$

여기서 β 는 양수의 파라미터다. 한 가지 장점은 미분 함수가 깔끔한 형태를 가진다는 것이다.

$$g'(h) = \frac{dg}{dh} = \frac{d}{dh}(1 + e^{-\beta h})^{-1} \tag{4.28}$$

$$= -1(1 + e^{-\beta h})^{-2}\frac{de^{-\beta h}}{dh} \tag{4.29}$$

$$= -1(1 + e^{-\beta h})^{-2}(-\beta e^{-\beta h}) \tag{4.30}$$

$$= \frac{\beta e^{-\beta h}}{(1 + e^{-\beta h})^2} \tag{4.31}$$

$$= \beta g(h)(1 - g(h)) \tag{4.32}$$

$$= \beta a(1 - a) \tag{4.33}$$

나중에는 이 미분식을 사용하겠다. 이제 오차 함수를 정했고, 미분 함수를 계산할 수 있는 활성화 함수를 찾았다. 4.6.5절에서 출력 뉴런에 사용할 수 있는 다른 활성화 함수를 살펴보고, 4.6.6절에서 오차 함수도 살펴보겠다. 다음으로, 네트워크의 가중치를 조절하기 위해서 어떻게 사용하는지 살펴보자.

4.6.4 오류 역전달

이전에 살펴보았던 연쇄 법칙을 사용해야 하며, 이는 다음과 같다.

$$\frac{\partial E}{\partial w_{\zeta\kappa}} = \frac{\partial E}{\partial h_{\kappa}}\frac{\partial h_{\kappa}}{\partial w_{\zeta\kappa}}, \tag{4.34}$$

여기서 $h_{\kappa} = \sum_{j=0}^{M} w_{j\kappa}a_{\zeta}$는 출력 뉴런 κ에 대한 입력이며, 이는 은닉층의 뉴런들과 두 번째 층의 가중치의 곱의 합값이다. 여기서 식 (4.34)는 무엇을 나타내는가? 두 번째 층의 가중치를 변화하면 출력 값이 변하면서 얼마나 에러가 변하는지를 말해 주며, 입력 값이 출력 뉴런의 에러 변화에 어떻게 영향을 주는지, 또한 가중치가 바뀌면서 그 입력 값이 어떻게 바뀌는지 말해 준다.

두 번째 항을 살펴보자(세 번째 줄에서 j의 모든 값에 대해서 $\frac{\partial w_{j\kappa}}{\partial w_{\zeta\kappa}} = 0$이며 $j = \zeta$일 때만 1이다).

$$\frac{\partial h_{\kappa}}{\partial w_{\zeta\kappa}} = \frac{\partial \sum_{j=0}^{M} w_{j\kappa}a_j}{\partial w_{\zeta\kappa}} \tag{4.35}$$

$$= \sum_{j=0}^{M} \frac{\partial w_{j\kappa} a_j}{\partial w_{\zeta\kappa}} \tag{4.36}$$

$$= a_\zeta. \tag{4.37}$$

$\frac{\partial E}{\partial h_\kappa}$ 항은 **에러 또는 변화량**을 표현하는 항이어서 따로 생각할 만큼 중요하다.

$$\delta_o(\kappa) = \frac{\partial E}{\partial h_\kappa}. \tag{4.38}$$

이제 출력에 대해서 에러를 계산해 보자. 뉴런에 대한 입력 값을 알지 못하므로 이를 직접 계산하는 것은 불가능하다. 여기서 알고 있는 것은 출력 값뿐이지만, 여기서 연쇄 법칙 (chain rule)을 사용한다면 이를 해결할 수 있다.

$$\delta_o(\kappa) = \frac{\partial E}{\partial h_\kappa} = \frac{\partial E}{\partial y_\kappa} \frac{\partial y_\kappa}{\partial h_\kappa}. \tag{4.39}$$

이제 출력층의 뉴런 κ의 출력 값은 다음과 같다.

$$y_\kappa = g(h_\kappa^{\text{output}}) = g\left(\sum_{j=0}^{M} w_{j\kappa} a_j^{\text{hidden}} \right), \tag{4.40}$$

여기서 $g(\cdot)$는 활성화 함수다. 활성화 함수 $g(\cdot)$로는 식 (4.27) 시그모이드 함수를 포함해서 다양하게 선택할 수 있지만, 지금은 그냥 일반 함수로 생각하자. 이제부터 은닉층의 출력 값은 h를 사용해서 y값과 혼동을 피하겠다. y를 출력 뉴런들의 활성화 함수로 사용하고, a를 은닉 뉴런들의 활성화로 사용한다. 식 (4.43)에서 출력의 에러들의 식으로 바꾸고, 이는 식 (4.21)에서 계산한다.

$$\delta_o(\kappa) = \frac{\partial E}{\partial g\left(h_\kappa^{\text{output}}\right)} \frac{\partial g\left(h_\kappa^{\text{output}}\right)}{\partial h_\kappa^{\text{output}}} \tag{4.41}$$

$$= \frac{\partial E}{\partial g\left(h_\kappa^{\text{output}}\right)} g'\left(h_\kappa^{\text{output}}\right) \tag{4.42}$$

$$= \frac{\partial}{\partial g\left(h_\kappa^{\text{output}}\right)} \left[\frac{1}{2} \sum_{k=1}^{N} \left(g(h_k^{\text{output}}) - t_k \right)^2 \right] g'\left(h_\kappa^{\text{output}}\right) \tag{4.43}$$

$$= \left(g(h_\kappa^{\text{output}}) - t_\kappa \right) g'(h_\kappa^{\text{output}}) \tag{4.44}$$

$$= (y_\kappa - t_\kappa) g'(h_\kappa^{\text{output}}), \tag{4.45}$$

여기서 $g'(h_\kappa)$는 g를 h_κ에 대해서 미분한 것이다. 이는 어떤 활성화 함수를 사용하는지에 따라서 다른데 지금은 조금 일반적인 출력층 가중치를 사용해서 갱신식을 작성하고, 나중에 다시 이를 살펴본다.

$$\begin{aligned} w_{\zeta\kappa} &\leftarrow w_{\zeta\kappa} - \eta \frac{\partial E}{\partial w_{\zeta\kappa}} \\ &= w_{\zeta\kappa} - \eta \delta_o(\kappa) a_\zeta. \end{aligned} \tag{4.46}$$

여기서 우리는 음수 부호를 사용하는데 이는 에러를 줄이는 방향으로 진행하기 위해서다.

첫 번째 층 입력 ι을 은닉 노드 ζ에 연결하는 가중치 v_ι에 대한 식을 위해서 더 이상 작업할 필요가 없다. 가중치 값들을 얻기 위해서 한 번 더 연쇄 법칙(식 (4.34))이 필요한데 여기서 주의할 점은 **후향**으로 네트워크를 작업하므로 k를 출력 노드들에 대해서 적용한다는 점이다. 각각의 은닉 노드들은 모든 출력 노드들의 활성화에 영향을 미치므로 모든 영향들을(알맞은 가중치들과 함께) 고려해야 한다.

$$\delta_h(\zeta) = \sum_{k=1}^{N} \frac{\partial E}{\partial h_k^{\text{output}}} \frac{\partial h_k^{\text{output}}}{\partial h_\zeta^{\text{hidden}}} \tag{4.47}$$

$$= \sum_{k=1}^{N} \delta_o(k) \frac{\partial h_k^{\text{output}}}{\partial h_\zeta^{\text{hidden}}}, \tag{4.48}$$

여기서 식 (4.38)을 이용해서 두 번째 식을 구한다. 이제 미분을 위한 좋은 표현이 필요하다. 출력층의 뉴런들에 대한 입력 값은 은닉층 뉴런들과 두 번째 층 가중치의 곱에 활성화 값으로 정해진다는 것을 다시 기억하자.

$$h_\kappa^{\text{output}} = \sum_{j=0}^{M} w_{j\kappa} g\left(h_j^{\text{hidden}} \right), \tag{4.49}$$

이는 곧 다음을 의미한다.

$$\frac{\partial h_\kappa^{\text{output}}}{\partial h_\zeta^{\text{hidden}}} = \frac{\partial g\left(\sum_{j=0}^{M} w_{j\kappa} h_j^{\text{hidden}} \right)}{\partial h_j^{\text{hidden}}}. \tag{4.50}$$

여기서는 이전에 사용했던 $\frac{\partial h_\zeta}{\partial h_j} = 0$이며, $j = \zeta$일 때만 1이 된다는 것을 사용하면 다음과 같다.

$$\frac{\partial h_\kappa^{\text{output}}}{\partial h_\zeta^{\text{hidden}}} = w_{\zeta\kappa} g'(a_\zeta). \tag{4.51}$$

은닉 노드들은 언제나 시그모이드 활성화 함수가 사용되어서 이의 미분식 (4.33)이 $g'(a_\zeta) = \beta a_\zeta (1 - a_\zeta)$임을 사용해서 다음과 같이 유도된다.

$$\delta_h(\zeta) = \beta a_\zeta (1 - a_\zeta) \sum_{k=1}^{N} \delta_o(k) w_\zeta. \tag{4.52}$$

그러므로 v_ι의 갱신 법칙이 다음과 같이 된다.

$$
\begin{aligned}
v_\iota &\leftarrow v_\iota - \eta \frac{\partial E}{\partial v_\iota} \\
&= v_\iota - \eta a_\zeta (1 - a_\zeta) \left(\sum_{k=1}^{N} \delta_o(k) w_\zeta \right) x_\iota.
\end{aligned}
\tag{4.53}
$$

입력과 출력들 사이에 더 많은 추가 은닉층이 존재한다면 똑같은 계산을 통해서 해결할 수 있다는 것에 주목하자. 어떤 함수를 미분해야 하는지에 대해서 추적하기 점점 힘들어지지만, 어떤 새로운 트릭도 필요하진 않다.

4.6.5 출력 활성화 함수들

시그모이드 활성화 함수들은 노드들을 활성화 또는 비활성화 뉴런처럼 보이기 위해서 만들어졌다. 은닉층에 사용되기에는 매우 중요하지만, 이번 장 초반에 보았듯이 출력 뉴런들로 사용되기에 적합하지 않은 두 가지 경우가 있다. 첫 번째는 회귀에서 출력 값이 연속적이길 원한 경우였고, 다른 경우에는 뉴런들 중에 하나만 활성화해야 하는 다계층 분류를 위한 경우였다. 이 경우에 사용할 수 있는 활성화 함수들을 살펴보았는데 우리는 그것들을 위한 델타항 δ_o을 유도해 보겠다. 세 가지 함수는 다음과 같다.

Linear $y_\kappa = g(h_\kappa) = h_\kappa$

Sigmoidal $y_\kappa = g(h_\kappa) = 1 / (1 + \exp(-\beta h_\kappa))$

Soft-max $y_\kappa = g(h_\kappa) = \exp(h_\kappa) / \sum_{k=1}^{N} (h_\kappa)$

각각의 경우 우리는 가중치에 대해서 미분을 유도해야 하며, 이를 위해 식 (4.45)를 사용할 수 있다.

처음 두 개의 경우에는 매우 쉬운데 Linear의 경우에는 출력이 $\delta_0(\kappa) = (y_\kappa - t(\kappa))y_\kappa$가 되고, Sigmoidal의 경우 출력은 $\delta_0(\kappa) = \beta(y_\kappa - t(\kappa))y_\kappa(1 - y_\kappa)$이 된다.

하지만 Soft-max의 경우에는 미분 가능하지 않으므로 유도가 필요하다. 다음과 같이 작성한다면 문제는 더 명확해진다.

$$\frac{\partial}{\partial h_K}y_\kappa = \frac{\partial}{\partial h_K}\left(\exp(h_\kappa)\left(\sum_{k=1}^{N}\exp(h_k)\right)^{-1}\right) \tag{4.54}$$

이제 문제는 분명해 보인다. 두 개의 미분 가능한 식의 곱이 필요하며, 여기에는 세 가지 다른 인덱스들이 존재한다.

k 지시자는 모든 출력 노드들을 다 가리키므로 K와 κ를 포함한다. 여기에는 두 가지 경우가 있는데 $K = \kappa$이거나 아닌 경우다. 두 지시자가 같다면 다음과 같이 작성할 수 있고, $\frac{\partial \exp_{h_\kappa}}{\partial h_\kappa} = \exp(h_\kappa)$ 이를 이용하면 다음과 같다(첫 번째 줄의 마지막 행은 연쇄 법칙을 이용).

$$\begin{aligned}&\frac{\partial}{\partial h_\kappa}\left(\exp(h_\kappa)\left(\sum_{k=1}^{N}\exp(h_k)\right)^{-1}\right)\\&=\ \exp(h_\kappa)\left(\sum_{k=1}^{N}\exp(h_k)\right)^{-1} - \exp(h_\kappa)\left(\sum_{k=1}^{N}\exp(h_k)\right)^{-2}\exp(h_\kappa)\\&=\ y_\kappa(1 - y_\kappa).\end{aligned} \tag{4.55}$$

$K \neq \kappa$인 경우에 대해서는 좀 더 쉽다.

$$\begin{aligned}\frac{\partial}{\partial h_K}\exp(h_\kappa)\left(\sum_{k=1}^{N}\exp(h_k)\right)^{-1} &=\ -\exp(h_\kappa)\exp(h_K)\left(\sum_{k=1}^{N}\exp(h_k)\right)^{-2}\\&=\ -y_\kappa y_K.\end{aligned} \tag{4.56}$$

i와 j가 같으면 1이고, 나머지에 대해선 0인 **크로네커 델타 함수**(Kronecker delta function) δ_{ij}를 사용해서 두 가지의 경우를 하나의 식으로 나타낸다.

$$\delta_o(\kappa) = (y_\kappa - t_\kappa)y_\kappa(\delta_{\kappa K} - y_K). \tag{4.57}$$

마지막 고려 사항은 제곱합 오차 함수가 항상 최고의 선택인가의 문제다.

4.6.6 오차 함수의 대안

이제까지 제곱합 형태의 오차 함수를 항상 사용해 왔다. 이는 사용이 용이하고 꽤나 잘 동작한다(9.2절에서 또 다른 이점을 살펴보겠다). 하지만 분류를 위해서는 출력 값이 다르고 독립적인 클래스들을 나타내야 하기에 활성화를 각각의 경우에 속할 확률로 생각해 볼 수 있게 한다. 확률적인 표현 방법에 관해서는 정해진 가중치에 대해서 각각의 목표 값을 얼마나 볼 가능성이 높은지를 생각해 볼 수 있다. 이는 **우도**(likelihood)라고 알려져 있으며, 이를 최대화시키는 게 목표인데 이를 통해 목표 값을 가능한 한 잘 예측할 수 있다. 하나의 출력 노드는 0 또는 1값을 가질 것이며, 우도는 다음과 같다.

$$p(t|\mathbf{w}) = y_k^{t_k} \left(1 - y_k\right)^{1-t_k} . \tag{4.58}$$

이를 최소화 함수(minimisation function)로 표현하기 위해서는 앞에 음수 부호를 붙이며, 이를 통해 로그를 쉽게 취할 수 있게 만드는 **크로스 엔트로피 오류**(cross-entropy error) 함수를 만든다. N개의 출력 노드에 대한 식은 다음과 같다.

$$E_{\mathrm{ce}} = - \sum_{k=1}^{N} t_k \ln(y_k), \tag{4.59}$$

여기서 ln는 자연 로그다. 이 오차 함수는 ft-max 함수를 사용할 때 이의 미분은 매우 쉽게도 지수(exponential)와 로그가 역함수이며, 델타항이 간단하게 $\delta_0(\kappa) = y_\kappa - t_\kappa$를 갖는 좋은 특성을 갖는다.

더 읽을거리

역전파 알고리즘의 초기 논문과 잘 알려진 뉴럴 네트워크 소개 자료는 다음과 같다.

- D.E. Rumelhart, G.E. Hinton, and R.J. Williams. Learning internal representations by back-propagating errors. *Nature*, 323(99):533–536, 1986a.
- D.E. Rumelhart, J.L. McClelland, and the PDP Research Group, editors. *Parallel Distributed Processing*. MIT Press, Cambridge, MA, 1986b.
- R. Lippmann. An introduction to computing with neural nets. *IEEE ASSP Magazine*, pages 4–22, 1987.

보편적 근사 정리(Universal Approximation Theorem)를 통해서 하나의 은닉층이면 충분하다는 내용과 참고 자료는 다음을 살펴보자(수학적인 심층 접근).

- G. Cybenko. Approximations by superpositions of sigmoidal functions. *Mathematics of Control*, Signals, and Systems, 2(4):303–314, 1989.
- Kurt Hornik. Approximation capabilities of multilayer feedforward networks. *Neural Networks*, 4(2):251–257, 1991.

이상치 탐지(novelty detection)에 관심이 있으면 다음 자료들을 살펴보자.

- S. Marsland. Novelty detection in learning systems. *Neural Computing Surveys*, 3: 157–195, 2003.

이번 장의 주제들은 어떤 머신러닝 책이나 뉴럴 네트워크 책에서도 다루고 있다. 다른 방향으로 다루는 자료들은 다음을 참고하자.

- Sections 5.1–5.3 of C.M. Bishop. *Pattern Recognition and Machine Learning*. Springer, Berlin, Germany, 2006.
- Section 5.4 of J. Hertz, A. Krogh, and R.G. Palmer. *Introduction to the Theory of Neural Computation*. Addison-Wesley, Redwood City, CA, USA, 1991.
- Sections 4.4–4.7 of T. Mitchell. *Machine Learning*. McGraw-Hill, New York, USA, 1997.

연습 문제

4.1 그림 4.2에 보이는 MLP를 살펴보고 XOR 문제를 해결하는 것을 확인하자.

4.2 지역 전기 회사가 앞으로 5년의 전기 사용량을 예측하고자 한다. 지난 5년간 매일 사용량 데이터를 갖고 있는데 보통 80에서 400 정도의 양이다.

1. MLP를 사용해서 어떻게 예측할지 생각해 보자. 파라미터들은 어떤 값을 선택할 것인지 이 값들은 어떤 것에 영향을 받을것인지 생각해 보자.

2. 낮과 저녁시간대의 기온에 대한 내일 날씨 예보 데이터가 가능하다면 어떻게 시스

템에 대입할 것인가?

3. 시스템은 전력 소비를 예측할 수 있을까? 예측할 수 없는 경우가 존재하는가?

4.3 하이픈으로 연결된 단어들을 학습할 수 있는 MLP를 디자인하자. 하이픈으로 연결된 단어들의 많은 예를 담고 있는 사전이 있고, 이를 사용해서 입력을 인코딩하고 각 단어들을 하이픈으로 연결 가능한지를 출력하고자 한다. 트레이닝과 테스팅은 어떻게 수행할지를 설명하자.

4.4 이전 시스템은 사전보다 더 잘 동작하는가?

4.5 책의 웹사이트에 있는 코드를 변경해서 배치 버전이 아닌 순차적인 방법으로 변경하자. 아이리스 데이터세트에 결과를 비교하자.

4.6 코드를 변경해서 미니배치 최적화를 수행하도록 만들고, 스토케스틱 기울기 하강 (4.2.7절)을 사용하고, 피마 인디언 데이터세트(3.4.4절)의 알고리즘 결과와 비교하자. 다른 크기의 미니배치를 사용해서 실습해 보자.

4.7 다른 은닉층을 사용 가능하도록 수정한다. 가중치 갱신을 새로운 층의 가중치들에 대해서 적용하도록 기울기 하강을 변형한다. 3.4.4절에 설명된 피마 인디언 데이터세트에 새로운 네트워크를 테스트하라.

4.8 4.6.6절의 대안의 오류 항을 사용할 수 있도록 코드를 수정하고, 분류 문제에 어떤 차이를 보이는지 확인하라.

4.9 병원 관리자가 얼마나 많은 침대가 노인 병동에 필요한지를 예측하고자 한다. 뉴럴 네트워크 방법을 사용해서 이 예측을 원하고 부탁했다. 지난 5년간에 대한 다음의 데이터가 제공된다.

- 노인 병동의 각 주당 환자수
- 날씨(낮과 밤의 기온)
- 계절(봄, 여름, 가을, 겨울)
- 유행병이 있었는지에 대한 2진수(예, 아니오)

MLP를 사용해서 어떻게 은닉 노드들의 개수를 선택할 것이고, 입력(더 필요한 자료가 있는지)과 전처리를 생각하고 시스템이 작동할 것인지 예측해 보자.

4.10 MNIST 데이터를 살펴보고, MLP를 구현해서 이를 학습하고, 다른 은닉 노드들의 개수를 사용해서 테스트하라.

4.11 순환망(recurrent network)은 출력 값이 다시 입력 값으로 연결되어서 t시간 때의 출력 값이 $t + 1$에 네트워크로 다시 들어간다. 이는 시계열 데이터를 다루는 다른 방법이다. MLP 코드를 수정해서 순환망에 동작하도록 하고, 이를 뉴질랜드 파머스톤노스의 오존 데이터에 테스트하라.

4.12 활성화 함수의 대안으로 $\tanh(h)$가 있는데, 식 4.2에 주어진 g로 $\tanh(h) = 2g(2h) - 1$, tanh 활성화 함수를 사용한 동일한 MLP가 존재하는지 보여라. 코드를 변경해서 구현하라.

CHAPTER

5

방사 기저 함수와 스플라인

멀티 퍼셉트론에서는 입력 값과 가중치들의 곱이 뉴런의 활성화를 결정하는 임계 값보다 높은지 낮은지에 따라서 은닉 노드들의 활성화를 결정한다. 미분 가능성에 대한 요구 사항을 지키지는 못하지만, 입력과 가중치의 곱의 합을 임계 값과 비교해서 임계 값보다 높으면 활성화하고, 낮으면 비활성화가 선형으로(1차원 함수) 작동한다. 어떤 입력 벡터에 대해서는 여러 개의 뉴런들이 활성화될 수 있고, 뉴런들의 출력 값과 가중치의 곱에 합은 두 번째 은닉층의 뉴런 활성화를 결정한다. 은닉층의 활동은 뉴런들에 분산되어서 다음 층에 입력 값으로 활용된다.

이번 장에서는 각 뉴런이 입력 공간에서 오직 한 부분만을 관장하는 지역 뉴런들을 사용하는 다른 접근법을 고려해 본다. 입력 값이 비슷하다면 비슷한 반응이 나타나야 하기에 같은 뉴런들이 반응해야 할 것이다. 다시 말해, 두 가지 다른 입력 값의 중간에 해당하는 입력 값이 있다면 두 가지 입력 값에 반응하는 뉴런들이 어느 정도 비슷하게 반응해야 한다는 것이다. 전형적인 분류 문제를 통해 생각해 본다면 입력 벡터가 비슷한 두 개의 입력들은 비슷한 클래스에 속해야 할 것이다. 이를 더 잘 이해하기 위해서 앞으로 두 가지 개념, 즉 머신러닝의 가중치 공간과 뉴로사이언스의 수용영역(receptive fields)을 살펴볼 필요가 있다.

5.1 수용영역

2.1.1절에서 뉴런의 활성화를 계산하는 **가중치 공간**(weight space)의 개념을 사용해서 입력 값들을 추상적으로 같은 차원의 그래프를 사용해 표현해 보고, 입력과 더 가까운 뉴런일수록 더 잘 활성화하도록 했다. 그렇다면 왜 이 방법이 좋은 생각인지 **수용영역**(receptive field) 개념을 통해서 살펴보자. 노드들의 집합이 있다고 생각해 보자(더 이상 뉴런 모델이 아니므로 네트워크의 요소들을 노드라고 부른다). 2.1.1절에서처럼 이 노드들을 가중치의 공간에 있다고 생각하면 가중치를 변경해서 이들의 위치를 변경할 수 있다. 노드가 얼마나 현재 입력과 비슷한지를 2.1.1절에서처럼 결정한다. 입력 값들의 공간과 가중치의 공간이 같다고 생각하고, 입력 벡터의 위치와 각 노드의 위치 사이의 거리를 계산한다. 각 노드의 활성화는 현재 입력과의 거리에 따라서 앞으로 살펴볼 방법대로 계산된다.

노드들이 입력과 어느 정도 가깝다면 활성화해야 한다는 아이디어인 **수용영역** 개념에 대해 잠시 살펴보자. 우리 눈동자 뒤를 상상하자. 빛이 동공으로 들어오고, 이곳의 감광세포인 간상체와 추상체가 퍼져 있는 망막에 도달한다. 밤하늘의 별을 바라본다고 생각하자. 어떻게 별을 바라보는가? 망막의 어떤 간상체가 별의 빛을 감지할 것인가? 한 가지 분명한 답은 망막의 어떤 부분이 빛을 처리하고, 몇몇의 붙어 있는 간상체가 이를 감지하고, 나머지는 어두운 밤하늘만을 인식할 것이다. 하지만 몇 시간 후에 별의 위치가 변해 있는 하늘을 다시 바라본다면 다른 부분의 간상체가 이를 인식할 것이다(같은 자세로 하늘을 바라본다고 가정한다). 비록 별의 모습이 같지만 지구의 자전으로 인해 상대적인 별의 위치가 변했으므로 다른 간상체가 이를 인식하는 것이다. 눈에 있는 특정 간상체의 수용영역은 망막에 있는 영역이며, 빛에 반응한다. 같은 아이디어를 바탕으로 특정 감각 뉴런들을 생각해 본다면 특정 뉴런들의 반응은 자극의 위치에 따라 다르게 반응한다.

수용영역이 어떤 모습인지 또한 망막과 연계된 지역으로부터 자극이 멀어지면 어떻게 망막(또는 뉴런)이 반응하는지 알고 싶을지도 모르겠다. 물론, 뉴로사이언스 연구실에 전극(electrodes) 측정 도구들이 있다면(동물 실험이 허가된 상태에서) 이를 정확하게 측정할 수 있다. 어두운 배경 중에 빛의 얼룩 사진을 보여 주고 얼룩 위치가 변함에 따라 특정 뉴런의 활성화 정도를 측정할 수 있는데 이런 종류의 실험은 이미 수행되었다.

지금은 **사고 실험**(thought experiment)을 해보자. 별을 다시 바라보자. 눈에는 빛을 인식하는 망막의 집합이 존재하고, 또한 빛을 인식하지 않는 많은 다른 부분이 있다고 했다. 그렇다면 별에서 오는 빛이 보이는 망막 그룹의 가장자리에 존재하는 곳은 어떤가? 이 수용영역 경계선 밖에 존재해서 활성화하지 않는 뉴런을 선택하자. 머리를 살짝 움직여서 선택된 뉴런이 다시 빛이 보이는 집합에 포함되었다고 하자. 무엇이 변경될까? 실제 뉴런이라면 이 부분은 이제 활성화할 것이다. 뉴런이 몇 번 활성화했는지를 통해서 바로 빛의 밝기를 결정한다면 이 뉴런은 자주 활성화하지는 않을 것이다. 다시 머리를 오른쪽으로 돌려서 이 특정 뉴런이 점점 밝아지게 움직인다면 이 뉴런은 점점 더 활성화할 것이고, 빛을 지나면 다시 횟수가 감소하다가 결국은 멈출 것이다. 그림 5.1의 왼쪽 그래프는 점들과 이를 통과하는 부드러운 곡선을 통해서 이를 표현하고 있다.

이제 이 실험을 다시 반복하는데 다만 이번에는 독자의 시야 아래부터 시작해서 빛이 보이지 않을 때까지 머리를 계속 숙인다고 하자. 이때에도 같은 상황이 반복될 것이다. 그림 5.1의 중간 그래프는 이를 표현하고 있다. 이 예제에서는 뉴런으로부터 어디에 빛이 존재하는지는 중요하지 않으며, 얼마나 멀리 있는지만 의미가 있다. 다시 말하자면, 특정 간상체를 중심으로 원을 생각하고, 별이 이 원의 선을 따라서 우리 눈을 움직인다면 망막의 활성화는 전혀 변하지 않는다. 단지 원의 반지름만이 상관 있으며, 이것이 바로 방사 함수라고 부르는 이유다. 수학적으로, 이는 **투놈(two-norm)** $\|x_i - x\|_2$과만 관련 있고, 이는 점과 원의 중심 사이의 유클리드 거리이기도 하다.

아직 결정하지 않은 중요한 점 중 한 가지는 빛이 최대점에서 사라질 때까지 얼마나 그 값이 줄어들어야 하는지다. 실제 뉴런이라면 감소는 정수 값 사이에서 변화할 것이지만, 수학적인 모델에서는 상관없다.

다루기 편하며 미분 가능한 함수를 사용하면 이 값을 부드럽게 감소하도록 만들 수 있다. 따라서 우리는 미분 가능한 어떤 함수든지 사용할 수 있으며, 최댓값에서 0까지 대칭적이며 모든 방향으로 방사형으로 감소하게 할 수 있다. 분명 선택될 수 있는 미분 가능한

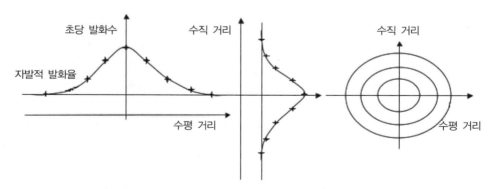

그림 5.1 왼쪽: 간상체로부터 수평으로 변화하는 빛까지의 거리를 초당 활성화 수를 통해서 계산한다. 이 값은 0이 되지 않으며, 입력 값이 없이도 무작위로 활성화하는 뉴런의 자발적인 활성화율을 갖는다. 가운데: 수직 움직임에 대해서도 동일. 오른쪽: 두 가지의 조합은 원들의 집합을 생성한다.

함수들이 다양하게 있지만, 지금은 통계학에서 가장 유명하며 따로 2.4.3절에서 다룰 만큼 중요한 **가우시안**(Gaussian)을 사용한다. 값이 0이 되지는 않지만, 이를 조금만 줄인다면 중심에서 벗어날수록 출력 값은 빠르게 0으로 수렴한다. 보통은 실제 가우시안 함수를 활성화 함수로 직접 사용하기보다는 정규화 부분을 제외하고 다음과 같은 식을 사용한다.

$$g(\mathbf{x}, \mathbf{w}, \sigma) = \exp\left(\frac{-\|\mathbf{x} - \mathbf{w}\|^2}{2\sigma^2}\right). \tag{5.1}$$

식에서 σ의 선택은 가우시안의 폭을 결정하므로 중요하다. 무한대로 크게 만든다면 뉴런은 모든 입력 값에 대해 활성화할 것이다. 반대로 σ를 작게 만든다면 가우시안은 점점 얇아지게 될 것이다. 이는 수용영역 역시 점점 폭이 줄어들게 한다. 결국에는 이 뉴런은 하나의 자극에만, 비록 그것이 노이즈라고 할지라도 반응하게 되는데 이를 보통 지시자 (indicator) 또는 델타(delta) 함수라 부른다. σ값을 각각의 노드에 대해서 선택하는 것이 알고리즘의 일부분이다.

뉴런의 수용영역이 입력 값이 가깝다면 강력하게 점점 멀어질수록 약해지다가 아주 멀어지면 사라지도록 가우시안을 이용해서 모델을 만들 수 있다. 다른 장에서 같은 아이디를 이용해서 여러 가지 뉴럴 네트워크를 살펴볼 것인데 대부분 비지도학습을 위한 것이다. 여기서는 먼저 지도학습 방법인 **방사 기저 함수**(RBF, Radial Basis Function) 네트워크를 살펴보자. 그림 5.2는 가중치 공간의 방사 기저 노드들의 집합을 보여 준다. 각각의 원과 타원의 중심을 표현하므로 보통 중심들이라고 부른다.

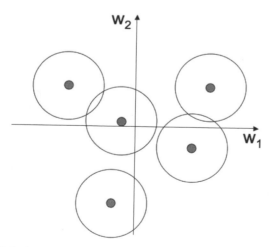

그림 5.2 가중치 공간에서 방사 기저 함수의 효과. 각 점들은 RBF의 가중치 공간에서 위치를 표현하며 원은 노드들의 수용영역을 보여 준다. 고차원에서 이 원은 초구(hypersphere)가 된다.

5.2 방사 기저 함수 네트워크

생각해 보면 입력 값이 비슷한 것들은 비슷한 출력 값을 비슷하지 않으면 다른 출력 값을 만들어 내야 할 것이다. 뉴런의 출력 값이 입력 값과 가중치 사이의 거리에 비례하는 가우시안 활성화를 사용해서 수용영역을 만든다. 가우시안 활성화에서 입력 벡터들을 정규화하는 것은 RBF 네트워크에서 매우 중요하다. 14.1.3절에서 이유를 확인하도록 하겠다. 어떤 입력 값에 대해서든지 가중치장에서 가중치들과 특정 입력 사이의 거리에 따라서 강하게 또는 약하게 활성화하거나 비활성화하는 뉴런들의 집합을 제공한다. 이 노드들을 은닉층으로 마치 MLP의 두 번째 층에 있는 출력 노드들과 연결해서 사용한 것처럼 적용할 수도 있다. 이를 위해서는 각 층에 있는 RBF의 은닉 뉴런들의 가중치와 결합해서 출력 노드들을 설정해야 한다. 이는 RBF 네트워크라고 알려져 있으며, 그림 5.3에 나와 있다. 그림에서 보면 은닉층과 출력층에 있는 노드들이 같은 모습으로 그려져 있지만, 출력층에 노드들에 어떤 함수를 적용할지는 아직 미지수다. 여기서 가우시안 활성화를 사용할 필요는 없다. 가장 간단한 선택으로는 맥컬록과 피츠의 뉴런들을 사용하는 것이며, 이 경우에는 네트워크의 두 번째 부분이 퍼셉트론 네트워크가 된다. RBF 뉴런들이 모두 비활성화할 경우를 다루기 위해서 출력층에 바이어스 입력이 있다는 것에 주목하자. 퍼셉트론을 어떻게 트레이닝하는지 알고 있기에 네트워크의 두 번째 부분을 트레이닝하는 것은 매우 쉽다. 다만 퍼셉트론을 사용하는 것보다 좋은지, 그리고 RBF 뉴런들이 위치하는 첫 번째 층의 가중치를 어떻게 트레이닝할지가 미지수다.

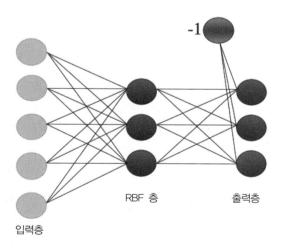

그림 5.3 방사 기저 함수 네트워크는 입력 노드들이 연결된 가중치들과 RBF 뉴런들이 연결되어 있고, 입력과 뉴런 간의 가중치 공간에서 거리에 비례해서 활성화한다. 노드들의 활성화는 선형 노드들로 이뤄진 다음 층의 입력 값으로 사용된다. 도식은 MLP와 아주 비슷해 보이며, 차이점은 은닉층에 바이어스 노드가 없다는 점이다.

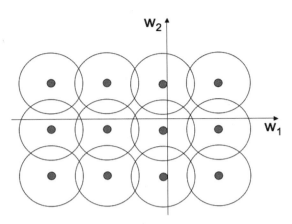

그림 5.4 이와 같은 패턴을 연결해서 RBF 노드들을 전체 공간을 채우도록 분산시켜서 네트워크는 모든 입력 값에 대한 출력을 만드는 보편 근사자 역할을 한다.

약간의 생각만 해도 퍼셉트론에 주어진 입력 값은 입력 값의 비선형 함수이므로 네트워크가 퍼셉트론보다 좋다는 것을 알 수 있다. 사실 RBF 네트워크는 ML처럼 **보편 근사자**(universal approximator)다. 이를 이해하기 위해 그림 5.4처럼 전체 공간에 RBF 노드들을 모든 방향에 대해서 수용영역이 겹치게 골고루 펼쳐서 놓는다고 생각해 보자. 어떤 입력 값에 대해서든 RBF 노드는 이를 인식하고 반응할 것이다. 더 정확한 출력 값을 원한다면 수용영역의 반지름을 줄여서 더 많은 RBF를 놓으면 되고, 반대로 정확도가 상관없다면 아주 큰 반지름의 노드 몇 개들로 수용영역을 만들면 될 것이다.

MLP와 대비적으로 RBF 네트워크는 한 층 이상의 비선형 뉴런들을 쓰지 않는다. 하지만 두 가지 네트워크에는 공통점도 많이 있는데 모두 보편 근사자를 통한 지도학습 알고리즘이다. 사실 뉴런 활성화 방법이 관련성이 높아서 두 네트워크는 서로 변경할 수 있다(RBF는 거리를 바탕으로 MLP는 내적으로 변경할 수 있다). 이는 14.1.3절에서 또 다른 형태로 나타난다. 가장 중요한 다른 점은 MLP는 전체적인 관점에서 은닉 노드들을 사용해서 초공간들로 분리하고, RBF는 함수를 지역 매칭을 위해서 사용한다는 점이다.

RBF 네트워크에서는 입력들에 대해서 몇몇 노드들에 얼마나 입력 값과 가까운지에 따라서 활성화하고, 활성화들의 조합은 결국 네트워크가 어떻게 반응할지를 결정한다. 이전에 사용했던 별을 보는 예시로 돌아가서 별이 아니라 횃불을 사용해서 누군가가 신호를 보낸다고 하자. 횃불이 높이 하늘로 향하면(12시 위치) 우리는 앞으로 향하고, 아래로 향하면 (6시 위치) 뒤로, 왼쪽(9시 위치)과 오른쪽(3시 위치)으로 각각 향하면 우리는 돌아선다는 것을 의미한다. RBF 네트워크는 비슷한 방식으로 동작하는데 횃불이 2시를 향하면 우리는 12시에 대한 움직임과 어느 정도의 3시에 대한 행동을 섞어서 반응하며, 이는 6시 또는

9시에 대한 행동과는 완전히 다르다. 따라서 앞으로 향하면서 살짝 오른쪽 방향으로 향한다. 기본 함수 각각의 영향력을 합해서 함수의 지역적인 영향력에 따라서 조합해서 결정된다.

5.2.1 RBF 네트워크 트레이닝

MLP에서는 역전파의 오류를 사용해서 첫 번째 층의 가중치들을 조절했고, 다음으로 은닉층의 가중치들을 조절했다. RBF 네트워크에서도 같은 방법으로 활성화 함수를 미분해서 사용할 수 있다. 하지만 더 간단하고 좋은 대안이 있다. 이 방법은 은닉 노드들의 기울기를 계산할 필요도 없으므로 매우 빠르다. 여기서 중요한 점은 두 가지 노드는 다른 함수를 사용하므로 같이 트레이닝될 필요가 없다는 점이다.

은닉층의 RBF 노드들의 목적은 입력들의 비선형 표현을 찾기 위함이며, 출력층의 목적은 분류를 위한 은닉 노드들의 선형 조합을 찾는 것이다. 따라서 트레이닝을 두 부분으로 나눠서 RBF 노드들의 위치를 정하고, 각 노드들의 활성화를 이용해서 선형 출력 값을 트레이닝한다. 이 과정은 매우 간단하다. 선형 출력 값을 위해서 이미 알고 있는 퍼셉트론을 이용하면 된다(3.3절).

하지만 첫 번째 층의 가중치와는 다른 RBF 노드들의 위치를 결정하는 과정이 필요하다. 이를 위해서 무작위로 데이터 포인트를 뽑아서 기본 위치로 설정하는 방법을 통해 트레이닝 복잡도를 피할 수 있다. 이 방법으로 트레이닝 데이터는 전체 데이터를 대표할 수 있으며, 이는 보통 좋은 해결책이 된다. 다른 방법으로는 노드들의 위치를 조절해서 특정 입력 값들의 대표가 되게 하는 것이다. 이런 방법을 통해서 비지도학습은 문제를 해결하는데 14장에서 몇 가지 알고리즘을 살펴볼 것이다. RBF 네트워크로 가장 일반적인 것이 k-means 알고리즘이며, 이는 14.1절에서 다룰 것이다. 따라서 RBF 네트워크를 트레이닝하는 것은 머신러닝에서 일반적으로 잘 알려진 두 개의 알고리즘을 차례로 적용하는 것으로 압축된다. 이를 위해서 지도학습과 비지도학습을 합쳐서 적용하므로 **하이브리드**(hybrid) 알고리즘이라고 알려져 있다.

방사 기저 함수 알고리즘

- RBF 중심들을 다음 중의 한 방법으로 결정한다.
  - k-means 알고리즘을 사용해서 RBF 중심들을 초기화한다. 또는
  - 무작위로 설정된 데이터 포인트로 RBF 중심들을 초기화한다.
- 식 (5.1)을 사용해서 RBF 노드들의 행동을 계산한다.
- 출력층의 가중치를 다음 중 한 가지 방법으로 트레이닝한다.
  - 퍼셉트론을 이용하거나
  - RBF 중심점들의 활성화의 의사역행렬(pseudo-inverse)을 계산한다(다음에 설명).

파이썬에서 이를 구현하기 위해 다른 알고리즘을 import하고, 이를 직접 이용한다. 다른 디렉토리에 존재한다면 PYTHONPATH 변수에 이를 입력해 줘야 하며, 그 방법은 프로그래밍 IDE에 따라서 설정 방법이 조금씩 다를 수 있다. 설정 이후 트레이닝은 다음과 같이 간단히 구현할 수 있다.

```python
def rbftrain(self,inputs,targets,eta=0.25,niterations=100):

    if self.usekmeans==0:
        # 버전1: 데이터 포인트가 되도록 RBF 설정한다.
        indices = range(self.ndata)
        np.random.shuffle(indices)
        for i in range(self.nRBF):
            self.weights1[:,i] = inputs[indices[i],:]
    else:
        # 버전 2: k-means 알고리즘을 사용한다.
        self.weights1 = np.transpose(self.kmeansnet.kmeanstrain(inputs))
    for i in range(self.nRBF):
        self.hidden[:,i] = np.exp(-np.sum((inputs - np.ones((1,self.nin))↵
        *self.weights1[:,i])**2,axis=1)/(2*self.sigma**2))
    if self.normalise:
        self.hidden[:,:-1] /= np.transpose(np.ones((1,np.shape(self.↵
        hidden)[0]))*self.hidden[:,:-1].sum(axis=1))

    # 바이어스 노드 없이 퍼셉트론을 수행한다(바이어스 노드 추가는 자신을 추가하는 것이기에).
    self.perceptron.pcntrain(self.hidden[:,:-1],targets,eta,niterations)
```

두 단계로 학습 과정이 나뉘므로 퍼셉트론보다 출력 가중치들을 더 잘 트레이닝할 수 있다. 각각의 입력 벡터에 대해서 은닉 노드들의 모든 활성화를 계산하고, 행렬 $\mathbf{G}$로 합친다. 각 요소($\mathbf{G}_{ij}$)는 입력 i에 대한 은닉 노드 j의 활성화를 나타낸다. 네트워크의 출력 값은 가중치 $\mathbf{G}$에 대해서 $\mathbf{y} = \mathbf{GW}$로 나타난다. 이제 가중치 $\mathbf{G}$를 목표 값 $\mathbf{t}$를 가지고 계산해 보겠다.

만약, 모든 출력 값을 목표 값과 동일하게 만들 수 있다면 $\mathbf{t} = \mathbf{GW}$가 된다. 이제 $\mathbf{G}$의 역행렬을 구해서 $\mathbf{W} = \mathbf{G}^{-1}\mathbf{t}$ 가중치를 구할 수 있다. 하지만 문제가 있는데 역행렬은 정사각행렬에만 적용 가능한 반면, 우리의 경우는 그렇지 않다는 것이다. 왜냐하면 은닉 노드들의 개수가 입력 값들의 개수와 같을 이유가 없기 때문이다. 또한, 그 수가 같다면 심각하게 오버피팅이 될 것이다.

다행히도 **의사역행렬**(pseudo-inverse) $\mathbf{G}^+$이라는 개념이 있는데 이는 $\mathbf{G}^+ = (\mathbf{G}^T \mathbf{G})^{-1}\mathbf{G}^T$와 같

다. 행렬 **G**의 역행렬은 **G**$^{-1}$이고, **G**$^{-1}$**G** = **I**와 같이 그 곱이 단위 행렬 **I**가 된다. 의사역행렬은 또한 같은 성질(**G**$^+$**G** = **I**)을 유지한다. **G**가 정사각형의 비특이(non-singular, 예를 들면 0이 아닌 행렬식) 행렬이라면 **G**$^+$ = **G**$^{-1}$을 만족한다. 넘파이에서 의사역행렬은 np.linalg.pinv()로 구한다. 이를 통해서 퍼셉트론보다 더 빠른 대안을 제공해 주는데 이는 단 한 번의 반복문으로 이뤄진다.

```
self.weights2 = np.dot(np.linalg.pinv(self.hidden),targets)
```

한 가지 아직 생각하지 않은 점이 있는데 노드들의 수용영역 σ 크기다. 한 가지 방법으로는, 모든 노드들을 같은 크기로 하거나 다향한 크기를 시도해서 밸리데이션 세트에 가장 잘 작동하는 것을 선택할 수 있다. 다른 방법으로는, 모든 공간이 기본 함수들의 집합 수용영역에 포함되어야 한다는 점을 바탕으로 미리 설정할 수 있다. 가우시안의 폭과 은닉 노드들의 개수는 은닉 노드들 간의 최대 거리에 따라서 결정되어야 한다. 가장 일반적인 선택의 방법은 가우시안의 폭을 $\sigma = d/\sqrt{2M}$로 정하는 것이다. 여기서 **M**은 RBF들의 개수다.

다른 방법으로는 모든 노드들의 수용영역 밖에 속하는 입력 값들이 있을 수 있으므로 **가우시안 정규화**를 사용해서 언제든지 적어도 하나의 활성화가 이뤄지도록 하는 것이다. 이를 통해서 현재 입력 값에 가장 가까운 노드가 비록 아주 멀리 자리하고 있다고 해도 활성화할 것이다. 식 (5.1)을 변형해서 소프트맥스 함수처럼 보이는 다음과 같은 모습을 갖는다.

$$g(\mathbf{x}, \mathbf{w}, \sigma) = \frac{\exp(-\|\mathbf{x} - \mathbf{w}\|/2\sigma^2)}{\sum_i \exp(-\|\mathbf{x} - \mathbf{w}_i\|/2\sigma^2)}. \tag{5.2}$$

4.4.3절에서 다섯 개의 중심들을 이용한 RBF 네트워크를 사용해서 아이리스 데이터에 적용했을 때 MLP와 비슷한 결과, 즉 90% 분류 이상의 정확도를 보인다. 은닉 노드의 수를 설정하는 것은 MLP로 답을 찾는 데 어려운 점인데 이를 위해서 다양한 숫자를 사용해서 많은 네트워크를 트레이닝하고, 벨리데이션 데이터에 가장 잘 동작하는 은닉 노드의 개수를 선택한다.

같은 문제가 RBF 네트워크에도 나타난다. RBF 네트워크에서 은닉 노드들의 활성화는 현재 입력과 가중치와의 거리에 따라 결정된다. 7.2.3절에서 다뤄질 거리를 측정하는 다양한 방법이 있는데 보통 유클리드 거리를 사용한다. 어떤 차원에 대해서도 거리를 계산할 수 있지만, 차원이 점점 커짐에 따라서 모든 공간을 다 포함하기 위한 더 많은 RBF 노드들이 필요하게 된다. 입력 차원의 수는 학습에 커다란 영향력을 미치며, 이미 2.1.2절에서 다뤄진 **차원의 저주**(curse of dimensionality)가 나타난다. RBF에서는 차원의 저주로 인해 정해진 수용영역으로는 RBF로 커버되는 공간의 크기가 줄어들므로 더 많은 수가 필요하게 된다.

5.3 보간법과 기저 함수

1장에서 **함수 근사** 문제를 다뤘었다. 주어진 데이터들의 노이즈에 오버피팅하지 않으면서 모든 데이터를 통과하는 함수를 찾고, 이를 사용해서 데이터 포인트들 사이의 값들에 대해서 유추하고 **보간한다**. RBF 네트워크는 이 문제를 각각의 기저 함수를 입력 값이 수용영역 안에 있을 때마다 출력에 영향을 미치게 만들어 해결한다. 따라서 많은 RBF 노드들이 각각의 입력에 대해서 반응하게 된다. 이 문제를 조금 더 간단하게 만들어 보자.

수용영역이 서로 교차하지 않으면서 넓게 펼쳐서 옆에 있는 것들끼리만 만나도록 배열한다. 이 배치를 위해서는 얼마나 각각이 맞는지를 결정하는 가우시안 부분이 필요 없다. 간단하게 데이터 포인트가 어떤 함수의 수용영역 범위 안에 있다면 그 함수만을 사용하며, 그렇지 않으면 다른 함수를 찾는다. 각각의 함수가 평균 값을 출력한다면 1차원 데이터에 대해서 그림 5.5에 나온 것처럼 막대 그래프 출력을 갖는다. 이를 좀 더 연장해서 선들이 수평이 되는 대신에 그림 5.6에 보이는 것처럼 그 점에서 곡선의 대한 1차 도함수를 나타낸다. 하지만 첫 번째 빈(bin)의 선이 두 번째 빈(bin)의 경계에서 만날 수 있도록 출력 값을 연속적으로 만들기 위해서 추가적인 제약(constraint)을 부여한다. 이것이 그림 5.7의 곡선으로 표현된다.

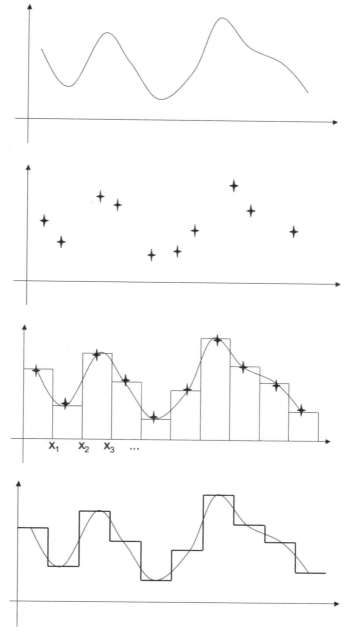

그림 5.5 첫 번째: 함수가 곡선으로 표현됨. 두 번째: 곡선으로부터 몇 개의 데이터 점들 표시. 세 번째: 각 점에 수평선을 그려 넣어서 막대 그래프를 완성하고, 이를 통해 대략적인 곡선의 모양을 근사. 마지막: 근사치값.

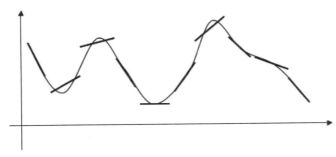

그림 5.6 각 점들을 수평선 또는 다양한 방향의 직선들로 표현함으로써 더 정확한 근사 값을 도출(각각의 점에서 1차 도함수 사용함).

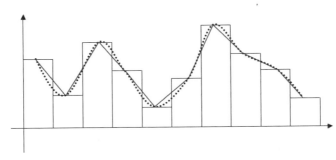

그림 5.7 직선들이 서로 만나게 해서 연속적인 함수를 통해 더 정확한 근사치를 도출.

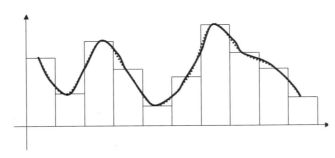

그림 5.8 3차 함수를 사용해서 점들의 연결하면 더 정확한 근사치를 도출. 곡선 역시 각각의 구획이 만나는 점들에서 연속적이다(매듭점 knotpoints라 알려짐).

    물론, 함수가 직선일 필요가 없다. 3차 함수를 사용해서(i.e., 다항식 x^3, x^2, x와 상수 부분들) 데이터의 각 부분들을 예측한다면 그림 5.8과 같은 결과를 낼 수 있다. 함수는 점점 더 복잡하게 만들 수 있지만, 점들의 경계선에서 몇 차원의 연속성이 요구되는지를 알아내야 한다. 이 함수들은 스플라인(spline)이라고 알려졌으며, 가장 보편적인 방법으로는 3차원 스플라인을 사용하는 것이다. 더 자세한 이해를 위해서 몇몇 이론들을 살펴본다.

5.3.1 기저 확장

방사 기저 함수와 몇몇의 머신러닝 알고리즘은 다음과 같은 형태로 쓰일 수 있다.

$$f(\mathbf{x}) = \sum_{i=1}^{n} \alpha_i \Phi_i(\mathbf{x}),$$

(5.3)

여기서 $\Phi_i(\mathbf{x})$는 입력 값 $\mathbf{x}$에 대한 함수이며, α_i는 모델을 데이터에 맞추기 위해 풀 수 있는 파라미터(parameter)들이다. 입력 값은 벡터 값이 아닌 스칼라 값 $\mathbf{x}$라고 간주한다. $\Phi_i(x)$는 **기저 함수**라고 알려져 있으며, 선택된 모델에 대한 파라미터 변수다. 첫 번째로 생각해야 할 문제는 어디에 각각의 Φ_i를 정의하느냐의 문제다. 그림 5.5의 세 번째 그래프를 보면 첫 번째 함수는 0에서 x_1 사이에 정의되어야 하고, 다음 함수는 x_1에서 x_2 사이에 정의되어야 하며, 나머지 함수도 이와 같이 각각의 범위에서 정의되어야 한다. 각각의 점 x_i은 **매듭점**(knotpoint)라고 불리며, 보통 같은 간격을 두고 펼쳐져 있지만, 몇 개의 매듭점이 필요한지를 정하는 것은 쉽지 않다. 자연스럽게 많은 매듭점이 있다면 복잡한 모델이 될 테고, 데이터에 오버핏하기 더 쉽게 되며, 더 많은 데이터가 요구된다(뉴럴 네트워크에서 살펴본 문제와 비슷하다).

Φ_i는 원하는 대로 정의할 수 있다. 예를 들어, 간단하게 $\Phi(x) = 1$과 같은 **상수 함수**를 사용한다고 생각하자. 모델은 x_1의 왼쪽에 대해서는 α_1 값을 갖고, x_1과 x_2 사이에서는 α_2 값을 갖고, 나머지에 대해서도 같은 방식으로 값을 갖는다. 어떻게 스플라인 모델을 데이터에 적응하느냐에 따라서 모델은 다른 값을 갖지만, 각각의 구역에 대해서는 상수값을 갖는다. 그림 5.5의 마지막 그래프에서 볼 수 있듯이 이를 통해서 직선 근사치를 갖기에 충분하다. 하지만 상수 함수가 충분하지 않다고 생각한다면 1차 함수를 사용해서 연속적으로 값이 변하게 할 수 있다(각각의 구역에서 특정 값을 갖는 **직선 함수** $\Phi(x) = x$). 이 경우에는 그림 5.6처럼 만들 수 있으며, 각 점들은 꼭 수평선이 아닌 어떤 직선으로든 표현된다. 직선은 각 점을 꽤 잘 표현해 주고 있는 듯 보이지만, 각 구역이 만나는 지점에서는 만나지 않으므로 엉망으로 보인다.

그렇다면 어떻게 모델을 연장해서 각각의 매듭점에서 만나면서 각 구역마다 다른 행동을 보이게 만들 수 있을까? 이는 사실 그렇게 어렵지 않다. α_i를 선택할 때 각 **매듭점**에서 $f(x_1)$의 값이 x_1의 왼쪽에서 접근하든 오른쪽에서 접근하든 같게 만들면 된다. 보통 $f(x_1^-)$와 $f(x_1^+)$라고 표현된다. 이제는 어떤 α 값이 x_1 매듭점의 양쪽에서 사용될지를 결정하면 된다. 이를 위해서 네 가지, 즉 두 개의 상수와 두 개의 1차원 직선이 결정되어야 하는데 상수 부분과 연결되는 것은 α_1과 α_2 값이다. 1차원 선과 관련된 것을 α_{11}과 α_{12}라고 하자. 10개의 구역이 있고, 9개의 매듭점들을 사용해서 $\alpha_1 \dots \alpha_{10}$를 각각의 상수 함수라고 하자. 따라서 $f(x_1^-) = \alpha_1 + \text{x}_1\alpha_{11}$이 되며, $f(x_1^+) = \alpha_2 + \text{x}_1\alpha_{12}$이 된다. 이것은 부가적인 상수이며, α_i값을 풀 때 포함되어야 한다.

몇 개의 기저 함수를 포함해서 이를 더 간단하게 표현할 수 있다. $\Phi_1(x) = {}_1$, $\Phi_2(x) = x$와 함께 몇 개의 기저 함수를 포함하는데 이를 통해서 $x1$: $\Phi3(x) = (x - x1)_+$로 경계에서 0값을 갖게 하며, 다음 경계에서는 x_2: $\Phi_4(x) = (x - x_2)_+$를 갖게 한다. 여기서 $x > 0$이면 $(x)_+ = x$이 되고, 나머지 값에 대해서는 0을 갖는다. 각각의 매듭점을 위해 함수를 정의하므로 사용된 함수들은 매듭점에서의 값을 조절하기에 충분하다. 그림 5.7에 보인 예측 값을 만들기에 충분하다.

5.3.2 3차 스플라인

더 많은 차원과 복잡성을 x에 부여할 수 있으나, 3차 스플라인이 보통 충분하다고 알려져 있다. 이는 네 개의 기저 함수들로 이루어져 있으며($\Phi_1(x) = 1$, $\Phi_2(x) = x$, $\Phi_3(x) = x^2$, $\Phi_4(x) = x^3$), 더 많은 매듭점들이 추가된다면 각각은 $\Phi_{4+i}(x) = (x - x_i)(x - x_i)_+^3$의 형태가 된다. 함수는 함수 자체를 제약하고 있으며, 첫 2차 도함수는 각 매듭점에서 만난다. 함수 Φs가 1차원 함수가 아니지만, 이에 가중치를 곱하고 합해서 모델을 1차원으로 만든다. 이를 통해서 그림 5.8과 같은 곡선을 만들어 내는데 이는 데이터를 매우 잘 표현한다.

5.3.3 데이터에 스플라인 맞추기

함수를 정의했으니 데이터에 모델을 적응하기 위해서 어떻게 α_i를 고르는지를 생각해 보자. 여기서는 통계학에서 알려진 **최소제곱법 적합**(least-squares fitting)을 사용해서(9.2절에 더 자세히 설명) 제곱합 에러를 정의하고, 이를 최소화하는 방향으로 적용하겠다. 여기서 중요한 점은 기저 함수들의 모든 것은 1차원이라는 것과 이의 최소제곱법 적용은 1차원의 문제라는 것이다. MLP에서 줄이고자 하는 에러는 다음과 같다.

$$E(y, f(x)) = \sum_{i=1}^{N} (y_i - f(x_i))^2. \tag{5.4}$$

넘파이는 벌써 최소제곱법 적합 최적화를 정의하고 있으며, 이는 `np.linalg.lstsq()`이다. 간단한 예로 두 개의 가우시안에 노이즈를 더해서 만든 데이터를 이용해 맞는 변수들을 찾아보면 2.5와 3.2다. 그림 5.9에서 마지막 선은 결과를 보여 주며, 실제 정답에서 그리 멀지 않게 나와 있다.

```
import numpy as np
import pylab as pl

x = np.arange(-3,10,0.05)
y = 2.5 * np.exp(-(x)**2/9) + 3.2 * np.exp(-(x-0.5)**2/4) + np.random.normal(0.0, 1.0, len(x))
nParam = 2
A = np.zeros((len(x),nParam), dtype=float)
A[:,0] = np.exp(-(x)**2/9)
A[:,1] = np.exp(-(x-0.5)**2/4)
(p, residuals, rank, s) = np.linalg.lstsq(A,y)

pl.plot(x,y,'.')
pl.plot(x,p[0]*A[:,0]+p[1]*A[:,1],'x')

p
```

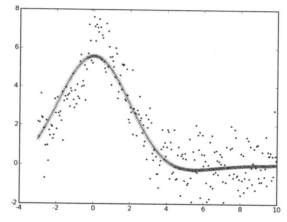

그림 5.9 1차원 최소제곱법 적합을 사용해서 원으로 표시된 노이즈 데이터 점들로부터 두 개의 가우시안이 만들어 낸 변수들을 찾아낸다.

```
>>> array([ 2.00101406, 3.09626831])
```

5.3.4 스무딩 스플라인/스플라인 다듬질

5.3절에서 만든 스플라인들은 각 매듭점이 정확하게 지나가도록 했다. 이는 우리의 제한점들을 기술하기에 좋은 방법이지만, 현실적이지는 않다. 왜냐하면 보이는 모든 데이터들은

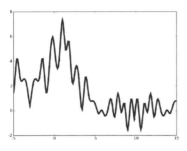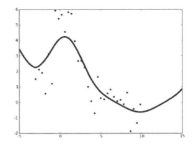

그림 5.10 그림 5.9에 나온 데이터를 사용해서 B-스플라인 적용. 왼쪽은: $\lambda = 0$ 오른쪽은: $\lambda = 100$ 사용.

노이즈가 더해져 있을 테고, 따라서 모든 매듭점에 대해서 정확하게 모델링하는 것은 오버 핏이 될 것이기 때문이다. 그림 5.9의 선이 모든 데이터 점들을 지나가는 것을 생각해 보자. 스플라인 모델이 우리의 데이터를 더 정확하게 만들려면 더 많은 매듭점을 추가해야 하고, 이는 오버피팅으로 이뤄지는데 이를 해결하기 위해서 **규격화**(regularisation)를 사용한다. 이는 최적화에서 매우 중요한 개념이다. 기본적으로 추가로 제한 사항을 더해서 몇 개의 가능한 해결책들 중에 간단한 방법을 고를 수 있도록 문제를 간단하게 한다.

스플라인에 이용되는 가장 보편적인 규격화는 스플라인 모델을 가능한 한 더 부드럽게 만드는 것인데, 부드러운 정도는 각각의 점에 있는 곡선의 2차 도함수를 제곱해서 양수 값으로 계산한 측정을 곡선에 포함시킨다. 이런 방법으로 직선은 완벽하게 스무드하게 되지만, 데이터에 맞추기에 좋은 방법은 아니다. 이를 위해서 λ 변수를 도입해서 두 가지의 가중치를 조절한다. 5.3절의 **스플라인 보간**은 $\lambda = 0$로 만들어지며, $\lambda \to \infty$ 가 되면 직선의 최소 제곱이 된다.

이런 종류의 스플라인은 **스무딩**(smoothing) **스플라인**이라 부른다. 3차원 스무딩 스플라인은 종종 사용된다. λ를 고르는 자동화된 방법들이 있지만, 크로스 밸리데이션을 사용해서 값을 찾는 것이 보통 더 많이 이용되고 잘 동작한다. 최적화의 형태는 다음과 같다.

$$E(y, f(x), \lambda) = \sum_{i=1}^{N} (y_i - f(x_i))^2 + \lambda \int \left(\frac{d^2 f}{dt^2} \right)^2 dt. \tag{5.5}$$

사이파이(SciPy)는 파이썬에서 이를 실행할 수 있도록 함수가 이미 구현되어 있고, 두 개의 다른 파라미터 값은 그림 5.10에 나와 있다.

```python
import scipy.signal as sig
# 스플라인 적용하기
spline = sig.cspline1d(y,100)
```

```
xbar = np.arange(-5,15,0.1)
# 스플라인 평가하기
ybar = sig.cspline1d_eval(spline, xbar, dx=x[1]-x[0],x0=x[0])
```

5.3.5 고차원

이제까지는 하나의 차원 정보에 목표를 두고 3차원 스플라인까지 살펴봤다. 하지만 아직까지 고차원 데이터에 대해서는 어떻게 해결해야 하는지 명확하지 않다. 한 가지 생각할 수 있는 방법은 각각의 차원에 대해서 독립적인 기저 함수들의 집합을 갖고(3D의 경우 x, y, z), 모든 가능한 방법으로 조합하는 것이다($\Phi_{xi}(x)\Phi_{yj}(y)\Phi_{zk}(z)$). 이것은 **텐서곱 기저**(tensor product basis)라고 알려져 있고, 이는 아주 쉽게 차원의 저주(curse of dimensionality) 문제를 유발하지만, 2D 또는 3D에서 **B-스플라인**이 만들어지는 것에는 잘 동작한다. 그림 5.11은 매듭점들의 격자와 x_1과 x_2 방향으로 각각 보간될 수 있는 점들의 집합을 보여 준다. 하지만 스무딩 스플라인에는 다른 문제점이 있다.

식 (5.5)의 2차 편미분을 계산한 곡선 측정과 고차원에서 유사한 것이 무엇일까? 2차원에서는 **굽힘 에너지**(bending energy)를 고려할 수 있다. 이 방법은 가는 판을 휘기 위해서 에너지가 얼마나 요구되는지를 측정하고, 점들의 집합을 사용한다. 이를 통해 패널티 항(penalty term)을 유도하는데 다음과 같은 구성으로 되어 있다.

$$\int \int_{\mathbb{R}^2} \left(\frac{\partial^2 f}{\partial x_1^2}\right)^2 + 2\left(\frac{\partial^2 f}{\partial x_1 \partial x_2}\right)^2 + \left(\frac{\partial^2 f}{\partial x_2^2}\right)^2 dx_1 dx_2. \tag{5.6}$$

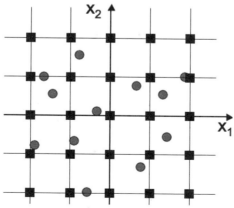

그림 5.11 2차원 매듭점(검정 사각형)은 다른 점들(회색 원들)을 각 차원마다 따로 보간을 하는 데 사용될 수 있다.

최적화 값을 이 패널티하에서 계산하면 **박판**(thin-plate) **스플레인**이 되며, 이는 두숀 (Duchon, 1978)에 의해 발표된 방사 기저 함수의 형태인 $f(x, y) = f(r) = r^2 \log |r|$이 되는데 여기서 r은 x축과 y축의 방사상의 거리다. 이는 북스테인(Bookstein)에 의해 더 유명해졌고, 이 분야는 동물이 자라면서 어떻게 모습이 변하는지를 연구하는 **형태계량학**(morphometrics)이라 부른다. 적용 과정은 다른 점이 없지만, 기저 함수가 다르다.

5.3.6 경계를 넘어

추가적으로 고려해 볼 피처가 있는데 목표 값을 모르는 입력 데이터에 대해서도 스플라인을 트레이닝 데이터에 적용시켜서 예측 값을 만들 수 있다. 여기서 트레이닝 데이터가 모든 트레이닝 세트의 공간을 표현할 수 있다고 가정했지만, 이는 최저 가능 값들 또는 최고 가능 값들을 포함한다는 뜻은 아니다. 여기서 다룬 스플라인 모델은 매듭점에서 연속적으로 스플라인의 부분이 매치하도록 보장된다고 제한하고 있지만, 사실 첫 번째 매듭점과 마지막 매듭점 이후에 어떤 일이 이뤄질지는 다루지 않았다. 여기서 사용되었던 다항식으로 인해 매우 심각한 문제가 일어나며, **외삽법**(extrapolations)은 보통 매우 부정확한 결과를 보인다. 더 이상 데이터가 없으므로 우리가 할 수 있는 방법이 없지만, 보통은 **자연 스플라인**(natural spline)이라 부르는 방법을 통해서 매듭점 밖의 데이터는 선형 함수라고 가정하고 수행할 수 있다.

더 읽을거리

방사 기저 함수 뉴럴 네트워크의 원본 논문은 다음과 같다.

- J. E. Moody and C. Darken. Fast learning in networks of locally-tuned processing units. *Neural Computation*, 1:281-294, 1989.

스플라인에 관한 추가적인 정보는 머신러닝의 관점과 무관할 수도 있는 자료들이다.

- C. de Boor. *A Practical Guide to Splines*. Springer, Berlin, Germany, 1978.
- G. Wahba. *Spline Models for Observational Data*. SIAM, Philadelphia, USA, 1990.
- F. Girosi, M. Jones, and T. Poggio. Regularization theory and neural network architectures. *Neural Computation*, 7:219-269, 1995.
- Chapter 5 and Section 6.7 of T. Hastie, R. Tibshirani, and J. Friedman. The *Elements of Statistical Learning*, 2nd edition, Springer, Berlin, Germany, 2008.

- Chapter 5 of S. Haykin. Neural Networks: *A Comprehensive Foundation*, 2nd edition, Prentice-Hall, New Jersey, USA, 1999.

형태계량학은 유기체처럼 자라면서 어떻게 모양이 변경하는지를 연구하는 분야이며, 이와 관련한 토픽에 대한 자료는 다음과 같다.

- F.L. Bookstein. *Morphometric Tools for Landmark Data:* Geometry and Biology. Cambridge University Press, Cambridge, UK, 1991.

연습 문제

5.1   XOR 문제를 풀 수 있는 RBF 네트워크를 만들어 보자.

5.2   피마 인디언 데이터세트에 RBF 네트워크를 적용하고 MNIST 글자들을 분류해 보자. RBF와 MLP 사이의 차이를 알아볼 수 있는가?

5.3   웹 페이지의 RBF 코드는 하이브리드 방법을 사용했다. 코드를 정해진 중심값 또는 전체 기울기 하강법을 통해서 적용하고, 어떤 것이 더 잘 동작하는지 살펴보자. 특히, 입력 값의 차원이 잘 정해지지 못하면 정해진 중심값들이 동작하지 않는 예제들을 볼 수 있을 것이다.

5.4   다음 코드는 조화 함수(sinusoidal function)로부터 생성된 노이즈 데이터를 생성한다.

```
def gendata(npoints):
    x = np.arange(0,4*np.pi,1./npoints)

    data = x*np.sin(x) + np.random.normal(0,2,np.size(x))
    print data
    pl.plot(x,x*np.sin(x),'k-',x,data,'k.')
    pl.show()
    return x,data
```

보간법과 스무딩 B-스플라인을 사용해서 스플라인을 위의 데이터에 적용한다. 어떤 방법이 더 잘 동작하나? 스무딩 파라미터에 다양한 값을 적용해서 실험하자. 밸리데이션 세트를 사용해서 이를 설정하는 알고리즘을 만들 수 있나?

5.5.   직교하는 두 개의 1차원 3차 스플라인을 변형해서 2차원 B 스플라인을 구현해 보자. 왜곡된 사진들에 적용할 수 있는가?

CHAPTER
6

차원 축소

2차원 데이터에 관해서 이해하고 해석하는 것은 쉽지만, 3차원 이상의 데이터에 대해서는 관찰하고 결과를 그래프로 표현하는 것이 힘들어진다. 또한, 우리는 2.1.2절에서 차원의 저주를 통해서 차원이 높아질수록 더 많은 트레이닝 데이터가 필요하다는 것을 보았다. 높은 차원의 데이터는 많은 알고리즘의 계산 비용을 높이는 뚜렷한 요인이 되므로 차원을 줄이는 일은 매우 중요하다. 이와 더불어 차원을 줄이는 일은 데이터의 노이즈를 없애 주며, 학습 알고리즘의 결과를 더 좋게 만들어 주고, 데이터세트를 다루기 쉽게 만들고, 결과를 이해하기 쉽게 만들어 준다. 14.3절에서 살펴볼 자기조직화 지도(self-organising map)와 같은 경우에 3차원보다 작은 차원으로 데이터를 그래프로 표현해서 이해하고 해석하기 쉽게 만든다.

차원 축소를 통해서 나타나는 장점들이 많이 있지만, 한 가지 이해하고 넘어가야 할 점이 있다. 머신러닝과 데이터 분석의 중요성은 차원 축소 기술과 관련된 분야에서 유명한 잡지 《사이언스(Science)》의 2000년도판에 실린 세 가지 논문을 통해서 알 수 있다. 이번 장의 마지막 부분에서 이들 논문에서 설명한 두 개의 알고리즘(**국부적 선형 임베딩**(Locally Linear Embedding)과 **아이소맵**(Isomap))을 살펴볼 것이다.

차원 축소를 위해서 세 가지 방법이 존재한다. 첫 번째는 **피처 선택**(feature selection)이며, 이는 사용할 수 있는 피처들을 살펴보고, 어떤 것이 더 유용할지를 출력 변수와의 **상관 관계** 등을 통해서 살펴보는 것이다. 많은 사용자들이 데이터를 직접 살펴보고 피처 선택을 해야 하는 힘든 과정을 겪고 싶지 않아서 뉴럴 네트워크를 사용하는데 이미 살펴봤듯이 상관 관계를 살펴보고 간단한 과정을 수행하면 어떤 알고리즘을 사용하든지 더 좋은 결과를 기대할 수 있다.

두 번째 방법은 **피처 유도**(feature derivation) 방법이며, 이는 기존 피처들을 사용해서 새로운 피처를 생산하는 것이다. 보통 그래프를 움직이고 좌표계를 회전해서 변형을 통해 이뤄지는데 이는 데이터를 행렬로 표현하면 쉽게 적용할 수 있다. 피처 유도 방법을 통해서 차원 축소를 수행할 수 있는 이유는 피처를 조합할 수 있게 해주고, 어떤 것이 유용하고 그러지 않은지를 파악하게 해주기 때문이다. 마지막 방법은 **군집화**(clustering)를 통해서 비슷한 데이터 점들을 모아 보는 것인데 이를 통해서 더 작은 수의 피처들을 사용하게 만들어준다.

올바른 피처를 고르는 것이 문제를 얼마나 간단하게 만들어 주는지를 살펴보기 위해서 그림 6.1의 왼쪽 표를 살펴보자. 네 개의 점을 x와 y 좌표계를 사용해서 보여 주는데 여기서 점들만을 살펴본다면 데이터들 간에 어떤 상관 관계가 있는지를 파악하기 어렵다. 또한, 단순히 점들을 좌표계에 표시한다면 이들이 사각형의 꼭짓점들을 나타내는 것처럼 보이지만, 오른쪽 그래프에서 볼 수 있듯이 이는 한 원에 속하는 네 개의 점임을 알 수 있다. 이와 같은 경우에 하나의 원에 속한 네 가지 다른 점을 각도로($\pi/6$, $4\pi/6$, $7\pi/6$, $11\pi/6$) 표현하면 데이터를 더 이해하고 분석하기 쉬워진다.

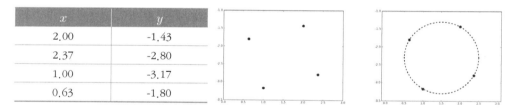

x	y
2.00	-1.43
2.37	-2.80
1.00	-3.17
0.63	-1.80

그림 6.1 네 개의 점 좌표에 대한 세 가지 다른 해석. 왼쪽: 숫자만으로는 이 점들의 연관성을 이해하기 힘들다. 중간: 네 개의 점을 좌표계에 표시. 오른쪽: 한 원의 부분인 네 개의 점들.

데이터를 어떻게 표현해야 하는지 파악하고 나면 알고리즘에 유용하지 않는 차원을 줄일 수 있다. 어떤 형태의 분석 이전에 입력할 수 있는 값들을 살펴보고, 어떤 입력 값이 더 유용한지를 피처 고르기를 통해서 수행할 수 있다. 이번 장에서 소개되는 많은 방법들은 데이터 변환과 함께 적용되어서 입력 값을 원래 그 자체로 사용하기보다는 다양한 입력 값들을 조합하는 방법이 이용된다. 물론, 알고리즘을 사용하기에 앞서 유용해 보이지 않는 입력 값은 무시될 수 있다.

나중에 또 다른 피처 고르기 방법을 살펴볼 텐데 이는 12장에 나오는 의사결정 트리

(decision tree)와 관련성이 높다. 의사결정 트리에서는 알고리즘이 각각의 단계에서 어떤 피처를 추가할지 결정한다. 알고리즘이 선택하는 방식은 피처를 **건설적으로** 고르는 방법이며, 아무것도 없는 상황에서 시작해서 피처를 하나씩 더해 가며, 각각이 추가될 때마다 오류를 테스트한다. 반대로 **파괴적인** 방법은 결정 트리에서 하나씩 가지를 쳐 내고, 오류 변화를 살펴본 후 가지를 잘라 나가는 방법이다.

  일반적으로 피처를 설정하는 것은 탐색 문제에 속한다. 이제까지 최선의 피처들을 선택하고, 다음 피처로 추가될 수 있는 것들을 탐색하는 것이다. 피처 설정의 탐색 방법은 계산 비용이 매우 높은데 d개의 피처를 생각해 보면 이들의 조합이 $2^d{-}1$이 되므로 탐색 공간이 매우 방대해진다. 일반적으로 9.4절에 나오는 탐욕 방법(greedy methods)을 사용하며, 퇴각 검색(backtracking)을 함께 사용해서 잘못된 검색 공간에서 빠져나오도록 발전시킬 수 있다.

  이번 장에서 살펴볼 알고리즘들은 **비지도학습**(unsupervised) 방법인데 단점으로는 이미 알고 있는 클래스들의 정보를 사용하지 못한다는 점이다. 하지만 먼저 지도학습(supervised learning)에 목적을 둔 차원 축소 방법인 **선형 판별 분석**(LDA, Linear Discriminant Analysis)을 살펴볼 것이다. 이 방법은 20세기에 가장 잘 알려진 통계학자 R. A. 피셔(R.A. Fisher)에 의해 1936년도에 만들어졌다.

6.1 선형 판별 분석

그림 6.2는 두 개의 클래스로 이뤄진 2차원 데이터를 보여 준다. 데이터에 대해서 다양한 통계를 계산할 수 있지만, 우선 두 클래스들의 평균 값인 μ_1와 μ_2 그리고 전체 데이터에 대한 평균 값(μ), 각 클래스에 대한 $\sum_j (x_j - \mu)(x_j - \mu)^T$ 공분산(covariance, 2.4.2절의 설명 참고)을 살펴본다. 그렇다면 이 계산 값들을 사용해서 무엇을 할 수 있을까? LDA의 주요한 점은 데이터 안에 분포 정도를 표현하는 공분산을 이용해서 데이터의 흩어진 정도를 이해한다는 것이다. 데이터의 **흩어짐**은 공분산의 각 클래스에 속할 확률(p_c, 클래스에 속한 데이터의 개수를 전체 데이터 개수로 나눈다)을 곱해서 알 수 있다. 모든 클래스에 이 값들을 더함으로써 데이터의 **클래스 내 산포도**를 측정할 수 있다.

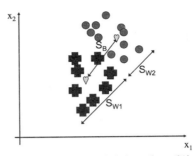

그림 6.2 2차원에서 두 가지 클래스를 가진 데이터들의 집합

그림 6.3 클래스 간의 간격과 클래스 내의 산포도에 대한 의미. 하트 표시는 두 클래스들의 평균 값들을 나타낸다.

$$S_W = \sum_{\text{classes } c} \sum_{j \in c} p_c (\mathbf{x}_j - \boldsymbol{\mu}_c)(\mathbf{x}_j - \boldsymbol{\mu}_c)^T. \tag{6.1}$$

만약, 데이터가 명확하게 다른 클래스끼리 분리되려면 각각 클래스 내의 흩어짐은 매우 작고 밀접하게 데이터들끼리 서로 뭉쳐져야 할 것이다. 하지만 이와 더불어 데이터를 분리하기 위해서는 두 클래스 간의 거리 또한 멀어야 할 것이다. 이것이 바로 **클래스 간**(between classes)의 산포도라고 알려져 있으며, 평균 값의 차이를 살펴보는 것으로 계산을 아주 간략하게 수행한다.

$$S_B = \sum_{\text{classes } c} (\boldsymbol{\mu}_c - \boldsymbol{\mu})(\boldsymbol{\mu}_c - \boldsymbol{\mu})^T. \tag{6.2}$$

두 가지 측정 값의 의미가 그림 6.3에 나와 있다. 쉽게 다른 클래스들로 **식별** 또는 분리할 수 있다는 것은 S_B / S_W값이 가능하면 커야 한다는 것을 말해 준다. 얼핏 생각해 보면 아주 타당해 보이지만, 차원 축소에 대해서는 직접적으로 어떤 것도 말해 주지 않는다. 적어도 이를 통해서 데이터의 차원을 줄이기 위해서는 S_B / S_W값이 될 수 있는 한 커져야 한다는 것은 알 수 있다. 그림 6.4는 데이터의 직선에 대한 두 개의 투사값을 보여 준다. 왼쪽 그림의 투사 값은 두 개의 클래스로 분리할 수 없는 것처럼 보이지만, 오른쪽의 투사 값은 분리가 가능해 보인다. 따라서 다음으로 어떻게 투사해야 하는지를 찾아야 한다.

3장에서 살펴봤듯이 어떤 선이든 벡터 $\mathbf{w}$로 표현할 수 있다(3.4절에서는 가중치 벡터로 사용되었고, 이는 가중치 배열 $\mathbf{W}$의 한 행이었다). 데이터 $\mathbf{x}$값의 선 $\mathbf{w}$에 대한 투영은 $\mathbf{z} = \mathbf{w}^T \cdot \mathbf{x}$로 표현한다. 이는 $\mathbf{w}$벡터상에 $\mathbf{x}$값의 투영 거리를 스칼라 값으로 보여 준다. 여기서 $\mathbf{w}^T \cdot \mathbf{x}$가 각 원소끼리의 곱의 합을 계산한다는 것과 이는 $\mathbf{w}$의 크기, $\mathbf{x}$의 크기 그리고 그 사이각의 코사인 값들의 합과 같다는 것을 상기하자. $\mathbf{w}$의 크기를 1로 잡으면 $\mathbf{x}$의 $\mathbf{w}$로의 투사 값을 표현할 수 있다. 이를 통해서는 어떤 점이라도 **w**에 대해서 표현할 수 있고, 그림 6.4의 두 개의 예제에서처럼 데이터를 투영시킬 수 있다. 평균 값 또한 하나의 데이터 점처럼 다뤄질 수 있으므로 이 역시 $\mu'_c = \mathbf{w}^T \cdot \mu_c$로 투영시킬 수 있다. 이제 클래스 내의 산포도와 클래스 간의 산포도를 살펴보자.

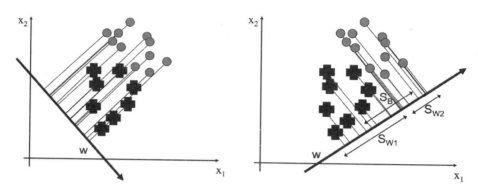

그림 6.4 두 개의 가능한 투영선들. 왼쪽의 경우에는 클래스들을 분리하는 데에 실패했다.

식 (6.1)과 식 (6.2)에 $\mathbf{x}_j$를 $\mathbf{w}^T \cdot \mathbf{x}_j$로 변경하고, 선형 대수를 사용하면$((\mathbf{A}^T\mathbf{B})^T = \mathbf{B}^T\mathbf{A}^T \mathbf{T} = \mathbf{B}^T\mathbf{A})$ 다음을 얻는다.

$$\sum_{\text{classes } c} \sum_{j \in c} p_c (\mathbf{w}^T \cdot (\mathbf{x}_j - \boldsymbol{\mu}_c))(\mathbf{w}^T \cdot (\mathbf{x}_j - \boldsymbol{\mu}_c))^T = \mathbf{w}^T S_W \mathbf{w} \tag{6.3}$$

$$\sum_{\text{classes } c} \mathbf{w}^T (\boldsymbol{\mu}_c - \boldsymbol{\mu})(\boldsymbol{\mu}_c - \boldsymbol{\mu})^T \mathbf{w} = \mathbf{w}^T S_B \mathbf{w}. \tag{6.4}$$

따라서 클래스 내의 산포도와 클래스 간의 산포도 비율은 $\frac{\mathbf{w}^T S_W \mathbf{w}}{\mathbf{w}^T S_B \mathbf{w}}$로 나타난다. **w**에 대해서 최댓값을 찾기 위해서는 이의 미분 값이 0되는 곳을 찾으면 되며, 이는 다음과 같다.

$$\frac{S_B \mathbf{w}(\mathbf{w}^T S_W \mathbf{w}) - S_W \mathbf{w}(\mathbf{w}^T S_B \mathbf{w})}{(\mathbf{w}^T S_W \mathbf{w})^2} = 0. \tag{6.5}$$

이 식을 풀어서 **w**에 대해서 다시 정리하고 나면 다음을 얻는다.

$$S_W \mathbf{w} = \frac{\mathbf{w}^T S_W \mathbf{w}}{\mathbf{w}^T S_B \mathbf{w}} S_B \mathbf{w}. \tag{6.6}$$

데이터에 단 두 개의 클래스만 존재한다면 식 (6.2)를 다시 $S_B = (\mu_1 - \mu_2)(\mu_1 - \mu_2)^T$로 유도할 수 있다. 이를 좀 더 알아보기 위해서 클래스 1에 대해서 N_1개의 예제가 있고, 클래스 2에 대해서는 N_2개의 예제가 있다고 하자. 다음의 식 $(N_1 + N_2)\mu = N_1\mu_1 + N_2\mu_2)$을 식 (6.2)에 대입하면 $S_B\mathbf{w}$는 $(\mu_1 - \mu_2)$의 방향이며, w는 $S_W^{-1}(\mu_1 - \mu_2)$의 방향이다. 스칼라의 곱은 곱셈의 순서와 상관없으므로 S_B에 대한 식을 대입하고 나면 괄호 안의 식의 순서는 바꿀 수 있다. 클래스 내부의 산포도와 클래스 간의 산포도에 대한 비율은 스칼라 값이므로 벡터의 방향에 영향을 미치지 않으며 무시될 수 있다.

불행하게도 이 방법은 일반적인 경우에 동작하지 않는다. 최솟값을 찾는 것은 항상 쉬운 일이 아니며, 이는 S_W^{-1}이 존재한다는 전제하에 일반적인 **고유 벡터**(generalised eigenvectors) $S_W^{-1} S_B$를 계산하는 것이 요구된다. 고유 벡터에 대해서는 다음 장에서 더 다뤄 보겠다.

위의 내용을 알고리즘으로 만드는 것은 쉽다. 클래스 간의 산포도와 클래스 내부의 산포도를 계산하고 **w**값을 찾으면 된다. 넘파이를 사용해서 전체 알고리즘은 다음처럼 구현된다(일반적인 고유 벡터 계산은 사이파이를 이용해서 "using from scipy import linalg as la"를 임포트해서 사용한다).

```
C = np.cov(np.transpose(data))

# 클래스들에 대해서 반복 수행한다.
classes = np.unique(labels)
for i in range(len(classes)):
    # Find relevant datapoints=> 관련 있는 데이터 점들을 찾는다.
    indices = np.squeeze(np.where(labels==classes[i]))
    d = np.squeeze(data[indices,:])
    classcov = np.cov(np.transpose(d))
    Sw += np.float(np.shape(indices)[0])/nData * classcov

Sb = C - Sw
# W를 풀고 대칭되는 데이터를 계산한다.
# 고유 값과 고유 벡터들을 계산하고 크기로 정렬한다.
evals,evecs = la.eig(Sw,Sb)
indices = np.argsort(evals)
indices = indices[::-1]
evecs = evecs[:,indices]
evals = evals[indices]
w = evecs[:,:redDim]
newData = np.dot(data,w)
```

알고리즘 사용 예로 그림 6.5에는 LDA를 적용하기 전 아이리스 데이터의 세 개 클래스들을 각각 다른 기호를 사용해서 첫 2차원으로 보여 준다. 원으로 표현된 한 개의 클래는 쉽게 다른 클래스들과 분리되지만, LDA를 적용하고 나서는 세 개의 클래스들이 한 차원만으로도 쉽게 분리된다.

6.2 주성분 분석

앞으로 살펴볼 몇 가지 방법들은 데이터 변형이 요구된다. 하지만 LDA와는 다르게 PCA는 분류 표식이 없는 데이터(unlabelled data)를 다루기 위해 만들어졌다. 물론, 분류 표식이 있는 데이터에 적용되어도 저차원 공간에서 목표(target) 데이터를 사용할 수 있으므로 상관없다. 여기서 모든 목적 정보를 사용하여도 모든 정보를 사용한다는 보장은 없다.

특정한 좌표계 축들의 집합을 찾아서 살펴보면 몇몇 차원들은 필요없다는 것이 명확해질 것이다. 그림 6.6에서는 같은 데이터에 대한 두 가지 다른 관점으로 보여 준다. 첫 번째에서는 데이터들이 타원형 축으로 45도 각도로 모여 있고, 두 번째 그림에서는 좌표축이 변경되어서 데이터를 x축을 따라서 0,0 중심점으로 놓여 있다. 두 번째 그림에서 보면 y축의 경우 큰 가변성이 없으므로 이를 제외하고 x축의 값만을 사용해도 학습 알고리즘의 결과에 나쁜 영향을 미치지 않을 것이다. 사실 이는 데이터에 있는 노이즈들을 제외시켜 줌으로써 결과를 더 좋게 만들어 준다.

그림 6.5 아이리스 데이터 세 개의 클래스를 그래프로 표현했다. 왼쪽에는 LDA를 적용하기 전, 오른쪽에는 LDA를 적용한 후를 보여 준다.

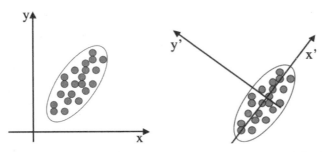

그림 6.6 두 개의 다른 좌표축 집합. 두 번째 좌표축은 PCA를 사용해서 첫 번째 축을 회전하고 이동시켰다.

이제 문제는 어떤 축을 고르느냐이며, 먼저 **주성분 분석**(PCA, Principal Components Analysis)을 사용해서 알아보자. **주성분**의 중요 개념은 바로 가장 큰 변화를 갖는 데이터의 방향을 나타낸다는 것이다. 데이터 값들에서 평균 값을 빼서 우선 점들을 중앙으로 옮기고, 가장 큰 변화를 갖는 방향을 찾아서 그 방향으로 축을 이동시킨다. 남아 있는 데이터의 변화량을 살펴보고, 처음에 선택된 축과 수직인 또 다른 축을 찾아서 남아 있는 변화량을 가능한 한 많이 포함되도록 한다. 이와 같은 작업을 할 수 있는 축이 없을 때까지 수행한다. 마지막에는 모든 변화가 좌표축의 집합들에 포함되어서 공분산이 대각선 행렬이 되고, 모든 변수가 서로 상관 관계가 없도록 한다. 마지막에 찾은 몇몇 축은 매우 작은 변화량을 갖고 있으며, 이는 데이터의 변동성에 영향을 미치지 않으므로 제거해도 된다.

이를 좀 더 공식화해서 살펴본다면 데이터 행렬 $\mathbf{X}$를 움직여서 최대 변화량의 변화의 축에 맞추는 것이다. 데이터 행렬을 돌려서($\mathbf{P}^T$로 표시) $\mathbf{Y} = \mathbf{P}^T\mathbf{X}$에서 $\mathbf{P}$를 공분산 행렬 $\mathbf{Y}$가 대각선 행렬이 되도록 고른다.

$$\text{cov}(\mathbf{Y}) = \text{cov}(\mathbf{P}^T\mathbf{X}) = \begin{pmatrix} \lambda_1 & 0 & 0 & \dots & 0 \\ 0 & \lambda_2 & 0 & \dots & 0 \\ \dots & \dots & \dots & \dots & \dots \\ 0 & 0 & 0 & \dots & \lambda_N \end{pmatrix}. \tag{6.7}$$

선형 대수와 공분산의 정의를 이용해서 이에 대한 다른 이해를 살펴볼 수 있는데 다음과 같다.

$$\begin{aligned} \text{cov}(\mathbf{Y}) &= E[\mathbf{Y}\mathbf{Y}^T] & (6.8) \\ &= E[(\mathbf{P}^T\mathbf{X})(\mathbf{P}^T\mathbf{X})^T] & (6.9) \\ &= E[(\mathbf{P}^T\mathbf{X})(\mathbf{X}^T\mathbf{P})] & (6.10) \\ &= \mathbf{P}^T E(\mathbf{X}\mathbf{X}^T)\mathbf{P} & (6.11) \\ &= \mathbf{P}^T\text{cov}(\mathbf{X})\mathbf{P}. & (6.12) \end{aligned}$$

두 가지 더 알아야 하는 것은 $(\mathbf{P}^T\mathbf{X})^T = \mathbf{X}^T\mathbf{P}^{TT} = \mathbf{X}^T\mathbf{P}$가 된다는 점과 데이터와 상관없는 행렬이므로 $\mathbf{P}$의 평균은 $E[\mathbf{P}] = \mathbf{P}$(이는 $\mathbf{P}^T$도 같다)가 된다는 점이다.

$$\mathbf{P}\text{cov}(\mathbf{Y}) = \mathbf{P}\mathbf{P}^T\text{cov}(\mathbf{X})\mathbf{P} = \text{cov}(\mathbf{X})\mathbf{P}, \tag{6.13}$$

여기에는 묘한 사실이 있는데 회전 행렬 $\mathbf{P}^T = \mathbf{P}^{-1}$는 회전의 역을 위해서는 정방향으로 회전하는 양만큼 반대의 방향으로 회전시킨다는 것을 말한다.

$\text{cov}(\mathbf{Y})$이 대각선 행렬이므로 $\mathbf{P}$를 열 벡터들의 집합이라고 정의한다면 $\mathbf{P} = [\mathbf{p}_1, \mathbf{p}_2, \dots,$

$\mathbf{p}_N$이 되는데 다음과 같다.

$$\mathbf{P}\text{cov}(\mathbf{Y}) = [\lambda_1\mathbf{p}_1, \lambda_2\mathbf{p}_2, \ldots, \lambda_N\mathbf{p}_N], \tag{6.14}$$

이는 (λ 변수를 행렬로 $\lambda = (\lambda_1, \lambda_2, \ldots, \lambda_N)^T$, $\mathbf{Z} = \text{cov}(\mathbf{X})$라고 표현한다) 매우 재미있는 식으로 유도된다.

$$\lambda\mathbf{p}_i = \mathbf{Z}\mathbf{p}_i \text{ for each } \mathbf{p}_i. \tag{6.15}$$

처음 볼 때는 별로 흥미롭지 않게 보이나, 중요한 것은 $\mathbf{Z}$는 행렬임에도 λ는 열 벡터이 므로 $\mathbf{P}$ 행렬을 이루는 어떤 $\mathbf{p}_i$ 벡터에도 적용할 수 있다. λ는 열 벡터이므로 이를 회전시 키거나 복잡한 연산은 하지 못하고, $\mathbf{p}_i$들의 크기를 리스케일한다. 이를 통해서 우리는 행 렬 $\mathbf{P}$를 찾고, 행렬 $\mathbf{Z}$는 $\mathbf{P}$의 방향에 대해서 변형하거나 회전시키지 않고, 단지 크기만 조절해 준다는 것을 알 수 있다. 이것들의 이름은 **고유 벡터**(eigenvectors)이며, 각 축들로 크기를 재 설정해 주는 값은(λ들) **고유 값**(eigenvalues)라고 한다.

사각 대칭 행렬 $\mathbf{A}$의 모든 고유 벡터들은 서로 직교하므로 고유 벡터들이 공간을 정의한 다. 행렬 $\mathbf{E}$가 정규화된 행렬 $\mathbf{A}$의 고유 벡터들을 열로 갖는다면 이 행렬은 어떤 벡터든지 이를 **고유 공간**(eigenspace)으로 회전한다. $\mathbf{E}$는 회전 행렬이므로 $\mathbf{E}^{-1} = \mathbf{E}^T$가 되고, 벡터를 회 전시켜서 고유 공간으로 옮기기 위해서는 단위 길이의 고유 벡터들로 만들어진 정규화된 $\mathbf{E}^T$를 곱해 주어야 한다. 그렇다면 벡터를 고유 공간에서 회전해야 하는가 아니면 회전을 취소해야 하는가? 벡터를 축을 따라서 늘여야 한다. 이를 위해서는 벡터에 고유 값을 가진 대각선 행렬 $\mathbf{D}$를 곱하면 된다. 따라서 어떤 사각 대칭 행렬 $\mathbf{A}$이든지 $\mathbf{A} = \mathbf{E}\mathbf{D}\mathbf{E}^T$와 같이 행 렬들의 곱으로 표현할 수 있다. 이것이 공분산 행렬을 가지고 수행했던 작업이었고, 이를 **스팩트럼 분해**(spectral decomposition)라고 부른다.

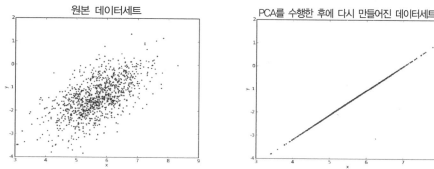

그림 6.7 왼쪽의 2차원 데이터세트의 주요 성분 값들을 계산하고, 이 중에 첫 번째 값을 사용해서 다시 데 이터를 만들어 내면 오른쪽에 보이는 선을 만들어 낸다. 오른쪽의 선은 2차원 데이터가 샘플링 되었던 타원의 고유한 축을 나타낸다.

알고리즘을 살펴보기 전에 한 가지 유용한 점을 살펴본다. 고유 값은 고유 벡터 방향으로 얼마나 연장해야 하는가를 말해 주는데 각 차원에는 더 많은 확대를 해야 할수록 더 큰 변화가 존재한다(만약에 고유 값이 이미 필요한 만큼 확대되어 있다면 고유 값이 1이 된다). 큰 고유 값을 갖는 차원은 큰 변화량을 갖고 있으므로 유용한 차원을 나타내지만, 작은 고유 값을 갖는 경우에는 대부분의 데이터들이 밀접하게 붙어 있어서 그 방향으로 별다른 변화량이 없다는 것을 말해 준다. 다시 말하면, 작은 고유 값을 갖는 차원은 제거해도 된다는 것이다(미리 정한 파라미터 값과 비교해서 결정).

이제 필요한 알고리즘을 살펴보자.

주요 성분 분석 알고리즘

- N개의 데이터 점을 행 벡터로 표현 $\mathbf{x}_i = (\mathbf{x}_{1i}, \mathbf{x}_{2i}, ..., \mathbf{x}_{Mi})$
- 벡터를 행렬 X에 입력(전체 크기는 $N \times M$)
- 각 열로부터 평균 값을 빼서 중심으로 이동시키고, 행렬 B로 작성
- 공분산 행렬 $\mathbf{C} = \dfrac{1}{N}\mathbf{B}^T\mathbf{B}$ 계산
- C의 고유 값과 고유 벡터 계산 $\mathbf{V}^{-1}\mathbf{CV} = \mathbf{D}$, 여기서 V는 C의 고유 값을 갖고, D는 $M \times M$의 대각 고유 값 행렬이다.
- D를 고유 값을 사용해서 내림차순으로 정렬하고, 이와 맞게 V의 행들을 재정렬
- η값보다 작은 고유 값을 제거하고, L차원의 데이터만 남긴다.

넘파이를 통해서 고유 값과 고유 벡터를 계산할 수 있다. evals,evecs = np.linalg.eig(x)를 통해서 얻을 수 있으며, 이를 사용하면 전체 알고리즘 구현을 쉽게 만들어 준다.

```python
def pca(data,nRedDim=0,normalise=1):

    # 데이터의 중심
    m = np.mean(data,axis=0)
    data -= m

    # 공분산 행렬
    C = np.cov(np.transpose(data))

    # 고유 값을 계산하고 내림차순으로 정렬
    evals,evecs = np.linalg.eig(C)
    indices = np.argsort(evals)
    indices = indices[::-1]
    evecs = evecs[:,indices]
```

```
evals = evals[indices]

if nRedDim>0:
evecs = evecs[:,:nRedDim]

if normalise:
    for i in range(np.shape(evecs)[1]):
        evecs[:,i] / np.linalg.norm(evecs[:,i]) * np.sqrt(evals[i])

# 새로운 데이터 행렬 생성
x = np.dot(np.transpose(evecs),np.transpose(data))
# 원본 데이터를 다시 계산
y=np.transpose(np.dot(evecs,x))+m
return x,y,evals,evecs
```

PCA를 사용하는 두 가지 다른 예제는 그림 6.7과 그림 6.8에 나와 있다. 첫 번째 그림은 타원으로부터 생성된 2차원 데이터를 1차원의 주요 성분으로 축을 따라서 표현된다. 그림 6.8은 아이리스 데이터의 첫 2차원 결과를 보여 주는데 PCA를 적용하고 나서는 세 클래스가 분명하게 분리됨을 확인할 수 있다.

그림 6.8 아이리스 데이터의 첫 번째 두 주요 성분을 통해서 세 개의 클래스가 충분하게 분리된다는 것을 그림을 통해 보여 준다.

6.2.1 다층 퍼셉트론과의 관계

PCA는 SOM 알고리즘으로도 가중치를 초기화하는 데 사용될 수 있는데(14.3.2절 참고) 이를 통해서 필요한 학습량을 줄일 수 있고, 이는 차원 축소를 위해 매우 유용하다. 같은 이유로 뉴럴 네트워크를 연구하는 사람들이 PCA에 흥미를 갖는다. 자기 연산 MLP를 4.4.5절에서 이야기할 때 이미 언급했지만, 자기 연산 MLP는 은닉 노드들에 데이터의 주요 성분 분석과 유사하고, 이는 네트워크가 무엇을 하는지 이해할 수 있게 만드는 한 가지 방법이다.

물론, 주요 성분을 뉴럴 네트워크에서 계산하는 것은 좋은 생각이 아니다. 네트워크의 은닉 층에서 1차원인 PCA를(이는 단지 회전하고 축을 변경하는 작업이며, 복잡한 작업을 수행하지 않는다) 사용해서 계산한다면 이는 퍼셉트론과 다를 바가 없고, 1차원적인 작업만 수행하게 된다. 뉴럴 네트워크에서는 추가적인 층들이 영향력 있는 결과를 갖게 한다.

만약, 이를 그냥 수행하고, 더 복잡하게 두 개가 아닌 네 개의 층을 갖는 MLP 네트워크를 사용한다고 하자. 이를 자기 연산 장치로 사용하고 입력과 같은 목표 값이 되게 한다. 그렇다면 중간 은닉 층들은 어떤 모습일까? 이에 대한 대답은 복잡하지만, 간단하게 말해서 첫 번째 층은 비선형적인 데이터의 변형을 계산하고, 두 번째 층은 비선형 함수의 PCA를 계산한다. 네트워크는 여전히 비선형 입력 버전에 대해서 PCA를 수행한다. 데이터가 1차원 선으로 분리할 수 있다고 가정하지 않는다면 이는 매우 유용하다. 하지만 이를 자세하게 살펴보기 위해 다른 관점으로 첫 번째 층을 커널로 생각해 본다(8.2절 참고).

6.2.2 커널 PCA

PCA에서의 문제점은 변화량의 방향이 모두 직선이라는 가정에 있는데 이는 실제 경우에 사실이 아닐 때가 많다. SVM이 퍼셉트론으로부터 발전된 것처럼 다수의 은닉층에 자기 연상 기억장치를 사용하고, PCA를 발전시킨 커널(8.2절 참고)을 사용해서 이 문제를 해결할 수 있다. 비선형의 함수 $\Phi(\cdot)$를 각각의 데이터 포인트 $\mathbf{x}$에 적용해서 데이터를 커널 공간으로 변형하고, 선형 PCA를 적용한다. 커널 공간에서의 공분산 행렬은 다음과 같다.

$$\mathbf{C} = \frac{1}{N} \sum_{n=1}^{N} \Phi(\mathbf{x}_n)\Phi(\mathbf{x}_n)^T, \tag{6.16}$$

이는 고유 벡터 공식을 유도한다.

$$\lambda\left(\Phi(\mathbf{x}_i)\mathbf{V}\right) = \left(\Phi(\mathbf{x}_i)\mathbf{CV}\right) \quad i = 1 \ldots N, \tag{6.17}$$

여기서 $\mathbf{V} = \sum_{j=1}^{N} \alpha_j \Phi(x_j)$는 원래 문제의 고유 벡터 값들이고, α_j는 커널화된 문제의 고유 벡터가 된다. 이제 커널 트릭을 사용해서 $N \times N$의 $\mathbf{K}$ 행렬을 만들 수 있다.

$$\mathbf{K}_{(i,j)} = \left(\Phi(\mathbf{x}_i) \cdot \Phi(\mathbf{x}_j)\right). \tag{6.18}$$

위에서 다룬 모든 식들을 종합해서 $N\lambda\mathbf{K}\alpha = \mathbf{K}^2\alpha$ 공식을 얻는데 $\mathbf{K}^{-1}$를 양쪽에 적용시키면 $N\lambda\alpha = \mathbf{K}\alpha$로 간단하게 만들 수 있다. 새로운 점 $\mathbf{x}$를 커널 PCA 공간으로 투영하기 위해서는 다음 공식을 적용한다.

$$\left(\mathbf{V}^k \cdot \Phi(\mathbf{x}) \right) = \sum_{i=1}^{N} \boldsymbol{\alpha}_i^k \left(\Phi(\mathbf{x}_i) \cdot \Phi(\mathbf{x}_j) \right).$$ (6.19)

이제 알고리즘을 살펴보자.

커널 PCA 알고리즘

- 커널을 선택하고, 모든 두 점들마다 쌍으로 적용시켜서 변형된 공간에서의 점들 사이의 거리를 나타내는 K행렬 생성
- K행렬의 고유 값과 고유 벡터를 계산
- 고유 값에 제곱근을 적용해 고유 벡터를 정규화
- 가장 큰 고유 값에 해당하는 고유 벡터들을 얻는다.

K의 대각선 행렬로의 변경할 때 구현 시 조심해야 하며, 이는 선형 대수의 단위 행렬을 통해서 가능하다.

```python
K = kernelmatrix(data,kernel)

# 변경된 데이터 계산
D = np.sum(K,axis=0)/nData
E = np.sum(D)/nData
J = np.ones((nData,1))*D
K = K - J - np.transpose(J) + E*np.ones((nData,nData))

# 차원 축소 수행
evals,evecs = np.linalg.eig(K)
indices = np.argsort(evals)
indices = indices[::-1]
evecs = evecs[:,indices[:redDim]]
evals = evals[indices[:redDim]]

sqrtE = np.zeros((len(evals),len(evals)))
for i in range(len(evals)):
    sqrtE[i,i] = np.sqrt(evals[i])

newData = np.transpose(np.dot(sqrtE,np.transpose(evecs)))
```

위의 작업은 매우 높은 계산 비용이 필요한데 이는 커널 행렬과 고유 값 / 고유 벡터를 계산해야 하기 때문이다. 웹사이트에 공개된 단순한 구현 방법으로는 $\mathcal{O}(n^3)$가 되지만, 고

유 값들이 다 필요하지 않으므로 이를 $O(n^2)$ 알고리즘으로 만들 수 있다.

그림 6.9는 아이리스 데이터세트에 적용된 커널 PCA의 결과 값을 보여 준다. 데이터를 잘 분리시킬 수 있는 것은 이미 선형 방법으로도 분리되었던 문제라 놀랍지 않은 결과이지만, 방법의 결과를 확인하는 데 유용하다. 그림 6.10에 나오는 예제는 데이터가 세 개의 원으로부터 샘플링된 어려운 문제인데 선형 PCA를 사용했을 때는 이를 분리해 낼 수 없지만, 커널 PCA로는 하나의 성분만으로도 이를 분리할 수 있다.

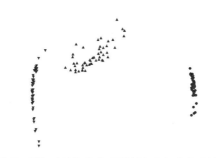

그림 6.9 아이리스 데이터에 두 개의 비선형 주요 성분(가우시안 커널 이용)을 적용했을 때, 그림을 통해서 세 개의 클래스가 명확하게 분리됨을 볼 수 있다.

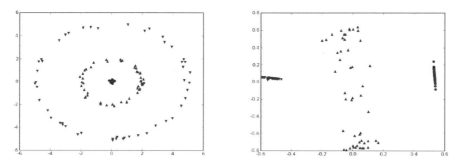

그림 6.10 세 개의 원에서 샘플된 비선형 데이터는 가우시안 커널 PCA을 이용해 하나의 성분만으로 명확하게 분리시킨다.

6.3 인자 분석

인자 분석의 개념은 관찰 데이터를 적은 수의 **은닉 변수**들 또는 비연관성 **인자**들로 설명할 수 있다는 데 있다. 기본적인 가정은 데이터가 직접 알려지지 않은 데이터 출처들의 집합으로부터 생성된다는 데 있다. 인자 분석 문제는 독립적인 인자들을 찾고 각 요소를 측정하는

데 내제되어 있는 **노이즈**들을 찾아내는 데 있다. 인자 분석은 심리학이나 사회학에서 널리 사용되는데 각 요소들은 어떤 특정 의미와 연관되어 있다. 심리학에서 이는 IQ나 다른 테스트 결과와 연결되곤 한다.

보통처럼 데이터는 $N \times M$ 크기의 $\mathbf{X}$ 행렬이라고 하자. 각 행은 M 차원의 배열이고, $\mathbf{X}$ 의 공분산 행렬은 $\sum$이다. PCA를 사용해서 데이터에서 각 변수의 평균 값을 빼서 중심으로 이동시키고: $\mathbf{b}_j = x_j - \mu_j$, $j = 1 \dots M$, 변경된 데이터의 평균 값이 $E[\mathbf{b}_i] = 0$이 되게 한다. 이는 MLP 예제와 다른 많은 예제에서 수행했던 방법이다.

우리의 가정을 모델로 작성하면 다음과 같다.

$$\mathbf{X} = \mathbf{W}\mathbf{Y} + \epsilon, \qquad (6.20)$$

여기서 $\mathbf{X}$는 관찰 값이고 ϵ는 노이즈가 된다. 우리가 찾고자 하는 요소들 $\mathbf{b}_j$ 는 독립이므로 $i \neq j$에 대해서는 $\text{cov}(\mathbf{b}_i, \mathbf{b}_j) = 0$이 된다. 인자 분석은 데이터 노이즈를 ϵ변수를 통해서 잡아내는데 이는 평균 0의 분산 $\Psi_i = \text{var}(\epsilon_i)$인 가우시안으로부터 생성되었다고 가정한다. 또한, 각각의 노이즈는 서로서로 독립적이고, 이는 데이터가 독립적인 물리적 과정을 통해서 생성되었다는 꽤 합리적인 가정으로부터 나온다.

원본 데이터의 공분산 행렬 $\sum$는 $\text{cov}(\mathbf{W}\mathbf{b} + \epsilon) = \mathbf{W}\mathbf{W}^T + \Psi$로 분리될 수 있고, Ψ는 노이즈 분산의 행렬이고, 인자들이 서로 상관관계가 없으므로 $\text{cov}(\mathbf{b}) = \mathbf{I}$를 사용했다.

인자 분석의 목적은 데이터 $\mathbf{X}$를 **인자 적재량** $\mathbf{W}_{ij}$와 노이즈 파라미터 Ψ의 분산 값을 통해서 다시 만들어 내서 차원 축소를 수행하는 것이다.

추가적인 변수를 살펴보는 데에서 가장 자연스러운 공식은 EM 알고리즘(7.1.1절)을 사용하는 것이며, 최대 우도 측정을 통해 수행한다. EM 알고리즘을 동작시키기 위해서는 노력이 좀 더 필요하다. 먼저, 로그 공분산을 정의하는데(θ가 우리가 적응시키고자 하는 데이터다) 다음과 같다.

$$Q(\boldsymbol{\theta}_t | \boldsymbol{\theta}_{t-1}) = \int p(\mathbf{x}|\mathbf{y}, \boldsymbol{\theta}_{t-1}) \log(p(\mathbf{y}|\mathbf{x}, \boldsymbol{\theta}_t)p(\mathbf{x}))d\mathbf{x}. \qquad (6.21)$$

여기서 몇몇 항들은 값들이 대입될 수 있고, θ와 연관성 없는 항들은 제외할 수 있다. 새로운 버전의 Q는 E-step의 기본이 된다.

$$Q(\boldsymbol{\theta}_t | \boldsymbol{\theta}_{t-1}) = \frac{1}{2}\int p(\mathbf{x}|\mathbf{y}, \boldsymbol{\theta}_{t-1}) \log(\det(\Psi^{-1})) - (\mathbf{y} - W\mathbf{x})^T \Psi^{-1}(\mathbf{y} - W\mathbf{x}))\, d\mathbf{x}. \qquad (6.22)$$

EM 알고리즘을 사용하기 위해서, 식을 $\mathbf{W}$와 각각 Ψ의 요소에 대해서 미분하고, 여기에 약간의 선형 대수 공식들을 적용하면 다음과 같은 갱신 법칙들을 찾을 수 있다.

$$\mathbf{W}_{new} \quad = \quad \left(\mathbf{y}E(\mathbf{x}|\mathbf{y})^T\right)\left(E(\mathbf{x}\mathbf{x}^T|\mathbf{y})\right)^{-1}, \tag{6.23}$$

$$\Psi_{new} \quad = \quad \frac{1}{N}\mathrm{diagonal}\left(\mathbf{x}\mathbf{x}^T - WE(\mathbf{x}|\mathbf{y})\mathbf{y}^T\right), \tag{6.24}$$

여기서 diagonal()은 행렬의 대각선 값만 보존하고, 이를 통한 기댓값은 다음과 같이 된다.

$$E(\mathbf{x}|\mathbf{y}) \quad = \quad \mathbf{W}^T(\mathbf{W}\mathbf{W}^T + \Psi)^{-1}\mathbf{b} \tag{6.25}$$

$$E(\mathbf{x}\mathbf{x}^T|\mathbf{x}) - E(\mathbf{x}|\mathbf{y})E(\mathbf{x}|\mathbf{y})^T \quad = \quad \mathbf{I} - \mathbf{W}^T(\mathbf{W}\mathbf{W}^T + \Psi)^{-1}W. \tag{6.26}$$

알고리즘에 추가해야 하는 한 가지 남은 것은 언제 학습을 멈출지를 결정하는 것인데 이를 위해서 로그 공분산을 계산하고 값이 줄어들기 시작할 때 알고리즘을 중지한다. 각각 의 반복에서 수행해야 할 기본 단계들은 다음과 같다.

```python
# E-step 단계
A = np.dot(W,np.transpose(W)) + np.diag(Psi)
logA = np.log(np.abs(np.linalg.det(A)))
A = np.linalg.inv(A)

WA = np.dot(np.transpose(W),A)
WAC = np.dot(WA,C)
Exx = np.eye(nRedDim) - np.dot(WA,W) + np.dot(WAC,np.transpose(WA))

# M-step 단계
W = np.dot(np.transpose(WAC),np.linalg.inv(Exx))
Psi = Cd - (np.dot(W,WAC)).diagonal()

tAC = (A*np.transpose(C)).sum()

L = -N/2*np.log(2.*np.pi) -0.5*logA - 0.5*tAC
if (L-oldL)<(1e-4):
    print "Stop",i
    break
```

아이리스 데이터세트에 적용한 인자 분석의 결과 값은 그림 6.11에 나온다.

그림 6.11 인자 분석을 아이리스 데이터세트에 적용했을 때 첫 두 개의 인자를 사용하면 세 개의 클래스를 분명하게 분리하는 것을 볼 수 있다.

6.4 독립 성분 분석

인자 분석과 관련된 **독립 성분 분석**이라는 방법이 있다. PCA에서는 각각의 인자들은 직교하고 서로 **비상관** 관계를 가져야 한다(그래야만 공분산 행렬은 대각선 행렬이 되며, i와 j가 다를 때 $\text{cov}(\mathbf{b}_i, \mathbf{b}_j) = 0$이 된다). 만약에 인자들이 확률적으로 **독립적**이라면($E[\mathbf{b}_i, \mathbf{b}_j] = E[\mathbf{b}_i]E[\mathbf{b}_j]$), 이는 ICA가 된다.

ICA에 대한 일반적인 동기는 **블라인드 음원 분리** 문제로 시작된다. 인자 분석처럼 데이터가 물리학적 과정을 통해서 독립적으로 생성된다고 가정한다. 데이터에서 연관성이 있는 이유는 서로 다른 프로세스들로부터 만들어진 데이터가 서로 혼합되기 때문이다. 따라서 주어진 데이터로부터 데이터를 생성하는 데 사용된 독립적인 근본 요소들의 혼합으로 변형 방법을 찾아내기를 원한다.

블라인드 음원 분리에 가장 유명한 설명 방법은 **칵테일 파티 문제**다. 파티에서는 다른 장소에서 생성된 다양한 소리가 들리지만(사람들의 이야기 소리, 술잔 부딪히는 소리, 배경 음악 등등), 이야기하는 사람의 목소리에 집중할 수 있고, 혼합된 많은 소리원들로부터 이를 분리해 낼 수 있다. 칵테일 파티 문제는 여러 가지 음원들을 분리하기 위해서는 소리원들 개수만큼의 귀가 필요하다. 이는 알고리즘이 각각 어떤 소리를 갖고 있는지에 대한 정보가 없기 때문이다.

노이즈를 만들어 낸 두 개의 음원(s_1^t, s_2^t)이 있고, 여기서 t는 시간을 나타내며, 두 개의 데이터가 마이크로폰으로부터 입력된다(x_1^t, x_2^t). 음원으로부터 들리는 소리는 다음과 같다.

$$x_1 = as_1 + bs_2, \tag{6.27}$$

$$x_2 = cs_1 + ds_2, \tag{6.28}$$

이는 행렬의 형태로 다음과 같이 작성된다.

$$\mathbf{x} = \mathbf{As},\qquad(6.29)$$

여기서 $\mathbf{A}$는 **혼합 행렬**이다. $\mathbf{s}$를 재건하는 것은 $\mathbf{s} = \mathbf{A}^{-1}\mathbf{x}$를 계산하면 되므로 쉬워 보인다. 하지만 문제는 $\mathbf{A}$에 대한 정보가 없다는 점이다. $\mathbf{A}^{-1}$은 일반적으로 $\mathbf{W}$로 표시되고, 이는 사각 행렬이고, 마이크로폰 개수와 같은 크기다.

음원과 신호에 대해서 무엇을 알고 있는지를 생각해 보자.

- 혼합은 독립적이지 않으며, 음원 역시도 독립적이지 않다.
- 비록 음원은 그렇지 않더라도 혼합은 정규 분포처럼 보인다(**중심 극한 정리**(central limit theorem).
- 음원보다 혼합은 복잡해 보인다.

첫 번째 사항을 사용해서 독립적인 요인들을 찾는다면 그것들은 음원일 것이고, 두 번째 사항은 가우시안이 아닌 요인을 찾으면 아마도 음원일 것이라고 말해 준다. 두 변수들의 **상호 정보**를 이용해 독립성의 정도를 측정할 수 있는데, 이는 12.2.1절에서 엔트로피를 통해 살펴볼 것이다. 가장 일반적인 방법은 **네겐트로피**(negentropy)를 이용하는 것이며, $J(y) = H(z) - H(y)$ 이를 통해서 가우시안으로부터 변형을 최대화한다(여기서 $H(\cdot)$는 엔트로피).

$$H(y) = -\int g(y)\log g(y)dy.\qquad(6.30)$$

일반적인 예측 값은 $J(y) = (E[G(y)] - E[G(z)])^2$이며, 여기서 $g(u) = \frac{1}{a}\log\cosh(au)$이므로 $1 \le a \le 2$에서는 $g'(u) = \tanh(au)$이다. ICA를 구현하는 것은 수치적인 요인으로 꽤 까다로우므로 구현은 하지 않겠다. 가장 유명한 ICA 구현으로 **FastICA**는 파이썬에 MDP 패키지로 사용할 수 있다.

6.5 지역 선형 임베딩

《사이언스》 저널에 기재된 차원 축소의 두 가지 최신 방법들은 비선형이고, 이웃간의 관계를 유지하는 방법을 사용하지만(SOM으로 14.3절에서 다룬다), 서로 다른 접근 방법을 사용한다. 첫 번째 방법은 지역적인 패치들을 조합해서 데이터세트를 재건하는 방법으로 근사 값들을 찾는 반면, 두 번째 방법은 비선형 공간에서의 **최단거리**(geodesics)를 사용해서 전체 최적화 해법을 찾는다.

첫 번째 방법은 **지역 선형 임베딩**(LLE, Locally Linear Embedding)이라 부르며, 로위스와 사울 (Roweis, Saul)에 의해 2000년에 소개되었다. 이 개념은 선형 근사 값은 오류가 있으므로 오류를 최소화하기 위해서 데이터의 비선형적인 부분에 작은 패치들을 만든다. 오류는 **재 건 오류**(reconstruction error)라고 부르며, 원래 점과 재건된 점 사이의 거리 제곱합을 통해서 구한다.

$$\epsilon = \sum_{i=1}^{N} \left(\mathbf{x}_i - \sum_{j=1}^{N} \mathbf{W}_{ij}\mathbf{x}_j \right)^2. \tag{6.31}$$

$\mathbf{W}_{ij}$는 원래 j의 데이터 포인트가 재건된 i점에 얼마나 영향을 미치는가를 뜻한다. 특정 점들을 재건하는 데에 어떤 점들이 유용한지를 찾는 것이 문제의 핵심이다. 또한, 어떤 점 이 멀리 떨어져 있다면 아마도 유용한 점이 아닐 것이고, 현재 데이터 점에서 가까운 거리 안의 점들이 유용하므로 재건에 사용된다. **이웃** 점들을 찾는 두 가지 일반적인 방법은 다 음과 같다.

- 미리 지정된 d 거리보다 짧은 거리 안의 이웃들(물론 몇몇의 이웃이 있는지 알 수 없다)
- k 개의 가까운 이웃 점들(몇 개의 점들이 있는지 알고 있지만, 몇몇은 아주 먼 거리에 있다)

가중치 $\mathbf{W}_{ij}$를 찾는 문제는 최소 제곱 문제이며, 이를 해결하기 위해 현재 점 x_i로부터 먼 거리에 있는 점들 x_j에 대한 가중치 값을 $\mathbf{W}_{ij} = 0$으로 설정해서 $\sum_j = 1$이 되도록 한다. 이를 통해서 데이터의 재건을 생성할 수 있지만, 차원을 줄이지는 않는다. 이를 해결하기 위해 같은 기본 비용 함수를 재적용해서 저차원 L에 있는 점 y_i의 위치에 따라서 최소화 한다.

$$\mathbf{y}_i = \sum_{i=1}^{N} \left(\mathbf{y}_i - \sum_{j=1}^{L} \mathbf{W}_{ij}\mathbf{y}_j \right)^2. \tag{6.32}$$

식을 풀기 위해서 꽤 복잡한 과정이 필요한데 여기서 다루지는 않겠지만, **2차식 행렬** ($\mathbf{M}_{ij} = \delta_{ij} - \mathbf{W}_{ij} - \mathbf{W}_{ji} + \sum_k \mathbf{W}_{ji}\mathbf{W}_{kj}$)의 고유 값이 해법이 된다. 여기서 δ_{ij}는 크로네커 델 타(Kronecker delta) 함수이며, $i = j$일 때 $\delta_{ij} = 1$이 되고, 나머지 경우에는 0이 된다.

- 각 점의 이웃들을 결정(e.g., K 가장 가까운 이웃 방법):
  - 각 점들끼리의 거리를 계산
  - k개의 가장 가까운 거리들을 선택
  - 모든 다른 점들에 대해서 $\mathbf{W}_{ij} = 0$로 설정
  - 각 점 $\mathbf{x}_i$에 대해서 :
    * 이웃 노드들의 위치 리스트 $\mathbf{z}_i$ 작성
    * 계산 $\mathbf{z}_i = \mathbf{z}_i - \mathbf{x}_i$
- 가중치 행렬 $\mathbf{W}$를 제약 조건에 맞게 식 (6.31)을 최소화하도록 계산:
  - 지역 분산 $\mathbf{C} = \mathbf{Z}\mathbf{Z}^\mathrm{T}$ 계산, 여기서 $\mathbf{Z}$는 $\mathbf{z}_{i}s$의 행렬
  - $\mathbf{W}$에 대해서 $\mathbf{C}\mathbf{W} = \mathbf{I}$를 푼다. 여기서 $\mathbf{I}$는 단위 행렬 $N \times N$
  - 이웃이 아닌 노드들 간의 가중치는 $\mathbf{W}_{ij} = 0$로 설정
  - 다른 요소들을 $\mathbf{W}/\sum(\mathbf{W})$로 설정
- 작은 차원의 벡터를 식 (6.32)을 최소화하도록 계산:
  - $\mathbf{M} = (\mathbf{I} - \mathbf{W})^\mathrm{T}(\mathbf{I} - \mathbf{W})$
  - $\mathbf{M}$의 고유 값과 고유 벡터를 계산
  - 고유 벡터를 고유 값을 사용해서 정렬
  - $\mathbf{y}$의 q번째 행을 $\mathbf{y}$ $q + 1$ 고유 벡터가 q번째 작은 고유 값과 매칭되도록 한다(첫 번째 고유 벡터를 무시하는데 이는 고유 값 0을 갖는다).

구현에서 몇 가지 복잡한 점이 있는데 np.kron()이라는 처음 사용하는 함수는 두 개의 행렬을 입력받고, 각각의 첫 번째 요소를 두 번째 요소들과 다 곱해서 나온 결과를 하나의 다차원 배열에 출력한다. 이를 이용해서 각 점의 이웃 위치들의 집합을 생성한다.

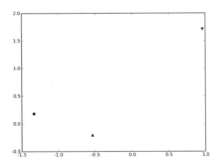

그림 6.12 지역 선형 임베딩 알고리즘을 $k = 12$ 이웃으로 설정해서 아이리스 데이터세트를 세 개의 점으로 변형. 데이터들은 완벽하게 분리된다.

```
for i in range(ndata):
    Z = data[neighbours[i,:],:] - np.kron(np.ones((K,1)),data[i,:])
```

```
          C = np.dot(Z,np.transpose(Z))
          C = C+np.identity(K)*1e-3*np.trace(C)
          W[:,i] = np.transpose(np.linalg.solve(C,np.ones((K,1))))
          W[:,i] = W[:,i]/np.sum(W[:,i])

      M = np.eye(ndata,dtype=float)
      for i in range(ndata):
          w = np.transpose(np.ones((1,np.shape(W)[0]))*np.transpose(W[:,i]))
          j = neighbours[i,:]
          # shape(w), np.shape(np.dot(w,np.transpose(w))), np.shape(M[i,j]) 출력
          ww = np.dot(w,np.transpose(w))
          for k in range(K):
              M[i,j[k]] -= w[k]
              M[j[k],i] -= w[k]
              for l in range(K):
                  M[j[k],j[l]] += ww[k,l]

      evals,evecs = np.linalg.eig(M)
      ind = np.argsort(evals)
      y = evecs[:,ind[1:nRedDim+1]]*np.sqrt(ndata)
```

아이리스 데이터세트에 대해 LLE 알고리즘은 세 개의 그룹을 세 개의 점으로 분리시키므로 매우 흥미로운 결과를 도출한다(그림 6.12). 일반적인 데이터에 알고리즘은 매우 잘 동작함을 보여 주지만, 추가적으로 어떤 문제들을 또 해결할 수 있는지는 알 수 없다. 그림 6.13은 이런 알고리즘을 위한 일반적인 테스트 데이터세트를 보여 준다. **스위스롤**(swissroll) 이라 알려진 데이터는 롤들이 연결되어 감겨 있는 3차원 데이터의 경우 2차원으로 표현하기 힘든 것을 보여 준다. 하지만 그림 6.13을 통해서 LLE를 사용하면 이를 성공적으로 수행한다는 것을 보여 준다.

그림 6.13 LLE 알고리즘의 수행 능력을 보여 주기 위해 일반적으로 사용되는 예제인 스위스롤 데이터세트가 왼쪽에 나와 있다. 유용한 2차원 표현을 위해서 감겨 있는 데이터를 풀어 줘야 하는데 LLE는 오른쪽 그림처럼 이를 잘 수행한다. 어둡게 표현된 것은 이웃 점들을 보여 주기 위함이다.

6.6 아이소맵

테넌바움 등(Tenenbaum et al.)은 2000년에 또 다른 알고리즘을 제안했는데 두 점 간의 지역적 거리 측정을 통해서 측지선(geodesics)을 구하고, 이를 통해 전체 오류를 줄인다. 이는 이제부터 살펴볼 **다차원 스케일링**(MDS, Multi-Dimensional Scaling) 방법의 연장이다.

6.6.1 다차원 스케일링

PCA처럼 MDS 역시 전체 데이터세트에 내재되어 있는 저차원의 선형 근사치를 찾는다. MDS 임베딩은 모든 점들의 쌍에 대한 거리를 보존하는 데 있다(어떤 거리 측정법을 사용하든지). 만약, 유클리드 공간이라면 PCA와 MDS 두 방법은 동일해진다. 이전과 동일하게 데이터 점들 x_1, x_2, ..., $x_N \in \mathbb{R}^M$이 있고, 새로운 저차원 $L < M$을 선택하고, 저차원에서의 데이터 점들 z_1, z_2, ... $z_N \in \mathbb{R}^L$이 되도록 임베딩을 계산한다. 여기서 비용 함수를 최소화하는 데 이에 대해서 일반적으로 사용되는 것은 다음과 같다.

크루스칼-셰퍼드 스케일링(Kruskal-Shephard scaling)(최소 제곱이라고도 알려져 있다) $S_{KS}(z_1, z_2, ... z_N) = \sum_{i \neq i'} (d_{ii'} - \|z_i - z_i'\|)^2$

새몬 매핑(Sammon mapping) $S_{SM}(z_1, z_2, ... z_N) = \sum_{i \neq i'} (\frac{(d_{ii'} - \|z_i - z_i'\|)}{d_{ii'}})^2$. 이는 짧은 거리에 더 큰 가중치를 제공해서 이웃점 간의 정확한 거리를 유지하게 한다.

두 가지 모두에 대해서 기울기 하강법을 사용해서 최소화를 수행할 수 있다. MDS의 또 다른 형태 classical MDS의 경우에는 데이터 점 간의 거리 대신에 유사성을 측정해서 사용한다. 이는 **중심으로 이동된 내적**을 통해서 $s_{ii'} = (x_i - \bar{x}), (x_i' - \bar{x})^T$ 계산할 수 있으며, 이를 이용하면 기울기 하강 없이도 직접 알고리즘을 만들 수 있게 된다. 여기서 최소화해야 하는 함수는 $\sum_{i \neq i'} (s_{ii'} - (z_i - \bar{z}), (z_i' - \bar{z})^T)^2$가 되고, 필요한 계산은 다음과 같다.

다차원 스케일링 알고리즘

- 각 점 간의 유사성의 제곱 값 행렬 D를 만든다. $D_{ij} = \|x_i - x_j\|^2$
- $J = I_{N-1} / N$ 계산(여기서 I_N은 $N \times N$ 단위 함수이고, N은 데이터 점들의 개수다)
- $B = \frac{-1}{2} JDJ^T$ 계산
- B에서 L개의 큰 고유 값 λ_i와 이에 대응하는 고유 벡터 e_i를 찾는다.
- 고유 값을 대각 행렬 V에 입력하고, 고유 벡터를 행렬 P의 열에 설정한다.
- 임베딩 $X = PV^{1/2}$을 계산

---

classical MDS 알고리즘은 평탄한 다양체에 동작한다. 하지만 평탄하지 않은 다양체에 대해서 작동하게 만들기 위해서는 아이소맵(Isomap)을 사용한다. 알고리즘은 모든 점의 쌍에 대해서 거리 행렬을 계산해야 하는데 다양체에는 거리를 직접 계산할 수 없다는 것이 문제다. 다양체의 비선형성에서 짧은 거리는 큰 차이가 없으므로 아이소맵은 점들이 가까운 거리에 있다면 무조건 좋다는 가정을 통해 근사 값을 측정한다. 또한, 멀리 떨어져 있는 점들의 거리는 가까운 점들끼리의 통로를 통해서 찾는다(예를 들면, 이웃 점들로부터 일반 MDS를 거리 행렬에 사용).

아이소맵 알고리즘

- 모든 점 간의 거리를 계산
- 각 점들의 이웃들을 찾고 가중치 그래프 G를 만든다.
- 측지선 거리 d_G를 최단거리 찾기 통해서 근사 값 찾기
- classical MDS를 d_G에 적용

플로이드(Floyd) 알고리즘과 다익스트라(Dijkstra) 알고리즘은 최단거리를 찾는 잘 알려진 알고리즘들이며, 각각 $O(N^3)$와 $O(N^2)$의 시간 복잡도를 갖는다. 이에 대한 설명은 어떤 교과서에서든지 찾을 수 있다.

아이소맵에서는 이웃들의 숫자를 찾는 것이 중요한데, 그렇지 않으면 그래프가 여러 개의 부분으로 나뉘어 버리게 되어(분리된 그래프들이 서로 연결되어 있지 않게 된다) 서로 무한수의 거리를 갖게 된다. 큰 집단을 처리하는 데에는 신중해야 하며, 처음보다 더 적은 데이터를 사용하게 된다. 이외에 다른 점들은 구현이 꽤 간단하다.

그림 6.14는 아이리스 데이터에 적용된 아이소맵의 결과를 보여 준다. 여기서 이웃들의 크기는 12로 설정되었고, 이는 가장 큰 집단이 세 개의 클래스 중 한 집단에 묶여 있도록 하며, 다른 두 개는 지워졌다. 이웃들의 크기를 50으로 증가시키면 각 점들은 클래스에 속한 이웃들보다 더 많은 점들을 갖게 되고, 그림에서 보여지는 결과를 도출한다. 스위스롤 데이터세트는 그림 6.13 왼쪽에 나와 있고, 아이소맵은 LLE와 질적으로 비슷한 결과를 그림 6.15에 보여 준다.

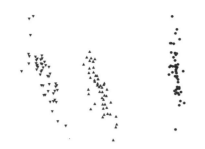

그림 6.14 아이소맵은 아이리스 데이터를 인자 분석과 비슷한 방법으로 변형해서 점들이 분리되지 않게 하기 위해서는 적당한 크기의 이웃을 설정해야 한다.

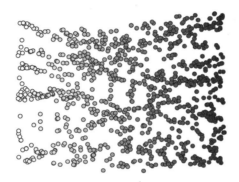

그림 6.15 아이소맵은 스위스롤 데이터세트의 좋은 재배치를 보여 준다.

비록 두 알고리즘이 스위스롤 데이터세트에 비슷한 결과를 보여 주지만, 전혀 다른 원리를 바탕으로 하고 있다. 아이소맵은 점들 간의 거리가 얼마나 멀리 떨어져 있든 각 점들간의 거리를 유지하고자 노력하는 데 반해 LLE는 지역적 영역에 집중하고 있다. LLE는 이런 이유로 계산 비용이 훨씬 작지만, 멀리 떨어져 있어야 할 점들을 가까이 두기에 오류를 만들어 낸다. 알고리즘의 선택은 데이터세트에 따라서 달라질 것이며, 두 가지를 모두 적용해 보는 것이 좋은 생각이다.

더 읽을거리

차원 축소에 관련된 연구들의 조사 논문들은 다음과 같다.

- L.J.P. van der Maaten. An introduction to dimensionality reduction using MATLAB. Technical Report MICC 07-07, Maastricht University, Maastricht, the Netherlands, 2007.

- F. Camastra. Data dimensionality estimation methods: a survey. *Pattern Recognition*, 36:2945–2954, 2003.

여기에 서술된 여러 가지 방법들에 대한 더 자세한 정보를 위해서 아래의 책이나 논문들을 참고하기 바란다.

- (LDA에 관해서는) Section 4.3 of T. Hastie, R. Tibshirani, and J. Friedman. *The Elements of Statistical Learning*, 2nd edition, Springer, Berlin, Germany, 2008.
- (PCA에 관해서는) I.T. Jolliffe. *Principal Components Analysis*. Springer, Berlin, Germany, 1986.
- (kernel PCA에 관해서는) J. Shawe-Taylor and N. Cristianini. *Kernel Methods for Pattern Analysis*. Cambridge University Press, Cambridge, UK, 2004.
- (ICA에 관해서는) J.V. Stone. *Independent Components Analysis: A Tutorial Introduction*. MIT Press, Cambridge, MA, USA, 2004.
- (ICA에 관해서는) A. Hyvrinen and E. Oja. Independent components analysis: Algorithms and applications. *Neural Networks*, 13(4–5):411–430, 2000.
- (LLE에 관해서는) S. Roweis and L. Saul. Nonlinear dimensionality reduction by locally linear embedding. *Science*, 290(5500):2323–2326, 2000.
- (MDS에 관해서는) T.F. Cox and M.A.A. Cox. *Multidimensional Scaling*. Chapman & Hall, London, UK, 1994.
- (Isomap에 관해서는) J.B. Tenenbaum, V. de Silva, and J.C. Langford. A global geometric framework for nonlinear dimensionality reduction. *Science*, 290(5500):2319–2323, 2000.
- Chapter 12 of C.M. Bishop. *Pattern Recognition and Machine Learning*. Springer, Berlin, Germany, 2006.

연습 문제

6.1 LDA를 아이리스 데이터세트에 적용해 보자(LDA에 피셔가 원래 테스트했던 설정이다).

6.2 지도학습이 아니므로 같은 공간을 찾는 것이 불가능한 PCA를 사용한 결과를 비교하자.

6.3 고유 값과 고유 벡터를 계산하자.

$$\begin{pmatrix} 5 & 7 \\ -2 & -4 \end{pmatrix} \begin{pmatrix} 1 & 0 \\ 0 & 1 \end{pmatrix} \begin{pmatrix} 1 & 2 & 1 \\ 6 & -1 & 0 \\ -1 & -2 & -1 \end{pmatrix} \qquad (6.33)$$

6.4 여기에 서술된 알고리즘을 다양한 데이터세트에 적용해 보자. **효모** 데이터세트와 **와인** 데이터세트 데이터 차원 축소의 결과를 MLP와 SOM에 적용해 보자. 결과 값이 사전 처리를 하기 전보다 좋아졌는가?

6.5 아이소맵 코드를 다익스트라 알고리즘을 사용해서 변경하자.

6.6 아이소맵과 LLE 알고리즘이 보통 사용되는 S 형태의 다른 데이터는 웹 페이지에 공유되어 있다. 이를 다운로드하고 알고리즘을 테스트해 보자. 아이소맵과 LLE에 대해서는 다양한 이웃들의 크기를 적용해 보고 이의 영향력을 살펴보자.

7

확률학습

뉴럴 네트워크에 대해서 자주 지적되는 한 가지 비판 점은(MLP에 대해서) 알고리즘이 무엇을 학습하는지 알기 힘들다는 점이다. 뉴런들의 활성화와 가중치들을 살펴볼 수 있지만, 이들은 많은 정보를 말해 주지는 않는다. 이미 앞에서 해석할 수 있는 알고리즘을 살펴봤지만, 12장에서 결정 트리(decision tree)를 통해서 다시 살펴볼 것이다. 이번 장에서는 해석하기 힘든 가중치들을 대신해 통계학을 바탕으로 생성되어서 더욱 투명하게 학습된 확률들을 살펴보고, 이를 해석해 냄으로써 어떻게 모델이 적용되는지 살펴본다.

트레이닝 데이터에 나타나는 빈도수를 사용해서 어떻게 분류를 수행하는지 살펴볼 것이고, 데이터 라벨이 존재하지 않는 **비지도학습**(unsupervised learning)에 어떻게 적용되는지도 살펴본다. 데이터가 알고 있는 확률 분포에서 통해서 만들어졌다면, EM 알고리즘을 사용해서 깔끔하게 풀 수 있다는 것도 이번 장과 앞으로 몇 장에 걸쳐서 알아볼 것이다. 마지막으로, 데이터세트를 사용하는 또 다른 방법을 **최근접 이웃법**(nearest neighbour method)을 통해서 살펴볼 것이다.

7.1 가우시안 혼합 모델

2.3.2절에서 베이즈 분류기(Bayes' classifier)를 사용해 목표 라벨들이 있는 데이터에 적용해 확률들을 학습하고, 이를 통해 지도학습을 수행할 수 있다는 것을 보았다. 하지만 이번 장

에서는 같은 데이터에서 목표 라벨들이 존재하지 않는다고 가정해 보자. 이를 해결하기 위해서는 **비지도학습**에 적용할 수 있는 많은 방법들을 이번 장과 14장에서 살펴볼 것이다. 다른 클래스에 속하는 데이터들이 각각의 가우시안 분포에서 생성된다고 가정해 보자. 각각의 다른 클래스에 대해서 하나씩의 모드(mode)가 존재하므로 **다중 최빈값 데이터**(multi-modal data)라고 부른다. 물론, 데이터를 전체적으로 보면 가우시안으로 보이지 않으므로 하나의 가우시안을 사용해서 전체 데이터에 적용하려는 것은 불가능하다.

많은 해결 방법이 있지만, 데이터 전체에 얼마나 많은 클래스들이 존재하는지 알 수 있다면 많은 가우시안 파라미터들을 추측할 수 있다. 만약, 몇 개의 클래스가 존재하는지 모르다면, 다양한 개수를 사용해 보고 어떤 것이 가장 잘 동작하는지 살펴볼 수 있다. 이는 k-means 알고리즘을 통해서 14.1절에서 살펴볼 것이다. 가우시안 대신 다른 확률 분포를 사용해도 되지만, 가우시안 분포는 가장 보편적으로 사용되며, 알고리즘의 입력 값인 특정 데이터 포인트에서의 출력 값은 M개의 가우시안 예측 값들의 합이 된다.

$$f(\mathbf{x}) = \sum_{m=1}^{M} \alpha_m \phi(\mathbf{x}; \boldsymbol{\mu}_m, \boldsymbol{\Sigma}_m), \tag{7.1}$$

여기서 $\phi(\mathbf{x}; \mu_m, \Sigma_m)$에서 μ_m는 평균 값, Σ_m는 공분산 행렬이며, α_m는 모든 $\sum_{m=1}^{m} \alpha_m$ 값의 합이 1이 되는 제한을 갖는 가중치 값들이다.

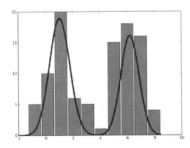 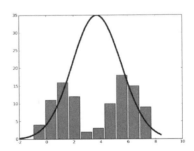

그림 7.1 두 개의 가우시안 혼합 모델에서 나온 트레이닝 데이터 막대 그래프와 두 개의 적응된 모델들이 선 그래프로 표시되었다. 왼쪽에서 두 개의 가우시안을 통해서는 잘 모델링되지만, 오른쪽의 하나의 가우시안 선 그래프로는 두 가지 가우시안 막대 그래프를 표현할 수 없다.

그림 7.1은 두 개의 가우시안에서 생성된 데이터를 막대 그래프로 표현하고, 두 개의 혼합 가우시안 모델에서 계산된 모델을 선으로 보여 준다. 그림은 또한 어떻게 **혼합** 모델이 이용되는지를 보여 준다. 클래스 m에 속한 입력 데이터 $\mathbf{x}_i$의 확률은 다음과 같이 표현된다(ˆ 사인은 변수로부터 예측된 값을 표시한다).

$$p(\mathbf{x}_i \in c_m) = \frac{\hat{\alpha}_m \phi(\mathbf{x}_i; \hat{\boldsymbol{\mu}}_m; \hat{\boldsymbol{\Sigma}}_m)}{\sum\limits_{k=1}^{M} \hat{\alpha}_m \phi(\mathbf{x}_i; \hat{\boldsymbol{\mu}}_k; \hat{\boldsymbol{\Sigma}}_k)}. \tag{7.2}$$

가중치 α_m를 찾는 문제는 일반적으로 **최대 우도**(maximum likelihood)를 사용해서 해결한다. 최대 우도는 모델이 주어졌을 때 데이터의 조건부 확률이며, 모델을 변형시키면서 조건부 확률을 최대화해서 모델을 찾아간다. 보통은 로그 값을 취해서 확률을 최대화시키고 모델을 찾는다. 로그 값의 확률이 1보다 작고 음수로 만들어 값을 분산시키므로 최적화 계산을 더 효율적으로 만든다. 예제에서 이용된 알고리즘은 **기댓값 최대화**(EM, Expectation-Maximisation) 알고리즘이며, 이 이름에 대한 이유는 아래의 설명을 통해 명확해진다. 16.3절에서는 EM 알고리즘의 또 다른 예를 살펴볼 것이고, 여기서는 가우시안 혼합 모델을 찾는데 사용해서 대략적인 알고리즘의 작동 방법을 알아본다. 더 자세한 사항은 '더 읽을거리'의 문서들을 살펴보자.

7.1.1 기댓값 최대화

EM 알고리즘의 기본 아이디어는 이미 알려지지 않은 여분의 알려지지 않는 변수를 추가해서 추가 변수에 대한 함수를 최대화하는 것이다. 얼핏 보면 문제를 더 복잡하게 만드는 듯하지만, 많은 문제에 대해서 답을 훨씬 쉽게 찾도록 만든다.

이를 알아보기 위해서 두 개의 가우시안 혼합 모델을 사용해서 살펴보겠다. 여기서 가정은 데이터들이 생성될 때 두 개 중 하나의 가우시안을 무작위로 선택하고, 선택된 가우시안을 사용해서 데이터가 만들어진다는 것이다. 첫 번째 가우시안을 선택할 확률이 p이라면 전체 모델은 다음과 같다($\mathcal{N}(\mu, \sigma^2)$는 가우시안 분포를 나타내며, μ는 평균 σ^2는 표준편차를 나타낸다).

$$
\begin{aligned}
G_1 &= \mathcal{N}(\boldsymbol{\mu}_1, \boldsymbol{\sigma}_1^2) \\
G_2 &= \mathcal{N}(\boldsymbol{\mu}_2, \boldsymbol{\sigma}_2^2) \\
y &= pG_1 + (1-p)G_2.
\end{aligned}
\tag{7.3}
$$

확률 분포 p가 π라면 확률 밀도(probability density)는 다음과 같다.

$$P(\mathbf{y}) = \boldsymbol{\pi}\phi(\mathbf{y}; \boldsymbol{\mu}_1, \boldsymbol{\sigma}_1) + (1 - \boldsymbol{\pi})\phi(\mathbf{y}; \boldsymbol{\mu}_2, \boldsymbol{\sigma}_2). \tag{7.4}$$

최대 우도를 찾는 문제(로그를 취한 값)는 전체 트레이닝 데이터에 대한 식 (7.4)의 로그 값들의 합을 계산하고 이를 미분해야 하는데 이는 매우 어렵다. 다행히도 데이터들이 어떤 가우시안 분포에서 나온 것인지를 알 수 있다면 계산이 쉬워진다. 평균 값과 표준 편차의 값 역시 각 가우시안에 포함된 데이터를 통해서 계산할 수 있다. 문제는 어떤 데이터가 어떤 가우시안 분포에서 생성되었는지를 알 수 없다는 것이지만, 새로운 f 변수를 통해 이를 알고 있다고 가정하자. f 값이 0이라면 가우시안 첫 번째 분포에서 생성되었고, 1이라면 두 번째 가우시안에서 생성되었다고 하자.

이는 일반적인 EM 알고리즘의 초기화 단계를 살펴본다. 우선 잠재 변수(laten variables)를 추가하고, 추가한 변수를 통해서 어떻게 최적화를 수행해야 하는지 생각해 보고, 왜 **기댓값 최대화**(expectation–maximisation)라고 부르는지를 알아본다. 변수 f에 대해서는 아직 아는 것이 없지만, 기댓값은 계산할 수 있다.

$$\begin{aligned} \boldsymbol{\gamma}_i(\hat{\boldsymbol{\mu}}_1, \hat{\boldsymbol{\mu}}_2, \hat{\boldsymbol{\sigma}}_1, \hat{\boldsymbol{\sigma}}_2, \hat{\boldsymbol{\pi}}) &= E(f | \hat{\boldsymbol{\mu}}_1, \hat{\boldsymbol{\mu}}_2, \hat{\boldsymbol{\sigma}}_1, \hat{\boldsymbol{\sigma}}_2, \hat{\boldsymbol{\pi}}, D) \\ &= P(f = 1 | \hat{\boldsymbol{\mu}}_1, \hat{\boldsymbol{\mu}}_2, \hat{\boldsymbol{\sigma}}_1, \hat{\boldsymbol{\sigma}}_2, \hat{\boldsymbol{\pi}}, D), \end{aligned} \tag{7.5}$$

여기서 D는 데이터를 의미하고, $f = 1$로 설정하는 것은 두 번째 가우시안을 선택한다는 의미다.

기댓값을 계산하는 것은 **E–step**이라고 부르며, 모델 파라미터(두 개의 가우시안에 대한 평균, 표준 편차 값과 혼합 파라미터 π)에 대해서 기댓값을 최대화시키는 것이 **M–step**이다. 이를 위해서는 각각의 모델 파라미터에 대한 기댓값을 미분해야 한다. 이 두 가지 단계는 알고리즘이 수렴할 때까지 계속 반복된다. 추정 값은 결코 작아지지 않으며, EM 알고리즘은 지역 최댓값에 항상 수렴한다는 것을 기억하자.

가우시안 혼합 모델이 어떻게 적용되는지 알고리즘을 보면서 자세히 알아보자.

가우시안 혼합 모델 EM 알고리즘

- **초기화**
  - $\hat{\mu}_1$와 $\hat{\mu}_2$ 값을 데이터에서 무작위 값으로 설정한다.
  - 표준 편차 값을 계산한다($\hat{\sigma}_1 = \hat{\sigma}_2 = \sum_{i=1}^{N}(y_i - \bar{y})^2 / N$는 전체 데이터의 평균 값이다).
  - $\hat{\pi} = 0.5$ 설정

- **수렴할 때까지 반복하기**
  - (E-step) $\hat{\gamma}_i = \frac{\hat{\pi}\phi(y_i; \hat{\mu}_1, \hat{\sigma}_1)}{\hat{\pi}\phi(y_i; \hat{\mu}_1, \hat{\sigma}_1) + (1-\hat{\pi})\phi(y_i; \hat{\mu}_2, \hat{\sigma}_2)}$ for $i = 1 \ldots N$
  - (M-step 1) $\hat{\mu}_1 = \dfrac{\sum_{i=1}^{N}(1-\hat{\gamma}_i)y_i}{\sum_{i=1}^{N}(1-\hat{\gamma}_i)}$

$-$ (M-step 2) $\hat{\mu}_2 = \dfrac{\sum\limits_{i=1}^{N} \hat{\gamma}_i y_i}{\sum\limits_{i=1}^{N} \hat{\gamma}_i}$

$-$ (M-step 3) $\hat{\sigma}_1 = \dfrac{\sum\limits_{i=1}^{N} (1-\hat{\gamma}_i)(y_i - \hat{\mu}_1)^2}{\sum\limits_{i=1}^{N} (1-\hat{\gamma}_i)}$

$-$ (M-step 4) $\hat{\sigma}_2 = \dfrac{\sum\limits_{i=1}^{N} \hat{\gamma}_i (y_i - \hat{\mu}_2)^2}{\sum\limits_{i=1}^{N} \hat{\gamma}_i}$

$-$ (M-step 5) $\hat{\pi} = \sum\limits_{i=1}^{N} \dfrac{\hat{\gamma}_i}{N}$

이를 파이썬 코드로 작성하는 데에는 특정한 추가 사항이 요구되지 않는다.

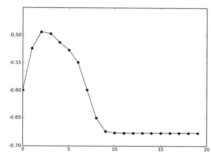

그림 7.2 그림 7.1 두 개의 가우시안 혼합 모델에 EM 알고리즘을 적용했을 때 로그 우도(log likelihood)의 값을 그래프로 표현

```
while count<nits:
    count = count + 1

    # E-step
    for i in range(N):
        gamma[i] = pi*np.exp(-(y[i]-mu1)**2/(2*s1))/ (pi * np.exp(-(y[i]-↵
        mu1)**2/(2*s1)) + (1-pi)* np.exp(-(y[i]-mu2)**2/2*s2))

    # M-step
    mu1 = np.sum((1-gamma)*y)/np.sum(1-gamma)
    mu2 = np.sum(gamma*y)/np.sum(gamma)
    s1 = np.sum((1-gamma)*(y-mu1)**2)/np.sum(1-gamma)
    s2 = np.sum(gamma*(y-mu2)**2)/np.sum(gamma)
```

```
pi = np.sum(gamma)/N

ll[count-1] = np.sum(np.log(pi*np.exp(-(y[i]-mu1)**2/(2*s1)) + (1-pi)↵
*np.exp(-(y[i]-mu2)**2/(2*s2))))
```

그림 7.2는 그림 7.1의 왼쪽 예제에 대해서 알고리즘의 로그 우도(log likelihood) 값이 점차 줄어드는 것을 보여 준다. 모델의 계산 비용은 새로운 데이터에 대한 분류를 수행하는데 $O(M)$의 비용만으로 수행할 수 있어 매우 좋다. 여기서 M은 가우시안의 개수이며, 대략 $\log N$(N은 전체 데이터 포인트의 개수)이다. 트레이닝의 계산 비용은 꽤 큰 데 계산식은 '$O(NM^2 + M^3)$'이다.

일반적으로 EM 알고리즘은 매우 유사하며, 모델 파라미터는 θ로 표기하고, θ'는 더미 (dummy) 변수, D는 원래 데이터세트, D'는 잠재 변수들이 포함된 데이터세트를 가리킨다.

일반적인 EM 알고리즘

• **초기화**
  - 파라미터들을 추측하기 $\hat{\theta}^{(0)}$

• **수렴 전까지 반복하기**
  - (E단계) 기대값 계산하기 $Q(\acute{\theta}, \hat{\theta}^j) = E(f((\acute{\theta}; \acute{D}) | D, \hat{\theta}^{(j)})$
  - (M단계) 파라미터 값들을 새로 추정하기 $\hat{\theta}^{(j+1)}$ as $\max_{\acute{\theta}} Q(\acute{\theta}, \hat{\theta}^{(j)})$

EM 알고리즘을 적용하는 데의 문제점은 잠재 변수들을 정확하게 포함시켜 각각의 단계에서 계산을 수행하는 것이다. 알고리즘은 매우 강력하고 다양한 통계학 학습 문제에 사용된다.

이제 좀 더 간략한 문제를 살펴보자. 어떻게 하면 주변의 데이터 포인트들의 정보를 통해서 분류 출력 값을 정할 수 있을까? 이를 위해서 모델을 이용하지 않고 사용할 수 있는 데이터를 직접 이용해 보겠다.

7.1.2 정보 기준

모델이 주어졌을 때 데이터의 우도는 또 다른 유용한 함수다. 2.2.2절에서 알고리즘의 학습을 제때 중지시키기 위해서 **모델 선택**이 필요하다는 점을 확인했다. 또한, **밸리데이션 세트**의 개념을 사용하거나 데이터가 부족하면 **크로스 밸리데이션**을 사용할 수 있는 것을 알아봤다.

하지만 이는 데이터와 계산 시간을 맞바꾸는 일이며, 다른 데이터세트를 대상으로 가능한 한 많은 모델을 트레이닝할 수 있다.

대안으로는 트레이닝된 모델이 얼마나 잘 동작할지를 말해 주는 측정을 찾아서 사용하는 것이며, 잘 이용되는 두 가지 **정보 기준**이 있다.

에이카케 정보 기준(Aikake Information Criterium)

$$AIC = \ln(\mathcal{L}) - k \tag{7.6}$$

베이지언 정보 기준(Bayesian Information Criterium)

$$BIC = 2\ln(\mathcal{L}) - k \ln N \tag{7.7}$$

위의 식에서 k는 모델에 있는 파라미터의 개수이며, N은 트레이닝 예제들의 수이고, $\mathcal{L}$은 모델의 최대 우도다. 두 가지 정보 기준 모두에, 가장 큰 값을 주는 모델을 선택하는데, 가장 간단한 모델인 **오캄의 면도날**(Occam's razor) 형태의 모델을 선호한다.

7.2 최근접 이웃법

나이트 클럽에 가서 춤을 추려고 한다고 생각해 보자. 나오고 있는 모든 음악에 대해서 춤 동작을 아는 것은 불가능하므로 주변 사람들의 움직임을 통해서 어떤 춤을 출지 알아볼 것이다. 가장 쉬운 방법은 주변 사람 중 한 명을 선택해서 그 사람의 춤동작을 따라 하는 것이다. 하지만 대부분의 클럽에 온 사람들이 모든 곡에 대해서 춤을 안다는 것은 불가능할 테고, 따라서 몇몇 사람들을 더 관찰하고 대부분이 추는 춤을 따라하게 된다. 이것이 최근접 이웃법의 기본적인 개념이다. 데이터를 설명할 수 있는 모델이 없다면 최선의 방법은 비슷한 데이터를 살펴보고 비슷한 클래스를 선택하는 것이다.

이를 위해서는 입력 공간에 자리하고 있는 데이터 점들 중에 어떤 트레이닝 데이터가 가까운지를 결정해야 한다. 이는 각각의 데이터 포인트마다 거리를 계산하는 것이 요구되므로 계산 비용이 높다. 만약, 일반적인 유클리드 공간이라면 d번의 뺄셈과 d번의 제곱이 요구되며, 전체 N^2번의 계산이 요구된다. 계산이 끝나면 k개의 가장 근접한 점들을 찾을 수 있고, 테스트 포인트에 대한 클래스를 근접한 점들에 가장 일반적으로 나타나는 클래스로 설정한다. k를 고르는 것은 쉬운 일은 아닌데 너무 작으면 노이즈에 영향을 받으며, 너무 크면 정확도가 떨어지게 된다. k를 수정함에 따라서 변화되는 결정 경계의 영향은 그림 7.3에 나온다.

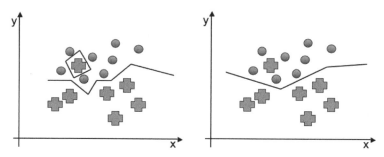

그림 7.3 KNN 알고리즘의 결정 경계 왼쪽: 하나의 이웃, 오른쪽: 두 개의 이웃.

K 최근접 이웃법(KNN, K Nearest Neigobors)은 차원의 저주에 영향을 받는다. 먼저, 위에서 본 것처럼 계산 비용이 데이터의 차원이 높아짐에 따라 같이 높아진다. 얼핏 보기에 문제가 아닌 것처럼 느껴지지만, **KD 트리** 같은 알고리즘은 이를 $O(N \log N)$로 만든다(더 자세한 것은 7.2.2절 참조). 하지만 더 중요한 점은 차원이 증가함에 따라서 다른 데이터 포인트에 대한 거리 또한 증가하게 되는 점이다. 또한, 다양한 방향으로 멀리 떨어져 있을 수 있어서 어떤 차원에서는 아주 가깝지만, 다른 차원에서는 아주 먼 위치에 놓여 있을 수도 있다. 이를 해결하기 위한 **적응형 최근접 이웃**(adaptive nearest neighbour) 방법이 있으며, 이는 '더 읽을거리'에 나와 있다.

만약, 하나 이상의 클래스가 근접한 데이터들로부터 존재한다면 어떻게 처리해야 하는지가 남아 있지만, 알고리즘 구현은 간결하다.

```python
def knn(k,data,dataClass,inputs):

    nInputs = np.shape(inputs)[0]
    closest = np.zeros(nInputs)

    for n in range(nInputs):
        # 거리를 계산하기
        distances = np.sum((data-inputs[n,:])**2,axis=1)

        # 가까운 이웃들을 찾아내기
        indices = np.argsort(distances,axis=0)

        classes = np.unique(dataClass[indices[:k]])
        if len(classes)==1:
                closest[n] = np.unique(classes)
```

```
                 else:
                        counts = np.zeros(max(classes)+1)
                        for i in range(k):
                                counts[dataClass[indices[i]]] += 1
                        closest[n] = np.max(counts)
        return closest
```

거리를 계산하는 더 효율적인 방법을 알아보기 전에 같은 방법을 회귀 문제에 어떻게 적용하는가를 살펴본다. 그런 뒤에 과연 유클리드 거리가 항상 가장 유용한 거리 계산 방법인지 알아보고 어떤 대안이 있는지 본다.

KNN 알고리즘에서 바이어스 분산 분해(bias-variance decomposition)는 다음과 같이 계산된다.

$$E((\mathbf{y} - \hat{f}(\mathbf{x}))^2) = \sigma^2 + \left[f(\mathbf{x}) - \frac{1}{k} \sum_{i=0}^{k} f(\mathbf{x}_i) \right]^2 + \frac{\sigma^2}{k}. \qquad (7.8)$$

이를 해석하는 방법은 k가 작을 때 작은 수의 이웃들이 고려되어서 모델이 유연하게 잘 일반화하지만, 고려되는 데이터가 작아서 실수를 많이(높은 분산을) 만들게 된다. k가 커짐에 따라 분산은 줄어들지만, 유연성이 줄어들고 따라서 바이어스가 높게 된다.

7.2.1 최근접 이웃 스무딩

최근접 이웃(nearest neighbor) 방법은 이웃들의 평균 값, 스플라인 또는 비슷한 적용을 통해서 회귀에 이용되기도 한다. 가장 일반적인 방법은 **커널 스무더**(kernel smoothers)라고 부르며, **커널**을 이용하는 것인데 입력 값에서 각 데이터까지의 거리를 이용해서 데이터의 가중치를 설정하는 것이다. 8.2절에서 다른 방법으로 커널들을 살펴볼 것이며, 여기서는 두 개의 커널을 스무딩을 위해서 사용한다.

두 개의 커널은 가까이에 있는 점의 스무딩을 위해 특정 범위(parameter λ)를 넘어서면서 부드럽게 0으로 가도록 차등해서 가중치를 부여한다. **에파네크니코브 2차 커널**(Epanechnikov quadratic kernel)은 다음과 같다.

$$K_{E,\lambda}(x_0, x) = \begin{cases} 0.75 \left(1 - (x_0 - x)^2 / \lambda^2 \right) & \text{if } |x - x_0| < \lambda \\ 0 & \text{otherwise} \end{cases}, \qquad (7.9)$$

트라이큐브 커널(tricube kernel)은 다음과 같다.

$$K_{T,\lambda}(x_0, x) = \begin{cases} \left(1 - \left|\frac{x_0 - x}{\lambda}\right|^3\right)^3 & \text{if } |x - x_0| < \lambda \\ 0 & \text{otherwise} \end{cases} . \tag{7.10}$$

뉴질랜드 북섬 중앙의 라페후(Ruapehu) 산에서 큰 화산 폭발이 일어나는 사이의 시간과 기간 데이터에 커널들을 사용한 결과는 그림 7.4에 나와 있다. λ값은 2와 4가 사용되었으며, 이는 보통 실험을 통해서 정한다. 큰 값을 적용할 때 더 많은 데이터를 사용해서 평균을 구함으로써 높은 바이어스와 더 작은 변화량을 갖는다.

7.2.2 효율적인 거리 계산: KD 트리

모든 데이터 점 사이의 거리를 구하는 것은 계산 비용이 매우 많이 든다. 다행히도 컴퓨터 사이언스의 많은 문제들에서 효율적인 데이터 구조를 사용하면 계산의 비용을 줄여 준다. 가까운 이웃을 찾는 문제에 대해서는 KD 트리가 존재한다. 이는 1970년대부터 나왔으며, 프리드만(Friedman)과 벤틀리(Bentley)에 의해서 고안되었고, 가까운 이웃 노드들을 찾는 계산을 $\mathcal{O}(N)$의 저장 공간을 사용해서 $\mathcal{O}(\log N)$로 줄였다. Tree를 만드는 데 드는 비용은 $\mathcal{O}(N \log^2 N)$이며, 대부분의 계산은 중앙 값을 구하는 데 들며, 나이브(naïve) 알고리즘으로는 정렬에만 $\mathcal{O}(N \log N)$이 들고, 무작위(randomised) 알고리즘으로는 O(N)이 든다.

KD 트리의 아이디어는 매우 간단하다. 한 차원을 정해서 중앙 값을 구하고, 이를 사용해서 둘로 나눠 바이너리 트리를 만든다. 이는 12장에서 소개될 의사결정 트리 방법과 다를 바가 없다. 데이터들은 트리의 잎들에 자리 잡게 된다. 트리를 만드는 과정은 바이너리 트리를 만드는 작업과 동일하며, 전체 알고리즘을 반복적으로 적용해서 만들어 나간다. 어떻게 해서 전체 데이터를 둘로 가르는지가 KD 트리를 특별하게 만든다. 각 단계에서 한 차원씩을 이용해서 데이터를 쪼개며, 어디를 중심으로 둘로 가를지는 중앙 값을 사용한다. 어느 차원을 사용할지는 여러 선택 방법이 있으며, 또는 무작위로 결정된다. 알고리즘은 가능한 차원들에 대해서 반복되고, 2차원의 경우 수평과 수직 분리를 통해서 만들어진다.

중심값을 정해서 분리하는 방법은 어떤 축을 사용해서 분리할지를 정하고, 중앙 값을 찾아서 데이터를 반으로 가르는 반복을 통해서 다음과 같이 파이썬으로 작성된다.

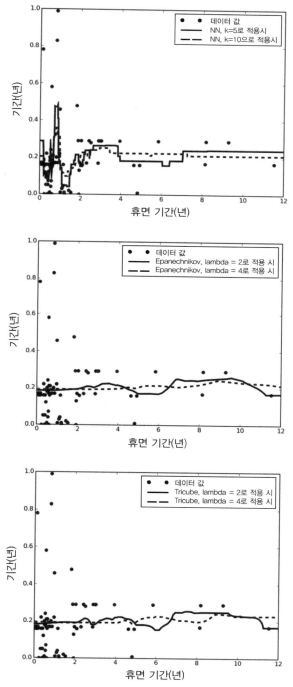

그림 7.4 KNN 방법의 출력 값과 라페후(Ruapehu) 산의 1860~2006년의 기간, 반응 데이터에 두 개의 커널 스무더를 사용한 결과.

```
# 다음에 분리할 축을 설정
whichAxis = np.mod(depth,np.shape(points)[1])

# 중앙점을 찾기
indices = np.argsort(points[:,whichAxis])
points = points[indices,:]
median = np.ceil(float(np.shape(points)[0]-1)/2)

# 나머지 점들을 분리하기
goLeft = points[:median,:]
goRight = points[median+1:,:]

# 새로운 가지 노드를 만들고 다시 반복
newNode = node()
newNode.point = points[median,:]
newNode.left = makeKDtree(goLeft,depth+1)
newNode.right = makeKDtree(goRight,depth+1)
return newNode
```

2차원 공간에 7개의 점, 즉 (5, 4), (1, 6), (6, 1), (7, 5), (2, 7), (2, 2), (5, 8)이 존재한다고 생각해 보자(그림 7.5에 표현). 알고리즘은 첫 좌표(coordinate)를 고르고 데이터를 가르기 위해 $x = 5$를 선택한다. $x = 5$선의 왼쪽에 있는 점들을 반으로 가르는 중앙 값은 $y = 6$이며, 오른쪽에 있는 점들을 반으로 가르는 중앙 값은 $y = 5$이다. 알고리즘은 그림 7.6과 같이 모든 점들을 분리시키고, 그림 7.7의 트리를 생성한다.

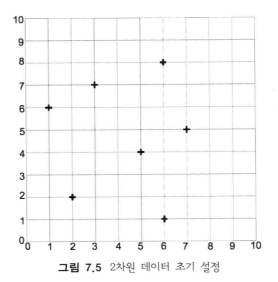

그림 7.5 2차원 데이터 초기 설정

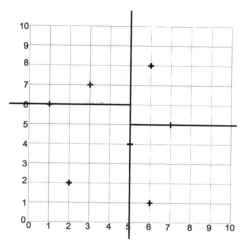

그림 7.6 KD 트리를 사용해서 찾은 분리 경계와 잎 노드점들

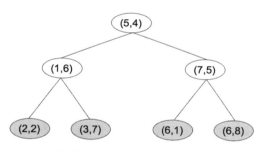

그림 7.7 KD 트리가 찾은 분리 결과

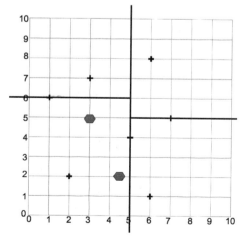

그림 7.8 KD 트리 예시에 대한 두 개의 테스트 점들

트리에서 검색을 하는 방법은 바이너리 트리와 같으며, 테스트 점에 대한 최근접 이웃 노드들을 찾는 일에 집중한다. 트리의 뿌리(root) 노드에서 시작해서 한 차원씩 비교하고, 잎(leaf) 노드에 도착할 때까지 반복 적용해야 하며, 이는 테스트 포인트를 포함한 지역에서 이뤄진다. 그림 7.7의 트리를 이용해서 테스트 포인트 (3, 5)를 적용해 보면 (2, 2) 잎(leaf) 에 도착한다. 하지만 그림 7.8을 보면 (2, 2)가 가장 가까운 점이 아니라는 것을 알 수 있고, 따라서 이를 해결하기 위한 추가적인 작업이 요구된다.

첫 번째로 해야 하는 일은 잠재적인 최단거리의 이웃 노드들의 잎(leaf) 노드를 라벨하고, 테스트 포인트와 잎 노드와의 거리를 계산한다. 다음으로, 다른 박스들을 확인해서 더 가까운 이웃 노드가 존재하는지 따져 본다. 그림 7.8을 보면 (3, 7)이 더 가까운 것을 알 수 있고, 이를 형제 노드로 함께 잎 노드의 라벨로 출력해서 알고리즘이 이를 확인하도록 한다. 하지만 (4.5, 2)가 테스트 포인트라고 하면 형제 노드들은 너무 멀게 되고, (6, 1)이 더 가깝게 된다. 따라서 단순히 형제 노드만 확인하는 것은 충분하지 않다. 부모 노드의 형제 노드들도 확인해야 한다. 이제 알고리즘은 대부분의 경우에 대해서 잘 동작하며, 때때로 어떤 가지를 없애 버려야 하는지 살펴봐야 할 것이다. 이는 다음의 파이썬 프로그램과 같다.

```python
def returnNearest(tree,point,depth):
  if tree.left is None:
      # 잎 노드에 도달했다.
      distance = np.sum((tree.point-point)**2)
      return tree.point,distance,0
  else:
      # 다음으로 분리할 축을 선택
      whichAxis = np.mod(depth,np.shape(point)[0])

      # 트리 아래 방향으로 반복
      if point[whichAxis]<tree.point[whichAxis]:
          bestGuess,distance,height = returnNearest(tree.left,point,depth+1)
      else:
          bestGuess,distance,height = returnNearest(tree.right,point,depth+1)

  if height<=2:
      # 형제 노드를 확인
      if point[whichAxis]<tree.point[whichAxis]:
          bestGuess2,distance2,height2 = returnNearest(tree.right,point,depth+1)
      else:
          bestGuess2,distance2,height2 = returnNearest(tree.left,point,depth+1)
```

```
# 노드를 확인
distance3 = np.sum((tree.point-point)**2)
if (distance3<distance2):
    distance2 = distance3
        bestGuess2 = tree.point
if (distance2<distance):
        distance = distance2
        bestGuess = bestGuess2
return bestGuess,distance,height+1
```

7.2.3 거리 측정

지금까지는 고등학교 때 배운 직선 거리를 사용해서 두 점 사이의 거리를 계산했었다. 하지만 직선 거리가 유일한 선택지는 아닐 뿐더러 가장 유용한 방법도 아니다. 이번 장에서는 거리를 계산하는 다른 기본적인 개념을 살펴보고 가능한 대안을 보겠다.

집에서 가장 가까운 가게까지의 거리를 묻는다면 동네 지도가 가장 먼저 필요할 것이며, 자를 사용해서 집과 가게 사이의 거리를 구하고, 지도의 비율을 계산해서 실제 거리를 계산해 낸다. 하지만 실제로 우유를 사기 위해서 가게에 간다면 건물, 집, 벽을 통과하는 직선 거리를 사용할 수 없게 된다. 직선 거리인 최단거리 경로는 유클리드 거리(또는 유클리디안 거리, Euclidean distance)라고 부른다. 자를 이용해서 직접 계산할 수 있지만, 이는 또한 남북 방향의 거리($y_1 - y_2$)와 동서 방향의 거리($x_1 - x_2$)를 측정하고, 삼각형 방정식을 통해서 유클리드 거리를 표현할 수 있다.

$$d_E = \sqrt{(x_1 - x_2)^2 + (y_1 - y_2)^2}, \tag{7.11}$$

여기서 (x_1, y_1)은 좌표계에서의 집의 위치이며, (x_2, y_2)는 가게의 위치다. 만약, 집이 있는 동네가 격자 무늬의 사각형 모양(grid block system)으로 생겼다고 한다면 다른 방법을 통해서 거리를 계산할 것이다. 집과 가게 사이의 x축 방향으로의 거리와 y축 방향의 거리를 측정하고, 이를 더해야 할 것이다. 이것이 실제로 내가 걸어서 가는 길의 거리이며, 이는 **시티블록**(city-block) 또는 **맨해튼**(Manhattan) 거리라고 부르며, 다음과 같다.

$$d_C = |x_1 - x_2| + |y_1 - y_2|. \tag{7.12}$$

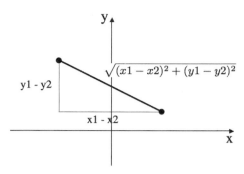

그림 7.9 두 점 사이의 유클리드 거리와 시티블록 거리

여기에서 보이고자 하는 바는 거리를 측정하는 다양한 방법이 있으며, 상황에 따라 다른 답을 제공한다는 것이다. 그림 7.9에서 이 두 가지 거리를 살펴볼 수 있다. 수학적으로 이 거리를 측정하는 것은 **지표**(metrics)라고 부른다. 지표 함수 또는 **놈**(norm)은 두 개의 입력 값을 받고, 스칼라(scalar) 거리 값을 출력하며, 이는 0 또는 양수이고 **대칭**(집에서 가게까지 거리는 가게에서 집까지 거리와 같다)이고, **삼각 부등식**(triangle inequality)을 만족한다. 삼각 부등식에서 a에서 b까지 거리와 b에서 c까지의 거리의 합은 a에서 c까지의 거리보다 짧지 않다.

대부분의 분석 데이터는 2차원을 넘지 않는다. 다행히도 유클리드 거리는 더 높은 차원에도 일반화된다. 위에서 살펴본 두 가지 거리는 사실 **민코프스키 지표**(Minkowski metric)의 한 가지일 뿐이다.

$$L_k(\mathbf{x}, \mathbf{y}) = \left(\sum_{i=1}^{d} |x_i - y_i|^k \right)^{\frac{1}{k}}. \tag{7.13}$$

k가 1이라면 시티블록(city-block) 거리이며(식 7.12), k가 2이면 유클리드 거리(식 7.11)가 된다. 따라서 유클리드 거리는 L_2 **놈**(norm) 시티블록(city-block) 거리는 L_1 **놈**(norm)이라고 부른다. 이것들은 또한 재미있는 특성이 있는데, 이를 통해서 다양한 평균을 구할 수 있다. 만약, 평균을 모든 점들의 거리의 합에 최솟값이라고 정의한다면, 평균 값은 유클리드 거리를 최소화해 주며, 중앙 값은 L_1 metric을 최소화한다. 2.4.2절에서 또 다른 거리를 측정하는 방식인 **마하라노비스**(Mahalanobis) 거리를 살펴볼 것이다.

주어진 데이터에 따라서 다양한 지표(metrics)를 사용할 수 있다. 공간이 평평하다는 가정하에 제시된 지표들이 동작하며, 대부분의 경우 걱정거리가 아니다. 하지만 다른 지표들 역시 살펴볼 가치가 있다. 예를 들면, 이미지를 인식할 수 있는 분류기를 원한다면 얼굴 사진의 픽셀(pixel) 값들을 피처로 사용한다. 그리고 최근접 이웃 알고리즘을 통해서 각 얼굴을 인식한다. 모든 사진이 얼굴을 정면에서 찍은 사진이라고 해도 이 방법이 잘 통하지 않게 하는 이유가 있다. 먼저, 약간의 각도 변화에도 큰 차이를 주기 때문이다. 또한, 카메라와 얼굴 거리상의 차이나 다른 빛의 조건들은 결과를 다르게 한다. 이를 전처리해서 수정할 수 있지만, 이에 대한 다른 대안이 있다. 이런 변화에도 불변 계량(invariant metrics)을 사용하는 것이다. 따라서 모형을 돌리거나 다른 각도로 놓아도 여전히 사물을 인식하게 하는 것이다.

일반적으로 이미지에 이용되는 지표는 **탄젠트(tangent) 거리**이며, 이는 테일러 전개식(Taylor expansinon)의 1차 유도 함수이며, 작은 회전이나 스케일링의 변화에는 잘 동작한다. 예를 들면, 손으로 쓴 글자를 분류하는데 최근접 이웃법의 오류율을 반으로 줄여 준다. 불변 지표(invariant metric)는 흥미로운 주제이며, '더 읽을거리'를 통해서 좀 더 살펴보기를 바란다.

더 읽을거리

가까운 이웃 방법에 대한 더 많은 자료들은 다음을 참고하자.

- T. Hastie and R. Tibshirani. Discriminant adaptive nearest neighbor classification and regression. In David S. Touretzky, Michael C. Mozer, and Michael E. Hasselmo, editors, *Advances in Neural Information Processing Systems*, volume 8, pages 409-415. The MIT Press, 1996.
- N.S. Altman. An introduction to kernel and nearest-neighbor nonparametric regression. *The American Statistician*, 46:175-185, 1992.

KD 트리에 대한 원본 설명들은 다음에서 참고하자.

- A. Moore. A tutorial on KD-trees. Extract from PhD Thesis, 1991. Available from http://www.cs.cmu.edu/*sim*awm/papers.html.

탄젠트 거리에 대한 참고 자료는 다음과 같다.

- P.Y. Simard, Y.A. Le Cun, J.S. Denker, and B. Victorri. Transformation invariance in pattern recognition: Tangent distance and propagation. *International Journal of Imaging Systems and Technology*, 11:181-194, 2001.

이번 장에서 다루어진 내용들은 다음에서 더 찾아볼 수 있다.

- Section 9.2 of C.M. Bishop. *Pattern Recognition and Machine Learning*. Springer, Berlin, Germany, 2006.
- Chapter 6 (especially Sections 6.1~6.3) of T. *Mitchell. Machine Learning*. McGraw-Hill, New York, USA, 1997.
- Section 13.3 of T. Hastie, R. Tibshirani, and J. Friedman. *The Elements of Statistical Learning, 2nd edition, Springer*, Berlin, Germany, 2008.

연습 문제

7.1 가우시안 혼합 모델 알고리즘을 두 개 이상의 클래스를 갖는 데이터에 적용할 수 있도록 확장해 보자. EM 알고리즘을 수정해야 하는 작업이 포함되어 있으므로 쉬운 문제는 아니다.

7.2 KD 트리 알고리즘을 변형해서 데이터에 존재하는 사각형이 아닌 구에서도 적용할 수 있도록 만들어 보자. 전체 공간을 다 커버하지 못하므로 잎 노드를 반환하는 데 실패하는 경우들을 생각해서 추가해야 한다. 하지만 아주 먼 거리에 있는 점들을 반환하지 않게 되므로 더 정확한 결과를 만든다. 다음으로 유클리드 거리를 사용하지 않고 L_1 거리를 사용하도록 변형해 보자. 두 가지 다른 방법의 결과를 **아이리스**(iris) 데이터에 적용해서 비교해 보자.

7.3 탄젠트 거리를 계산하기 위해서 책의 웹사이트에 공유된 작은 숫자들을 이용해 보자. 정확하게 작성했는지 살펴보기 위해서 아주 작은 차이로 번호들을 순환시키는 코드를 작성해야 한다. 아주 큰 순환(6 또는 9와 같은 경우)을 적용하면 어떤 일이 벌어지는가? 유클리드 거리를 사용한 가까운 이웃법과 탄젠트 거리를 사용한 가까운 이웃법을 비교해서 이번 장에서 배운 결과를 다시 확인해 보자. 마지막으로, MNIST 데이터에 대해 실험을 수행해 보자.

CHAPTER

8

서포트 벡터 머신

3장에서는 맥컬록과 피츠의 뉴런을 하나의 층으로 사용하는 퍼셉트론을 살펴보았다. 네트워크에 가중치가 변경되도록 이를 학습하는 방법을 알아보았고, 퍼셉트론은 분류 문제에 있어서 단지 직선을 사용하므로 제한적이라는 점도 알았다(고차원에서는 초평면). 또한, 2차원 XOR 함수에 적용할 때 두 개의 클래스를 분별하는 것을 학습시킬 수 없다는 것도 살펴봤다. 하지만 3.4.3절에서 데이터를 원본 데이터에서보다 더 많은 차원으로 변경시켜서 문제를 변경하면 퍼셉트론은 XOR 분류 문제에 적용할 수 있다는 것도 역시 살펴보았다.

이번 장에서는 이런 통찰력을 이용하는 다른 방법을 살펴본다. 주요 개념은 이미 5.3절에서 본 데이터의 표현 방법을 변경시키는 것이다. 여기서는 기저(bases) 대신에 **커널(kernel) 함수**들을 소개할 것이고, 다른 용어를 사용한다. 어떤 데이터든지 변형시키면 직선으로 분리 가능하게 만들 수 있다. 3.4.3절에서 XOR 문제를 해결하기 위해서 어떻게 해결했는지 생각해 보자. 3.4.3절에서는 새로운 차원을 추가해서 데이터들을 옮김으로써 직선으로 분류하지 못하는 문제를 분류할 수 있게 만들었다. 문제는 어떤 차원을 사용할지 결정하는 것이며, 이는 곧 어떤 커널 함수를 사용할지 결정하는 것인데 이제부터 이를 알아보겠다.

머신러닝 알고리즘 중에 가장 유명한 알고리즘 중 하나인 **서포트 벡터 머신**(SVM, Support Vector Machine)을 집중해서 살펴볼 것이다. 알고리즘은 밥닉(Vapnik)에 의해 1992년에 처음 소개되었고, 적당한 데이터 사이즈를 가지고도 좋은 분류 결과를 제공함으로써 유명세를 탔다. 하지만 SVM은 아주 큰 데이터에는 트레이닝에 요구되는 계산 비용이 스케일되지 않으므로 잘 동작하지 않는다. 알고리즘을 이해하기에는 꽤나 복잡한 개념 이해가 요구되

195

지만, 충분히 시도할 가치가 있다. 이번 장에서는 파이썬 인터페이스로 제공되는 solver인 cvxopt를 이용해서 간단한 SVM을 만들어 보겠다. 인터넷에는 여러 가지 다른 SVM 구현이 공유되어 있는데, 이번 장의 마지막에 이에 관해서 소개해 보겠다. 몇몇은 파이썬에서 사용할 수 있도록 wrapper가 포함되어 있다. 커널 방법을 제외하고도 SVM에는 중요한 많은 것들이 존재한다. 알고리즘은 또한 분류 문제를 다시 공식화해서 좋은 분류기를 나쁜 분류기로부터 분리해 낼 수 있다. 이를 분리해 내는 분별력이 바로 SVM 알고리즘을 유도하는 데 중심 개념이 되는데 이를 살펴보겠다.

8.1 최적 분리

그림 8.1은 간단한 분류 문제에 대해서 세 가지 가능한 선형 분리(linear classification) 방식을 보여 준다. 자료를 분리하는 선이 세 가지 방식 모두에서 올바르게 분류했고, 퍼셉트론은 분류가 마무리된 후 멈추게 될 것이다. 하지만 셋 중에 테스트 데이터에 적용할 분류기를 골라야 한다면 어떤 선을 선택할 것인가? 대부분의 경우 중간의 그림을 선택할 것이다. 왜 정했는지 설명하기 힘들지만, 아마도 두 개의 클래스들을 정중앙에서 나누고, 중앙선으로부터 비슷한 거리를 유지하기 때문일 것이다. 물론, 똑똑한 사람이라면 어떤 조건으로 선을 선택했는지 그리고 다른 선들보다 왜 선택된 선이 더 좋은지에 대해서 질문했을 것이다.

이를 대답하기 위해서 두 개의 데이터를 정중앙으로 나누는 선이 왜 좋은 것인가 살펴보고, 이를 수량화해서 최적화 선을 정의하도록 해본다. 분류선을 찾기 위해 사용된 데이터는 트레이닝 데이터였다. 여기서 우리는 트레이닝 데이터가 내재적인 데이터 형성 과정을 포함하고 있다고 믿고 있으며, 테스팅에서 사용될 데이터 역시 우리가 학습했던, 같은 내재적인 과정을 통해서 생성되었을 것이기에 알고리즘을 트레이닝하고 테스트 데이터에 적용해 평가한다. 이 프로세스를 통해서 트레이닝하고 테스트 데이터에 적용해서 알고리

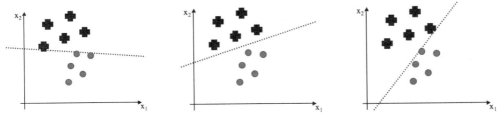

그림 8.1 세 가지 다른 분류선들. 어떤 분류기가 어떤 이유로 더 좋은지 말할 수 있나?

즘은 평가될 것이다. 하지만 트레이닝에서 본 데이터를 테스팅 데이터에서 다시 볼 것이라고 예상할 수 없을 것이며, 몇몇 데이터는 학습된 분류선과 가까울 것이고, 몇몇은 분류선으로부터 멀리 떨어져 있을 것이다. 그림 8.1의 왼쪽과 오른쪽 그래프의 선들을 선택한다면 트레이닝 데이터에서도 이미 점들이 선과 가까이 있기에 테스트에서는 더 높은 확률로 잘못된 결과를 도출할 수 있을 것이다. 하지만 중간의 그림에 있는 선은 정확한 거리를 유지하므로 이런 문제가 없다.

8.1.1 마진과 서포트 벡터들

그렇다면 어떻게 이를 수치화할 것인가? 이를 위해서 분류를 위한 선으로부터 수직으로 데이터 포인트까지의 거리를 측정할 수 있다. 그림 8.2와 같이 어떤 점들도 들어가 있지 않은 부분을 생각해 보자. 선에 아주 가까운 부분의 데이터들을 정확하게 분류할 수 있다고 생각하자. 이 영역을 대칭하게 만들어서 3차원에서는 실린더를 더 큰 차원에서는 하이퍼(hyper) 실린더를 만든다고 하자. 그렇다면 점들을 어떠한 점도 없는 영역에 포함되도록 하기 위해서는 반지름을 얼마나 크게 잡아야 할까? 이때 가장 큰 반지름을 **마진**(margin)이라고 부르고 M이라고 쓴다. 마진은 퍼셉트론의 수렴하는 속도에 영향을 미친다고 3.4.1절에 간략하게 소개하였다. 그림 8.1의 중간 분류기는 가장 큰 마진을 갖는다. 이 때문에 **최대 마진 분류기** (maximum marginear classifier)라는 가상의 이름을 가지며, 결정 경계선에 가장 가까이 있는 각 클래스의 데이터점은 **서포트 벡터**(support vector)라고 부른다. 가장 좋은 분류기는 두 가지 데이터의 중심을 관통하는 것이며, 이를 통해 두 가지 주장을 할 수 있다. 첫째로 마진은 가능한 한 커야 한다는 점이며, 둘째로 서포트 벡터는 잘못 분류될 가능성이 가장 큰 데이터이기에 가장 유용한 데이터 포인트들이라는 점이다. 두 가지 주장을 통해 알고리즘의 재미있는 피처를 도출한다. 트레이닝이 끝난 후에는 서포트 벡터를 제외하고 모든 데이터를 버릴 수 있으며, 많은 데이터 공간을 절약하면서 유용한 서포트 벡터를 사용해서 분류에 사용한다.

이제 최적의 결정 경계(decision boundary)를 찾는 데 측정법을 사용해서 주어진 데이터 포인트 집합으로부터 어떻게 계산해야 하는지 살펴보자. 3장에서 살펴봤던 내용들을 다시 상기해 보자. 가중치 벡터(하나의 입력만 존재함으로 행렬이 아닌 벡터)가 있으며 입력 벡터 $\mathbf{x}$ 가 존재한다. 3장에서 사용한 출력 값은 $y = \mathbf{w} \cdot \mathbf{x} + b$이며, b는 바이어스 가중치를 위한 값이다. 분류기의 선을 사용해서 $\mathbf{w} \cdot \mathbf{x} + b$의 값을 양수로 만드는 $\mathbf{x}$값은 선의 위에 '+' 클래스의 예로 음수인 $\mathbf{x}$값은 'o' 클래스로 한다. 새로운 방법에서는 $\mathbf{w} \cdot \mathbf{x} + b$ 함수 값이 양수인지 음수인지를 보는 것 대신에 절대 값이 마진 값 M보다 작아서 그림 8.2의 회색 박스 안에 위치하는지를 확인할 것이다. $\mathbf{w} \cdot \mathbf{x}$는 내적(스칼라 곱)이며, $\mathbf{w} \cdot \mathbf{x} = \sum_i w_i x_i$로 계산된

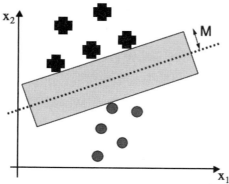

그림 8.2 마진이란 어떠한 점들도 포함하지 않는 영역을 최대화해서 클래스들을 분리할 수 있도록 만드는 것이고, 박스는 결정 경계의 양쪽에 평행한 두 개의 라인을 통해서 만들어진다.

다는 것을 다시 기억하자. 또한, $\mathbf{w}^T\mathbf{x}$로 표현될 수 있으며, 이를 통해서 보통 행렬 곱셈의 식으로 표현할 수 있게 된다. 식 유도를 간단하게 해주므로 이번 장에서 이를 사용할 것이다.

주어진 마진 값 M에 대해서 어떤 점 x에 대해서 $\mathbf{w}^T\mathbf{x} + b \geq$ M이면 '+'로 표현되고, $\mathbf{w}^T\mathbf{x} + b \leq$ −M이면 '○'이 된다. 실제 초평면의 분포는 $\mathbf{w}^T\mathbf{x} + b = 0$에 의해서 정해진다. '+' 클래스의 경계선에 놓인 점 $\mathbf{x}^+$는 $\mathbf{w}^T\mathbf{x}^+ =$ M을 만족한다. 이것이 서포트 벡터. '○' 클래스의 경계선에 놓인 가장 가까운 점을 찾기 원한다면, '+' 경계선에서 '○' 경계선을 만날 때까지 수직으로 접근하다가 가장 가까운 점을 x라고 하자. 점 x까지 거리는 얼마나 될까? 그림 8.2는 거리가 M이라는 것을 보여 주며, 또한 반대편 서포트 벡터까지의 거리도 M이라는 것을 알 수 있다. 3장에서 본 대로 가중치 벡터 w는 분류 선에 수직이므로 마진 값 M을 w에 대한 식으로 표현할 수 있다. 분류 선과 수직이라면 '+'와 '○' 경계선과도 수직이 되고 $\mathbf{x}^+$에서 $\mathbf{x}^-$로 지나는 거리는 w와 같다. 이제 w를 단위 벡터 $\mathbf{w}\,/\,\|\mathbf{w}\|$로 정의해서 마진이 $1\,/\,\|\mathbf{w}\|$가 된다. 어떤 책에서는 전체 거리를 두 개의 서포트 벡터 사이의 거리로 정의하기도 하며, 이 경우에 우리가 계산한 거리의 두 배가 된다.

분류 선이 벡터 w와 스칼라 b로 $\mathbf{w}^T\mathbf{x} + b$ 주어졌을 때 마진 값 M을 계산할 수 있다. 또한, 모든 점들을 분류 선의 오른쪽에 놓는다는 것을 확인할 수 있다. 물론, 우리가 원하는 것은 가장 큰 마진 값 M을 주는 w와 b를 찾는 것이다. 마진의 폭은 $1\,/\,\|\mathbf{w}\|$이며, 마진 값 M을 최대한 크게 하는 것은 $\mathbf{w}^T\mathbf{w}$를 가능한 한 작게 만드는 것과 같다는 것을 말해 준다. 이것이 단 하나의 제한 조건이라면 $\mathbf{w} = \mathbf{0}$으로 정할 수 있고, 문제는 바로 풀리지만 분류선이 '+' 데이터를 '○' 데이터와 분리해 주는 것을 원한다. 따라서 두 가지를 모두 만족시켜야 한다. 분류를 잘 하도록 결정 경계(decision boundary)를 찾으면서 $\mathbf{w}^T\mathbf{w}$를 가능한 한 작게 만드는 것이다. 수학적으로, 이 요구 사항을 다음과 같이 유도한다. $\frac{1}{2}\mathbf{w}^T\mathbf{w}(\frac{1}{2}$은 편의를 위해서 추가됨)를

제한 조건을 충족하면서 최소화해야 하며, 이 제한 사항들에 관해서 이제 살펴보겠다.

8.1.2 제약적 최적화 문제 A

분류기가 좋은지 안 좋은지를 어떻게 알 수 있을까? 분명하게도 적은 오류를 만들어 내는 것이 더 좋을 것이다. 따라서 이를 사용해서 분류기가 잘 동작하도록 **제한 사항**들을 작성할 수 있다. 우선, 목표 값이 1 또는 0이 아닌 +1 또는 -1이 되도록 한다. 목표 값과 출력 값을 곱한 값 $t_i \times y_i$가 양수가 되어야 목표 값과 출력 값이 같은 방향이 되며, 음수가 될 경우 출력 값이 다른 것이다. $t_i(w^T x + b) \geq 1$을 만족시키도록 직선식을 다시 작성해서 y를 계산 해야 하며, 이는 곧 모든 점들에 대해서 제한 조건들이 확인되어야 함을 의미한다. 전체 문 제는 다음과 같이 작성된다.

$$\text{minimise } \frac{1}{2}\mathbf{w}^T\mathbf{w} \text{ subject to } t_i(\mathbf{w}^T\mathbf{x}_i + b) \geq 1 \text{ for all } i = 1, \ldots n. \tag{8.1}$$

이 공식을 만들기 위해 노력했지만, 어떻게 풀어야되는지는 아직 미지수다. 이를 기울기 하강을 사용해서 풀 수도 있지만, 제한 조건들을 만족시키게 하려면 많은 노력이 필요하며, 매우 느리고 효율적이지 못할 것이다. 더 좋은 방법으로 **2차 프로그래밍**(quadratic programming) 이 있다. 우리가 풀려는 문제가 2차이고 **콘벡스**(convex)이므로 **선형 제한** 조건을 갖는다. 콘 벡스 문제는 선의 어떤 두 점을 잡아서 이를 직선으로 연결하면 선의 모든 점도 곡선의 위에 존재하게 된다. 그림 8.4는 콘벡스와 콘벡스가 아닌 함수의 예를 보여 준다. 콘벡스 함수는 유일무이한 최솟값이 있으며, 1차원의 예에서는 쉽게 살펴볼 수 있다.

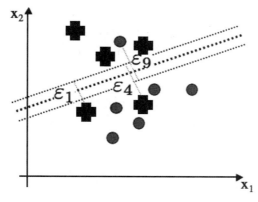

그림 8.3 분류기가 오류를 만든다면 접경에서부터 점까지의 거리가 오류의 가중치로 사용되어서 얼마나 분류기가 나쁜지를 결정하는 데 사용되어야 한다.

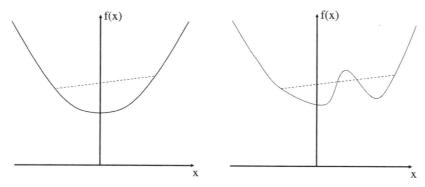

그림 8.4. 곡선의 두 점을 연결해서 곡선의 어떤 점도 닿지 않는다면 함수가 콘벡스(convex)이다. 왼쪽은 콘벡스이고, 오른쪽은 콘벡스가 아니다.

실용적인 면에서 이런 문제들은 직접적이고 효율적으로 풀려야 한다. 2차 프로그래밍 해법기(quadratic programming solvers)들이 공유되어 있으므로 직접 알고리즘을 작성하지 않는다. 다만, 문제를 어떻게 공식화하고 2차 프로그래밍 해법기에 어떻게 입력되어야 하는지를 살펴보고, 무료로 공유된 해법기들을 사용해서 적용해 본다.

문제가 2차인 만큼 특별한 최적 값이 존재한다. 또한, 최적화를 찾을 때 KKT(Karush–Kuhn–Tucker) 조건이 만족된다. i는 1에서 n까지의 모든 값에 대해서 적용하고 각각의 최적의 파라미터들은 *표시되며, 다음과 같다.

$$\lambda_i^*(1 - t_i(\mathbf{w}^{*T}\mathbf{x}_i + b^*)) \quad = \quad 0 \tag{8.2}$$

$$1 - t_i(\mathbf{w}^{*T}\mathbf{x}_i + b^*) \quad \leq \quad 0 \tag{8.3}$$

$$\lambda_i^* \geq 0, \tag{8.4}$$

여기서 λ_i는 양수이고, **라그랑지 승수**(Lagrange multipliers)로 알려져 있으며, 균등 제약과 함께 주어지는 공식을 푸는 기본적인 방법이다.

첫 번째 조건은 우리에게 $\lambda_i \neq 0$이라면 $(1 - t_i(\mathbf{w}^{*T}\mathbf{x}_i + b^*)) = 0$임을 말해 준다. 서포트 벡터들에서 사실이며, 나머지 값에 대해서는 고려하지 않아도 된다. 서포트 벡터만이 조건에 대해서 활성화한 집합이며, 등호를 만족한다. 따라서 **라그랑지 함수**는 다음과 같이 풀린다.

$$\mathcal{L}(\mathbf{w}, b, \boldsymbol{\lambda}) = \frac{1}{2}\mathbf{w}^T\mathbf{w} + \sum_{i=1}^{n} \lambda_i(1 - t_i(\mathbf{w}^T\mathbf{x}_i + b)), \tag{8.5}$$

이 공식을 $\mathbf{w}$와 b에 대해서 미분하면 다음과 같다.

$$\nabla_{\mathbf{w}} \mathcal{L} = \mathbf{w} - \sum_{i=1}^{n} \lambda_i t_i \mathbf{x}_i, \tag{8.6}$$

$$\frac{\partial \mathcal{L}}{\partial b} = - \sum_{i=1}^{n} \lambda_i t_i. \tag{8.7}$$

미분 값을 0과 같다고 두면 최댓값 점을 찾을 수 있고, 이는 다음과 같다.

$$\mathbf{w}^* = \sum_{i=1}^{n} \lambda_i t_i \mathbf{x}_i, \sum_{i=1}^{n} \lambda_i t_i = 0. \tag{8.8}$$

$\mathbf{w}$와 b의 최적화 값들을 식 8.5에 대입하면 이 표현들은 다음과 같다.

$$\mathcal{L}(\mathbf{w}^*, b^*, \boldsymbol{\lambda}) = \sum_{i=1}^{n} \lambda_i - \sum_{i=1}^{n} \lambda_i t_i - \frac{1}{2} \sum_{i=1}^{n} \sum_{j=1}^{n} \lambda_i \lambda_j t_i t_j \mathbf{x}_i^T \mathbf{x}_j, \tag{8.9}$$

b에 대한 미분을 사용하면 중간의 항을 0으로 둘 수 있다. 이 문제는 **듀얼(dual) 문제**라고 알려져 있으며, λ_i 변수에 대해서 최대화하는 목표를 갖는다. 모든 i에 대해서 $\lambda_i \geq 0$이며 $\sum_{i=1}^{n} \lambda_i t_i = 0$이다.

식 (8.8)은 $\mathbf{w}^*$에 대한 수식을 보여 주지만, b^*값 또한 알아야 한다. 서포트 벡터에 대해서 $t_i(\mathbf{w}^T \mathbf{x}_i + b) = 1$이고, $\mathbf{w}^*$에 대한 식을 대입하고, 서포트 벡터들 중의 하나 $(\mathbf{x}, t)$에 대체한다. 하지만 오류가 있을 경우 이는 매우 불안정하므로 전체 서포트 벡터들에 대해서 평균 값을 구하는 것이 더 좋다.

$$b^* = \frac{1}{N_s} \sum_{\text{support vectors } j} \left(t_j - \sum_{i=1}^{n} \lambda_i t_i \mathbf{x}_i^T \mathbf{x}_j \right). \tag{8.10}$$

식 (8.8)을 사용해서 새로운 포인트 $\mathbf{z}$에 대해 어떻게 예측을 하는지 살펴볼 수 있다.

$$\mathbf{w}^{*T} \mathbf{z} + b^* = \left(\sum_{i=1}^{n} \lambda_i t_i \mathbf{x}_i \right)^T \mathbf{z} + b^*. \tag{8.11}$$

새로운 포인트에 대해서는 서포트 벡터와 데이터 간의 내적을 통해서 가능하다는 것이다.

8.1.3 비선형 분리 문제를 위한 슬랙 변수

이제까지 살펴본 것들은 데이터가 선형 분리가 가능하다는 가정하에 이뤄졌다. 하지만 이 가정이 항상 사실이 아니라는 것을 알고 있으며, 분리가 불가능한 데이터에 대해서는 모든 제한 조건을 만족할 수 없다. 이를 해결하기 위해서 **슬랙 변수**(slack variables) $\eta_i \geq 0$을 도입하고, 제한 조건은 $t_i(\mathbf{w}^T\mathbf{x}_i + b) \geq 1 - \eta_i$가 된다. 입력 값 중에 정답을 예측하는 경우에는 $\eta_i = 0$으로 설정한다.

슬랙 변수를 통해서 분류기들을 비교하는데 한 분류기는 단지 작은 오류로 반대 클래스라고 출력했고, 다른 분류기는 더 큰 오류로 반대 클래스라고 출력했다면, 당연히 처음의 것이 두 번째 것보다 좋을 것이다. 왜냐하면 실수의 오차의 정도가 덜 심각하기 때문이다. 이 정보를 이제 최소화 기준에 추가해 본다. 하지만 문제를 조금 변형하면 가능하며, 이제 $\mathbf{w}^T\mathbf{w} + C\mathbf{x}$를 최소화한다(잘못 분류된 점에서부터 원래 목표 경계선까지의 거리). C는 두 개의 제한 조건에 얼마나 더 가중치를 주는가를 정하는 트레이드오프 변수다. 작은 C 값의 경우에는 큰 마진을 몇몇 오류들보다 더 장려하는 것이고, 큰 C 값의 경우는 반대를 의미한다. 몇몇 오류를 용인함으로써 문제를 **소프트 마진**(soft-margin) 분류기 문제로 변형시킨다. 수학식으로 표현할 경우 최소화하고자 하는 함수는 다음과 같다.

$$L(\mathbf{w}, \boldsymbol{\epsilon}) = \mathbf{w}^T\mathbf{w} + C\sum_{i=1}^{n} \epsilon_i. \tag{8.12}$$

먼저 살펴봤던 듀얼 문제의 유도식도 $0 \leq \lambda_i \leq C$와 서포트 벡터가 $\lambda_i > 0$인 것의 차이를 제외하면 여전히 유효하다. 다만, KKT 조건은 약간 다르다.

$$\lambda_i^*(1 - t_i(\mathbf{w}^{*T}\mathbf{x}_i + b^*) - \eta_i) = 0 \tag{8.13}$$

$$(C - \lambda_i^*)\eta_i = 0 \tag{8.14}$$

$$\sum_{i=1}^{n} \lambda_i^* t_i = 0. \tag{8.15}$$

두 번째 조건이 말하기를 $\lambda_i < C$이면 $\eta_i = 0$가 되며, 서포트 벡터들임을 의미한다. 만약, $\lambda_i = C$라면 첫 번째 조건이 말하기를 $\eta_i > 1$이라면 분류기가 오작동했음을 의미한다. 이제 어떤 제한적인 수의 벡터들의 집합을 골라야 하는지 명확해졌으며, 대부분의 트레이닝 데이터는 서포트 벡터가 된다.

이제 최적화 선형 분류기를 만들었다. 하지만 대부분의 문제들은 비선형이기에 대부분 우리가 이미 해결한 문제들에 대한 해답을 구하는 일이 효율적이지 않다. 따라서 퍼셉트론으로 보다 더 좋은 결정 경계를 찾을 수는 있으나, 직선 해법이 아닌 이상 퍼셉트론보다 더 좋은 수행 능력을 보이기는 힘들다. 이를 해결하는 데 드는 노력보다 더 효율적인 방법을 살펴볼 텐데, 이는 바로 **데이터를 변형**시키는 방법이다.

8.2 커널

이 개념을 살펴보기 위해서 그림 8.5를 살펴보자. 피처들을 어떤 방법으로 변경하면 3.4.3절에서 XOR 문제에서 그랬던 것처럼 데이터를 선형으로 분리시킬 수 있게 될 것이다. 더 많은 차원을 이용할 수 있다면 클래스들을 분리시키는 선형 결정 경계를 찾을 수 있을 것이다. 따라서 우리가 필요한 일은 어떤 추가의 차원을 이용할 수 있는지를 알아보는 것이다. 새로운 데이터를 만들 수는 없는 일이고, 현재의 것으로부터 어떤 방법을 사용해서 새로운 피처를 만들어 내야 한다. 5.3절에서처럼 입력 피처로 새로운 함수 $\phi(\mathbf{x})$를 사용한다.

중요한 점은 데이터를 변형한다는 것이며, 입력 값 $\mathbf{x}_i$을 함수 $\phi(\mathbf{x}_i)$를 사용해서 변경한다. 위에서 설명된 SVM 알고리즘을 식 (8.11)을 포함해서 적용할 수 있게 하므로 중요하다. $\mathbf{x}_i$는 $\phi(\mathbf{x}_i)$로 $\mathbf{z}$를 $\phi(\mathbf{z})$로 변경하면 예측은 상당히 쉽다.

$$\mathbf{w}^T \mathbf{x} + b = \left(\sum_{i=1}^{n} \lambda_i t_i \phi(\mathbf{x}_i) \right)^T \phi(\mathbf{z}) + b. \tag{8.16}$$

여전히 어떤 함수를 사용할지를 결정해야 하며, 데이터에 대해서 미리 알고 있는 점이 있다면 이에 맞는 함수를 찾겠지만, 대부분의 경우에는 문제의 영역에 대한 지식이 항상

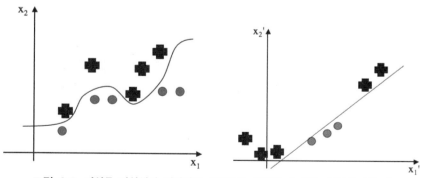

그림 8.5 피처를 변형해서 데이터를 선형으로 분리할 수 있는 공간을 찾는다.

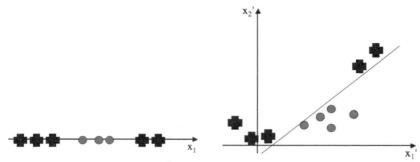

그림 8.6 x_1뿐만 아리라 x_1^2를 사용해도 두 개의 클래스로 분리할 수 있다.

제공되는 것이 아니므로 알고리즘을 자동화한다. 당분간은 2차 함수의 다항식을 고려한다. 상수 1, 입력 값들 x_1, x_2, ... , x_d, 입력 값들의 제곱 값, x_1^2, x_2^2 , ... , x_d^1, 각 입력 값들끼리의 곱 x_1x_2, x_1x_3, ... , $x_{d-1}\,x_d$ 으로 이뤄진다. 전체 입력 벡터는 $\Phi(\mathbf{x})$로 표현되며, 대략 $d^2/2$의 항을 갖고 있다. 그림 8.6의 오른쪽에는 2차원 버전을 보여 주는데(상수항은 통합) $d=3$인 경우에 대해서 $\sqrt{2s}$ 집합을 사용해서 작성하면 다음과 같다.

$$\Phi(\mathbf{x}) = (1, \sqrt{2}x_1, \sqrt{2}x_2, \sqrt{2}x_3, x_1^2, x_2^2, x_3^2, \sqrt{2}x_1x_2, \sqrt{2}x_1x_3, \sqrt{2}x_2x_3). \qquad (8.17)$$

만약, 하나의 피처 x_1만 존재한다면, 이를 1차원 문제에서 3차원 문제로 $(1, x_1, x_1^2)$ 변경하게 된다. 이를 사용함으로써 드는 비용은 계산 시간인데 함수 $\Phi(\mathbf{x}_i)$가 $d^2/2$개의 요소들을 갖고 있고, 같은 크기의 다른 요소들과 곱셈을 해야 하며, 이 과정을 많이 반복해야 한다. 하지만 계산 비용이 높으며, 2보다 큰 입력 벡터의 경우 이는 더 심각해진다. 한 가지 다행인 점은 실제로 $\Phi(\mathbf{x}_i)^T\Phi(\mathbf{x}_j)$를 계산할 필요가 없다는 것이다. 이를 살펴보기 위해서 $\Phi(\mathbf{x})^T\Phi(\mathbf{y})$가 어떻게 동작하는지 위의 예시를 가지고 살펴본다($d=3$).

$$\Phi(\mathbf{x})^T\Phi(\mathbf{y}) = 1 + 2\sum_{i=1}^{d} x_iy_i + \sum_{i=1}^{d} x_i^2y_i^2 + 2\sum_{i,j=1;i<j}^{d} x_ix_jy_iy_j. \qquad (8.18)$$

위의 공식은 인수분해할 수 있으며, $(1 + \mathbf{x}^T\mathbf{y})^2$가 된다. 내적은 원래의 공간이며, d번의 곱셈이 필요하고, $\mathcal{O}(d^2)$가 $\mathcal{O}(d)$로 변경되어서 분명하게 발전된 모습을 보인다. 나이브 알고리즘의 경우에는 $\mathcal{O}(d^s)$가 되는 어떤 차원 s의 다항식에 대해서도 적용된다. 중요한 점은 기본 벡터로부터 연장된 부분에 대해서 **커널 행렬**(kernel matrix, gram matrix)의 계산을 통해서 계산 비용이 높은 내적을 하지 않아도 되도록 이를 제거한다는 점이다. 커널 행렬은 원래 벡터들의 내적을 통해서 만들어지므로 단지 선형 계산 비용만 든다. 때로는 **커널 트릭**이라고도 알려져 있다. 다시 말해, 커널을 알고 있다는 점에서 $\Phi(\cdot)$를 알 필요가 없다는 말이다.

커널들이 바로 왜 이 방법이 동작하는지에 대한 근본적인 이유를 말해 주며, 왜 이원적 공식화를 위해서 노력했는지를 말해 준다. 원본 데이터에 변형을 주어서 고차원의 공간으로 옮기지만, 항들의 곱셈은 내적의 안쪽에서만 나타나서 고차원에서는 어떤 계산도 할 필요가 없게 되며, 원래의 저차원 공간에서의 계산만 필요하게 된다.

8.2.1 커널 고르기

그렇다면 어떻게 적당한 커널을 선택할까? 어떤 **양수 확정화**(positive definite, 어떤 함수의 적분이든 양수로 만든다)의 대칭 함수든지 커널로 사용할 수 있다. 이는 **머서 이론**(Mercer's theorem)의 결과에 따른 것이며, 커널들의 조합은 또 다른 커널을 만들어 낸다. 하지만 일반적으로 사용되는 세 가지 다른 종류의 기저 함수가 있으며, 이에 대한 커널들이 존재한다.

- 어느 정도 차원 s에 대해서까지 다항식(예를 들면, x_3^3 또는 $x_1 \times x_4$) 입력 벡터의 요소 x_k는 커널과 사용될 경우:

$$\mathbf{K}(\mathbf{x}, \mathbf{y}) = (1 + \mathbf{x}^T \mathbf{y})^s \tag{8.19}$$

$s = 1$일 경우 **선형 커널**이 된다.

- $x_k s$의 시그모이드 함수, 파라미터 κ와 δ, 커널:

$$\mathbf{K}(\mathbf{x}, \mathbf{y}) = \tanh(\kappa \mathbf{x}^T \mathbf{y} - \delta) \tag{8.20}$$

- $x_k s$의 방사 기저 함수 확장, 파라미터 σ와 커널:

$$\mathbf{K}(\mathbf{x}, \mathbf{y}) = \exp\left(-(\mathbf{x} - \mathbf{y})^2 / 2\sigma^2\right) \tag{8.21}$$

어떤 커널을 사용할지 고르고 파라미터들을 선택하는 것은 까다로운 문제다. **밥닉 첼닉 차원**(Vapnik-Chernik dimension)이라고 알려진 이론을 적용해 볼 수 있지만, 대부분의 경우 다양한 값들을 시도해 보고, 밸리데이션 세트에 가장 잘 동작하는 것을 선택한다(4장 MLP에서 적용한 것처럼).

아직 두 가지 알고리즘에서 조심해야 할 사항이 있다. 첫 번째는 다른 머신러닝 알고리즘에서도 항상 다뤘던 오버피팅의 문제이고, 다른 것은 어떻게 테스팅할 것인가이다. 두 번째 것은 더 설명하자면 트레이닝 세트에 계산 비용을 줄이기 위해서 커널을 사용했는데 테스팅 세트에 대해서도 어떻게 똑같이 적용시킬지를 생각해 봐야 한다. 이를 적용하지 않는다면 똑같이 $\mathcal{O}(d^s)$의 계산 비용을 감당해야 하기 때문이다. 사실 이를 해결하는 것은 많이 어렵지 않은데 가중치의 전향 계산은 $\mathbf{w}^T\Phi(\mathbf{x})$이기 때문이다.

$$\mathbf{w} = \sum_{i \text{ where } \lambda_i > 0} \lambda_i t_i \Phi(\mathbf{x}_i). \tag{8.22}$$

따라서 우리는 여전히 $\Phi(\mathbf{x}_i)^T \Phi(\mathbf{x}_j)$를 계산해야 하는데 이전처럼 커널을 사용해서 대체할 수 있다. 오버피팅의 문제는 우리가 여전히 $\mathbf{w}^T\mathbf{w}$의 최적화를 하므로 고려하지 않아도 되는데 왜냐하면 $\mathbf{w}$를 작게 유지하려고 노력함으로써 대부분의 파라미터들이 0에 가까운 값을 갖기 때문이다.

8.2.2 XOR 예제

SVM을 다룰 때 어떻게 XOR 함수를 풀 수 있는지에 대해서 3.4.3절에서 논의했었다. 그렇다면 SVM은 정말로 문제를 해결했는가? 문제 해결을 위해서 목표 값을 0과 1값을 −1과 1로 변경해야 했고, 두 개의 피처에 대해서 2차 항까지 조합을 추가해야 했다. 1, $\sqrt{2x_1}$, $\sqrt{2x_2}$, $x_1 x_2$, x_1^2, x_2^2, 여기서 $\sqrt{2}$ 는 곱셈을 간단하게 만들기 위해 도입되었다. 이와 함께 식 (8.9)는 다음과 같이 된다.

$$\sum_{i=1}^{4} \lambda_i - \sum_{i,j}^{4} \lambda_i \lambda_j t_i t_j \Phi(\mathbf{x}_i)^T \Phi(\mathbf{x}_j), \tag{8.23}$$

$\lambda_1 - \lambda_2 + \lambda_3 - \lambda_4 = 0$, $\lambda_I \geq 0_i = 1 \dots 4$의 제한 조건을 갖는다. 이를 풀면 분류기 선은 $x_1 x_2 = 0$가 되며, 이에 대응되는 마진은 $\sqrt{2}$ 가 된다. 네 개의 점들이 6차원 공간으로 변형되었으므로 불행히도 이를 그래프로 그리는 것은 불가능하다. 3.4.3절에서 3차원을 통해서 문제를 해결했으므로 문제를 풀기 위해 6차원 공간이 가장 작은 크기의 차원은 아니다. 하지만 계산에 필요한 것은 2차원 공간이므로 커널 공간의 차원은 중요하지 않다.

8.3 서포트 벡터 머신 알고리즘

2차 프로그래밍 해법기는 매우 복잡한데(대부분의 일이 활성화 세트를 찾는 데 소모), 이를 작성하기 위해서는 아주 오랜 기간이 소모될 것이다. 다행히도 일반적인 목적을 위한 해법기는 이미 구현되어 있으므로 이를 활용하기로 한다. 이를 위해 파이썬 볼록 최적화(convex optimization) 패키지인 cvxopt를 사용한다. 이 책의 웹 페이지에 관련된 링크가 공유되어 있다. cvxopt는 깔끔하고 좋은 인터페이스를 제공함으로써 SVM 구현을 위한 복잡한 계산을 수행한다. 본질적으로 접근 방법은 매우 간단한데 커널을 선택하고 데이터에 대해서 관련된 2차 문제를 모아 해법기를 적용해서 결정 경계와 필요한 서포트 벡터들을 찾는다. 이를 사용해서 트레이닝 데이터에 대한 분류기를 만든다. 다음의 알고리즘에서 이를 설명하고 있으며, 선형 대수를 사용해서 속도를 높일 수 있는 구현 사항이 강조되어 있다.

서포트 벡터 머신 알고리즘

- **초기화**
  - 세분화된 커널과 커널 파라미터들에 대해서 데이터 점들 간의 거리의 커널을 계산
    * 핵심은 $\mathbf{K} = \mathbf{X}\mathbf{X}^T$을 계산하는 것
    * 선형 커널에 대해서는 K를 반환하고, d차원의 다항식에 대해서는 $\frac{1}{\sigma}\mathbf{K}^d$를 반환
    * RBF 커널에 대해서는 K를 계산 $\mathbf{K} = \exp(-(\mathbf{x} - \mathbf{x}')^2/2\sigma^2)$

- **트레이닝**
  - 제한 사항을 행렬로 설정하고 이를 푼다.

$$\min_{\mathbf{x}} \frac{1}{2}\mathbf{x}^T t_i t_j \mathbf{K}\mathbf{x} + \mathbf{q}^T\mathbf{x} \text{ subject to } \mathbf{G}\mathbf{x} \leq \mathbf{h}, \mathbf{A}\mathbf{x} = b$$

  - 행렬들을 해법기에 입력한다.
  - 가장 가까운 점으로부터 특정 거리 안에 있는 서포트 벡터를 찾고, 나머지 트레이닝 데이터는 버린다.
  - b^*를 식 (8.10)을 사용해서 계산한다.

- **분류**
  - 테스트 데이터 $\mathbf{z}$에 대해서 관련된 커널을 위한 데이터를 분류하기 위해서 서포트 벡터를 사용한다.
    * 테스트 데이터와 서포트 벡터들의 내적을 계산한다.
    * $\sum_{i=1}^{n} \lambda_i t_i \mathbf{K}(\mathbf{x}_i, \mathbf{z}) + b^*$로 분류를 수행하고, 라벨(hard 분류) 또는 값(soft 분류)을 반환한다.

8.3.1 구현

웹 페이지의 코드를 사용하기 위해서는 cvxopt 패키지를 컴퓨터에 설치해야 한다. 웹 페이지에 이에 대한 링크가 공유되어 있는데 사용 전에 어떤 문제를 풀고자 하는지를 다시 살펴봐야 한다. 요지는 식 (8.9)인데 제한 조건 $\lambda_i \geq 0$과 $\sum_{i=1}^{n} \lambda_i t_i = 0$를 갖고 있는 듀얼 문제다. 이를 변경해서 슬랙 변수의 경우를 다루도록 하고 커널을 사용한다. 슬랙 변수를 도입

하는 것은 놀라울 정도로 조금 변경시키며, 단지 처음 제한 조건을 $0 \leq \lambda_i \leq C$로 바꾸고, 커널을 $\mathbf{x}_i^T \mathbf{x}_j$에서 $\mathbf{K}(\mathbf{x}_i, \mathbf{x}_j)$로 변경한다. 따라서 이제 풀고자 하는 바는 다음과 같다.

$$\max_{\boldsymbol{\lambda}} \quad = \sum_{i=1}^{n} \lambda_i - \frac{1}{2} \boldsymbol{\lambda}^T \boldsymbol{\lambda} \mathbf{t} \mathbf{t}^T \mathbf{K}(\mathbf{x}_i, \mathbf{x}_j) \boldsymbol{\lambda}, \tag{8.24}$$

$$\text{subject to} \quad 0 \leq \lambda_i \leq C, \sum_{i=1}^{n} \lambda_i t_i = 0. \tag{8.25}$$

cvxopt 2차 함수 프로그램 해법기는 cvxopt.solvers.qp()이며, 입력 값을 cvxopt.solvers.qp (P, q, G, h, A, b)처럼 받아서 다음을 푼다.

$$\min \frac{1}{2} \mathbf{x}^T \mathbf{P} \mathbf{x} + \mathbf{q}^T \mathbf{x} \text{ subject to } \mathbf{G} \mathbf{x} \leq \mathbf{h}, \mathbf{A} \mathbf{x} = b, \tag{8.26}$$

여기서 $\mathbf{x}$는 우리가 풀고자 하는 변수이고, 문제에서는 $\boldsymbol{\lambda}$가 된다. 해법기는 최솟값 문제를 해결하는데 우리는 최대화를 하고 있으므로 목적 함수에 -1을 곱해 준다. 수식을 $\mathbf{P} = t_i t_j \mathbf{K}$로 설정하고, $\mathbf{q}$는 -1을 포함한 열 벡터이다. 두 번째 제한 조건은 쉬운데 만약 $\mathbf{A} = \boldsymbol{\lambda}$라면 올바른 수식을 갖게 된다. 하지만 첫 번째 제한 조건에서 두 가지 제한 조건 $0 \leq \lambda_i$와 $\lambda_i \leq C$를 포함하므로 조금 더 작업이 필요하다. 이를 위해서 제한 조건의 수를 증가시키는데 부등호를 $\leq$에서 $\geq$로 -1을 곱해서 변경한다. 곱셈 작업을 효율적으로 하기 위해서 대각 행렬을 사용하는 것이 더 좋으며, 다음과 같은 행렬이 된다.

$$\begin{pmatrix} t_1 & 0 & \ldots & 0 \\ 0 & t_2 & \ldots & 0 \\ & & \ldots & \\ 0 & 0 & \ldots & t_n \\ -t_1 & 0 & \ldots & 0 \\ 0 & -t_2 & \ldots & 0 \\ & & \ldots & \\ 0 & 0 & \ldots & -t_n \end{pmatrix} \begin{pmatrix} \lambda_1 \\ \lambda_2 \\ \ldots \\ \lambda_n \end{pmatrix} = \begin{pmatrix} C \\ C \\ \ldots \\ C \\ 0 \\ 0 \\ \ldots \\ 0 \end{pmatrix} \tag{8.27}$$

이들을 다 조합하면 해법기에 대입할 행렬을 만들 수 있고, 이를 다음의 코드에서 수행한다.

```
# 제한 조건들에 대해서 행렬들을 조합
P = targets*targets.transpose()*self.K
q = -np.ones((self.N,1))
if self.C is None:
    G = -np.eye(self.N)
    h = np.zeros((self.N,1))
```

```
    else:
        G = np.concatenate((np.eye(self.N),-np.eye(self.N)))
        h = np.concatenate((self.C*np.ones((self.N,1)),np.zeros((self.N,1))))
A = targets.reshape(1,self.N)
b = 0.0

# 2차 함수 해법기를 수행
sol = cvxopt.solvers.qp(cvxopt.matrix(P),cvxopt.matrix(q),cvxopt.matrix(G),
    cvxopt.matrix(h), cvxopt.matrix(A), cvxopt.matrix(b))
```

구현에 있어서 몇 가지 참신한 점들이 있는데 그중 하나는 다음 다항식 커널에서 보듯이 트레이닝은 분류를 수행하는 함수를 반환한다는 것이다.

```
if self.kernel == 'poly':
    def classifier(Y,soft=False):
        K = (1. + 1./self.sigma*np.dot(Y,self.X.T))**self.degree

        self.y = np.zeros((np.shape(Y)[0],1))
        for j in range(np.shape(Y)[0]):
            for i in range(self.nsupport):
                self.y[j] += self.lambdas[i]*self.targets[i]*K[j,i]
            self.y[j] += self.b

        if soft:
                return self.y
        else:
                return np.sign(self.y)
```

분류 함수가 다른 커널들을 위해서 다른 형태를 가지므로 사용되는 커널에 따라서 함수를 생성해야 한다. 분류기를 위한 핸들은 클래스에 저장되어서 함수는 다음과 같이 호출된다.

```
output = sv.classifier(Y,soft=False)
```

또 다른 참신함은 RBF 커널을 계산하는 데 선형 대수를 사용해서 빠르게 수행하는 것인데 넘파이는 행렬 곱셈을 반복문을 통해서 하는 것보다 더 잘 수행한다. RBF 커널의 요소 $K_{ij} = \frac{1}{2\sigma} \exp(-\|x_i - x_j\|^2)$는 i와 j에 대한 반복문을 사용해서 계산할 수 있지만, 여기서

는 선형 대수를 사용한다.

선형 커널은 $K_{ij} = \mathbf{x}_i^T \mathbf{x}_j$를 계산하는데 행렬의 대각선 요소는 $\|x_i\|^2$이다. $\|x_i - x_j\|^2$를 계산하기 위해서는 이를 확장시켜서 다음과 같이 유도한다.

$$(\mathbf{x}_i - \mathbf{x}_j)^2 = \|\mathbf{x}_i\|^2 + \|\mathbf{x}_j^2\| - 2\mathbf{x}_i^T \mathbf{x}_j. \tag{8.28}$$

이제 중요한 점은 행렬이 올바른 차원의 모양을 갖는지 확인하는 것인데 여기서 넘파이를 사용한다면 $N \times 1$ 행렬의 경우 차원을 잃고 N의 크기만 갖게 만들어서 추가적인 작업이 요구된다. 이를 해결하기 위해서 1의 값을 갖는 행렬을 만들고, 이를 전치 행렬로 만드는 방법을 다음 코드와 같이 사용한다.

```python
self.xsquared = (np.diag(self.K)*np.ones((1,self.N))).T
b = np.ones((self.N,1))
self.K -= 0.5*(np.dot(self.xsquared,b.T) + np.dot(b,self.xsquared.T))
self.K = np.exp(self.K/(2.*self.sigma**2))
```

분류기를 위해서는 같은 방식의 요령을 커널과 테스트 데이터를 곱하는 데 사용할 수 있다.

```python
elif self.kernel == 'rbf':
    def classifier(Y,soft=False):
        K = np.dot(Y,self.X.T)
        c = (1./self.sigma *np.sum(Y**2,axis=1)*np.ones((1,np.shape(Y)[0]))).T
        c = np.dot(c,np.ones((1,np.shape(K)[1])))
        aa = np.dot(self.xsquared[self.sv],np.ones((1,np.shape(K)[0]))).T
        K = K - 0.5*c - 0.5*aa
        K = np.exp(K/(2.*self.sigma**2))

        self.y = np.zeros((np.shape(Y)[0],1))
        for j in range(np.shape(Y)[0]):
            for i in range(self.nsupport):
                self.y[j] += self.lambdas[i]*self.targets[i]*K[j,i]
                self.y[j] += self.b
            if soft:
                return self.y
            else:
                return np.sign(self.y)
```

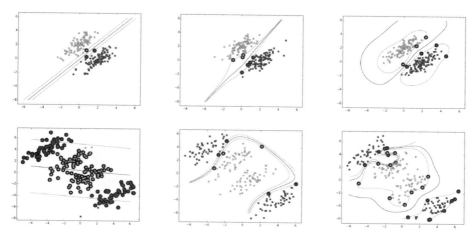

그림 8.7 선형 분리 가능한 데이터(위쪽 행)에 대해서 SVM을 학습시키고 2차원 분리를 수행하기 위해서 데이터에 두 개의 직선(아래 행), 왼쪽 선형 커널, 2차원 다항식 커널(중간), RBF 커널(오른쪽)이 필요하다. 모든 경우에 C = 0.1 값이 적용되었다.

첫 번째 계산 작업은 커널을 계산하는데($\mathcal{O}(m^2n)$인데 m은 데이터 점들의 개수이고, n은 차원의 수) 두 번째 부분은 각각 반복 때마다 해법기 내부에서 커널 행렬의 합과 테스트 행렬의 인수 분해 과정이 요구된다. 일반적으로 인수 분해의 계산 비용은 $\mathcal{O}(m^3)$이며, 이것이 SVM이 큰 데이터세트에 대해서 매우 높은 계산 비용이 요구되는 이유다. 이를 향상시키기 위해서 몇 가지 방법들이 있는데 이에 대한 읽을거리는 이번 장 마지막에 있다.

8.3.2 예제

SVM이 동작하는 것을 보기 위해서 두 가지 클래스가 있는 간단한 2차원 데이터를 사용해 커널들 간의 다른 점을 확인해 본다.

첫 번째 예제는(그림 8.7의 제일 윗줄) SVM이 선형 분리 가능한 데이터를 정확하게 학습할 수 있다는 것을 보여 준다. 다른 커널들은 다른 결정 경계를 만들며, 2차원 그림에서 다항식 커널(중간)과 RBF 커널(오른쪽)의 경우 직선이 아닌 분류 선을 보이고, 다른 커널들에는 다른 개수의 서포트 벡터가 필요하다(두껍게 강조되어 있음).

두 번째 행에는 데이터세트를 하나의 직선으로 분리할 수 없다는 것을 보여 주며, 이를 통해서 선형 커널을 사용해서는 분리할 수 없다. 하지만 다항식 커널과 RBF 커널의 경우 데이터를 몇 개의 서포트 벡터들을 사용해서 성공적으로 분리해 낸다.

두 번째 예제는 네 개의 데이터 포인트들 주변으로 퍼져 있는 **XOR** 데이터세트다. 작은 표준 편차 값과 평균 (0, 0), (0, 1), (1, 0), (1, 1)을 사용한 무작위 가우시안 샘플로 네 개의 세트를 만들었다. 그림 8.8은 100개의 트레이닝과 100개의 테스트 세트를 사용해서 표준 편차 0.1(왼쪽), 0.3(중간), 그리고 0.4(오른쪽)를 사용한 결과들을 보여 준다. 두 클래스에 대한 트레이닝 세트는 검정색과 흰색 원들로 표현되어 있고, 서포트 벡터들은 두꺼운 테두리로 표현되어 있다. 테스트 세트는 검정색과 흰색 사각형으로 표현되었다.

그림의 윗줄에서는 슬랙 변수가 없는 3차 다항식 커널의 경우이고, 두 번째 줄에는 같은 커널의 $C = 0.1$을 적용한 경우이고, 세 번째 줄은 슬랙 변수가 없는 RBF 커널, 마지막 줄은 RBF 커널에 $C = 0.1$을 적용한 경우다. 이 예제의 경우 클래스 간의 경계가 오버랩되기 시작하지만, 슬랙 변수를 사용해서 간단한 결정 경계를 멀리 떨어지게 하고 데이터를 이해하는 데 더 좋은 모델이 된다. 두 경우 모두 다항식과 RBF 커널은 이 문제에 대해서 모두 잘 동작한다.

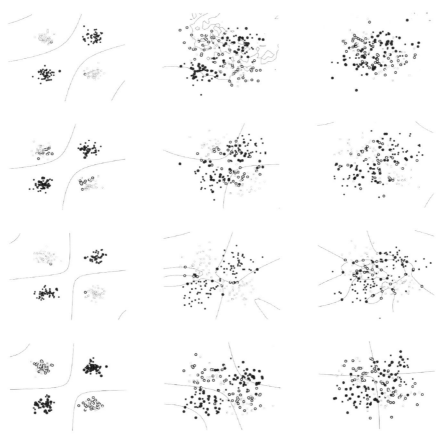

그림 8.8 XOR을 클래스들 간에 조금씩 겹쳐지도록(왼쪽에서 오른쪽) 할 때 다른 커널들의 효과. 윗줄: 슬랙 변수 없이 3차 다항식 커널, 두 번째 줄: $C = 0.1$로 3차 다항식, 세 번째 줄: RBF 커널로 슬랙 변수가 없는 경우, 마지막 줄: RBF 커널을 $C = 0.1$로 설정 시. 서포트 벡터들은 강조했고, 각 클래스에 대한 결정 경계 또한 표시했다.

8.4 SVM의 연장

8.4.1 다계층 분류

SVM을 사용해서 **이진 분류**에 대해서 논의해 봤는데, 다계층에 대해서는 같은 방법을 사용할 수 없다. 사실 SVM은 이진 분류에서만 동작하고 이를 일관되게 적용시킬 수 없다. 매우 심각한 결점으로 보이지만, 조금만 생각해 본다면 다계층 분류에 적용하는 문제도 해결할 수 있다. N개의 클래스에 대한 분류의 경우 SVM을 트레이닝시켜서 하나의 클래스를 모든 다른 클래스들로부터 분류하도록 만들고, 또 다른 분류기로 다른 클래스를 나머지 클래스들로부터 분류하게 만든다. 따라서 N개의 클래스에 대해서는 N개의 SVM이 필요하다. 그렇다면 어떤 SVM을 통해서 나온 결과를 특정 입력 값을 인식하도록 할 것인가? 답은 기저 벡터 입력 점값이 양의 클래스 구역으로 가장 멀리 향하는 가장 강력한 예측 값이 나온 것을 고르도록 하는 것이다. 어떤 것이 가장 강력한 예측 값인지를 찾는 것이 명확하지 않아 보일 것이다. 코드를 통해서 분류 예제들은 클래스의 라벨(y값의 부호) 또는 y의 값을 반환하며, y값은 얼마나 결정 경계에서 멀리 떨어져 있는지를 말해 주며, 잘못된 분류의 경우 음수의 부호를 갖게 된다. 따라서 가장 큰 값을 최고의 분류기로 사용한다.

```
output = np.zeros((np.shape(test)[0],3))
output[:,0] = svm0.classifier(test[:,:2],soft=True).T
output[:,1] = svm1.classifier(test[:,:2],soft=True).T
output[:,2] = svm2.classifier(test[:,:2],soft=True).T

# 어떤 클래스를 고를 것인지에 관한 결정을 한다.
# 가장 큰 마진을 갖는 것을 고른다.
bestclass = np.argmax(output,axis=1)
err = np.where(bestclass!=target)[0]
print len(err)/ np.shape(target)[0]
```

그림 8.9는 아이리스 데이터세트의 첫 2차원만을 사용해서는 데이터를 분류하지 못하며, 두 커널 모두 33%의 정확도를 보이지만, 4차원에 대해서는 RBF와 다항식 커널들은 95%의 정확도를 보여 준다.

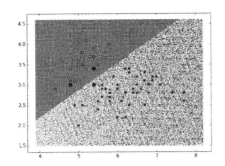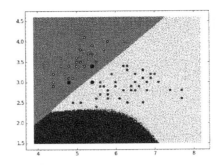

그림 8.9: 선형(왼쪽)과 3차 다항식(오른쪽) 커널은 첫 2차원의 아이리스 데이터세트에 대해서 학습한 경우 다른 두 개의 클래스로부터 하나의 클래스를 분류해 내지만, 나머지 두 개를 분간하지 못한다 (분명한 이유로). 서포트 벡터들은 강조되어 있다.

8.4.2 SVM 회귀

놀랍지만 SVM을 회귀 문제에 사용할 수 있다. 중요한 점은 최소 제곱 오차 함수를 사용하는 것이다(λ는 가중치의 놈 값을 작게 유지시킨다).

$$\frac{1}{2}\sum_{i=1}^{N}(t_i - y_i)^2 + \frac{1}{2}\boldsymbol{\lambda}\|\mathbf{w}\|^2, \tag{8.29}$$

목표 값과 결과 값의 차이가 ϵ보다 작은 값이면, 0을 반환하는 **엡실론 둔감**(ϵ-insensitive) **오차 함수**(E)를 사용해서 변형한다(다른 경우에는 ϵ값을 빼준다). 여전히 작은 서포트 벡터 값을 원하므로 잘 예측되지 않은 점들에 대해서 더 중점을 둔다. 그림 8.10은 오차 함수를 보여 주며, 이는 다음과 같다.

$$\sum_{i=1}^{N}E_\epsilon(t_i - y_i) + \boldsymbol{\lambda}\frac{1}{2}\|\mathbf{w}\|^2. \tag{8.30}$$

다른 책에서는 위의 식을 다른 방법으로 상수 $\boldsymbol{\lambda}$를 두 번째 항 앞에, C를 첫 번째 항 앞에 대입해서 표현하기도 하는데 이를 스케일링하면 같은 식이 된다. 그림 8.3과는 반대의 그림을 생각해야 하는데 이제는 예측 값이 반지름 ϵ의 올바른 선으로 둘러싸인 튜브 안쪽으로 들어오도록 만들어야 한다. 오류를 허가하기 위해서 슬랙 변수를 각 데이터 포인트에 제한 조건과 함께 도입하고, 라그랑지 승수를 도입해서 커널 함수를 사용해 듀얼 문제로 변경한 후 2차 프로그래밍 해법기를 사용해서 문제를 푼다.

결과적으로 테스트 점 $\mathbf{z}$에 대해서 예측을 다음과 같이 한다.

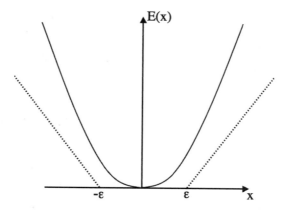

그림 8.10 ϵ값 이하라면 ϵ-insensitive 오차 함수는 0이 된다.

$$f(\mathbf{z}) = \sum_{i=1}^{n} (\mu_i - \lambda_i K(\mathbf{x}_i, \mathbf{z}) + b), \tag{8.31}$$

여기서 μ_i 와 λ_i는 두 세트의 제한 변수들이다.

8.4.3 다른 이점들

커널 방법들과 SVM에 대한 더 진화된 작업들이 많이 있는데 이들은 최적화와 **순차 최소 최적화** 그리고 경판정(hard decisions) 대신 사후 확률을 사용한 **관련성 벡터 머신**(RVM, Relevance Vector Machine)이 있다. '더 읽을거리'에 자료들을 제공한다.

인터넷에 SVM 구현에 다양한 버전들이 있는데 이 책 웹 페이지보다 진화된 코드들도 많다. 대부분 C로 작성되어 있지만, 파이썬과 같은 다른 언어에서 호출할 수 있는 래퍼(wrapper)들도 존재한다. 인터넷 검색을 통해서 찾아볼 수 있으며, SVMLight, LIBSVM, scikit-learn 등이 있다.

더 읽을거리

이번 장에서는 SVM 토픽에 대해서 간략하게 살펴봤다. SVM에 대한 더 자세하고 유용한 자료들은 다음과 같다.

- C.J. Burges. A tutorial on support vector machines for pattern recognition. *Data Mining and Knowledge Discovery*, 2(2):121-167, 1998.

더 많은 정보를 위해서는 다음 책들을 살펴보자(첫 번째 책은 SVM을 소개한 과학자가 썼다).

- V. Vapnik. *The Nature of Statistical Learning Theory*. Springer, Berlin, Germany, 1995.
- B. Schölkopf, C.J.C. Burges, and A.J. Smola. *Advances in Kernel Methods: Support Vector Learning*. MIT Press, Cambridge, MA, USA, 1999.
- J. Shawe-Taylor and N. Cristianini. *Kernel Methods for Pattern Analysis*. Cambridge University Press, Cambridge, UK, 2004.

2차 프로그램에 관해서 더 알고 싶다면 다음 자료를 참고하자.

- S. Boyd and L. Vandenberghe. *Convex Optimization. Cambridge University Press*, Cambridge, UK, 2004.

머신러닝 책들 중 이와 관련된 자료들은 다음에서 찾아볼 수 있다.

- Chapter 12 of T. Hastie, R. Tibshirani, and J. Friedman. *The Elements of Statistical Learning*, 2nd edition, Springer, Berlin, Germany, 2008.
- Chapter 7 of C.M. Bishop. *Pattern Recognition and Machine Learning*. Springer, Berlin, Germany, 2006.

연습 문제

8.1 다음과 같이 두 개의 클래스에 점들의 집합들이 있다고 하자.

$$\text{class 1} \quad : \quad \begin{pmatrix} 1 \\ 1 \end{pmatrix} \begin{pmatrix} 1 \\ 2 \end{pmatrix} \begin{pmatrix} 2 \\ 1 \end{pmatrix} \tag{8.32}$$

$$\text{class 2} \quad : \quad \begin{pmatrix} 0 \\ 0 \end{pmatrix} \begin{pmatrix} 1 \\ 0 \end{pmatrix} \begin{pmatrix} 0 \\ 1 \end{pmatrix} \tag{8.33}$$

위의 점들을 그래프로 그리고 최적의 결정 경계선을 찾아보자. 서포트 벡터는 무엇이고 무엇이 마진인가?

8.2 점들이 다음과 같이 바뀌었다고 가정하자.

$$\text{class 1} \quad : \quad \begin{pmatrix} 0 \\ 0 \end{pmatrix} \begin{pmatrix} 1 \\ 2 \end{pmatrix} \begin{pmatrix} 2 \\ 1 \end{pmatrix} \tag{8.34}$$

$$\text{class 2} \quad : \quad \begin{pmatrix} 1 \\ 1 \end{pmatrix} \begin{pmatrix} 1 \\ 0 \end{pmatrix} \begin{pmatrix} 0 \\ 1 \end{pmatrix} \tag{8.35}$$

다양한 기저 함수들을 사용해서 어떤 함수들이 데이터를 분류할 수 있고, 어떤 함수들이 실패하는지를 살펴보자.

8.3 **와인**(wine) 데이터세트가 적용하고 다양한 커널들을 적용하자. **MLP**를 사용해서 결과들을 비교하고 **이스트**(yeast) 데이터세트에 대해서도 반복하자.

8.4 MNIST 데이터세트에 SVM을 사용해 보자.

8.5 슬랙 변수를 도입하는 것이 듀얼 문제에 대해서 변화를 주지 않음을 다시 확인하자 (제한 사항만 $0 \leq \lambda_i \leq C$로 변경). 식 (8.12)로 시작해서 라그랑지 승수를 도입하고 결과를 식 (8.9)와 비교하자.

CHAPTER

9

최적화와 탐색

이전까지 살펴봤던 모든 알고리즘은 최적화의 요소들이 있었고, 일반적으로 최적화는 오차 함수를 정의하고 이 값을 최소화하는 방향으로 적용되었다. 기울기 하강법에 관해서 이미 살펴봤는데, 이는 많은 머신러닝 알고리즘들의 최적화를 위한 기본적인 형태가 된다. 이번 장에서 기울기 하강법의 공식을 살펴보고, 어떻게 작동하는지 이해해 보고, 변화량이 존재하지 않는 문제에서 기울기 하강법을 사용할 수 없을 경우에 무엇을 수행할 수 있는지 살펴본다.

어떤 방법을 최적화 문제를 푸는 데 사용하든지 기본적인 방법은 같다. 오차 함수의 기울기를 구하기 위해서 미분 값을 구하고, 언덕 아래로 향해 내려가는 길을 따라간다. 하지만 미분 값이 존재하지 않는다면 어떻게 할 것인가? 많은 현실적인 문제들에서 일반적으로 연속 함수를 정의할 수 없는 비연속의 문제와 같은 경우에는 기울기 하강법은 사용될 수 없다. 이론적으로, 비연속적인 문제에 대해서 최적화를 찾기 위해서 가능한 모든 경우들을 탐색할 수 있지만, 일반적으로 흥미로운 문제에서 이런 계산은 불가능하다. 따라서 다른 대안을 생각해 봐야 한다. 몇몇 흥미로운 비연속적 문제들은 다음과 같다.

칩 디자인: 컴퓨터 칩의 회로를 구성하는 데에 회로가 서로 겹치지 않게 하는 문제.

시간표: 학생들의 시간표 충돌을 최소화하면서 어떤 학생을 어떤 수업을 수강시킬지 결정하는 문제(주어진 버스 계획표와 노선들을 가지고 출차 때마다 노선들을 스케줄하는 문제).

외판원 문제: 주어진 도시들을 모두 한 번씩 방문하고, 다시 첫 번째 시작 도시로 돌아오는 여행 방법 중에 가장 짧은 거리의 여행을 계획하는 문제.

한 가지 기억할 점은 탐색 문제에 대한 하나의 이상적인 해법은 존재하지 않는다는 점이다. 따라서 현존하는 모든 문제에 대해 항상 최적의 해법을 보장하는 탐색 알고리즘은 존재하지 않으며, 각 문제의 상황에 따라 가장 적절하고 알맞은 알고리즘을 선택해야 한다. 또한, 해당 알고리즘의 특성을 고려하여 주어진 문제를 잘 표현해야 한다. 이는 종종 장난으로 언급되는 **공짜 점심은 없다**(No Free Lunch)는 이론이다.

9.1 언덕 내려가기

기울기 하강법에 대한 이해를 높이기 위해 식을 유도해 보고, 일반적인 문제에 대해서 지역 최적 값을 찾는 데 사용될 수 있는 것을 살펴본다. 또한, 머신러닝의 일반적인 예제인 최소제곱법의 문제에 대해서 살펴본다.

기본 아이디어는 이미 살펴본 바와 같이 피처 값들을 담고 있는 $(x_1, x_2, ..., x_n)$의 벡터 $\mathbf{x}$에 대한 함수 $f(\mathbf{x})$를 최소화하기 위해 특정 추측 값 $\mathbf{x}(0)$로부터 시작한다. 새로운 점들 $\mathbf{x}(i)$의 순서를 찾아서 해법으로 향하기 위해 하강 방향으로 움직인다. 우리가 살펴볼 방법은 어떤 차원에서든지 작동한다. 따라서 모든 $\mathbf{x}$의 차원에 대해서 미분을 수행해야 한다. 전체 함수들의 집합을 $\nabla f(\mathbf{x})$로 표시하고, 이는 각각의 차원에 기울기 정보를 $(\frac{\partial f}{\partial \mathbf{x}_1}, \frac{\partial f}{\partial \mathbf{x}_2}, ..., \frac{\partial f}{\partial \mathbf{x}_n})$로 담고 있는 벡터다. 그림 9.1은 어떤 함수를 최소화하기 위한 2차원 방향의 집합을 보여 준다.

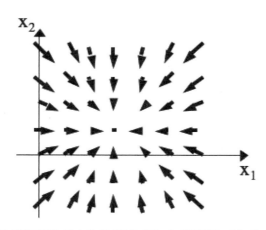

그림 9.1 언덕 내려가기 기울기법은 함수의 최솟값을 찾는다. 해법에서 기울기는 0이 된다. 지역 최솟값이 없는 좋은 예제인데 지역 최솟값 역시 기울기가 0이 된다.

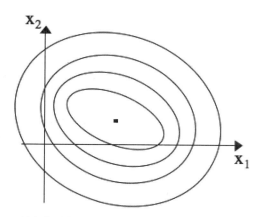

그림 9.2 함수의 같은 값(수준 집합들)이 등고선의 실선으로 표시된다.

우선 살펴볼 점은 찾은 해법이 맞는지 확인하는 부분인데 이는 학습을 중지할 시기를 찾는 문제다. 이는 생각보다는 간단하며, $\nabla f = 0$ 값에 도달했을 때다. 왜냐하면 이때 더 이상 하강할 곳이 없는 위치에 도달했기 때문이다. 언덕을 걸어 내려가다가 모든 것이 평행한 곳에 도달했다면 최저점에 도달한 것이다(물론, 아주 넓은 공간이 아닐 테며 다시 올라가는 길이 시작되겠지만, 내리막의 마지막을 지나 다시 오르막 시작 전의 장소가 될 것이다). 따라서 $\nabla f = 0$ 값을 확인하고, 알고리즘을 중지할 시기를 찾는다. 실제로는 알고리즘 적용 시에는 컴퓨터의 부동소수점 때문에 수치적인 부정확성이 언제나 존재하므로 $|\nabla f| < \epsilon$ 의 공식을 사용한다. 여기서 ϵ는 아주 작은 10^{-5} 정도의 숫자다. 또 다른 개념으로는 더 이상 오를 곳도 내려갈 곳도 없는 평지의 장소를 생각하면 된다. 함수에 같은 값을 갖는 장소들의 전체 집합은 수준 집합들로 알려져 있으며, 이에 대한 예제가 그림 9.2에 나온다. 물론, 다양한 비연속적인 부분들이 수준 집합에 존재하므로 집합을 떠나지 않고는 이를 모두 탐색할 가능성이 없다.

따라서 현재 점 $\mathbf{x}_i$로부터 두 가지 결정해야 할 사항은 다음과 같다. 어떤 방향으로 움직여야 가장 빠르게 내려갈 수 있는지? 그리고 얼마나 움직여야 하는지? 공식들의 두 번째를 먼저 살펴보면 이를 찾기 위한 두 가지 방법이 있다. 가장 간단한 방법은 선형 탐색인데 어떤 방향으로 움직여야 하는지 안다면 최솟값에 도달하기 전까지 이 방향으로 움직이는 것이다. 따라서 이는 선을 따라서 움직이는 탐색의 방법이다. 이를 수학적으로 유도해 보면 현재 $\mathbf{x}_k$에서 다음 $\mathbf{x}_{k+1}$에 대한 추측은 다음과 같다.

$$\mathbf{x}_{k+1} = \mathbf{x}_k + \alpha_k \mathbf{p}_k, \tag{9.1}$$

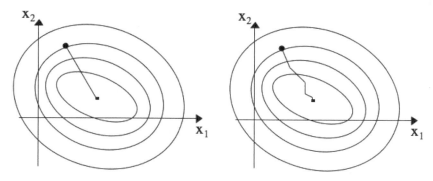

그림 9.3 왼쪽: 이상적인 상황에서는 최솟값을 어떻게 찾아가는지 알고 직선으로 다가갈 수 있다. 하지만 실제로는 이를 알지 못하므로 근사 값을 통해서 오른쪽처럼 접근한다. 오른쪽: 각 단계에서 최급 강하법(steepest descent)의 방향으로 움직인다.

여기서 $\mathbf{p}_k$는 움직여야 하는 방향이고, α_k는 선형 탐색을 통해서 그 방향으로 가야 하는 거리다. α_k를 찾는 것은 계산 비용이 크고 부정확하므로 일반적으로 추측된다.

얼마나 움직여야 하는지를 고르는 다른 방법은 **신뢰 영역**(trust region)이다. 이는 2차식의 지역적 모델 함수를 만드는 부분을 포함하고 있어서 더 복잡한 방법이며, 이를 통해서 모델의 최솟값을 찾는다. 신뢰 영역에 대한 한 가지 예시를 9.2절에서 살펴볼 것이고, 더 많은 정보는 이번 장의 끝에 있는 '더 읽을거리'에 소개된다.

방향 $\mathbf{p}_k$ 역시 다양한 방법으로 선택할 수 있다. 그림 9.3의 왼쪽에는 이상적인 상황을 보여 주는데 최솟값의 방향을 가리키고 선형 탐색은 직선 방향을 찾는다. 최솟값을 모르고 있으므로 이런 방법은 불가능하다(최솟값이 찾는 것). 한 가지 할 수 있는 선택은 **탐욕 (greedy) 방법으로 선택**하는 것인데 이는 각 선택에서 가장 빠른 하강을 택하는 것이다. 이는 **최급강하법**(steepest descent)이라고 부르며, 여기서 $\mathbf{p}_k = -\nabla f(\mathbf{x}_k)$값이다. 여기서 나타나는 문제는 그림 9.3의 오른쪽에서 볼 수 있는데 대부분의 시도하는 방향은 중심으로 향하는 방향이 아니라는 데 있다. 극도의 경우에 전체 최솟값의 아래 방향이 아닌 협곡을 가로질러 가는 방향을 향하는 둥 아주 다른 방향일 수 있다(그림 4.7).

만약에 스텝 크기를 걱정하지 않는다면 $\alpha_k = 1$를 설정하고 식 (9.1)를 이용해서 탐색을 수행한다. 이제 선형 탐색을 해답이 변경하지 않을 때까지(또는 너무 많은 반복을 수행했다고 생각한다면) 계속 반복한다. 또 하나의 계산해야 할 것은 함수의 미분 값인 방향 $\mathbf{p}_k$다. 이는 알고리즘 문제에 따른 특수 사항이며, 작은 예로 3차원 함수 $f(\mathbf{x}) = (0.5x_1^2 + 0.2x_2^2 + 0.6x_3^2)$를 고려해 보자. 벡터의 미분을 계산하면 $\nabla f(\mathbf{x}) = (x_1, 0.4x_2, 1.2x_3)$이며, 이는 아래의 gradient() 함수의 반환 값이다.

```python
def gradient(x):
    return np.array([x[0], 0.4*x[1], 1.2*x[2]])

def steepest(x0):
    i = 0
    iMax = 10
    x = x0
    Delta = 1
    alpha = 1

    while i<iMax and Delta>10**(-5):
        p = -Jacobian(x)
        xOld = x
        x = x + alpha*p
        Delta = np.sum((x-xOld)**2)
        print x
        i += 1
```

최솟값을 계산하기 위해서 시작점을 찾아야 하는데 예를 들면, $\mathbf{x}(0) = (-2, 2, -2)$에서 최급강하 방향을 계산하면 $(-2, 0.8, -2.4)$이 된다. 최급강하법을 통해서 이 문제는 정답 $(0, 0, 0)$에 도달하기 몇 스텝 전부터 그리고 정답과 가깝지도 않은 아주 안 좋은 결과를 보인다.

```
[ 0.  1.20       0.40]
[ 0.  0.72      -0.08]
[ 0.  0.43       0.01]
[ 0.  0.26      -0.00]
[ 0.  0.16       0.00]
[ 0.  0.09      -0.00]
[ 0.  5.69-02  2.56-05]
```

이를 어떻게 발전시킬지를 알아보기 위해서 함수 근사치의 기본을 알아볼 필요가 있다.

9.1.1 테일러 전개식

최급강하법은 **테일러 전개식**의 함수를 기반으로 하는데 이는 함수의 미분 값을 바탕으로 근사치를 접근하는 방법이다. 함수 $f(\mathbf{x})$는 다음과 같이 근사치를 구할 수 있다.

$$f(\mathbf{x}) \approx f(\mathbf{x}_0) + \mathbf{J}(f(\mathbf{x}))|_{\mathbf{x}_0}(\mathbf{x} - \mathbf{x}_0) + \frac{1}{2}(\mathbf{x} - \mathbf{x}_0)^T \mathbf{H}(f(\mathbf{x}))|_{\mathbf{x}_0}(\mathbf{x} - \mathbf{x}_0) + \dots, \qquad (9.2)$$

여기서 $\mathbf{x}_0$는 공통적이고 다소 비슷해서 혼란스러운 표기인 $\mathbf{x}(0)$는 초기 추측, $|\mathbf{x}_0$는 함수가 특정 점에서 평가된 것을 의미하고, $\mathbf{J}(\mathbf{x})$는 벡터의 1차 미분 함수인 **자코비안**(Jacobian)을 의미한다.

$$\mathbf{J}(\mathbf{x}) = \frac{\partial f(\mathbf{x})}{\partial \mathbf{x}} = \left(\frac{\partial f(\mathbf{x})}{\partial x_1}, \frac{\partial f(\mathbf{x})}{\partial x_2}, \cdots, \frac{\partial f(\mathbf{x})}{\partial x_n} \right) \tag{9.3}$$

$\mathbf{H}(\mathbf{x})$은 2차 미분 함수의 **헤시안 행렬**(Hessian matrix) $f(x_1, x_2, \ldots x_n)$의 1차 함수로(기울기의 자코비안)이고, 이는 다음과 같이 정의된다.

$$\mathbf{H}(\mathbf{x}) = \frac{\partial}{\partial \mathbf{x}_i} \frac{\partial}{\partial \mathbf{x}_j} f(\mathbf{x}) = \begin{pmatrix} \frac{\partial^2 f(\mathbf{x})}{\partial x_1^2} & \frac{\partial^2 f(\mathbf{x})}{\partial x_1 \partial x_2} & \cdots & \frac{\partial^2 f(\mathbf{x})}{\partial x_1 \partial x_n} \\ & & \cdots & \\ \frac{\partial^2 f(\mathbf{x})}{\partial x_n \partial x_1} & \frac{\partial^2 f(\mathbf{x})}{\partial x_n \partial x_2} & \cdots & \frac{\partial f_n(\mathbf{x})}{\partial x_n^2} \end{pmatrix}. \tag{9.4}$$

만약, $f(\mathbf{x})$가 **스칼라 함수**라면 $\mathbf{J}(\mathbf{x}) = \nabla f(\mathbf{x})$ 벡터이며, $\mathbf{H}(\mathbf{x}) = \nabla^2 f(\mathbf{x})$는 2차원 행렬이다. 벡터 $f(\mathbf{x}) = f_1(\mathbf{x}), f_2(\mathbf{x})\ldots$에 대해서는 $\mathbf{J}(\mathbf{x})$는 2차 행렬이고, $\mathbf{H}(\mathbf{x})$는 3차원 행렬이다.

식 (9.2)에서 헤시안 항을 무시한다면 스칼라 $f(\mathbf{x})$는 정확하게 최급강하법의 스텝이다. 만약, 식 (9.2)를 최소화하려면 k번째 반복문에서 **뉴턴 방향** $\mathbf{p}_k = -(\nabla^2 f(\mathbf{x}_k))^{-1} \nabla f(\mathbf{x}_k)$이 된다. 여기서 중요한 사항은 헤시안의 역행렬을 사용한다는 것이다. 이에 대한 계산 비용은 $\mathcal{O}(N^3)$이며(N은 행렬의 크기다), 매우 높은 계산 비용이 든다. 이 비용에 대한 대가는 스텝의 크기를 결정하지 않아도 된다는 것이며, 1로 설정하면 된다.

이를 구현하는 데는 기본 최급강하법에서 1줄만 수정하고, 헤시안을 계산하는 함수를 추가하면 된다. 변경되어야 하는 한 줄은 $\mathbf{p}_k$를 계산하는 부분이고, 다음과 같다.

```
p = -np.dot(np.linalg.inv(Hessian(x)),Jacobian(x))
```

간단한 예제에 대해서 알고리즘은 이전의 최급강하법보다 첫 번째 스텝에서부터 아주 좋은 결과를 보여 준다. 하지만 더 복잡한 함수에 대해서는 잘 동작하지 않는데 이는 헤시안 추측 값이 정확하지 않기 때문이다. 하지만 특별한 경우에 대해서 더 잘 수행할 수 있는데 이제 이를 살펴본다.

9.2 최소제곱법

MLP나 선형 회귀 문제 등 많은 알고리즘에서 최소제곱 오류법을 사용하였다. 그만큼 많은 분야에서 최적화 문제를 해결할 때 최소제곱법을 보편적으로 사용하고 있으며, 이는 다른 방법에 비해 비교적 쉽게 문제를 해결할 수 있다는 특별한 특징이 연구되었기 때문이다. 이러한 선행 연구 덕분에 최소제곱 문제를 해결하는 특별한 알고리즘 집합들이 생겨났다. 그중에 하나는 매우 잘 알려진 **레벤버그 말쿼트**(LM, Levenberg-Marquardt) 방법이며, 이는 신뢰 영역 최적화 알고리즘(trust region optimisation algorithm)이다. 이제 LM 알고리즘을 유도하고, 왜 최소제곱 문제가 특별한 경우인지를 살펴본다.

9.2.1 레벤버그 말쿼트 알고리즘

최소제곱법 문제에서 최적화해야 하는 목적 함수는 다음과 같다.

$$f(\mathbf{x}) = \frac{1}{2} \sum_{j=1}^{m} r_j^2(\mathbf{x}) = \frac{1}{2} \|\mathbf{r}(\mathbf{x})\|_2^2, \tag{9.5}$$

여기서 $\frac{1}{2}$ 은 미분을 간단하게 만들기 위함이며, $\mathbf{r}(\mathbf{x}) = (r_1(\mathbf{x}),\ r_2(\mathbf{x}),\ ...,\ r_m(\mathbf{x}))^T$ 이다. 마지막 버전에서 $\mathbf{r}$의 자코비안(전치 행렬(transpose matrix))은 다음과 같다.

$$\mathbf{J}^T(\mathbf{x}) = \left\{ \begin{matrix} \frac{\partial r_1}{\partial x_1} & \frac{\partial r_2}{\partial x_1} & \cdots & \frac{\partial r_m}{\partial x_1} \\ \frac{\partial r_1}{\partial x_2} & \frac{\partial r_2}{\partial x_2} & \cdots & \frac{\partial r_m}{\partial x_2} \\ \cdots & \cdots & \cdots & \cdots \\ \frac{\partial r_1}{\partial x_n} & \frac{\partial r_2}{\partial x_n} & \cdots & \frac{\partial r_m}{\partial x_n} \end{matrix} \right\} = \left[\frac{\partial r_j}{\partial x_i} \right]_{j=1,...,m,\ i=1,...,n}, \tag{9.6}$$

이는 아주 유용한데 원하는 함수의 기울기가 직접 계산되기 때문이다.

$$\nabla f(\mathbf{x}) = \mathbf{J}(\mathbf{x})^T \mathbf{r}(\mathbf{x}) \tag{9.7}$$

$$\nabla^2 f(\mathbf{x}) = \mathbf{J}(\mathbf{x})^T \mathbf{J}(\mathbf{x}) + \sum_{j=1}^{m} r_j(\mathbf{x}) \nabla^2 r_j(\mathbf{x}). \tag{9.8}$$

여기서 장점은 자코비안을 구하면 헤시안의 첫 번째 부분을 자동적으로 계산하게 되며, 이런 이유로 특별한 알고리즘이 최소제곱법 문제를 효율적으로 풀 수 있게 한다. 이를 알아보기 위해서 기울기 하강(gradient-descent) 알고리즘에서처럼 테일러 시리즈의 함수로 (식 9.2) 2차항(헤시안)까지 근사 값을 구한다.

만약 $\|\mathbf{r}(\mathbf{x})\|$가 $\mathbf{x}$에 대한 1차 함수($f(\mathbf{x})$가 2차 함수라는 뜻이다)라면 자코비안은 상수이고, 모든 j에 대해서 $\nabla^2 r_j(\mathbf{x}) = 0$이 된다. 이 경우에 식 (9.7)과 식 (9.8)을 식 (9.2)에 대입하고, 이를 미분하면 다음과 같은 답을 볼 수 있다.

$$\nabla f(\mathbf{x}) = \mathbf{J}^T(\mathbf{J}\mathbf{x} + \mathbf{r}) = 0, \qquad (9.9)$$

따라서 다음과 같이 된다.

$$\mathbf{J}^T\mathbf{J}\mathbf{x} = -\mathbf{J}^T\mathbf{r}(\mathbf{x}). \qquad (9.10)$$

이는 **선형 최소제곱 문제**이므로 풀 수 있는 문제다. 이상적인 경우에 이는 효율적으로 $\mathbf{A}\mathbf{x} = \mathbf{b}$로 표기되고, 다음처럼 직접적으로 풀 수 있다(여기서 $\mathbf{A} = \mathbf{J}^T\mathbf{J}$ 정사각형 행렬이고 $\mathbf{b} = -\mathbf{J}^T\mathbf{r}(\mathbf{x})$이다).

$$\mathbf{x} = -(\mathbf{J}^T\mathbf{J})^{-1}\mathbf{J}^T\mathbf{r}. \qquad (9.11)$$

하지만 이는 계산 비용이 매우 높고 수치적으로 값이 매우 불안해서 선형 대수를 이용해서 **콜레스키 인수분해**(Cholesky factorisation), **QR 인수분해**(QR factorisation), 또는 **특이값 분해**(SVD, Singular Value Decomposition) 등의 다양한 방법으로 $\mathbf{x}$를 찾는다. 6장에서 살펴봤던 고유 벡터(eigenvectors) 방법들은 나중에 살펴볼 것이고, 첫 번째 방법은 18장에서 알아볼 것이다.

특이값 분해는 $m \times n$ 크기의 행렬 $\mathbf{A}$를 다음과 같이 분해한다.

$$\mathbf{A} = \mathbf{U}\mathbf{S}\mathbf{V}^T, \qquad (9.12)$$

여기서 $\mathbf{U}$값과 $\mathbf{V}$값은 서로 **직교인 행렬**이다(역행렬은 전치 행렬이고, $\mathbf{U}^T\mathbf{U} = \mathbf{U}\mathbf{U}^T = \mathbf{I}$ 즉 단위 행렬이다). $\mathbf{U}$는 $m \times m$이고, $\mathbf{V}$는 $n \times n$의 크기다. S는 $m \times n$의 대각선 행렬이고, σ_i는 **특이값**으로 알려진 행렬의 요소다.

선형 최소제곱법의 문제에 적용해서 $\mathbf{J}^T\mathbf{J}$의 SVD를 계산하고, 이를 식 (9.11)에 대입하고 $\mathbf{A}\mathbf{B}^T = \mathbf{B}^T\mathbf{A}^T$와 선형 대수의 단위 행렬을 사용하면 다음과 같다.

$$\mathbf{x} = \left[(\mathbf{U}\mathbf{S}\mathbf{V}^T)^T(\mathbf{U}\mathbf{S}\mathbf{V}^T)\right]^{-1}(\mathbf{U}\mathbf{S}\mathbf{V}^T)^T\mathbf{J}^T\mathbf{r} \qquad (9.13)$$

$$= \mathbf{V}\mathbf{S}\mathbf{U}^T\mathbf{J}^T\mathbf{r} \qquad (9.14)$$

$\mathbf{J}$는 정사각행렬이 아닐지도 모른다는 사실을 해결하기 위해서 다양한 행렬의 크기는 $m \times m$의 $\mathbf{U}$와 $m \times m$의 두 개의 다른 행렬이 된다(m과 n은 식 (9.6)에 정의되어 있고, 보통

$n < m$). $\mathbf{U}$ 행렬을 두 개의 부분인 $m \times n$ 크기의 $\mathbf{U}_1$와 마지막 몇 열들을 두 번째 부분인 $(n-m) \times n$의 $\mathbf{U}_2$로 나눌 수 있다. 이를 통해서 선형 최소제곱의 수식은 다음과 같이 된다.

$$\mathbf{x} = \mathbf{V}\mathbf{S}^{-1}\mathbf{U}_1^T\mathbf{J}\mathbf{r}. \tag{9.15}$$

넘파이에서는 선형 최소제곱법은 np.linalg.lstsq()를 통해서 계산할 수 있고, SVD 분해는 np.linalg.svd()를 사용해서 계산할 수 있다.

비선형 최소제곱 문제에 대한 가장 잘 알려진 레벤버그-말쿼트(LM, Levenberg-Marquardt) 알고리즘 역시 이 유도를 통해서 해결할 수 있다. 알고리즘이 취하는 기본적인 근사치는 식 (9.8)의 나머지 항을 무시하는 것이고, 이를 통해서 각각의 반복을 비선형 최소제곱 문제로 만들어서 $\nabla^2 f(\mathbf{x}) = \mathbf{J}(\mathbf{x})^T\mathbf{J}(\mathbf{x})$가 된다. 이제 해결할 문제는 다음과 같다.

$$\min_{\mathbf{p}} \frac{1}{2}\|\mathbf{J}_k\mathbf{p} + \mathbf{r}_k\|_2^2, \quad \|\mathbf{p}\| \leq \Delta_k, \tag{9.16}$$

여기서 Δ_k는 알고리즘이 근사 값이 잘 수행된다고 가정하는 **신뢰 영역**의 반경이다. 보통의 신뢰 영역 방법들에서 영역의 크기(Δ_k)는 명백하게 통제되는데 LM 알고리즘에서는 $\nu \geq 0$ 파라미터를 사용해서 한다. ν 파라미터는 자코비안 행렬의 대각선 요소들에 추가되며, 이는 **감쇠율**(damping factor)이라고 알려져 있다. 최솟값 $\mathbf{p}$는 다음을 만족한다.

$$(\mathbf{J}^T\mathbf{J} + \nu\mathbf{I})\mathbf{p} = -\mathbf{J}^T\mathbf{r}. \tag{9.17}$$

이는 선형 최소제곱법을 위한 해결책과 매우 유사한 공식이어서 해법기를 사용한다. 비선형 최소제곱법을 위한 해법기들은 많은 선형 최소제곱의 문제들의 비선형 해법을 찾는 데 효율적으로 이용된다. 또한, SVD 분해를 통해서 $\mathbf{J}^T\mathbf{J}$항을 직접 계산하지 않는 아주 유용한 LM 해법기도 있다.

신뢰 영역법의 기본적인 개념은 현재 점에 대한 해법은 2차 함수라는 가정을 통해 이뤄지고, 이 가정을 통해서 현재 스텝의 값을 최소화한다. 실제 축소 값과 예측 값 간의 차이를 계산하고, 신뢰 영역의 크기를 모델에 따라 크게 또는 작게 만든다. 또한, 두 값이 전혀 매치하지 않으면 업데이트 값을 버린다. LM 알고리즘은 매우 일반적인데 변화도와 자코비안을 사용해서 함수를 최소화하며 전체 알고리즘은 다음과 같다.

- 시작점 $\mathbf{x}_0$에서

- $\mathbf{J}^T\,\mathbf{r}(\mathbf{x}) \rangle$ tolerance를 만족하고 최대 반복수를 넘기기 전까지 다음을 반복한다.
  - 반복
    * 선형 최소제곱법을 사용해서 dx에 대한 $(\mathbf{J}^T\mathbf{J} + \nu\mathbf{I})\mathbf{dx} = -\mathbf{J}^T\mathbf{r}$를 푼다.
    * $\mathbf{x}_{new} = \mathbf{x} + \mathbf{dx}$로 설정
    * 실제 값과 예측 값 절감 사이의 비율을 계산:
      · 실제 = $\|f(\mathbf{x}) - f(\mathbf{x}_{new})\|$
      · 예측 = $\nabla f^T(\mathbf{x}) \times \mathbf{x}_{new} - \mathbf{x}$
      · ρ = 실제/예측
    * $0 \langle \rho \langle 0.25$일 경우:
      · 단계를 수용: $\mathbf{x} = \mathbf{x}_{new}$
    * $\rho \rangle 0.25$일 경우:
      · 단계를 수용: $\mathbf{x} = \mathbf{x}_{new}$
      · 신뢰 영역의 크기를 확장(reduce ν)
    * 나머지의 경우:
      · 단계 기각
      · 신뢰 영역의 크기를 축소(increase ν)
  - $\mathbf{x}$가 업데이트되거나 전체 반복 횟수를 넘기기 전까지

사이파이(SciPy)에서는 LM 최적자는 **최적화** 모듈에 포함되어 있는데 scipy.optimize(). leastsq()를 통해서 사용할 수 있다. 사이파이 최적기를 사용하는 일반적인 예들은 9.3.2절에 주어진다.

비선형 최소제곱법을 사용하는 두 개의 예제를 이제 살펴보자. 먼저, 두 개의 2차 함수 항을 더한 함수의 최솟값을 찾는 제곱합 문제를 살펴보고, 두 번째로는 데이터에 적합 함수를 최소화하는 것을 살펴본다.

먼저 최소화할 함수는 로젠브록(Rosenbrock's) 함수다.

$$f(x_1, x_2) = 100(x_2 - x_1^2)^2 + (1 - x_1)^2. \tag{9.18}$$

길고 좁은 계곡을 갖는 일반적인 문제이지만, 최적화 해법에 있어 특별히 쉬운 경우의 문제는 아니다(물론, 손으로 문제를 푼다면 $x_1 = 1$, $x_2 = 1$이 최솟값이라는 것은 매우 명확해 보인다). 제곱합 문제의 형태로 식을 어떻게 변경할지를 찾는 것이 이 문제의 핵심이며, 이는 다음과 같다.

$$\mathbf{r} = (10(x_2 - x_1^2), 1 - x_1)^T. \tag{9.19}$$

자코비안은 다음과 같다.

$$\mathbf{J} = \begin{pmatrix} -20x_1 & 10 \\ -1 & 0 \end{pmatrix}.$$ (9.20)

여기 표현법에서 $f(x_1, x_2) = \mathbf{r}^T \mathbf{r}$이고, 기울기는 $\mathbf{J}^T \mathbf{r}$이다. 이를 파이썬 함수를 통해 작성하면 다음과 같다.

```python
def function(p):
    r = np.array([10*(p[1]-p[0]**2),(1-p[0])])
    fp = np.dot(transpose(r),r)
    J = (np.array([[-20*p[0],10],[-1,0]]))
    grad = np.dot(J.T,r.T)
    return fp,r,grad,J
```

(−1.92,2)의 시작점에서 알고리즘을 수행하면 다음과 같은 결과 값이 나오는데 여기서 각 선에 출력되는 번호들은 함수의 값, 주어진 파라미터들, 기울기, ν의 값이다.

```
f(x)      Params       Grad      nu
292.92    [ 0.66 -6.22] 672.00    0.001
4421.20   [ 0.99 0.87]  1099.51   0.0001
1.21      [ 1.00 1.00]  24.40     1e-05
8.67-07   [ 1.00 1.00]  0.02      1e-06
6.18-17   [ 1.00 1.00]  1.57-07   1e-07
```

함수를 데이터에 맞추는 두 번째 문제의 경우에 선형 최소제곱법의 형태로 변경하기에 꽤 복잡한 함수다.

$$y = f(p_1, p_2) = p_1 \cos(p_2 x) + p_2 \sin(p_1 x),$$ (9.21)

여기서 p_i는 맞춤(fit)을 위한 함수이고, x는 함수의 맞춤(fit)을 수행할 데이터 점들이다. sin이나 cos은 2π마다 주기적인 함수여서 많은 최솟값들이 존재해서 맞춤이 어려운 함수다. 데이터 맞춤(fitting problem) 문제에 대해서는 알고리즘은 일반적인 x 점들에 노이즈들이 추가되어서 y 값들의 데이터가 생성된다고 가정한다. 이제 줄여 나가야 할 제곱합 오류는 y 데이터와 현재 맞춤값 간의 차이를 통해 이루어진다(파라미터 예측 값들은 $\hat{p_1}$, $\hat{p_2}$).

$$\mathbf{r} = y - \hat{p}_1 \cos(\hat{p}_2 x) + \hat{p}_2 \sin(\hat{p}_1 x).$$ (9.22)

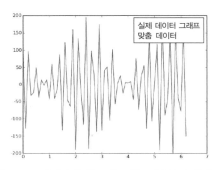
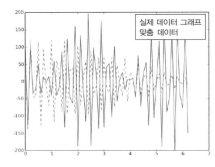

그림 9.4 데이터에 최소제곱법을 적용하기 위해 레벤버그 말쿼트 알고리즘 식 (9.21)을 사용한다. 왼쪽 그래프는 정답에 수렴하고, 오른쪽 그래프는 정답에서 가깝게 시작했지만, 이를 찾지 못하고 아주 크게 다른 결과 값을 보여 준다.

함수에 대한 자코비안은 조심스러운 미분이 요구되는데 전체 문제는 최적화기에 달려 있다. 그림 9.4는 두 개의 예제들이 $p_1 = 100$, $p_2 = 102$을 복원하는 것을 볼 수 있다. 왼쪽의 경우 시작점은 (100.5, 102.5)이고, 오른쪽의 경우는 (101, 101)이다. LM은 지역 최솟값에 매우 영향을 받는데 왼쪽의 경우에는 8번의 반복으로 수렴하지만, 오른쪽의 경우에는 정답에서 매우 가까운 곳에서 시작했음에도 불구하고 (100.89, 101.13) 값에 머물고 실패한다.

9.3 켤레 기울기

우리가 풀고자 하는 문제들이 모두 최소제곱 문제는 아니다. 좋은 소식은 무작위의 목적 함수를 최소화하는데 최급강하법보다 더 잘 수행할 수 있는 방법이 있다는 것이다. 여기서 중요한 점은 그림 9.3에서 보듯이 최급강하법을 사용한 선들이 같은 방향으로 향하고 있다는 점이다. 먼저, 이동 거리를 안다면 찾은 방향으로 한 번만 수행하면 되고, 2차원에서는 수직 방향으로 한 번 수행하면 된다. 그림 9.5에서처럼 x 방향으로 한 단계 y축으로 한 단계 하면 최소화를 수행할 수 있다. 마찬가지로 n차원의 경우에는 n번의 단계가 필요할 것이다. 이것이 켤레 기울기의 목적이다. **켤레 기울기**(conjugate gradient)에서는 이를 선형 문제의 경우에 잘 수행하고, 비선형의 경우에는 몇몇의 단계 반복을 요구하지만, 여전히 다른 방법보다 실제 문제에 적용할 때 더 효율적이다.

실제적으로 수직인 방향들을 선택하는 것은 해법의 공간에 대한 충분한 정보가 없으므로 불가능하다. 하지만 이를 **켤레** 또는 **a-직교**(a-orthogonal)로 만들면 가능해진다. 어떤 행렬 **A**에 대해서 $\mathbf{p}_i$, $\mathbf{p}_j$ 두 벡터들이 $\mathbf{p}_i^T \mathbf{A} \mathbf{p}_j = 0$을 만족한다면 켤레라고 한다. 그림 9.2의 타

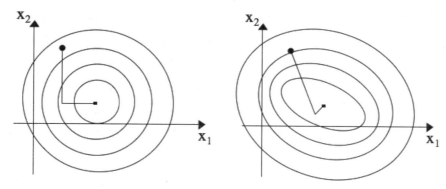

그림 9.5 왼쪽: 방향이 서로 직교하고 스텝 크기가 정확하다면 데이터의 각 차원으로 단 한 번씩의 스텝만 필요하며, 예제에서는 단 두 번이 필요하다. 오른쪽: 타원의 경우에 켤레 방향들이 서로 직교하지 않는다.

원 등고선에 대한 켤레선들은 그림 9.5의 오른쪽에 나와 있다. 놀랍게도 식 (9.1)의 선형 탐색은 같은 방향으로 풀이가 가능한데 이는 각 방향들이 서로 방해하지 않기 때문이다.

$$\alpha_i = \frac{\mathbf{p}_i^T\left(-\nabla f(\mathbf{x}_{i-1})\right)}{\mathbf{p}_i^T\mathbf{A}\mathbf{p}_i}. \tag{9.23}$$

이제 함수를 사용해서 0으로 가는 값을 찾아야 하는데 **뉴턴 랩선**(Newton–Raphson) 반복을 다음과 같이 사용할 수 있다. 켤레 방향을 찾을 수 있다면 선형 탐색은 더 쉬워진다. 어떻게 이를 찾아야 하는지가 남겨진 문제다. **그램 슈미츠 과정**(Gram–Schmidt process)을 사용하면 가능한데, 후보 해법들을 선택해서 새로운 방향들을 만들고, 이미 사용된 방향들과 같은 방향인 부분들은 제거한다. 먼저, 서로 수직 방향인 벡터들 u_i를 선택해서 시작한다(기본 축들을 사용하는 것만으로 충분하다. 더 좋은 방법들도 존재하지만, 이 책의 영역을 넘어선다).

$$\mathbf{p}_k = \mathbf{u}_k + \sum_{i=0}^{k-1}\beta_{ki}\mathbf{p}_i. \tag{9.24}$$

두 개의 가능한 β 항들이 사용될 수 있는데 정사각 자코비안의 업데이트 전과 후의 비율을 바탕으로 이루어진다. **플레처 리브스**(Fletcher–Reeves) 공식은 다음과 같다.

$$\beta_{i+1} = \frac{\nabla f(\mathbf{x}_{x+1})^T\nabla f(\mathbf{x}_{i+1})}{\nabla f(\mathbf{x}_i)^T\nabla f(\mathbf{x}_i)}, \tag{9.25}$$

폴락 리비에르(Polak–Ribiere) 공식은 다음과 같다.

$$\beta_{i+1} = \frac{\nabla f(\mathbf{x}_{i+1})^T\left(\nabla f(\mathbf{x}_{i+1}) - \nabla f(\mathbf{x})_i\right)}{\nabla f(\mathbf{x}_i)^T\nabla f(\mathbf{x}_i)}. \tag{9.26}$$

두 번째 공식이 보통 더 빠르게 수행하지만, **수렴**하는 데 실패하는 경우가 종종 있다.

종합해서 전체 알고리즘을 살펴보겠다. 초기 탐색 방향 $\mathbf{p}_0$를 계산하고(최급강하법), $f(\mathbf{x}_i + \alpha_i \mathbf{p}_i)$ 함수를 최소화하는 α_i를 선택하고, 이를 이용해서 $\mathbf{x}_{i+1} = \mathbf{x}_i + \alpha_i \mathbf{p}_i$로 설정한다. 다음 방향은 $\mathbf{p}_{i+1} = -\nabla f(\mathbf{x}_{i+1}) + \beta_{i+1}\mathbf{p}_i$이고, β는 두 개의 식 중 하나로 설정한다.

매 n번의 반복마다 알고리즘을 재시작하는 것이 보통인데(n은 문제의 차원수), 왜냐하면 알고리즘은 모든 켤레 방향을 만들어 냈기 때문이다. 알고리즘은 모든 방향들을 돌아가면서 점차 개선될 것이다.

아직 다루지 않은 부분은 어떻게 α_i를 찾는가이다. 일반적으로는 **뉴턴-랩선**(Newton-Raphson) 반복을 사용하는데 이는 다항식의 영점들을 찾는 방법이다. 함수 $f(\mathbf{x} + \alpha \mathbf{p})$의 테일러 전개식을 계산하면 다음과 같다.

$$f(\mathbf{x}+\alpha\mathbf{p}) \approx f(\mathbf{x})+\alpha\mathbf{p}\left(\frac{d}{d\alpha}f(\mathbf{x}+\alpha\mathbf{p})\right)\Bigg|_{\alpha=0} + \frac{\alpha^2}{2}\mathbf{p}\cdot\mathbf{p}\left(\frac{d^2}{d\alpha^2}f(\mathbf{x}+\alpha\mathbf{p})\right)\Bigg|_{\alpha=0}+\dots, \quad (9.27)$$

이를 α에 대해서 미분하는 것은 자코비안과 헤시안 행렬을 요구한다(9.2절에서와 다르게 $\mathbf{r}$이 아닌 $f(\cdot)$에 대한 미분 행렬이다).

$$\frac{d}{d\alpha}f(\mathbf{x}+\alpha\mathbf{p}) \approx \mathbf{J}(\mathbf{x})\mathbf{p} + \alpha\mathbf{p}^T\mathbf{H}(\mathbf{x})\mathbf{p}. \quad (9.28)$$

위의 식을 0으로 설정하면 $f(\mathbf{x} + \alpha\mathbf{p})$의 최솟값은 다음과 같다.

$$\alpha = \frac{\mathbf{J}(\mathbf{x})^T\mathbf{p}}{\mathbf{p}^T\mathbf{H}(\mathbf{x})\mathbf{p}}. \quad (9.29)$$

$f(\mathbf{x})$가 좋은 형태의 함수가 아닌 한 두 번째 미분 근사치는 한 번에 접근할 수 없어서 이 단계를 몇 번 반복하고 0점을 찾아야 하는데 그런 이유로 뉴턴 - 랩선 **반복**이라고 부른다(반복문을 사용해서 값이 더 이상 변화하지 않을 때까지 수행한다).

이를 모두 종합해서 전체 알고리즘을 예제를 살펴보기 전에 정리해 보자.

켤레 기울기

- 시작점 $\mathbf{x}_0$과 종료 파라미터가 주어진 상태에서, $\mathbf{p}_0 = -\nabla f(\mathbf{x})$로 설정
- $\mathbf{p} = \mathbf{p}_0$으로 설정
- $\mathbf{p} > \epsilon^2 \mathbf{p}_0$을 만족하는 동안 다음을 반복:
  - 뉴턴 랩선을 이용해서 α_k와 $\mathbf{x}_{new} = \mathbf{x} + \alpha_k \mathbf{p}$를 계산:
    * 다음을 만족하는 한 반복 $\alpha^2 dp > \epsilon^2$:

- $\alpha = -(\nabla f(\mathbf{x})^T \mathbf{p})/(\mathbf{p}^T \mathbf{H}(\mathbf{x})\mathbf{p})$
- $\mathbf{x} = \mathbf{x} + \alpha\mathbf{p}$
- $dp = \mathbf{p}^T\mathbf{p}$
- $\nabla f(\mathbf{x}_{new})$를 평가
- 식 (9.25) 또는 식 (9.26)을 사용해서 β_{k+1}를 계산
- $\mathbf{p} \leftarrow \nabla f(\mathbf{x}_{new}) + \beta_{k+1}\mathbf{p}$로 업데이트
- 재시작을 위해 검사

9.3.1 켤레 기울기의 예제

함수 $f(\mathbf{x}) = (0.5x_1^2 + 0.2x_2^2 + 0.6x_3^2)$에 대해서 켤레 기울기의 해답을 계산하기 위해서는 자코비안과 헤시안을 다시 사용한다. 먼저, 뉴턴 랩선 단계에서는 α 값이 0.931이 되고, 다음 단계는 식 (9.30)과 같다.

$$\mathbf{x}(1) = \begin{pmatrix} -2 \\ 2 \\ 0 \end{pmatrix} + 0.931 \times \begin{pmatrix} 2 \\ -0.8 \\ 2.4 \end{pmatrix} = \begin{pmatrix} -0.138 \\ 1.255 \\ 0.235 \end{pmatrix} \tag{9.30}$$

이제 $\beta = 0.0337$가 되고, 방향은 다음과 같다.

$$\mathbf{p}(1) = \begin{pmatrix} 0.138 \\ -0.502 \\ -0.282 \end{pmatrix} + 0.0337 \times \begin{pmatrix} 2 \\ -0.8 \\ 2.4 \end{pmatrix} = \begin{pmatrix} 0.205 \\ -0.529 \\ -0.201 \end{pmatrix} \tag{9.31}$$

다음 단계에서 $\alpha = 1.731$이 된다.

$$\mathbf{x}(2) = \begin{pmatrix} -0.138 \\ 1.255 \\ 0.235 \end{pmatrix} + 1.731 \times \begin{pmatrix} 0.205 \\ -0.529 \\ -0.201 \end{pmatrix} = \begin{pmatrix} -0.217 \\ -0.136 \\ 0.136 \end{pmatrix} \tag{9.32}$$

그리고 업데이트는 다음과 같다.

$$p(2) = \begin{pmatrix} -0.217 \\ -0.136 \\ 0.136 \end{pmatrix} + 0.240 \times \begin{pmatrix} 0.205 \\ -0.529 \\ -0.201 \end{pmatrix} = \begin{pmatrix} -0.168 \\ -0.263 \\ 0.088 \end{pmatrix} \tag{9.33}$$

세 번째 단계에서 마지막 답은 (0, 0, 0)이 된다.

9.3.2 켤레 기울기와 MLP

체계적인 파이썬 라이브러리인 사이파이는 일반적인 최적화 알고리즘을 수행하기 위한 집합들이 scipy.optimize에 제공되며, 인터페이스 함수(scipy.optimize.minimize())는 다른 함수들을 호출할 수 있다. 켤레 기울기 최적화기를 사용해서 4장에서 살펴본 다층 퍼셉트론(MLP, Multi-Layer Perceptron)의 가중치들을 찾는 데 라이브러리에서 제공하는 방법들을 사용해 보겠다. 이번 장에서는 제1원리(first principles)의 역전파 오류들의 기울기 하강을 바탕으로 알고리즘을 유도해 보겠다.

기울기 하강 알고리즘을 사용하기 위해서는 최소화를 수행할 함수를 만들어야 하는데 어디에서 탐색을 시작할지에 대한 추측과 각 변수들의 선호 기울기(preferably the gradient)를 유도해야 한다. 선호 기울기라고 부르는 이유는 많은 알고리즘이 기울기에 대해서 정확한 값을 도출할 수 없으므로 수치적인 예측을 생성해야 하기 때문이다. 하지만 MLP를 위한 기울기는 꽤 계산하기 쉬우므로 예측 값을 사용할 필요는 없다. 제곱합 오류를 MLP에 사용해서 세 개의 활성화 함수를 유도한다. 세 개의 활성화 함수는 정규 로지스틱 함수(normal logistic fuction), 회귀 문제에 사용되었던 선형 활성화 함수, 4.6.5절에서 이미 살펴본 소프트맥스(soft-max) 활성화 함수다.

위에서 언급한 대로 대부분의 사이파이 최적화기에는 인터페이스 함수가 제공되는데 다음과 같은 형태다.

```
scipy.optimize.minimize(fun, x0, args=(), method='BFGS', jac=None, hess=None,↵
hessp=None, bounds=None, constraints=(), tol=None, callback=None, options=None)}.
```

실제 기울기 하강 알고리즘 방법에 대한 선택은 BFGS(Broyden, Fletcher, Goldfarb, Shanno의 약자로 9.1.1절의 뉴턴 방법(Newton method)의 한 부류이며, 이는 헤시안의 근사치를 계산한다)와 CG(켤레 기울기 알고리즘)를 포함하고 있다.

코드의 부분을 살펴보면 오차 함수와 미분을 계산할 함수를 전달해야 하는 것을 알 수 있다. 두 개의 함수 모두 인수(argument), 특히 네트워크에 입력 값과 입력 값이 만들어 내는 목표 값을 입력받는다. 사이파이 최적화기는 파라미터들의 벡터에 대한 최솟값을 찾지만, 여기서 우리는 두 개의 가중치 행렬을 갖고 있다. 두 개의 가중치 행렬을 벡터로 변환해야 하고, 다시 사용되기 전에 합쳐야 한다. 이는 다음을 사용해서 가능하다.

```
w = np.concatenate((self.weights1.flatten(),self.weights2.flatten()))
```

기울기에 대해서도 같은 방법이 요구된다. 최적기가 실행되기 전에 이를 분리시켜야 하고, 다시 값을 가중치 행렬 형태로 변경해야 한다.

```
split = (self.nin+1)*self.nhidden
self.weights1 = np.reshape(wopt[:split],(self.nin+1,self.nhidden))
self.weights2 = np.reshape(wopt[split:],(self.nhidden+1,self.nout))
```

최적기는 또한 가중치에 대해서 x0 초기화가 필요하지만, 원래 알고리즘에서는 이미 작은 양수 또는 음수의 값으로 설정되어 있으므로 이를 사용하면 된다.

4장에서 구현한 MLP 버전의 문제였기도 하지만, 큰 문제가 되지 않았던 수치적인 세부사항에 대해서 생각해야 한다. 시그모이드 함수를 사용할 때 이에 대한 지수 함수를 적용하면 부동소수가 넘치게 되어서 너무 커지거나 0에 가까워진다. 4.6.6절의 크로스 엔트로피(cross-entropy) 오차 함수를 사용할 때 나타나는 문제인데 로그 함수를 적용할 때 입력값의 범위를 잘 조절해야 하기 때문이다. 넘파이는 이런 부분의 확인을 쉽게 해주며, 원래 MLP의 오류 계산을 다음과 같이 변경한다.

```
# 다른 타입들의 출력 뉴런들
if self.outtype == 'linear':
    error = 0.5*np.sum((outputs-targets)**2)
elif self.outtype == 'logistic':
    # 0이 아닌지 확인
    maxval = -np.log(np.finfo(np.float64).eps)
    minval = -np.log(1./np.finfo(np.float64).tiny - 1.)
    outputs = np.where(outputs<maxval,outputs,maxval)
    outputs = np.where(outputs>minval,outputs,minval)
    outputs = 1./(1. + np.exp(-outputs))
    error = - np.sum(targets*np.log(outputs) + (1 - targets)*np.log(1 - outputs))
elif self.outtype == 'softmax':
    nout = np.shape(outputs)[1]
    maxval = np.log(np.finfo(np.float64).max) - np.log(nout)
    minval = np.log(np.finfo(np.float32).tiny)
    outputs = np.where(outputs<maxval,outputs,maxval)
    outputs = np.where(outputs>minval,outputs,minval)
    normalisers = np.sum(np.exp(outputs),axis=1)*np.ones((1,np.shape(outputs)[0]))
```

```
y = np.transpose(np.transpose(np.exp(outputs))/normalisers)
y[y<np.finfo(np.float64).tiny] = np.finfo(np.float32).tiny
error = - np.sum(targets*np.log(y));
```

마지막으로, 얼마나 정확한 결과 값을 원하는지 결정해야 하며, 최적화를 중지하기 전까지 얼마나 많은 반복을 수행할지를 결정해야 한다. 알고리즘이 최솟값에 도달하면 기울기 함수는 0이 되므로 일반적인 수렴의 조건은 기울기 값이 0에 가까워지는 것이다. 이에 대한 파라미터의 기본값은 1×10^{-5}이고, 이 값은 그대로 사용한다. 또한, 알고리즘을 1만 번 이상 수행하지 않도록 한다. 이를 모두 종합해서 켤레 기울기 최적화기를 호출한다(인터페이스가 아닌 켤레 기울기를 직접적으로 호출하며, 특별히 다른 점은 없다).

```
out = so.fmin_cg(self.mlperror, w, fprime=self.mlpgrad, args=(inputs,targets),↵
maxiter=10000, full_output=True, disp=1)
```

Full_output과 disp 파라미터는 다음과 같이 최적화기가 성공적인지 얼마나 많은 수행을 했는지 등에 대한 리포트를 출력하게 한다.

```
Warning: Maximum number of iterations has been exceeded.
         Current function value: 7.487182
         Iterations: 10000
         Function evaluations: 250695
         Gradient evaluations: 140930
```

이제 남은 것들은 최적화기가 출력하는 새로운 가중치 값인 out[0]의 값을 추출하는 것이며, 이제 알고리즘을 사용할 준비가 끝났다. 4장에서 살펴본 예제들은 모두 사용 가능하고, 변경해야 할 것은 이전 버전에서 켤레 기울기 버전을 임포트하는 것이다.

기울기 하강을 수행하는 다른 방법들도 있는데 몇몇은 특정 문제에 대해서 더 효율적이다(하지만 모든 문제에 다 잘 수행되는 해법기는 존재하지 않는다). 예를 들어, 8장의 SVM에서 사용했던 콘벡스 최적화(convex optimisation)의 경우에 특정 한정 문제의 타입인 기울기 하강법이다. 다음으로, 비연속적인 경우에 어떻게 이를 수행하는지 살펴본다.

9.4 탐색: 세 가지 방법

이제 기울기를 사용하지 않는 세 가지의 다른 최적화 방법을 살펴보겠다. 각각에 대해서 **외판원 문제**(TSP, Travelling Salesman Problem)가 어떻게 작동하는지 살펴본다. TSP는 고전적인 비연속 최적화 문제 중 하나인데 모든 도시들을 모두 한 번씩 방문하고, 다시 시작점으로 돌아오는 최소 거리를 찾는 문제다. 첫 번째 도시로는 N개 중 어떤 것이든 고른다. 다음 도시로는 N − 1개의 선택이 가능하고, 다음으로는 N − 2개가 가능하다. 무차별 대입법(brute force)의 방법으로는 O(N!)가지 가능한 해법이 있고, 이를 모두 살펴보는 것은 불가능하다.

사실, TSP는 NP-hard 문제다. 전체 최댓값을 찾는, 가장 잘 알려진 해법은 **동적 프로그래밍**(dynamic programming)이고, 계산 비용은 $O(n^2 2n)$인데 여기서 이를 살펴보지는 않는다. TSP를 예시로 사용해서 기본 탐색 방법을 알아볼 것이다.

9.4.1 완전 탐색

모든 해결책을 다 시도해 보고, 가장 최선의 것을 택한다. 모든 해결책을 다 확인한다는 말은 꽤 그럴듯하고 마치 전체 중에 최적의 방식을 찾을 수 있다고 보장하는 것처럼 들릴 것이다. 하지만 이는 일반적인 실제 문제의 크기에 적용할 수 없다. TSP의 경우 도시들의 순서에 대해서 거리를 다 생각해 보는, 모든 가능한 방법을 살피는 것은 지수 함수보다 더 비용이 높은 $O(N!)$이 된다.

이는 N이 10보다 클 경우 계산을 할 수 없게 된다. 알고리즘의 가장 기본적인 부분은 permutation() 함수를 사용해서 가능한 도시들의 순서를 계산하는 것인데 이는 꽤 명확한 방법이다.

```
for newOrder in permutation(range(nCities)):
    possibleDistanceTravelled = 0
    for i in range(nCities-1):
        possibleDistanceTravelled += distances[newOrder[i],newOrder[i+1]]
    possibleDistanceTravelled += distances[newOrder[nCities-1],0]

    if possibleDistanceTravelled < distanceTravelled:
        distanceTravelled = possibleDistanceTravelled
        cityOrder = newOrder
```

9.4.2 탐욕 탐색

탐욕 탐색(greedy search)은 각 단계에서 지역적으로 가장 좋은 선택을 통해서 시스템을 한 번 수행하는 것이다. TSP에서는 하나의 도시를 무작위로 선택하고, 거기서 가장 가까운 도시를 선택하는데 이를 방문하지 않은 도시가 없을 때까지 반복한다. 계산 비용은 매우 저렴하지만($O(N \log N)$), 최적화 해답을 꼭 찾는다는 보장도 없고, 좋은 해답을 얻는다는 보장도 없다. 코드는 다음과 같이 매우 간단하다.

```
for i in range(nCities-1):
    cityOrder[i+1] = np.argmin(dist[cityOrder[i],:])
    distanceTravelled += dist[cityOrder[i],cityOrder[i+1]]
    # 다시 같은 도시로 돌아갈 경우를 제거한다.
    dist[:,cityOrder[i+1]] = np.Inf

# 처음 도시로 다시 돌아간다.
distanceTravelled += distances[cityOrder[nCities-1],0]
```

9.4.3 언덕 오르기

언덕 오르기(hill climbing) 알고리즘의 기본 개념은 현재 해법을 바탕으로 지역 탐색을 수행하고, 결과를 향상시키는 옵션을 선택하는 것이다(함수를 최소화시키는 것이 목표이기에 언덕을 오르는 것으로 설명하는 것은 이상하지만, 최대화와 최소화의 차이는 단지 공식 앞에 붙는 부호로 정해지는 것이며, 언덕 내리기보다는 언덕 오르기가 더 그럴듯하게 들린다). 지역 탐색을 통해 하는 선택은 **무브 세트**(move-set)라고 부른다. 이는 현재의 해법이 어떻게 변경되어야 새로운 해법을 만들 수 있는지를 서술한다. 2차원의 유클리드 공간에서 움직이는 것을 생각한다면 가능한 움직임은 북, 남, 동, 서쪽 중 한 방향으로 한 칸 움직이는 것이다.

TSP에서 언덕 오르기법은 전체 여행의 길이가 줄어드는지를 살펴보는 것이다. 정해진 횟수만큼 변경이 이루어지고 알고리즘이 멈추든가, 도시를 무작위로 바꾸는 작업이 더 이상 알고리즘을 향상시키지 못하면 알고리즘이 멈추게 된다. 탐욕 탐색과 마찬가지로 좋은 해법이 어떤지를 예측하는 것은 불가능하고, 전체 최댓값을 찾을 가능성은 있지만 이는 보장되지 않으며, 첫 번째 만난 지역 최댓값에 머무를 수도 있다. 가장 중요한 반복 작업은 두 개의 도시를 선택하고 바꾸고 만약 전체 거리가 줄어든다면 이를 유지하는 것이다.

```
for i in range(1000):
    # 바꿀 도시들을 선택한다.
    city1 = np.random.randint(nCities)
    city2 = np.random.randint(nCities)
    if city1 != city2:
        # 도시 집합을 다시 정렬한다.
        possibleCityOrder = cityOrder.copy()
        possibleCityOrder = np.where(possibleCityOrder==city1,-1, possibleCityOrder)
        possibleCityOrder = np.where(possibleCityOrder==city2,city1, possibleCityOrder)
        possibleCityOrder = np.where(possibleCityOrder==-1,city2, possibleCityOrder)

        # 새로운 거리들을 계산한다.
        # 이 작업은 보다 효율적으로 수행될 수 있다.
        newDistanceTravelled = 0
        for j in range(nCities-1):
            newDistanceTravelled += distances[possibleCityOrder[j],
            possibleCityOrder[j+1]]
        distanceTravelled += distances[cityOrder[nCities-1],0]

        if newDistanceTravelled < distanceTravelled:
            distanceTravelled = newDistanceTravelled
            cityOrder = possibleCityOrder
```

언덕 오르기는 세 개의 함수에 대해서 아주 잘 동작하지 못한다. 실제로 언덕을 오르는 장면을 생각하면서 이를 설명할 수 있다.

첫 번째로 최적 값 주변에 많은 언덕이 존재할 경우에 알고리즘은 지역 최댓값에 오르고, 그곳에 머무를 수 있으며, 최적화 해법을 찾는 데 많은 시간이 걸릴 것이다. 두 번째는 평지의 경우에 어떠한 알고리즘의 변경도 해법에 영향을 미치지 못한다. 이 경우에 해법은 무작위로 변경되고, 최댓값은 못 찾을 수 있다. 세 번째 경우는 매우 경사가 급한 산등성이의 경우 대부분의 방향이 내리막길이어서 실제 최댓값에 이르기도 전에 이미 최댓값에 도달했다고 생각한다.

9.5 활용과 탐험

탐색의 방법은 **탐색** 공간을 탐험하는 방법이라고 생각할 수 있으며, 항상 새로운 해법을 시도하고(예를 들면, 완전 탐색을 수행), 현재 가장 좋은 해법의 지역적 변형을 시도하고(예를 들면, 언덕 오르기 수행), 현재 가장 좋은 해법을 활용한다. 가장 이상적인 것은 두 가지 방법,

그림 9.6 슬롯머신은 팔이 하나고 도박을 하는 당신의 돈을 훔치는 기계다.

즉 현재의 최고 해법을 지역 **탐색**을 통해서 향상시키는 방법과, 이와 더불어 또 다른 탐색 공간에 더 좋은 해법이 있을 경우를 대비해서 살펴보는 방법을 합치는 것이다.

이를 생각해 볼 수 있는 방법은 **n개 당김팔**(n-armed bandit) 문제다. 라스베가스 카지노에 슬롯머신(그림 9.6의 손잡이가 하나인 슬롯머신)이 가득하다고 생각하자. 얼마의 돈을 배당받을 수 있는지 또는 어떤 확률로 배당받을 수 있는지에 관해서 각각의 슬롯머신에 관해서 아는 정보가 없다고 하자. 학생대출을 통해서 50센트 동전 한 움큼을 갖고 방 안에 들어서서 한해 동안의 맥주 구입 비용을 벌기 위해서는 어떤 기계를 선택해야 할까?

처음에는 어떤 정보도 없으므로 무작위로 선택한다. 하지만 탐색하면서 어떤 기계가 좋은지에 대한 정보가 쌓이게 된다(여기서 좋은 기계란 배당이 높은 것을 뜻한다). 이를 계속 수행해서(지식을 활용) 또는 더 좋은 배당을 올리기 위해서 새로운 기계를 사용하는(탐험을 통해서) 시도를 한다. 가장 이상적인 방법은 두 가지를 모두 적당하게 사용하는 것인데 충분한 돈을 유지하기 위해서 알고 있는 최고의 기계를 활용하고, 이와 더불어 또 다른 최고의 기계를 탐험한다.

활용과 탐험의 조합은 진화에서 잘 볼 수 있는데 다음 장에서 이를 생물학이 아닌 물리학적인 측면에서 더 살펴보겠다.

9.6 담금질 기법

통계역학 물리학자들은 매우 큰 시스템을 다뤄야 하며(수만 개의 분자), 계산 시간은 매우 길다. 그래서 근사 값의 해답을 찾기 위해서 **확률적인 방법**을 개발했고(무작위성에 바탕), 이를 통해서 정확한 해법에 필요한 대량의 계산 시간을 요구하지 않도록 만들었다.

이제 살펴볼 방법은 실제 물리학 시스템이 매우 안정된 낮은 에너지의 상태로 만들어지는 것을 바탕으로 만들어졌다. 시스템이 데워지면 주변에 충분한 에너지가 생성되고, 시스템은 무작위성이 매우 높아진다. **담금질 스케줄**이 적용되면 물질의 온도를 낮추게 되어 낮은 에너지의 형태로 **안정화된다**. 앞으로 다룰 담금질 기법에서는 이와 동일한 개념을 적용할 것이다.

무작위의 높은 온도 T에서 시작하자. 무작위로 단계를 설정하고 값들을 변경하고, 시스템의 전과 후 에너지 값을 살펴본다. 만약에 온도가 낮아진다면 시스템은 이를 선호할 것이고, 이 변화를 택한다. 지금까지는 기울기 하강법과 유사하다. 하지만 에너지가 낮아지지 않는다면 해법을 택할지 말지를 여전히 고려해야 한다. 이를 평가하기 위해서 $E_{before} - E_{after}$를 사용하고, 새로운 해법이 0부터 1까지에서 균일 무작위 값과 $\exp((E_{before} - E_{after}) / T)$를 비교해서 만약에 균일 무작위 값보다 크다면 수용하며(지수의 음수 값은 0에서 1까지의 값을 갖는다), 이는 **볼츠만 분포**(Boltzmann distribution)라고 불린다. 가끔 나쁜 상태도 받아들이곤 하는데 이는 높은 에너지의 상태를 받아들임으로써 지역적 최솟값에서 벗어나는 기회가 된다.

몇 번을 반복하고 나면 온도를 줄이기 위해 담금질 기법이 적용되어서 온도가 0에 이를 때까지 계속된다. 온도가 계속 낮아짐에 따라서 높은 상태의 에너지를 받아들일 확률 또한 높아진다. 가장 일반적인 담금질 스케줄은 $T(t + 1) = cT(t)$이고, 여기서 $0 < c < 1$이 된다(일반적으로 $0.8 < c < 1$을 적용). 자주 살펴보기 위해서는 담금질을 천천히 할 필요가 있다. TSP에 대해서 모의 담금질(simulated annealing)을 적용시키는 최고의 방법은 언덕 오르기 알고리즘을 변형해서 도시의 순서를 변경하는 것에 대한 승인의 조건을 변경하는 것이다.

```
if newDistanceTravelled < distanceTravelled or (distanceTravelled - ↲
newDistanceTravelled) < T*np.log(np.random.rand()):
    distanceTravelled = newDistanceTravelled
    cityOrder = possibleCityOrder


# 담금질 스케줄
T = c*T
```

9.6.1 비교

TSP에 대해서 네 가지 방법 모두를 다섯 개의 도시에 적용하면 다음과 같은 결과가 되고, 최고의 해법을 찾을 수 있다. 첫 번째 줄에는 거리가 나오고, 두 번째 줄에는 걸린 시간이 초로 나온다.

```
>>> TSP.runAll()
Exhaustive search
((3, 1, 2, 4, 0), 2.65)
0.0036
Greedy search
((0, 2, 1, 3, 4), 3.27)
0.0013
Hill Climbing
((4, 3, 1, 2, 0]), 2.66)
0.1788
Simulated Annealing
((3, 1, 2, 4, 0]), 2.65)
0.0052
```

10개의 도시에 대해서는 꽤 다른 결과가 나온다. 작은 도시의 개수에 대해서도 완결 탐색이 오래 걸리는데 이는 탐색에서 얼마나 근사 값이 중요한지를 보여 준다. 탐욕 탐색은 이 경우에 대해서 아주 잘 수행하지만, 이는 단지 우연일 뿐이다.

```
Exhaustive search
((1, 5, 10, 6, 3, 9, 2, 4, 8, 7, 0), 4.18)
1781.0613
Greedy search
((3, 9, 2, 6, 10, 5, 1, 8, 4, 7, 0]), 4.49)
0.0057
Hill Climbing
((7, 9, 6, 2, 4, 0, 3, 8, 1, 5, 10]), 7.00)
0.4572
Simulated Annealing
((10, 1, 6, 9, 8, 0, 5, 2, 4, 7, 3]), 8.95)
0.0065
```

더 읽을거리

수치 최적화에 관한 두 권의 책은 더 많은 정보를 제공한다.

- J. Nocedal and S.J. Wright. *Numerical Optimization. Springer*, Berlin, Germany, 1999.
- C.T. Kelley. *Iterative Methods for Optimization.* Number 18 in Frontiers in Applied Mathematics. SIAM, Philadelphia, USA, 1999.

이번 장의 중간 이후의 부분에 관한 참고 자료는 다음과 같다.

- J.C. Spall. *Introduction to Stochastic Search and Optimization: Estimation, Simulation, and Control*. Wiley-Interscience, New York, USA, 2003.

몇몇의 참고 자료들은 다음과 같다.
- Section 6.9 and Sections 7.1–7.2 of R.O. Duda, P.E. Hart, and D.G. Stork. *Pattern Classification*, 2nd edition, Wiley-Interscience, New York, USA, 2001.

연습 문제

9.1 식 (9.10) 뒤의 토론에서 이 식의 해법이 안정적이지 않다고 했다. 이를 실험해 보고 사실인지 살펴보자.

9.2 CG.py 코드를 수정해서 자코비안과 함께 일반 함수를 적용하도록 만들고, 최솟값을 비교해 보자.

9.3 켤레 기울기를 이용해서 로센브록 함수를 풀 때 플렛처 리브스(식 9.25)와 폴락 리비에르 공식(식 9.26)을 사용해 본다. 어떤 것이 언제 더 잘 동작하는지 확인해 보자.

9.4 파라미터를 a, b, c, x를 −5에서 5 사이에서 선택해서(노이즈도 추가) $a(1 - \exp(-b(x - c)))$ 식으로부터 데이터를 생성한다. 레벤버그 말퀴트 알고리즘을 사용해서 파라미터들을 찾아보자.

9.5 켤레 기울기 버전의 MLP를 수정해서 사이파이(SciPy)에서 제공하는 다른 최적화 알고리즘을 사용하도록 만들고, 결과를 비교하자. 또한, 최적자를 수치 추적값을 통해서가 아닌 정확한 기울기 계산을 사용해서 정지시키도록 하고, 결과가 어떻게 변하는

지 살펴보자.

9.6 후향 알고리즘을 언덕 오르기법에 적용시켜서 안 좋은 지역 최댓값에서 벗어나도록 한다. 코드에 이를 추가시켜서 순회 세일즈맨 문제에 적용해 결과를 보자.

9.7 **논리 충족성** 문제는 NP-complete 문제이며, 논리 연산문의 집합이(예를 들면, $(a_1 \land a_2)$ $\lor (\neg a_1 \lor a_3))$ 참이 되도록 하는 것이다. **참이 되는 값을 찾는** NP-complete 문제다. 언덕 오르기법과 모의 담금질을 문제에 사용할 방법을 고안해 보자.

CHAPTER

10

진화학습

이번 장에서는 이전 장에서 뉴로 사이언스를 다뤘던 것과 같은 방법으로 몇몇 유용한 진화의 개념들을 살펴보고, 이를 컴퓨터 사이언스에 효율적인 학습 방법으로 적용해 보겠다. 이것이 왜 흥미로운지를 살펴보려면 진화를 탐색 문제로 생각해 봐야 한다. 일반적으로 반드시 이렇게 생각하지는 않지만, 동물들은 모든 방법을 통해서 서로 경쟁하며, 예를 들어 서로 먹고 먹히는 관계가 되며, 이런 환경에서 살아남기 위해서 위장을 하거나 포식자에게 독을 사용하기도 한다.

진화는 상상 속의 **적합 지형**(진화생물학에서 사용되는 적합 지형은 유전자형(genotype)과 번식 성공도(reproductive success)와의 상관관계를 시각적으로 표현한다)을 통해서 개체수에 영향을 미치는데 적자생존의 법칙을 따를 때 생존에서 다른 생물체보다도 높은 절대적인 우위를 보여 준다. 말하자면, 여러 다른 동물에 비해서 자손을 만들 만큼 오래 살고 더 매력적이고, 이로 인해 더 많은 배우자를 갖고, 건강한 자손을 더 많이 만들게 된다. 이에 대한 더 자세한 사항은 찰스 다윈의 《종의 기원(Charles Darwin's The Origin of Species)》이나 리처드 다윈의 《눈먼 시계공(The Blind Watchmaker)》 등 수백 권의 책을 통해서 알 수 있다.

유전 알고리즘(GA, Genetic Algorithm)은 진화를 일으키는 유전 과정을 모델링한다. 특별히 유성 생식(sexual reproduction)을 모델링하는데 여기서는 두 명의 부모들이 유전적인 정보를 그들의 자손에게 전달한다. 그림 10.1에서 볼 수 있듯이 생물학적 유기체(biological organisms)는 각 부모가 한쪽의 염색체(chromosome)를 전달하므로 자손은 어떤 유전자를 만들 때 50%의 확률이 된다. 각 유전자의 두 가지 버전 중에(부모로부터 하나씩) 하나의 대립

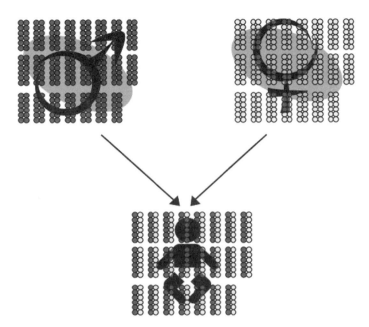

그림 10.1 남성과 여성의 염색체(chromosomes)는 하나씩 자손에게 전달된다.

형질(allele)이 선택된다. 따라서 자식들은 부모와 닮고, 많은 유전성을 전달받는다. 하지만 역시 염색체가 재생산될 때 오류로 생기는 무작위적인 돌연변이가 존재하는데 이는 시간이 지나면서 변화를 만든다. 진정한 유전성은 이보다 훨씬 복잡하지만, 모델링을 위해서 필요한 점만 생각해 본다.

유전 알고리즘은 머신러닝에서 좋은 점과 나쁜 점들이 많이 있으며, 매우 효율적이지만 많은 중요한 파라미터들은 설정하기 힘들고, 좋은 결과를 찾는 것은 보장할 수가 없다. 일반적으로 잘 동작하고 특별한 해법을 찾을 아이디어가 없을 때 매우 인기 있는 알고리즘이다.

지난 장 마지막에서 살펴본 것처럼 유전 알고리즘은 활용과 탐험 모두 수행하는 데 더 좋은 해법을 위해서 단계적으로 향상도 하고, 현재 해법보다 더 좋은 새로운 해법을 찾기도 한다.

또한, 이번 장에서는 두 개의 다른 주제인 유전자 프로그래밍과 샘플링을 사용하는 몇몇 알고리즘을 살펴볼 것이다. **유전자 프로그래밍**은 유전 알고리즘을 트리 형태로 표현할 수 있도록 확장해서 컴퓨터 프로그램을 표현할 수 있도록 한다. 샘플링을 사용하는 알고리즘들은 더 좋은 해법을 찾기 위해서 진화 개체군(evolving population)이 아닌 확률 분포로부터 샘플링을 사용한다.

10.1 유전 알고리즘

유전 알고리즘은 부모의 유전자를 변경해서 다른 적합성을 갖는 새로운 자손들을 만들어 냄으로써 수행되는 진화가 탐색을 어떻게 수행하는가에 대한 근사 값을 나타낸다. 뉴런과 같은 수학적인 모델들을 살펴볼 때 이 책의 전반부에서 그랬던 것처럼 진화를 이해하기 위해 필요한 주요 부분들을 제외하고는 간략하게 짚고 넘어가겠다. 이 원칙으로부터, 컴퓨터 안의 간단한 유전학을 모델링하고 다음을 사용해서 문제를 해결하겠다.

- 문제들을 염색체들로 표현하는 방법
- 해법의 적합성을 계산하는 방법
- 부모를 선택하는 방법
- 부모들을 교배를 통해서 자손을 만들어 내는 방법

이번 장에서는 위의 방법들이 다뤄지며, 기본적인 알고리즘이 설명된다. 방법들을 소개하기 위해서 **NP—complete** 예제인 **배낭 문제**(knapsack problem)를 사용한다(NP-complete는 입력 개수에 대해서 exponential 시간이 걸리는 문제를 의미한다). 10.3.1절과 10.3.4절은 다른 예제들을 제공한다. 배낭 문제는 설명하기 쉽지만 풀기는 어려운데 다음 설명을 통해서 우리가 사용할 버전을 살펴보겠다.

휴가를 보내기 위해서 가방을 싼다고 생각하자. 가장 크고 좋은 배낭을 샀지만 가져고 싶은 모든 것(카메라, 돈, 친구들 주소 등등)과 어머니가 가져가라고 하는 것들(속옷, 회화집, 집에 보낼 편지를 위한 우표 등등)을 모두 챙길 방법이 없다. 컴퓨터 과학자로서 얼마의 공간이 있는지 측정하고 프로그램을 작성해서 가방에 어떤 물건들을 채울 수 있는지 살펴보고, 비행표 값을 지불한 이상 이를 최대한 활용할 수 있도록 한다.

이 문제와 비슷한 유형이 암호 작성술, 조합론, 응용 수학, 물류 지원, 비즈니스에까지 많은 분야에 나타날 정도로 중요한 문제다. 불행히도 이는 NP-complete 문제이므로 최적 해법을 찾는 계산이 불가능하다. 배낭 문제를 푸는 탐욕(greedy) 알고리즘이 있는데 간단하게 각 단계별로 가장 큰 물건을 챙겨서 더 채울 공간이 없을 때까지 반복한다. 물론, 이를 통해서 최적 해법을 찾는 것은 불가능하지만(각 물건이 이보다 작은 것들의 합보다 클 때는 가능하다), 빠르고 간단한 방법이다. 탐욕 법칙보다 GA는 더 좋은 해법을 찾을 수 있는데 이를 작성하고 실행해 볼 가치가 있다.

10.1.1 스트링 표현

먼저, 각각의 해법들을 염색체로 표현하는 것이 필요하다. GA에서는 **스트링**(string)을 사용하는데 각 스트링의 요소는(유전자와 동일) **알파벳** 중의 하나로 표현된다. 알파벳의 다른 값들은 보통 2진수로 표현되며, 이는 대립 유전자(alleles)와 동일하다. 따라서 문제를 풀기 위해서 해법을 스트링으로 표현하는 코드화(encoding)가 필요하다. 무작위로 고른 스트링들의 집합을 초기 개체로 설정한다.

GA를 변경해서 알파벳 대신 실수(real number)를 사용할 수도 있다. 순수주의자들은 실수로 표현하면 GA가 아니라고 하지만, 이는 꽤 인기 있고 많이 사용되는 방법이다. 그러나 알파벳을 사용하는 것처럼 수준 높고 고상한 방법은 아니다. 또한, 실수를 사용하면 앞으로 살펴볼 돌연변이 연산자가 좀 덜 유용하게 된다.

각각의 항목들이 선택되는지 아닌지를 2진수로 만들 수 있으므로 배낭 문제에서 알파벳은 매우 간단하다. 가방에 집어넣을 L개의 물건들을 위해서 스트링을 L의 길이로 표현하고, 각각은 2진수의 값을 설정한다. 선택하지 않을 물건은 0의 값으로 코드화하고, 선택할 물건들은 1의 값으로 코드화한다. 예를 들어, 네 개의 물건들을 선택할 수 있는데 두 번째와 세 번째 물건만 선택하고 첫 번째와 마지막 물건은 선택하지 않는다면 (0,1,1,0)과 같이 표현한다.

물론, 이 표현법이 제시된 스트링이 가능한 해법인지(선택된 물건들을 가방에 다 넣을 수 있는지)를 또는 좋은지(가방이 꽉 차는지)를 나타내지는 않는다. 이를 위해서 각 스트링이 문제의 조건에 얼마나 충족하는지를 알아야 하며, 이를 '스트링의 **적합성**'이라고 한다.

10.1.2 적합성 평가

적합 함수는 스트링을 인수로 취하고 어떤 값을 돌려주는 오라클(Oracle)로 볼 수 있다. 적합 함수의 스트링을 코드화하는 방식은 GA의 문제에 따른 세부 사항이다. 적합 함수로부터 무엇을 도출하고자 하는지 생각해 보는 것이 중요한데 최고의 스트링은 최고의 적합성을 가져야 하고, 스트링이 문제에 덜 적합할수록 값이 작아야 하고, 시간이 지남에 따라 적합성의 값이 변해야 한다. 유전 알고리즘에서는 이를 무시한다.

배낭 문제에서는 가방을 가능한 한 가득 채우는 것이 목표이므로 각 물건의 부피를 알아야 하고, 스트링이 주어졌을 때 어떤 것을 넣고 어떤 것을 제외할지를 전체 부피를 통해 계산할 수 있어야 한다. 이는 가능한 적합 함수이지만, 이 정의대로라면 전체를 다 넣는 것이 최선책이 되므로 가방에 넣을 수 있는지에 대해서는 정보를 주지 못한다. 한 가지 해결책은 스트링 정의대로 가방에 들어가지 않는다면 적합성을 0으로 설정하는 것이다. 하지만 해답이 거의 완벽하다면 배낭의 크기보다 하나의 물건이 더 많은 경우일 것이다. 이 경우에 정의대로라면 적합성을 0으로 설정함으로써 다음 반복에서 이를 수정할 기회를 잃게 된다. 이런 이유로 배낭에 들어간 물건들의 가치의 합으로 적합 함수를 정의하며, 만약 배낭의 크기를 넘친다면 넘친 양의 두 배를 가방의 크기에서 제외한다. 이를 통해서 약간 넘치는 경우에는 더 좋은 해법을 찾을 가능성을 제공해 주며, 이와 함께 가장 적합한 해법이 아니라는 것을 확실히 제공한다.

10.1.3 개체수

이제 우리는 어떤 스트링이든지 적합성을 측정할 수 있다. GA는 스트링의 개체수(population)에 동작하는데 첫 번째 세대는 보통 무작위로 생성된다. 각 스트링의 적합성은 평가되고, 첫 번째 세대가 교배되어 두 번째 세대가 만들어지고, 이는 세 번째 세대로 이어지고, 계속 다음 세대로 이어진다. 첫 번째 세대가 무작위로 선택되면 알고리즘은 더 많은 세대가 생성될수록 개체들의 적합성이 더 높아진다는 희망하에 다음 세대를 생성하도록 진화된다.

배낭 문제에서 첫 번째 세대를 대표하는 스트링을 만들기 위해서 L 길이의 무작위 2진수 스트링을 난수 생성기를 통해서 만든다. 이는 넘파이(NumPy)의 np.random.rand()를 통해서 가능하며, np.where 함수를 연속해서 실행한다.

```
pop = np.random.rand(popSize,stringLength)
pop = np.where(pop<0.5,0,1)
```

다음 세대에 대한 부모들을 선택하고 다시 교배를 수행한다.

10.1.4 자손 만들기: 부모 선택

현재의 세대를 대표하는 스트링들을 선택해서 새로운 세대를 생성하는 작업에서 현재 개체들 중에 서로 적합한 스트링들을 선택한다면 평균 적합성은 점점 좋아질 것이다(자연 선택, natural selection). 하지만 약간의 약한 스트링들도 고려하도록 허락함으로써 약간의 탐험을 적용하는 것도 좋다. 적합성에 비례해서 스트링들을 선택한다면 적합한 스트링들은 부부들로 선택될 가능성이 높아지며, 이는 두 가지 옵션을 모두 가능하게 한다. 이를 실행하기 위해서 자주 적용되는 세 가지 일반적인 방법이 있는데 마지막 방법이 가장 좋은 결과를 보인다.

토너먼트 선택법(tournament selection): 개체로부터 반복적으로 네 개의 스트링을 대체해서 선택하고 가장 적합성이 큰 두 개를 교배 풀(pool)에 넣는다.

절단 선택법(truncation selection): 최고 스트링의 부분 f를 선택하고, 나머지를 제외한다. 예를 들면, $f = 0.5$는 자주 사용되는 방법인데 최고의 50% 스트링들은 교배 풀에 넣고 두 번 적용하면 풀은 알맞은 크기가 된다. 풀은 무작위로 섞여서 쌍을 만들도록 한다. 이는 구현이 아주 쉽지만, 탐험의 정도를 제한하므로 GA는 활용 쪽으로 편향된다.

적합도 비례선택법(fitness proportional selection): 더 좋은 선택법은 확률을 바탕으로 스트링들을 선택하는 것이다. 스트링의 선택 확률을 적합성에 비례하도록 하는데 일반적으로 다음과 같은 함수가 사용된다(스트링 α).

$$p^\alpha = \frac{F^\alpha}{\sum_{\alpha'} F^{\alpha'}}, \tag{10.1}$$

여기서 F^α는 적합성이다. 적합성이 양수가 아니라면 F는 $\exp(sF)$로 변환되며, s는 **선택 강도**(selection strength)인 파라미터이고, 4장에서의 소프트맥스(soft-max) 활성화와 같다.

$$p^\alpha = \frac{\exp(sF^\alpha)}{\sum_{\alpha'} \exp(sF^{\alpha'})}. \tag{10.2}$$

위의 경우 구현에 문제가 있는데 각 스트링을 적합성에 비례한 확률로 선택하는 방법을 모든 스트링이 하나씩 존재하는 경우에 적용한다면, 스트링을 선택하는 확률은 다 동일하게 된다. 이 경우에 한 가지 가능한 대안은 적합성 스트링들의 복사본들을 추가해서 더 자주 선택되도록 하는 것이다. 이는 룰렛 선택법(roulette selection)이라고 부르는데 각 번호를 룰렛 게임에 적어 놓고, 영역의 크기를 빈도수에 비례하게 설정하면 공은 더 자주 나온 번호를 더 자주 향하게 된다. 다음에 보이는 코드의 np.kron() 함수를 통해서 이에 대한 구현을 보여 준다. 6.5절에서 이미 보았던 넘파이 함수를 통해서 첫 번째 열의 각각 요소를 두 번째 요소들과 각각 곱을 통해서 하나의 다차원 배열 결과로 입력한다. 각 스트링의 여러 복사본들을 포함하는 새롭고 더 큰 newPopulation 열을 만들기 위해서 이는 매우 유용하다.

```
# 각 스트링을 적합성에 따라서 반복적인 복사본으로 대입
# 매우 낮은 적합성의 스트링들을 해결
j=0
while np.round(fitness[j])<1:
  j = j+1

newPop = np.kron(np.ones((np.round(fitness[j]),1)),pop[j,:])

# newPop에 다수의 스트링 복사본들을 추가
for i in range(j+1,self.popSize):
  if np.round(fitness[i])>=1:
   newPop = np.concatenate((newPop,np.kron(np.ones((np.round(fitness[i]),1)), pop[i,:])),axis=0)

# 순서를 뒤섞음(여전히 너무 많다)
indices = range(np.shape(newPop)[0])
np.random.shuffle(indices)
newPop = newPop[indices[:popSize],:]
return newPop
```

교배 풀에 스트링들을 선택해서 넣고 나면 다음으로는 이들을 쌍으로 고른다. 놓여 있는 순서가 무작위이므로 스트링들을 짝지어서 짝수 번째 스트링을 다음의 홀수 번째 스트링과 교배시킨다.

10.2 자손 만들기: 유전 연산자

교배의 쌍을 선택하고 나면 두 스트링을 어떻게 합성해서 새로운 자손을 만들지를 생각해야 하는데 이는 유전 알고리즘의 일부다. 두 개의 유전 연산자가 보통 이용되는데 이를 살펴보겠다. 물론, 다른 방법들도 있지만, 이들이 첫 번째 방법이며, 일반적으로 가장 많이 사용된다.

10.2.1 크로스오버

생물학에서 유기체들은 두 개의 염색체가 있는데 각각 부모로부터 하나씩 전달된다. 우리가 정의한 GA의 구성원들은 하나의 염색체 스트링을 가지고 있다. 여기서 가장 일반적인 방법은 무작위로 위치를 선택하고, 첫 번째 부모로부터 스트링의 첫 번째 부분을 받는 것이고,

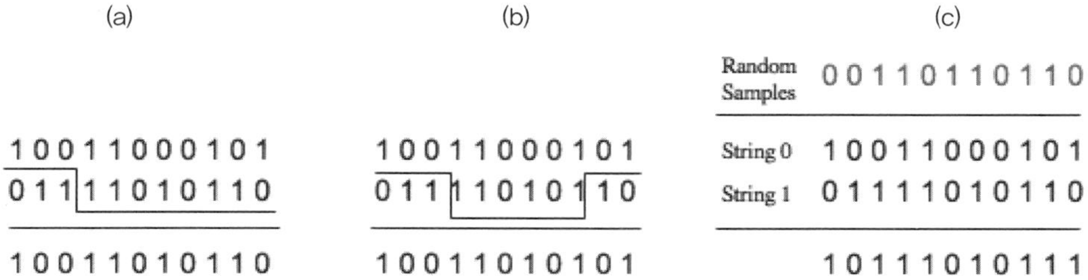

	Random Samples	0 0 1 1 0 1 1 0 1 1 0

```
100110001 01      100110001 01      String 0    1 0 0 1 1 0 0 0 1 0 1
011 11010110      011 1101011 0      String 1    0 1 1 1 1 0 1 0 1 1 0
----------------      ----------------                  ----------------------
100110101 10      100110101 01                  1 0 1 1 1 0 1 0 1 1 1
```

그림 10.2 크로스오버 연산자의 다른 형태들 (a) 단일 점 크로스오버. 스트링에서 위치는 무작위로 선택되고, 자손의 첫 번째 부분은 부모 1로부터 만들어지고, 두 번째 부분은 부모 2로부터 만들어진다. (b) 다점 크로스오버. 다양한 점들이 선택되고 자손은 같은 방법으로 선택된 구역에 따라 부모들로부터 만들어진다. (c) 유니폼 크로스오버. 각 요소별로 무작위 번호가 사용된다.

크로스오버(crossover) **지점**부터는 두 번째 부모로부터 받는 것이다. 보통은 자손 둘을 생성하는데 두 번째 자손의 경우는 반대로 두 번째 부모로부터 처음 부분을 받고 첫 번째 부모로부터 뒷부분을 받는다. 이는 **단일 점 크로스오버**라고 알려져 있으며, **다점 크로스오버**는 이의 명확한 연장으로 보인다. 가장 극단적인 경우는 **유니폼 크로스오버**인데, 각 스트링의 요소를 두 부모로부터 무작위로 물려받는다. 그림 10.2에 세 가지 크로스오버가 나와 있다.

크로스오버는 전체 탐험을 수행하는 연산자인데 경우에 따라서 만들어진 스트링이 두 부모와는 전혀 다를 수 있다. 이는 두 가지 해법으로부터 좋은 부분만 택해서 이를 결합하면 더 좋은 해법을 만들 수 있다는 희망에서 이뤄진다. 좋은 예제로는 물갈퀴를 사용해서 수영을 잘하면서 날지 못하는 새와 날 수는 있지만 수영하지 못하는 새를 교배하는 경우다. 이 경우 위의 논리 대로라면 자손은 오리가 될 것인데 물론 생물학적으로 불가능해 보이지만, 크로스오버가 어떻게 작용하는지 볼 수 있는 예다. GA의 흥미로운 피처는 일반적인 유전학에서는 사실이 아닐 수 있고, 날 수 없고 헤엄도 못 치는 새를 낳을 수 있지만, 적어도 이런 현상은 적합성으로 인해서 오래 가지 않을 것이다. 사실, 이에 대한 예외가 있는데 날지도 헤엄치지도 못하지만 여전히 생존하고 있는 뉴질랜드의 키위 새가 대표적이다.

다음의 부분적인 코드는 넘파이를 이용한 단일 점 크로스오버 구현을 보여 준다. 다점 크로스오버나 유니폼 크로스오버의 경우에 특별히 어렵지 않다.

```
def spCrossover(pop):
    newPop = np.zeros(shape(pop))
    crossoverPoint = np.random.randint(0,stringLength,popSize)
    for i in range(0,self.popSize,2):
newPop[i,:crossoverPoint[i]] = pop[i,:crossoverPoint[i]]
```

```
newPop[i+1,:crossoverPoint[i]] = pop[i+1,:crossoverPoint[i]]
newPop[i,crossoverPoint[i]:] = pop[i+1,crossoverPoint[i]:]
newPop[i+1,crossoverPoint[i]:] = pop[i,crossoverPoint[i]:]
    return newPop
```

크로스오버가 문제에 따라서 꼭 유용하지는 않을 수 있는데 예를 들면, 9장의 **순회 세일 즈맨 문제**(travelling salesman problem)의 경우에 크로스오버로 생성된 스트링은 유효한 여행이 아니다. 하지만 유용할 경우에는 더 강력한 유전 연산이 되며, **빌딩 블록 가설**(building block hypothesis)은 어떻게 GA가 동작하는지에 대해서는 잘 설명해 준다. GA가 문제들에 잘 동작한다는 가설의 아이디어에 따르면 GA는 작은 해법들을 조합한 해법을 만드므로 각각의 분리된 빌딩 블록을 통한 크로스오버로 최종 해법을 만든다고 설명한다.

10.2.2 돌연변이

다른 유전적 연산으로 지역 무작위 탐색을 수행하는 **돌연변이**(mutation)가 있다. 스트링에서 어떠한 요소 값도 특정 확률 p(보통 낮은 값)로 변할 수 있다. 배낭 문제의 2진 알파벳의 경우 돌연변이는 그림 10.3과 같이 비트(bit)의 값을 변경한다. 실수의 염색체에서는 현재 값에서 특정 난수 값을 더하거나 뺀다. 보통은 스트링 길이 L에 대해서 $p \approx 1/L$ 값이 사용되어 각 스트링에서 하나의 돌연변이가 생긴다. 이는 꽤 큰 값으로 보이지만, 좋은 해법을 찾지 못할 위험성을 감안하면서 돌연변이를 수행하기 위해서 많은 지역 탐색을 해야 한다는 점을 생각하면 좋은 선택이다.

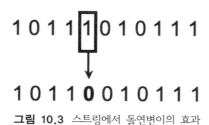

그림 10.3 스트링에서 돌연변이의 효과

10.2.3 정예주의, 토너먼트, 그리고 틈새

이제 부모들의 쌍을 선택했으니 자손들을 생산한다. 이를 수행할 때 몇 가지 선택이 가능한데 가장 간단한 옵션은 단순하게 부모를 대체해서 완전히 새로운 자손을 만드는 것이다. 하지만 이를 통해서는 각 세대의 최대 적합도 값이 (적어도 단기적으로는) 줄어들 수 있으므로 최고의 해법을 찾기를 원하는 상황에서는 조금 위험해 보인다. 초반에 아주 좋은 스트링을 찾을 가능성을 놓치면 다시는 볼 수 없게 될 수도 있다.

이를 막을 다양한 방법이 있는데 가장 단순한 방법은 **정예주의**(elitism)로 한 세대에서 적합한 스트링들을 찾아서 다음 세대에 바로 적용하는 것인데 무작위로 선택하거나 가장 좋지 않은 적합도를 보이는 것을 선택해서 대체한다. 매 반복마다 개체의 수는 같으므로 이는 실제 진화와는 다르다. 다른 해법으로는 **토너먼트**(tournament)를 구현해서 두 부모와 그들의 두 자손이 경쟁하고, 넷 중 가장 적합도가 높은 자들을 새로운 개체로 사용하는 것이다.

이 함수들의 구현은 이전의 것과 유사한데 np.argsort() 함수를 사용해서 배열을 직접 정렬하지 않고 인덱스들을 순서대로 반환한다. 이는 정렬되었을 때의 순서를 반환하기 때문이다. 이를 사용해서 첫 번째 몇몇 엘리트들을 선택할 수 있다. 이를 수행하면 행렬은 한쌍(singleton)의 크기가 되는데, 이를 해결하기 위해서 np.squeeze() 함수를 적용해 맞는 크기의 배열로 줄인다.

```
def elitism(oldPop,pop,fitness):
    best = np.argsort(fitness)
    best = np.squeeze(oldPop[best[-nElite:],:])
    indices = range(np.shape(pop)[0])
    np.random.shuffle(indices)
    pop = pop[indices,:]
    pop[0:nElite,:] = best
    return pop
```

정예주의와 토너먼트 둘 다 모두 좋은 해법들을 놓치지 않도록 해주지만, 두 가지 모두 **조기 수렴**(premature convergence)을 만들어서 알고리즘을 상수의 개체수로 이르게 하고, 최적화 값을 절대로 찾지 못하도록 만든다. GA는 지역적 최적 값을 선호하므로 개체들의 적합도가 높은 구성원들을 선호하고 이를 해법에 활용한다. 토너먼트와 정예주의는 지역적 최적 값을 선호하므로 개체들의 다양성이 줄어들어서 같은 사람들이 몇 대를 지나도록 남아 있게 한다. 이는 GA의 탐험적인 측면이 더 이상 일어나지 않게 한다. 탐험은 잘 이뤄지지 않으므로 지역 최댓값으로부터 탈출하기 더 힘들게 하고, 대부분의 스트링은 좋지 않은 최적화를 통해서 개체들을 대체하게 한다. 결국, 스트링의 대부분은 같게 되고, 전체 최댓값이 아닌 지역 최댓값을 표현하게 만든다. 동작 원리를 설명하는데 GA의 무작위성은 중요한 부분이고, 전체 결과에 해를 미치는 무작위성을 줄인다.

조기 수렴을 해결하는 해법은 **틈새**(niching, 섬개체군(island population)을 사용하는 것으로 알려진)를 통해서 가능한데 개체들을 몇 개의 분리된 조직으로 나누고, 정해진 기간 동안 독립적으로 진화를 수행하고, 각기 다른 지역 최댓값으로 수렴하게 하면서 각 개체로부터 때때로 다른 집합의 개체들로 전달한다. 또 다른 방법은 **적합 공유**(fitness sharing)라고 알려진 특정 스트링의 적합도를 개체에 특정 스트링이 나타난 횟수만큼의 평균 값으로 정의하는 방법이다. 이는 적합도 함수가 덜 일반적인 스트링들로 편향되도록 해서 매우 일반적인 좋은 해법들이 선택되도록 만든다.

GA의 수렴과 마지막 결과를 향상시키기 위해 더 발전된 다른 방법들이 있지만, 더 이상 살펴보지 않겠다. 더 많은 것을 알기 위해서는 '더 읽을거리'를 참고하기 바란다.

기본 유전 알고리즘

- **초기화**
  - L 길이의 선택된 알파벳으로 이뤄진 N개의 무작위 스트링들을 만든다.
- **학습**
  - 반복:
    * 초기 비어 있는 새로운 개체를 만든다.
    * 반복:
      · 적합도에 비례하도록 현재 개체로부터 두 개의 스트링을 **선택**한다.
      · 쌍으로 **다시 조합**해서 새로운 두 개의 스트링을 생산한다.
      · 자손을 **돌연변이**로 만든다.
      · 두 개의 자손을 개체에 추가하거나 토너먼트를 사용해서 두 개의 스트링을 네 명의 부모와 자손들로부터 개체에 넣는다.
    * N개의 스트링이 새로운 세대가 생성될 때까지 반복한다.
    * 선택적으로 정예주의를 사용해서 부모 세대로부터 가장 적합한 스트링들을 택하고, 자손 세대의 몇몇을 대체한다.
    * 새로운 세대에 최고의 스트링을 찾고
    * 오래된 세대를 새로운 세대와 교체한다.
  - 정지 기준을 충족할 때까지 반복한다.

GA를 위한 전체 알고리즘은 단순하게 조각들을 합치면 된다. 기본적인 알고리즘에서 위에 살펴본 토너먼트나 틈새 등의 몇몇 방법들을 포함해서 알고리즘의 성능을 향상시킬

수 있다. 알고리즘이 수행하는 세부 사항은 크게 변함이 없으며, 정해진 반복만큼 생성한다. 적합도 함수가 평가하기 쉽지 않은 경우 알고리즘은 계산 비용이 꽤 높다. 이제 GA의 전체 기술을 훑어보고, 알고리즘이 그래프 색칠하기 문제에 대해서 어떻게 작용하는지 살펴본 다음 두 예제 문제들에 대한 해법을 찾는 데 어떻게 사용되는지 알아보겠다.

10.3 유전 알고리즘 사용하기

10.3.1 지도 색칠

그래프 색칠은 전형적인 비연속 최적화 문제다. k개의 색을 가지고 그래프를 모두 색칠하는 것이 목표이며, 붙어 있는 지역끼리는 다른 색으로 칠한다. 어떤 2차원 그래프도 네 개의 색으로 칠해질 수 있다는 것은 수학적으로 증명되었고, 이는 컴퓨터 프로그램을 통해서 증명된 첫 번째 문제였다. 비록 불가능해 보이며, 해법이 완벽하지 않을 것일지라도 유전 알고리즘을 통해서 세 가지 색을 사용해서 같은 문제를 풀어 보도록 한다. 유전 알고리즘을 적용할 때 어떤 문제에 대해서든지 수행되어야 할 세 가지 기본 과제가 있다.

가능한 해법들을 스트링으로 코드화한다: 이 문제에 대해서는 세 개의 가능한 밝기를 사용해서 스트링을(검정(b), 회색(d), 밝음(l)) 사용해서 표현한다. 지도의 여섯 지역을 위해서는 $\alpha = \{bdblbb\}$는 가능한 스트링이다. 첫 번째 구역은 검정색, 두 번째 구역은 회색이 된다. 지역들에 사용될 색을 순서대로 선택해서 모든 스트링들에 적용하여 여섯 개의 지역에 어떤 색의 조합이든지 코드화할 수 있다. 예시 문제와 색칠된 모습이 그림 10.4와 그림 10.5에 있다.

적절한 적합도 함수를 고른다: 최소화하고자 하는 **비용 함수**(cost function)는 근접한 두 지역이 같은 색을 갖는 횟수를 사용한다. 꽤 간단하게 계산할 수 있지만, 이는 최고의 해법은 높은 숫자가 아닌 낮은 숫자이므로 적합도 함수가 아니다. 따라서 적합도 함수로 사용하기 위해서는 간단하게 부호를 바꾸고 식 (10.2)를 사용해서 적합도를 변경하거나 지역 간의 선의 개수에서 같은 색을 갖는 두 개의 근접 지역의 개수를 뺀다. 하지만 단순하게 적합한 접경을 갖는 총 개수를 셀 수도 있다. 그림 10.5에는 26개 중에 16개가 올바르므로 적합도는 16이 된다.

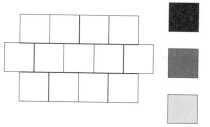

그림 10.4 오른쪽의 세 가지 색을 사용해서 간단한 지도에 근접 사각형끼리는 같은 색을 갖지 않도록 만든다.

그림 10.5 근접 사각형끼리 같은 색을 갖도록 만드는 한 가지 가능한 경우

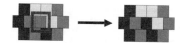

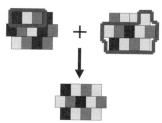

그림 10.6 색에서 돌연변이는 색을 다른 색 중의 하나로 변경시키는 효과가 있다.

그림 10.7 지도에서 크로스오버의 효과

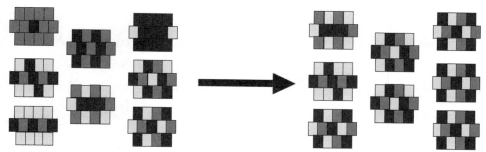

그림 10.8 지도 색칠 문제를 수행하는 GA의 한 자손

적합한 유전 연산자 선택: 크로스오버와 돌연변이 연산을 깔끔하게 수행함으로써 기본 유전 연산자를 사용한다. 그림 10.6과 그림 10.7에 보인 대로 사용한다. 일반적으로 대부분의 문제에 대해서는 기본적인 연산자를 사용하지만, 잘 수행되지 않으면 새로운 것을 정의하는 방법을 생각해 봐야 한다.

이 선택들을 하고 나면 문제를 GA를 사용해서 수행하고, 그림 10.8에서처럼 자손들과 가능한 개체들이 보이는 몇몇 반복을 실행하면 최고의 해법을 얻을 수 있다. 좋은 해법을 보이는 GA를 구현하는 것은 이번 장 마지막에서 수행할 과제다.

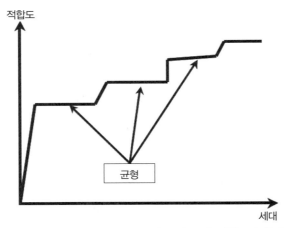

그림 10.9 그래프는 유전 알고리즘에서 단절된 균형을 보여 준다. 적합도가 향상되지 않는 안정 상태를 지나면 빠르게 적합도가 향상되는 것을 보이며, 이는 다음 안정 상태에 도달하기 전까지 계속된다.

10.3.2 단절된 균형

오랫동안 진화를 믿지 않는 천지창조론자들과 몇몇은 화석 자료들을 바탕으로는 동물의 진화론의 중간 단계를 설명하기에 부족하다는 논리를 펼쳐 왔다. 만약에 인간이 원숭이로부터 진화되었다면 중간 단계에 해당하는 종이 존재해야 했지만, 그렇지 않았다는 것이다. 흥미롭게도 GA는 이 논리가 왜 맞지 않는지를 **단절된 균형**(punctuated equilibrium)을 통해서 보여 준다. 오랜 기간 몇몇 종은 꾸준하게 비슷한 개체수를 유지하는데 이는 아주 단기간에 변화가 생기고(진화론적인 면에서 이는 여전히 수백 년 수천 년), 이 큰 변화가 지나면 한동안 모든 것들이 다시 안정된다. 따라서 짧은 시기의 중간 단계에 속하는 화석을 찾을 가능성은 매우 작다. 그림 10.9에 이에 대한 효과를 표현하고 있다.

10.3.3 예제: 배낭 문제

배낭 문제를 사용해서 GA의 부분들을 살펴보겠다. 문제를 풀어 보기 전에 9.4절에서 사용한 몇몇 방법을 사용할 수 있다. 이미 살펴본 탐욕 알고리즘 해법을 사용하거나 지난 장에서 살펴본 언덕 오르기, 담금질 기법, 또는 완전 탐색을 사용할 수 있다.

웹사이트에는 전체 합 2436.77 크기를 갖는 20개의 다양한 패키지와 500의 최대 수납이 가능한 배낭을 통한 간단한 예제가 공유되어 있다. 탐욕 알고리즘은 487.47의 해법을 찾고 완전 탐색의 경우 499.98의 해법을 찾는다. 그렇다면 같은 알고리즘에 대해서 GA가 얼마

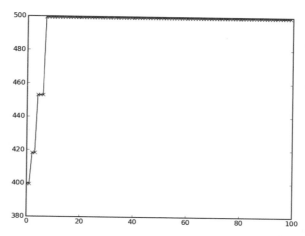

그림 10.10 배낭 문제에 대한 해법의 진화. GA는 간단한 문제에 대해서 몇 번의 반복으로 매우 좋은 해법을 찾지만, 최적의 해법은 찾지 못한다.

나 잘 동작하는지를 살펴보겠다. 10.1.2절에서 다룬 적합도 함수를 이용해서 배낭의 크기를 넘어가는 경우 이에 해당하는 벌로 두 배에 해당하는 값을 최대 크기에서 뺀다. 그림 10.10은 GA를 이용해서 문제에 100번 반복 적용한 경우를 보여 준다. GA는 이 간단한 문제에 대해서 전체 최적화 값은 아니지만, 거의 근접한 최적화 해답(499.94)을 찾을 수 있다.

10.3.4 예제: 포피크 문제

포피크(four peak) 문제는 GA에 테스트하는 데 꽤 유용한 **토이 문제**(toy problem, 문제 자체는 간단하지만, 알고리즘을 테스팅하고 개념을 설명하는 데 좋은 문제)다. 이는 허구의 적합도 함수이며, 스트링의 초반에 연속된 0값과 후반의 연속된 1값들에 대해서 보상한다. 따라서 초반에 0들의 값과 후반에 1들의 값이 길어질 때 최대의 적합도를 갖는다. 만약, 0의 개수와 1의 개수가 특정 역치 값 T보다 크다면 적합도 함수는 100의 보너스 값을 얻는다. 많은 1과 많은 0의 값들로 이뤄진 두 개의 작은 봉오리와 보너스가 포함된 두 개의 큰 봉오리로 이뤄져 있기에 포피크라는 이름이 유래되었다. GA는 성공적으로 큰 봉오리들을 찾을 수 있다.

넘파이로는 포피크 적합도 함수가 다음과 같이 작성된다.

```
def fourpeaks(population,T=15):

    start = np.zeros((np.shape(population)[0],1))
```

```
finish = np.zeros((np.shape(population)[0],1))

fitness = np.zeros((np.shape(population)[0],1))

for i in range(np.shape(population)[0]):
    s = np.where(population[i,:]==1)
    f = np.where(population[i,:]==0)
    if np.size(s)>0:
        start = s[0][0]
    else:
        start = 0

    if np.size(f)>0:
        finish = np.shape(population)[1] - f[-1][-1] -1
    else:
        finish = 0

    if start>T and finish>T:
        fitness[i] = np.maximum(start,finish)+100
    else:
        fitness[i] = np.maximum(start,finish)

    fitness = np.squeeze(fitness)
    return fitness
```

그림 10.11과 그림 10.12는 100의 길이인 염색체에 T=15로 적용했을 때의 두 개의 결과가 나와 있다. GA는 첫 번째에는 보너스 상태에 도달하지 못하지만, 곧 두 번째 시도에서 보너스 상태에 도달한다. 두 경우 모두 돌연변이율을 $1/L$인 0.01값과 단일 점 크로스오버와 정예주의를 사용한다.

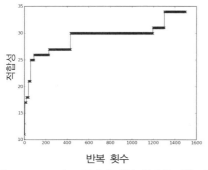

그림 10.11 포피크 문제에 대한 해법의 진화. 해법은 적합도 함수의 보너스 스코어(bonus score)에 절대 미치지 못했다.

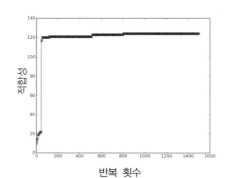

그림 10.12 포피크 문제에 대한 또 다른 해법. 이 방법은 보너스 스코어에 도달했지만, 전체 최댓값에 이르지는 못한다.

10.3.5 GA의 한계

대부분의 경우에 유전학 알고리즘은 아주 잘 동작하며 장점이 많다. 하지만 문제가 없는 알고리즘은 없듯이 아주 느리다는 중요한 문제점이 있다. 문제는 한번 지역 최댓값에 이르면 더 높은 최댓값을 찾기 위해서 지역 최댓값에서 빠져나오는 데 아주 오랜 기간이 걸린다는 것이다. 또한, 적합도의 전체 모습이 어떠한지를 알 수 없기에 GA가 얼마나 잘 수행하고 있는지를 알 수 없다.

유전 알고리즘의 더 기본적인 문제는 동작을 해석하고 이해하기 매우 어려운 데 있다. 개체에 대한 평균 적합도는 평평한 지역에 도달하기 전까지 증가할 것이다. 평평한 점은 탐색 연산자 사이에 존재할 것이고, 이는 개체를 덜 다양하게 만들고 적합도의 평균 값을 증가시키는데(활용) 유전 연산자는 평균 적합도 값을 보통 줄이며 개체의 다양성을 증가시킨다(탐험). 하지만 활용과 탐험이 꼭 일어날 것이라는 점이 가능하지 않았다면 수렴할 것이라는 보장도 할 수 없으며, 또한 최적화 해법을 찾으리라는 보장도 없다. 이는 많은 과학자들을 괴롭히는 점이다. 유전 알고리즘은 더 넓게 사용되는데 이들은 보통 블랙박스(black box)로 작용한다는 것이다. 유전 알고리즘은 스트링이 한쪽으로 들어가고 답이 도출되는 과정이다. 이는 매우 위험한데 알고리즘이 어떻게 작용하는지를 모르고는 이를 향상시키는 것이 불가능할 뿐아니라 결과를 어떻게 다뤄야 할지도 모르기 때문이다.

10.3.6 유전 알고리즘을 사용해서 뉴럴 네트워크 트레이닝하기

MLP를 사용해서 기울기 하강법으로 뉴럴 네트워크를 트레이닝한다. 하지만 정답의 가중치를 찾는 문제를 스트링으로 코드화할 수 있으며, 적합도 함수로 제곱합 오류를 측정할 수 있다. 이 방법은 이미 적용되었으며, 좋은 결과를 보였다. 하지만 이 방법에는 두 가지 문제가 있다. 첫째, 네트워크의 각 출력 노드의 오류 값으로부터 나오는 목표 값의 지역 정보를 하나의 숫자로 바꿔 버려서(적합도) 유용한 정보를 모두 잃게 한다. 둘째, 기울기 정보를 무시하므로 중요한 정보를 모두 잃게 한다.

뉴럴 네트워크로 GA를 더 합리적으로 활용하는 방법은 이를 사용해서 네트워크의 위상을 선택하는 것이다. 이전에는 여러 가지 다른 구조들을 완전히 무작위로 사용해 보고 가장 잘 동작하는 것을 선택했다. GA를 이용해서 이 문제에 적용할 수 있는데 크로스오버 연산자는 잘 동작하지 않을 것처럼 보이기에 돌연변이를 사용한다. 하지만 네 가지 다른 돌연변이, 즉 뉴런을 지우고, 가중치 연결을 지우고, 뉴런을 추가하고, 연결의 부과를 허용한다. 여기서 제거 연산은 간단한 네트워크를 선호하게 만든다. GA에 추가적으로 돌연변이 연산을 적용하면 다시 네트워크를 복잡하게 만들 수 있지 않을까 생각하게 되는데 이를 다음 장에서 살펴보겠다.

10.4 유전 프로그래밍

유전 알고리즘의 확장 아이디어 중 하나는 **유전 프로그래밍**(genetic programming)이다. 이는 존 코자(John Koza)에 의해 도입되었는데 기본 아이디어는 컴퓨터 프로그램을 트리(tree)로 표현하는 것이다(코드의 순서도를 상상하자). 어떤 프로그래밍 언어들에 대해서는, 예를 들면 LISP, 이것이 프로그램을 표현하는 가장 자연스러운 방법인데 파이썬에서는 잘 동작하지 않으므로 아이디어만 살펴보고 직접 작성하지는 않는다. 트리를 사용한 돌연변이와 크로스오버는 (무작위로 작성되거나(그림 10.13 돌연변이) 또는 다른 트리들과 교체되는데(그림 10.14 크로스오버), 종속 트리를 다른 종속 트리와 바꾼다) 정의되었으니 유전 프로그램은 보통 일반적인 알고리즘처럼 스트링 대신 프로그램 트리에 실행한다.

그림 10.15는 간단한 트리들의 집합에 산술 연산들을 수행하는 것을 보여 주며, 이를 사용한 몇몇 가능한 결과들을 보여 준다.

유전 프로그래밍은 피부 흑생종을 찾는 데서부터 회로 디자인까지 다양한 많은 과제들에 사용되었는데 인상 깊은 결과들을 많이 보여 주었다. 하지만 탐색 공간은 믿을 수 없을 정도로 넓으며, 돌연변이 연산자는 유용하지 않고, 많은 사항들이 초기 개체수에 종속된다. 시스템 개발자들은 시스템에 새로운 시작을 부여하도록 유용한 많은 종속 트리를 선택했다. '더 읽을거리'에서 유전 프로그래밍에 관한 유용한 정보들을 찾아볼 수 있다.

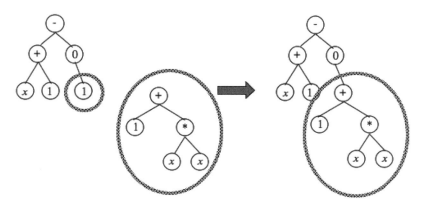

그림 10.13 유전 프로그래밍의 돌연변이 예제

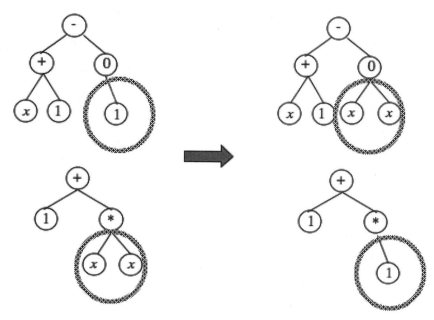

그림 10.14 유전 프로그래밍의 크로스오버 예제

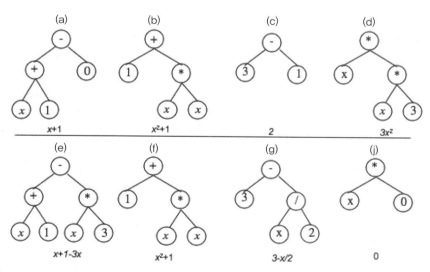

그림 10.15 위: 네 가지 산술 트리. 아래: 네 개의 트리가 발전되는 예시:(e)와 (h)는 (a)와 (d)의 가능한 크로스오버, (f)는 (b)의 복사. (g)는 (c)의 돌연변이.

10.5 샘플링과 유전학습을 접합하기

마지막으로 살펴볼 유전학습의 유용한 확장은 16장에서 살펴본 **확률 모델**과 합쳐진 **베이지언**(Bayesian) **네트워크**다. 이는 보통 **분포 알고리즘 추정**(EDA, Estimation of Distribution Algorithms)으로 알려져 있다.

가장 기본적인 **버전 개체군 기반 점증 학습**(PBIL, Population-Based Incremental Learning)은 놀라울 정도로 간단하다. 기본 GA와 같이 2진 알파벳에 적용되며, 개체를 유지하는 대신에 **확률 벡터** p를 통해서 각 요소가 0 또는 1의 값을 갖게 한다. 초기에는 벡터의 값은 0.5로 시작되어서 0 또는 1의 값을 갖을 확률이 동일하게 한다. 개체수는 특정 벡터의 분포로부터 샘플링되어서 생성되고, 개체의 멤버 적합도가 계산된다. 개체수의 부분 집합은 선택되고 보통 0.005로 설정된 학습률 η를 사용해 확률 벡터를 갱신한다(여기서 best와 second는 개체들의 최고와 차선 멤버를 나타낸다).

$$p = p \times (1 - \eta) + \eta(\text{best} + \text{second})/2. \tag{10.3}$$

이전의 개체는 제거되고 새로운 샘플들은 갱신된 확률 벡터로부터 생성된다. 간단한 알고리즘을 포피크 문제에 100의 길이의 200스트링을 사용해서 $T = 11$값을 사용했을 때 결과는 그림 10.16에 나와 있는데 이는 그림 10.12와 비교할 수 있다.

알고리즘의 핵심은 두 개의 가장 높은 적합도의 스트링을 찾는 코드인데 이를 통해서 벡터를 갱신한다. 다른 모든 것은 유전 알고리즘과 유사하다.

```
# 최고를 선택
best[count] = np.max(fitness)
bestplace = np.argmax(fitness)
fitness[bestplace] = 0
secondplace = np.argmax(fitness)

# 벡터를 갱신
p = p*(1-eta) + eta*((pop[bestplace,:]+pop[secondplace,:])/2)
```

PBIL에 사용된 확률 모델은 매우 간단한데 확률 분포의 각 요소는 독립적이라고 가정하고, 서로 관련성이 없게 한다. 하지만 변수 간에 복잡한 관련성이 고려되지 않아야 할 이유가 없으므로 이를 위해 몇 가지 방법들이 고안되었다. 첫 번째 옵션은 **체인**을 만들어서 각 변수가 왼쪽의 변수에 종속적이게 만든다. 이는 확률 벡터의 정렬을 필요로 하며,

각 주변 변수끼리의 **상호 정보**(mutual information)를 측정해야 한다(12.2.1절). 상호 정보를 사용하는 알고리즘은 MIMIC라고 부른다. 보다 복잡한 전체 베이지언 네트워크인 **베이지언 최적화 알고리즘**(BOA, Bayesian Optimisation Algorithm)과 **인수 분산 알고리즘**(FDA, Factorised Distribution Algorithm)도 존재한다.

GA에서 이런 방법들의 힘은 확률 모델을 사용하는 데 있는데 이들은 보통 GA보다 더 해석하기 쉽게 만들고, 동작을 더 잘 이해하게 만든다. 또한, 알고리즘은 입력 변수 간의 연관성을 발견할 수 있게 하고, 알고리즘을 단지 적용하는 것을 넘어 해법을 이해하기에 아주 유용하다.

유전 알고리즘이 대부분 좋은 해법을 보이지만, 항상 좋은 해법을 찾을 것이라는 보장도 없고, 최적을 찾으리라는 보장도 없다. 유전 알고리즘을 적용할 때, 또한 이번 장에서 기술된 알고리즘들을 적용할 때 대부분 이를 고려하지 않고 이해 없이 알고리즘을 사용한다. GA나 유전 프로그램을 단 하나의 탐색 방법으로 적용하기에 앞서 지난 장에서 살펴본 공짜 점심은 없다(No Free Lunch)는 측면에서 생각해 보면 모든 문제에 다 통하는 좋은 해법은 없다는 것을 기억하자. 알고리즘은 아주 오랜 기간의 수행 시간이 소요되고, 좋은 해법을 찾는다는 보장이 없지만, 여전히 매우 유용한 방법이다.

더 읽을거리

유전 알고리즘을 위한 책들은 다음과 같다.

- J.H. Holland. *Adaptation in Natural and Artificial Systems: An Introductory Analysis with Applications to Biology, Control, and Artificial Intelligence.* MIT Press, Cambridge, MA, USA, 1992.

- M. Mitchell. *An Introduction to Genetic Algorithms.* MIT Press, Cambridge, MA, USA, 1996.

- D.E. Goldberg. *Genetic Algorithms in Search, Optimisation, and Machine Learning.* Addison-Wesley, Reading, MA, USA, 1999.

유전 프로그래밍을 위한 책들은 다음과 같다.

- J.R. Koza. *Genetic Programming: On the Programming of Computers by the Means of Natural Selection.* MIT Press, Cambridge, MA, USA, 1992.

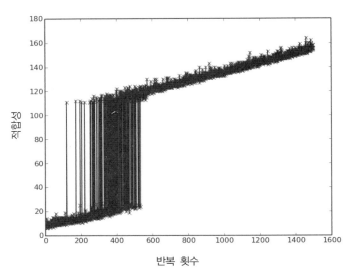

그림 10.16 PBIL을 포피크 문제에 적용했을 때 최고 적합도의 진화.

- Z. Michalewicz. *Genetic Algorithms + Data Structures = Evolution Programs,* 3rd edition, Springer, Berlin, Germany, 1999.

분포를 추측하는 알고리즘은 다음을 참고하자.

- S. Baluja and R. Caruana. Removing the genetics from the standard genetic algorithm. In A. Prieditis and S. Russel, editors, *The International Conference on Machine Learning,* pages 38–46, Morgan Kaufmann Publishers, San Mateo, CA, USA, 1995.
- M. Pelikan, D.E. Goldberg, and F. Lobo. A survey of optimization by building and using probabilistic models. *Computational Optimization and Applications,* 21(1):5–20, 2002. Also IlliGAL Report No. 99018.

실제 유전 진화에 관한 책들은 다음과 같다.

- C. Darwin. *On the Origin of Species by Means of Natural Selection,* 6th edition, Wordsworth, London, UK, 1872.
- R. Dawkins. *The Blind Watchmaker: Why the Evidence of Evolution Reveals a Universe without Design.* Penguin, London, UK, 1996.

연습 문제

10.1 데이터 파일들을 보관하기를 원하지만, 하나의 CD만 가지고 있어서 전체를 그대로 저장할 수 없다. CD의 공간을 최대로 활용하면서 파일들을 골라서 저장하려고 하는데 이를 위한 탐욕 알고리즘과 언덕 오르기 알고리즘을 작성해 보자. 해법의 효율성에서 어떤 점들이 보장되는가?

10.2 포커 비디오 게임에서 다섯 장의 카드가 주어졌다. 어떤 카드든지(모두 다 바꾸는 것도 또는 안 바꾸는 것도 가능) 데크에서 받아서 바꿀 기회가 있다. 포커 패를 계산하는 대로 가지고 있는 카드들에 대해서 수익을 얻는다. 만약에 1달러를 걸었다면 잭이나 더 좋은 쌍(one pair)의 패에 대해서 1달러를 받는다(따라서 전체 순이익은 0). 두 개의 쌍(two pairs)은 2달러, 세 장의 같은 카드(three-of-a-kind)는 3달러 등등을 받는다. 목표는 가능한 한 많은 돈을 버는 것이다.

게임을 하기 위해서 어떤 카드를 갖고 있고, 어떤 것을 교환할지를 정해야 한다. 예를 들어, 두 장의 영문 카드(face cards)를 갖고 있는데 쓸모없다면 둘 다 가지고 있어야 하나? 아니면 하나만 지켜야 하나? 만약, 하나만 지킨다면 네 장의 카드 중에 이와 매칭될 가능성이 생긴다. 만약, 두 장 다 지키면 나머지 세 장에서 두 장의 카드가 매칭될 수 있는 가능성이 있다. 만약, 낮은 숫자의 카드 쌍이 있다면 이 둘을 지키고, 나머지 한 장이 더 나와서 세 장의 같은 카드(three-of-a-kind)를 만드는 것이 좋을까? 아니면 다 버리고, 다섯 장의 새로운 카드를 다시 받는 게 좋을까? 좋지 않은 카드들을 갖고 있는 상태에서 이런 문제는 쉽지 않다. 유전 알고리즘을 사용해서 게임을 위한 좋은 전략을 찾는 방법을 생각하자. 컴퓨터 게임이어서 GA를 사용한 전략을 많은 게임을 통해서 테스트할 수 있다고 하자. MLP를 기울기 하강법을 적용해서 좋은 전략을 학습하는 데 사용할 것인가?

10.3 5,000곡의 MP3 파일이 컴퓨터 하드드라이브에 있다. 불행히도 하드드라이브가 소음을 내기 시작해서 MP3 파일을 백업하기로 한다. 불행히도 CD를 통해서만 백업이 가능하고, 사용할 CD 개수를 최소화하고자 한다. 이를 위해 유전 알고리즘을 적용해 어떤 MP3 파일을 각 CD에 백업해서 가능한 한 최고의 공간 활용을 할지 정한다. 유전 알고리즘을 디자인해 보자. 입력 값을 어떻게 인코드할지 고려해야 하고, 어떤 유전 연산자가 적당한지 복수의 CD를 갖고 있는 점을 어떻게 유전 알고리즘에 적용시킬지 생각해 보자.

10.4 GA를 실수 값을 갖는 염색체로 변경하고, 이를 사용해서 로젠브록 함수(Rosenbrock's function)의 최솟값을 찾자(식 9.18).

10.5 지도 색칠 적용 함수를 구현하고(지도부터 디자인해야 한다), GA가 찾은 해법이 얼마나 좋은지 살펴보자. 지도들 중 세 개의 색으로 칠할 수 있는 것과 없는 것을 비교하자. 다른 알고리즘을 통해서 해법을 찾을 수 있는가?

10.6 왕도 적합도 함수(Royal Road fitness function)는 **집짓기 블록 가설**(building block hypothesis)을 테스트하도록 디자인되었는데 여기서 GA는 작은 집짓기 블록들을 모아서 함께 크로스오버로 합치는 것이다. 함수는 2진 스트링을 모두 b비트 길이의 l개의 순차적인 조각으로 분리한다. 조각의 적합성은 모두 1값을 갖는 블록에 대해서 b이고, 그 외의 경우에는 0이 되고, 전체 적합성은 각 블록의 적합성 합으로 구한다. 적합 함수를 구현하고, 이를 블록의 길이가 1, 2, 3, 8인 길이 16의 스트링으로 테스트해 보자. GA를 1만 번 반복하고, 결과를 PBIL의 결과와 비교해 보자.

CHAPTER

11

강화학습

지도학습은 정답을 알고 있는 데이터를 바탕으로 알고리즘을 트레이닝시키고, 비지도학습은 비슷한 데이터들을 그룹화하면서 학습을 실행해 나간다. 강화학습(reinforcement learning)은 지도학습과 비지도학습의 나쁜 점들을 보완해 주면서 그 중간의 영역에 존재하고 답을 어떻게 발전시킬지는 알려 주지 않지만, 유추된 답이 맞는지 틀린지는 말해 줄 수 있다. 강화학습자는 여러 가지 다른 전략을 시도하고 어떤 방법이 가장 알맞은지를 살펴봐야 한다. 여기서 여러 가지 다양한 전략을 시도하는 것은 9장과 10장에서 다루었던 탐색의 다른 방법이다. 알고리즘은 보상을 최대화하기 위해서 가능한 입력과 출력의 **상태 공간**들을 탐색하므로 탐색은 강화학습자의 기본적인 부분이다. 강화학습은 에이전트(agent)와 그 주변의 환경 사이의 상호 작용으로 보통 설명된다. 에이전트는 학습을 하는 자를 일컬으며, 환경은 학습이 이뤄지는 곳, 그리고 학습의 대상을 나타낸다. 환경은 또 다른 전략이 얼마나 좋은지에 대한 정보를 **보상 함수**(reward function)를 사용해서 알려 주는 일을 한다.

　걸음마를 배우는 아이를 생각해 보자. 똑바로 서 있기 위해서 아기는 매우 다양한 전략을 사용해서 노력할 것이고, 어떤 동작이나 시도가 똑바로 서 있게 하는지에 대해서 피드백(feedback)을 갖게 될 것이다. 잘 통할 것 같은 방법을 사용해서 점점 더 완벽해지거나 더 좋은 방법이 나오기 전까지 알고 있는 방법을 계속 반복하고, 실패한 방법들은 버릴 것이다. 이 비유는 강화학습의 또 다른 면을 설명하는 데 유용하다. 장애물에 걸려 넘어진 아기는 넘어지기 전에 아마도 넘어지지 않으려고 팔을 크게 흔들었던 행동을 실제 원인으로 착각할 수 있는데 이와 같이 어떤 행동에 실제 원인이 아닐 수 있는 행동들은 연속적으로 존재하게 된다.

심리학적 학습 이론을 위한 강화학습의 중요성은 **시행착오**(trial-and-error) 학습의 개념에서 나왔다. 이는 오랫동안 알려져 있는 행동 양식이며, **효과의 법칙**(law of effect)이라고도 알려져 있다. 이는 강화학습에서 이뤄지며, 1911년에 출간된 톤다이크(Thorndike)의 책에 다음과 같이 서술되어 있다.

"같은 상황에서 몇 가지 함께 일어난 반응들의 경우나 동물의 의지에 따른 만족감이 일어난다면 모든 상황이 동일한 경우에 그 반응들은 더 잘 연결되고 함께 일어날 가능성이 많아진다. 반대로 동물의 의지와 반대되는 행동이거나 함께 일어나지 않는 일들은 모든 상황이 동일하다면 다시 일어날 가능성이 적다. 만족도가 클수록 둘 사이의 연결 고리가 더 강해지며, 불편함이 강할수록 연결 고리가 더 약해진다."(E. L. 톤다이크(E. L. Thorndike) 《**동물의 지능**(Animal Intelligence)》, p. 244)

만족감이 더 강력해져서 이에 따른 행동이 반복되므로 강화학습(reinforcement learning)의 이름이 유래되었다. 강화학습이 머신러닝에 어떻게 적용되는지 알아보기 위해 용어를 더 살펴보자.

11.1 개관

강화학습에서는 **상태**(state)나 **상황**(situation)의 보상을 최대화하기 위해서 행동을 연동시킨다. 알고리즘은 현재의 상태와 앞으로 택할 수 있는 **행동**(action)을 알고 있고, **보상**(reward)을 최

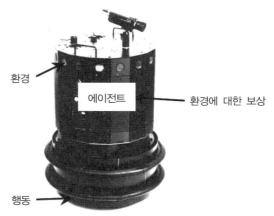

그림 11.1 로봇은 주변의 현재 환경 상황을 센서를 통해 인지하고, 모터를 움직여서 행동을 수행한다. 강화학습자는 다음 상태와 이에 대한 보상을 예측한다.

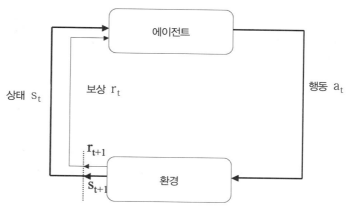

그림 11.2 강화학습 단계: 학습 에이전트 a_t는 상태 s_t를 수행하고, 보상 r_{t+1}을 환경으로부터 받으며, 상태 s_{t+1}에 이른다.

대화하는 것을 목표로 한다. 에이전트(agent)는 학습을 하는 주체이며, **환경**(environment)은 에이전트가 행동하는 곳이고, 상태와 보상이 생성되기에 이 둘 사이에는 분명한 차이가 있다. 가장 명확하게 강화학습을 보여 주는 것은 로봇이다. 로봇은 실시간 센서 정보를 읽고, 이를 처리해서 상태를 정의할 수 있으며, 이는 어떤 측면에서는 환경에 대한 표현법이다. 상태는 유용한 모든 정보를 설명하지는 않는다(예를 들면, 로봇 센서는 주변에 로봇이 살펴볼 수 있는 것만 입력받으며, 그외의 위치 정보는 알려 주지 않는다). 또한, 상태 데이터에는 노이즈와 부정확성이 존재한다. 로봇이 모터를 사용해서 할 수 있는 것은 행동이며, 이는 로봇을 현재 환경에서 움직여서 변화를 취할 수 있게 하고, 보상은 얼마나 잘 수행하고 있는지를 말해 준다. 그림 11.1은 상태, 행동, 환경에 대한 아이디어를 보여 주며, 그림 11.2는 그것들이 보상과 어떻게 연결되어 있는지를 보여 준다.

강화학습에서 알고리즘은 보상을 통해 얼마나 잘 수행하고 있는지 피드백을 받는다. 지도학습에서는 정답에 대해서 직접 배우는 것에 반해서, 보상 함수의 경우에는 현재 해법을 평가하지만, 이를 어떻게 발전시켜야 하는지는 말해 주지 않는다. 설상가상으로, 보상은 오랜 기간이 지나야 실제로 알 수 있어서 **지연**될 가능성이 있음을 생각해야 한다. 미로에서 원하는 목적지인 중심에 이르기 전에는 현재 상황을 알 수 없듯이 보상도 상황이 정리되기 전에는 알 수 없는 것이다. 따라서 어느 정도 상관 있는 동작들이 지나기 전에는 보상이 주어지지 않음을 예상해야 한다. 때로는 당장 주어질 보상과 전체 보상 기댓값을 생각해야 한다.

알고리즘의 보상이 정해진 후에는 현재 상태에 맞는 행동을 선택해야 하는데 이를 **정책**(policy)이라고 부른다. 정책은 탐험(exploration)과 활용(exploitation)의 혼합으로 이뤄지는데

(강화학습은 탐색의 방법이다) 활용을 통해 현재 상황에서 가장 높은 보상을 주었던 행동을 다시 선택하거나 탐험을 통해 더 좋은 보상을 바라고 다른 행동들을 선택한다.

11.2 예제: 길을 잃다

비행기에서 바로 내려서 지친 상태로 외국 도시에 도착했다고 하자. 주변을 살피지 않고 곧바로 기차를 타고 도시로 향해서 배낭여행객을 위한 호스텔로 간다. 잠시 자다가 깨어났을 때 날은 이미 어두웠고, 너무 배가 고파서 무언가 먹을 것을 사기 위해 번화가로 향한다. 불행히도 지금 시간은 오전 3시이고, 엎친 데 덮친 격으로 길을 완전히 잃어버렸다. 더군다나 호스텔은 오래된 광장에 있었다는 것만 기억할 뿐 이름도 기억나지 않는다. 물론, 도시의 대부분은 오래된 광장들이므로 전혀 도움이 되지 않는다. 하지만 다행히도 건물의 모양은 알아볼 수 있으며, 수업 시간에 강화학습을 배웠기에 이를 사용하기로 결정했다(이 상황에서 이 책이 당신을 살릴 수 있다).

도시의 오래된 지역만을 걸어 왔던 것이 확실히 기억나서 오래된 도시의 영역을 벗어날 필요는 없을 것이다. 다음 버스 정류장에서 지도를 살펴보고, 오래된 도시의 광장들에 대한 지도를 작성했는데 이는 그림 11.3과 같다.

지도를 다 그려갈 때 쯤 24시간 편의점을 발견했고, 주머니를 가득 채울 정도로 가능한 한 많은 감자칩을 구매한다. 강화학습자로서 자신에게 보상을 바로 주기보다는 호스텔에 도착할 때까지 기다리기로 결정한다(이는 **지연 보상**이라고 부른다). 보상에 대해서 생각한 후에 결정하기를 호스텔에 도착하기 전까지는 어떤 것도 먹지 않고 자신에게 보상하지 않을 것이며, 도착하면 더 이상 먹지 못할 때까지 계속 먹을 것이라고 정한다. 다만 그 전까지

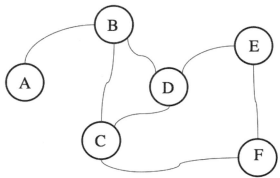

그림 11.3 길을 잃은 오래된 도시의 지도

배고파서 기절하지 않기를 바랄 뿐이다.

이름이 굉장히 익숙하기에 호스텔은 지도에 F라고 써 있는 광장에 있을 것이라고 생각한다. 호스텔을 찾는 데 강화학습 알고리즘을 사용하기 위해서 보상 구조를 생각해 본다. 가장 먼저 현재 위치에 머무른다면, 이는 길에서 자는 것을 의미할 것이고, 아주 안 좋은 상황이 되므로 보상을 −5점 적용한다(음수 값 보상은 벌이라고 볼 수 있으며, 자신을 때리거나 꼬집는 행위라고 생각해도 좋다). 물론, F 상태에 도달하면 호스텔에서 쉬게 된다. 이는 **흡수 상태**(absorbing state)라고 알려져 있고, 구매한 모든 감자칩들을 먹는 보상을 받게 되면 문제는 끝난다. 두 개의 광장을 이동하는 것은 F 구역 가까이 이르게 되는 요인이 되지만, 실제로 지도를 살펴보지 않는다면 알 수 없는 정보이므로 F에 도달했을 때만 보상을 받도록 한다. 또한, 모든 두 개의 광장(상태)을 연결하는 길이 존재하는 것이 아니므로 보상도 취할 수 없는 행동이 존재한다(예를 들면, A에서 C로 이동하는 경우). 그림 11.4에는 보상 행렬 R이 나와 있으며 '–'는 길이 없음을 나타낸다.

현재 상태	다음 상태					
	A	B	C	D	E	F
A	-5	0	-	-	-	-
B	0	-5	0	0	-	-
C	-	0	-5	0	-	100
D	-	0	0	-5	0	-
E	-	-	-	0	-5	100
F	-	-	0	-	0	-

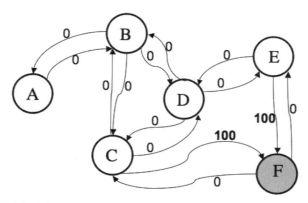

그림 11.4 당신이 옳았을 경우, F 광장에 있는 숙소까지의 상태 도표. 각 상태에서 다시 같은 상태로 움직이는 연결은 (움직이지 않고 같은 상태에 머무는 경우) 도표가 복잡해지므로 표시되지 않았다. 같은 상태에 머무는 경우에 각각 −5점이 적용된다(숙소에 머무는 상황인 F 상태를 제외한다).

물론, 강화학습자로서는 보상 행렬을 실제로 알 수 없다. 실제 강화학습에서 찾고자 하는 바가 바로 보상 행렬이므로 이 예제는 이런 면은 잘 반영하지는 못한다. 이제 당신은 너무 지쳐서 글씨를 제대로 읽고 쓸 수도 없는 상태가 된다. 이제 기본적인 준비가 되었으니 학습을 시작해야 할 때이며, 이제까지 이야기한 것을 바탕으로 외국 도시에 홀로 남겨두겠다.

11.2.1 상태 공간과 행동 공간

강화학습은 기본적으로 탐색 알고리즘이며, 상태의 개수가 더 많을수록 탐색을 해야 하는 범위가 넓어져서 좋은 해결책을 찾는 데 더 오랜 시간이 걸린다. 학습자가 취할 수 있는 모든 상태들의 집합을 **상태 공간**(state space)이라고 부른다. 만약, 상태 공간과 **행동 공간**(action space)을 줄일 수 있다면 문제를 더 간략하게 할 수 있으므로 더 좋다. 예제에서는 6개의 상태만이 존재하지만, 그림 11.4를 보고 모든 광장들을 이리저리 오가며 찾는다고 생각해 본다면 학습은 아주 오랜 시간이 걸릴 것처럼 보이며, 실제로도 오랜 시간이 걸린다.

상태 공간(또한 행동 공간)의 크기를 계산하는 것은 상대적으로 간단하다. 예를 들어, 다섯 개의 입력 값이 각각 0에서 100까지의 정수라면, 전체 상태 공간의 크기는 $100 \times 100 \times 100 \times 100 \times 100 = 100^5$이며, 이는 아주 큰 공간이고 다시 차원의 저주(curse of dimensionality)가 나타나게 된다. 하지만 데이터를 **양자화**해서 100개의 번호 대신에 입력당 두 개로(50보다 작은 수를 1번 클래스로, 이보다 큰 수를 2번 클래스로) 줄일 수 있다면 전체 상태 공간의 크기도 $2^5 = 32$로 줄어든다. 상태 공간과 행동 공간을 결정하는 것은 강화학습에서 아주 중요하다. 정확도를 잃지 않고 입력 값을 예제에서처럼 100에서 2로 줄일 수 있는 대로 줄이고자 한다. 이 과정을 통해서 더 좋은 답의 질을 찾는 데 필요한 많은 정보들을 잃게 되지만, 이 두 가지를 절충할 수 있는 방법이 있다.

11.2.2 당근과 채찍: 보상 함수

학습자의 기본적인 아이디어는 예상 보상을 최대화하는 행동을 선택한다는 것이다. 예를 들면, 원하는 것이 무엇인지, 또한 어떻게 얻을 수 있는지를 생각해서 무엇이 보상인지를 매우 마구잡이 식으로 결정하는 것이다. 이 방법은 실제로 동작하며, 10장에서 유전 알고리즘에서 문제를 풀기 위해서 적합도 함수를 공을 들여서 다루었듯이 **보상 함수** 역시 공을 들여서 만든다.

보상 함수는 현재 상태와 결정된 행동을 통해 계산된 수치적 보상 값을 제공한다. 위의 예제에서는 상태 A에 머무는 행동을 결정한다면 A 상태에 머물게 되는 보상 값 −5를 받는다. 보상 값은 양수 또는 음수가 될 수 있으며, 음수의 경우에는 '벌'이 된다. 보상은 학습자 내부적으로 결정되는 것이 아니라 주변 환경에 의해 결정되며, 학습자는 보상을 극대화하기 위해 노력하고, 보상 함수가 예상하는 대로 행동한다. 보상은 학습자에게 무엇이 목표인지를 말해 주지만, 지도학습과 같이 이를 어떻게 획득할 수 있는지는 알려 주지 못한다. 따라서 세부 목표들을 설정하는 것은 보통 좋은 생각이 아니다. 왜냐하면 학습자는 실제 목표를 이루지 않고도 세부 목표들을 이룰 방법을 찾을 수 있기 때문이다.

적당한 보상 함수의 선택은 아주 중요하며, 다양한 보상 함수의 사용에 따라 매우 다른 행동이 뒤따르게 된다. 예시로 미로를 여행하는 로봇에 적용할 수 있는 두 가지 아주 다른 보상 함수를 생각해 보자(앞으로 나올 문단을 읽기 전에 무엇이 다를지를 한번 생각해 보자).

- 미로의 중심을 찾으면 보상 50을 받는다.
- 각각의 움직임은 보상 −1을 받고, 미로의 중심을 찾으면 보상 50을 받는다.

첫 번째 경우에는 로봇이 미로의 중심을 찾기 위해 학습하지만, 두 번째의 경우에는 미로에서 최단거리를 통해서 중심을 찾기를 선호한다. 미로 문제는 에피소드적인 성격이 있다. 학습은 에피소드들로 나뉘며, 로봇이 미로의 중심에 이르면 마지막 엔딩에 이른다. 보상은 마지막에 주어지며 거꾸로 이제까지 지나간 모든 행동들에 보상들이 전파되고, 학습자는 이를 갱신한다. 하지만 **에피소드적**인 성격이 없고 연속적인 과제들을 갖는 예제들도 있으며, 이런 경우에는 과제들이 중지되는 것에 대한 구분이 없다. 이번 장을 시작할 때 이야기했던 걸음마를 배우는 아이의 경우를 생각해 보면 단기간인 10분 동안 넘어지지 않는 경우보다는 연속적으로 계속 넘어지지 않는 경우에 성공적으로 걸었다고 말할 수 있다.

그때그때 즉각적인 보상과 마지막에 한 번에 받는 보상, 두 가지 형태의 보상하에 학습 알고리즘을 다시 생각해 볼 필요가 있다. 학습을 이끄는 것은 전체 보상이며, 이는 현재부터 과제가 끝날 때까지 예상할 수 있는 마지막 **종료 상태** 또는 **접수 상태**에 이를 때의 보상이다. 마지막에 큰 보상을 받는다는 것은 성공적인 과제를 수료한 것을 뜻한다. 하지만 연속적인 과제들에 대해서는 적용되지 않는데 이는 마지막 종료 상태가 없기 때문이며, 무한의 시간 뒤 미래의 영원한 보상을 예상해야 하므로 불가능하다.

11.2.3 할인

이에 대한 해결법은 **할인**(discounting)이라고 부르며, 미래에 일어날 것들에 대한 확실성을 고려하는 것이다. 물론, 학습에서 불확실성은 존재하므로 미래의 보상에 대한 예측은 틀릴 수 있는 확률이 충분히 반영되어야 한다. 빠른 시일 내에 일어날 일에 대한 보상의 예측은 많은 것이 변화할 수 있는 먼 미래에 대한 예측에 비해 더 정확할 수 있다. 따라서 추가적인 변수 $0 \leq \gamma \leq 1$를 사용해서 미래에 대한 할인 γ^t(t는 타임스텝(timestep)의 개수)를 곱해서 미래 보상을 할인해서 적용한다. γ값이 1보다 작기 때문에 γ^2값은 작으며 k값이 무한대로 수렴할 때($k \to \infty$) γ^k는 0으로 수렴($\gamma^k \to 0$)한다(k가 점점 커지면서 γ^k값은 점점 작아진다). 미래에 대한 보상을 고려한 전체 예측은 다음과 같다.

$$R_t = r_{t+1} + \gamma r_{t+2} + \gamma^2 r_{t+3} + \ldots + \gamma^{k-1} r_k + \ldots = \sum_{k=0}^{\infty} \gamma^k r_{t+k+1}. \tag{11.1}$$

γ 값이 0에 가까워질수록 먼 미래에 대해 고려하지 않는 것이며, $\gamma = 1$의 경우에는 에피소드적인 경우처럼 할인이 없게 된다. 결국, 보상은 많이 다를 수 있으며, 학습에서 불확실성을 고려해야 하므로 할인은 에피소드 학습에도 사용된다. 걸음마를 연습하는 아이의 예제를 다시 한 번 생각해 보자. 넘어질 때 −1이라는 보상을 주고 나머지에 대해서는 보상이 없다면, −1이라는 보상은 미래에 있어서 할인되며, k 스텝 이후의 보상은 $-\gamma^k$가 된다. 학습자는 k를 가능한 한 크게 만들도록 노력할 것이고, 이는 잘 걷게 하는 결과를 갖게 된다.

보상 함수의 중요한 점은 다음에 선택할 행동을 선택하는 방법을 제공해 준다는 점이고, 보상에 대한 **예측**은 현재 지식을 이용해서 얻을 보상을 최대화하도록 한다. 대안으로는 탐험를 통해서 새로운 행동을 결정할 때 더 큰 보상을 얻을 방향을 찾도록 할 수 있다. 탐험과 활용의 방법들은 수행할 **행동을 선택**하는 방법이다.

11.2.4 행동 선택

알고리즘은 강화학습의 각 단계에서 취할 수 있는 행동을 살펴보고, 각각의 행동에 대한 가치를 계산해서 선택했을 때 예상 가능한 평균 보상을 계산한다. 가장 간단한 방법은 과거에 주어졌던 보상들의 평균을 계산하는 방법인데 $Q_{s,t}(a)$를 통해서 s라는 상태에서 a라는 행동을 현재 상태 전에 행동이 t번 택해졌다는 것을 표시한다. 이는 결국 행동에 대한 보상을 제대로 예측하는 방향으로 수렴한다. 이와 같이 현재 평균 보상 예측에 기반해서 행동 a를 선택하는 세 가지 방법이 있는데 첫 번째와 세 번째 것은 이미 살펴본 적이 있다.

탐욕(greedy): 현재 지식을 탐험해서 가장 높은 $Q_{s,t}(a)$ 값을 갖는 행동을 선택한다.

ϵ-탐욕(ϵ-greedy): 탐욕과 유사하지만, 작은 확률 ϵ로 무작위 행동을 선택한다. 따라서 거의 대부분의 경우에 탐욕 방법을 택하지만, 때때로 더 좋은 행동을 선택할 수 있다는 희망으로 대안을 시도한다. 이는 약간의 탐험 방법을 혼합하는 것을 의미한다. ϵ-탐욕은 탐욕보다 시간이 지남에 따라 탐험를 통해 더 좋은 답을 구하게 되어 결과적으로 더 좋은 답을 제시한다.

소프트맥스(Soft-max): ϵ-탐욕의 개선으로 탐험이 이뤄질 때 어떤 대안의 행동을 선택할지를 생각해 보면 선택을 균일 분포(uniform) 확률로 정한다. 다른 대안으로는 소프트맥스 함수를 이용하는 것이다.

$$P(Q_{s,t}(a)) = \frac{\exp(Q_{s,t}(a)/\tau)}{\sum_b \exp(Q_{s,t}(b)/\tau)}. \tag{11.2}$$

여기서 τ는 9.6절에서 살펴본 **시뮬레이티드 어닐링**(simulated annealing)에 의해 **온도**(temperature)라고 알려져 있다. τ가 클 경우 대부분의 행동은 비슷한 확률을 갖고, τ가 작으면 선택 확률이 더 중요하게 작용한다. 소프트맥스 선택의 경우 대부분 현재 최선의 행동이 결정되지만, 나머지 경우는 보상의 예측 값에 비례적으로 선택되며, 이 값 또한 사용되면서 갱신된다.

11.2.5 정책

이제까지 다양한 행동의 선택 방법들을 살펴봤다. 행동 선택의 목표는 탐험(exploration)과 활용(exploitation) 사이의 트레이드오프를 결정하기 위함이며, 이를 통해 미래의 예상 보상을 최대화한다. 대신에 각각의 상황에 최적화 대안을 항상 선택함으로써 탐험 방법을 더 이상 수행하지 않고, 직접적인 선택을 할 수 있다. 각 단계에서 최적화 결과를 얻기 위해 어떤 행동을 선택하는 것을 **정책**(policy) π이라 부르며, 이를 통해 현재 상태 s_t에 대해서 더 좋은 정책을 **학습**한다. 최대 보상을 제공하는 데 적어도 하나의 최적화 정책을 찾는다. 정책을 찾기 위해서 몇 가지 고려해야 할 사항이 있다. 첫째로는 현재 상태에 대해서 얼마나 많은 정보를 알아야 하는지이고, 둘째로는 현재 상태에 대해서 어떻게 가치를 부여할지이다. 첫째 사항은 16장에서도 중요한데, 몇 가지 세부 사항을 지금부터 살펴보겠다.

11.3 마르코프 결정 과정

11.3.1 마르코프 성질

예제로 돌아가서 D라고 써 있는 광장에 서 있다고 하자. 다음으로 어떤 취할 행동을 선택하는 데 네 가지 가능한 옵션들이 있다. 그림 11.4를 보면 현재 상태에 유지하거나 B, C 또는 E로 이동하는 것이다. 그렇다면 이는 보상을 예측하고, 다음에 취할 최선의 행동을 선택하는 데 충분한 정보인가? 과거에 이동했던 경로는 기억하고 있어야 할까? 예를 들면, B에서 D로 이동하는 것의 경우 보상이 변하지 않으므로 다시 B로 돌아가는 것은 무의미해 보인다. 하지만 E를 통해서 D로 왔다면 다시 돌아가는 것은 F와 가까워지므로 의미 있어 보인다. 위의 예제에서는 이전의 행동을 아는 것이 충분하게 유용한 정보들을 제공하지 않으므로 사실 무의미해 보인다.

또 다른 예로 체스 게임을 들 수 있다. 현재 말들의 상황을 아는 것이 다음 행동을 결정하는 데 도움을 주지만, 현재 위치에 어떻게 왔는지를 알고 있는 것은 그리 도움이 되지는 않는다. 따라서 현재 상태는 충분한 정보가 된다. 과거의 상태들을 돌아볼 필요없이 현재 상태는 보상을 계산하는 데 충분한 정보를 준다는 특성을 **마르코프 상태**(Markov state)라고 한다. 이것의 중요성은 다음의 두 가지 식을 통해서 나타난다. 첫째로 마르코프 상태가 **거짓**일 때 두 번째는 마르코프 상태가 사실일 때다. 다음의 공식은 다음 보상 r'과 다음 상태 s'에 대한 확률 계산을 나타낸다.

$$Pr(r_t = r', s_{t+1} = s' | s_t, a_t, r_{t-1}, s_{t-1}, a_{t-1}, \ldots r_1, s_1, a_1, r_0, s_0, a_0), \tag{11.3}$$

$$Pr(r_t = r', s_{t+1} = s' | s_t, a_t). \tag{11.4}$$

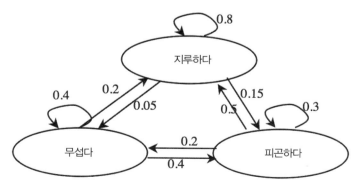

그림 11.5 오늘의 심리 상태가 주어졌을 때 내일의 상태를 결정하는 마르코프 결정 과정의 간단한 예제

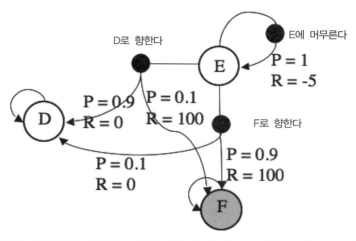

그림 11.6 예제에 대한 부분적인 전이도. E 상태에서 가능한 세 가지 행동이 나와 있고, 각각은 어떤 상태로 이루어지는지 보상과 함께 나와 있다.

분명하게 식 (11.4)은 현재 상태에 대해서만 의존적이며, 계산이 훨씬 간략하고, 반올림으로 인한 오류도 덜 일으키고, 전체 학습에 대한 과정을 저장해야 할 필요도 없다. 사실 이식은 계산을 가능하게 만들어 주는 데 반해 첫 번째 식은 재미있는 문제들에 대해서는 계산이 불가능하다. 강화학습 문제는 식 (11.4)를 따르며, 이는 **마르코프 결정 과정**(MDP, Markov Decision Process)이라고 알려져 있다. MDP는 지난 경험들을 바탕으로 현재 상태와 행동으로부터 다음에 일어날 상태와 보상을 계산할 수 있게 한다. 현재 상태 데이터를 사용해서 학습자의 행동에 대한 확률과 예측할 수 있는 보상을 결정하고 예상할 수 있게 한다.

11.3.2 마르코프 결정 과정 확률

이제 강화학습 문제를 마르코프 결정 과정 모델로 축소시켰다. 무제한의 상태와 행동을 갖는 경우는 너무 복잡하므로 우선 상태와 행동의 개수가 제한적인 경우에 대해서만 살펴보겠다. 그림 11.5에 시험을 앞두고 이를 준비할 때 당신의 마음 상태를 예측하는 아주 간단한 MDP의 예제를 각각의 상태와 상태 간의 이동 확률과 함께 표시하였는데, 이는 **마르코프 체인**(Markov chain)이라고 알려져 있다. 그림은 **상태 전이도**(transition diagram)로 확장될 수 있고, 이는 한정된 MDP의 움직임과 보상에 대한 정보를 함께 표현하고 있다.

그림 11.4를 바탕으로 위의 예제에 대해서 전이도를 작성할 수 있다. B 구역에서 A 구역으로 움직이는 상황에서 아주 피곤한 상태라는 가정을 추가하고, 피로로 인해 C 또는 D 구역으로 잘못 진입할 수 있다는 상황을 덧붙인다. 이제 0.1의 확률로 다른 상태로 잘못

향할 수 있으며, 한 상태에 머물 수도 있다고 한다. E 상태에서 이뤄지는 부분적인 전이도가 그림 11.6에 나와 있는데 E 상태(검은색 동그라미로 표시)에서는 세 가지 가능한 행동이 있고, 각각의 확률과 예상 보상이 함께 나와 있다. 강화학습의 목적은 이를 학습하고 전이도를 사용하는 것이다.

MDP의 공식을 통해서 부가적인 불확실성을 고려할 수 있으므로 매우 강력하다. 예를 들면, 참 상태가 어디인지를 알 수 없지만, 각 상태에 대한 관찰 값만 사용할 수 있는 문제에도 적용할 수 있으며, 이 경우에 각 상태와 행동을 확률로 연결시킨다. 이는 **부분 관찰 가능 마르코프 결정 과정**(POMDP, Partially Observable Markov Decision Process)이라고 알려져 있고, 이는 16.3절의 **은닉 마르코프 모델**(HMM, Hidden Markov Model)과 연관이 있다. HMM은 로봇 공학에 일반적으로 자주 사용되며, 로봇 공학의 센서들은 보통 부정확성과 오류들을 갖고 있으며, 로봇이 방문한 장소들에 대해 성공의 척도로 표현된다. 이와 같은 방법들은 현재 상태에 대한 신뢰도(belief)를 측정해야 하고, 이를 강화학습 계산에 사용한다. 이제 다시 강화학습으로 돌아가서 **가치**(value)에 관해 알아보겠다.

11.4 가치

강화학습은 미래에 예상되는 보상을 최대화하기 위한 행동을 선택한다. 예상되는 보상은 바로 **가치**라고 알려져 있고, 이를 계산하는 두 가지 방법이 있다. 현재 상태를 고려하고 선택할 수 있는 모든 상태들에 대한 평균을 취해 정책을 고려하지 않고 **상태 가치 함수**(state-value function) $V(s)$를 고려하거나 현재 상태와 각각의 가능한 행동을 따로 고려한 **행동 가치 함수**(action-value function) $Q(s,a)$를 고려할 수 있다. 어떤 경우든 s 상태에서의 예상되는 보상을 고려한다($E(.)$는 통계적 **기댓값**이다).

$$V(s) = E(r_t|s_t = s) = E\left\{\sum_{i=0}^{\infty} \gamma^i r_{t+i+1}|s_t = s\right\}, \tag{11.5}$$

$$Q(s,a) = E(r_t|s_t = s, a_t = a) = E\left\{\sum_{i=0}^{\infty} \gamma^i r_{t+i+1}|s_t = s, a_t = a\right\}. \tag{11.6}$$

식 (11.6)이 더 많은 정보들을 고려하므로(어떤 행동을 선택할지를 고려) 식 (11.5)보다 길게 보면 더 정확할 것이라는 것은 명확해 보인다. 하지만 그로 인해 더 많은 데이터를 모아야 하고, 학습에도 더 많은 시간이 걸린다. 다시 말하면, 행동 가치 함수의 경우에는 차원의 저주(curse of dimensionality)에 더 영향을 받는다. 많은 상태가 존재할 경우에 이들에 대한 데이터를 모두 모으는 것은 불가능하고, 이에 학습자에 의해서 변수 집단이 조절되는 매개 변수화된 해법(parameterized solution)이 요구되며, 여기서 고려하는 것보다 아주 복잡하다.

이제 해결해야 하는 문제는 두 가지다. 하나는 가치 함수를 예측하는 것이고, 또 하나는 최선의 전략을 선택하는 것이다. 우선, 후자부터 살펴보자. 최선의 전략은 가능한 모든 상태들 중에 가치 함수가 최대가 되는 것을 가리키며, 이를 π^*로 표현한다. 최선의 상태 가치 함수(state-value function)는 가능한 모든 상태들 s에 대해 $V^*(s) = \max_\pi V^\pi(s)$로 표현되며, 최선의 행동 가치 함수는 모든 가능 상태 s와 행동 a에 대해 $Q^*(s, a) = \max_\pi Q^\pi(s, a)$로 표현된다. 이 두 가지의 가치 함수를 연결시킬 수 있는데 첫 번째는 최선의 행동을 각각의 경우에 선택하는 것이며, 두 번째는 행동 a를 행하고 거기에 따르는 최선의 전략을 따르는 것이다. 따라서 현재 보상과 미래의(할인된) 예측 보상을 고려한다.

$$
\begin{aligned}
Q^*(s,a) &= E(r_{t+1}) + \gamma \max_{a_{t+1}} Q(s_{t+1}, a_{t+1}) \\
&= E(r_{t+1}) + \gamma V^*(s_{t+1}|s_t = s, a_t = a).
\end{aligned}
\tag{11.7}
$$

물론, 최선의 전략을 학습할 것이라는 보증은 없다. 오류와 시스템에 있는 다른 부정확성과 차원의 저주는 수행하는 탐험의 크기를 제한한다. 하지만 최선의 전략에 대한 좋은 근사 값을 학습하기에는 충분하다. 강화학습의 중요한 장점 중 하나는 강화학습은 실시간 (on-line)으로 작동해서 학습자가 학습하면서 다양한 상태를 탐험할 수 있고, 상태를 더 자주 학습할 기회를 가지므로 더 최선의 전략을 찾을 확률이 높아진다는 점이다.

다음으로 고려할 부분은 어떻게 가치 함수를 갱신하는가의 문제다. 이에 대한 아이디어는 가능한 모든 상태나 상태-행동 쌍에 대한 순람표를 만들어서 0으로 초기화하고, 각각을 경험하면서 이를 채워나가는 것이다. 다시 외국 여행 예제로 돌아가 보자. 당신은 계속해서 떠돌다가 결국 호스텔에 이를 것이다. 광장 E에 도달한 상태에서 E에 대한 가치를 갱신한다(보상은 $\gamma \times 100$). 당신의 메모리는 제한적이므로 E에 관한 정보만 가지고 있다. 하지만 D에서 E로 왔다고 가정하면 D에 대한 가치를 $\gamma^2 \times 100$로 갱신할 수 있으며, 모든 상태와 행동에 대해서 계속 반복하면서 이를 채워나갈 수 있다.

이 방법의 분명한 문제점은 목표에 이르기 전까지 가치를 갱신하는 것을 기다려야 한다는 것이다. 대신에 같은 방법으로 식 (11.7)을 사용해서 현재 가치와 할인 예상 값을 대신 사용할 수 있으며, 업데이트 방정식은 다음과 같다(μ는 학습률이다).

$$V(s_t) \leftarrow V(s_t) + \mu(r_{t+1} + \gamma V(s_{t+1}) - V(s_t)). \tag{11.8}$$

$Q(s, a)$는 행동에 대한 정보를 추가하는 것 이외에는 매우 유사하다. 두 경우 모두에 현재와 이전에 예측했던 값과의 차이를 사용하므로 **시간차**(TD, Temporal Difference) 방법이라고 부른다. 이전에 있었던 정보에 대해서 더 알고 있다고 가정하면, 목적에 도달했을 때 더 많은 상태에 대한 정보를 업데이트할 수 있다. 하지만 여기서 문제는 어떤 상태가 유용한지를 미리 알 수 없다는 점이며, 이에 대한 해결책도 역시 할인과 유사하다. 또 다른 변수 $0 \leq \lambda \leq 1$를 사용해서 각각의 상태에 대한 중요도를 상대적으로 감소시킨다. **적임 추적**(eligibility trace)이라고 부르는 이 방법은 최근에 방문했던 곳들이 적임(eligible)한 상태를 다음처럼 적용한다.

$$e_t(s', a') = \begin{cases} 1 & \text{if } s' = s, a' = s \\ \gamma \lambda e_{t-1}(s', a') & \text{otherwise.} \end{cases} \tag{11.9}$$

여기서 λ를 0으로 하면 현재 상태만을 사용하는 것이며, λ를 1로 설정하면 이제까지 방문했던 모든 상태를 고려하는 것이다. 현재 전략 π에 대해서 정답인 가치 함수 V^π로 수렴하므로 TD(0) 알고리즘이 최선이다. 보통 알고리즘을 수행하면서 점점 π값을 줄여가면서 적용한다면 이 조건을 만족시킬 수 있다. Q 가치에 대한 TD(0) 알고리즘은 또한 **Q 학습** 알고리즘이라고 불린다.

Q 학습 알고리즘

- **초기화**
  - 모든 s와 a에 대해서 $Q(s, a)$를 작은 난수 값으로 설정한다.

- **반복:**
  - s를 초기화
  - 반복:
    * ϵ-탐욕 또는 다른 전략을 사용해서 행동 a를 선택한다.
    * 행동 a를 수행하고 보상 r를 받는다.
    * 새로운 상태 s'를 샘플링한다.
    * Q 함수를 업데이트한다. $Q(s, a) \leftarrow Q(s, a) + \mu(r + \gamma \max_{a'} Q(s', a') - Q(s, a))$
    * s를 업데이트 $s \leftarrow s'$
  - 현재 에피소드에 대한 각각의 단계에 더 이상의 에피소드가 없을 때까지

또한, $Q(s, a)$ 대신에 $V(s)$에 대해서 똑같이 적용시킬 수 있다. 알고리즘의 다른 점은 $Q(s', a')$를 계산하는 방법인데 a'값을 선택하는 데 전략을 사용하지 않는 대신에 최고 값을 주는 것을 선택한다. 이는 **오프 정책**(off-policy) 결정으로 알려져 있다. **온 정책**(on-policy)을 사용하도록 알고리즘을 수정하는 것은 매우 간단한데 이는 '살사(sarsa)'라고 불리는 $(s_t, a_t, r_{t+1}, s_{t+1}, a_{t+1})$ 값들의 집합을 사용한다.

살사 알고리즘

- **초기화**
  - 모든 s와 a에 대해서 $Q(s, a)$를 작은 난수 값으로 설정한다.

- **반복:**
  - s를 초기화
  - 행동 a를 현재 정책을 사용해서 선택한다.
  - 반복:
    * 행동 a를 수행하고 보상 r를 받는다.
    * 새로운 상태 s'를 샘플링한다.
    * 현재 정책을 사용해서 s'행동을 선택한다.
    * Q함수를 업데이트한다.
      $$Q(s, a) \leftarrow Q(s, a) + \mu(r + \gamma Q(s', s') - Q(s, a))$$
    * s를 업데이트 $s \leftarrow s'$
    * a를 업데이트 $a \leftarrow a'$
  - 현재 에피소드에 대한 각각의 스텝(step)에 대해서

- **더 이상의 에피소드가 없을 때까지**

두 알고리즘은 난수로 초기화를 하여 반복적 알고리즘을 진행하면서 정확한 답을 예측하는 **부트스트랩**(bootstrap) **방법**을 사용함에서 유사하다. 알고리즘은 실시간으로 동작하며, r_{t+1}과 s_{t+1}가 알려짐에 따라 바로 Q 값을 업데이트한다. 두 경우 모두 다음 상태와 보상을 바탕으로 예측 값을 업데이트한다. 물론, 업데이트를 r_{t+n}과 s_{t+n}값을 알기 전까지 지연시킬 수 있으며, TD(λ) 알고리즘을 사용한다. 이 접근 방법의 어려운 점은 s_t와 s_{t+n} 사이에 너무 많은 행동 a들이 있다는 점이다.

보상과 전이 행렬이 계산되고 나면 실제 구현은 어렵지 않다. 예를 들면, 살사 알고리즘의 핵심은 ϵ-탐욕 정책을 사용해서 다음 형태로 작성된다.

```
# 수용 상태(accepting state)에 도달하면 중지한다.
while inEpisode:
    r = R[s,a]
    # 이 예제에서 새로운 상태는 선택된 행동이다.
    sprime = a

    # 엡실론-탐욕 선택
    if (np.random.rand()<epsilon):
        indices = np.where(t[sprime,:]!=0)
        pick = np.random.randint(np.shape(indices)[1])
        aprime = indices[0][pick]
    else:
        aprime = np.argmax(Q[sprime,:])

    Q[s,a] += mu * (r + gamma*Q[sprime,aprime] - Q[s,a])
    s = sprime
    a = aprime

    # 수용 상태에 도달했는지 확인
    if s==5:
        inEpisode = 0
```

11.5 휴가 예제: 강화학습 사용

ϵ-탐욕 방침을 사용해서 호스텔을 찾은 예제를 마감하면서 강화학습을 어떻게 사용하는지 살펴보겠다. 문제의 세부 사항은 보상 행렬 R과 전이 행렬 t를 설정하는 것이며, 이 두 개 모두 11.2절에 나와 있다. t값에 대해서는 명확하지 않을 수 있지만, 그림 11.4에 나오듯이 다음과 같이 작성될 수 있다. 1값은 연결이 된 상태이며, 0은 연결이 되지 않은 상태다.

현재 상태	다음 상태					
	A	B	C	D	E	F
A	1	1	0	0	0	0
B	1	1	1	1	0	0
C	0	1	1	1	0	1
D	0	1	1	1	1	0
E	0	0	0	1	1	1
F	0	0	1	0	1	1

파라미터 γ, μ, ϵ를 선택하고, 전체 반복 횟수를 선택해서 알고리즘을 실행하면 된다. 살사 또는 Q 학습을 $\gamma = 0.4$, $\mu = 0.7$, $\epsilon = 0.1$, 1,000으로 반복 실행시키면 다음과 같은 Q 행렬을 얻을 수 있다.

1.4	16.0	0	0	0	0
6.4	11.0	40.0	16.0	0	0
0	16.0	35.0	16.0	0	100.0
0	16.0	40.0	11.0	40.0	0
0	0	0	16.0	35.0	100.0
0	0	0	0	0	0

넘파이에는 매우 유용한 np.inf 함수를 제공하며, -np.inf를 사용해서 불가능한 행동에 대한 보상 값을 설정할 수 있다. 몇몇 0값들은 결국 -np.infs로 설정할 수 있다. 어떻게 이를 해석하고 행렬을 이용하는가에 대해서는 각각의 점에 정책을 적용하고 목표에 이루기 전까지 현재 상태에서 최대 Q값을 주는 것을 선택한다. 따라서 A에서부터 정책은 B(Q = 16)으로 가도록 하고, C(Q = 40)으로 결국 F로 가도록 한다. D에서 C 또는 E(Q = 40) 으로 향하지만, 결국에는 F로 향하게 된다.

11.6 살사와 Q 학습의 다른 점

두 가지 알고리즘 사이에 실제 적용 시 차이점이 무엇인지 분명하게 보이지는 않는다. 그림 11.7의 축소된 환경을 고려해서 에이전트가 왼편의 시작 지점으로부터 오른쪽의 종착지 까지의 길을 학습하는 것이다(6.5절의 서턴과 바르토의 책 예제에서 나왔던 것으로 이번 장 마지막에 '더 읽을거리'에도 나와 있다). 보상 함수는 매 움직임마다 낭떠러지로 이르는 움직임을 제외하면 1점을 잃게 된다. 낭떠러지에 이르면 100점을 잃게 되고, 다시 시작 위치로 옮겨지게 된다. 이는 마지막 종료 상태가 존재하므로 분명하게 에피소드적인 문제다.

두 가지 알고리즘 모두 환경에 대한 정보 없이 시작하게 되며, 따라서 ϵ-탐욕 법칙을 사용해서 무분별하게 탐험한다. 하지만 시간이 지나면서 두 가지 알고리즘은 상당히 다른 결과를 만든다. 차이점이 중요한 이유는 Q 학습은 항상 최적화 경로인 최단거리를 따르는데 이는 낭떠러지 주변으로 이끌게 되고, ϵ-탐욕은 때때로 여기서 떨어지는 것을 피할 수 없게 만든다는 점이다. 이와 대조적으로 살사 알고리즘은 안정적인 길로 수렴해서 낭떠러

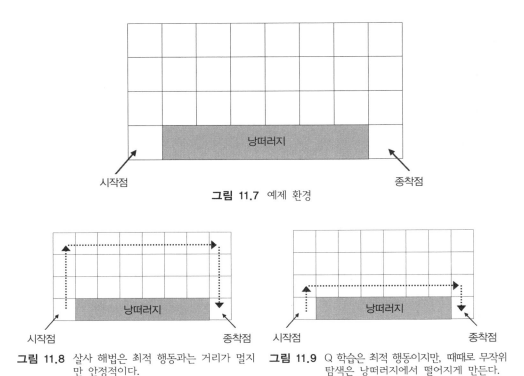

그림 11.7 예제 환경

그림 11.8 살사 해법은 최적 행동과는 거리가 멀지만 안정적이다.

그림 11.9 Q 학습은 최적 행동이지만, 때때로 무작위 탐색은 낭떠러지에서 떨어지게 만든다.

지로부터 멀리 인도하지만, 오랜 기간이 소요된다. 두 가지 해법이 그림 11.8과 그림 11.9에 나와 있다. 살사 알고리즘은 Q 근사치의 선택 행동에 대한 정보를 포함하고 있으므로 안정적인 길을 제공하고, Q 학습은 불안하고 짧은 길들을 선택한다. 어떤 방법이 더 좋은지에 대한 결정은 낭떠러지에서 떨어지는 효과가 미치는 영향에 따라 선택해야 할 문제다.

알고리즘이 다른 이유는 Q 학습의 정책이 항상 최적 행동을 선택할 것이라는 가정 때문인데 대부분의 경우 사실이지만, ϵ-탐욕 정책은 때때로 최적 행동이 아닌 다른 행동을 취하고 이것이 문제를 유발한다. 하지만 알고리즘은 이런 위험들을 무시하는데 이는 최적화 문제에만 집중하기 때문이다. 살사는 최댓값을 선택하지 않으므로 절벽 가까이로 인도하는 해법들을 선호하지 않고, 이로 인해 에이전트가 낭떠러지로 떨어지게 하며, 아주 큰 부정적인 보상을 갖게 된다.

11.7 강화학습의 사용

강화학습은 많은 문제에 성공적으로 사용되었으며, 강화학습의 컴퓨터 모델링 결과들은 생물학적 학습과의 근접한 관련성 때문에 컴퓨터 과학자들과 심리학자들로부터 큰 관심을 받아 왔다. 하지만 가장 인기 있는 분야는 인공지능 로봇 분야인데, 이는 사람과의 관계 없이도 로봇 혼자서 해법을 찾기 위해 시도를 하는 것이 가능하기 때문이다.

예를 들면, 강화학습은 로봇들을 학습시켜서 방에 있는 상자들을 구석으로 정리하는 문제에 사용되었다. 물론, 세상에서 가장 흥미로운 과제는 아닐지라도 로봇이 강화학습을 통해서 학습할 수 있다는 점은 인상적이다. 강화학습은 로봇이 다른 사물을 따라가게 한다든가 밝은 빛을 향하게 만든다든가 길을 찾는 등의 다양한 로봇 응용 분야에 사용되었다.

물론, 이런 다양한 응용 분야에 사용된다고 해서 강화학습에 문제가 없다는 말은 아니다. 강화학습은 탐색의 방법을 사용하므로 지난 두 장에서 살펴본 것과 같은 문제들을 겪게 된다. 지역 최솟값에 갇히게 될 수도 있고, 현재 탐색하는 지역이 평평하다면 알고리즘은 더 이상 좋은 해법을 찾을 수 없게 된다. 몇몇 과학자의 보고서들이 로봇이 실제로 무엇인가를 학습하기 전에 방전되는 현상을 다루고 있으며, 과학자들은 탐색 과정을 포기하고 로봇을 올바른 방향으로 시작하도록 인위적으로 도움을 주기도 해야 한다. 일반적으로 강화학습은 매우 느린데 이는 더 좋은 해법을 찾기 위해서 탐험과 활용의 방법을 사용해서 정보를 모아야 하기 때문이다. 또한, 강화학습은 보상 함수의 선택에 매우 종속적이다. 잘못 선택될 경우 알고리즘은 예상밖의 행동을 보이게 된다.

강화학습의 유명한 예제는 제럴드 테사우로(Gerald Tesauro)가 만든 TD-가몬(TD-Gammon)이다. 제럴드 테사우로는 게임이 매우 에피소드적(누군가가 이기기 전까지 게임은 계속되며, 분명한 보상 체계와, 승리에 대한 보상이 주어진다)이므로 강화학습을 통해서 학습시키기에 적합하다고 생각했다. 또 다른 이점은 학습자를 자기 자신과의 게임을 통해서 학습하게 만들 수 있다는 점이다. 이는 매우 중요한데, TD-가몬은 IBM 운영체제인 OS / 2와프(Warp)와 묶음으로 제공되었는데 실제로 더 진화하기 전까지 150만 번의 게임을 자기 스스로 수행했다.

더 읽을거리

강화학습에 대한 더 자세한 설명은 다음을 참고하자.

- R.S. Sutton and A.G. Barto. *Reinforcement Learning: An Introduction*. MIT Press, Cambridge, MA, USA, 1998.

강화학습을 사용하는 데 고려할 점에 관한 흥미로운 글은 다음과 같다.

- G. Tesauro. Temporal difference learning and TD-gammon. *Communications of the ACM*, 38(3):58–68, 1995.

대체 자료들은 다음과 같다.

- Chapter 13 of T. Mitchell. *Machine Learning*. McGraw-Hill, New York, USA, 1997.
- Chapter 18 of E. Alpaydin. *Introduction to Machine Learning*, 2nd edition, MIT Press, Cambridge, MA, USA, 2009.

연습 문제

11.1 살사와 Q 학습에 대해서 모두 첫 몇 단계의 언덕 오르기를 손으로 유도해 보자. 다음으로, 코드를 이 예제에 실행시킬 수 있도록 고치고 매칭하는지 확인하자.

11.2 Q 학습자가 삼목두기(noughts-and-crosses, Tic-Tac-Toe) 게임을 하도록 디자인하자. 알고리즘을 손으로 실행해 보고, 각 단계, 변형, 보상 그리고 Q값에 대해서 서술하라. 상대방이 각 움직임을 위해 무작위로 사각형의 움직임을 선택한다고 가정하자. 만약, 상대방이 최적화 수를 둔다고 가정한다면 학습자를 어떻게 변경해야 하는가? TD 학습자는 다르게 행동할 것인가?

11.3 로봇이 8 방향 선택 센서와 2개의 모터를 갖고 있다. 범위 센서는 가까운 물체까지의 거리를 0에서 127 사이의 정수 값의 cm로 반환한다. 가장 가까운 물체가 127cm보다 멀다면 127이 반환된다. 모터는 −100에서 100까지의 정수를 반환하는데 각각 후방과 전방으로 최대 속도를 의미한다.
로봇을 강화학습을 사용해 트레이닝시켜서 오른쪽 벽을 따라가도록 하기를 원한다.

로봇은 15~30cm 정도 벽에서 떨어져 있어야 하고, 코너에 도달하면 벽을 따라서 방향을 바꿀 수 있다.

상태 공간을 계산하고, 이것이 연속 문제인지 에피소드 문제인지를 살펴보고, 적당한 강화학습을 디자인해 보자. 고려 사항은 다음과 같다.

- 입력과 출력 공간의 양자화
- 선택된 보상 시스템
- 선택된 학습 알고리즘에 대한 설명
- 마지막 학습의 결과가 무엇인지, 그리고 예상되는 시스템의 문제점에 대한 설명

11.4 10층 건물에 5개의 엘리베이터가 있다. 각 층에는 오르거나 내려가기 위한 엘리베이터 호출 버튼이 있는데 제일 아랫층과 제일 윗층에는 하나의 호출 버튼만 존재한다. 엘리베이터가 도착하고 누군가가 타면 가고자 하는 층의 버튼을 누를 것이다. 엘리베이터는 입력된 번호를 저장하고 올라가거나 내려가며 요청된 층마다 멈춘다. 시스템의 상태와 행동 공간을 계산하고, 적당한 강화학습자를 설명하자. 보상 함수를 고안하고 가장 알맞는 학습 방법을 생각해 보자. 시스템은 지연 보상을 사용해야 하는가? 좋은 강화학습 시스템은 문제에 대해 매우 효율적인 알고리즘을 제공한다(기본적이고 단순한 방법과 비교해서). 왜 그러한 상황이 일어날 수 있는지를 설명하고 가능한 문제들을 제시하라.

11.5 커넥트4 게이머를 학습하는 것이 가능하다. 커넥트4 게임에 대해서 설명하자면 7×6의 격자에서 경기가 이뤄지고, 두 게이머는 격자에 토큰을 넣어서 지정한 행의 가장 낮은 지점을 채운다. 게임의 목표는 게이머가 가진 색을 네 개의 토큰으로 차례로 채우는 것이다. 인터넷에 아주 많은 버전의 게임이 있으니 이해가 가지 않는다면 그 게임을 해보자.

커넥트4의 가능한 상태 공간은 생각하기 쉽지 않다. 1개의 상태는 교전 상태가 없고, 7개의 상태는 한 가지의 교전이 있고(같은 색의 교전이 언제나 시작 가능하다고 가정) 교전에 대해서 각 행에 하나의 상태가 가능, 7개의 상태에 대해서 두 가지 교전이 가능하다. 하지만 상태의 개수는 속속 늘어난다. 게임을 비길 경우 모든 네모가 꽉 차면 경기는 $2^{(7 \times 6)} = 2^{42}$보다 적은 상태가 된다. 이보다 적은 수의 상태라 함은 4개의 선을 포함하고 각 색에 대해서 21개의 교전만이 가능하기 때문이다. 상태 공간은 어마어마하게 크며, 학습에 오랜 시간이 걸릴 것이다.

하지만 게임을 프로그래밍하는 것은 비교적 간단하다. 두 가지의 흡수 상태가 있는데 보드가 다 차거나 누군가가 승리하는 경우다. 두 가지 경우에 대해서 보상은 주어져야 하므로 보상에 대해 결정해야 하고, 하나 또는 다른 상태가 이뤄질 경우를 찾는

코드가 필요하다. 각 시도에서 선택은 어떤 열을 선택해서 교전을 할 것인지이며, 따라서 7가지 가능한 행동이 존재한다. 게임 보드를 표현하기 위해서 2차원 배열을 빈 곳은 0, 빨간색 카운터는 1, 그리고 노란색 카운터는 2로 표시한다. 이를 통해서 흡수 상태를 찾는 것은 쉬워진다.

Q 학습 코드에 몇 가지 변경을 주어야 한다. 첫 번째로, 전이 행렬과 보상 행렬은 너무 복잡하게 되므로 전달하지 않는다. 승리하는 움직임과 패배하는 움직임을 제외하면 모든 보상은 0이 되므로 전체를 저장하기보다는 보상들을 저장하도록 코드를 변경한다. 또한, ϵ-탐욕 탐색 전략을 변경해서 변이 행렬을 살펴보지 않고, 간단하게 무작위 열을 선택하도록 한다. 이제 준비가 되었으므로 실행을 한다(매우 오래 기다려야 한다. 2만 게임에 대해서 단순 무작위 선수와 대결의 알고리즘을 트레이닝해 보았을 때 Q 학습자는 대략 80%의 게임을 승리하게 된다).

12

트리학습

이번 장에서는 머신러닝에서 조금 다른 접근 방법을 고려해 보겠다. 컴퓨터 사이언스 역사 상 가장 보편적이고 강력한 데이터 구조인 2진 트리(binary tree)다. 우선, 트리를 만드는 계산 비용은 N개의 데이터 개수에 대해서 $\mathcal{O}(\log N)$로 매우 낮다. 알고리즘을 트레이닝하고 적용하는 데 결과가 바로바로 계산되어야 하므로 머신러닝에서 이는 매우 중요하다. 트리는 이런 점에서 머신러닝에 적용하기 매우 충분하다고 생각할 수 있지만, 또 다른 장점도 있다. 분류 문제의 경우 트리를 따라서 내려오다 보면 답이 구해지고, 해석하기가 매우 편리하며, 뉴럴 네트워크와 같이 블랙박스로부터 답을 구하는 접근 방법과 차이를 보여 준다.

이런 이유들로 **결정 트리**(decision tree)는 최근에 계속해서 널리 사용되고 있다. 결정 트리는 컴퓨터 오류를 해결하기 위한 도움 전화 시스템을 통해서 이미 경험해 보았을 것이다. 전화를 받는 교환원은 결정 트리의 도움을 받아서 당신의 질문에 답할 것이다.

결정 트리는 각각의 피처들로 이루어진 트리의 노드들을 루트에서부터 차례로 살펴보고, 마지막 **잎**(leaves) 노드에 도달하면 분류를 결정한다. 트리는 이해하기 매우 쉬우며, if 구문들로 구성된 규칙들로 이루어져 있어 **규칙 귀납**(rule induction)에 사용되기 적합하다.

결정 트리는 최적화나 검색 문제에 대해서 그리디 휴리스틱(greedy heuristic)을 이용해서 검색을 하고, 현재 상태에 가능한 옵션들에 대해 평가하고 가장 최선이라고 보여지는 것을 수행한다. 대부분의 상황에서 이는 놀라울 정도로 잘 동작한다.

12.1 결정 트리 사용

학생 때는 오후에 무엇을 할지를 결정하는 일이 어려운데 학생들이 실제로 즐거워하는 네 가지가 있다. 술집 가기, TV 시청, 파티 가기, 공부하기, 이 중 선택은 당신이 하는 것이다. 내일까지 숙제가 있다면 공부를 할 테고, 나태하게 느껴진다면 술집은 가기 싫을 것이고, 파티가 없다면 파티에 참석할 수도 없다. 매일 저녁 이를 고민하지 않고 결정할 수 있는 좋은 알고리즘을 찾고 있다면, 그림 12.1은 한 가지 대안을 제공한다.

매일 저녁 트리의 제일 윗부분인 루트(root)에서 시작해서 당신의 친구들 중에 오늘밤 있을 파티에 대한 정보가 있는지를 확인한다. 만약에 하나라도 있다면 어쨌든 가야 한다. 파티가 없을 때만 내일까지 마감해야 할 숙제가 있는지를 확인한다. 만일, 아주 중요한 마감일이라면 공부해야 하고, 앞으로 며칠 동안 아주 중요한 일이 없다면 당신이 무엇을 하고 싶은 기분인지를 생각해 본다.

넘치는 에너지를 느낀다면 공부를 할 테고, 늘어진다면 공부 대신 TV 앞에서 〈무한도전〉을 시청할 것이다. 물론, 학기의 초반이라면 숙제도 없을 테고, 금전적으로 여유 있다면 술집으로 향할 것이다.

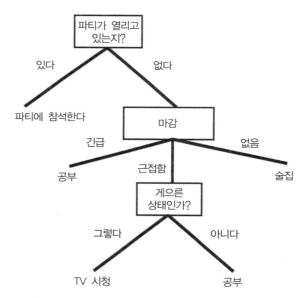

그림 12.1 저녁 시간을 어떻게 보낼지를 결정해 주는 아주 간단한 결정 트리

결정 트리가 인기 있는 이유 중의 하나는 이를 논리적 합(logical disjunction)의 집합으로 표현할 수 있다는 것이고, 이는 프로그램 구현을 아주 쉽게 해준다. 트리의 시작 부분은 다음과 같이 표현될 수 있다.

- if 파티가 있다면 then 파티에 참석
- if 파티가 없다면 and 며칠 내에 마감일이 있다면 then 공부

결정 트리를 사용하기 위해 알아야 할 것들은 모두 살펴봤다. 지난번에 살펴본 데이터를 통해서 2.3.2절의 나이브 베이즈 분류기(Naïve Bayes Classifier)와 비교해 보자. 더 흥미로운 부분은 어떻게 트리를 데이터로부터 만드는가이며, 이는 다음 절에서 바로 살펴보겠다.

12.2 결정 트리 만들기

위의 예제에서 알고리즘을 위해 필요한 세 개의 피처들은 당신의 에너지 레벨, 가장 가까운 마감일의 날짜, 그리고 오늘밤 파티가 어딘가에서 열리는가이다. 그렇다면 이런 피처들을 가지고 어떻게 트리를 만들 수 있을까? 몇 가지 다른 결정 트리 알고리즘이 있는데, 결국은 하나의 같은 기본에서 나온 것이다. 바로 알고리즘을 트리의 루트에서부터 탐욕적으로 만드는 것인데 정보를 가장 많이 포함한 피처를 각 단계에서 선택하는 것이다. 가장 일반적인 것부터 집중해서 퀸란(Quinlan)의 IDS와 이의 확장판 C4.5, 그리고 **CART**를 살펴보겠다.

트리가 어떻게 작동하는가에 한 가지 숨겨진 중요한 단어가 있는데 그것은 **정보력**이다. 결정 트리에 어떤 피처를 다음에 사용할지를 생각하는 것은 스무고개 게임을 하는 것과 비슷하다. 스무고개에서 상대방이 생각한 것을 질문을 통해서 찾아내야 하기 때문이다. 각 단계에서 당신은 이미 알고 있는 정보를 제외하고 가장 중요한 정보를 알아낼 수 있는 질문을 고른다. 따라서 "고양이인가요?"라는 질문 이전에 "동물인가요?"라는 질문을 할 것이다. 요점은 어떤 사실을 알게 됨으로써 주어진 질문들이 정보를 얼마나 제공하는가를 수치화하는 것이다. 이를 수학적으로 표현하는 것은 정보 이론(information theory)을 통해서 해결한다.

12.2.1 정보 이론의 엔트로피

정보 이론은 1948년에 클로드 섀넌(Claude Shannon)의 논문 〈A Mathematical Theory of Communication〉을 통해서 시작되었다. 이 논문에서 섀넌은 **정보 엔트로피**를 측정하는 법을 설명했는데 이는 피처들의 집합에 존재하는 **불순도**의 양을 표현한다. 확률들 p_i의 집합에 대

한 엔트로피 H는 다음과 같이 표현된다.

$$\text{Entropy}(p) = -\sum_i p_i \log_2 p_i, \qquad (12.1)$$

여기서 모든 것을 바이너리 숫자인 비트로 표현해서 로그의 지수는 2이고, 0 log 0은 0으로 정의한다. 엔트로피의 그래프가 그림 12.2에 나와 있다. 어떤 피처에 대해서 양수와 음수의 집합들이 있다고 가정하자(피처가 양수 또는 음수의 두 가지 값을 갖는다). 모든 예제들이 양수라면 어떤 예제의 피처 값들에서도 추가적인 정보를 얻어 내지 못한다. 왜냐하면 어떤 값을 피처가 갖더라도 예제는 양수가 되기 때문이다. 따라서 이 경우에 엔트로피는 0이다. 하지만 50 대 50으로 양수 음수의 피처들로 나뉜다면 엔트로피는 최대가 되며, 피처가 주는 정보는 매우 유용할 것이다. 따라서 피처 값을 앎으로써 얼마나 **추가적**인 정보가 주어지는가를 측정하는 것이 기본 개념이다. 엔트로피를 계산하는 함수는 다음과 같이 매우 간단하다.

```
def calc_entropy(p):

    if p!=0:
        return -p * np.log2(p)
    else:
        return 0
```

결정 트리에서 현재 분류 문제를 위해서 선택할 최고의 피처는 가장 많은 정보력을 주는, 가장 높은 엔트로피 값을 주는 것이다. 이를 이용한 후에 남아 있는 피처들을 가지고 재평가해서 다음으로 다시 가장 큰 엔트로피를 갖는 것을 선택한다.

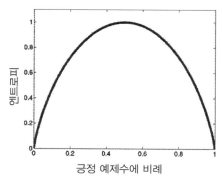

그림 12.2 엔트로피 그래프, 이미 알고 있는 정보를 통해서 얼마나 다른 종류의 정보를 알아낼 수 있는지에 관해서 표현한다.

정보 이론은 매우 흥미로운 학문이다. 정보 이론이 얼마나 많은 분야에 사용될 수 있는 지는 섀넌의 1948년 논문을 통해 알아볼 수 있다. 정보 이론을 위한 저널들이 많아졌으며, 이는 컴퓨터와 통신 네트워크, 머신러닝, 데이터 저장의 많은 부분에 이용된다. 이번 장의 마지막에 '더 읽을거리'에 소개된다.

12.2.2 ID3

이제 다음에 어떤 피처를 고를지에 적용시킬 수 있는 엔트로피를 배웠으니 이를 어떻게 적 용해 볼지 살펴보겠다. 요지는 다음 분류 스텝에서 특정 피처를 선택했을 때 전체 트레이닝 데이터의 엔트로피가 얼마나 줄어드는지를 살펴보는 것이다. 이는 **정보 획득**(information gain) 이라고 알려져 있으며, 전체 데이터의 엔트로피 값에서 특정 피처가 선택됐을 때의 엔트로 피 값을 빼서 구한다. 이는 다음과 같이 정의된다. 여기서 S는 예제들의 집합, F는 가능한 모든 피처들의 집합, $|S_f|$는 S 중에 피처 F에 대해 f라는 값을 갖는 구성원의 개수를 나타 낸다.

$$\text{Gain}(S, F) = \text{Entropy}(S) - \sum_{f \in values(F)} \frac{|S_f|}{|S|} \text{Entropy}(S_f). \quad (12.2)$$

예를 들어, 데이터 $S = \{s_1 = true, s_2 = false, s_3 = false, s_4 = false\}$와 $\{f_1, f_2, f_3\}$ 값을 갖는 한 가지 피처 F가 있다고 하자. s_1의 피처 값은 f_2, s_2는 f_2, s_3는 f_3 그리고 s_4는 f_1를 갖는다면 엔트로피 S는 다음과 같이 계산된다(여기서 $\oplus$는 true를 나타내고, $\ominus$는 false를 나타낸다).

$$
\begin{aligned}
\text{Entropy}(S) &= -p_\oplus \log_2 p_\oplus - p_\ominus \log_2 p_\ominus \\
&= -\frac{1}{4} \log_2 \frac{1}{4} - \frac{3}{4} \log_2 \frac{3}{4} \\
&= 0.5 + 0.311 = 0.811.
\end{aligned} \quad (12.3)
$$

엔트로피(S_f)는 비슷하지만, 데이터 중에 피처 F에 대해 f값을 갖는 것만 계산한다.

이를 계산하다 보면 $\log_2 p$를 어떻게 계산해야 하는데 이는 $\log_2 p = \ln p / \ln(2)$를 사용 할 수 있고, 여기서 $\ln$은 자연 로그이며, 계산기를 사용해서 계산할 수 있다. 넘파이 역시 `np.log2()` 함수를 제공한다.

이제 정보 이득 F를 계산하기 위해 식 (12.2)의 합 내부의 값($\frac{|S_f|}{|S|}$) $\text{Entropy}(S)$들을 계산 한다(예제에서 피처는 '마감일', '파티', '게으름'이다).

$$\frac{|S_{f_1}|}{|S|}\text{Entropy}(S_{f_1}) = \frac{1}{4} \times \left(-\frac{0}{1}\log_2\frac{0}{1} - \frac{1}{1}\log_2\frac{1}{1}\right)$$
$$= 0 \qquad (12.4)$$

$$\frac{|S_{f_2}|}{|S|}\text{Entropy}(S_{f_2}) = \frac{2}{4} \times \left(-\frac{1}{2}\log_2\frac{1}{2} - \frac{1}{2}\log_2\frac{1}{2}\right)$$
$$= \frac{1}{2} \qquad (12.5)$$

$$\frac{|S_{f_3}|}{|S|}\text{Entropy}(S_{f_3}) = \frac{1}{4} \times \left(-\frac{0}{1}\log_2\frac{0}{1} - \frac{1}{1}\log_2\frac{1}{1}\right)$$
$$= 0 \qquad (12.6)$$

정보 이득은 엔트로피 S에서 위의 세 값의 합을 뺀다.

$$\text{Gain}(S, F) = 0.811 - (0 + 0.5 + 0) = 0.311. \qquad (12.7)$$

이는 다음 함수를 이용해서 알고리즘을 계산할 수 있다.

```python
def calc_info_gain(data,classes,feature):
  gain = 0
  nData = len(data)
  # 피처가 택할 수 있는 값들의 리스트
  values = []
  for datapoint in data:
      if datapoint[feature] not in values:
          values.append(datapoint[feature])

  featureCounts = np.zeros(len(values))
  entropy = np.zeros(len(values))
  valueIndex = 0
  # 이 값들이 데이터(피처)에 어디에 나타나는지 이에 대한 클래스들을 찾는다.
  class
  for value in values:
      dataIndex = 0
      newClasses = []
      for datapoint in data:
          if datapoint[feature]==value:
              featureCounts[valueIndex]+=1
              newClasses.append(classes[dataIndex])
          dataIndex += 1

      # newClasses의 값들을 살펴본다.
      classValues = []
      for aclass in newClasses:
```

```
        if classValues.count(aclass)==0:
            classValues.append(aclass)
    classCounts = np.zeros(len(classValues))
    classIndex = 0
    for classValue in classValues:
        for aclass in newClasses:
            if aclass == classValue:
                classCounts[classIndex]+=1
        classIndex += 1

    for classIndex in range(len(classValues)):
        entropy[valueIndex] += calc_entropy(float(classCounts[classIndex]) ↵
        /sum(classCounts))
    gain += float(featureCounts[valueIndex])/nData * entropy[valueIndex]
    valueIndex += 1
return gain
```

ID3 알고리즘은 각 피처의 알고리즘 이득을 계산하고, 가장 높은 값을 갖는 것을 선택한다. 본질적으로 이것이 알고리즘이 하는 전부다. 가능한 트리들을 다 탐욕적으로 검색하고, 가장 높은 인포메이션 이득 값을 주는 피처를 선택한다. 알고리즘의 결과물은 트리이며, 이는 노드들과 에지(edge)들 그리고 잎(leaves)들로 이루어진다. 컴퓨터 사이언스의 어떤 트리처럼 이는 재귀를 통해서 만들어질 수 있다. 각 단계에서 최고의 피처는 선택되고 제고되며, 나머지에 대해서도 재귀적으로 적용된다. 재귀 함수는 하나의 클래스만 남았거나 (이 경우 잎을 남은 클래스의 라벨을 이용해 하나 추가한다) 더 이상 피처가 없을 때 중지된다 (모든 보편적인 라벨이 다 사용된 경우).

- IF 모든 예제들이 같은 라벨을 갖는다면
  - 라벨과 함께 잎 노드를 반환
- Else if 테스트할 피처들이 더 이상 존재하지 않는다면
  - 가장 일반적인 라벨들을 사용해서 잎 노드를 반환
- Else:
  - 식(12.1)을 사용해서 S의 정보 이득을 최대화하는 피처 $\hat{F}$를 고르고 다음 노드로 선택
  - $\hat{F}$의 각 가능한 값 f에 대해서 각각 노드의 가지를 추가
  - 각각의 가지에 대해서:
    * 피처들의 집합으로부터 $\hat{F}$를 제거하고 S_f를 계산
    * 알고리즘을 S_f로 반복적으로 수행해서 현재 예제들의 집합에 대한 상대적인 이득을 계산

실제 문제들에 대한 분류 예를 본다면 트리는 숫자 값보다는 보통 문자의 피처들에 적용된다. 넘파이가 이런 이유로 바로 사용되기 어려우므로 파이썬을 통한 구현을 제공한다. 파이썬의 기능 중에 dictionary를 사용해서 트리를 만들고, {,} 괄호를 사용해서 표현한 것을 다음에 바로 소개하겠다.

12.2.3 트리와 그래프 파이썬으로 구현하기

트리는 제한적인 그래프의 표현일 뿐이다. 왜냐하면 트리나 그래프 모두는 노드들과 이를 연결하는 에지(edge)들로 표현되기 때문이다. 그래프는 데이터 구조에서 다양하게 많이 사용된다. 그래프를 표현하는 방법은 크게 두 가지가 있는데 하나는 N개의 노드를 가진 네트워크에 대해서 $N \times N$ 행렬로 표현하는 것이다. 각 행렬의 요소는 두 개의 노드가 연결된 경우에 1값을 갖고, 그렇지 않은 경우에 0값을 갖는다. 행렬의 경우에 장점은 가중치를 표현할 수 있다는 것인데 간략하게 1 대신 가중치를 대입해 주면 된다. 대안으로는 각각 노드들과 연결되어 있는 노드들을 리스트로 표현해 주는 것이다. 두 가지 모두 파이썬에서 표현할 수 있으며, 두 번째의 경우 dictionary를 사용해서 key 값들과 value 값들을 저장하는 데 사용한다. 그래프의 경우에 dictionary의 키는 노드의 이름이 되며, value는 연결된 노드들의 값들이 되며, 예제는 다음과 같다.

```
graph = {'A': ['B', 'C'],'B': ['C', 'D'],'C': ['D'],'D': ['C'],'E': ['F'],'F': ['C']}
```

예제와 같이 dictionary를 만들 수 있으며, 이를 사용하는 것은 파이썬의 keys() 함수를 통해 키 값들을 in을 통해서 dictionary에 존재하는지를 확인할 수 있다. 특정 패스를 찾는 코드는 다음과 같이 재귀 함수로 구현된다.

```python
def findPath(graph, start, end, pathSoFar):
    pathSoFar = pathSoFar + [start]
    if start == end:
        return pathSoFar
    if start not in graph:
        return None
    for node in graph[start]:
        if node not in pathSoFar:
            newpath = findPath(graph, node, end, pathSoFar)
            return newpath
    return None
```

제귀 방법을 이용해서 결정 트리의 파이썬 구현을 살펴보겠다.

12.2.4 결정 트리 구현

make_tree() 함수는 다음과 같다(위에서 살펴본 calc_entropy ()와 calc_info_gain() 함수를 이용한다).

```python
def make_tree(data,classes,featureNames):
    # 다양한 초기화들은 간략화됨
    default = classes[np.argmax(frequency)]
    if nData==0 or nFeatures == 0:
        # 비어 있는 가지에 도달한 경우
        return default
    elif classes.count(classes[0]) == nData:
        # 하나의 클래스만 남은 경우
        return classes[0]
    else:
        # 어떤 피처가 최고인지 선택
        gain = np.zeros(nFeatures)
        for feature in range(nFeatures):
            g = calc_info_gain(data,classes,feature)
            gain[feature] = totalEntropy - g
        bestFeature = np.argmax(gain)
        tree = {featureNames[bestFeature]:{}}
        # 가능한 피처 값들을 탐색
        for value in values:
            # 각 피처 값에 대한 데이터 포인트들을 탐색
            for datapoint in data:
                if datapoint[bestFeature]==value:
                    if bestFeature==0:
                        datapoint = datapoint[1:]
                        newNames = featureNames[1:]
                    elif bestFeature==nFeatures:
                        datapoint = datapoint[:-1]
                        newNames = featureNames[:-1]
                    else:
                        datapoint = datapoint[:bestFeature]
                        datapoint.extend(datapoint[bestFeature+1:])
                        newNames = featureNames[:bestFeature]
                        newNames.extend(featureNames[bestFeature+1:])
                    newData.append(datapoint)
```

```
            newClasses.append(classes[index])
        index += 1
    # 다음 레벨로 반복
    subtree = make_tree(newData,newClasses,newNames)
    # 반환 시에 서브트리를 트리에 추가.
    tree[featureNames[bestFeature]][value] = subtree
return tree
```

ID3가 어떻게 트레이닝 예제들로부터 가능한 모든 입력 값들의 집합으로 일반화되는지를 살펴보자. 이는 **귀납적 바이어스**(inductive bias)라고 알려진 방법을 사용한다. 다음 피처의 선택은 트리에 추가할 때 가장 높은 정보 이득을 주는 것이 되며, 이는 알고리즘을 작은 트리를 만들도록 바이어스시킨다. 이유는 남아 있는 정보의 양을 최소화하려고 노력하기 때문이다. 이는 짧은 해결책이 긴 해결책보다 좋다는 기본적인 원리에 기초하고 있다(항상 참은 아니지만 대부분의 경우 간단한 설명은 기억하기 좋으며 이해하기 편하다). **오캄의 레이저**(Occam's Razor)라는 기본 원리를 들어 본 적 있을 것이다. KISS(Keep it Simple, Stupid, 단순하고 무식하게 유지할 것)라고도 표현된다. 사실 정보 이론에도 이와 유사한 것이 있는데 **최소 기술 길이**(MDL, Minimum Description Length)라고 알려져 있으며, 1989 리사넨(Rissanen)에 의해 제안되었다. 본질적으로 짧은 설명은 최고의 설명이라는 것을 말해 준다.

알고리즘은 데이터에 있는 노이즈에 잘 대처할 수 있다. 왜냐하면 라벨들은 목표 특성에 가장 일반적인 값에 대입되기 때문이다. 결정 트리의 다른 장점은 없어진 데이터에 대처할 수 있다는 점이다. 예를 들어, 피처가 없는 경우를 생각해 보자. 단순히 트리에서 이 노드를 스킵(skip)하고 가능한 모든 값들의 합을 통해서 피처가 택할 수 있는 값을 사용해서 계속 알고리즘을 진행할 수 있다. 하지만 뉴럴 네트워크의 경우에 이는 불가능하다. 뉴런이 활성화되었거나 비활성화되었을 때를 기반으로 계산된다면 없어진 데이터를 어떻게 표현해야 하는가? 이 경우 그 예제 데이터를 아예 제외하거나 아니면 단순히 추정할 수 있다(전문적으로 실종된 값들을 **전가**(impute)하는데 비슷한 데이터 포인트의 값으로 대체하거나 피처의 평균이나 중앙 값을 사용한다). 이는 실종된 데이터가 작업 중 알 수 없이 생긴 것이 아니라 무작위로 데이터 집합에 펼쳐져 있다는 가정하에 이루어진다.

ID3가 짧은 트리에 바이어스되어 있다는 것은 부분적으로 사실이다. 알고리즘은 주어진 모든 피처들을 비록 필요없는 것일지라도 사용한다. 이는 분명 오버피팅(overfitting)의 위험을 가지고 있는데 간단한 해결책은 트리의 크기를 제한하는 방법이다. 또는 조기 종료(early stopping)를 밸리데이션 데이터를 사용해서 적용하거나 트리의 성능을 측정하는 방법이 있다. 하지만 더 발전된 알고리즘은 **가지치기**(pruning)다(Quinlan이 ID3를 발전시키기 위해 만든 C4.5).

몇 가지 가능한 가지치기의 방법들이 있는데 모든 방법들이 전체 트리를 계산하고, 이를 줄여서 밸리데이션 데이터에 대한 에러를 측정하는 방법으로 이루어진다. 가장 단순한 방법은 결정 트리를 모든 피처들이 사용될 때까지 작동시키고 오버피팅시킨 후, 전체 트리에 실행해서 부분 트리를 만들고, 각각의 노드들을 선택해서 그 아래에 있는 서브트리(subtree)의 잎 노드들에 가장 많이 사용되는 라벨로 대체하는 것이다. 가지치기된 트리는 밸리데이션 데이터를 이용해서 다시 에러가 측정되고, 에러가 같든지 줄어들면 이를 유지하고, 그렇지 않으면 원래 트리 구조를 택한다.

C4.5는 **사후 가지치기**(post-pruning)라는 다른 방법을 사용한다. 이는 ID3로 만들어진 트리를 If-then의 법칙들로 변경시키고, 법칙의 정확도가 각 규칙(rule)을 제고했을 때 더 높아지면 제거한다. 규칙들은 다시 트레이닝 세트에 대한 정확도에 의해 정렬되고, 순서대로 적용된다. 규칙을 통한 방법은 해석하기 쉽게 하며, 각각의 트리에서의 순서는 중요하지 않고 분류 정확도만이 중요하게 된다.

12.2.5 연속 변수 값 처리하기

이제까지 연속적인 값을 갖는 변수에 대한 것은 아직까지 다루지 않고, 비연속적인 피처 값들에 대해서만 살펴보았다. 연속 변수 값을 처리하는 가장 간단한 해결책은 연속적인 값을 비연속적인 값으로 변환하는 것이다. 하지만 연속성을 그대로 두고 알고리즘을 변환할 수도 있다. 연속 변수에 대해서는 한 곳에서 이를 분류할 수 없으며, 이는 그림 12.3에 나오듯이 너무나도 다양하게 나뉜다. 알고리즘은 작은 데이터 개수에 대해서도 최고의 정보 이득을 위해 계산해야 하는 점들이 너무 많으므로 계산 비용이 매우 높다. 일반적으로 필요하지 않은 경우에 대해서는 연속적인 값을 세 가지 이상으로 분열시키기보다는 하나의 분열만을 허용한다.

알고리즘들이 만들어 내는 트리는 한 가지 피처에 대해서 하나의 분열만을 허용하므로 **일변수 트리**(univariate tree)들이다. 피처들의 조합을 통해서 만들어진 **다변수 트리**(multivariate tree)들도 존재한다. 이 경우에 데이터들을 나눌 수 있는 어떤 축과도 평행하지 않은 직선을 찾을 수 있는 경우에 상대적으로 작은 트리를 만든다. 하지만 일변수 트리들은 더 간략하고 좋은 결과를 보이므로 다변수 트리들은 더 이상 고려하지 않겠다. 또한, 하나의 피처들을 선택함으로써 결정 트리가 어떻게 작동하는지를 살펴보는 데에도 아주 유용하다. 그림 12.4는 그러한 개념을 잘 보여 준다. 세 가지 클래스가 데이터에 주어졌을 때 알고리즘은 하나의 피처를 선택하고, 그 피처의 값이 두 개로 나뉘도록 만든다. 마지막 트리는 그림 12.5에 나와 있다.

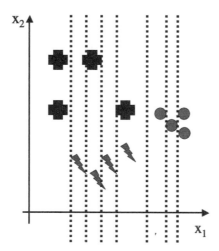

그림 12.3 피처 값이 증가함에 따라 각각의 데이터 점 사이에서 변수 x_1을 분열시키기에 가능한 위치들

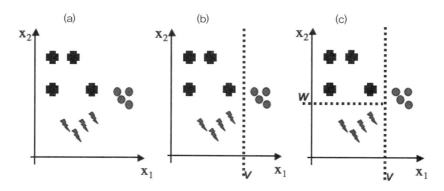

그림 12.4 결정 트리 선택의 영향. 2차원 데이터는 (a) x_1 피처를 선택해서 분리되고, (b) x_2를 통해 분리되고, (c) 이는 세 가지 클래스를 분류한다. 마지막 트리는 그림 12.5에 나와 있다.

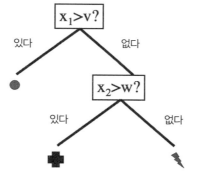

그림 12.5 그림 12.4를 통해서 나뉜 마지막 트리의 모습

12.2.6 계산 복잡도

2진 트리를 만드는 데 드는 계산 비용은 잘 알려져 있다. $O(N \log N)$이 2진 트리를 만드는 데 들며, $O(\log N)$이 특정 잎 노드를 찾을 때 든다. 하지만 이는 **균형 잡힌** 2진 트리의 경우에만 해당되며, 대부분의 결정 트리는 불균형 트리다. 비록 트리를 두 개의 같은 부분으로 나누려고 시도는 하지만, 이는 보장되지 않는다. 또한, ID3와 C4.5는 예제들이 보여 주듯이 꼭 2진수가 아닐 수 있다.

만약, 트리가 대략적으로 균형 잡혀 있다면, d가지 가능한 피처들을 검색하고 정보 이득을 계산하는 데 드는 비용을 생각하면 $O(dn \log n)$이 되며, 여기서 n은 각 노드에서의 데이터세트 크기를 뜻한다. 루트의 경우 $n = N$이 되며, 트리가 균형 잡혔다면 n은 트리를 내려오면서 각각 2로 나뉘게 된다. 위의 비용을 다 고려한다면 $\log N$ 높이의 트리에는 대략 $O(dN^2 \log N)$의 비용이 든다.

12.3 분류와 회귀 트리

또 다른 트리 기반의 알고리즘인 '분류와 회귀 트리(CART, Classification And Regression Tree)'는 분류와 회귀 문제 모두에 사용될 수 있다. 분류의 경우에 CART에서는 2진 트리로 제한된다는 점 외에 크게 다른 점은 없다. 이는 실제적인 제한 사항이라기보다 위에서 살펴본 것처럼 계산적인 비용에서 유용하므로 사용된다. 이번 장 시작 부분에서 살펴본 예제도 모든 단계에서 질문을 2진법으로 결정하도록 변경할 수 있었다. 따라서 세 개의 답을 갖는 질문인 '가장 근접한 과제의 마감 기간은 언제인가요?', 'urgent', 'near', 'none'의 경우에 두 개의 답을 갖는 두 개의 질문, 즉 '마감 기간이 시급한가?'와 '마감 기간이 근접한가?'로 변경할 수 있다. 첫 번째 답이 'no'인 경우에 두 번째 질문을 통해서 'near'와 'none'을 구분할 수 있다. 실제적인 CART의 차이점은 정보를 측정하는 차이점이 있으며, 트리를 통한 회귀를 살펴보기 전에 알아본다.

12.3.1 지니 불순도

ID3에 사용되는 엔트로피가 피처를 선택하는 단 하나의 방법은 아니다. 또 하나의 가능한 방법은 **지니 불순도(Gini Impurity)**다. 결정 트리의 목표는 잎 노드가 같은 클래스에 속하는 데이터들을 묶어서 불일치를 없애는 것이며, 이를 순도(purity)라고 부른다. 잎 노드가 순수

(pure)하다면 여기에 속한 모든 트레이닝 데이터는 하나의 클래스를 갖는다. 이 경우에 한 클래스 i에 속하는 데이터 포인트들의 개수를 측정한다면($N(i)$), 하나의 i값을 제외하고 모두 0을 가져야 한다. 따라서 어떤 피처를 선택해서 분리할지를 선택할 때 알고리즘은 모든 피처들을 돌아가며, 각 클래스에 속하는지 계산한다. 노드가 순수하다면 $N(i)$값은 한 개의 클래스를 제외하고 모두 0이어야 한다. 따라서 어떤 특정 피처 k에 대해서 다음과 같이 계산한다.

$$G_k = \sum_{i=1}^{c} \sum_{j \neq i} N(i)N(j), \tag{12.8}$$

여기서 c는 클래스들의 개수다. 알고리즘은 $\sum_i N(i) = 1$을 만족하므로 $\sum_{j \neq i} N(j)$ $= 1 - N(i)$를 만족한다. 식 (12.8)은 다음과 같다.

$$G_k = 1 - \sum_{i=1}^{c} N(i)^2. \tag{12.9}$$

클래스를 선택할 때 각각의 클래스에 속한 갯수에 비례하도록 선택한다면 지니 불순도를 계산하는 것은 결국 기대 에러율을 계산하는 것과 동일하다. 정보 이득은 같은 방법으로 전체 지니 불순도에서 각 G_i값을 빼서 측정한다.

정보 측정은 다른 방법으로 잘못 분류된 것들에 가중치를 덧붙여서 변경할 수 있다. 이 개념은 클래스 i에 속하는 데이터를 클래스 j로 잘못 분류된 경우에 얼마나 각 데이터가 중요한지에 대한 중요도를 추가한다. λ_{ij}로 표현해서 행렬에 클래스 i를 클래스 j라고 잘못 분류한 경우를 나타낸다. 이를 사용해서 지니 불순도를 다시 수정한다면 다음과 같다.

$$G_i = \sum_{j \neq i} \lambda_{ij} N(i)N(j). \tag{12.10}$$

13.1절에서 가중치를 사용하는 장점에 관해서 다시 살펴볼 것이며, 이는 알고리즘이 잘못 분류한 경우에 더 높은 가중치를 부여해서 분류의 능력을 향상시킨다.

12.3.2 회귀 트리

CART의 새로운 부분은 회귀 문제에 적용하는 데 있다. 트리를 이용해서 회귀 문제에 적용하는 것이 이상하게 보일지 모르지만, 알고리즘에 아주 간단한 변형만을 요구한다. 출력 값이 연속 값이라면 회귀에 적당할 것이다. 이제까지 살펴본 어떤 노드 불순도 측정도 이에 적합하지 않다. 대신 자주 사용했던 제곱합 오류(sum-of-squares error)를 사용한다. 다음으로,

선택된 피처를 통해 데이터를 분리했을 때 결과 값을 바탕으로 다음에 사용할 피처를 선택한다. 출력은 잎 노드의 값이라는 것을 잊지 말자. 일반적으로, 출력에서 주어지는 값은 상수이며, 각 잎 노드에 놓인 데이터 점들의 평균 값이다. 이는 제곱합 오류를 최소화하는 데 최적의 선택이면서 각 피처에 대해서 분류 점을 빠르게 선택할 수 있도록 해 준다. 가장 좋은 제곱합 오류 값을 주는 피처를 선택하고, 분류를 위해 알고리즘을 계속 적용한다.

12.4 분류 예시

이번 절에서는 ID3를 이용한 예를 살펴보겠다. 사용할 데이터는 이번 장 처음에서 사용했던 오늘 저녁에 할 일을 선택하는 문제다.

저녁에 무엇을 할지에 대한 결정 트리를 만들기 위해서 지난 며칠 동안(10일) 무엇을 했는지를 작성해서 데이터를 만들어 본다.

마감?	파티가 열리고 있는지?	게으른 상태인지?	활동
긴급	있다	있다	파티
긴급	없다	있다	공부
근접함	있다	있다	파티
없다	있다	없다	파티
없다	없다	있다	술집
없다	있다	없다	파티
근접함	없다	없다	공부
근접함	없다	있다	TV 시청
근접함	있다	있다	파티
긴급	없다	없다	공부

이 문제에 대한 결정 트리를 만들기 위해서 첫 번째로 어떤 피처를 루트 노드(root node)에 사용할지를 선택해야 한다. S의 엔트로피를 계산해 보면 다음과 같다.

$$
\begin{aligned}
\text{Entropy}(S) &= -p_{\text{party}} \log_2 p_{\text{party}} - p_{\text{study}} \log_2 p_{\text{study}} \\
&\quad - p_{\text{pub}} \log_2 p_{\text{pub}} - p_{\text{TV}} \log_2 p_{\text{TV}} \\
&= -\frac{5}{10} \log_2 \frac{5}{10} - \frac{3}{10} \log_2 \frac{3}{10} - \frac{1}{10} \log_2 \frac{1}{10} - \frac{1}{10} \log_2 \frac{1}{10} \\
&= 0.5 + 0.5211 + 0.3322 + 0.3322 = 1.6855
\end{aligned}
\tag{12.11}
$$

어떤 피처가 최고의 정보 이득을 갖는지 찾아보자.

$$
\begin{aligned}
\text{Gain}(S, \text{Deadline}) &= 1.6855 - \frac{|S_{\text{urgent}}|}{10}\text{Entropy}(S_{\text{urgent}}) \\
&\quad - \frac{|S_{\text{near}}|}{10}\text{Entropy}(S_{\text{near}}) - \frac{|S_{\text{none}}|}{10}\text{Entropy}(S_{\text{none}}) \\
&= 1.6855 - \frac{3}{10}\left(-\frac{2}{3}\log_2\frac{2}{3} - \frac{1}{3}\log_2\frac{1}{3}\right) \\
&\quad - \frac{4}{10}\left(-\frac{2}{4}\log_2\frac{2}{4} - \frac{1}{4}\log_2\frac{1}{4} - \frac{1}{4}\log_2\frac{1}{4}\right) \\
&\quad - \frac{3}{10}\left(-\frac{1}{3}\log_2\frac{1}{3} - \frac{2}{3}\log_2\frac{2}{3}\right) \\
&= 1.6855 - 0.2755 - 0.6 - 0.2755 \\
&= 0.5345 \qquad\qquad\qquad\qquad\qquad\qquad (12.12)
\end{aligned}
$$

$$
\begin{aligned}
\text{Gain}(S, \text{Party}) &= 1.6855 - \frac{5}{10}\left(-\frac{5}{5}\log_2\frac{5}{5}\right) \\
&\quad - \frac{5}{10}\left(-\frac{3}{5}\log_2\frac{3}{5} - \frac{1}{5}\log_2\frac{1}{5} - \frac{1}{5}\log_2\frac{1}{5}\right) \\
&= 1.6855 - 0 - 0.6855 \\
&= 1.0 \qquad\qquad\qquad\qquad\qquad\qquad (12.13)
\end{aligned}
$$

$$
\begin{aligned}
\text{Gain}(S, \text{Lazy}) &= 1.6855 - \frac{6}{10}\left(-\frac{3}{6}\log_2\frac{3}{6} - \frac{1}{6}\log_2\frac{1}{6} - \frac{1}{6}\log_2\frac{1}{6} - \frac{1}{6}\log_2\frac{1}{6}\right) \\
&\quad - \frac{4}{10}\left(-\frac{2}{4}\log_2\frac{2}{4} - \frac{2}{4}\log_2\frac{2}{4}\right) \\
&= 1.6855 - 1.0755 - 0.4 \\
&= 0.21 \qquad\qquad\qquad\qquad\qquad\qquad (12.14)
\end{aligned}
$$

따라서 루트 노드는 파티 피처가 되며, 두 개의 값(예, 아니오)를 가지며, 그림 12.6과 같이 두 개의 가지(branch)를 갖는다. '예'에 해당하는 가지(branch)의 경우 다섯 가지 모두 파티가 있다면 항상 '참석했음'이므로 잎 노드를 하나 만든다. '아니오'에 해당하는 가지(branch)의 경우 다섯 가지 중에 세 가지 다른 결과가 보인다. 따라서 또 다른 피처를 찾아야 하며, 다섯 가지의 경우에 대해서는 다음의 표와 같다.

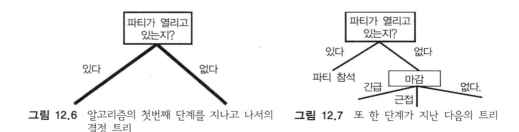

그림 12.6 알고리즘의 첫번째 단계를 지나고 나서의 결정 트리

그림 12.7 또 한 단계가 지난 다음의 트리

마감	파티가 열리고 있는지?	게으른 상태인지?	활동
긴급	없다	있다	공부
없다	없다	있다	술집
근접함	없다	없다	공부
근접함	없다	있다	TV 시청
긴급	없다	있다	공부

이제 파티 피처를 다 사용했고, 두 가지 피처의 나머지 다섯 가지 예제에 대한 정보 이득을 계산해야 한다.

$$
\begin{aligned}
\mathrm{Gain}(S, \mathrm{Deadline}) &= 1.371 - \frac{2}{5}\left(-\frac{2}{2}\log_2\frac{2}{2}\right) \\
&\quad - \frac{2}{5}\left(-\frac{1}{2}\log_2\frac{1}{2} - \frac{1}{2}\log_2\frac{1}{2}\right) - \frac{1}{5}\left(-\frac{1}{1}\log_2\frac{1}{1}\right) \\
&= 1.371 - 0 - 0.4 - 0 \\
&= 0.971
\end{aligned}
\tag{12.15}
$$

$$
\begin{aligned}
\mathrm{Gain}(S, \mathrm{Lazy}) &= 1.371 - \frac{4}{5}\left(-\frac{2}{4}\log_2\frac{2}{4} - \frac{1}{4}\log_2\frac{1}{4} - \frac{1}{4}\log_2\frac{1}{4}\right) \\
&\quad - \frac{1}{5}\left(-\frac{1}{1}\log_2\frac{1}{1}\right) \\
&= 1.371 - 1.2 - 0 \\
&= 0.1710
\end{aligned}
\tag{12.16}
$$

이에 대한 결과는 그림 12.7에 나온다. 여기서부터 트리를 완성하는 것은 비교적 간단하며, 이는 그림 12.1에 나와 있다.

더 읽을거리

결정 트리에 대한 더 많은 정보를 알고 싶으면 다음 두 권의 책을 살펴보자.

- J.R. Quinlan. *C4.5: Programs for Machine Learning*. Morgan Kaufmann, San Francisco, CA, USA, 1993.
- L. Breiman, J.H. Friedman, R.A. Olshen, and C.J. Stone. *Classification and Regression Trees*. Chapman & Hall, New York, USA, 1993.

정보 이론을 더 알고 싶다면 다음의 책들을 살펴보자.

- T.M. Cover and J.A. Thomas. *Elements of Information Theory.* Wiley-Interscience, New York, USA, 1991.
- F.M. Reza. *An Introduction to Information Theory.* McGraw-Hill, New York, USA, 1961.

이 분야를 시작한 초기의 논문들은 다음과 같다.

- C.E. Shannon. A mathematical theory of information. *The Bell System Technical Journal,* 27(3):379–423 and 623–656, 1948.

정보 이론과 머신러닝을 다룬 책들은 다음과 같다.

- D.J.C. MacKay. *Information Thoery, Inference and Learning Algorithms.* Cambridge University Press, Cambridge, UK, 2003.

결정 트리를 포함한 분야를 다루는 다른 머신러닝 교과서들은 다음과 같다.

- Sections 8.2–8.4 of R.O. Duda, P.E. Hart, and D.G. Stork. *Pattern Classification,* 2nd edition, Wiley-Interscience, New York, USA, 2001.
- Chapter 7 of B.D. Ripley. *Pattern Recognition and Neural Networks.* Cambridge University Press, Cambridge, UK, 1996.
- Chapter 3 of T. Mitchell. *Machine Learning.* McGraw-Hill, New York, USA, 1997.

연습 문제

12.1 다섯 가지 이벤트에 대한 확률이 다음과 같다. P(first) = 0.5, P(second) = P(third) = P(fourth) = P(fifth) = 0.125. 이에 대한 엔트로피를 계산하고 이들이 의미하는 점을 설명하라.

12.2 논리 AND 함수를 계산하는 결정 트리를 만들어라. 퍼셉트론 해법과 비교해 보자.

12.3 퀸란(Quinlan)의 데이터를 결정 트리를 사용해서 어떤 요소가 사람을 매력적으로 만드는지 분류하고 법칙들을 추출하라.

키	머리색	눈색	매력적인가?
작다	금발	갈색	아니오
크다	어두운색	갈색	아니오
크다	금발	파란색	예
크다	어두운색	파란색	아니오
작다	어두운색	파란색	아니오
크다	빨간색	파란색	예
크다	금발	갈색	아니오
작다	금발	파란색	예

12.4 술집에 도착했을 때 다섯 명의 친구들이 벌써 테이블에서 각자 술을 마시고 있었다. 짐은 직장이 있어서 50%의 확률로 술을 산다. 제인은 25%의 확률로 술을 사고, 사라와 사이먼은 12.5%의 확률로 술을 산다. 존은 3년 전 만난 이후로 한 번도 술을 산 적이 없다.

각자가 술을 살 확률에 대한 엔트로피를 계산하고, 누가 지금 마시고 있는 술을 샀는지 찾기 위해 몇 개의 질문이 필요한지 생각해 보자.

두 명의 친구가 더 도착했고, 모두가 이번에는 당신이 살 차례라고 생각한다. 성별, 학생/취업 정보, 어제 술집에 갔었는지에 대한 정보를 가지고, 친구 중에 누가 맥주를 마시고 누가 보드카를 마시는지 맞혀 보라고 내기를 건다. ID3를 사용해서 이를 해결하고 트리를 가지치기할 수 있는지 보자.

마시고 있는 술	성별	학생	지난밤에 술집에 갔었는지?
맥주	T	T	T
맥주	T	F	T
보드카	T	F	F
보드카	T	F	F
보드카	F	T	T
보드카	F	F	F
보드카	F	T	T
보드카	F	T	T

12.5 2.3.2절에서 나이브 베이즈 분류기를 사용해서 결정 트리에 사용한 데이터에 적용하고, 결과를 비교하자(텍스트 데이터를 확률로 변환해야 한다).

12.6 UCI 보관소의 CPU 데이터세트는 결정 트리에 아주 좋은 회귀 문제다. 결정 트리 코드

를 고쳐서 12.3.2절에서 다룬 회귀로 변경한다. 지니 불순도를 다중 클래스에 대해서 작업해야 한다.

12.7 연속 변수를 다룰 수 있도록 12.2.5절에 다룬 것처럼 구현을 수정하자.

12.8 **오분류 불순도**(misclassification impurity)는 다음과 같다.

$$N(i) = 1 - \max_j P(w_j). \tag{12.17}$$

코드에 추가하고 새로운 버전을 위에 나온 데이터세트에 적용하자.

13

위원회의 결정 : 앙상블 학습

옛말에 "하나보다는 둘이 낫다"라는 말이 있다. 둘보다는 여럿이 더 나을 것이다. 이는 다수결에 의한 결정을 의미하는데 인간의 행동에서는 때로 쓸모없기도 하다(사공이 많으면 배가 산으로 간다는 말도 있다). 머신러닝의 경우에는 그 결과가 비교적 좋으며, 이를 이번 장에서 살펴보고자 한다.

기본적인 개념은 많은 학습자를 통해서 데이터에 대해 서로 조금씩 다른 결과들을 얻고 (어떤 학습자는 어떤 것에는 잘 동작하지만 다른 학습자는 다른 것들을 잘 할 수 있다), 이를 다 종합하면 한 학습자로부터 나온 결과보다 현저히 좋게 나온다(여러 가지 결과들을 잘 정리해서 결합한다는 가정하에 이뤄지며 그러지 않을 경우 심각하게 안 좋아진다). 몸이 안 좋아서 진단을 받으러 의사를 찾았다고 하자. 만약, 의사가 문제가 무엇인지 바로 알 수 없는 경우에는 여러 가지 검사를 받도록 권할 테고(X레이 검사, 혈액 검사, 전문가들과의 상담), 이를 다 종합해서 최종 진단을 내릴 것이다. 각각의 검사 결과를 가지고는 진단을 내릴 수 없지만, 이를 다 종합하면 최종 결론에 이를 수 있다.

그림 13.1은 **앙상블 학습**(ensemble learning)의 기본적인 개념을 보여 준다. 2진 분류기의 경우에 타원을 형성하는 학습자를 가지고 부분적인 데이터를 적용시키고, 모든 타원들을 종합하면 복잡한 결정 경계를 만들어 낼 수 있다.

그렇다면 어떤 학습자를 사용해야 하며, 각각이 다른 것들을 학습하는지를 어떻게 확인하고, 이들을 어떻게 종합해서 결론을 낼 수 있을까? 이번 장에서 살펴볼 방법에는 어떤 분류기도 사용될 수 있다. 대부분의 경우 한 가지 종류의 분류기를 한 번에 사용하지만, 꼭 그럴 필요는 없으며 보통 많이 사용되는 것은 12장에 나오는 결정 트리다.

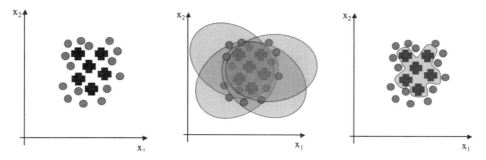

그림 13.1 다량의 단순한 분류기들을 결합해서 결정 경계는 아주 복잡하게 되며, 플러스 부호와 원 부호의 어려운 결정 경계를 나타낼 수 있다.

학습자들이 다른 것들을 배우게 하기 위해서는 여러 가지 방법이 있는데, 이것이 앞으로 살펴볼 알고리즘들 간에 차이점이다. 하지만 이는 적용 분야에 따라서 자연적으로 다르게 된다. 만약, 아주 많은 양의 데이터가 있다고 가정하자. 단순하게 무작위로 데이터를 나누고, 각각의 데이터를 다른 분류기에게 입력한다. 데이터를 나눌 때 교차되는 부분이 있게 할지 말지를 정해야 한다. 만약, 데이터 간에 교차하는 부분이 없다면 분류기를 합치는 데어려움이 있을 것이다. 의사가 언제든지 두 명의 동료에게 의견을 묻는다고 하자. 한 명은 심장 관련의이고, 다른 한 명은 운동 부상 전문의라고 하자. 만약, 달리기를 하고 나서부터 다리가 아파서 의사를 찾았다면 의사는 운동 부상 전문의의 진단에 좀 더 중요성을 둘 것이다.

흥미롭게도, 앙상블 방법은 데이터가 적든 많든 아주 잘 수행한다. 이는 2.2.2절에 나온 크로스 밸리데이션과 유사하다. 데이터가 별로 없을 때 크로스 밸리데이션을 사용했고, 뉴럴 네트워크를 다른 여러 개의 부분 데이터에 트레이닝시켰다. 그런 뒤 대부분의 것들을 버렸다. 앙상블 방법을 사용해서 대부분의 데이터를 사용하고, 이를 종합해서 결과를 도출할 수 있다. 가장 기본적인 방법으로는 과반수 투표제가 있다. 정부에서 선거를 통해서 정치가를 선출한다면 머신러닝에서도 사용될 만큼 충분히 좋을 것이다. 과반수 투표제는 2진 분류의 경우 흥미로운 특성이 있는데 반 이상의 분류기가 틀릴 때만 최종 분류기의 답이 틀릴 수 있다는 점이다. 다만, 이런 일이 자주 일어나지 않기를 바랄 뿐이다. 결과를 종합하는 다른 방법도 있는데 앞으로 살펴볼 것이다. 알고리즘을 살펴보면서 점점 명확해질 것이다.

13.1 부스팅

첫눈에 살펴봐도 가장 인기 있는 앙상블 방법인 **부스팅**은 엄청나다. 매우 형편없는 성능의 학습자들을 모아서 잘 합치면 **앙상블** 학습자를 만들 수 있고, 이는 자의적으로 좋은 성능을 보인다. 따라서 아주 많은 **약 학습자**(weak learner)들이 필요하며, 유용하게 이들을 잘 합칠 수 있는 방법을 갖는다면 매우 뛰어난 학습자를 만들 수 있다.

부스팅에 기반이 되는 알고리즘은 아다부스트(AdaBoost)이며, 13.1.1절에 잘 소개되어 있다. 프레드(Freund)와 사피로(Shapiro)에 의해 1990년대 중반에 처음 소개되었고, 이를 뿌리로 다양한 알고리즘이 소개되었는데, 여전히 가장 널리 이용되고 있다. 아다부스트 알고리즘은 1990년에 나온, 데이터가 상당히 부족한 부스팅 알고리즘을 발전시켰다. 트레이닝 세트는 세 가지로 분리되어서 첫 번째 데이터에 학습자를 트레이닝시키고, 두 번째 데이터에 테스트를 한다. 테스트 중에 잘못 분류되는 데이터들은 같은 양의 잘 분류된 데이터들과 합쳐져서 새로운 데이터세트로 만들어진다. 두 번째 학습자는 새로운 데이터에 트레이닝되고, 두 개의 학습자 모두 마지막 세 번째 데이터세트에 검증된다. 두 가지 학습자가 동일한 결과를 낸다면 넘어가지만, 다른 결과를 준다면 이를 다시 세 번째 분류기의 트레이닝 세트로 사용한다. 이를 더 잘 살펴보기보다는 더 일반적인 알고리즘에 대해서 알아보자.

13.1.1 아다부스트

아다부스트(AdaBoost, Adaptive boosting)의 창의적인 면은 이전에 학습자가 얼마나 어려워했는지에 따라서 데이터 점들에 다른 가중치를 부여하는 것이다. 부가된 가중치들은 학습자가 트레이닝할 때 입력 값의 일부로 주어진다.

아다부스트 알고리즘은 개념적으로 매우 간단하다. 매 반복마다 새로운 학습자가 트레이닝 세트를 트레이닝하며, 분류 결과에 따라서 새로운 가중치를 부여하게 된다. 가중치들은 초기에 $1/N$(N은 전체 트레이닝 세트의 데이터 수) 값을 부여받는다. 매 반복 때마다 오류 (ϵ)는 잘못 분류된 점들의 가중치들의 합으로 계산되며, 잘못 분류된 데이터의 가중치는 $\alpha = (1 - \epsilon) / \epsilon$를 곱해서 다시 업데이트된다. 제대로 분류된 가중치들은 값을 유지하고, 전체 데이터세트에 대해서 다시 가중치들의 합이 1이 되도록 정규화된다. 이를 통해서 상대적으로 올바르게 분류된 데이터 점들의 가중치의 중요성은 감소하게 된다. 트레이닝은 정해진 반복에 이르거나 모든 데이터 점들이 잘 분류되거나 하나의 데이터 점이 반 이상의 가중치를 갖게 되면 중지된다.

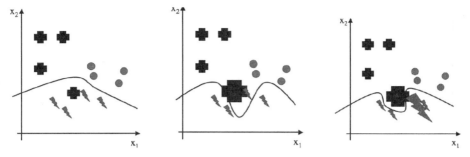

그림 13.2 잘못 분류된 데이터 점들에 대해서는 부스팅이 가중치를 더 늘려서 부여하고(데이터 그림이 더 크게 표현됨), 이를 통해 데이터의 중요도를 키워 분류기가 더 집중하도록 만든다.

그림 13.2는 잘못 분류된 예제에 가중치를 부여해서 각 데이터 점들의 중요도를 크기로 표현했고, 이를 트레이닝했을 때의 결과를 보여 준다. 알고리즘은 다음과 같다(여기서 $I(y_n \neq h_t(x_n))$는 **지시 함수**이며(indicator function), 목표 값과 결과 값이 같지 않으면 1을 갖고, 그렇지 않으면 0을 갖는다).

아다부스트 알고리즘

- 모든 가중치를 $1/N$로 초기화(N개의 데이터 점들이 존재)
- $0 < \epsilon_t < \frac{1}{2}$를 만족시키는 동안($t < T$, 최대 반복 횟수보다 작으며):
  - $\{S, w^{(t)}\}$에 분류기를 트레이닝한다. 데이터 점들 x_n에 대해서 가설 $h_t(x_n)$ 적용.
  - 트레이닝 오류를 계산 $\epsilon_t = \sum_{n=1}^{N} w_n^{(t)} I(y_n \neq h_t(x_n))$
  - $\alpha_t = \log\left(\dfrac{1-\epsilon_t}{\epsilon_t}\right)$로 설정
  - 가중치들을 다시 업데이트:
  $$w_n^{(t+1)} = w_n^{(t)} \exp(\alpha_t I(y_n \neq h_t(x_n))/Z_t, \qquad (13.1)$$

  여기서 Z_t는 정규화를 위한 상수
- $f(\mathrm{x}) = \mathrm{sign}\left(\sum_{t=1}^{T} \alpha_t h_t(x)\right)$를 출력

이를 코드로 구현하는 데는 어려움이 없으며, 다음과 같이 for문의 반복으로 되어 있다.

```
for t in range(T):
    classifiers[:,t] = train(data,classes,w[:,t])
    outputs,errors = classify(data,classifiers[0,t],classifiers[1,t])
```

```
index[:,t] = errors
print "index: ", index[:,t]
e[t] = np.sum(w[:,t]*index[:,t])/np.sum(w[:,t])

if t>0 and (e[t]==0 or e[t]>=0.5):
    T=t
    alpha = alpha[:t]
    index = index[:,:t]
    w = w[:,:t]
    break

alpha[t] = np.log((1-e[t])/e[t])
w[:,t+1] = w[:,t]* np.exp(alpha[t]*index[:,t])
w[:,t+1] = w[:,t+1]/np.sum(w[:,t+1])
```

대부분의 일은 분류 알고리즘에 의해 이루어지며, 각 반복마다 새로운 가중치를 부여한다. 이런 의미에서 부스팅은 독립 형태의 알고리즘은 아니다. 분류기가 가중치를 고려해서 분류를 수행해야 하기 때문이다. 특정 분류기를 사용해서 어떻게 적용시킬지가 명확하지 않을 수 있지만, 이미 몇 가지 분류기에 대해서 살펴보았다. 결정 트리를 사용한 경우는 12.3.1절에서 지니 불순도를 통해 살펴봤다. λ를 통해서 잘못 분류된 것에 대한 리스크를 설정했고, 이를 통해서 바로 가중치를 대입시킬 수 있는 것이다. 결정 트리 알고리즘을 가중치를 사용할 수 있도록 변형하는 것은 이번 장의 연습 문제로 남겨 놓겠다. 비슷한 내용으로 베이즈 분류기에 대해서는 2.3.1절에서 살펴보았다.

부스팅이 어떻게 동작하는지 간단한 예를 통해서 살펴본 것처럼 아주 간단한 분류기는 무작위로 매번 반복 때 어떤 부분을 적응할지를 설정하고, 수직 또는 수평선을 통해서 데이터를 분류시키도록 만들어진다. 오른쪽 위의 코너에 하나의 클래스를 배정하고, 나머지 부분에 다른 클래스를 배정해서 2차원 데이터세트가 만들어지고, 몇몇 데이터 점들은 시뮬레이트 노이즈로 무분별하게 잘못 분류된다. 분명하게 이 데이터세트는 수직이나 수평선만으로 분류가 불가능하다. 하지만 그림 13.3에서 테스트 세트에 적용시킨 분류기의 출력 값이 단지 하나의 잘못된 결과를 보였으며, 트레이닝 데이터에서 시뮬레이트 노이즈로 잘못 분류된 것과 아주 가깝다는 것을 볼 수 있다. 그림 13.4는 트레이닝 세트, 트레이닝과 테스트 세트 모두에 대해서 오류 곡선(error curve), 수평이나 수직 분류선의 형태를 보인 초반 분류기의 첫 몇 번의 반복을 보여 준다.

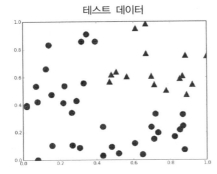
테스트 데이터

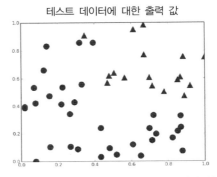
테스트 데이터에 대한 출력 값

그림 13.3 부스팅은 위의 예제에 대해서 수평성이나 수직선이 아닌 앙상블 분류기를 만들어 내서 성공적으로 데이터세트를 학습한다. 테스트 세트에 대해서 알고리즘은 단지 하나의 오류만을 만들어 내며, 이는 우연히도 트레이닝 데이터에서 노이즈로 잘못 분류된 데이터 포인트와 아주 가까이 있는 점이었다.

분명하게도 꽤 인상 깊은 결과에 대한 설명과 이해가 필요해 보인다. 가장 중요한 점은 **손실(loss) 함수**를 계산하는 것에 대해 이해하는 것인데, 이는 간단하게 에러를 계산하는 것이다(이 책에서 많은 알고리즘들은 제곱합 손실(sum-of-squares loss) 함수를 적용했다). 아다부스트를 위한 손실 함수는 다음과 같다.

$$G_t(\alpha) = \sum_{n=1}^{N} \exp\left(-y_n(\alpha h_t(x_n) + f_{t-1}(x_n))\right), \tag{13.2}$$

여기서 $f_{t-1}(x_n)$은 지난 반복에서 주어진 데이터 점에 대한 가설들의 합이다.

$$f_{t-1}(x_n) = \sum_{\tau=0}^{t-1} \alpha_\tau h_\tau(x_n). \tag{13.3}$$

지수 손실(exponential loss) 함수는 이상치(outliers)에 대해서 잘 동작하고 매우 견고하다. 알고리즘의 가중치 $w^{(t)}$은 식 (13.2)의 두 번째 항이며, 이는 다음과 같이 다시 작성된다.

$$G_t(\alpha) = \sum_{n=1}^{N} w^{(t)} \exp\left(-y_n \alpha h_t(x_n)\right). \tag{13.4}$$

나머지 알고리즘을 유도하기 위해서는 가정(hypotheses) h를 대입하고, α를 풀면 전체 알고리즘이 나온다. 흥미롭게도 이는 아다부스트가 만들어지는 과정과 다르다. 이를 이해하면 왜 아다부스트가 잘 동작하는지 알 수 있는데 이에 관한 이해는 추후에 살펴본다. 다른 손실 함수를 선택하는 것도 가능한데 미분 가능한 함수라면 유용한 부스팅과 유사한 알고리즘을 제공하며, 이는 arcing(adaptive reweighting and combining) 알고리즘이라고 알려져 있다.

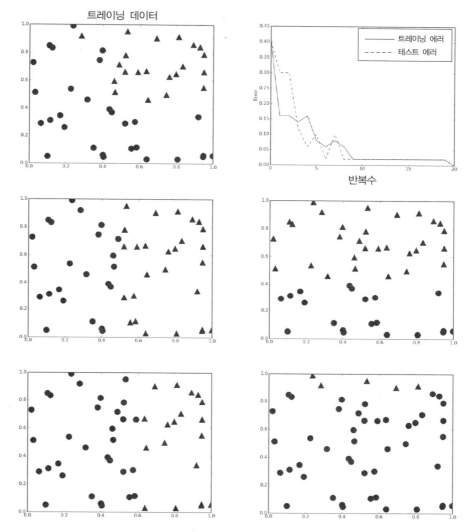

그림 13.4 위: 트레이닝 데이터와 에러 곡선. 중간과 아래: 분류기의 첫 몇 번의 반복; 각 그림은 약한 분류기들의 출력 값을 보여 주며, 이들은 알고리즘에 의해 발전된 결과를 보인다.

아다부스트는 분류가 아닌 회귀 문제에도 약간의 변형으로 적용할 수 있다(이는 실수 **아다부스트**(real adaboost) 또는 adaboost.R라고 알려져 있다). 이는 부스팅의 또 다른 변형으로 전체 데이터세트에서 샘플링하기 위해 가중치를 사용하고, 전체 가중치가 부여된 세트가 아닌 샘플링된 데이터세트를 사용함으로써 더 어려운 예제들이 더 자주 트레이닝 샘플에 사용되도록 한다. 이런 것들이 오리지널 부스팅 알고리즘과 다른 점이며, 전체 데이터를 사용하기보다는 샘플링한 데이터를 사용하므로 빠르다.

13.1.2 스텀핑

트리에 적용되는 아주 극한 형태의 부스팅이 있는데 이를 **스텀핑**(stumping)이라고 부른다. 트리의 스텀핑은 나무를 자를 때 남는 작은 부분이며, 단어의 뜻에서 설명하는 것과 동일한 동작을 보인다. 스텀핑은 먼저 트리의 루트를 이용해서 결정을 하는 데 사용한다. 각각의 분류를 위해서 첫 번째 질문으로 트리의 루트를 대체한다. 물론, 때때로 이는 전체 데이터를 사용하는 것보다 결과가 좋지 않을 수 있지만, 다른 분류기와 다른 가중치를 함께 사용하면 전체적으로 성공적인 결과를 보일 수 있다. 사실, 이는 살펴보았던 간단한 예제가 어떻게 구성되는지를 말해 준다.

13.2 배깅

분류기들을 합치는 가장 간단한 형태를 **배깅**(bagging)이라고 부르며, 이는 통계학적인 설명으로 **부트스트랩**(boot-strap) **응집체**(aggregating)를 나타낸다. 부트스트랩 샘플은 원래 데이터 세트에서 샘플링을 하고 다른 것들을 **교체해 주는 것**을 말하며, 어떤 데이터는 몇 번 포함되지만, 한 번도 보지 못한 데이터도 생길 수 있다. 부트스트랩 샘플은 원본과 같은 크기이며, 그중 B(적어도 50개, 최대 1,000개만큼의 샘플들을 취한다) 부트스트랩은 컴퓨터 사이언스에서 특히 다른 전공에서보다 더 인기 있다. 이는 부트스트랩 로더라고 불리는 컴퓨터가 처음에 켜지면 실행되는 프로그램을 가리킨다. 이 용어는 "아무것도 없는 곳에서부터 시작하는"이라는 의미로부터 만들어졌다.

부트스트랩 샘플링은 이상해 보일 수도 있다. 아주 완벽하게 좋은 데이터를 가졌다면 이를 샘플링해서 작은 데이터로 빠르게 처리하게 만들어서 좋을 수도 있다. 하지만 아주 많이 반복해야 할 수도 있게 되며, 많은 반복을 통해도 아무것도 얻지 못하게 될 수도 있기 때문이다. 하지만 약간씩 다르게 동작하는 많은 학습자를 얻게 되는데 이는 앙상블 방법에서 원하는 것이기도 하다. 다른 좋은 점은 분류 함수의 정확도가 복잡한 분석이 없이도 만들어진다는 것이며, 단순하게 문제에 컴퓨팅 자원들을 부여하면 된다(배깅은 **분산을 줄이는 알고리즘**이며, 이는 2.5절의 바이어스 분산(bias variance)을 바탕으로 이해하면 더 쉽다). 컴퓨터 자원들을 사용하는 것은 현대 통계학의 기본적인 기법이며, 이를 15장에서 "통계학은 숫자를 세기 싫어하고, 숫자를 세는 것은 생각하기 싫어하기 때문이다"라는 말에 영감을 받은 마르코프 체인 몬테 카를로(MCMC, Markov Chain Monte Carlo)를 통해 살펴본다.

부트스트랩 샘플들을 구성한 상태에서 배깅 방법은 모델을 각 반복마다 데이터에 학습시키고, 분류기들의 결과를 다수결에 따라 종합한다. 넘파이 구현은 다음에 나와 있는데 간단한 예제를 통해 살펴보겠다.

```
#부트스트랩 샘플들을 계산
samplePoints = np.random.randint(0,nPoints,(nPoints,nSamples))
classifiers = []

for i in range(nSamples):
 sample = []
 sampleTarget = []
 for j in range(nPoints):
  sample.append(data[samplePoints[j,i]])
  sampleTarget.append(targets[samplePoints[j,i]])
 #분류기를 트레인
 classifiers.append(self.tree.make_tree(sample,sampleTarget,features))
```

12.4절에서 사용된 파티 데이터 예제를 통해서 트리를 스텀프들로 만들고, 각각 변수에 대해서 분류할 수 있도록 만든다. 결정 트리의 결과는 전체 데이터를 사용했고, 이를 두 개의 큰 클래스들로 분류해서 적용했다. 하지만 배깅은 트리의 스텀프들을 이용해서 20개의 샘플링을 사용해 전체 데이터를 아래에 보이는 대로 완벽하게 분류한다.

```
Tree Stump Prediction
['Party','Party','Party','Party','Pub','Party','Study','Study','Party','Study']
Correct Classes
['Party','Study','Party','Party','Pub','Party','Study','TV','Party','Study']
Bagged Results
['Party','Study','Party','Party','Pub','Party','Study','TV','Party','Study']
```

13.2.1 서브배깅

무슨 이유에서인지 몰라도 앙상블 메소드들은 부스팅 또는 배깅과 같은 좋은 이름을 갖는다(13.4절의 **브래깅**(bragging)도 좋은 예다). 하지만 **서브배깅**(subbagging)의 방법은 가장 이상하게 들리는 단어로서 최고의 영위를 갖는다. 이는 서브샘플(subsample)과 배깅의 합성이며, 아주 명확하게 원본 데이터와 같은 크기의 데이터를 샘플링하지 않는다. 더 작은 데이터세트를 만들면 샘플링한 데이터를 대부분 입력할 필요가 없게 되므로 배깅과 비교해서 아주 작은 구현의 차이를 갖는다. 파이썬의 np.random.shuffle()을 사용해서 샘플을 만들며, 원본 데이터의 반 크기로 샘플링하는 것이 일반적인 방법이고, 이를 사용하면 전체 배깅을 한 것과 거의 유사한 결과를 준다.

13.3 랜덤 포레스트

지난 몇 년간 가장 인기가 높아진 머신러닝 알고리즘은 랜덤 포레스트(random forest)일 것이다. 알고리즘의 개념은 오래되었고, 여러 사람에 의해 변형된 알고리즘들이 고안되었지만, CART 알고리즘을 만든 브레이만(Breiman)의 것이 대표적이다.

개념은 다음과 같다. 하나의 트리가 좋다면 더 많은 트리(포레스트)는 더 좋을 것이며, 이는 더 다양함을 표현하기에 충분할 것이다. 가장 흥미로운 점은 표준 데이터세트로부터 무작위성을 만들어 낸다는 것이다. 첫 번째로 행하는 방법은 조금 전에 살펴본 배깅이다. 숲(포레스트)를 만들기 위해서 나무들을 만들어야 한다면 부트스트랩 샘플을 통해 약간의 다른 데이터를 사용해 트레이닝시킨 나무들을 만들 것이다. 하지만 이는 여전히 무작위성을 주기에 충분치 않다. 좀 더 무작위성을 부여하기 위해서 결정 트리가 만들 수 있는 선택을 제한시킨다. 각 노드마다 트리에 무작위로 선택된 피처들의 부분 집합이 주어지며, 전체가 아닌 주어진 피처 부분 집합만을 사용할 수 있게 한다.

각 트리에서 검색해야 하는 피처의 수가 작아짐으로써 무작위성이 높아짐과 동시에 트레이닝의 속도 역시 빨라진다. 물론, 새로운 변수(몇 개의 피처를 고려할지)를 사용해야 하지만, 랜덤 포레스트는 변수에 그리 민감하지 않으며, 보통 부분 집합의 크기는 전체 피처수의 제곱근 값을 사용한다. 두 가지 무작위성을 높이기 위한 형태는 바이어스에 영향을 주지 않고, 분산을 줄이는 영향을 보인다. 또 다른 장점은 트리를 잘라 낼 필요가 없다는 것이다. 포레스트에 몇 개의 트리를 설정해야 하는지는 아직 미지수이지만, 최적의 결과를 원한다면 오류가 줄어들기 전까지 계속 트리를 만들어 내면서 찾아낼 수 있다.

트리들의 집단이 트레이닝된 후에는 포레스트의 출력은 분류기의 다수결로 이뤄지며, 회귀를 위해서는 평균이 사용된다. 이것들이 랜덤 포레스트를 만들기 위한 주요 필요 요소들이다. 랜덤 포레스트를 이용한 결과를 보기 전에 알고리즘을 다시 살펴보겠다.

- 각각 N개의 트리들에 대해서:
  - 새로운 부트스트랩 샘플을 트레이닝 세트에서부터 생성
  - 부트스트랩 샘플을 사용해서 결정 트리를 트레인
  - 결정 트리의 각 노드에서 무작위로 m개의 피처들을 선택하고, 이를 바탕으로 정보 이득 (또는 지니 불순도) 측정 후 최적화된 것을 선택
  - 트리가 마무리될 때까지 반복

실제 구현은 매우 간단한데 피처의 수를 나타내는 추가 파라미터인 m을 도입하도록 변형하면 된다. 부스팅과 비교를 하면서 어떻게 영향을 주는지도 잠시 후에 살펴보겠다.

랜덤 포레스트는 머신러닝의 다른 알고리즘보다 확연하게 병렬로 실행할 수 있는데 이는 각각의 트리가 서로 독립적으로 데이터를 가지고 트레이닝되며, 결론도 각각의 트리가 독립적으로 수행되기 때문이다. 따라서 랜덤 포레스트는 사용할 수 있는 컴퓨터 프로세서들에 동시에 사용되므로 컴퓨팅 파워에 대해 선형 속도 증가로 실행될 수 있다.

또 다른 랜덤 포레스트의 장점은 약간의 프로그래밍 노력으로 내장된 테스트 데이터를 가질 수 있다는 점이다. 부트스트랩 샘플은 35%의 데이터를 평균적으로 제외하게 되며, 이는 아웃 오브 부트스트랩(out-of-bootstrap) 예제라고 부른다. 이 데이터들을 잘 사용하면 테스트 에러를 예측할 수 있고, 추가적인 데이터가 없어도 된다. 이는 크로스 밸리데이션의 필요성 역시 피하게 만든다.

랜덤 포레스트의 간략한 사용 예로 파티 예제에 대한 출력 정답을 살펴보자. 10개의 트리로 각각 7개의 샘플에 대해 트레이닝되었고, 각 트리는 최대 2의 높이를 갖는다.

```
RF prediction
['Party', 'Study', 'Party', 'Party', 'Pub', 'Party', 'Study', 'TV', 'Party', 'Study']
```

또 다른 예로 UCI 데이터 저장소의 **자동차 평가** 데이터를 사용한다. 이 데이터는 6개의 속성을 통해서 자동차 구매가 좋았는지를 1,728개의 예제에 대해서 평가한다. 하나의 결정 트리, 배깅, 그리고 50개의 트리를 100개의 샘플링으로 최대 5의 높이를 갖는 랜덤 포레스트와 비교해서 보여 주며, 이 중 랜덤 포레스트가 가장 정확한 결과를 보여 준다.

```
Tree
Number correctly predicted 777.0
```

```
Number of testpoints 864
Percentage Accuracy 89.9305555556

Number of cars rated as good or very good 39.0
Number correctly identified as good or very good 18.0
Percentage Accuracy 46.1538461538
-----
Bagger
Number correctly predicted 678.0
Number of testpoints 864
Percentage Accuracy 78.4722222222

Number of cars rated as good or very good 39.0
Number correctly identified as good or very good 0.0
Percentage Accuracy 0.0
-----
Forest
Number correctly predicted 793.0
Number of testpoints 864
Percentage Accuracy 91.7824074074

Number of cars rated as good or very good 39.0
Number correctly identified as good or very good 20.0
Percentage Accuracy 51.28205128
```

13.3.1 부스팅과 비교하기

13.1절에 소개된 부스팅과 아주 유사한 점이 있지만, 또한 차이점들도 많다. 부스팅은 전체 피처를 매 단계 검색해야 하므로 매우 소비적이고, 현재 단계는 지난 단계에 종속적이다. 이는 부스팅을 순차적으로 실행하게 만들며, 단계별 실행에 매우 큰 비용이 든다. 대조적으로 랜덤 포레스트는 아주 작은 피처 세트에 대해서 검색을 실행하므로 매우 빠르게 실행될 수 있다.

매 단계마다 작은 부분의 데이터를 검색하므로 부스팅보다 같은 숫자의 나무를 가지고는 잘 동작하기 어려워 보인다. 하지만 트리들을 트레이닝하는 것은 비용이 매우 적으므로 같은 계산 능력을 가지고 더 많은 트리를 트레이닝할 수 있다. 따라서 크고 복잡한 데이터 세트에도 좋은 결과를 보인다.

사실, 랜덤 포레스트의 가장 놀라운 것은 아주 큰 데이터에 대해서도 잘 동작한다는 점이다. 물론, 피처의 개수가 작고 병렬로 처리할 수 있으므로 계산 비용도 매우 효율적이다.

결과적인 측면에서도 각각의 트리가 문제의 작은 부분만을 가지고 트레이닝되었음에도 아주 좋은 결과를 보인다.

13.4 분류기를 종합하는 다른 방법들

배깅은 각기 다른 분류기가 각기 다른 부분의 데이터를 사용하도록 하는 데 집중하고 있으며, 이는 샘플 데이터를 다르게 적용해서 이루어진다. 데이터는 그대로지만, 다른 분류기에 각각의 데이터 포인트의 중요성이 이전 분류기의 결과에 따라 다른 값의 가중치를 통해서 적용되므로 부스팅과는 다르게 적용된다. 앙상블 방법에서 중요했듯이 어떻게 다른 분류기의 출력 값들을 합치는가가 중요하다. 부스팅과 배깅 모두 분류기들을 통해서 투표를 진행하지만, 부스팅의 경우에 편중된 투표를 하는 반면 배깅은 단순하게 다수결을 따른다. 물론, 다른 방법을 적용시킬 수도 있다.

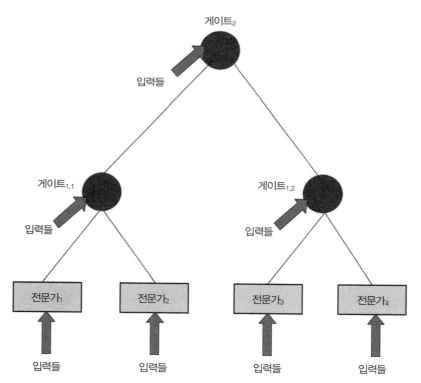

그림 13.5 계층 혼합 네트워크(Hierarchical Mixture of Networks): 입력 값을 사용해서 어떤 분류기를 믿어야 할지를 결정하는 게이팅 시스템을 갖는 분류기들로 이뤄진 네트워크

사실, 다수결조차 그리 간단한 것만은 아니다. 어떤 분류 시스템은 모든 분류기들이 동의하거나 반만 동의하는 결과를 제공하는 한편, 다른 것들은 가장 보편적인 다수결에 따르는 출력을 택하기도 한다. 항상 출력을 하지 않는다는 개념은 앙상블이 다른 데이터의 부분을 사용했을 수 있으므로 출력 결과를 항상 도출하지 않도록 하기 위함이다. 만약, 분류기의 개수가 홀수이고, 각각 독립적으로 작용한다면, 다수결에 따라 반 이상의 분류기가 도출하는 결과를 낼 수 있다. 각각의 분류기가 성공적일 확률이 p라면, 전체 앙상블이 정답을 맞힐 확률은 **이항 분포**를 따른다.

$$\sum_{k=T/2+1}^{T} \left(\begin{array}{c} T \\ k \end{array} \right) p^k (1-p)^{T-k}, \tag{13.5}$$

여기서 T는 분류기의 개수다. 만약, $p > 0.5$라면 이 합은 T가 무한대로 갈 때 1이 된다. 각각의 분류기가 반 정도의 답을 맞힌다고 할지라도 100개 정도의 적당한 개수의 분류기를 갖는다면 앙상블이 정답을 맞힐 확률은 1에 가까워진다. 사실 50%보다 작은 확률을 갖는다 해도 실제로 합쳐진 앙상블은 아주 잘 동작하곤 한다.

회귀 문제에 대해서는 다수결을 택하지 않고, 출력 값의 평균을 택한다. 하지만 평균 값은 이상치(outlier)에 영향을 많이 받으므로 중앙 값이 더 보편적으로 사용된다. 중앙 값을 사용하면 **브래깅** 알고리즘이 되며, 이는 로버스트 배깅(robust bagging)이다.

혼합 전문가 알고리즘

- 각 전문가마다:
  - 가능한 클래스들에 대해서 입력 값이 속할 확률을 계산($\mathbf{w}_i$는 분류기에 대한 가중치):

$$o_i(\mathbf{x}, \mathbf{w}_i) = \frac{1}{1 + \exp(-\mathbf{w}_i \cdot \mathbf{x})}. \tag{13.6}$$

- 각 트리의 게이팅 네트워크에 대해서:

$$g_i(\mathbf{x}, \mathbf{v}_i) = \frac{\exp(\mathbf{v}_i \mathbf{x})}{\sum_l \exp(\mathbf{v}_l \mathbf{x})}. \tag{13.7}$$

- 다음 층의 게이트의 입력 값으로 전달(게이트에 상관 있는 입력들에 대해서만 합):

$$\sum_k o_j g_j. \tag{13.8}$$

마지막으로, 분류기를 합치는 또 하나의 방법이 있는데 이는 학습을 통한 방법이다. **혼합 전문가**(mixture of experts)라는 알고리즘은 네트워크에 입력 값이 주어졌을 때 각각의 분류기는 예측 값을 출력한다. 분류기들의 출력 값은 **상관관계 게이트**(relevant gate)에 의해서 다시 가중 투표되며. 이는 가중치 w를 만들어 내고, 전체 계층으로 퍼져 나간다. 가장 일반적인 혼합 전문가(mixture of experts)는 다음과 같다.

네트워크를 트레이닝시키는 가장 일반적인 방법은 **EM 알고리즘**을 사용하는 것이다. 이는 일반적인 통계학적 접근 알고리즘인데 7.1.1절에서 다루었다. 변수에 대해서 기울기 하강법을 적용하는 것도 가능하다.

혼합 전문가 방법을 바라보는 다른 시간이 있는데 하나는 이를 트리로 보는 것이다. 차이점은 12장에서 사용한 것처럼 솔리드(solid) 나누기가 아닌 스무드(smooth) 버전인 것인데 이는 확률을 통해서 이루어진다. 또한, 5.2절에서 다루어진 방사 기저 함수(RBF, Radial Basis Function) 네트워크와도 비교할 수 있는데 각각 RBF는 수용영역(receptive fields) 상수 출력을 한다. 만약, 각 노드가 데이터에 대해서 선형 근사 값을 준다면 결과는 혼합 전문가 네트워크(mixture of experts network)가 된다.

더 읽을거리

세 가지 주요 앙상블 방법을 설명하는 세 개의 논문은 다음과 같다.

- R.E. Schapire. The boosting approach to machine learning: An overview. In D. D. Denison, M. H. Hansen, C. Holmes, B. Mallick, and B. Yu, editors, *Nonlinear Estimation and Classification,* Springer, Berlin, Germany, 2003.
- L. Breiman. Bagging predictors. *Machine Learning,* 26(2):123-140, 1996.
- M.I. Jordan and R.A. Jacobs. Hierarchical mixtures of experts and the EM algorithm. *Neural Computation,* 6(2):181-214, 1994.

전체 분야에 대한 개관은 다음을 참고하기 바란다.

- L. Kuncheva. *Combining Pattern Classifiers: Methods and Algorithms.* WileyInterscience, New York, USA, 2004.

다른 시각에서 바라보기 위해 다음을 참고하기 바란다.

- Sections 17.4 and 17.6–17.7 of E. Alpaydin. *Introduction to Machine Learning,* 2nd edition, MIT Press, Cambridge, MA, USA, 2009.

- Section 9.5 of R.O. Duda, P.E. Hart, and D.G. Stork. *Pattern Classification, 2nd edition,* Wiley-Interscience, New York, USA, 2001.

맨 처음의 랜덤 포레스트 논문은 역시 유용한 자료가 된다.

Leo Breiman. Random forests. *Machine Learning,* 45(1):5–32, 2001.

연습 문제

13.1 결정 트리 구현을 지니 불순도의 가중치 계산을 사용하도록 변경한다. 간단하지 않은 작업이며, 지니 불순도에 대한 전체 값을 변경해야 하기 때문이다. 완성하고 나서 스텀프 트리를 파티 데이터에 적용해 보자.

13.2 데이터세트를 샘플링하기 위해 가중치를 사용하는 부스팅의 대안을 구현한다. 이를 적용하면 출력 값이 달라지는가?

13.3 스텀핑은 데이터세트에서 정보를 가장 많이 포함한 피처 하나를 선택하고, 이를 사용한다. 2진 분류 문제에서 이는 적어도 반 이상의 데이터세트에 대해서 정답을 도출한다. 왜 그런가? 다중 클래스에도 위의 주장이 적용될 수 있는가?

13.4 배깅과 크로스 밸리데이션을 비교 대조하라.

13.5 UCI 머신러닝 저장소의 breastcancer 데이터세트는 10개의 피처를 제공하고, 종양을 양성(benign)과 악성(malignant)로 분류한다. 이는 꽤 어려운 데이터인데 기본 결정 트리를 부스트와 배깅 버전에 대해서 비교할 좋은 데이터다. 모든 방법을 사용해서 스텀핑과 더 진보된 트리들을 통해 어떤 것이 제일 잘 동작하는지 보자.

13.6 혼합 전문가 알고리즘은 어떤 전문가와도 잘 동작한다. 전문가가 MLP라고 가정하자. 알고리즘을 구현해서 Breastcancer 데이터세트에 얼마나 잘 동작하나 살펴보자.

13.7 13.3절에서 랜덤 포레스트에서 밸리데이션과 테스팅을 위한 아웃 오브 부트스트랩 (out-of-bootstrap) 데이터가 존재하는 것을 언급했었다. 이 데이터를 처리할 수 있도록 코드를 수정해 보라.

13.8 문제 13.2의 부스팅 코드를 사용해서 UCI 저장소의 car 데이터세트에 적용하고, 랜덤 포레스트와 비교하자.

CHAPTER

14

비지도학습

대부분의 학습 알고리즘은 트레이닝 데이터에 목표 데이터 값이 라벨되어 있든가 적어도 예측 값이 얼마나 좋은지에 대한 점수 시스템(scoring system)이 존재했다. 목표 값은 분명히 알고리즘이 얼마나 정확한지를 측정해 주므로 유용하지만, 대부분의 경우 이를 얻기 어렵다. 가능하더라도 누군가가 각각의 예제를 살펴보고, 직접 라벨을 작성하는 수고가 필요하다. 또한, 이는 생물학적으로도 그럴듯해 보이지 않는데 학습할 때 우리는 대부분의 상황에서 정답을 바로 알 수 없기 때문이다. 이번 장에는 알고리즘이 올바른 목표 값이 주어지지 않아도 입력 값들을 통해서 얼마나 유사한지를 찾아내는 정반대의 접근법을 살펴볼 것이다.

비지도학습은 지도학습과는 개념적으로 다른 문제다. 명확하게도 트레이닝 데이터에 대한 목표 값을 알 수 없으므로 함수를 예측할 수 없고, 따라서 회귀 문제를 해결할 수 없다. 그렇다면 분류 문제는 해결할 수 있을까? 입력 값들 사이에 유사성을 찾고 같은 클래스에 속하는 것을 찾는 것이 분류의 목적이다. 물론, 정확한 클래스에 대한 정보는 없지만, 알고리즘이 입력 간에 유사성을 탐색할 수 있다면 비슷한 것들을 군집화하고 분류도 수행할 수 있을 것이다. 비지도학습의 목표는 데이터들이 어느 클래스에 속하는지를 모르는 상황에서 입력 값과 유사한 클러스터(cluster)들을 찾는 것이다. 대신에 알고리즘은 스스로 유사성들을 찾아내야 한다. 이미 6장에서 차원이 축소될 때 유사한 데이터들을 군집화하는 비지도학습을 살펴봤었다.

지도학습의 대부분의 경우에는 외부적인 오류인 목표 값과 출력 값의 제곱합 오류(sum-of-squares error)의 최소화에 목표를 두고 있었다. 지도학습에서는 목표 값과 차이를 계산해서 오류 값을 최소화하는 것은 가능했지만, 비지도학습에서는 불가능한 일이다. 따라서 다른 방법으로 학습을 지도할 방법이 필요하다. 새로운 방법을 통해서 제곱합 오류보다 더 일반적이고 목표 값에 의존하는 어떤 **외부적인 정보 오류 기준**도 사용할 수 없고, 알고리즘에 내재적인 것을 찾아야 한다. 이 말은 과제가 바뀔 때마다 전체 알고리즘이 변화하지 않기 위해서 과제와 독립적으로 존재하는 측정이 필요하다는 말이다. 지도학습의 경우, 제공된 목표 값에 기반해서 오류가 계산되므로 오류 기준은 과제에 의존적이었다.

일반적인 오류 기준을 어떻게 만들 것인가를 알아보기 위해서 2.1.1절에서 살펴본 기본적인 중요한 개념 **입력 공간과 가중치 공간**을 다시 살펴보겠다. 두 입력 값이 서로 비슷하다면 그 벡터들의 값도 유사할 것이며, 두 벡터 사이의 **거리는 짧을 것이다**(7.2.3절에 다뤄진 거리 측정 방법 중 유클리드 거리를 사용). 서로 유사한 입력 값들은 거리가 짧을 것이고, 이들은 하나의 클러스터에 속하게 되며, 거리가 먼 경우에는 같은 클러스터에 속하지 않을 것이다. 이를 연장하기 위해서는 가중치 공간을 입력 공간과 같이 놓아서 네트워크의 노드들로 만들 수 있다. 입력 벡터의 요소들과 유사한 가중치들을 갖는 노드는 입력과 또한 비슷한 값을 갖는 다른 유사한 입력들에도 잘 맞을 것이다. 소개된 개념을 실제로 알아보기 위해서 오랫동안 통계학에서 사용되었던 간단한 군집화 k-means 알고리즘을 살펴보겠다.

14.1 k-means 알고리즘

우산을 들고 있는 여행 가이드를 따라다니는 여행객들을 본 적 있다면 이미 동적인 k-means 알고리즘을 살펴본 적이 있는 것이다. 여기서 소개되는 알고리즘은 데이터가 움직이지 않고, 여행 가이드만 움직이므로 더 간단하다.

입력 데이터들을 이미 알고 있는 k개의 카테고리로 나누고 싶다고 가정하자(예를 들면, 세 가지 질병에 대한 많은 사람들의 의학 검사 결과를 세 가지 클러스터로 분류하고 싶다). 우선, 입력 공간에 k개의 클러스터의 중심을 할당한다. 하지만 어디에 클러스터들이 존재하는지 알 수 없기에 각 클러스터의 중심도 알 수 없으므로 알고리즘을 통해서 이를 찾아야 한다. 알고리즘의 학습은 보통 오류를 줄이는 방향으로 진행되므로 문제의 목적에 맞는 오류 기준을 생각해 봐야 한다. 중심이라는 아이디어에 대해서 한번 생각해 보자. 점들의 중심을 어떻게 정의할 것인가? 이에 앞서 두 가지 개념을 먼저 정의해야 한다.

거리 측정: 두 점 사이의 거리를 논하기 위해서 거리를 측정할 필요가 있다. 유클리드 거리를 보통 사용하지만, 7.2.3절에서 다른 다양한 대안에 대해서도 다뤘다.

평균: 거리를 측정할 수 있다면 이제 평균을 통해서 데이터 점들의 중심을 계산할 수 있다 (두 점 사이의 평균은 두 점에서 동일한 거리에 있는 것이며, 바로 두 점을 연결한 선의 중점이 된다). 이는 사실 유클리드 공간에서만 해당되며, 이것이 유클리드 거리를 사용하는 이유다. 곡선을 가진 공간을 생각하면 매우 복잡해진다. 곡선을 가진 공간에서 거리를 측정할 때 유클리드 거리의 경우에는 올바르게 이를 측정하지 못하므로 두 가지 다른 평균의 정의를 갖는다. 하지만 통계학에서 자주 사용되듯이 공간을 평평하다고 가정하면 유클리드 거리는 아무 문제가 되지 않는다.

이제 클러스터의 중심을 위치시키는 적합한 방법을 생각해야 하며, 각 클러스터의 평균을 계산하고, $\mu_{c(i)}$ 클러스터의 중심에 놓는다. 이 작업은 각 데이터 포인트들을 클러스터의 중심으로부터의 유클리드 거리를 최소화시키는 것과 동일하다.

그렇다면 점들이 어떤 클러스터에 속하는지 어떻게 결정할까? 이를 결정하는 것은 클러스터의 중심을 결정하는 데에도 사용되므로 중요하다. 분명한 점은 각 점에서 선택된 중심까지는 가장 가까운 거리에 있어야 한다는 점이다. 알고리즘이 실행되는 동안 계속 변경될 수 있지만, 이는 문제가 되지 않는다.

입력 공간에 클러스터의 중심을 무작위로 위치시켜서 시작하고, 이를 데이터를 통해서 갱신해 나간다. 각 데이터가 어떤 클러스터에 속하는지는 거리 계산을 통해서 가장 가까운 클러스터의 중심을 갖는 클러스터로 배정한다. 이를 위한 계산 비용은 7.2.2절의 KD 트리 알고리즘을 통해서 줄일 수 있다. 클러스터에 배정된 모든 데이터 점들에 대해서 평균을 구하고 클러스터의 중심을 다시 움직인다. 알고리즘을 클러스터의 중심이 변화하지 않을 때까지 반복하며, 알고리즘은 다음과 같다.

---

k-means 알고리즘

- **초기화**
  - k값을 선택
  - 입력 공간에 k개의 무작위 위치를 선택
  - 클러스터 중심들 μ_j을 이 위치들로 설정
- **학습**
  - 반복
    * 각각의 데이터 포인트 $\mathbf{x}_i$에 대해:
      · 각 클러스터 중심과의 거리 계산

- · 가장 가까운 클러스터 중심에 데이터 포인트를 배정

$$d_i = \min_j d(\mathbf{x}_i, \boldsymbol{\mu}_j). \qquad (14.1)$$

* 각 클러스터 중심에 대해서:
  - · 클러스터의 중심을 점들의 평균 값으로 이동(N_j는 클러스터 j에 있는 점들의 숫자):

$$\boldsymbol{\mu}_j = \frac{1}{N_j} \sum_{i=1}^{N_j} \mathbf{x}_i \qquad (14.2)$$

- 클러스터 중심들이 더 이상 움직이지 않을 때까지

• 사용
- 각 테스트 포인트에 대해서:
  * 각 클러스터 중심까지의 거리를 계산
  * 가장 가까운 클러스터 중심으로 데이터를 배정

$$d_i = \min_j d(\mathbf{x}_i, \boldsymbol{\mu}_j). \qquad (14.3)$$

넘파이 구현은 위에 설명된 단계를 거의 동일하게 따르며, np.argmin() 함수를 통해서 가장 작은 값의 인덱스를 찾을 수 있으며, 이를 통해서 가장 가까운 클러스터를 찾는다. 거리를 계산하는 코드는 가장 가까운 클러스터의 중심을 찾고 다음과 같이 갱신한다.

```
# 거리를 계산한다.
distances = np.ones((1,self.nData))*np.sum((data-self.centres[0,:])**2,axis=1)
for j in range(self.k-1):
    distances = np.append(distances,np.ones((1,self.nData))*np.sum((data-
    self.centres[j+1,:])**2,axis=1),axis=0)

# 가장 가까운 클러스터를 찾는다.
cluster = distances.argmin(axis=0)
cluster = np.transpose(cluster*np.ones((1,self.nData)))

# 클러스터의 중심을 갱신한다.
for j in range(self.k):
    thisCluster = np.where(cluster==j,1,0)
    if sum(thisCluster)>0:
        self.centres[j,:] = np.sum(data*thisCluster,axis=0)/np.sum(thisCluster)
```

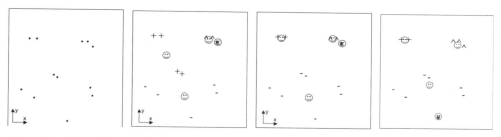

그림 14.1 왼쪽: 2차원 데이터. 오른쪽: k-means 알고리즘을 사용해서 가능한 네 개의 중심 위치(얼굴로 표시), 지역 최저치(local minima)에 영향을 받는다.

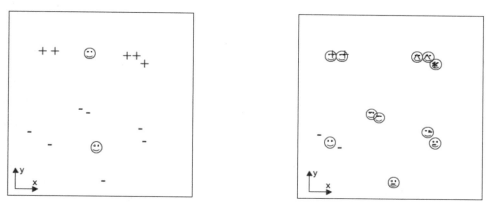

그림 14.2 왼쪽: 두 개 클래스를 사용했을 때 해법은 데이터에 잘 적응되지 않는다. 오른쪽: 11개의 클래스를 사용했을 때는 오버피팅을 보인다.

실제 이것이 어떻게 적용되는지를 그림 14.1과 그림 14.2에서 k-means 알고리즘에 의해 계산된 데이터의 다양한 클러스터를 보여 준다. 이를 통해서 알고리즘은 지역 최저치(local minima)에 영향을 받는다는 것을 볼 수 있다. 공간에서 중심이 초기화되는 위치에 따라 여러 가지 다른 결론을 보이며, 몇몇 결과는 매우 안 좋아 보인다. 그림 14.2는 클러스터의 개수를 잘못 결정할 때 어떻게 되는지를 보여 준다. 물론, 데이터에 몇 개의 클러스터가 존재하는지 알 수 없는 문제가 있지만, k-means 알고리즘은 이 문제를 잘 다루지 못한다.

부가적인 계산 비용을 통해 알고리즘을 아주 많은 반복을 통해 수행하면, 이 문제들을 해결할 수 있다. 좋은 지역 최저치(또는 전체적 최저치)를 찾기 위해서 다양한 클러스터의 중심 값을 사용해야 하며, 제일 우수한 것일 가능성이 큰 해결책을 찾기 위해 제곱합 오류의 최소화를 한다.

다양한 k값을 사용해서 알고리즘을 실행하면 어떤 값이 가장 적합한지를 찾을 수 있다. 여기서 조심해야 할 부분이 있다. 각 데이터 점에서 클러스터 중심까지의 거리의 제곱합을 계산한다면, k가 전체 데이터 개수와 같아질 때 모든 데이터 점은 자신을 클러스터의 중심으로 잡게 되고, 제곱합은 0이 되어 최소가 된다(사실 무작위로 클러스터를 초기화하면 이런 일이 일어나기는 어렵다). 하지만 이에 대해서는 일반적인 답이 없으며, 심각한 오버피팅 문제가 일어난다. 클러스터의 개수가 늘어나는 것이 이익인지는 밸리데이션 데이터에 대한 오류 값에 k를 곱해서 살펴볼 수 있다.

14.1.1 노이즈 다루기

군집화를 수행하는 많은 이유가 있지만, 가장 중요한 이유는 노이즈를 잘 이해하기 위함이다. 데이터의 노이즈는 약간의 변질을 통해서 유입될 수도 있고, 때로는 완전히 잘못된 데이터가 포함된 경우도 있다. 클러스터 개수를 잘 정할 경우에 각각의 노이즈 데이터 점을 클러스터의 중심으로 대체함으로써 노이즈를 효율적으로 제거할 수 있다(14.2절에서는 데이터 점들을 표시하는 방법을 다른 목적으로 사용한다). 불행히도, k-means 알고리즘의 핵심인 평균 값은 **이상치**(outliers)에 매우 취약하다. 한 가지 가능한 방법은 평균을 대신해 **견고 통계량**인 **중앙 값**을 사용하는 것인데, 이를 통해서 이상치에 영향을 받지 않을 수 있다. 예를 들면, (1,2,1,2,100)의 평균은 21.2이며, 중앙 값은 2이다. 알고리즘에서 유일하게 바꿔야 하는 점은 평균을 계산하는 부분에 중앙 값으로 대체하는 것이다. 중앙 값을 사용하는 것은 계산 비용이 더 높지만, 노이즈를 효율적으로 제거한다.

14.1.2 k-means 뉴럴 네트워크

k-means 알고리즘은 노이즈 문제와 클러스터의 개수를 결정해야 하는 문제에도 불구하고 아주 잘 동작한다. 흥미롭게도 알고리즘은 뉴럴 네트워크와 크게 다르지 않다. 가중치 공간에서 최적화 클러스터의 중심을 찾는 것은 같은 공간에서 뉴런들을 사용해 뉴럴 네트워크를 트레이닝시키는 것과 같다. k-means 알고리즘에서 일어나는 계산의 경우 각 입력 데이터는 어떤 클러스터 중심이 거리상으로 가장 가까운지를 계산했다. 이를 뉴럴 네트워크에서는 각각의 뉴런을 가중치 공간에 위치시키고, 가중치의 값을 사용해서 5장 방사기저(Radial Basis) 함수에서처럼 노드의 활성화 값을 가중치 공간의 노드와 현재 입력 값의 거리로 사용할 수 있다. 트레이닝은 노드의 위치를 움직이는 것인데 이는 가중치를 조절하는 것이 된다.

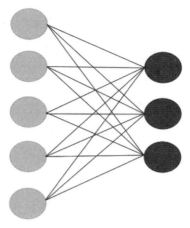

그림 14.3 단층 뉴럴 네트워크를 사용해서 k-means 해법을 구현할 수 있다.

k-means 알고리즘을 뉴런들의 집합으로 구현할 수 있으며, 입력 노드들과 한 층의 뉴런 들을 사용해서 바이어스 노드 없이 가능하다. 첫 번째 층은 입력 값이 될 것이며, 어떠한 계산도 필요하지 않다. 두 번째 층에서는 뉴런들이 서로 활성화하기를 다투며, 오직 한 뉴 런만 활성화할 것이다. 오직 하나의 클러스터 중심만이 특정 입력 벡터를 대표하며, 가장 높은 활성화 h값을 갖는 것을 결정한다. 이는 **승자독식의 활성화** 방법이며, **경쟁학습**의 예시 다. 경쟁학습은 때로는 각 뉴런이 한 가지 특정 피처를 학습하고, 입력에서 이를 볼 때만 활성화함으로써 **할머니** 세포를 이끈다. 특정 뉴런은 할머니를 알아보도록 트레이닝되고, 다른 뉴런들은 다른 사물과 다른 사람들을 알아보기 위해서 트레이닝될 것이다.

k개의 뉴런들을 고르고, 입력 값을 뉴런들과 그림 14.3과 같이 완전하게 연결시킨다. 선 형 전달 함수(linear transfer function)를 뉴런에 사용하며, 뉴런의 활성화는 단순하게 입력 값 과 가중치의 곱의 합으로 정의한다.

$$h_i = \sum_j w_{ij} x_j. \tag{14.4}$$

입력 값을 **정규화**해서 전체 절대적인 크기가 같도록(이는 14.1.3절에서 다시 다룬다) 만들 어 입력 벡터와 뉴런으로 대표되는 클러스터의 중심 간의 간격을 효율적으로 측정할 수 있다. 이 값이 클 경우 두 점이 가까이 있다는 것을 뜻한다.

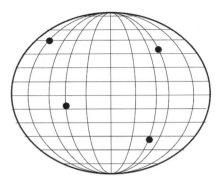

그림 14.4 3D 단위 크기의 구에 위치한 뉴런들의 집합

　현재 입력과 가장 가까운 것이 활성화될 뉴런인데 그렇다면 어떻게 뉴런의 위치를 가중치 공간에서 변경시킬 것인가? 다시 말하면 가중치를 어떻게 업데이트할 것인가? k-means 알고리즘에서는 이는 매우 쉽다. 클러스터의 중심을 클러스터에 속한 데이터 값들의 평균으로 정하는 것이다. 하지만 뉴럴 네트워크를 트레이닝할 때는 하나의 벡터를 차례로 입력함으로써 **배치**로 변경하기보다는 **온라인**(on-line) 알고리즘으로 가중치를 변경한다. 따라서 전체 데이터 점들에 대해 알 수 없는 상황에서 평균을 구할 수 없다. 그러므로 선택된 뉴런을 현재 입력과 가까운 곳으로 움직여서 다음 번에 입력 값을 다시 볼 때는 더욱 최고의 매칭이 되도록 한다. 이는 다음과 같다.

$$\Delta w_{ij} = \eta x_j. \tag{14.5}$$

　하지만 이것만으로 충분치 않기에 정규화를 왜 해야 하는지에 대한 질문으로 다시 돌아가 보자.

14.1.3 정규화

특정 뉴런을 제외하고 모든 뉴런들의 가중치가 아주 작다고(1보다도 적다고) 가정하자. 예를 들면, 가중치를 10으로 정했다고 하자. 입력 벡터가 (0.2, 0.2, -0.1)이라고 하고, 뉴런 중에 하나와 완전히 동일해서 뉴런의 활성화가 $0.2 \times 0.2 + 0.2 \times 0.2 + -0.1 \times -0.1 = 0.09$가 된다. 다른 뉴런은 동일하지 않으며, 활성화 값은 더 작아야 한다. 하지만 뉴런이 더 큰 가중치를 갖는다고 가정하면, (10, 10, 10)과의 거리는 $10 \times 0.2 + 10 \times 0.2 + 10 \times -0.1 = 3$이 되며, 가장 가까운 뉴런이라고 선택된다. 따라서 활성화를 비교하기 위해서는 모든 뉴런의 값이 동등해야 하며, 이를 위해서 **정규화**를 사용해서 벡터와 (0, 0, ... 0) **원점**과의 거리가 1이 되도록 한다. 이는 모든 뉴런들이 단위 평면에 놓여 있다는 뜻이고, 이는 2.1.2절에서 차원의 저주(curse of dimensionality)로 설명된 것처럼 원점에서 단위 거리에 있는 원(2D), 구(3D), 그리고 **고차원**(hypersphere)이 된다.

넘파이를 사용해서 정규화를 계산하는 것은 원점에서 유클리드 거리를 정규화해야 하는 것이며, 합과 나눗셈은 열에 대해서가 아닌 행에 대해서 취해지며, 이를 위해 나눗셈 전후로 전체 행렬이 전치 행렬로 뒤바뀌어야 한다.

```
normalisers = np.sqrt(np.sum(data**2,axis=1))*np.ones((1,shape(data)[0]))
data = np.transpose(np.transpose(data)/normalisers)
```

뉴럴 활성화(식 14.4)는 다음과 같다.

$$h_i = \mathbf{W}_i^T \cdot \mathbf{x},\tag{14.6}$$

여기서 두 벡터의 **내적** 또는 **스칼라 곱**을 나타내며, W_i^T는 W 행렬의 i번째 행 벡터를 열 벡터로 변경하는 것이다. 내적은 $\|\mathbf{W}_i\|\|\mathbf{x}\| \cos \theta$이며, 두 벡터 사이의 각도는 θ고, $\|\cdot\|$는 벡터의 크기를 나타낸다. 따라서 모든 벡터가 단위 벡터라면, 두 벡터의 θ 각도만이 내적에 영향을 주며, 이는 곧 두 벡터 사이의 거리를 결정한다.

14.1.4 더 좋은 가중치 갱신 방법

식 (14.5)에서 주어진 가중치 업데이트 법칙은 제한 없이 가중치가 커지게 만들어서 더 이상 단위 공간에 놓여 있지 않게 한다. 입력 값 또한 정규화하는 것이 타당해 보이며, 가중치 업데이트 법칙은 다음과 같다.

$$\Delta w_{ij} = \eta(x_j - w_{ij}),\tag{14.7}$$

이는 현재 입력 값 방향으로 w_{ij} 가중치를 움직이게 한다. 갱신해야 하는 유일한 가중치 값은 가장 가까운 거리에 있는 것이다.

```
for i in range(self.nEpochs):
    for j in range(self.nData):
        activation = np.sum(self.weights*np.transpose(data[j:j+1,:]),axis=0)
        winner = np.argmax(activation)
        self.weights[:,winner] += self.eta * data[j,:] - self.weights[:,winner]
```

대부분의 지도학습 알고리즘에서는 출력 값과 목표 값의 제곱합을 최소화하는데 이는 전체 오류 기준이라서 모든 가중치에 다 영향을 미친다. 여기서 우리는 각 가중치에 독립적인 함수를 최소화하는데 이는 기존의 최소화보다 더 복잡하다. 이로 인해 경쟁학습 알고리즘의 공통된 알고리즘의 동작을 이해하기 힘들다는 문제를 유발하지만, 대부분의 경우 이 방법은 잘 동작한다.

이제 동작하는 가중치 업데이트 규칙을 사용해서 온라인 k-means 네트워크를 위한 전체 알고리즘을 살펴보자.

온라인 k-means 알고리즘

- **초기화**
  - k값을 설정해서 출력될 노드들의 개수를 설정
  - 작은 난수 값으로 가중치들을 초기화

- **학습**
  - 데이터를 정규화해서 모든 점들이 단위 구에 놓이도록 한다.
  - 반복:
    * 각 데이터 포인트에 대해서:
      · 모든 노드들의 활성화를 계산
      · 가장 높은 활성화 값을 갖는 노드를 설정
      · 가중치를 식 (14.7)을 사용해 업데이트
    * 정해진 반복수에 도달할 때까지

- **사용**
  - 각 테스트 포인트에 대해:
    * 모든 노드들의 활성화 계산
    * 가장 높은 활성화 노드를 선택

14.1.5 예제: 아이리스 데이터세트

이제 k-means 알고리즘을 사용해서 트레이닝할 수 있으므로 이를 데이터에 적용해 본다. 데이터에 라벨이 없다면 어떤 비교 대상이 없기에 결과를 분석하는 것이 불가능하다. 하지만 적어도 어느 정도의 라벨이 존재하는 데이터에 대해서는 비지도학습을 이용해서 클러스터할 수 있다. 예를 들어, 4.4.3절에서 살펴본 세 가지 다른 아이리스 꽃을 분류하는 문제의 아이리스 데이터에 알고리즘을 사용할 수 있다. 이제 데이터를 사용해서 알고리즘을 트레이닝하고 트레이닝에 사용되지 않은 데이터를 사용해서 결과를 테스트한다. 데이터와 함께 주어진 라벨을 사용하지 않고, 더 이상 지도학습을 사용하지 않으므로 알고리즘의 출력 값은 깔끔하지 않다. 이를 해결하기 위해서 알고리즘의 결과를 가장 잘 매치하는 클러스터의 인덱스를 라벨과 비교한다. 세 개의 클러스터가 존재할 때에는 알고리즘에서 이를 알아내는 것이 하나씩 비교할 수 있으므로 쉽지만, 더 많은 클러스터를 사용하면 알고리즘을 해석하기가 더 어려워진다. 작은 개수의 데이터점들이 존재한다면 이는 쉬운 일이며, 아니면 다음에 살펴볼 지도학습을 사용할 수도 있다.

k-means 알고리즘이 어떻게 사용되는지 보기 위해서 아이리스 데이터를 이용해서 어떻게 사용되는지를 살펴보겠다.

```
import kmeansnet
net = kmeansnet.kmeans(3,train)
net.kmeanstrain(train)
cluster = net.kmeansfwd(test)
print cluster
print iris[3::4,4]
```

이 예제의 실행으로 나오는 결과 값은 다음과 같다(윗줄은 알고리즘의 결과이며, 아랫줄은 데이터세트의 클래스다).

```
[ 0. 0. 0. 0. 0. 1. 1. 1. 1. 2. 1. 2. 2. 2. 0. 1. 2. 1. 0.
  1. 2. 2. 2. 1. 1. 2. 0. 0. 1. 0. 0. 0. 0. 2. 0. 2. 1.]
[ 1. 1. 1. 1. 1. 2. 2. 2. 1. 0. 2. 0. 0. 0. 0. 1. 1. 0. 2. 2.
  2. 0. 0. 0. 2. 2. 0. 1. 2. 1. 1. 1. 1. 1. 0. 1. 0. 2.]
```

클러스터 0은 라벨 1에, 클러스터 1은 라벨 2에 해당하고, 알고리즘은 클러스터 0에서 1개, 클러스터 1에서 2개의 오류를, 그리고 클러스터 2에서는 모두 정답을 도출한다.

14.1.6 경쟁학습을 군집화에 이용하기

어떤 데이터 포인트가 어떤 클러스터에 속하는지를 결정하는 것은 이제 쉬운 과제다. 데이터를 트레이닝된 알고리즘에 보여 주고, 어떤 것이 활성화되는지를 살펴보면 된다. 만약, 어떤 목표 데이터도 없다면 문제는 종결된다. 하지만 많은 문제에서는 가장 잘 매칭되는 것을 클래스 라벨로 해석한다(몇 개의 클러스터 집합이 하나의 클래스가 될 수도 있다). 만약, 목표 데이터가 존재하면 출력 클래스를 이와 비교할 수 있으며, 네트워크 노드들의 순서와 데이터의 순서를 비교할 수도 있다. 따라서 클래스 라벨을 출력 값에 부여할 때 어떤 번호가 매치하는지 살펴봐야 하며, 그렇지 않으면 실제보다 결과가 더 좋지 않을 수도 있다.

라벨을 부여하는 문제의 대안은 5장에 살펴본 k-means 네트워크를 사용해서 RBF 노드들의 위치를 트레이닝하는 데서 찾을 수 있다. 이것이 어떻게 동작했는지 이제 살펴볼 수 있다. k-means는 RBF를 입력 공간에 위치시키고, 이를 통해서 입력 데이터를 잘 표현할 수 있었다. 그리고 퍼셉트론이 네트워크의 지도학습 결과와 매칭하기 위해서 사용되었다. 이는 지도학습이므로 목표 데이터 클래스와 출력 카테고리를 비교할 수 있었다. 또한, 퍼셉트론을 사용한 덕분에 어떤 데이터 점들이 어떤 클러스터에 속하는지 모르는 상황에서도 k-means 네트워크에서 많은 클러스터를 사용할 수 있게 만들어 주었다.

이제 경쟁학습의 다른 문제인 **자기조직화 지도**(SOM, Self-Organising Feature Map)를 살펴보겠다. 이를 위해서 먼저, 경쟁학습의 **데이터 압축** 샘플 문제인 **벡터 양자화**(vector quantisation)를 알아보자.

14.2 벡터 양자화

우리는 이미 노이즈를 제거하기 위해 경쟁학습을 사용한다는 것을 살펴보았다. 데이터 압축은 데이터를 저장하거나 언어 또는 그림 데이터를 전송하는 데 사용한다. 압축을 위해서 현재 입력 데이터가 가장 근접하게 속하는 클러스터 중심 값으로 대체한다. 노이즈를 줄이기 위해서는 노이즈가 없는 입력 값으로 대체하고, 데이터 압축을 위해서는 전송하는 데이터 점들의 개수를 줄인다.

두 가지 경우 모두 **데이터 통신**의 예라고 생각할 수 있다. 데이터를 전달하는 데 전송하는 양에 따라서 요금을 내야 한다면, 보내는 데이터를 최소화해야 할 것이다. 데이터에 많은 부분이 반복된다면, 이를 보내기 전에 압축하고, 전체 데이터를 보내기보다는 **코드 알람표**를 **원형 벡터**(prototype vector)와 함께 전송한다. 전송이 이뤄지고 나면 실제 데이터를 전송하는 대신 더 짧은 크기인 코드 알람표의 인덱스를 보낼 수 있다. 수신된 코드 인덱스는 다시 코드표를 열람해서 원래 데이터를 만들 수 있다. 코드는 더 자주 사용되는 데이터 점들의 경우 더 짧은 인덱스로 만들어서 효율적으로 만든다. 이는 정보 이론에서 중요한 문제이며, 이미 매우 다양한 종류의 음성과 사진 압축 알고리즘이 존재한다.

여기서 한 가지 문제는 코드북(codebook)이 모든 데이터 점들을 포함하지 못한다는 점이다.

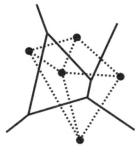

그림 14.5 공간에서 보로노이 삼각형은 벡터 양자화를 수행한다. 어떤 데이터 점이든 각 셀 안에서의 점으로 표현되며, 이는 곧 원형 백터다.

만약, 코드북에 존재하지 않는 데이터를 전송하려면 어떻게 해야 할까? 이 경우에 수신 측에서 원형 벡터와 가장 가까운 인덱스를 보내야 하며, 수신 측에서는 가장 가까운 인덱스로 데이터를 가장 비슷하게 표현하게 된다(이것이 **벡터 양자화**이며, **손실 압축**(lossy compression)이 동작하는 방법이다).

그림 14.5는 2차원에서 원형 벡터의 해석을 보여 준다. 각 셀(cell)의 중심에 있는 점들은 원형 벡터들이며, 셀에 놓인 데이터 점들은 모두 점으로 표현된다. 각 셀은 **보로노이 세트**(Voronoi set)라 불리며, 이들은 **보로노이 삼각형**(Voronoi tesselation)을 공간에 만든다. 모든 점들을 다 연결하면 점선들로 표현된 것이 만들어지고, **델러네이 삼각 측량**(Delaunay triangulation)을 얻는다. 이는 함수 근사 값을 수행하기 위해 공간을 조작하는 최고의 방법이다.

그렇다면 원형 벡터는 어떻게 결정할까? 이것에 바로 경쟁학습이 이용된다. 가능한 모든 입력 값에 최대한 가까운 원형 벡터를 골라야 하는데 이것을 **벡터 양자화 학습**이라 부른다. k-means 알고리즘은 이를 위해 사용될 수 있는데 여기 사용될 코드북의 크기를 미리 알아야 한다. 하지만 또 다른 유용한 알고리즘이 **자기조직화 지도**(SOM)이며, 다음에 살펴보겠다.

14.3 자기조직화 지도

지금까지 가장 보편적으로 사용되는 경쟁학습 알고리즘은 1988년 투에보 코호넨(Teuvo Kohonen)에 의해 제안된 SOM이다. 코호넨은 어떻게 하면 감각 신호가 명령에 따라 뇌의 대뇌피질로 매핑되는지를 고안하고 있었다. 예를 들면, 청각 피질은 듣는 소리에 반응하는데 비슷한 소리에 반응하는 뉴런들은 서로 가까이 있으며, 서로 다른 소리에 반응하는 뉴런들은 멀리 떨어져 있다.

　두 가지 독창적인 요소가 있는데 첫째로, 네트워크에서의 상대적인 뉴런의 위치는 중요하다(이는 **피처 매핑**이라고 알려져 있으며, 가까운 뉴런은 비슷한 입력 패턴에 속한다). 둘째로, 뉴런들은 층간 구조를 통한 다른 층간끼리만 연결되어 있는 것이 아니라 격자 구조에 다른 뉴런들과 연결되어 있다는 것이다. 청각 피질에는 2D 형태로 배열된 뉴런들의 판이 있는데 그림 14.6에서 볼 수 있듯이 SOM을 위한 뉴런들의 일반적인 배열 또한 2D 형태로 배열된 뉴런들이다. 때로는 1D 선의 형태 뉴런도 사용된다. 수학적인 용어에서 SOM은 **상대적 순환 보존**(relative ordering preservation)을 보여 주며, 이는 **위상 보존**(topology preservation)이라고도 알려져 있다. 입력 값의 상대적인 순서는 뉴런에서도 역시 순서가 보존되어야 하며, 이런 이유로 가까이 놓인 뉴런들이 비슷한 입력 값을 표현하며, 멀리 떨어진 뉴런들은 다른 입력 값을 나타낸다.

　SOM이 보통 1D 또는 2D의 행렬 뉴런으로 사용되는 데 반해 대부분의 입력 공간은 더 고차원적이므로 위상 보존이 항상 가능하지는 않다. 이에 대한 예로 그림 1.2에서 3차원의 공간을 2차원으로 나타냈을 때 풍력 발전용 터빈이 어떤 각도에서는 쌓여 있는 것처럼 보이는 현상을 살펴보았다. 독자는 이미 사람의 머리 위에서 나무가 자라는 듯하게 보이는 사진들을 본 적 있을 것이다. 같은 것을 다르게 보는 방법은 그림 14.7에서처럼 입력 공간과 지도 사이에 위상 공간 차이가 상대 순서를 변경하는 것을 볼 수 있다. SOM의 가장 인상적인 면은 **완벽하게 위상을 보존**을 한다는 데 있다. 이는 입력의 차원과 상대되는 매핑이 동일하다면 입력 공간에서의 위상이 보존된다는 뜻이며, 이에 대한 차원을 줄이는 방법들은 6장에서 알아보겠다.

　그렇다면 어떻게 비지도학습에서 피처 지도를 구연할 수 있을까? 이를 위해 인지해야 할 첫 번째는 네트워크의 뉴런들이 하나가 활성화될 때 다른 주변 뉴런들을 살펴보기 위해서 뉴런들 간의 상호작용이 필요하다는 것이다. 다른 층에 존재하는 뉴런들 간의 상호작용은 본 적이 있으나, 여기서는 같은 층에 있는 뉴런들 간의 작용인 **측면 연결**(lateral connection)들을 살펴봐야 한다. 어떻게 상호작용이 동작하는지 알기 위해서 가까이 위치한 뉴런들이 비슷한 피처들을 표현하도록 피처 지도를 살펴보겠다. 활성화될 뉴런은 주변에 가까운 뉴런들을 작용시켜야 하며, 이를 위해서 상호작용의 연결이 필요하다. 마찬가지로 먼 거리에 위치하는 뉴런들은 다른 피처들을 표현하고, 활성화된 뉴런은 반작용의 연결을 통해서 밀어내야 하며, 가중치 공간에서 멀리 떨어져 있어야 한다. 네트워크에서 멀리 떨어져 있는 뉴런들은 다른 피처들을 표현해야 하므로 이는 고려하지 않아도 된다.

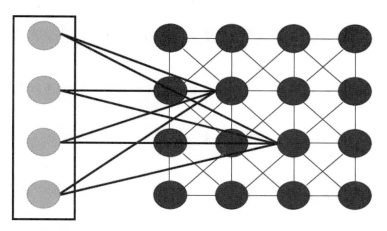

그림 14.6 자기조직화 지도. 왼쪽의 입력 노드들은 아무 계산도 하지 않으며 뉴런들의 활성화를 변경하기 위해서 가중치를 변경해야 한다(가중치는 두 개의 노드에 대해서만 표현되어 있다). 하지만 SOM 내부의 노드들은 서로 영향을 미치며, 활성화된 뉴런은 주변의 뉴런들의 가중치도 변경시킨다. 그림에서 8개의 가까운 노드들과의 연결은 네트워크에서 파라미터다.

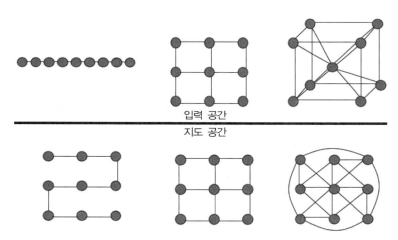

그림 14.7 1차원(직선), 2차원(그리드) 3차원(큐브)의 입력 값들이 2차원 그리드의 뉴런들로 표현되면 상대적인 순서는 완벽하게 보존될 수 없다. 직선의 경우는 굽게 되며, 이로 인해 먼거리로 떨어져 있는 점들은 서로 가까이 위치하게 되며(선에서 첫 번째와 여섯 번째 점), 정육면체의 경우 더 복잡하게 된다. 그림의 아랫부분에 있는 선들은 가까운 거리의 연결을 표현하기 위해서 사용되었다.

그림 14.8에서 볼 수 있듯이 '멕시코 모자(Mexican Hat)'의 형태를 사용해 14.1.2절에서 k-means 네트워크를 수행했듯이 측면 연결을 통해서 경쟁학습을 사용할 수 있다. 자기조직화 지도는 이를 수행한다.

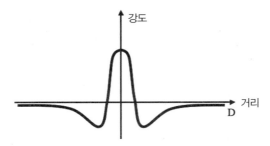

그림 14.8 멕시코 모자라고 알려진 피처 매핑 알고리즘을 위한 측면 연결의 강도 그래프

14.3.1 SOM 알고리즘

뉴런 간의 연결에 멕시코 모자 형태의 측면 연결을 사용하는 것은 좋으나, 필수적인 것은 아니다. 코호넨의 SOM 알고리즘에서는 가중치 업데이트 법칙이 대신 수정되어 학습 법칙에서 주변 뉴런들의 정보도 포함됨으로써 알고리즘이 더 간략했다. 알고리즘은 경쟁학습 알고리즘이며, 하나의 뉴런이 선택되어 가중치가 업데이트될 때 주변 뉴런들 역시 좀 더 작은 영향으로 업데이트된다. 근거리에 존재하지 않는 뉴런들은 무시되어 업데이트에서 제외된다.

SOM 알고리즘을 살펴보고, 세부 사항에 대해서 알아보겠다.

자기조직화 지도 알고리즘

- **초기화**
  - 뉴런들의 개수와 지도를 위한 차원의 수를 결정한다.
  - 둘 중 하나 선택:
    * 가중치 벡터들의 값을 무작위로 선택해서 모두 다르게 하거나
    * 가중치 벡터들의 값이 첫 번째 d 주 성분(principal components)에 대해 증가하도록 설정한다.

- **학습**
  - 반복:
    * 각 데이터에 대해서:
      · 가장 잘 매칭되는 뉴런 n_b를 가중치와 입력 값의 유클리디안 거리를 줄여가는 방법을 통해서 결정한다.

$$n_b = \min_j \|\mathbf{x} - \mathbf{w}_j^T\|. \tag{14.8}$$

      * 가장 잘 매칭되는 노드의 가중치 벡터를 업데이트:

$$\mathbf{w}_j^T \leftarrow \mathbf{w}_j^T + \eta(t)(\mathbf{x} - \mathbf{w}_j^T), \tag{14.9}$$

여기서 $\eta(t)$은 학습률.
* 다른 뉴런들의 가중치 벡터를 업데이트:

$$\mathbf{w}_j^T \leftarrow \mathbf{w}_j^T + \eta_n(t)h(n_b, t)(\mathbf{x} - \mathbf{w}_j^T), \tag{14.10}$$

여기서 $\eta_n(t)$는 이웃 노드들에 대한 학습률이고, $h(n_b, t)$는 각 노드들이 이웃으로 포함되어야 하는지를 결정하는 이웃 함수다($h = 1$ 값은 이웃들이라는 뜻이며, $h = 0$은 이웃이 아니라는 뜻이다).
* 학습률을 낮추고 이웃 함수를 다시 조정한다.

$\eta(t + 1) = \alpha \eta(t)^{k/k_{max}}$

여기서 $0 \leq \alpha \leq 1$는 사이즈의 감소를 결정하고, k는 알고리즘의 반복 횟수이고, k_{max}는 학습을 중지시키는 최대 반복 횟수다. 두 가지 학습률 (η, η_n)과 이웃함수 $h(n_b, t)$에 대해서 같은 공식이 사용된다.
- 지도가 변화가 없거나 최대 반복수에 이르면 중지한다.

• 사용
- 각각의 테스트 포인트에 대해서:
* 가중치와 입력 값 사이의 최소 유크리디안 거리로 가장 잘 매칭되는 뉴런 n_b 선택 :

$$n_b = \min_j \|\mathbf{x} - \mathbf{w}_j^T\| \tag{14.11}$$

14.3.2 이웃 연결

이웃 노드들의 크기는 조절되어야 할 또 다른 파라미터다. 그렇다면 각 뉴런은 얼마나 많은 이웃 노드들을 가져야 하는가? 난수 가중치 값에서 네트워크를 시작하면 초기 학습 시에는 네트워크가 매우 정돈되지 않으므로 이웃 노드들의 개수가 커서 네트워크의 대략적인 순서를 맞게 한다(가중치 초기화 값이 무작위로 되어 있으므로 가중치 공간에서 가까이에 있는 두 개의 노드들도 지도에서 완전 반대에 놓여 있을 수도 있다). 하지만 네트워크가 학습을 하다 보면 대략적인 순서가 만들어지고, 알고리즘은 세부적인 부분에 대해서 조율을 시작한다. 이 시기에는 그림 14.9와 같이 이웃 노드들의 개수는 작아야 한다. 따라서 네트워크가 적응하면서 이웃 노드들의 개수를 줄여 나가야 한다. 학습의 두 단계는 **정리**(ordering)와 **수렴** (convergence)이라고 부른다. 일반적으로, 매 반복마다 이웃들의 크기를 조금씩 줄여 간다. 아래에 나오는 알고리즘처럼 학습률 η를 조절해서 처음에는 큰 값으로 시작해서 반복이 많아지면서 작아지도록 조절한다.

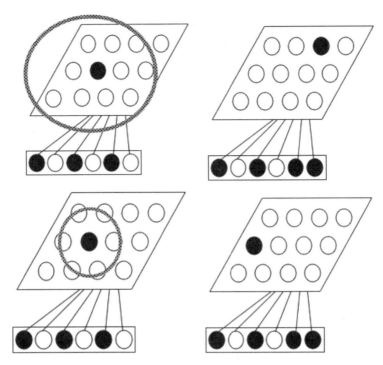

그림 14.9 위: 초기에 이웃들의 범위가(원으로 표현된) 크므로 비슷한 입력 벡터들은 멀리 떨어진 뉴런들에도 영향을 미친다. 아래: 비슷한 입력 벡터는 가까운 거리에 있는 뉴런들에 영향을 미치므로 트레이닝이 수행되면서 이웃들의 범위는 줄어든다.

이웃들의 크기가 알고리즘을 수행하면서 변하는 것은 구현을 어렵게 한다. 알고리즘이 실행되면서 이웃들의 크기가 변화하기에 노드들끼리 실제로 연결을 해야 할 필요는 없다. 네트워크에 노드 간에 길이를 측정해서 이를 행렬로 보관하고 알고리즘이 실행되면서 바뀌는 이웃의 반지름 범위에 특정 노드들의 이웃 노드들을 설정한다.

```python
# 거리 행렬 지도를 설정
mapDist = np.zeros((self.x*self.y,self.x*self.y))
for i in range(self.x*self.y):
    for j in range(i+1,self.x*self.y):
        mapDist[i,j] = np.sqrt((self.map[0,i] - self.map[0,j])**2 + (self.↵
        map[1,i] - self.map[1,j])**2)
mapDist[j,i] = mapDist[i,j]

# 반복에서 이웃을 선택
# 이웃을 선택하고 가중치를 업데이트
neighbours = np.where(mapDist[best[i]]<=self.nSize,1,0)
```

```
neighbours[best[i]] = 0
self.weights += self.eta_n * neighbours*np.transpose((inputs[i,:] - np.transpose(self.weights)))
```

네트워크의 가중치를 초기화하는 다른 방법도 있는데 이는 **주성분 분석**(principal components analysis, 6.2절에 설명)을 이용해서 데이터에서 가장 주요한 두 개의 방향을 찾아서(2차원을 사용한다는 가정하에) 두 방향에 따라 가중치가 점점 커지도록 초기화한다.

```
dummy1,dummy2,evals,evecs = pca.pca(inputs,2)
self.weights = np.zeros((self.nDim,x*y))
for i in range(x*y):
    for j in range(self.mapDim):
        self.weights[:,i] += (self.map[j,i]-0.5)*2*evecs[:,j]
```

초기화에서는 이미 트레이닝에서의 배치가 끝나게 되어 초기부터 작은 크기의 이웃 범위로 알고리즘이 트레이닝될 수 있다. 분명하게도, 알고리즘의 트레이닝이 배치로 이뤄질 때 이는 가능하며, 따라서 초반부터 모든 데이터에 접근할 수 있어야 한다. 이는 SOM 알고리즘이 데이터에 대해서 요구되는 점이라 온라인 학습에는 디자인이 적합하지 않다. 온라인 비지도학습이 요구되는 많은 경우에 이는 약간의 한계점이 될 수 있다.

다른 몇 가지를 대신 시도할 수도 있다. 첫 번째로 제한 사항을 제거하고, SOM을 사용하는 것이다. 이는 매우 일반적이지만, 지도의 크기가 문제되기 시작한다. 또한, 배치학습이 적용되지 않는다면 SOM 알고리즘이 수렴하는 해결책을 찾는다는 보장이 없다. 다른 방법으로는 이 상황에 맞도록 특별히 디자인된 여러 가지 네트워크 중의 하나를 사용하는 것이다. 이에 대해서 프리츠케(Fritzke)의 'Growing Neural Gas'와 말스랜드(Marsland)의 'Grow When Required' 네트워크는 가장 일반적인 선택이다.

14.3.3 자기조직화

SOM에서 **자기조직화**는 무엇인지 궁금할 것이다. 피처 매핑의 아주 흥미로운 면은 멀리 떨어져 있는 뉴런들은 서로 작용하지 않으므로 대부분의 상호작용이 지역적인 데 반해 뉴런의 전반적인 순서를 얻을 수 있다는 것이다. 따라서 지역적인 작용의 집합을 이용해서 공간의 전체 순서를 얻을 수 있다. 이는 자기조직화라고 불리며, 이는 **복잡성**의 과학에서 성장하는 부분이다. 새 떼가 하늘을 나는 전체 모양을 보면 자기조작화가 얼마나 일반적인지 알 수 있다. 새들은 서로 어디에 있는지 모르면서 어떻게 정보를 유지할까? 사실, 시뮬레이션으로 알아본 바에 의하면 오른쪽 새의 대각선 뒤에 자리를 유지하고 같은 속도로 날아간다면 전체 형태는 어떻게 시작되었든 어떤 장애물이 있든 유지된다. 따라서 전체 새 떼의 순서는 각각의 새 사이에 지역적인 상호작용으로 이뤄질 수 있는 것이다.

14.3.4 네트워크 차원과 경계 조건

보통 SOM 알고리즘을 2차원 사각형의 뉴런 행렬에 적용하는데(그림 14.6) 알고리즘에 강요되지는 않는다. 어떤 상황에서는 뉴런들의 선(1차원)이 더 잘 동작하거나 3차원이 요구되기도 한다. 이는 입력 값의 차원들에 의존적이며(데이터를 표현하는 데 실제로 필요한 내재적 차원) 실제 내장된 번호가 아니다. 예를 들면, 방 안에 흩어져 있는 입력 값들의 집합을 생각해 보자. 벽의 왼쪽 바닥이 오늘쪽 벽의 위와 연결되어 있다고 생각하자. 이 점들은 모든 것이 평면에 있기 때문이지만, 내재적인 차원이 2차원인데 3차원 공간의 방 안에 내장되어 있다. 데이터에 있는 노이즈와 다른 부정확성은 더 고차원으로 표현되므로 내재적인 차원을 찾는 것은 노이즈를 없애는 데에도 도움이 된다.

또한, 네트워크의 범위에 대해서 고려할 필요가 있다. 어떤 경우에는, 뉴런들의 지도 가장자리를 정확하게 정의해야 한다. 예를 들면, 소리를 낮은 피치에서 높은 피치로 정렬한다면 최저 피치와 최고 피치는 양쪽 끝점에 자리하게 된다. 하지만 항상 범위가 정의되기는 쉽지 않다. 이 경우에는 경계 조건(boundary conditions)을 제고해야 하는데 두 끝을 연결함으로써 가능하다. 이는 곧 1차원에서는 선을 원으로 만드는 것을 의미하고, 2차원에서 사각형을 도넛 모양의 **원환체**(torus)를 만드는 것을 의미한다. 이를 실제로 보기 위해 종이를 접어서 위와 아래의 끝을 연결하면 튜브를 만들게 된다. 튜브를 동그랗게 접어서 두 개의 열린 곳을 연결시키면 도넛 모양이 되며, 이는 그림 14.10과 같다. 뉴런들은 피처 지도의 가장자리에 없고, 차원의 개수와 경계 조건은 고려하는 문제에 따라 정해지며, 대부분의 경우 사각형보다 도넛 모양이 더 잘 동작한다(왜 그런지 명확하지는 않다).

이것이 가지고 있는 한 가지 문제는 둘러싸고 있는 거리를 측정하기가 더 복잡하다는 것이다. 모듈로(modulo, N으로 나눈 나머지) 산술연산을 사용해서 가능하지만, 지도를 복사해서 지도 주변에 얹혀 놓는 것을 상상하면 된다. 그림 14.11에서 보듯이 위와 아래에 하나씩 놓고, 오른쪽과 왼쪽으로, 그리고 대각선으로 위와 아래에 놓인다. 원본 지도에서 하나의 점을 택하고, 두 번째 노드까지의 거리는 첫 번째 노드와 두 번째 노드의 복사 노드와의 가장 짧은 거리가 된다. x축과 y축에 대해서 따로 거리를 생각하면, 전체 계산되어야 하는 거리의 개수는 줄어든다.

이전에 고려되었던 경쟁학습과 함께 SOM의 크기는 학습 이전에 정해진다. 네트워크의 크기(뉴런들의 개수)는 얼마나 정확한 학습을 할지에 따라 결정된다. 아주 작은 뉴런들의 수로는 네트워크를 통해서 데이터를 사용해 전체를 일반화할 수 있게 한다. 반대로 아주 많은 뉴런들의 숫자로는 일반화 없이 모든 입력 값들을 표현할 수 있다. 이는 또 다른 오버피팅이다. 분명하게 적당한 네트워크의 크기를 설정하는 것은 중요하며, 가장 일반적인 방법은 몇 가지 다른 크기를 시도해 보고(55, 10 × 10,⋯) 가장 잘 학습하는 것을 택하는 것이다.

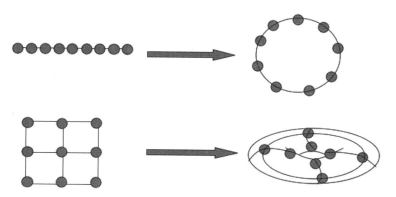

그림 14.10 원형의 경계 조건은 1차원에서는 선을 원으로 만들고, 2차원에서는 사각형을 도넛 모양으로 만든다.

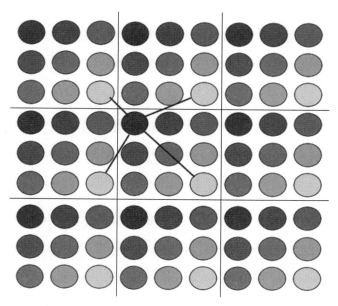

그림 14.11 지도에 어떠한 조건도 없이 점들의 거리를 측정하는 방법은 전체 지도의 복제본을 원본 주위에 놓고, 원본의 노드와 복제본의 다른 노드 간의 가장 짧은 거리를 선택하는 것이다.

14.3.5 SOM을 이용한 예제

SOM을 이용하는 첫 번째 예제는 네트워크의 위상적인 순서를 보여 주는 2차원 난수를 네트워크를 사용해서 −1에서 1 사이의 균일 분포(uniform distribution)에서 만든 데이터들에 트레이닝하는 것이다. 만약, 네트워크의 가중치들이 무작위로 시작된다면 네트워크는 완벽하게 무질서이며(그림 14.12의 왼쪽 위에 보임), 10번의 네트워크 트레이닝 후에 정렬되어서 데이터에 매핑되는 이웃 노드들은 더 가깝다(왼쪽 아래). PCA를 사용해서 초기화하는 것은 더 유용하며, 이것이 전체 진행을 빠르게 한다. 단지 다섯 번의 반복을 통해서 오른쪽 아래의 그림을 만들어 내며, 이는 오른쪽 위에서 시작되었다.

난수가 아닌 데이터에 SOM을 사용하는 두 개의 예제에서 실제로 학습하는 것을 볼 수 있으며, k-means 알고리즘을 통해 봤던 아이리스 데이터(iris data)를 사용해 보겠다. 그림 14.13은 5 × 5의 자기조직화 지도를 사용해서 100번의 반복으로 트레이닝한 것이 가장 잘 수행하는 것을 볼 수 있다. 세 가지 다른 클래스들은 다른 모양으로(사각형, 삼각형 윗방향과 아랫방향) 나타나 있으며, 알고리즘은 이 정보를 전혀 사용하지 않는다. 그림을 보면 지도에서 분리되어 있다는 가정하에 그림을 사용하면 다른 클래스들을 구별하는 것이 가능할 것이라 생각할 수 있다. 이는 6.1절에서 다룬 선형 판별 분석과 비슷한 방법을 사용해서 시도되었으며, 자세한 이야기는 이번 장 마지막에 '더 읽을거리'에서 소개된다.

그림 14.14는 더 어려운 문제들을 보여 준다. UCI 머신러닝 저장소의 ecoli 데이터는 단백질을 측정하는 집합을 바탕으로 단백질의 현지화 사이트(localisation site)다. 테스팅 데이터에 대한 결과는 그리 만족스러워 보이지 않는다(MLP는 50%의 결과를 보이지만, 이는 목표 값을 사용했을 경우이며, SOM은 이를 사용하지 않는다는 점을 기억하자). 하지만 클러스터들은 어느 정도 구분되며, 트레이닝 데이터에 대한 학습 결과는 매우 정확해 보인다. 경계 조건은 이를 더 복잡하게 만들며, 이는 클러스터가 지도의 모서리를 신경 쓰지 않기 때문이다.

더 읽을거리

SOM 개발자 코호넨(Kohonen)의 책에는 개요가 잘 정리되어 있다.

- T. Kohonen. *Self-Organisation and Associative Memory,* 3rd edition, Springer, Berlin, Germany, 1989.

이번 장에 제공했던 두 가지 온라인 자기조직화(self-organising) 네트워크는 다음과 같다.

- B. Fritzke. A growing neural gas network learns topologies. In Gerald Tesauro, David S. Touretzky, and Todd K. Leen, editors, *Advances in Neural Information Processing Systems,* volume 7, MIT Press, Cambridge, MA, USA, 1995.

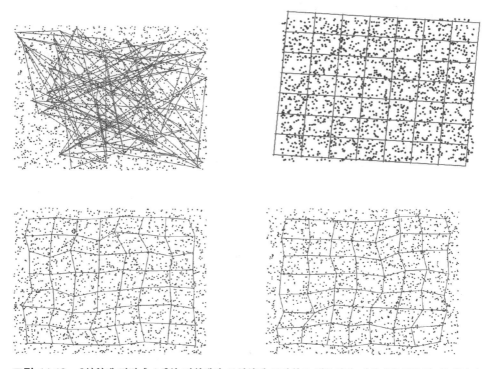

그림 14.12 2차원에 각각 [−1,1]의 범위에서 균일하게 무작위로 샘플링된 데이터에 SOM을 트레이닝한다. 위쪽: 지도를 왼쪽의 경우에는 무작위의 가중치로, 오른쪽에는 PCA(데이터에서 무작위성은 분산이 뚜렷한 방향을 따라서 형성되지 않는다는 의미를 갖는다)를 사용해서 초기화한다. 아래: 트레이닝에 대해서 10번의 반복을 한 왼쪽과 다섯 번 반복한 오른쪽 모두 전형적인 파라미터 값을 사용했다.

그림 14.13 그림은 어떤 노드가 어떤 클래스에 가장 잘 매칭하는지를 보여 준다. 세 개의 다른 모양은 아이리스 데이터세트의 세 개의 다른 클래스를 표현한다. 작은 점은 노드가 활성화하지 않았다는 뜻이다.

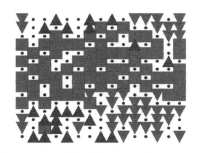 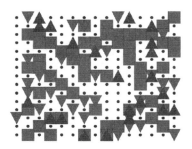

그림 14.14 그림은 어떤 노드가 어떤 클래스에 가장 잘 매칭하는지를 보여 준다. 세 개의 다른 모양은 E. Coli 데이터세트의 세 가지 다른 클래스를 표현하며, 왼쪽의 트레이닝 세트와 오른쪽의 분리된 테스트 세트에 테스트되었다. 작은 점은 활성화하지 않음을 뜻한다.

- S. Marsland, J.S. Shapiro, and U. Nehmzow. A self-organising network that grows when required. *Neural Networks,* 15(8-9):1041–1058, 2002.

클러스터를 감별하기 위해 지도에서 데이터를 처리하는 데 가능한 자료들은 다음과 같다.

- S. Wu and T.W.S. Chow. Self-organizing-map based clustering using a local clustering validity index. *Neural Processing Letters,* 17(3):253–271, 2003.

이 분야를 포함하는 책들은 다음과 같다.

- Section 10.14 of R.O. Duda, P.E. Hart, and D.G. Stork. *Pattern Classification,* 2nd edition, Wiley-Interscience, New York, USA, 2001.

- Chapter 9 of S. Haykin. *Neural Networks: A Comprehensive Foundation,* 2nd edition, Prentice-Hall, New Jersey, USA, 1999.

- Section 9.3 of B.D. Ripley. *Pattern Recognition and Neural Networks.* Cambridge University Press, Cambridge, UK, 1996.

연습 문제

14.1 SOM에서 이웃 함수의 목적이 무엇인가? 이는 학습을 어떻게 변화하나?

14.2 컴퓨터 네트워크를 위한 간단한 침입 탐지 시스템은 사용자를 다음으로 분리하기 위해 노력한다. 1) 로그인한 시간, 2) 로그인한 기간, 3) 로그인 기간에 실행한 프로그램의 타입, 4) 로그인 기간에 실행한 프로그램의 개수. SOM과 나이브 베이즈 분류기를 어떻게 트레이닝시킬지 생각해 보자. 데이터에 어떤 전처리(preprocessing)가 적용되어야 하는가? 얼마나 많은 데이터가 필요한가? SOM은 얼마나 크게 만들 것인가? 시스템이 과연 탐지에 잘 동작할 것인가?

14.3 뮤직 제놈 프로젝트(Music Genome Project(http://www.pandora.com))는 SOM을 사용해서는 동작하지 않지만 가능하다. 어떻게 구현할지 디자인해 보자.

14.4 은행이 신용카드 사기 거래를 탐지하고자 한다. 아주 많은 거래 데이터가(금액, 가게, 시간과 날짜 정보) 제공되고, 신용카드가 언제 도난당했는지에 대한 정보, 그리고 도난당한 카드로 수행된 거래 내역들이 있다. 경쟁학습을 사용해서 사람들의 거래들에서 패턴들을 찾아서 클러스터로 묶을 수 있을지 그리고 이를 사용해서 도난 카드를 찾을 수 있을까? 얼마나 잘 동작할 것인가? 카드가 도난당하지 않는다면 더 많은 거래 내역 데이터가 있으며, 도난당한 경우와 비교할 수 있다. 이것이 어떻게 학습에 영향을 미치며, 이를 이용해서 무엇을 할 수 있는가?

14.5 경쟁학습을 사용해서 기저 방사 함수 네트워크의 기저 함수 위치를 정할 수 있다. 예제 코드는 k-means를 사용했다. 이를 SOM으로 대체하고, wine 데이터세트와 yeast 데이터세트에 적용해 비교하자.

14.6 wine 데이터세트에 대해서 다른 크기의 지도, 경계 조건을 사용해서 수행해 보자. 얼마나 큰 차이를 보이는가? 주성분을 사용해서 크기를 자동으로 설정할 수 있는가?

15

마르코프 체인 몬테 카를로

이번 장에서는 지난 20년간 통계물리학과 통계컴퓨팅에서 혁명적이었던 방법에 대해서 살펴보겠다. 주요 알고리즘은 1953년도부터 사용되었지만 실제의 데이터를 넣었을 때 실행시간이 몇 주나 걸렸다. 최근에서야 컴퓨터가 충분히 빨라져서 몇 시간 만에 해결 가능해졌다. 여기서 살펴볼 알고리즘은 다른 어떤 것보다 영향력 있으며 가장 많이 인용되었다.

이 방법을 사용하면 이 책에서 전반적인 부분에서 해결책을 찾으려고 노력했던 두 가지 가장 기본적인 문제가 해결된다. 바로 목적 함수에 대해서 최적해(optimum solution)를 찾고, 통계학 학습 문제에 대해서 사후 분포를 계산하는 것이다. 두 가지 경우 모두 상태 공간은 매우 크지만, 가장 좋은 해결책을 찾는 데에만 관심이 있을 뿐이지 그 과정에 어떤 단계들이 필요한지는 중요하지 않다. 이런 문제들을 해결하는 몇 가지 가능한 방법을 책에서 이미 살펴보았지만, 이번 장에서 하나 더 살펴보겠다. 또한, 16.1절에서 **마르코프 체인 몬테 카를로**(MCMC, Markov Chain Monte Carlo) 방법이 아주 유용하게 사용되는 것을 살펴보겠다.

이번 장에서 살펴보는 방법의 기본 개념은 상태 공간을 탐험하고, 그 과정에서 가장 가능한 상태 공간의 부분들로부터 샘플들도 만들 수 있다는 것이다. 이것이 무슨 의미인지를 보기 위해서 **몬테 카를로 샘플링**(Monte Carlo sampling)이 무엇인지 살펴보고, **마르코프 체인**(Markov chains)에 대해서 알아보겠다.

15.1 샘플링

가중치의 초기화에서 살펴봤듯이 대부분의 알고리즘에서는 확률 분포에서 샘플들을 구성했다. 많은 경우에 0에서 1의 균일 분포 확률을 사용했고, 이를 위해 넘파이의 `np.random.rand()` 함수들을 사용했고, 때로는 가우시안 분포를 위해서 `np.random.normal()`을 사용했다.

15.1.1 난수

대부분의 샘플링 방법의 기본은 난수를 생성하기 위함이며, 이는 실제로 컴퓨터가 할 수 있는 일은 아니다. 하지만 **의사 난수**(pseudo-random number)들을 생성하는 수많은 알고리즘이 있으며, 가장 간단한 것은 **선형 적합 발생기**(linear congruential generator)다. 가장 간단한 함수는 **복귀 관계**(recurrence relation)에 의해 정의된다(예를 들면, 첫 번째 번호를 두 번째 번호를 얻기 위해 사용하고, 세 번째를 얻기 위해 다시 집어넣는 반복적인 방법이다).

$$x_{n+1} = (ax_n + c) \mod m, \tag{15.1}$$

여기서 a, c 그리고 m은 선택되어야 하는 파라미터다. 모든 값과 초기 입력 x_0(**seed**라고 알려짐)은 정수들이며, 출력 값들도 역시 정수들이다. **모듈러스**(modulus) 함수에서 만들어질 수 있는 가장 큰 번호는 m이고, 알고리즘에 의해서 만들어질 수 있는 번호는 최대 m개가 있다. 하나의 번호가 두 번 나타나면 공식은 현재의 출력 값만을 입력 값으로 사용함으로써 전체 패턴은 다시 반복될 것이다. 전체 연속적으로 반복되는 숫자는 주기적이며, 이를 가능한 한 길게 만들어야 알고리즘의 무작위성을 키울 수 있다. 파라미터들을 고를 수 있는 다양한 방법이 고안되어서 길이가 m의 기간 동안 0에서 m까지의 정수가 사이클이 끝나기 전에 나오도록 한다. 잘 동작하는 파라미터를 고르는 다양한 선택이 있는데 예를 들면, m = 232; a = 1, 664, 525; c = 1, 013, 904, 223와 같다. 하지만 무작위로 번호를 선택하고 테스트해 보는 것은 그리 유용해 보이지 않는다.

다양한 난수 생성기를 만들기 위한 노력들이 있었으며, 이는 통계컴퓨팅뿐만 아니라 암호화와 보안을 위해서도 중요하다. **메르센 트위스터**(Mersenne Twister)라는 산업 규격의 알고리즘은 **메르센 소수**를 바탕으로 동작한다. 넘파이에서 사용되는 난수 생성기 역시 이를 사용한다. 어떤 알고리즘을 사용한다 해도 이는 진실의 무작위 숫자는 아닌데 이와 관련해 근대 컴퓨팅의 아버지인 존 폰 노이만(John von Neumann)은 이렇게 말했다.

"누구든지 산술적인 방법을 통해서 난수를 생성하는 것은 죄다."

난수들의 또 다른 문제점은 숫자들의 순서가 진실로 무작위인지를 밝히는 것은 불가능하다는 데에 있다. 번호들이 진실로 무작위인지를 확인하는 몇 가지 테스트들이 있는데 순서에 **엔트로피**를 계산하는 방법(엔트로피는 12.2.1절에서 설명), 압축 알고리즘을 순서에 적용하는 법(압축 알고리즘의 **반복성**을 활용) 그리고 홀수와 짝수의 개수를 확인하는 방법이다. 하지만 무엇을 사용해도 순서가 무작위인지를 보장할 수 없으며, 이제까지 대부분의 테스트들이 실패했다(하지만 한두 가지가 실패했다고 전체 순서가 무작위가 아니라는 의미는 아니다. 진정 무작위 순서일 경우에도 오랜 기간 살펴보면 무작위가 아닌 결정론적인(deterministic) 것처럼 보일 수 있다). 이것이 바로 무작위성의 한 부분인 것이다. 마지막으로, 폰 노이만의 말을 하나 더 소개하겠다.

"무작위의 순서를 테스트하는 것이 이를 만드는 것보다 더 힘들었다."

15.1.2 가우시안 난수

메르센 트위스터는 균일 무작위 수들을 만들어 낸다. 하지만 많은 사람들은 가우시안 같은 분포들을 이용해서 샘플을 생성하려고 한다. 일반적인 방법은 **박스 뮬러 변형**(Box-Muller scheme)이며, 이는 두 개의 균일하게 분포된 무작위 번호들의 쌍을 사용해서 두 개의 독립적인 평균 0, 분산 1을 따르는 가우시안 분포에서 생성된 번호들을 만들어 낸다.

두 개의 평균 0, 분산 1을 따르는 독립적인 가우시안 분포를 갖는다고 하자. 이 둘의 곱은 다음과 같다.

$$f(x, y) = \frac{1}{\sqrt{2\pi}} e^{-x^2/2} \frac{1}{\sqrt{2\pi}} e^{-y^2/2} = \frac{1}{2\pi} e^{-(x^2+y^2)/2}. \tag{15.2}$$

극좌표를 사용한다면($x = r \sin(\theta)$와 $y = r \cos(\theta)$), 이는 $r^2 = x^2 + y^2$와 $\theta = \tan^{-1}(y/x)$이 된다. 두 가지 모두 균일하게 분포된 무작위의 변수들($0 \leq r \leq 1$, $0 \leq \theta < 2\pi$)이다. 다시 말하면 $\theta = 2\pi U_1$이 되며, 여기서 U_1은 균일하게 분포된 무작위의 변수다. 이제 r에 대해서도 비슷하게 표현해 보면 다음과 같다.

$$P(r \leq R) = \int_{r'=0}^{R} \int_{\theta=0}^{2\pi} \frac{1}{2\pi} e^{-r'^2} r' dr' d\theta = \int_{r'=0}^{r} e^{-r'^2} r' dr'. \tag{15.3}$$

식을 더 간단하게 하기 위해서 변수들의 변화를 사용하면 $\frac{1}{2} r'^2 = s$(따라서 $r' dr' = ds$가 되도록 함)이다.

$$P(r \leq R) = \int_{s=0}^{r^2/2} e^{-s} ds = 1 - e^{-r^2/2}. \tag{15.4}$$

따라서 r을 샘플링하기 위해서는 $1 - e^{(-r^2/2)} = 1 - U_2$를 풀어야 되고, 여기서 U_2는 또 다른 균일하게 분산된 무작위 변수이며, 이는 $r = \sqrt{-2\ln(U_2)}.$를 갖는다. 따라서 가우시안 변수들을 만들어 내는 알고리즘은 다음과 같다

박스 뮬러 변형

- 두 개의 균일하게 분산된 난수를 선택한다. $0 \leq U_1, U_2 \leq 1$
- $\theta = 2\pi U_1$와 $r = \sqrt{(-2\ln(U_2))}$로 설정
- $x = r\cos(\theta)$와 $y = r\sin(\theta)$는 독립된 평균 0과 단위 분산을 따르는 가우시안 분포의 변수들이다.

다른 대안으로는 두 개의 균일한 무작위 변수들을 선택하고, 이를 −1에서 1 사이로 다시 크기를 조정해서 공간의 점으로 해석하는 것이다. 이 점이 단위 원의 밖에 존재한다면(U_1과 U_2가 $w^2 = U_1^2 + U_2^2 > 1$을 만족시킨다면) 버려지며, 원 안의 점이 나올 때까지 계속 다시 반복한다. 정해진 U_1과 U_2에 대해서는 다시 변환을 다음과 같이 수행하면 $x = U_1 \left(\frac{-2\ln w^2}{w^2} \right)^{\frac{1}{2}}$가 된다.

두 가지 방법의 차이는, 한 가지는 $\sin(\theta)$을 요구하고, 다른 방법은 점을 샘플하고 버리는 작업을 반복해야 한다는 것이다. 프로그래밍 언어와 컴퓨터 구조에 따라서 두 가지의 빠르기는 달라진다.

박스 뮬러 방법으로 평균 0과 단위 분산의 가우시안 라인으로 생성된 1,000개의 샘플들이 그림 15.1에 나와 있다. **지구라트(Ziggurat)** 알고리즘은 이보다 더 효율적이며, 이는 더 낮은 계산 비용으로 이를 수행한다.

때로는 다양하게 다른 분포들로부터 샘플들을 원하는 경우가 많다. 대개 통계학에서는 박스 뮬러 형식의 것들을 만들지만, 이것들로 설명되기 힘든 분포들의 샘플 값들을 원하는 상황도 있다. 16장에서 이에 대한 예제들을 살펴보겠다. 따라서 우리는 특정 확률 분포에 맞춰지지 않아도 되며, 어떤 분포에서든 샘플링할 수 있는 일반적인 방법을 원한다. 박스 뮬러 형식에서 보여지는 중요한 개념이 있는데 이는 **기각**(rejection)이다. 원본 샘플이 단위 원 안에 존재하지 않는다면 기각하며, 다시 다른 대체원을 찾는 것이다. 이는 9.6절에서 살펴본 **시뮬레이티드 어닐링**(simulated annealing)의 가능한 해결책을 만들고 이를 사용할지를 결

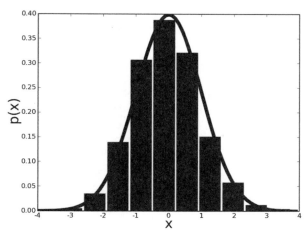

그림 15.1 박스 뮬러 변형을 사용해서 만들어진 1,000개의 가우시안 샘플들의 막대 그래프. 선은 평균 0,
단위 분산의 가우시안 분포를 표현한다.

정하는 형태와 유사하다. 기각은 운이 없을 경우, 조건을 만족할 번호들을 찾기 위해 알고
리즘을 아주 오랫동안 실행시켜야 하므로 계산 비용이 추가된다. 하지만 이는 또한 어떠한
복잡한 코드를 설계할 필요없이 우리의 요구 사항에 맞는 샘플을 찾을 수 있다는 뜻이기도
하다. 난수를 생성하는 데 드는 계산 비용이 복잡한 변형을 수행하는 비용보다 훨씬 적으
므로 보통 더 빠르다.

이번 장에서 기각이 사용되는 것을 많이 볼 텐데 이에 앞서 샘플링의 아이디어를 적정
한 이론적인 방향으로 살펴보자.

15.2 몬테 카를로가 아니면 죽기

몬테 카를로는 지중해 연안의 프랑스와 이탈리아 사이에 위치하는 아주 작은 모나코 공국
의 북쪽 지역이며, 카지노와 그랑프리 자동차 경주로 유명하다. 부유하고 유명한 사람들은
이곳에서 많은 돈을 잃지만, 통계학에 이 지역과 이름이 동일한 아주 유명한 핵심 개념인
몬테 카를로가 있다는 것을 알지는 못할 것이다. **몬테 카를로 원칙**은 독립 항등 분포(IID,
Independent and Identically Distributed)를 따르는 샘플들 $\mathbf{x}^{(i)}$를 알 수 없는 고차원의 분포 $p(\mathbf{x})$
에서 취하는 데 있어서 샘플들의 개수가 많아지면 **샘플들의 분포**는 원래 분포를 따른다는
것이다. 다른 말로 샘플링 방법이 동작한다는 것이다. 수학적으로 다음과 같다.

$$p_N(\mathbf{x}) \quad = \quad \frac{1}{N} \sum_{i=1}^{N} \delta(\mathbf{x}^{(i)} = \mathbf{x})$$

$$\rightarrow \quad \lim_{N \to \infty} p_N(\mathbf{x}) = p(\mathbf{x}), \quad (15.5)$$

여기서 $\delta(\mathbf{x}i = \mathbf{x})$는 디랙 델타(Dirac delta) 함수이며. 곧, $\mathbf{x}_i$ 점에서를 제외하고 모든 곳에서 0이 되며, $\mathbf{x}$축에 대해 적분 값이 $\int \delta(x)dx = 1$이 된다. 이를 사용해서 기댓값을 계산할 수 있다($f(\mathbf{x})$는 어떤 함수이고 $\mathbf{x}$는 비연속적인 값이고, 어깨글자 $\cdot^{(i)}$는 샘플의 인덱스다).

$$E_N(f) \quad = \quad \frac{1}{N} \sum_{i=1}^{N} f(\mathbf{x}^{(i)})$$

$$\rightarrow \quad \lim_{N \to \infty} E_N(f) = \sum_{\mathbf{x}} f(\mathbf{x}) p(\mathbf{x}). \quad (15.6)$$

샘플을 점점 더 사용할수록 샘플 분포가 원래 분포에 점점 가까워진다는 것은 샘플이 분포도에서 생성되었을 가능성이 높다는 것을 말한다. 샘플이 많은 공간에 대해서는 함수의 형태를 잘 유추할 수 있도록 해주며, 샘플들이 적은 공간에 대해서는 확률이 낮아서 크게 영향을 받지 않아도 되므로(그 지역은 **밀도가 작게 커버됨**) 매우 유용하다. 확률에 대해 아무것도 알지 못하는 방법을 사용한다면(스플라인(splines)이나 비슷한 것을 이용해서 균일 격자에서 샘플링되었다면) 모든 공간에 대해서 동일하게 처리해야 하므로 많은 계산이 낭비된다. 또 다른 이점은 샘플링을 통해서 기댓값을 예측할 수 있고, 나올 가능성이 가장 높은 값을 통해서 최댓값을 찾을 수 있다.

$$\hat{\mathbf{x}} = \arg \max_{\mathbf{x}^{(i)}} p\left(\mathbf{x}^{(i)}\right). \quad (15.7)$$

몬테 카를로 샘플링의 개념은 (이름이 사용된 이유 또한) 스탠 우란(Stan Ulam)이 카드의 특정 패에 대한 확률을 고려할 때 만들어졌다. 사실, 대부분의 확률 이론은 본래 페르마와 같은 위대한 프랑스 수학자들이 확률 게임에 대해서 유추하기 위해서 고안해 냈고, 몬테 카를로 샘플링 또한 유사하다. 만약, 상대적으로 간단한 문제, 예를 들면 컴퓨터에 공짜로 깔려 있는 페이션스(patience) 게임에서 몇 번이나 이길 수 있는지를 예측한다고 하자. 필요한 것은 단지 초반 설정에 기반해서 이기는 경우의 법칙을 생각하고, 실제로 몇 번이나 이런 설정이 일어났는지를 살펴보면 된다. 52개의 카드가 있는 트럼프 카드의 경우에 $52!(\approx 8 \times 10^{67})$의 카드가 나눠지는 다양한 방법이 존재한다. 따라서 게임에 대해서 어떤 특정 법칙을 생각하기에 앞서 가능한 레이아웃이 너무 많아서 이를 다 생각해 보는 것이 불가능하다는 것을 알아야 한다. 이를 해결하기 전에 페이션스 게임을 몇 번 해서 얼마나 잘 하는지를 확인해 본다. 사실, 몬테 카를로의 원칙에 따르면 이것이 당신이 해야 하는 일이다.

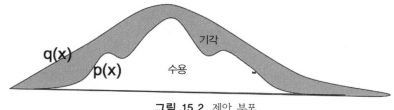

그림 15.2 제안 분포

페이션스 게임을 10번 해서 6번 이겼다고 하자. 그렇다면 대략 60%의 페이션스 게임에서 우승한다고 말할 수 있다. 이를 뒷받침하기 위해서 게임을 10번 이상 더 많이 해야 할 것이고, 이를 통해서 아주 좋은 페이션스 플레이어라고 가정할 수 있게 된다.

15.3 제안 분포

이제 확률 분포 $p(\mathbf{x})$에서 쉽게 샘플링만 할 수 있다면 필요한 모든 것이 준비된 것이다. 하지만 불행히도 이는 매우 힘든 작업인데 다행히도 이를 해결할 방법이 존재한다. 쉽게 샘플링할 수 있는 분포인 $q(\mathbf{x})$를 사용해서 샘플링을 한다. 물론, 아무거나 뽑아서 $q(\mathbf{x})$를 사용할 수는 없고, $p(\mathbf{x})$와 어떤 관련이 있어야 한다. 따라서 $p(\mathbf{x})$에 대해서 아는 것이 없다고 해도 x에 관련된 분포 $\tilde{p}(\mathbf{x})$를 평가할 수 있다.

$$p(\mathbf{x}) = \frac{1}{Z_p}\tilde{p}(\mathbf{x}), \tag{15.8}$$

여기서 Z_p는 알지 못하는 정규화를 위한 상수다. 이는 합리적이지 않은 가정은 아니다. $p(\mathbf{x})$를 모른다고 하는 것이 아니라 이를 통해서 샘플을 쉽게 생성하지 못하는 것이다. 이제 M값이 모든 $\mathbf{x}$값에 대해서 $\tilde{p}(\mathbf{x}) \leq Mq(\mathbf{x})$를 만족하도록 선택할 수 있다. $q(\mathbf{x})$로부터 무작위로 $\mathbf{x}^*$를 생성하고, 이를 $p(\mathbf{x})$로부터의 샘플로 보이도록 한다. 따라서 기각의 아이디어를 다시 사용해서 $p(\mathbf{x})$로부터 샘플된 것처럼 보인다면 택하고, 아니면 버린다.

0에서 $Mq(\mathbf{x}^*)$ 사이의 균일하게 분포된 무작위 번호 u를 선택하고, 이를 샘플로 택할지 말지를 결정한다. 이 숫자가 $\tilde{p}(\mathbf{x}^*)$보다 작다면 $\mathbf{x}^*$를 택하며, 그렇지 않으면 기각한다. 이는 **외피 원칙**(envelope principle)이라고 알려져 있으며, 다음과 같은 이유로 동작한다. $(\mathbf{x}^*, u)$가 $Mq(\mathbf{x}^*)$에서 균일하게 분포되어 있고, $p(\mathbf{x}^*)$에서는 균일하게 분포되어 있지 않을 때는 기각하여 $Mq(\mathbf{x})$가 $p(\mathbf{x})$에 봉투의 형태가 된다. 그림 15.2는 이를 잘 표현하고 있다. $Mq(\mathbf{x})$에서 샘플링을 하고, 회색 지역에 놓여 있는 샘플들은 다 기각한다. M이 작을수록 더 많은 샘플을 유지하지만, $\tilde{p}(\mathbf{x}) \le Mq(\mathbf{x})$의 조건은 만족시켜야 한다. 이는 **기각 샘플링**(rejection sampling)이라고 알려져 있고, 알고리즘은 다음과 같다.

기각 샘플링 알고리즘

- $q(\mathbf{x})$로부터 $\mathbf{x}^*$ 샘플(예를 들어, $q(\mathbf{x})$가 가우시안 분포를 따른다면 박스 뮬러 변형을 사용)
- 균일 분포$(0, \mathbf{x}^*)$에서 u 샘플
- If $u \langle \mathrm{p}(\mathbf{x}^*) / Mq(\mathbf{x}^*)$:
  - $\mathbf{x}^*$를 샘플들의 집합에 추가
- Else:
  - $\mathbf{x}$를 기각하고 다른 샘플을 선택

그림 15.3 막대 그래프는 점선으로 표시된 균일 분포의 샘플을 두 개의 혼합 가우시안(선으로 표시)으로부터 기각 샘플링을 이용해서 생성된 샘플들로 보여 준다.

기각 샘플링을 사용한 예로 그림 15.3에서 점선으로 표시된 균일 분포를 이용해서 두 개의 혼합 가우시안을 샘플링한 결과를 보여 준다. 5 = 0.8을 사용하면 그림에 보이는 대로 알고리즘은 절반의 샘플들을 기각한다. $M = 2$를 사용한 경우, 알고리즘은 85%의 샘플들을 기각한다. 기각 샘플링을 사용하면 샘플들을 버려야 하므로 M 값을 잘 설정하지 못할 경우 많은 샘플들을 버려야 한다. 차원의 저주(curse of dimensionality)는 문제를 더 악화시킨다. 이를 해결하기 위한 두 가지 방법이 있는데 첫째로 샘플링하는 공간에 대한 이해를 위해 더 복잡한 방법을 생각해 내는 것이며, 둘째로 방법은 높은 확률로 정해진 공간에서 샘플이 되도록 만드는 것이다.

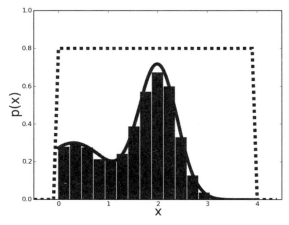

그림 15.3 막대 그래프는 두 개의 혼합 가우시안(실선으로 표현) 샘플들을 실선으로 표현된 균일 박스로 부터 기각 샘플링을 사용해서 샘플한 것으로 보여 준다.

원하는 분포로부터 샘플링은 매우 어렵고 비용이 많이 들어서 할 수 없으므로 이런 대안들을 사용하는 것이지만, 다른 방법으로 이를 이해할 수도 있다. 15.4.1절에서는 지역적인 방법을 이용해서 정해진 공간 안에서 움직이도록 만들어 주는 방법을 살펴본다. 이를 자세히 살펴보기 전에 높은 확률로 지역에서 샘플링하는 **중요 샘플링**(importance sampling)이라 알려진 방법을 살펴보자.

알 수 없는 분포도 $p(\mathbf{x})$를 따르는 연속적인 확률 변수 $\mathbf{x}$에 대한 함수 $f(\mathbf{x})$의 기댓값을 계산하기를 원한다고 가정하자. 이전에 도출했던 기댓값의 식을 사용해 또 다른 분포 $q(\mathbf{x})$를 도입한다.

$$
\begin{aligned}
E(f) &= \int p(\mathbf{x}) f(x) \, d\mathbf{x} \\
&= \int p(\mathbf{x}) f(\mathbf{x}) \frac{q(\mathbf{x})}{q(\mathbf{x})} \, d\mathbf{x} \\
&\approx \frac{1}{N} \sum_{i=1}^{N} \frac{p\left(\mathbf{x}^{(i)}\right)}{q\left(\mathbf{x}^{(i)}\right)} f\left(x^{(i)}\right),
\end{aligned}
\tag{15.9}
$$

여기서 $q(\mathbf{x})$는 확률 변수이며, 모든 $\mathbf{x}$값에 대해서 적분을 하면 1이 된다. $w(\mathbf{x}^{(i)}) = p(\mathbf{x}^{(i)}) / q(\mathbf{x}^{(i)})$ 비율은 **중요 가중치**(importance weight)라고 불리고, 그림 15.2의 회색 지역으로부터 기각 샘플링 없이 샘플링을 한다. 이를 통해서 기댓값을 직접 예측할 수 있는데 중요 가중치의 더 큰 이점은 데이터를 다시 샘플하는 데 이용될 수 있다는 점이다. 이는 **샘플링-중요도-리샘플링**(sampling-importance-resampling)이라는 알고리즘이며, 다음과 같다.

샘플링-중요도-리샘플링 알고리즘

- N개의 샘플들 $\mathbf{x}^{(i)}$, $I = 1 \, \dots \, N$을 $q(\mathbf{x})$로부터 생성
- 정규화된 중요도 가중치 계산

$$
w^{(i)} = \frac{p(\mathbf{x}^{(i)})/q(\mathbf{x}^{(i)})}{\sum_j p(\mathbf{x}^{(j)})/q(\mathbf{x}^{(j)})}
\tag{15.10}
$$

- 분포로부터 가중치 $w^{(i)}$ 값을 확률로 사용해 다시 샘플링 $\{\mathbf{x}^{(i)}\}$ 생성

파이썬으로 구현한 것은 다음과 같고, 이를 그림 15.3의 예제에 적용한 결과는 그림 15.4에 나와 있다. 이 예제는 어떠한 샘플도 기각하지 않지만, 두 개의 분리된 샘플링 과정이 있어서 상대적으로 반복에 드는 비용이 크다. 이제까지 본 알고리즘처럼 이는 역시 제안(proposal) 분포 $q(\mathbf{x})$와 실제 분포 $p(\mathbf{x})$ 간의 질적인 매치에 민감하다.

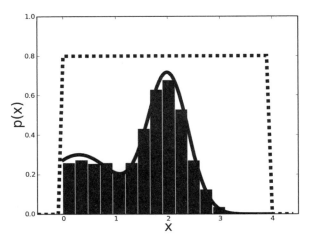

그림 15.4 막대 그래프는 점선으로 표현된 균일 분포 샘플을 두 개의 가우시안 혼합 모델로부터(실선으로 표시) 샘플링-중요도-리샘플링을 이용해서 생성된 샘플들로 보여 준다.

```python
# q로부터 샘플
sample1 = np.random.rand(n)*4

# 가중치들 계산
w = p(sample1)/q(sample1)
w /= np.sum(w)

# w에 따라서 sample1로부터 샘플
cumw = np.zeros(n)
cumw[0] = w[0]
for i in range(1,n):
    cumw[i] = cumw[i-1]+w[i]
u = np.random.rand(n)

index = 0
for i in range(n):
    indices = np.where(u<cumw[i])
    sample2[index:index+size(indices)] = sample1[i]
    index += np.size(indices)
    u[indices]=2
```

16.4.2절에서는 온라인 애플리케이션으로 샘플링–중요도–리샘플링을 사용하는 **파티클 필터**(particle filter) 또는 **순차 몬테 카를로 방법**(sequential monte carlo method)으로 알려진 방법들을 살펴본다. 우선, 샘플 공간을 어떻게 더 알아볼 수 있는지 살펴본다. 기본적인 아이디어

는 복잡한 방식을 이용해서 샘플들의 순서를 끊임없이 트래킹하고 이를 이용해서 제안된 분포를 수정하는 것이다.

15.4 마르코프 체인 몬테 카를로

15.4.1 마르코프 체인

확률 모델에서 **체인**이란 가능한 상태들의 순서이며, 시간 t에 각 상태 s에 있을 확률은 지난 상태의 함수다. **마르코프 체인**(Markov chain)은 마르코프 특성을 가지고 있는데 11.3절에서 살펴본 바와 같이 시간 t에서의 확률은 $t-1$의 상태에만 종속된다. 가능한 상태들의 집합은 **전이 확률**로 연결되어 있으며, 이는 하나의 상태에서 다른 곳으로 향하는 가능성을 표현하고, T행렬에 나타낸다. 값들은 상수이거나 다른 변수의 함수이지만, 우선은 상수로 가정한다. 11.3절에서 본 마르코프 결정 과정과 다르게 여기서는 특정 상태로 움직이는 데 영향을 미치는 **행동**이 없다고 가정한다.

체인을 사용해서 출발 상태를 결정하고, 각각의 다음 상태를 전이 확률을 사용해서 결정하며, **랜덤 워크**를 수행할 수 있다. 샘플링에 대한 정보는 랜덤 워크가 전이 확률을 통해서 분포도를 탐구할 것이다. 한 가지 문제점은 랜덤 워크가 공간을 탐험하기에 매우 비효율적이라는 점이다. 주변을 움직이는 만큼이나 다시 출발지로 돌아가기도 하는데 이는 t개의 샘플에서 출발로부터 움직이는 거리 $\sqrt{t}$에 비례한다. 따라서 랜덤 워크 대신 더 효율적인 방법으로 탐험하는 방법을 찾아보자.

이를 위해서 분포를 나타내도록 마르코프 체인을 설정하고, 샘플을 생성하고, 여기서 나오는 분포가 $p(\mathbf{x}^{(i)})$ 어디에서 시작했든지 상관없이 실제 분포 $p(\mathbf{x})$에 수렴하도록 한다. 어떤 상태에서든 시작할 수 있으므로 모든 상태는 어떤 상태에서든 이를 수 있으며, 이는 체인을 더 이상 **줄일 수 없으므로**(irreducible) 전이 행렬은 작은 행렬로 줄일 수 없다는 뜻이다. 체인은 또한 **에르고드**(ergod)적이며, 이는 모든 상태를 다시 언젠가는 방문한다는 뜻이다. 그러므로 어떤 특정 상태를 미래에 방문할 확률은 절대로 0이 될 수 없으며, 반복적이지 않다. 따라서 언제든지 어떤 상태를 방문할 수 있지만, 이는 어떤 상수값 k반복마다 방문한다는 뜻이 아니다.

또한, $p(\mathbf{x})$ 분포가 마르코프 체인에 대해서 **변하지 않기**를 원하며, 이를 통해 전이 확률이 분포도를 변화시키지 않도록 한다.

$$p(\mathbf{x}) = \sum_{\mathbf{y}} T(\mathbf{y}, \mathbf{x}) p(\mathbf{y}). \tag{15.11}$$

이를 사실로 지키면서 전이 확률을 찾기 위해서는 체인을 앞뒤 두 방향 모두에 대해서 같은 확률로 움직여야 한다는 뜻이며, 곧 체인 양 방향으로 다 움직여야 한다. 확률상 가능성이 없는 상태 s(데이터 포인트 $\mathbf{x}$를 샘플링)에서 확률상 가능성이 높은 상태 s'(데이터 포인트 $\mathbf{x}'$)로 향하는 확률은 반대로 s' 상태에서 가능성이 없는 상태 s로 향하는 확률과 같아야 한다는 뜻이다.

$$p(\mathbf{x})T(\mathbf{x}, \mathbf{x}') = p(\mathbf{x}')T(\mathbf{x}', \mathbf{x}). \tag{15.12}$$

이는 **세부 균형**(detailed balance) 조건이라고 알려져 있으며, 이는 $p(\mathbf{x})$ 분포 자체를 명확하게 만들고, 작은 계산을 요구하게 한다. 체인이 세부 균형 조건을 만족한다면 이는 에르고드적이며, $\sum_{\mathbf{y}} T(\mathbf{x}, \mathbf{y}) = 1$이고, 어떤 상태에서든지 다른 상태에 도달할 수 있으므로 이는 곧 다음을 만족한다.

$$\sum_{\mathbf{y}} p(\mathbf{y})T(\mathbf{y}, \mathbf{x}) = p(\mathbf{x}), \tag{15.13}$$

또한, 이는 곧 $p(\mathbf{x})$가 T의 불변 분포이어야 한다는 것을 말해 준다. 따라서 마르코프 체인을 세부 균형과 함께 어떻게 만들어야 하는지를 알아낼 수 있다면 분포에서 샘플링한 것처럼 이를 통해서 샘플링할 수 있다. 이는 **마르코프 체인 몬테 카를로**(MCMC, Markov Chain Monte Carlo) 샘플링이라고 알려져 있으며, 가장 유명한 MCMC의 알고리즘은 이를 만들어 낸 두 사람의 이름 따서 만든 **메트로폴리스 해스팅스**(Metropolis–Hastings) **알고리즘**이다.

15.4.2 메트로폴리스 해스팅스 알고리즘

제안 분포 $q(\mathbf{x}^{(i)} \mid \mathbf{x}^{(i-1)})$로부터 샘플링할 수 있다고 가정하자. 메트로폴리스 해스팅스의 개념은 기각 샘플링과 유사하다. $\mathbf{x}^*$샘플을 선택하고 이를 택할지 버릴지를 결정한다. 기각 샘플링과 다른 점이 있다면, 현재 샘플을 기각하면 다른 샘플을 선택하는 대신에 이전에 선택되었던 샘플을 다시 복사해서 부과하는 점이다. 현재 샘플을 유지하는 확률은 $u(\mathbf{x}^* \mid \mathbf{x}^{*(i-1)})$이다.

$$u(\mathbf{x}^*|\mathbf{x}^{(i)}) = \min\left(1, \frac{\tilde{p}(\mathbf{x}^*)q(\mathbf{x}^{(i)}|\mathbf{x}^*)}{\tilde{p}(\mathbf{x}^{(i)})q(\mathbf{x}^*|\mathbf{x}^{(i)})}\right). \tag{15.14}$$

- 주어진 초기 값 x_0
- 반복
  - 샘플 $\mathbf{x}^*$ $q(\mathbf{x}_i \mid \mathbf{x}_{i-1})$를 통해서
  - 균일 분포에서 샘플 u
  - 만약, $u <$ 식 (15.14):
    * $\mathbf{x}[i+1] = \mathbf{x}^*$ 설정
  - 그렇지 않다면:
    * $\mathbf{x}[i+1] = \mathbf{x}[i]$ 설정
- 충분한 샘플들이 모일 때까지 반복

어떤 이유로 알고리즘이 동작하는 것인가? 각각의 단계에서 제안 분포에서 샘플링하기 위해서 현재 값을 사용한다. 이 값들은 마르코프 체인을 더 높은 가능성의 상태로 움직일 때는 받아들이고, 마르코프 체인이 뒤집을 수 있으므로 알고리즘이 어려운 분포 $p(x)$에 비례해서 상태를 탐구한다.

파이썬 구현은 다음과 같이 간단하다.

```python
u = np.random.rand(N)
y = np.zeros(N)
y[0] = np.random.normal(mu,sigma)
for i in range(N-1):
    ynew = np.random.normal(mu,sigma)
    alpha = min(1,p(ynew)*q(y[i])/(p(y[i])*q(ynew)))
    if u[i] < alpha:
        y[i+1] = ynew
    else:
        y[i+1] = y[i]
```

메트로폴리스 해스팅스(이의 변형들)는 가장 보편적으로 사용되는 MCMC 방법이고, 가장 일반적인 방법이다. 이는 제안 분포 $q(x^* \mid x)$를 조심스럽게 선택하는 것이 요구되지만, 여전히 이용하기 아주 간단한 알고리즘이다. 그림 15.5는 알고리즘을 이용해서 하나의 가우시안인 제안 분포를 통해서 두 개의 혼합 가우시안에 계산된 5,000개의 샘플들을 보여준다.

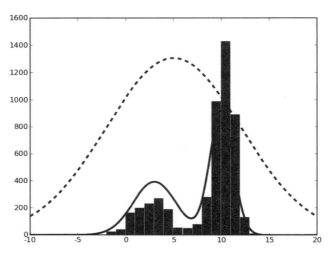

그림 15.5 사실, 분포가 두 개의 혼합 가우시안(실선)이고, 제안 분포가 단일 가우시안(점선)일 때 메트로폴리스 해스팅스 알고리즘의 결과.

만약, 제안 분포가 대칭(symmetric)이라면 식 (15.14)의 테스트에 실패한다. 이것이 원본의 메트로폴리스 알고리즘이며, 이는 완전한 랜덤 워크(random walk)와 가깝다. 이 알고리즘을 같은 데이터에 이용한 것은 그림 15.6에 나와 있다.

또 다른 제안 분포의 선택들이 가능한데 이는 메트로폴리스 해스팅스 알고리즘의 변형을 만들어 냈다. 이 중 두 가지 가장 보편적인 선택들을 다음에 이야기해 보자.

15.4.3 시뮬레이티드 어닐링

많은 경우에 있어서 분포도 자체의 근사치를 찾는 것보다 최댓값을 찾아야 할 경우가 많다. 이는 $\arg\max_{\mathbf{x}^{(i)}} p(\mathbf{x}^{(i)})$를 통해서 값이 최대가 되는 $\mathbf{x}^{(i)}$를 찾을 수 있는데 이를 위해서 최댓값을 주는 지역뿐만 아니라 대부분의 공간에서 많은 샘플들을 계산해야 한다. 이를 막기 위한 가능한 해결책은 9.6절에서의 **시뮬레이티드 어닐링**(simulated annealing)을 사용하는 것이다. 마르코프 체인을 불변 분포가 $p(\mathbf{x})$가 아닌 $p^{1/T_i}(\mathbf{x})$로 변경해서 설정하고, 여기서 $i \to \infty$일수록 $T_i \to 0$으로 수렴하게 된다. 어닐링 스케줄(annealing schedule)을 사용해서 시간이 지나면서 시스템을 안정시켜서 시간이 지날수록 더 좋은 해답을 찾을 가능성이 높아지도록 만든다.

메트로폴리스 해스팅스 알고리즘에 두 가지를 변경시켜야 하는데 두 가지 다 사소한 것들이다. 온도를 포함시켜서 수용 기준을 연장시키고, 반복문에 어닐링 스케줄을 포함시키기 위해서 한 줄을 추가한다. 두 개의 혼합 가우시안이 사실 분포인 예제에 대한 시뮬레이티드 어닐링의 결과 제안 분포가 그림 15.7에 나와 있다.

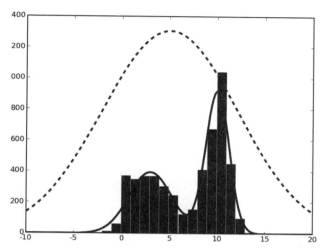

그림 15.6 사실 분포가 두 개의 혼합 가우시안(실선)이고, 제안 분포가 하나의 가우시안(점선)일 때 메트로폴리스 알고리즘의 결과.

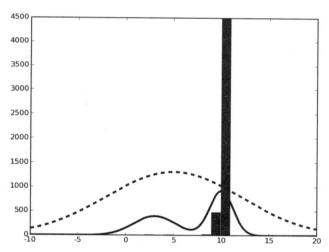

그림 15.7 그림 15.5과 그림 15.6에 쓰인 같은 예제에 시뮬레이티드 어닐링을 이용해서 근사 값이 아닌 최댓값을 구한다.

15.4.4 깁스 샘플링

메트로폴리스 해스팅스 알고리즘의 다른 변형은 전체 조건부 확률 $p(x_j \mid x_1, \dots x_{j-1}, x_{j+1}, \dots x_n)$을 이미 알고 있을 때 가능하다. 조건부 확률은 보통 편의를 위해서 $p(x_j \mid x_{\text{-}j})$ 표시한다. 다음 장에서 베이지언 네트워크에서 몇 가지 예제들을 살펴볼 것이다. 16.1.2절에서는 다음과 같이 보이는 네트워크에서 나온 확률들의 집합에 대해서 다뤄 보겠다.

$$p(\mathbf{x}) = \prod_j p(x_j \mid x_{\alpha j}), \tag{15.15}$$

여기서 $x_{\alpha j}$는 x_j의 부모 노드다.

$p(x_j \mid x_{\alpha j}) \prod_{k \in \beta(j)} p(x_k \mid x_{\alpha(k)})$를 알고 있는 상태에서 이를 사용하여 제안 분포에 이용하면 다음과 같다.

$$q(x^* \mid x^{(i)}) = \begin{cases} p\left(x_j^*, x_{-j}^{(i)}\right) & \text{if } x_{-j}^* = x_{-j}^{(i)} \\ 0 & \text{otherwise.} \end{cases} \tag{15.16}$$

메트로폴리스 해스팅스를 사용하면 수용 확률 P_a를 찾아낼 수 있다.

$$P_a = \min\left\{ 1, \frac{p(x^*)p(x_j^{(i)} \mid x_{-j}^{(i)})}{p(x^{(i)})p(x_j^* \mid x_{-j}^*)} \right\}, \tag{15.17}$$

또한, 이를 자세히 살펴보면 조건부 확률을 얻어낼 수 있다.

$$P_a = \min\left\{ 1, \frac{p(x^*)p(x_j^{(i)}, x_{-j}^{(i)})p(x_{-j}^{(i)})}{p(x^{(i)})p(x_j^*, x_{-j}^*)p(x_{-j}^*)} \right\}. \tag{15.18}$$

확률 $p(x_j^*, x_{-j}^*) = p(x^*)$이므로, $p^{(i)}$도 비슷하고 남은 것은 $\frac{p(x^{(i)})}{p(x_{-j}^{(i)})}$ 만 처리하면 된다.

제안 분포의 정의에 따라 $x_{-j}^* = x_{-j}^{(i)}$임을 알고 있고, 계산은 $\min{1, 1} = 1$이 된다. 따라서 언제나 제안을 받아들이게 되어서 전체 작업을 더 간단하게 만들어 준다.

전체 알고리즘은 각 변수를 고르고, 이의 조건부 확률로부터 샘플링하는 것이다. 이제 변수들을 순서대로 처리하느냐 아니면 무작위로 순서를 정해서 업데이트하느냐를 결정해야 한다. 특정 최댓값 N을 정해서 반복하기보다는 결합 분포 값이 변하지 않을 때까지 수행한다. 알고리즘은 **깁스 샘플러**(Gibbs Sampler)라고 알려져 있고, 통계학에서 많이 사용되는 BUGS(Bayesian Updating with Gibbs Sampling)라는 소프트웨어의 기본 틀이다. 또한, 베이지언 네트워크에서 많이 유용한 알고리즘이며, 이에 대해서는 다음 장에서 더 알아볼 것이다.

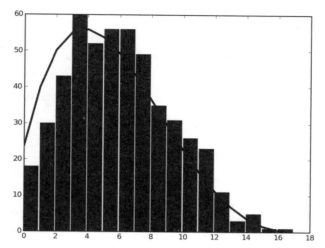

그림 15.8 베타 이항(beta-binomial) 분포에 대한 깁스 샘플러 결과

- 각 변수 x_j에 대해서 :
  - 초기화 $x_j^{(0)}$

- 반복
  - 각 변수 x_j에 대해 :
    * $p(x_1 | x_2^{(i)} \cdots x_n^{(i)})$로부터 $x_1^{(i+1)}$를 샘플링
    * $p(x_2 | x_1^{(i+1)}, x_3^{(i)} \cdots x_n^{(i)})$로부터 $x_2^{(i+1)}$를 샘플링
    * ...
    * 확률분포 $p(x_n | x_1^{(i+1)} \cdots x_{n-1}^{(i+1)})$로부터 $x_n^{(i+1)}$를 샘플링

- 충분한 샘플이 모아질 때까지 반복

예를 들어서, 이항 분포(binomial) x와 베타 분포(beta) y의 두 개에 다른 분포로 이뤄진 분포가 있다고 하자. 실제 분포가 무엇인지 알지 못한다면 조합된 분포는 다음과 같다.

$$p(x, y, n) = \left(\frac{n!}{x!(n-x)!} \right) y^{x+\alpha-1} + (1-y)^{n-x+\beta-1}. \tag{15.19}$$

중요한 점은 전체 분포는 두 개의 분리된 분포의 곱이지만, 따로따로 샘플링할 수 있다는 점이다. 그림 15.8에는 깁스 샘플러를 이용한 결과 샘플링과 실제 분포가 선으로 나와 있다. 16.1.2절에는 또 다른 깁스 샘플링의 예가 나온다.

더 읽을거리

이 분야에 대한 개략적인 역사적 관점은 다음을 참고하기 바란다.

- N. Metropolis and S. Ulam. The Monte Carlo method. *Journal of the American Statistical Association,* 44(247):335-341, 1949.

  MCMC는 유용하긴 하지만, 꽤 어려운 분야이기에 다양하고 많은 튜토리얼과 평가 자료들이 존재한다. 다음의 자료들을 확인해 보자.

- W.R. Gilks, S. Richardson, and D.J. Spiegelhalter, editors. *Markov Chain Monte Carlo in Practice.* Chapman & Hall, London, UK, 1996.
- C. Andrieu, C. de Freitas, A. Doucet, and M. Jordan. An introduction to MCMC for machine learning. *Machine Learning,* 50:5-43, 2003.
- G. Casella and E.I. George. Explaining the Gibbs sampler. *The American Statistician,* 46(3):167-174, 1992.
- Chib. S. and E. Greenberg. Understanding the Metropolis-Hastings algorithm. *The American Statistician,* 49(4):327-335, 1995.

샘플링 방법들에 대한 더 완전한 자료들은 다음을 참고하기 바란다.

- Chapter 11 of C.M. Bishop. *Pattern Recognition and Machine Learning.* Springer, Berlin, Germany, 2006.

연습 문제

15.1 박스 뮬러 변형을 대신할 알고리즘을 구현하고, 컴퓨터에서 수행 시간을 비교해 보자.

15.2 균일 분포를 제안 분포로 사용해서 기각 샘플링과 중요도 샘플링을 가우시안 분포로부터 샘플링해 보자. 기각 샘플자로부터 얼마나 많은 샘플들을 기각해야 하는가?

15.3 7.1절에서 본 가우시안 혼합 모델을 위해 EM 알고리즘에서 깁스 샘플러는 사용될 수 있다. 아이디어는 샘플들을 사용해서 혼합 변수 π를 도입하고, 깁스 샘플러를 이용해서 가우시안의 현재 추정 값으로부터 샘플링한다. 알고리즘은 다음과 같다.

- 주어진 추정 값 μ_1, μ_2
- 분포도가 더 이상 바뀌지 않을 때까지 반복:
  - for I = 1 to N:
    * EM 알고리즘의 E 단계에 따라서 π를 샘플
    * 업데이트:

$$\hat{\mu}_i = \frac{\sum_{i=1}^{N}(1 - \pi_i^{(t)})x_i}{\sum_{i=1}^{N}(1 - \pi_i^{(t)})} .$$
(15.20)

    * 평균 값들에 대한 새로운 추정 값을 찾기 위해서 위의 값을 사용한 가우시안으로부터 다시 샘플

알고리즘을 구현하고 EM 알고리즘에 사용한 결과를 비교해 보자.

15.4 깁스 샘플러가 세부 균형 방정식을 만족하는 것을 보여라.

15.5 메트로폴리스 해스팅스 알고리즘을 현재 샘플을 기각할 때 다시 샘플링하도록 변형하라. 결과에 어떻게 영향을 미치는가? 결과를 마르코프 체인의 효과에 대해서 설명하라.

CHAPTER

16

그래프 모델

이 책을 통해서 머신러닝은 컴퓨터 사이언스와 통계학의 분야를 잘 조합한 분야라는 점을 살펴봤다. 이를 가장 잘 보여 주는 현재 머신러닝에서 가장 유명한 리서치 분야는 **그래프 모델**(graphical models) 또는 **확률 그래프 모델**(probabilistic graphical model)이다. 그래프 모델은 확률 모델을 설명하기 위해서 **그래프 이론**을 기반으로 계산과 수학적인 도구를 이용한다.

그래프 모델에서 사용하는 그래프들은 기본적인 알고리즘 강의에서 배운 것이며, 노드들과 이들을 연결하는 방향성이 있을 수도 없을 수도 있는 링크들로 이뤄진다. 방향성이 있을 경우에는 화살표로 표현된다. 두 가지 기본적인 형태가 그래프 모델에 있는데 에지 (edge)의 방향 유무에 따라서 결정된다. 이 책에서는 방향성이 있는 그래프들에 대해서 주로 다루지만, 16.2절에서 **무방향성 그래프**(마르코프 랜덤 필드(MRF, Markov Random Field))도 소개된다. 그래프들은 컴퓨터 사이언스의 다양한 부분에서 간단한 데이터 구조로써 컴파일러를 만들기로부터 컴퓨터 네트워크들을 관리하는 데까지 굉장히 강력하게 작용한다. 이런 이유로서, **최단거리 찾기**(플로이드와 **다익스트라** 알고리즘 6.6절), 사이클이 있는지를 살펴보는 등의 문제에 이미 사용할 수 있는 알고리즘이 많다. 그래프 알고리즘들에 대해서는 알고리즘을 소개하는 좋은 책에서 많이 접할 수 있다.

이번 장에서는 그래프를 이용해서 확률 분포를 표현하기 위해서는 노드들과 링크들이 무엇인지를 이 맥락에서 살펴볼 필요가 있다. 노드들의 경우에는 매우 명확하게도 각각의 **확률 변수**에 대해서 정의하고, 이에 대해서 라벨을 작성하게 한다. 이 책에서는 불연속 변수에 대해서만 다뤄서 확률 변수가 유한개의 가능한 값을 택할 수 있도록 한다. 연속 변수에 대해서는 불연속 변수로 만들어서 유한개의 집합만을 택하도록 만든다. 이는 정보를 잃게 만들지만, 풀어야 하는 문제를 매우 간단하게 만든다. 대안으로 변수를 확률 밀도 함수로 정의할 수 있지만, 이는 전체 문제를 설명하거나 이해하기 더 어렵게 만든다.

그렇다면 링크는 무엇을 표현하는가? 먼저, 두 개의 노드가 링크로 연결되어 있지 않다면 무슨 의미가 있는지를 생각해 보자. 이 경우에 두 개의 변수 사이에는 어떤 관계도 없고 독립적이라는 의미일 것이다. 하지만 두 개의 노드가 다른 노드들을 통해서 연결될 수 있으므로 그리 간단하지는 않다. 그림 16.1의 오른쪽을 살펴보면 C는 B에 직접 연결되지 않았지만, A를 통해서 연결되어 있다. 이런 이유로 인해 주의해서 **조건부 독립**을 생각해야 한다. 그림 16.1의 경우에는 C는 A가 주어진 상태에서 B와 독립적이다.

노드 간의 관계가 대칭적이지 않게 하도록 방향성 링크들을 사용한다(변수들이 독립적이어서 링크가 존재하지 않는 경우를 제외하고). 그림 16.1의 왼쪽에서 보는 것처럼 간단하게 연결된 그래프의 의미는 'A가 B에 **원인**이 된다' 또는 'A가 B를 야기한다'는 뜻이다(하지만 이는 일반적으로 생각하는 직접적이고 독립적인 원인이라는 뜻은 아니며, 여러 가지가 복합적으로 함께 이루어져 B를 야기할 수도 있기 때문이다). 이는 유용한 직관이지만, 완전히 올바른 이해는 아니다. 수학적으로 살펴보면 그래프는 A와 B가 함께 일어날 확률은 확률 A와 A가 일어난 상황에서 B가 일어날 확률의 곱과 같다: $P(a, b) = P(b \mid a) P(a)$. 만약, 직접적인 링크가 없다면 두 노드들은 서로 조건부 독립이다.

문제를 정확하게 명시하기 위해서 각 변수에 대한 **조건부 확률 테이블**이 필요하다. 테이블의 값들은 부모 노드 중 어떤 노드들이 일어났을 때 각각의 노드가 일어날 조건부 확률을 뜻한다.

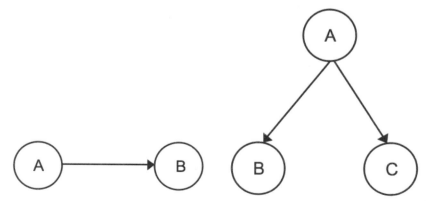

그림 16.1 두 개의 간단한 그래프 모델. 화살표는 두 개의 노드 간의 원인 관계를 표현한다.

확률 $P(a, b)$를 알기 위해서는 $P(a)$와 $P(b|a)$에 대한 테이블이 필요하다. 노드들은 직접적으로 값을 알 수 있는 노드(**관찰 노드**(observed nodes))들과 숨겨져 있어서 **유추해 내야** 하는 노드(**은닉 노드**(hidden or latent))들로 나뉜다.

그래프 모델의 기본적인 개념은 매우 간단하며, 더 놀라운 것은 머신러닝 알고리즘을 이해하는 데, 그리고 알고리즘을 만드는 데 강력한 도구가 된다는 것이다. 가장 일반적인 모델인 **베이지언 신뢰 네트워크**(bayesian Belief Netowk) 또는 **베이지언 네트워크**(bayesian network)를 살펴보고, 어떻게 표현되는지와 모델들을 다루는 데 어려운 점들이 무엇인지 살펴본다. 베이지언 네트워크의 어려움들이 어떻게 극복될 수 있는지 살펴보고, 이를 통해서 매우 다양한 과제들을 풀 수 있는 알고리즘을 살펴본다. 특히, **마르코프 랜덤 필드**, **은닉 마르코프 모델**(HMMs, Hidden Markov Models), **칼만 필터**(Kalman Filter) 그리고 **파티클 필터**(particle filter)를 살펴보겠다.

16.1 베이지언 네트워크

이번 장에서 논할 베이지언 네트워크는 방향성 그래프이며, 그래프 안에 **순환**(cycle)이 없다고 가정한다. 이런 그래프들은 **DAGs**(Directed Acyclic Graphs)라고 부르는데 이는 유향 비순환 그래프(directed acyclic graph)를 의미하며, 그래프 모델에서는 조건부 확률 테이블과 함께 사용될 때 이를 베이지언 네트워크라고 부른다. 이런 네트워크를 통해서 무엇을 할 수 있는지 예제를 통해 살펴보겠다.

16.1.1 예제: 시험에 대한 두려움

그림 16.2는 그래프와 이에 대한 전체 확률 테이블을 보여 준다. 이는 시험 전에 당신이 두려워할지 말지에 대해서 수업이 지루했는지(B)에 따라서 수업을 출석했는지(A)와 복습을 했는지(R)를 보여 준다. 위의 정보들을 사용해서 시험 전에 과연 두려워할지(S)에 대해서 **추론**한다. 관측 가능한 정보가 그래프의 위에 또는 아래에 존재하는지에 따라서 두 가지 종류의 추론이 존재한다. 만약, 관측 가능한 값들을 사용해서 알려지지 않은 결과 값들을 예측하는 데 사용할 수 있다면, **하향**(top-down, 위에서 아래로) 추론 또는 **예측**을 하며, 결과 값이 알려져 있지만 원인을 알 수 없을 때는 **상향**(bottom-up, 아래서 위로) 추론 또는 **진단**을 수행한다. 두 가지 경우 모두에서 관측 가능한 노드들로 인해 알려진 정보를 사용해서 **은닉** 노드들의 값을 추론해 낸다. 그림 16.2의 예제에서는 시험 전에 두려워할지를 예측하는, 즉 결과 값이 은닉된 경우를 보여 준다.

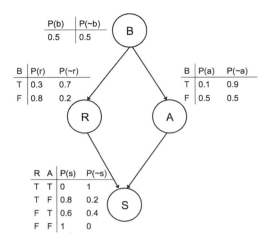

그림 16.2 샘플 그래프 모델. 'B'는 시작 노드이며, 시험이 지루한가, 'R'은 복습을 했는지, 'A'는 수업을 들었는지, 'S'는 시험 전이라 두려워하는지를 나타낸다.

두려워할 가능성에 대한 확률을 계산하기 위해서는 전체 확률 $P(b, r, a, s)$을 계산해야 한다. 여기서 b, r, a, s 소문자들은 대문자 변수들이 택할 수 있는 특정 값을 표현한다. 그래프 모델의 놀라운 점은 조건부 확률을 그래프로부터 읽어 낼 수 있다는 점인데 그래프에 직접 링크가 존재하지 않으면 변수들은 이미 포함된 노드들이 주어진 상태에서 조건부 독립이므로 이 변수들은 필요하지 않게 된다. 이런 이유로 그림 16.2의 계산은 간단하게 다음과 같이 표현된다.

$$
\begin{aligned}
P(s) &= \sum_{b,r,a} P(b, r, a, s) \\
&= \sum_{b,r,a} P(b) \times P(r|b) \times P(a|b) \times P(s|r, a) \\
&= \sum_{b} P(b) \times \sum_{r,a} P(r|b) \times P(a|b) \times P(s|r, a).
\end{aligned}
\tag{16.1}
$$

세 개의 관측 가능한 노드의 값을 이미 알고 있다면 이를 대입하고 직접 확률을 계산해 낼 수 있다. 조건부 독립은 이보다 더한 것들을 제공해 주는데 수업에 들어갔는지와 복습을 했는지 모두를 알고 있다면 수업이 지루했는지를 알 필요가 없게 된다. 왜냐하면 B에서 S로의 직접적인 연결이 존재하지 않기 때문이다. 예를 들어, 수업에 들어가지 않았지만 복습은 했다고 하자. 그렇다면 시험을 두려워할 확률은 테이블 확률 표에서 값 0.8을 바로 사용하면 된다. 그래프 모델의 진정한 힘은 모든 정보를 알 수 없을 때 일어난다. 관찰할 수 없는 노드들의 모든 값을 더해서 그 노드들을 **제거해**(marginalise) 낼 수 있다. 예를 들어,

수업이 지루했고 얼마만큼 시험을 두려워할지 예측하고 싶다고 하자. 이 경우에 $P(b)$값들을 모두 무시할 수 있고, 이는 r과 a에 대한 확률을 모두 다 더하면 된다.

$$
\begin{aligned}
P(s) &= 0.3 \times 0.1 \times 0 + 0.3 \times 0.9 \times 0.8 + 0.7 \times 0.1 \times 0.6 + 0.7 \times 0.9 \times 1 \\
&= 0.328.
\end{aligned}
\tag{16.2}
$$

역방향 추론 또는 진단 역시 매우 유용하다. 시험을 앞두고 당신이 매우 두려워하는 모습을 보았고, 수업에서 나왔는지 알 수 없는 상황에서 왜 당신이 두려워하는지를 알고 싶다고 하자. 수업에 출석하지 않아서인가 아니면 복습을 하지 않아서인가? 이를 계산하기 위해서 7장에서 베이즈 분류기에서 사용했던 베이즈 규칙(Bayes' rule)을 사용한다. 여기에 필요한 계산 $P(s)$는 모든 r, a, b값에 가능한 값을 다 더한 상수가 된다.

$$
\begin{aligned}
P(r|s) &= \frac{P(s|r)P(r)}{P(s)} \\
&= \frac{\sum_{b,a} P(b,a,r,s)}{P(s)} \\
&= \frac{0.5 \cdot (0.3 \cdot 0.1 \cdot 0 + 0.3 \cdot 0.9 \cdot 0.8) + 0.5 \cdot (0.8 \cdot 0.5 \cdot 0 + 0.8 \cdot 0.5 \cdot 0.8)}{P(s)} \\
&= \frac{0.268}{0.684} = 0.3918.
\end{aligned}
\tag{16.3}
$$

$$
\begin{aligned}
P(a|s) &= \frac{P(s|a)P(a)}{P(s)} \\
&= \frac{0.144}{0.684} = 0.2105.
\end{aligned}
\tag{16.4}
$$

베이즈 규칙을 이용하므로 이런 종류의 그래프 모델이 베이지언 네트워크라고 불리는 이유다. 이와 같이 간단한 예제의 경우에도 추론은 많은 계산을 요구하므로 쉬운 일이 아니다. 하지만 진짜 문제는 각각 참 또는 거짓 값을 갖는 N개의 노드에 대해서 간단한 알고리즘의 계산 비용이 $\mathcal{O}(2^N)$이라는 것이다. 일반적으로 베이지언 네트워크에서 정확한 값의 추론은 **NP-hard** 문제다(실제 이는 **#P-hard** 문제이며, 이는 더 어렵다). 하지만 두 노드 사이에 기껏해야 하나의 에지(edge)가 있는 **폴리트리(polytrees)**의 경우에는 계산 비용이 전체 네트워크의 크기에 선형으로 증가하므로 매우 작다.

불행히도, 폴리트리를 실제 예제에서 찾아보기는 힘들며, 네트워크를 폴리트리로 만들든가 근사 추론(approximate inference)을 해야 한다. 근사 추론이 대부분의 경우에 사용되므로 이를 살펴보도록 하겠다. 속도를 빠르게 만들려면 식 (16.1)과 같이 만들어서 전체 가능한 값들에 대한 합을 되도록이면 오른쪽으로 몰아서 프로그램의 반복 횟수를 최소화해야 한다. 이를 통해서 알고리즘을 가능한 한 효율적으로 만들 수 있는데 여전히 **NP-hard** 문제에 속한다. 이는 **변수 제거 알고리즘**(variable elimination algorithm)이라고 알려져 있으며, 이는 **버킷 제거 알고리즘**(bucket elimination algorithm)의 변형이다. 조건부 확률 표를 λ표로 바꾸는 것이 핵심인데 이는 모든 변수가 택할 수 있는 모든 값들을 나열하고 있으며, 초기에는 조건부 확률을 포함한다. 예를 들면, 그림 16.2의 S변수에 대한 λ표는 다음과 같다.

R	A	S	λ
T	T	T	0
T	T	F	1
T	F	T	0.8
T	F	F	0.2
F	T	T	0.6
F	T	F	0.4
F	F	T	1
F	F	F	0

만약, 시험을 앞두고 두려워하는 모습을 보았다면(S가 참), 그래프에서 이를 **제거하고** 각 테이블에 S값이 거짓인 행들을 제거하고, S열을 제거할 수 있다. 이는 표를 간단하게 만들지만, 출석했을 확률을 구하기 위해서는 더 많은 계산이 요구된다. 복습을 했는지 안 했는지 모르며, 강의가 지겨웠는지 모르므로 이 변수들을 제거한다. 변수들을 제거하는 순서는 결과 값을 변경하지 않으므로(더 진보된 알고리즘들은 조건부 독립을 선택해서 더 빠르게 수행한다) R을 먼저 선택한다. 그래프에서 이를 제거하기 위해서 λ표에서 이를 포함한 것을 다 찾아야 한다(두 개가 R을 포함하며 하나는 R 자체이고, 다른 하나는 S를 제거하기 위해 변형시킨 부분이다). R을 제거하기 위해 λ값에 대한 곱들을 합해야 하며, 이를 통해서 다른 값들의 조건을 맞춘다. 예를 들면, B가 참이고 A가 거짓인 경우를 계산하기 위해서는 B, A, R이 참, 거짓, 참인 경우와 B, A, R이 참, 거짓, 거짓인 경우의 값을 표에서 찾아내서 다음과 같이 곱한다.

$$
\begin{pmatrix}
B & R & \lambda \\
T & T & 0.3 \\
T & F & 0.7 \\
F & T & 0.8 \\
F & F & 0.2
\end{pmatrix}
\times
\begin{pmatrix}
R & A & \lambda \\
T & T & 0 \\
T & F & 0.8 \\
F & T & 0.6 \\
F & F & 1
\end{pmatrix}
\Rightarrow
\begin{pmatrix}
B & A & \lambda \\
T & T & 0.3 \cdot 0 + 0.7 \cdot 0.6 = 0.42 \\
T & F & 0.3 \cdot 0.8 + 0.7 \cdot 1 = 0.94 \\
F & T & 0.8 \cdot 0 + 0.2 \cdot 0.6 = 0.12 \\
F & F & 0.8 \cdot 0.8 + 0.2 \cdot 1 = 0.84
\end{pmatrix}
\tag{16.5}
$$

같은 방식으로 B를 제거할 수 있는데 이 경우에는 세 개의 변수가 모두 필요하고, 이를 통해서 시험 전에 두려워하는 모습을 보았을 때 수업에 출석했을 조건부 확률을 계산할 수 있게 된다. 전체 알고리즘은 다음과 같이 작성된다.

- λ 표를 생성:
  - 각 v 변수에 대해서:
    * 새로운 표 생성
    * 부모 변수에 대해 모든 가능한 참 값 x에 대해서:
      · $P(v|x)$ 와 $1 - P(v|x)$에 대한 행들을 표에 추가
    * 테이블을 테이블들의 집합에 추가
- 알려진 변수들 v 제거:
  - 각 표에 대해서:
    * v가 오답인 행들을 제거
    * 표에서 v를 위한 열들을 제거
- 다른 변수들을 제거(x는 유지할 변수):
  - 제거될 각 변수 v에 대해 :
    * 새로운 표 t' 생성
    * v를 포함하는 각 표 t에 대해서:
      · $v_{true},t = v_{true},t \times P(v \mid x)$
      · $v_{false},t = v_{false},t \times P(\neg v \mid x)$
    * $v_{true},t' = \sum t(v_{true},t)$
    * $v_{false},t' = \sum t(v_{false},t)$
  - 표 t를 새로운 t'으로 대체
- 조건부 확률 계산:
  - 각 표에 대해:
    * $x_{true} = x_{true} \times P(x)$
    * $x_{false} = x_{false} \times P(\neg x)$
    * 확률은 $x_{true} / (x_{true} + x_{false})$

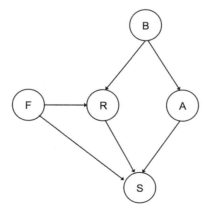

그림 16.3 하나의 노드 F(현재 학기가 마지막 학기인지를 표시)를 추가하는 것은 전체 조건부 확률표를 아주 복잡하게 만든다.

그림 16.3에서는 알고리즘이 크기가 커서 잘 동작하지 않는 것을 보기 위해서 그림 16.2에 나온 예에 아주 간단한 변화로 하나의 노드를 네트워크에 추가시켰다. 하나의 추가된 노드로 인해 새로운 표와 이미 존재하는 두 개의 표에 또 다른 행들을 추가하게 만들어서 네트워크를 매우 복잡하게 만들며, 변수 제거 알고리즘을 수행하는 데 아주 오랜 시간이 걸린다.

16.1.2 근사 추론

변수 제거 알고리즘은 이제까지 살펴본 정도의 크기에만 동작하며, 일반적인 크기의 베이지언 네트워크에 대해서는 근사 추론(approximate inference)만이 가능하다. 다행히도 15장에서 소개된 마르코프 체인 몬테 카를로 방법과 같이 이미 문제에 적합한 알고리즘들이 존재한다. 두 가지 근접 추론을 하는 방법이 있는데(**고리형 신뢰 전파와 평균장 근사**), 이들을 자세히 살펴보지는 않겠지만, 이번 장 마지막의 '더 읽을거리'에 자료를 제공하겠다.

베이지언 네트워크에서 MCMC 방법의 기본적인 개념은 은닉 노드들로부터 샘플링하는 것이며, 사용하는 MCMC 알고리즘에 따라서 샘플의 중요도를 우도에 맞추어 조절한다. 샘플들을 만들어 내는 것은 매우 쉽다. 예측을 위해서는 그래프의 위에서부터 알고 있는 확률 분포에서 샘플을 취한다. 그림 16.2를 사용해서 $P(b)$로부터 샘플을 만들고, 값을 이용해서 확률 조건표에서 R과 A에 해당하는 값을 이용해서 $P(r|b = 샘플된 값)$과 $P(a|b = 샘플된 값)$을 계산한다. 이 세 가지 값은 다시 $P(p|b,a,r)$을 계산하는 데 사용한다. 원하는 만큼 많은 샘플을 사용하면 특정 샘플들의 횟수가 많아져서 예상 값으로 수렴한다.

샘플링 방법을 통해서 그래프의 위에서부터 아래로 작업하고, 조건부 확률표로부터 이에 대한 행들을 선택한다. 하지만 표를 손으로 만들어야 한다면 이런 방법을 시도하고 싶지는 않을 것이다. 만약에 얼마나 많은 과목들을 수업이 재미 없어서 출석하지 않았는지를 알고 싶다고 하자. 수강했던 수업들을 되돌아보고, 그중에 얼마나 많은 수업을 지루해서 출석하지 않았는지에 대해서 흥미로웠던 수업들을 제외하고 숫자를 세어 본다. **기각 샘플링**을 사용한다면 이 아이디어를 그대로 적용할 수 있다(15.3절 참조). 이 방법은 무조건적인 분포로부터 샘플링하고 단순하게 어떤 샘플들이든지 정확한 사전 확률이 없다면 기각하면 된다. 다시 말하면 각각의 분포에서 샘플을 독립적으로 할 수 있다는 뜻이며, 어떤 샘플이든 다른 변수들과 매치되지 않으면 버린다. 수행 과정은 아주 간단한 계산으로 가능하지만, 아주 많은 샘플들을 기각해야 한다.

이에 대한 해결책으로는 이미 가지고 있는 증거를 사용해서 샘플된 다른 변수들의 우도

(likelihoods)를 부여하는 것이다. 예를 들어, $P(b)$로부터 샘플링을 하고 참값을 얻었다고 하자. 우리가 이미 복습을 했다는 것을 알고 있다면 확률 값 $P(r|b)$에 적정한 확률 0.3을 부여한다. 다른 변수들도 같은 방법으로 작업을 해서 증거가 없는 경우에는 샘플링하고, 증거가 있는 경우에는 표를 사용한다. 하지만 전체 MCMC 프레임워크를 사용하면 이보다 더 잘 수행할 수 있다. 모든 가능한 확률들에 대해 값을 증거 또는 무작위의 선택을 통해서 설정하고, 마르코프 체인의 초기 상태를 만든다. 충분한 수의 샘플들이 주어진다면 깁스 샘플링(15.4.4절)은 확률 분포의 최댓값을 찾아 줄 것이다.

네트워크의 확률들은 다음과 같다.

$$p(x) = \prod_j p(x_j|x_{\alpha j}), \tag{16.6}$$

여기서 $x_{\alpha j}$는 x_j의 부모 노드들이다. 베이지언 네트워크는 어떤 변수든지 이들의 부모 노드들이 주어진 상태에서 자식 노드들이 아닌 모든 노드와 조건부 독립이다. 따라서 다음과 같이 식을 다시 작성할 수 있다.

$$p(x_j|x_{-j}) = p(x_j|x_{\alpha j}) \prod_{k \in \beta(j)} p(x_k|x_{\alpha(k)}), \tag{16.7}$$

여기서 $\beta(j)$는 노드 x_j의 자식 노드들의 집합이며, x_{-j}는 x_j를 제외한 모든 x_i의 값을 의미한다. 어떤 노드든지 노드의 부모들, 자식들, 그리고 자식들의 다른 부모 노드들만 그림 16.4와 같이 고려하면 되는데 이는 **마르코프 블랭킷**(Markov blanket)이라고 불린다.

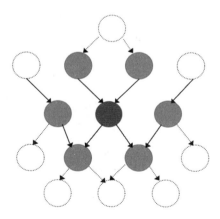

그림 16.4 한 노드(어두운 회색)의 마르코프 블랭킷은 부모 노드들, 자식 노드들, 그리고 자식 노드들의 다른 부모 노드(밝은 회색)들로 이뤄진다.

실제 베이지언 네트워크의 추론을 계산하는 것은 깁스 샘플링을 통해서 근사 추론법을 사용한다. 시험에 대한 두려움의 예제에서 깁스 샘플링을 하기 위해서는 확률 분포를 계산해야 하고(변수 제거 알고리즘을 사용해서), 이로부터 샘플링을 해야 한다.

```
for i in range(nsamples):
    # b, r, a, s의 현재 샘플들에 포함된 값들
    values = np.where(np.random.rand(4)<0.5,0,1)
    for j in range(nsteps):
        values=pb_ras(values)
        values=pr_bas(values)
        values=pa_brp(values)
        values=ps_bra(values)
    distribution[values[0]+2*values[1]+4*values[2]+8*values[3]] += 1
distribution /= nsamples
```

예를 들어, 샘플 분포(500개의 샘플, 각 체인을 10번 반복)는 다음과 같다.

```
b r a s:   dist
1 1 1 1    0.0
1 1 1 0    0.086
1 1 0 1    0.038
1 1 0 0    0.052
1 0 1 1    0.048
1 0 1 0    0.116
1 0 0 1    0.274
1 0 0 0    0.0
0 1 1 1    0.0
0 1 1 0    0.088
0 1 0 1    0.068
0 1 0 0    0.114
0 0 1 1    0.03
0 0 1 0    0.076
0 0 0 1    0.01
0 0 0 0    0.0
```

16.1.3 베이지언 네트워크 만들기

만약, 베이지언 네트워크에 대해 조건부 확률 표와 그래프의 구조가 주어진다면 깁스 샘플링을 사용해서 추론할 수 있고, 간단한 네트워크 구조라면 정확한 추론값을 계산할 수 있다. 하지만 베이지언 네트워크 구조가 어디에서 주어지는가에 대한 중요한 질문이 생긴다. 불행히도, 탐색을 통해서 네트워크 구조를 찾는 작업은 계산 비용이 매우 크다. 모든 네트워크를 손으로, 그리고 이에 대해서 추론을 하기 위해 알고리즘을 사용하는 것은 일반적이다. 베이지언 네트워크를 손으로 만드는 것은 매우 지루한 일이며, 실제 데이터를 사용하지 않고 만든다면 매우 주관적이게 된다. 추론하는 데이터가 실제와 많이 다르다면 추론에 많은 공을 들이는 것은 시간 낭비일 것이다.

그렇다면 베이지언 네트워크를 만드는 것이 왜 어려운지 생각해 보자. 첫째, 베이지언 네트워크에 정확한 추론을 하는 것은 NP-hard 문제이므로 근사 추론을 사용한다. N개의 노드를 가지고 만들 수 있는 그래프 구조라면 얼마나 많은 그래프 구조가 존재하는지 생각해 보자. A, B, C 세 개의 노드들로 이뤄져 있다면 세 노드를 다 연결하지 않을 수도 있고, A와 B를 연결하고 C는 따로 떨어뜨려 놓거나 B와 A을 연결하고 C를 남겨 둘 수도 있다. 이처럼 아주 많은 다양성이 존재하고, 세 개의 노드를 다 연결하기도 전에 이미 7가지의 가능한 방법이 있다. 10개의 노드들에 대해서는 $O(10^{18})$ 가능한 그래프가 있으며, 우리는 이 많은 가능한 그래프에 대해서 탐색하는 것은 원하지 않는다. 또한, 데이터를 설명하는 데 아주 중요한 은닉 노드들은 포함시켜야 하므로 탐색 문제를 더 악화시킨다.

9장과 10장에서 이미 살펴본 탐색 방법들은 문제를 해결하는 데 적용될 수 있을까? 대답은 "사용 가능하다"이며, 최댓값을 찾기 위한 목적 함수를 도출하는 데 약간의 작업이 필요하다. 보상 그래프가 데이터를 잘 설명하면서도 절감의 법칙(Occam's razor)을 충족하기 위해 될 수 있는 한 간단하게 만들어야 한다. 전형적인 방법들은 **최소 기술 길이**(MDL, Minimum Description Length) 바탕의 목적 함수를 이용하거나 관련된 정보−이론 방법들을 사용하는 것이다. MDL은 가장 간단한 해석이나 작은 개수의 파라미터를 통해서 데이터를 설명하는 것이 최고의 방법이라는 이론을 바탕으로 한다. 그리고 언덕 오르기법(hill climbing)이나 이와 비슷한 알고리즘을 사용해서 무작위의 시작 그래프들에서 지역 탐색을 수행한다. 보통 최적화 문제에서 평가 함수를 고르는 것은 매우 중요하다. 그렇다면 왜 일반적인 알고리즘을 사용하는 것이 불가능한지 생각해 보자. GA 알고리즘의 반복에는 각각 수백 개의 가능한 네트워크를 만들고, 추론 작업을 하고, 테스팅하고, 이를 다 조합하는 일들이 포함되어 있는데 이에 드는 계산 비용은 이를 불가능하게 한다. 이는 중요한 문제인 만큼 많은 연구들과 작업들이 이뤄졌으며, 이 책에서 우리가 다루고자 하는 범위를 넘어선다. 하지만 이번 장의 '더 읽을거리'에서 더 많은 정보들을 찾아볼 수 있다.

전체 그래프를 만드는 것이 불가능하다는 가정하에 이에 대한 절충안인 데이터에 기반한 그래프의 조건부 확률표를 계산하는 것이 요구된다. 이는 꽤 민감한 절충안이다. 전문가가 관련 변수들의 관계를 보여 주는 네트워크를 만들어서 데이터가 만들어지는 과정을 설명할 수 있고, 데이터를 사용해서 조건부 확률표를 계산한다. 하지만 여전히 쉽지 않은 이야기다. 아이디어는 트레이닝 데이터의 우도를 최대화하는 확률 분포를 고르는 것이다. 만약, 은닉 노드들이 없다면 우도를 직접 계산할 수 있다.

$$
\begin{aligned}
L &= \frac{1}{M} \log \prod_{m=1}^{N} P(D_m|G) \\
&= \frac{1}{M} \sum_{n=1}^{N} \sum_{m=1}^{M} \log P(X_n|\text{parents}(X_n), D_m),
\end{aligned}
\tag{16.8}
$$

여기서 M은 트레이닝 데이터 D_m의 개수이며, 그래프 G에 있는 N개의 각 노드는 X_n으로 표시된다. 식 (16.8)은 각각의 노드들에 대한 합을 분리시켜서 각각의 조건부 확률표를 따로 계산할 수 있도록 만들었다. 테이블의 값을 계산하기 위해서 각각 복습과 출석에 대한 가능한 값들이 주어졌을 때 시험 전에 얼마나 두려웠는지를 셈하고, 이를 정규화해서 확률로 만들면 된다. 작은 양의 데이터로 이를 시도할 때 어떤 조합은 트레이닝에서 일어나지 않아서 확률이 0이 되는 문제가 생길 수 있다. 이를 해결하기 위해서 사전 확률을 사용하고, 베이즈 규칙을 이용해서 실제 데이터를 사용하고 추측 값을 갱신한다.

분명하게도 은닉 노드가 존재한다면 데이터에 이들에 대한 값들이 존재하지 않으므로 이런 방법은 작동하지 않는다. 놀랍게도 이런 문제를 해결하는 것은 예상보다 어렵지 않다. 요점은 값이 존재하는지 살펴보고, 식 (16.8)을 이용하는 것이다. 추론을 통해서 값을 예측할 수 있으며, 이를 7.1.1절의 EM 알고리즘을 사용해서 극대화 단계와 추론 단계의 두 단계로 반복 적용한다.

베이지언 네트워크와 관련된 많은 일들이 있었는데 이에 대한 자료들은 이번 장 끝의 '더 읽을거리'에서 다룬다. 다음에는 좀 다른 종류의 무방향성 에지(edge)를 갖는 그래프 모델, 변형 마르코프 랜덤 필드에 대해서 알아보겠다.

16.2 마르코프 랜덤 필드

베이지언 네트워크는 본질적으로 비대칭적이고 에지는 방향성을 갖는다. 이 제한 사항을 제거하면 더 이상 부모 노드들이나 자식 노드들이 존재하지 않는다. 이와 더불어 방향성이 제거되면 베이지언 네트워크의 조건부 독립 조건을 더 쉽게 만들어 준다. 두 개의 노드로 이루어진 마르코프 랜덤 필드(MRF)에 세 번째 노드가 주어졌을 때, 세 번째 노드를 통과하지 않고 두 개의 노드를 연결해 주는 다른 패스가 없다면 두 노드는 서로 조건부 독립이 된다. 이는 마르코프 성질의 변형이며, 이를 통해서 네트워크의 이름이 지어졌다. 특정 노드는 이웃 노드들이 주어졌을 때 다른 노드들과 조건부 독립이므로 특정 노드의 상태는 주변에 직접 연결된 이웃 노드들의 함수다. 이 특성이 MRF의 추론 작업을 더 간단하게 만들 것처럼 보이지만, 그렇지는 않고 여전히 #P-hard 문제다. 하지만 이미지들과 같이 특별한 분야들에서는 MRF 방법이 특별히 유용하다.

가장 잘 알려진 예제는 이미지 노이즈 제거(image denoising) 문제이며, 이미 MLP의 자동 연상 학습(auto-associative learning)에 관해서 이야기할 때 4.4.5절에서 살펴보았다. 예를 들어, 2진 이미지의 각각 픽셀 값이 1 또는 −1의 값 $I_{x_i,x_j} \in \{-1, 1\}$을 갖는다고 하자. 이 그림으로부터 노이즈가 없는 완벽한 이미지 I'_{x_i,x_j}를 다시 되찾는 것이 우리가 원하는 목표다. 만약, 노이즈의 양이 적다면 두 이미지의 각 픽셀 값 간 I_{x_i,x_j}와 I'_{x_i,x_j}의 상관관계는 커야 한다. 또한, 아주 작은 패치나 이미지의 한 부분에서 I_{x_i,x_j} 픽셀은 그 주변 픽셀들 ($I_{x_i,x_{j-1}}$, 등)과 상관관계가 커야 한다. 이 가정들이 의미하는 것은 그림의 많은 부분에서 픽셀들의 값이 같아야 하며, 이웃 픽셀들끼리 상관관계가 커야 한다는 점이다. 따라서 I_{x_i,x_j} 픽셀 값은 주변 픽셀 값들이 주어진 상태에서 다른 비트 값들과 조건부 독립이 된다.

MRF의 원래 이론은 물리학자가 **아이싱(Ising) 모델**을 살펴보다가 시작되었다. 아이싱 모델은 체인으로 연결된 +1 또는 −1값을 갖는 원자들과 이에 연결된 다른 원자들에 영향을 미치는 원자들의 집합에 대한 통계적 기술이다. 물리학자들은 에너지를 비슷한 체제라고 생각했고, 원래 상태에서 벗어나기 위해서는 추가적인 에너지가 필요하므로 안정된 상태들이 가장 낮은 에너지를 갖는 상태라고 생각했다. 이런 이유로 MRF에 쓰이는 용어들은 에너지에 관련된 용어들이고, 두 개의 이미지에 있는 픽셀들 값이 매칭할 때는 에너지 값이 작고, 그렇지 않을 때는 크다고 정의한다. 따라서 두 개의 이미지에 같은 픽셀의 에너지는 $-\eta I_{x_i,x_j} I'_{x_i,x_j}$로 표시되며, η는 양의 상수다. 두 개의 픽셀이 같은 부호를 갖는다면 에너지는 음수가 되고, 만약 두 개의 픽셀이 반대의 부호를 갖는다면 에너지는 양수가 되어서 커진다. 두 이웃 픽셀들의 에너지는 $-\xi I_{x_i,x_j} I_{x_{i+1},x_j}$가 되고 전체 에너지를 계산하기 위해서 이들을 모두 더하면 된다.

$$E(I, I') = -\zeta \sum_{i,j}^{N} I_{x_i,x_j} I_{x_i \pm 1, x_j \pm 1} - \eta \sum_{i,j=1}^{N} I_{x_i,x_j} I'_{x_i,x_j}, \tag{16.9}$$

여기서 픽셀들의 지시자는 x와 y 모든 방향에 대해서 1부터 N까지 수행하며, 여기서 우리는 변경하고 있는 이미지의 지역적으로 평평한 패치들 I에 관심이 있다.

노이즈가 있는 이미지 I에서 시작해서 아주 간단한 반복 업데이트 알고리즘을 적용해서 에너지 상태를 줄여가고 I'를 찾아간다. 매번 어떤 값을 갖는 x_i와 x_j의 픽셀 I_{x_i,x_j}을 선택하고, 각 픽셀에 −1 또는 1로 설정해서 에너지를 계산해서 가장 낮은 값이 되는 것을 고른다. 확률 모델의 용어로는 확률 $p(I, I')$을 최대화하는 것이다. 알고리즘은 정해진 순서 또는 무작위의 순서로, 또 다른 픽셀들을 선택해서 적용해 가며, 값이 더 이상 바뀌지 않을 때까지 수행한다. 10%가 노이즈로 손실되어 있는 흑백의 그림 16.5에 MRF를 $\eta =$ 2.0, ξ = 1.5 값으로 적용해서 원래 그림을 복원한 것을 보여 준다. 10%의 노이즈는 1%로 줄어들며, 저자의 고향인 뉴질랜드를 맵에서 제거해 버렸다.

마르코프 랜덤 필드 이미지 노이즈 제거 알고리즘

- 노이즈가 들어간 이미지 I와 원래 이미지 I'와 파라미터 η, ξ:

- 이미지 I의 픽셀들에 대해서 반복:
  - 현재 픽셀의 에너지 값이 -1인지 1인지 계산
  - 작은 에너지 값을 갖는 것을 선택하고, I에 이 값을 적당하게 설정

다음으로는 그래프 모델 중에 매우 보편적으로 사용되며 계산이 용이해서 정확한 추론을 할 수 있는 알고리즘을 알아보겠다.

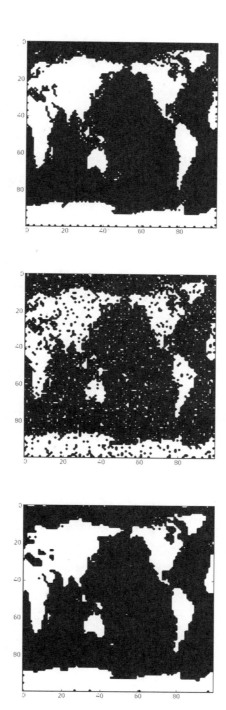

그림 16.5 MRF 이미지 노이즈 제거 알고리즘을 $\eta = 2.0$, $\xi = 1.5$ 값을 사용해 세계 지도(왼쪽 위) 10% 균일하게 분포된 무작위 노이즈(오른쪽 위)에 적용시켜서 이를 1% 노이즈로 줄인다. 알고리즘은 모든 대륙의 모서리를 무디게 만들었다.

16.3 은닉 마르코프 모델

은닉 마르코프 모델(HMM, Hidden Markov Model)은 가장 유명한 그래프 모델 중 하나다. 음성 처리와 많은 통계학 작업에 사용되며, HMM은 시간 데이터에 일반적으로 사용된다. 매 시간마다 시스템은 새로운 상태로 움직이거나 이전과 같은 상태에 머물 수도 있다. HMM의 힘은 마르코프 **관찰 값**이 특정 상태를 식별하지 못해서 모델이 어떤 상태에 있는지 모르는 경우도 해결할 수 있다는 데 있다. 이것이 **은닉**이 이름에 등장하는 이유다. HMM 모델에 추론을 하는 것은 계산 비용이 높지 않으므로 보통의 베이지언 네트워크에 비해 크게 개선된 점이다. 주로 적용되는 곳은 대부분 주기적인 기간마다 각각의 상태를 관찰하여 측정한 값의 집합을 사용하는 시계열 데이터다. 사실 HMM은 순차적인 데이터에 적합한 가장 간단한 **동적 베이지언 네트워크**이며, 그림 16.6에 그래프 모델이 나와 있다.

　우리가 사용할 예제는 다음과 같다. 학생들을 챙기는 교수로서 시험이 다가오는데 학생들이 진짜 공부를 하는지 안 하는지를 알고 싶다. 12장에서 나오듯이 저녁 때 학생들이 시간을 보내는 네 가지 방법들이 있으며(술집에 가거나, TV를 보거나, 파티를 가거나, 공부를 한다), 학생들이 공부를 잘 하고 있는지를 알아보고 싶다. 하지만 직접 학생들에게 물어본다면 거짓으로 대답할 것이기에 직접 묻지 않고, 피곤해 보이는지, 술에 취했는지, 시험을 두려워하고 있는지 또는 괜찮은지에 대한 관찰 값을 통해서 지난밤에 무엇을 했는지 알아보겠다. 실제로 어떤 직접적인 이유로 학생들이 이렇게 보이는지는 알 수 없지만, 확률을 통해서 해결해 보겠다. 숙취에 시달리는 것처럼 보인다면 0.5의 확률로 '지난밤 술집에 갔다' 그리고 0.25의 확률로 '파티에 갔었다', 0.2의 확률로 'TV를 시청했다', 그리고 0.05의 확률로 '공부했다'에 할당한다. 사실 이를 이용해서 직접적으로 사용하지 않고, 지난밤 어떤 일을 했을 때 숙취에 시달리는 것처럼 보이는지의 조건부 확률을 사용한다. 이들을 **관찰 확률** 또는 **방출 확률**이라 부른다.

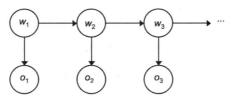

그림 16.6 은닉 마르코프 모델은 동적 베이지언 네트워크의 예다. 그림은 첫 세 개의 상태들과 시간이 지나면서 펼쳐지는 상대적인 관찰 값들을 보여 준다.

지난밤 파티가 있었는지 숙제가 있는지 등의 12장에서 사용된 다른 정보에 대해서는 접근할 수 없지만, 지난 학생으로서의 경험을 바탕으로 파티가 어떤지(학생 생활이 끝나는 것에 가장 큰 단점은 파티 초대 횟수가 줄어든다는 점이다), 학생들의 뻔한 재정 상태를 바탕으로 지난밤 술집에 갔었다면 오늘 또 술집에 갈 확률이 어떤지를 추측해 볼 수 있다. 이제 이것들을 함께 양식으로 정리하고, 이를 사용해서 얼마나 공부를 했는지를 예측해 보고, 강의를 준비할 수 있다.

매일 수업 시간에 독자의 모습 $o(t)$을 관찰하고, 이를 사용해서 상태 $\omega(t)$를 예측한다. 이와 같은 접근법을 사용하기 위해서는 조건부 확률 $P(o_k(t) | \omega_j(t))$을 만들어야 하며, 이는 ω_j의 상태에서 o_k의 상태를 보일 조건부 확률을 표현하고, 보통 $b_j(o_k)$로 표시된다. 접근 가능한 다른 정보는 전이 확률인데 이는 어젯밤 w_i의 상태였을 때 오늘 ω_j 상태일 확률을 나타낸다. 만약, 지난밤 독자가 술집에 있었다고 가정한다면 학생의 경제적인 상황을 생각해서 오늘밤 다시 술집에 갈 확률은 매우 작을 것이다. 전이 확률은 $P(\omega_j(t + 1) | \omega_i(t))$이며 보통 $a_{i,j}$로 간단하게 표현한다.

각 확률 분포 $a_{i,j}$와 b_i에 한 가지 제한 사항은 $\sum_j a_{i,j} = 1$와 $\sum_k b_j(o_k) = 1$이다. 지난밤 어떤 일이라고 행했을 것이므로 모든 확률의 합은 1이 되어야 하고, 또한 이는 관찰 가능한 어떤 값으로 주어지며, 모든 관찰 가능한 확률의 합 또한 1이 되어야 한다. 마르코프 체인은 보통 15.4.1절에서 살펴본 대로 어느 곳에서 시작했든지 모든 상태에 도달할 확률은 0이 아니하는 의미의 에르고드(ergod)가 가정된다.

몇 주의 수업을 하고, 독자에 대한 관찰 값들을 수집했고, HMM을 이용할 준비가 되었다. 수집된 데이터를 가지고 다음의 세 가지를 수행하고자 한다.

- 관찰 값들의 순서가 현재 HMM과 얼마나 잘 매치되는가(16.3.1절)
- 관찰 값들을 바탕으로 가장 일어날 가능성이 큰 상태의 순서는 무엇인가(16.3.2절)
- 몇 가지 관찰 값들을 통해서(몇몇 학생들을 살펴보고) 데이터에 잘 작동하는 HMM을 만드는 것(16.3.3절)

이제 모델을 만들었다고 가정하고, 과연 만든 모델이 얼마나 잘 동작하는지 살펴보겠다. 우선, 저자의 모든 지식을 동원해서 학생들에 대한 확률 분포를 작성하고, 만들어진 모델을 사용해서 관찰된 값들을 테스트해 본다. 테스팅을 할 때쯤 저자가 보낸 학생 시절이 독자의 학생 시절과 다를 것이라는 점을 알아 차릴 것이고, 현재 수집된 데이터를 위해 새로운 모델을 만들어야 할 것이다. 그리고 향상된 모델을 사용해서 매일 저녁 무엇을 했는지 살펴볼 수 있다. 이 문제들에 대해서는 앞으로 세 개의 장에서 살펴볼 것이다.

HMM 자체는 전이 확률 $a_{i,j}$, 관찰 확률 $b_j(o_k)$와 각 상태마다 시작 확률 π_i로 이루어져 있다. 이것들을 전이 확률부터 시작해서 저자가 직접 작성한다(그림 16.7).

	전날밤			
	TV시청	술집	파티	공부
TV시청	0.4	0.6	0.7	0.3
술집	0.3	0.05	0.05	0.4
파티	0.1	0.1	0.05	0.25
공부	0.2	0.25	0.2	0.05

또한, 관찰 확률은 다음과 같다.

	TV시청	술집	파티	공부
피곤	0.2	0.4	0.3	0.3
숙취	0.1	0.2	0.4	0.05
두려움	0.2	0.1	0.2	0.3
좋음	0.5	0.3	0.1	0.35

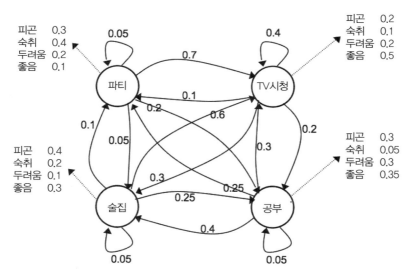

그림 16.7 전이 확률과 관찰 확률이 포함된 HMM 예제

16.3.1 포워드 알고리즘

다음과 같은 관찰 값들을 $O = ($피곤, 피곤, 좋음, 숙취, 숙취, 두려움, 숙취, 좋음$)$ 사용해서 가장 그럴 듯한 상태들을 찾아보기로 한다. 관찰 값들의 확률은 $O = \{o(1), \dots o(T)\}$ 모델로부터 간단한 조건부 확률을 계산하면 구할 수 있다. 이제 지난밤에 특정 상태(TV시청)에 있었다는 가정하에 현재 관찰 값인 '$o(t)$ = 피곤함'을 보일 확률을 구하고, 이를 그저께 밤의 상태(파티)가 주어졌을 때 현재 상태가 일어날 확률과 곱한다. 예를 들면, TV를 시청했을 때 피곤할 확률 0.2를 그저께 밤에 파티에 갔었다는 가정하에 어제 TV를 시청했을 확률 0.1을 곱하면 된다. 이 경우 상태에 대한 확률은 따라서 0.02가 된다. 어떤 상태에서 시작했는지도 정해야 하는데 이를 모르므로 각각 0.25 확률 값을 부여한다.

이와 같은 방법으로 가능한 모든 상태의 순서에 대해서 계산을 하고, 가장 그럴듯한 상태를 관찰 값을 바탕으로 고른다. 전체 관찰 값들은 O라고 표현되었고, Ω는 가능한 모든 상태들의 순서를 나타내며, 관찰 확률은 다음과 같다.

$$P(O) = \sum_{r=1}^{R} P(O|\Omega_r)P(\Omega_r). \tag{16.10}$$

r 지시자는 가능한 상태들의 순서들을 나타내고, Ω_1는 그중 하나의 순서를 표현하고, Ω_2는 또 다른 상태들의 순서를 표현한다. 우선, 마르코프 성질을 사용해서 다음을 살펴보자.

$$P(\Omega_r) = \prod_{t=1}^{T} P(\omega_j(t)|\omega_i(t-1)) = \prod_{t=1}^{T} a_{i,j}, \tag{16.11}$$

$$P(O|\Omega_r) = \prod_{t=1}^{T} P(o_k(t)|\omega_j(t)) = \prod_{t=1}^{T} b_j(o_k). \tag{16.12}$$

따라서 식 (16.10)은 다시 작성된다.

$$
\begin{aligned}
P(O) &= \sum_{r=1}^{R} \prod_{t=1}^{T} P(o_k(t)|\omega_j(t))P(\omega_j(t)|\omega_i(t-1)) \\
&= \sum_{r=1}^{R} \prod_{t=1}^{T} b_j(o_k)a_{i,j}.
\end{aligned}
\tag{16.13}
$$

식은 매우 간결해 보이며, 한 가지 남은 문제는 r값에 대한 합을 구하는 것인데 이는 가능한 모든 은닉 상태들의 순서들의 합이다. N개의 은닉 상태가 있다면 N^T의 가능한 순서들이 있으며, 각각에 대해서 T개의 확률을 곱해야 한다. 이를 계산하다 보면 확률의 값이 작아지는 문제도 있지만, 계산 비용 역시 $O(N^T T)$가 된다.

다행히도 마르코프 성질은 이를 해결해 준다. 각각의 상태에 대한 확률은 단지 현재의 데이터와 바로 이전의 상태 $(o(t), \omega(t), \omega(t-1))$에만 연관이 있으며, $P(O)$ 계산들을 한 번에 하나씩 수행한다. 이는 포워드 격자 구조물이라고 불리는데 그림 16.8에서 보듯이 정원에 있는 구조물과 같아 보인다. 이를 만들기 위해서 첫 $(t-1)$까지 모든 관찰 값이 $o(t)$와 매치하고, 현재 시간 t에 상태 ω_i에 있을 확률을 표현하는 새로운 변수 $\alpha_i(t)$를 정의한다.

$$\alpha_j(t) = \begin{cases} 0 & t=0, j \neq \text{initial state} \\ 1 & t=0, j = \text{initial state} \\ \sum_i \alpha_i(t-1)a_{i,j}b_j(o_t) & \text{otherwise.} \end{cases} \tag{16.14}$$

여기서 $b_j(o_t)$는 o_t에서 끝날 특정 방출 확률이다. 이를 통해서 관찰 확률 중에 지시자가 o_t와 매칭하는 것만 식의 합에서 고려된다. $P(O)$를 계산하는 것은 이제 $\mathcal{O}(N^2 T)$의 비용이 들며, 이는 다음에 확인하겠지만, 꽤나 많이 발전된 간단한 알고리즘이다.

이제부터 다음과 같은 기호를 사용한다. $a_{i,j}$는 상태 i에서 상태 j로의 전이 확률이며, N개의 상태가 있다면 전체 전이 확률 행렬은 $N \times N$이 된다. $b_i(o)$는 상태 i에서 관찰 값 o이 나타날 출력 확률이며, 이는 $N \times O$ 크기이고, O는 관찰 가능한 개수들을 나타내는 숫자다 (위의 예제에서는 4가 된다). 관찰 순서에 대한 조건부 확률과 모델을 위한 네 개의 변수를 더 소개하겠다.

- $\alpha_{i,t}$, t시간까지 관찰 값들의 순서를 갖고, t시간에는 상태 i일 확률을 의미하며, 크기는 $N \times t$다.
- $\beta_{i,t}$, 현재 t시간에 상태 i인 상황에 $t+1$에서 끝날 때까지의 순서의 확률을 나타낸다.
- $\delta_{i,t}$ t시간에 상태 i에 도달하는 어떤 경로를 사용하든지 나타날 수 있는 가장 높은 확률이다.
- $\xi_{i,j,t}$ t시간에 상태 i에 있고, $t+1$에 상태 j에 있는 확률이며, 이는 $N \times N \times T$의 크기 행렬이다.

$\alpha_{i,t}$는 모델과 관찰 값들이 주어진 상태에서 t시간까지 관찰 값들의 순서를 갖고, t시간에 상태 i에 있을 조건부 확률이며, 모델이 주어진 상태에서 전체 관찰 값들의 순서를 갖을 확률은 $\sum_{i=1}^{N} \alpha_{i,T}$와 같다.

- $\alpha_{i,0} = \pi_i b_i(o_0)$로 초기화
- $t = 1$부터 T까지 각각의 관찰 값 o_t에 대해서
  - 각 가능한 N_s의 상태 중 s 상태에 대해서
    * $\alpha_{s,t+1} = b_s(o_{t+1}) \left(\sum_{i=1}^{N}(\alpha_{i,t}a_{i,s}) \right)$

HMM 예제의 첫 두 가지 상태들을 살펴보자. 두 가지 경우에 대해서 관찰 값은 '당신이 지쳤다'이며, $\alpha_{i,t}$를 계산하고 전체 모델을 만들어야 한다. 그림 16.8은 전반적인 아이디어를 보여 주는데 초기 $\alpha_{i,t} = 0$은 각 상태가 일어날 가능이 얼마나 있는지 (π 변수) 작가의 추측으로부터 정했고, 이제 $\alpha_{i,t} = 2$부터 그림과 같이 계산해 가면 된다. 다음 과정에 대해서 계속 반복하고, 마지막 상태에 이를 때까지 계속 실행한다. 모든 가능한 확률을 다 더하고 나면 이를 통해서 지난밤 TV를 시청했을 확률이 가장 크다는 것을 알 수 있다. 이제 모델을 거꾸로 진행해야 하며, 이는 β값을 거꾸로 전이 확률과 출력 확률을 통해서 다음과 같이 계산하면 된다.

$$\beta_{i,t} = \sum_{j=1}^{N} a_{i,j}b_j(o_{t+1})\beta_{j,t+1}. \tag{16.15}$$

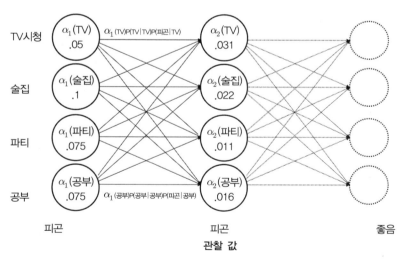

그림 16.8 HMM 예제의 첫 두 개 관찰 값에 대한 포워드 알고리즘

16.3.2 비터비 알고리즘

다음으로 생각할 문제는 은닉 상태들을 해석하는 문제다. 지난 장에서 만든 모델을 통해서 학생들이 어떻게 행동할지에 대해 실제 관찰 값들과 매칭해서 매일 저녁마다 무엇을 했는지 추론해 보겠다. 알고리즘은 처음 제안한 학자의 이름을 따라 **비터비 알고리즘**(Viterbi algorithm)이라고 부르는데 초반에는 완전히 다른 적용 분야인 노이즈 수정을 위한 알고리즘으로 고안되었다. 알고리즘을 통해서 $\delta_{i,t}$ 변수를 찾아내는 것이 목표이며, 이는 t까지 관찰 값들의 순서가 나타나고, t시간에 상태 i에 도달하게 하는 어떤 경로의 최대 확률을 찾는 작업이 요구된다. 이는 합 대신 최댓값을 찾는 것이 요구되는 점을 제외하면 포워드 알고리즘과 유사하다. 초기 값은 $\delta_{i,t} = 0 = \pi_i b_i(o_0)$이며, 이는 첫 관찰 값들에 대해서 설명하고, 새로운 δ에 대한 계산을 수행한다.

$$\delta_{j,t+1} = \max_i \left(\delta_{i,t} a_{i,j}\right) b_j(o_{t+1}). \tag{16.16}$$

각 상태에 무엇이 최선의 선택인지를 계속 따져 보는 것이 유용한데: $\phi_{j,t} = \arg\max_i \left(\delta_{i,t-1} a_{i,j}\right)$, 이는 마지막 순서에 이르렀을 때 이제까지 만든 행렬을 사용해서 거꾸로 돌아가면서 가장 확률적으로 가능성이 높은 길을 찾아내고 싶기 때문이다.

따라서 마지막 상태에 이르렀을 때 높은 $q_T^* = \delta\cdot, T$, 값을 갖는 가장 가능성이 높은 상태를 찾아내고, $q_t^* = \phi_{q_{t+1}^*, t+1}$를 이용해 다시 격자 모델을 처음에 이를 때까지 되돌아간다. 알고리즘은 다음과 같다.

HMM 비터비 알고리즘

- 각 상태 i에 대해서 $\pi_i b_i(o_0)$를 이용해서 $\delta_{i,0}$를 초기화한다. $\phi_0 = 0$
  - 포워드 알고리즘을 t시간에 대해 실행
    * 각 가능한 상태 s에 대해:
      · $\delta_{s,t} = \max_i (\delta_{i,t-1} a_{i,s}) b_s(o_t)$
      · $\phi_{s,t} = \arg\max_i (\delta_{i,t-1} a_{i,s})$
  - 가장 확률이 높은 은닉 상태가 $q_T^* = \arg\max_i \delta_{i,T}$가 되도록 q_T^*를 설정
  - 백워드 알고리즘을 실행
    * $q_{t-1}^* = \phi_{q_t^*, t}$

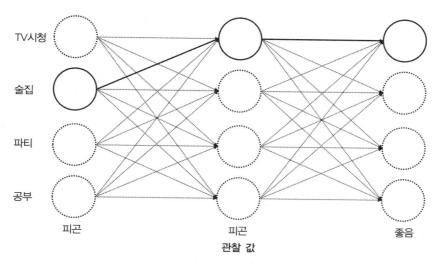

그림 16.9 HMM 예제에 대한 비터비 격자의 첫 세 개 관찰 값

그림 16.9는 첫 세 상태 예제에 대한 가능한 경로들을 보여 준다. 예제의 숫자들을 사용해서 비터비 알고리즘을 수행하면 가장 그럴듯한 설명을 찾을 수 있다. 예를 들면, (좋음, 배고픔, 배고픔, 좋음, 피곤, 좋음, 좋음, 좋음, 배고픔, 배고픔, 피곤, 두려움, 두려움)의 관찰 값은 술집에서 더 많은 시간을 보냈다는 것을 말해 줄 것이다. 하지만 가장 그럴듯한 순서에 대해도 계산된 확률 값은 아주 작은 7.65×10^{-9}으로, 값만 보면 일어날 것 같지 않아 보인다. 이는 HMM의 문제점 중에 하나인데 가능한 상태들의 공간이 너무 커서 확률은 0이 되기 쉽다. 이는 해석의 문제이기도 하고 계산의 문제이기도 한데 확률 값이 너무 작아서 소숫점 아래의 값들에 오류가 생기기 시작한다. 이번 장의 마지막에 이에 대해서 간략하게 다시 이야기해 보겠다.

16.3.3 바움 웰치 또는 포워드 백워드 알고리즘

위의 예제에서 전이 확률과 출력 확률을 경험에 바탕으로 만들어 내야 했고, 결과적으로 찾은 가장 그럴듯한 패스도 역시 확률 값이 너무 낮고, 그럴듯해 보이지 않았다. 직접 전이 확률을 만들어 내는 것보다는 관찰 값에서 HMM을 만들어 내는 것이 더 좋은 방법처럼 보인다. 이는 학습의 과정이며, 목적 값이 없으므로 비지도학습의 문제에 속한다. 사실, 최적화 확률을 찾는 것은 NP-complete 문제인데 가능한 모든 순서에 대해서 가능한 모든 확률들의 집합을 찾아야 하기 때문이다. 대신에 EM 알고리즘으로 알려진 **바움 웰치 알고리즘**

(Baum-Welch Algorithm)(7.1.1절에서 EM 알고리즘의 예제를 살펴보자)을 사용하는데 이는 지역적인 최적 값도 찾지 못하므로 별로 좋아 보이지 않지만, 실제로 꽤나 잘 동작한다.

알고리즘의 요점은 두 번째 이름, 즉 포워드 백워드에서 나타난다. 새로운 변수 α를 사용해서 HMM을 정방향으로 진행시키고, β변수를 이용해서 역방향으로 HMM을 실행한다. $\beta_i(t)$는 t시간에 ω_i 상태에 있고, $t+1$ 이후의 결과가 다 맞게 추측되었을 확률을 나타낸다. 따라서 이제는 전체 순서의 어떤 중간점을 뽑아서 처음부터 포워드 알고리즘을 실행하고, 마지막부터 백워드 알고리즘을 실행해서 가능한 길들을 찾아볼 수 있다.

어떤 계산이 필요한지를 알아보기 위해서 알고리즘을 통해서 적응하고자 하는 세 개의 변수를 살펴볼 텐데 세 변수는 다음과 같다. 즉, π_i는 상태 i에서 시작될 가능성의 수, $a_{i,j}$는 상태 i에서 j로 갈 기댓값을 상태 i를 떠나는 전체 숫자로 나눈 값, $b_i(o_k)$는 상태 i에 있을 때 관찰 값 o_k를 볼 기댓값을 상태i에 있는 전체 수로 나눈 값이다.

$\xi_{i,j,t}$를 t시간에 상태 i에 있으며, $t+1$시간에 상태 j에 있을 확률이라고 하고 하면, 다음의 식을 살펴볼 수 있다. 여기서 글씨 위에 있는 고깔 모양의 부호($\hat{\cdot}$)는 관찰 가능한 순서를 바탕으로 추측된 값들을 의미하기 위해서 사용되었다.

$$\hat{\pi}_i = \sum_{j=1}^{N} \xi_{i,j,0} \tag{16.17}$$

$$\hat{a}_{i,j} = \sum_{t=1}^{T-1} \xi_{i,j,t} / \sum_{t=1}^{T-1} \sum_{j=1}^{N} \xi_{i,j,t} \tag{16.18}$$

$$\hat{b}_i(o_k) = \sum_{t=1, o_t=k}^{T} \sum_{j=1}^{N} \xi_{i,j,t} / \sum_{t=1}^{T} \sum_{j=1}^{N} \xi_{i,j,t} \tag{16.19}$$

마지막 식에서 분모는 관찰 값 k가 보여진 시간들 t만에 대해서 합을 구하는 것을 뜻하며, 마지막 상태에서는 더 이상 움직일 수 있는 곳이 없으므로 중간식의 합은 $T-1$까지만 이뤄진다.

이제 알고리즘은 $\xi_{i,j,t}$를 계산하면서 시작되며, 나머지 세 개 변수 값을 추측하고, 추측 값이 변하지 않을 때까지 반복된다. 이는 EM 알고리즘의 방법과 유사하며, 각 상태별로 얼마나 많은 이동이 예상되는지를 기댓값으로 구하고, 이를 최댓값으로 만든다.

$\xi_{i,j,t}$의 계산은 t까지 포워드 알고리즘을 실행하고, 상태 i에 도달했을 때 상태 j로 전이하고, 마지막까지 수행하는 것은 거꾸로 상태 j에 $t+1$에 도달하는 백워드 알고리즘과 동일하다.

$$\xi_{i,j,t} = \frac{\alpha_{i,t} a_{i,j} b_j(o_{t+1}) \beta_{j,t+1}}{\sum_{i=1}^{N} \sum_{j=1}^{N} \alpha_{i,t} a_{i,j} b_j(o_{t+1}) \beta_{j,t+1}}, \qquad (16.20)$$

여기서 분모는 정규화를 위함이며, T값은 b 또는 β값이 없으므로 좀 달라진다. 이는 전체 바움 웰치 알고리즘을 유도한다.

HMM 바움 웰치(포워드 백워드) 알고리즘

- π를 모든 상태들의 확률 값으로 초기화, a, b값은 사전 지식이 없다면 무작위로 초기화

- 업데이트가 수렴하지 않는 한:
  - **E 단계:**
  - 포워드 백워드 알고리즘을 사용해서 α값과 β값을 계산
  - 순서 o_t의 각 관찰 값에 대해서, $t = 1 \ldots T$
    * 각 상태 i:
      · 각 상태 j:
      · 식 (16.20)을 이용해서 ξ를 계산
  - **M 단계:**
  - 각 상태 i:
    * 식 (16.17)을 사용해서 $\hat{\pi}_i$을 계산
    * 각 상태 j:
      · 식 (16.18)을 이용해서 $\hat{a}_{i,j}$를 계산
  - 각각의 가능한 관찰 값 o:
    * 식 (16.19)를 이용해서 $\hat{b}_i(o)$를 계산

이는 굉장히 중요한 알고리즘이다. 파이썬 구현은 다음과 같다.

```
def BaumWelch(obs,nStates):

    T = np.shape(obs)[0]
    xi = np.zeros((nStates,nStates,T))

    # pi, a, b를 무작위로 초기화
    pi = 1./nStates*np.ones((nStates))
    a = np.random.rand(nStates,nStates)
    b = np.random.rand(nStates,np.max(obs)+1)

    tol = 1e-5
    error = tol+1
    maxits = 100
```

```
        nits = 0
        while ((error > tol) & (nits < maxits)):
                nits += 1
                oldpi = pi.copy()
                olda = a.copy()
                oldb = b.copy()

                # E 단계
                alpha,c = HMMfwd(pi,a,b,obs)
                beta = HMMbwd(a,b,obs,c)

                for t in range(T-1):
                        for i in range(nStates):
                                for j in range(nStates):
                                        xi[i,j,t] = alpha[i,t]*a[i,j]*b[j,↵
                                        obs[t+1]]*beta[j,t+1]
                        xi[:,:,t] /= np.sum(xi[:,:,t])

                # 마지막 단계에서는 b, beta가 없음
                for i in range(nStates):
                        for j in range(nStates):
                                xi[i,j,T-1] = alpha[i,T-1]*a[i,j]
                xi[:,:,T-1] /= np.sum(xi[:,:,T-1])

                # M 단계
                for i in range(nStates):
                        pi[i] = np.sum(xi[i,:,0])
                        for j in range(nStates):
                                a[i,j] = np.sum(xi[i,j,:T-1])/np.sum(xi[i,:,:T-1])

                        for k in range(max(obs)):
                                found = (obs==k).nonzero()
                                b[i,k] = np.sum(xi[i,:,found])/np.sum(xi[i,:,:])

                error = (np.abs(a-olda)).max() + (np.abs(b-oldb)).max()
                print nits, error, 1./np.sum(1./c), np.sum(alpha[:,T-1])
        return pi, a, b
```

바움 웰치 알고리즘은 더 많은 데이터를 사용해야 트레이닝이 제대로 이뤄지므로 간단한 예제에 대해서는 이 알고리즘을 사용할 수 없다. 하지만 알고리즘을 적용하고 비터비 패스를 찾아낸다면 만들어진 데이터에 대해 같은 답을 준다.

HMM에 대해서 한 가지 더 짚고 넘어갈 것은 확률이 계속 작아지는 반올림 오차 오류 문제에 대해서 해결할 방법이 있다는 것이다. 한 가지 방법은 α값을 매 반복 때마다 전체 α값들로 나눠서 정규화하는 것이다. 같은 값이 β를 계산하는 데에도 사용된다면 이 두 가지 정규화는 마지막 계산에서 상쇄되어 잘 동작한다. 이는 다음 코드의 포워드 알고리즘에서 c변수 값이다.

```python
def HMMfwd(pi,a,b,obs):

    nStates = np.shape(b)[0]
    T = np.shape(obs)[0]
    alpha = np.zeros((nStates,T))
    alpha[:,0] = pi*b[:,obs[0]]

    for t in range(1,T):
        for s in range(nStates):
            alpha[s,t] = b[s,obs[t]] * np.sum(alpha[:,t-1] * a[:,s])

    c = np.ones((T))
    if scaling:
        for t in range(T):
            c[t] = np.sum(alpha[:,t])
            alpha[:,t] /= c[t]
    return alpha,c
```

HMM에 대한 대부분의 설명은 여기까지다. 두 가지 HMM의 한계점에 대해서 살펴볼 필요가 있는데 먼저, 확률 분포는 시간에 종속적이지 않으며, 확률 값은 아주 작다는 점이다. 두 번째 문제점은 면밀하게 확인되어야 하는 구현 세부 사항이다. 더 일반적인 그래프 모델을 사용해서 이를 해결할 수 있지만, 이는 더 높은 추가의 계산 비용이 필요하다.

16.4 트래킹 방법

이번 장에서는 두 가지 **트래킹**을 수행하는 방법을 살펴보겠다. 트래킹은 원하는 물체를 예의 주시해서 어디에 있는지 어떻게 움직이는지를 계속 지켜봄으로써 매우 쉽게 수행할 수 있다. 진화론적인 측면에서 보아도 트래킹을 통해서 포식자가 어디에 있는지 어디로부터 오고 있는지를 살펴봄으로써 생명을 지킬 수 있는 장점이 있다. 이를 수행하는 것은 기계한테 있어서도 인간이나 동물에게 비슷한 이유로 도움을 주며(예를 들면, 레이더 또는 다른 이미징 방법을 통해서 움직이는 물체를 지켜보고, 어디로 어떤 경로를 통해서 움직일지를 예측할 수 있으며), 변화하는 확률 분포를 계속 추적한다. 이를 수행하는 **칼만 필터**(Kalman filter)와 **파티클 필터**(particle filter) 두 가지 방법에 대해서 살펴보겠다.

16.4.1 칼만 필터

칼만 필터는 재귀 추정자인데, 칼만(E. Kalman)의 이름을 따라서 만들었다(물론, 그는 초기 알고리즘 고안자는 아니지만, 많은 발전을 이뤄냈다). 이는 다음 단계에 대한 예측을 만들며, 다음 단계에 실제로 나타나는 값을 바탕으로 오류 값을 계산하고, 이를 다시 수정하기 위해 노력한다. 따라서 다음 예측 값을 만드는 데 사용하고, 이를 계속 반복한다. 이는 예측하고 수정하는 작업을 반복하는 것으로 생각할 수 있는데 각 단계의 오류는 다음 단계의 예측을 향상시키는 데에 사용된다. 칼만 필터는 그림 16.10의 그래프 모델로 표현된다.

칼만 필터에 사용되는 용어들은 이미 친숙한 것들인데 은닉 상태와 알고 싶은 변수들로 이뤄져 있다. 이는 노이즈가 추가된 관찰 값들을 통해서 볼 수 있다. **전이 모델**은 하나의 상태에서 다른 상태로 어떻게 진행되는지, **관찰 모델**(센서 모델이라고도 불림)은 어떻게 상태에서 관찰 값을 보이게 되었는지를 설명한다.

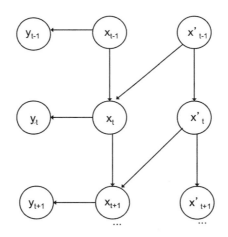

그림 16.10 칼만 필터를 시간대별로(추적하기와 같은 경우) 그래프 모델로 표현

모델에 내재적인 아이디어는 시간에 따라 변화하는 과정이 있는데 이는 두 가지의 노이즈(시간이 지나면서 과정이 변화하는 과정 노이즈와 관찰 값을 확인하면서 만들어지는 노이즈인 **관찰(또는 측정) 노이즈**가 있다)가 추가된 출력 값들을 만들어 낸다는 것이다. 두 가지 노이즈는 각각 독립적이라고 여겨지고, 평균 0의 가우시안 분포를 따른다고 가정된다. 과정은 **x**에 대한 **확률 차분 방정식**으로 나타낼 수 있고, n차원을 갖는다.

$$\mathbf{x}_{t+1} = \mathbf{A}\mathbf{x}_t + \mathbf{B}\mathbf{u}_t + \mathbf{w}_t, \tag{16.21}$$

여기서 $\mathbf{A}_t$는 $n \times n$의 행렬이며, 내재되어 있는 과정의 비운동적인 측면을 나타낸다. **B**는 $n \times 1$ 행렬의 운동력을 나타내고, **u**는 1차원의 운동력을 나타낸다. **w**는 과정 노이즈이고, 이는 평균 0의 표준화 정규분포 **Q**를 따른다고 가정된다.

관찰 값은 m 차원이다.

$$\mathbf{y}_t = \mathbf{H}\mathbf{x}_t + \mathbf{v}_t, \tag{16.22}$$

여기서 $m \times n$ 행렬 **H**는 어떻게 상태가 측정되었는지를 나타내고, **v**는 평균 0 표준편차 **R**로 가정되는 측정 오류를 나타낸다.

예제로 상수의 속도로 1차원에서 움직이는 입자를 생각해 보자. 상태는 2차원이고, 위치와 입자의 속도로 이뤄져 있다($\mathbf{x} = [x, \dot{x}]^T$). 운동력이 존재하지 않으므로 $\mathbf{B}\mathbf{u}_t = 0$이 된다. 전체 진행 방정식은 뉴턴의 법칙으로 유도된다($x_{t+1} = x_t + \triangle t \dot{x}_t$ $\triangle_t = 1$이고, 속도 값은 변하지 않는다).

$$\begin{pmatrix} x_{t+1} \\ \dot{x}_{t+1} \end{pmatrix} = \begin{pmatrix} 1 & 1 \\ 0 & 1 \end{pmatrix} \begin{pmatrix} x_t \\ \dot{x}_t \end{pmatrix} + \mathbf{w}_t. \tag{16.23}$$

입자의 위치는 측정 오류를 포함해서 관찰할 수 있지만, 속도는 관찰할 수 없으며, 측정 방정식은 다음과 같다.

$$y_t = \begin{pmatrix} 1 & 0 \end{pmatrix} \begin{pmatrix} x_t \\ \dot{x}_t \end{pmatrix} + \mathbf{v}_t. \tag{16.24}$$

칼만 필터의 주요 단순화 가정은 과정이 1차원이어서 모든 분포들은 상수의 분산을 갖는 가우시안 분포를 따른다는 것이다. 가우시안의 합성은 또한 가우시안 분포를 따르므로 이를 다 합쳐도 역시 가우시안을 따르게 만들어 모델을 단순화시켜 준다. 이전의 트래킹 방법은 확률 분포가 잘 정의되지 않아서 측정 값이 어긋나 버리게 되는 문제로 인해 금방 동작하지 않게 만들어 버리는데 칼만 필터는 이러한 문제들을 해결하였다. 여기서는 전이 모델과 관찰 모델 모두 지난 관찰 값의 평균과 고정된 공분산 **Q**와 **R**를 따르는 가우시안을 따른다고 가정한다.

$$P(\mathbf{x}_{t+1}|\mathbf{x}_t) = \mathcal{N}(\mathbf{x}_{t+1}|\mathbf{A}\mathbf{x}_t, \mathbf{Q}) \tag{16.25}$$

$$P(\mathbf{z}_t|\mathbf{x}_t) = \mathcal{N}(\mathbf{z}_t|\mathbf{H}\mathbf{x}_t, \mathbf{R}). \tag{16.26}$$

전체 필요한 준비를 마쳤으니 이제 예측을 하고 다음 관찰 값이 주어지면 다시 수정해 본다. 앞으로 글씨 위에 있는 고깔 모양의 부호(^)는 예측 값을 나타내기 위해서 사용한다 $(\hat{\mathbf{x}}, \hat{\mathbf{y}})$. 따라서 $\hat{y}_{t+1} = \mathbf{H}\mathbf{A}\hat{\mathbf{x}}_{t+1}$ 그리고 오류 값은 측정 오류를 제외한 관찰 값과 예측 값의 차이 $\mathbf{y}_{t+1} - \hat{y}_{t+1}$로 나타낸다. 이는 가우시안 분포의 확률 과정이므로 예측 공분산 행렬을 $\hat{\mathbf{\Sigma}}_{t+1} = \mathbf{A}\mathbf{\Sigma}_t\mathbf{A}^T + \mathbf{Q}$로 보관한다(이는 $E[(\mathbf{x}_k - \hat{\mathbf{x}}_k)(\mathbf{x}_k - \hat{\mathbf{x}}_k)^T)])$. 칼만 필터는 필터가 현재의 측정 값에 대한 신뢰가 얼마나 있는지에 따라서 오류 계산을 차별화하는데 이는 **칼만 이득**이라 불리며, 다음과 같이 계산된다.

$$\mathbf{K}_{t+1} = \hat{\mathbf{\Sigma}}_{t+1}\mathbf{H}^T \left(\mathbf{H}\hat{\mathbf{\Sigma}}_{t+1}\mathbf{H}^T + \mathbf{R}\right)^{-1}. \tag{16.27}$$

이 공식은 평균 제곱오차를 최소화하는 과정에서 유도되며, 이에 대한 과정은 '더 읽을 거리'에서 제공된다. 이를 사용하면 예측은 다음과 같이 갱신된다.

$$\mathbf{x}_{t+1} = \hat{\mathbf{x}}_{t+1} + \mathbf{K}_{t+1}\left(\mathbf{z}_{t+1} - \mathbf{H}\hat{\mathbf{x}}_{t+1}\right), \tag{16.28}$$

이제 공분산 예측은 다음과 같이 갱신된다.

$$\mathbf{\Sigma}_{t+1} = (\mathbf{I} - \mathbf{K}_{t+1}\mathbf{H})\hat{\mathbf{\Sigma}}_{t+1}, \tag{16.29}$$

여기서 $\mathbf{I}$는 단위 행렬이며, 이 공식들을 다 모아서 다음과 같이 간단한 알고리즘을 만들어 낸다.

칼만 필터 알고리즘

- 초기 예측 값을 바탕으로 $\mathbf{x}(0)$
- 각 시간마다:
  - 다음 단계를 예측하고
    * 상태 예측 $\hat{\mathbf{x}}_{t+1} = \mathbf{A}\mathbf{x}_t + \mathbf{B}\mathbf{u}_t$
    * 공분산 예측 $\hat{\mathbf{\Sigma}}_{t+1} = \mathbf{A}\mathbf{\Sigma}_t\mathbf{A}^T + \mathbf{Q}$
  - 예측 값 갱신
    * 예측 값에서 나온 오류 값 계산, $\epsilon = \mathbf{y}_{t+1} - \mathbf{H}\mathbf{A}\mathbf{x}_{t+1}$
    * 식 (16.27)을 이용한 칼만 이득 계산
    * 식 (16.28)을 이용해서 상태 갱신
    * 식 (16.29)을 이용해서 공분산 갱신

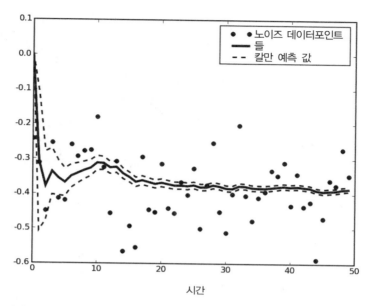

그림 16.11 1차원 상수의 오류 과정을 칼만 필터를 사용해서 예측. 필터는 꽤나 빠르게 수렴되어 변하지 않는 평균 값의 과정을 표현하고, 이에 대해 예측 오류도 줄어든다(점선으로 표시).

이를 구현하는 데에는 np.dot()를 반복적으로 사용해서 행렬의 곱을 실행해야 한다.

그림 16.11은 1차원 예제에 대해서 칼만 필터를 사용한 것을 보여 주며, 여기서 x_{t+1} = $x_t + w_k$와 같이 시간 편차가 존재하지 않는다. 점들은 과정에서 나온 노이즈가 추가된 데이터들을 표현하며, 선은 칼만 필터의 예측 값을 보여 주며, 점선들은 표준편차 값을 나타낸다. 초반 예측 값은 정확하지 않지만, 알고리즘은 데이터의 평균 예측 값으로 빠르게 수렴하고 오류 값도 크게 줄여 간다.

이제 칼만 필터 동작을 살펴보았으니 이를 이용해서 어떻게 트래킹하는지 살펴보겠다. 그림 16.12에서는 식 (16.23)과 식 (16.24)를 이용한 1차원 트래킹을 보여 준다. 이를 더 확실하게 보이기 위해서 2차원을 사용하고 입자에 대한 조정이 없어서 상수의 속도로 움직인다고 가정한다. 입자의 상태는 다음과 같다.

$$\mathbf{x}_t \;=\; (x_1, x2, \dot{x}_1, \dot{x}_2)^T, \;\; \mathbf{y}_t = (y_1, y_2)^T, \tag{16.30}$$

$$\mathbf{A} \;=\; \begin{pmatrix} 1 & 0 & 1 & 0 \\ 0 & 1 & 0 & 1 \\ 0 & 0 & 1 & 0 \\ 0 & 0 & 0 & 1 \end{pmatrix}, \;\; \mathbf{H} = \begin{pmatrix} 1 & 0 & 0 & 0 \\ 0 & 1 & 0 & 0 \end{pmatrix} \tag{16.31}$$

다른 사전 지식 없이 Q와 R는 4×4 그리고 2×2의 단위 행렬에 비례한다고 가정할 수 있다.

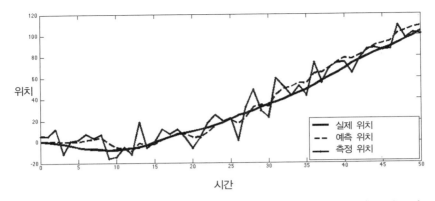

그림 16.12 칼만 필터가 1차원 공간에서 물체의 움직임을 트래킹하는 것을 보여 준다.

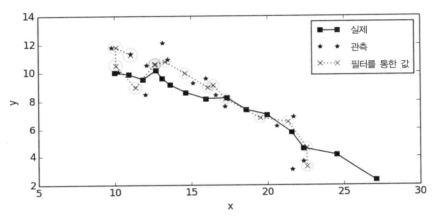

그림 16.13 칼만 필터가 2차원 평면에서 움직이는 물체를 트래킹하는 것을 보여 준다. 회색 원들은 각각 측정 값에 대한 분산 값을 보여 준다.

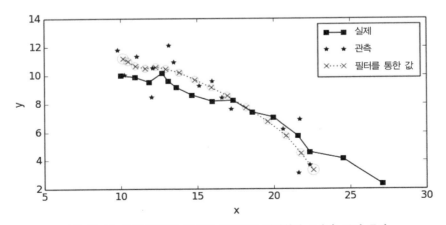

그림 16.14 그림 16.13의 경로를 매끄럽게 평탄화한 모습을 보여 준다.

그림 16.13은 2차원 평면에서 움직이는 점의 예를 보여 주는데 (10,10)에서 시작해서 오른쪽으로 1의 속도로 15단계를 표준편차 0.1의 노이즈로 x_1과 x_2 방향으로 움직이며, 회색 원은 공분산 행렬(단위 표준편차)을 표현한다. 필터는 초반에 물체들을 트래킹하고, 금방 내재적인 과정을 더 학습하게 된다. 하지만 경로는 더 높은 노이즈가 예측 값에 영향을 미치면서 지그재그로 흔들린다. 이를 해결하기 위해서 **칼만 스무더(Kalman Smoother)**를 통한 필터가 사용되어서 위치를 측정한 값에 역방향으로 경로를 평탄화한다. 필터는 점들을 예측하기 위해 실행되고, 예측 값은 매끄러운 경로를 위해 입자의 경로를 따라서 갱신된다.

매끄럽게 하는 여러 가지 방법이 있지만, **라치 퉁 스트리에벨 스무더(Rauch-Tung-Striebel smoother)**라고 알려진 한 방법에서는 다음 업데이트 공식이 마지막 점에서 역방향으로 처음 시작점으로 사용되었다(^(·) 변수들은 필터된 결과다).

$$\mathbf{x}' = \mathbf{A}\hat{\mathbf{x}}$$
$$\mathbf{\Sigma}' = \mathbf{A}\hat{\mathbf{\Sigma}}\mathbf{A}^T + \mathbf{Q}$$
$$\mathbf{J} = \hat{\mathbf{\Sigma}}\mathbf{A}\mathbf{\Sigma}'$$
$$\mathbf{x}_s = \hat{\mathbf{x}} + \mathbf{J}(\hat{\mathbf{x}} - \mathbf{x}')$$
$$\mathbf{\Sigma}_s = \hat{\mathbf{\Sigma}} + \mathbf{J}(\hat{\mathbf{\Sigma}} - \mathbf{\Sigma}')\mathbf{J}^T \tag{16.32}$$

그림 16.14는 그림 16.13의 부드럽게 처리된 경로를 보여 준다. 칼만 필터의 주된 가정 중 하나는 과정이 선형이라는 것이다. 하지만 실제로 그렇지 않은 경우가 많다. 비선형성을 처리하는 한 가지 방법은 현재 예측 값 $(\mathbf{x}_t, \mathbf{\Sigma}_t)$을 선형화하는 것인데 이는 **연장 칼만 필터**를 이끌어 낸다. 오리지널 칼만 필터와 많은 점들이 유사한데 그렇다면 차이점들을 살펴보자. 비선형 확률 차분 방정식에서부터 시작해 보자.

$$\mathbf{x}_{t+1} = f(\mathbf{x}_t, \mathbf{u}_t, \mathbf{w}_t), \tag{16.33}$$

여기에서 변수들은 칼만 필터의 것과 같은데 단지 다른 점은 비선형 함수 $f(\cdot)$를 사용한다는 점이며, 측정 함수도 다음과 같다.

$$\mathbf{y}_t = h(\mathbf{x}_t, \mathbf{v}_t). \tag{16.34}$$

현재 예측 값 $\hat{\mathbf{x}}_t$이 있다면 노이즈가 평균 0을 따른다는 가정하에 그 점에서의 함수를 $\tilde{\mathbf{x}} = f(\hat{\mathbf{x}}, u_t, 0)$로 계산해서 평가할 수 있다. 이 점에 대해서 다음과 같이 선형화한다.

$$x_{t+1} \approx \tilde{\mathbf{x}}_{t+1} + \mathbf{J}_{f,x}(\hat{\mathbf{x}}_t, \mathbf{u}_t, 0)(\mathbf{x}_t - \hat{\mathbf{x}}_t) + \mathbf{J}_{f,w}(\hat{\mathbf{x}}_t, \mathbf{u}_t, 0)\mathbf{w}_t), \tag{16.35}$$

이와 유사하게 $h(\cdot)$ 함수에 대해서 다음과 같이 선형화한다.

$$y_t \approx \tilde{\mathbf{y}}_{t+1} + \mathbf{J}_{h,x}(\tilde{\mathbf{x}}_t, 0)(\mathbf{x}_t - \tilde{\mathbf{x}}_t) + \mathbf{J}_{h,v}(\tilde{\mathbf{x}}_t, \mathbf{v}_t). \qquad (16.36)$$

두 공식에서 $\mathbf{J}$는 두 번째 첨자 변수에 대한 첨자 함수의 자코비안을 일컫는다.

$$\mathbf{J}_{f,x}|_{i,j} = \frac{\partial f_i}{\partial \mathbf{x}_j}(\hat{\mathbf{x}}_t, \mathbf{u}_t, 0). \qquad (16.37)$$

두 개의 함수와 이들의 파생 함수들을 계산할 수 있고, 이를 이용해서 선형 함수로 표현되는 오류를 보통 칼만 필터를 이용해서 측정할 수 있다. 이는 다음과 같은 알고리즘을 만들어 낸다.

연장 칼만 필터 알고리즘

- 초기 예측 값이 주어진 상태에서 $\mathbf{x}(0)$
- 매 시간마다:
  - 다음 단계를 예측
    * 상태를 측정 $\hat{\mathbf{x}}_{t+1} = f(\hat{\mathbf{x}}_t, \mathbf{u}_t, 0$
    * 자코비안을 계산 $\mathbf{J}_{f,x}$ and $\mathbf{J}_{f,w}$
    * 공분산을 예측 $\hat{\boldsymbol{\Sigma}}_{t+1} = \mathbf{J}_{f,x}\boldsymbol{\Sigma}_t\mathbf{J}_{f,x}^T + \mathbf{J}_{f,w}\mathbf{Q}\mathbf{J}_{f,w}^T$
  - 예측 값 갱신
    * 예측에 대한 오류를 계산, $\boldsymbol{\epsilon} = \mathbf{y}_t - h(\hat{\mathbf{x}}_t, 0)$
    * 자코비안을 계산 $\mathbf{J}_{h,x}$ and $\mathbf{J}_{h,w}$
    * 칼만 이득을 계산 $\mathbf{K} = \mathbf{J}_{f,x}\mathbf{J}_{h,x}^T(\mathbf{J}_{h,x}\mathbf{J}_{f,x}\mathbf{J}_{h,x}^T + \mathbf{J}_{h,w}\mathbf{R}\mathbf{J}_{h,w}^T)^{-1}$
    * 상태 갱신 $\hat{\mathbf{x}} = \hat{\mathbf{x}} + \mathbf{K}\boldsymbol{\epsilon}$
    * 공분산을 갱신 $(\mathbf{I} - \mathbf{K}\mathbf{J}_{h,x})\mathbf{J}_{f,x}$

그림 16.15는 연장 칼만 필터가 함수 $h(x, y, z) = x + y$를 $f(x, y, z) = (y, z, -.5x(y+z))$로 트래킹하는 예를 보여 준다.

연장 칼만 필터는 최적 예측이 아니다. 더군다나 지역적 선형성에 대한 가정이 사실이 아니라면 예측 값은 매우 부정확하고, 설령 정확하다고 해도 이는 자코비안을 계산해야 하는 것이 요구되어서 기본적으로 어렵다. 다양한 시도를 통해서 이를 발전시키려 노력했는데 한 가지 방법은 데이터의 통계를 대표해 주는 여러 집합의 점들을 선택해서 이를 비선형 함수($f(\cdot)$와 $h(\cdot)$)에 적용시켜 변형하고, 변형된 데이터의 통계를 예측하기 위해서 점들의 통계치를 계산한다. 이는 **무향의 변형**이라는 이름을 갖고 있으며, **무향의 칼만 필터**를 만드는 데 사용된다. 더 많은 정보를 위해서 '더 읽을거리'를 살펴보자. 다음으로는 일반적인 MCMC 알고리즘을 사용한 트래킹인 입자 필터를 살펴보겠다.

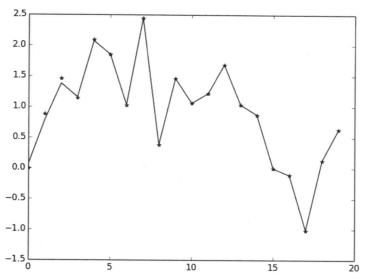

그림 16.15 연장 칼만 필터는 함수 $h(x, y, z) = x + y$를 $f(x, y, z) = (y, z, -.5x(y + z))$로 트래킹한다.

16.4.2 입자 필터

칼만 필터는 함수의 선형성과 함수의 분포가 가우시안 분포를 따른다고 가정하는데 이를 통해서 합성 함수들 모두 가우시안을 따르게 만들어 준다. 이 문제를 해결하기 위해서 이 장에서 많은 알고리즘을 뒷받침했던 중요한 샘플링을 다시 살펴보겠다. 입자 샘플링 기술은 15.3절에서 샘플링 중요성 리샘플링(sampling-importance-resampling) 알고리즘의 기본 형태를 사용하고 있고, **응축법**(condensation method)을 사용한다. 이는 꽤나 최근에 발전된 분야이며, 많은 이미지와 신호 분석에서의 트래킹 문제에서 성공적인 적용을 보여 준다. 아이디어는 샘플링을 이용해서 확률 분포의 상태를 트래킹하는 것인데 이는 순차 샘플이라고 알려져 있으며, t 시간에 샘플들을 사용해서 $t + 1$의 상태를 예측하고, 여기서 다시 리샘플링을 한다.

샘플링 방법의 한 가지 장점은 마르코프 가정을 지키지 않아도 된다는 점이다. 트래킹에서 사전 기록은 유용할 수 있는데 이는 마르코프 가정이 나쁘다는 것을 의미한다. 예측 분포는 $q(\mathbf{x}_{t+1}|\mathbf{x}_{0:t}, \mathbf{y}_{0:t})$와 같이 작성되며, 이로 인해 의존성이 없어지며, 제안 분포는 전이 확률 $p(\hat{\mathbf{x}}_{t+1}|\mathbf{x}_{0:t}, \mathbf{y}_{01:t})$을 예측하는 데 사용된다. 기본 입자 필터에는 이와 더불어 아주 적은 점들이 추가되는데 그림 16.16에 입자 필터의 반복에 대한 윤곽이 보여진다. 기본 알고리즘은 다음 장에서 살펴보고, 예제와 구현에 대해서도 알아볼 것이다.

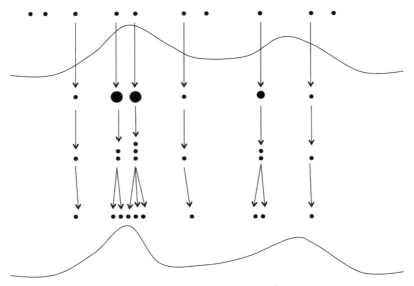

그림 16.16 입자 필터에 대한 대략적인 도식. 무작위의 입자들의 중요도는 분포도에 따라서 정해지고, 새로운 입자들은 다시 만들어져서 중요도에 따라 갱신되고, 제안 분포는 다시 갱신된다.

파티클 필터 알고리즘

- $p(\mathbf{x}_0 \text{ for } i = 1\ldots N$에서 $\mathbf{x}_0^{(i)}$를 샘플링

- 각 단계마다:
  - 중요도 샘플(importance sample)
  - 각 데이터포인트마다:
    * $q(\mathbf{x}_t^{(i)}|\mathbf{x}_{0:t-1}^{(i)}, \mathbf{y}_{1:t})$로부터 $\hat{\mathbf{x}}_t^{(i)}$샘플링
    * $\mathbf{x}_{0:t-1}^{(i)}$에서 $\mathbf{x}_{0:t}$를 얻도록 샘플들의 리스트에 $\hat{\mathbf{x}}_t^{(i)}$를 합
    * 중요도 가중치를 계산:

$$w_t^{(i)} = w_{t-1}^{(i)} \frac{p(\mathbf{y}_t|\hat{\mathbf{x}}_t^{(i)})p(\mathbf{x}_t^{(i)}|\hat{\mathbf{x}}_{t-1}^{(i)})}{q(\mathbf{x}_t^{(i)}|\mathbf{x}_{0:t-1}^{(i)}, \mathbf{y}_{1:t})} \tag{16.38}$$

  - 중요도 가중치들 전체의 합으로 나눠서 정규화
  - 파티클들을 다시 샘플링
    * 중요도 가중치에 따라서 파티클들을 유지해서 $p(\mathbf{x}_{0:t}^{(i)}|\mathbf{y}_{1:t})$로부터 샘플링했을 때 어떤 파티클들 여러 개의 복사값들을 갖도록 만들고, 또 다른 파티클들이 가진 수의 파티클을 갖지 못하도록 만든다.

---

408 **CHAPTER 16** 그래프 모델

리샘플링 부분의 알고리즘은 좀 더 살펴볼 필요가 있는데 이들은 각기 다른 계산 비용과 예측의 편차를 갖는다. 웹사이트의 코드는 두 가지 구현, 즉 체계적인 리샘플링과 잔여 리샘플링을 보여 준다. 체계적인 리샘플링의 경우에는 가중치들의 합과(마지막에는 1이 된다) 유니폼 난수 $\tilde{u}_k$를 사용해서 $u_k = (k = 1 + \tilde{u}_k)/N$를 n_i개의 입자 i 복제들을 다음 단계에 집합으로 사용한다. 여기서 n_i는 u_k의 개수인데 $\sum_{s=1}^{i-1} w_s \leq u_k < \sum_{s=1}^{i} w_s$를 만족한다. 한 가지 구현 방법은 다음과 같다.

```python
def systematic(w,N):
    # 체계적인 리샘플링
    N2 = np.shape(w)[0]
    # 1보다 크도록
    samples = np.random.rand(N+1)
    indices = np.arange(N+1)
    u = (samples+indices)/(N+1)
    cumw = np.cumsum(w)
    keep = np.zeros((N))
    # ni개의 입자 xi 복제본, 여기서 ni는 = ws[i-1]과 ws[i] 사이의 u의 개수다.
    j = 0
    for i in range(N2):
        while((u[j]<cumw[i]) & (j<N)):
            keep[j] = i
            j+=1
    return keep
```

잔여 샘플링은 이에 속도를 높이는 방법인데(비록 알고리즘이 $\mathcal{O}(n)$일지라도 이를 더 빠르게 만드는 것은 항상 좋다), 먼저 $N w_i$의 정수 부분을 얼마나 많은 입자 i의 복사본을 보관할지를 결정하는 데 사용하고, 층화 추출 샘플들을 나머지를 위해 사용한다.

그림 16.17은 입자 필터가 분포도를 트래킹하는 것을 보여 준다. 입자들의 위치는 점들로 표시되어 있고, 내재적인 상태의 과정은 점선으로 표시되고, 관찰 값들은 십자가로 표시되어 있다. 선은 입자들의 평균 값을 바탕으로 가정된 관찰 값이다. 이를 통해서 물체의 움직임을 잘 트래킹하는 것을 알 수 있다.

입자 필터를 사용해서 트래킹하는 예제로는 그림 16.18에 2차원에서 상수의 속도로 움직이는 물체를 보여 준다. 가중치들은 각 입자와 물체 사이의 유클리디안 거리를 바탕으로 계산되었고, 입자들은 평균 거리가 너무 커지면 다시 샘플링된다.

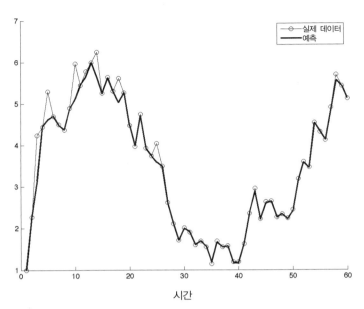

그림 16.17 입자 필터가 1차원에서 $t = 30$의 변경을 트래킹한다. 관찰 값은 십자가로, 내재적인 상태는 점 선으로, 각 단계의 입자들은 점들로, 가설 관찰 값은 입자들의 평균 값을 바탕으로 선으로 나타난다.

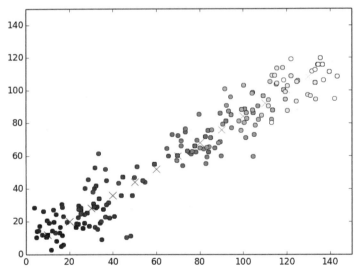

그림 16.18 입자 필터가 정적인 속도로 위쪽으로, 다시 오른쪽으로 2차원으로 움직이는 물체의 움직임을 트래킹한다. 십자가 마크는 물체의 위치를 원들은 15입자들의 각 단계에서 검은색($t = 0$)의 시작에서 흰색($t = 10$)으로 사라지는 모습을 나타낸다. 전반적으로 입자들의 추적은 물체의 움직임을 성공적으로 따라간다.

더 읽을거리

현재 그래프 모델은 발전하고 있는 분야이며, 흥미로운 많은 연구가 이뤄지고 있다. 이 분야의 초기 작업들과 이에 대한 동기들은 다음 자료를 참고하기 바란다.

- J. Pearl. *Probabilistic Reasoning in Intelligent Systems: Networks of Plausible Inference.* Morgan Kaufmann, San Mateo, CA, USA, 1988.

베이지언 네트워크의 다른 개관은 다음의 논문과 책에서 찾아볼 수 있으며, 마지막 자료는 이 분야의 개관에 도움이 되는 논문이다.

- W.L. Buntine. Operations for learning with graphical models. *Journal of Artificial Intelligence Research,* 2:159–225, 1994.
- D. Husmeier. Introduction to learning Bayesian networks from data. In D. Husmeier, R. Dybowski, and S. Roberts, editors, *Probabilistic Modelling in Bioinformatics and Medical Informatics,* Springer, Berlin, Germany, 2005.
- Chapters 8 and 13 of C.M. Bishop. *Pattern Recognition and Machine Learning.* Springer, Berlin, Germany, 2006.
- M.I. Jordan, editor. *Learning in Graphical Models.* MIT Press, Cambridge, MA, USA, 1999.

마르코프 랜덤 필드의 분야에 이미지 노이즈 제거에 대한 예제들은 다음을 참고하기 바란다.

- S. Geman and D. Geman. Stochastic relaxation, Gibbs distributions and the Bayesian restoration of images. *IEEE Transactions on Pattern Analysis and Machine Intelligence,* 6:721–741, 1984.

마르코프 랜덤 필드는 이미지에 가장 많이 적용되는 분야다. 이에 대한 개관은 다음을 참고하기 바란다.

- P. Pèrez. Markov random fields and images. *CWI Quarterly,* 11(4):413–437, 1998.
- R. Kindermann and J.L. Snell. *Markov Random Fields and Their Applications.* American Mathematical Society, Providence, RI, USA, 1980.

HMM과 칼만 필드, 파티클 필터에 대한 더 많은 자료는 다음을 참고하기 바란다.

- L.R. Rabiner. A tutorial on hidden Markov models and selected applications in speech recognition. *Proceedings of the IEEE*, 77(2):257-268, 1989.
- Z. Ghahramani. An introduction to Hidden Markov Models and Bayesian networks. *International Journal of Pattern Recognition and Artificial Intelligence*, 15:9-42, 2001.
- G. Welch and G. Bishop. An introduction to the Kalman filter, 1995. URL http://www.cs.unc.edu/~welch/kalman/. Technical Report TR 95-041, Department of Computer Science, University of North Carolina at Chapel Hill, USA.
- M.S. Arulampalam, S. Maskell, N. Gordon, and T. Clapp. A tutorial on particle filters for online nonlinear/non-Gaussian Bayesian tracking. *IEEE Transactions on Signal Processing*, 50(2):174-188, 2002.
- S.J. Julier and J.K. Uhlmann. A new method for the nonlinear transformation of means and covariances in nonlinear filters. *IEEE Transactions on Automatic Control*, 45(3):477-482, 2000.
- R. van der Merwe, A. Doucet, N. de Freitas, and E. Wan. The unscented particle filter. In *Advances in Neural Information Processing Systems*, 2000.(the technical report version of this paper is particularly helpful).

더 자세한 사항은 다음을 참고하자.

- Chapters 8 and 13 of C.M. Bishop. *Pattern Recognition and Machine Learning.* Springer, Berlin, Germany, 2006.

연습 문제

16.1 그림 16.19에 보이는 베이지언 네트워크의 노트를 작성할(N) 확률을 계산하라. 문제는 수업이 지겨운지(B), 교수가 지겨운지(L) 그리고 내용이 재미없는지(C)를 바탕으로 수업에서 노트를 작성하거나(N) 잠을 잘(S) 확률을 설명한다. 교수가 지겹고 수업이 지겨울 경우에 수업 시간에 잠을 잘 확률을 계산하라.

16.2 MCMC를 사용해서 수업이 흥미롭다는 사실을 알았을 때 노트를 작성할 확률을 계산하라.

16.3 그림 16.20 HMM에서 가장 가능성이 높은 경로를 비터비 알고리즘을 사용해서 계산하라.

16.4 페어그라운드 쇼(fairground show)에 진행자는 동전을 많이 연속으로 던져서 동전이 공정하다는 것을 보여 준다. 하지만 당신은 실제로 두 개의 동전이 존재하고, 이를 진행자가 변경한다는 것을 눈치챘다. 원래 던진 동전을 사용할 확률은 0.4이고, 편향된 동전은 0.1의 확률로 선택하고, 편향된 동전은 85%의 확률로 동전의 앞이 나타난다. HMM을 만들어서 관찰 순서를 만들고, 이를 사용해 비터비 알고리즘을 이용해 상태를 추측해 보자.

16.5 퍼셉트론을 웹사이트에 제공되는 로봇 센서 측정 값에 적용해서 현재 상태에서 다음 상태를 예측하고, 퍼셉트론의 출력 값을 지켜보기 위해 칼만 필터를 사용해 출력 예측 값이 잘못될 경우를 파악한다.

16.6 그림 16.18은 각 물체와 파티클 사이의 유클리드 거리를 사용해서 가중치를 설정하고, 2차원에서 물체를 트래킹한다. 2진 가중치를 정의하기 위해 임계 값을 설정해 근접 정도를 측정하고 정의된 2진 가중치를 사용하도록 코드 변경해서 차이를 비교하자.

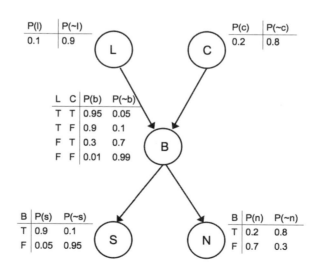

그림 16.19 문제 16.1을 위한 베이지언 네트워크 예제

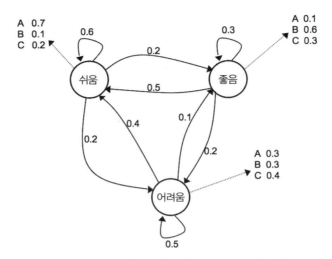

그림 16.20 문제 16.3의 은닉 마르코프 모델 예시

17

대칭 가중치와 심층 신뢰 네트워크

뉴럴 네트워크 알고리즘인 3장의 퍼셉트론과 4장 다층 퍼셉트론의 기본인 뉴런 모델로 다시 돌아가 보자. 여기서 다루었던 알고리즘들은 뉴런들을 통합하고 활성화하는 효율적인 방법이 무엇인지에 기반을 두고 만들어졌다. 사용되었던 방법들은 입력 값들과 가중치 값들의 곱이 역치 값과 비교되고(일반적으로 바이어스 노드가 사용되면 역치 값은 0이 적용된다), 뉴런들은 각각의 입력에 대해서 활성화(1을 출력) 또는 비활성화(0을 출력) 값을 연속적으로 출력했다. 예측 값을 위해서 보통 로지스틱 함수(logistic fuction)가 사용되었다. 알고리즘은 보통 반비례한 성향을 보였는데 입력 값과 가중치는 뉴런의 활성화에 영향을 미치지만, 활성화 자체는 입력 값에 영향을 미치지 않았다(입력 값 자체가 뉴런으로 가정된 적이 없었다).

뉴런들을 그래프로 생각하면 방향성이 있고, 화살표 방향은 입력 값에서 뉴런으로 향해 있다. 이는 그림 17.1의 왼쪽에 나와 있는데 두 가지 노드들의 집합이 다른 활동성을 보이기 위해서 다른 명암으로 표현되었다. 여기서는 밝은 색의 노드들은 어두운 색들의 노드들의 활성화에 영향을 미치지만, 그 반대로는 영향을 미치지 않는다. 오른쪽 그림은 링크에 방향성이 존재하지 않으므로 모두 같은 명암의 노드들로 표현되었고, 위쪽 층의 활성화와 에지(edge)의 가중치는 아래쪽 층의 활성화를 결정하는 데 사용될 수 있으며, 그 반대로도 같다.

하지만 우리가 살펴본 첫 번째 학습 법칙은(헵의 법칙(Hebb's rule) 3.1.1절) 완벽하게 대칭이었다. 두 개의 뉴런이 함께 활성화한다면 둘 사이를 연결하는 시냅틱 연결은 더 강력해지며, 함께 비활성화한다면 시냅틱 연결은 더 약해진다. 이미 살펴봤듯이 연결된 둘 중에 하나의 뉴런을 사용한다면 다른 뉴런이 어떻게 동작하는지를 결정할 수 있었다. 뉴런들이 양의 값으로 연결되어 있다면 첫 번째가 활성화하면 두 번째도 활성화했고, 음의 값으로

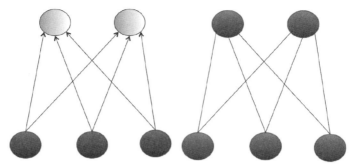

그림 17.1 두 층의 노드들로 만들어진 두 개의 뉴럴 네트워크. 왼쪽은 방향성이 있는 네트워크이며, 밝은 색의 노드들이 활성화하는 것은 어두운 노드들이 활성화하는 데에 영향을 미치지만, 반대로는 영향을 미치지 않는다. 반면 오른쪽은 대칭적이며, 위층의 활성화는 아래층의 활성화에 영향을 미치며, 그 반대로도 영향을 미친다

연결되어 있다면 첫 번째가 활성화하면 두 번째는 활성화하지 않는다. 두 개의 뉴런 연결이 대칭적이므로 둘 중에 어떤 뉴런을 관찰하느냐는 문제가 되지 않는다. 뉴런 m과 뉴런 n을 연결하는 강도는 w_{mn}으로 표현하고, $w_{mn} = w_{nm}$으로 가중치 **행렬도 대칭**이다.

이번 장에서 학습에 기반을 둔 대칭 가중치들을 사용하는 여러 가지 알고리즘에 대해서 살펴본다. 보통 이런 네트워크들은 복잡하고 트레이닝하기 어렵지만, 어떤 경우에는 계산이 쉽고 유용할 때가 있다. 이미 살펴본 첫 번째 홉필드 네트워크(Hopfield network)는 존 홉필드(John Hopfield)에 의해 1982년에 소개된 개념적으로 매우 간단한 네트워크다. 하지만 네트워크를 살펴보기 전에 홉필드 네트워크가 무엇을 하는지 살펴보자.

17.1 정력적인 학습: 홉필드 네트워크

17.1.1 연상 기억

우리의 뇌가 잘하는 한 가지는 기억하는 것이다. 이전에 본 것을 알아볼 수 있는 것은 학습에서 아주 중요한 부분이다. 다양한 타입의 메모리가 존재하지만, 가장 중요하고 유용한 것은 **연상 기억**(associative memory)이다. 연상 기억은 **문맥 지정성 기억**(context-addressable memory)이라고 불리며, 패턴들의 집합에서 학습을 하고 한 번 본 패턴을 기억해 가장 닮은 패턴을 인지할 수 있도록 한다. 우리는 연상 기억을 평소에도 사용하는데 알파벳 필기체를 보고 글씨를 인식할 때라든가 알고 있는 사람의 얼굴을 다양한 각도에서도 알아보는 등의 사례에서 찾아볼 수 있다. 이는 입력 값을 수정하고 완성하는 작업이라고 생각할 수도 있다(입력 값에 손상된 부분이나 틀린 부분이 존재하느냐에 따라서).

따라서 뇌에서 중요한 부분인 문맥 지정성 기억을 더 공부해 보는 것이 가치 있어 보인다. 하지만 좀 더 실제적인 적용 분야가 있는데 예를 들면, 이를 이용해서 이미지의 노이즈를 제거하거나 전체 이미지를 다시 만들어 낼 수 있다. 완벽한 이미지를 이용해서 메모리를 트레이닝하고, 손상되거나 부분적인 이미지를 보여 주면 원본의 이미지를 재생산해 낼 것이다.

연상 기억이 할 수 있는 것들의 예제로, 연관성이 큰 단어들의 쌍들을 학습한다고 하자.

```
Humphrey - Bogart
Ingrid - Bergman
Paul - Henreid
Claude - Rains
Omar - Sharif
Julie - Christie
```

연산 메모리가 할 수 있는 두 가지는 패턴을 완성하는 것, 즉 Ingrid라는 단어를 보면 Bergman을 메모리가 생성해 내는 것이고, 따라서 Hungry-Braggart를 본다면 메모리는 이를 Humphrey-Bogart로 수정할 수 있다. 물론, 겹치는 메모리들이 추가된다면 헷갈릴 수 있다. 만약, 아래와 같은 단어가 메모리에 더해진다면 Paul은 두 가지 Henreid와 Newman을 생성해 낼 것이다.

```
Paul - Newman
```

메모리가 동작하는 것을 이해했으니 이제 이를 어떻게 만들지를 생각해 보자.

17.1.2 연상 기억 만들기

홉필드 네트워크는 맥컬록과 피츠 뉴런들의 집합으로 이뤄져 있으며, 대칭적인 가중치가 완전히 연결된 네트워크의 모양을 갖고 있고, 뉴런들은 자기 자신($w_{ii} = 0$)을 제외한 다른 모든 뉴런들과 연결되어 있다. 뇌에는 뉴런들이 시냅시스가 다시 자신에게 연결된 경우가 있지만, 이는 제외하고 생각하자. 홉필드 네트워크의 그림은 17.2에 나와 있다.

맥칼록과 피츠의 뉴런들은 2진수이므로 활성화하거나 비활성화하는 데 1과 0의 값을 사용하기보다는 홉의 법칙을 간단하게 사용하기 위해 +1과 -1값을 사용한다. $s_i^{(t)}$는 뉴런 i의 시간 t에 활성화이며, 홉의 법칙은 다음과 같이 작성할 수 있다.

$$\frac{dw_{ij}^t}{dt} = s_i^{(t)} s_j^{(t)}, \tag{17.1}$$

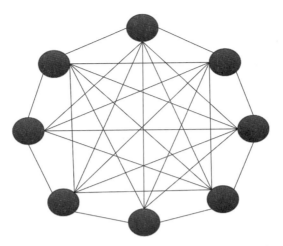

그림 17.2 홉필드 네트워크의 개략도. 모든 뉴런들은 다 연결되어 있고, 가중치들도 대칭적이다.

따라서 두 개의 뉴런이 같은 행동을 보이면(활성화 또는 비활성화) 가중치는 증가하고, 만약 다른 행동을 보이면 가중치는 감소한다.

식 (17.1)의 시간을 나타내는 어깨글자는 현재 시간의 뉴런의 활성화에 바탕으로 가중치가 갱신된다는 것을 뜻한다. 하지만 각 뉴런의 활성화를 결정하는 갱신은 여전히 명확하지 않다. 이유는 가중치가 대칭적이므로 어느 쪽 뉴런부터 갱신해야 하는지 정해진 순서가 없기 때문이다. 방향성 네트워크에 있어서는 입력 값부터 시작하고 값들을 사용해서 다음 층의 활성화를 결정하고, 출력 값에 이를 때까지 계속 반복했다. 하지만 대칭 가중치들은 정해진 순서가 없고, 갱신에 두 가지 가능한 방향이 있으며, 때때로 다른 결과를 보여 준다. 한 가지 사용할 방법은 다음과 같다.

$$s_i^{(t)} = \text{sign}\left(\sum_j w_{ij} s_j^{(t-1)} \right), \tag{17.2}$$

이는 모든 뉴런들이 다음 번에 활성화할지 말지에 대한 결정을 동시에 수행해서 한 번에 갱신하는 방법을 보여 준다. 두 번째 버전은 **비동기적인** 방법인데 모든 다른 뉴런들의 현재 상태 $s_j^{(t-1)}$ 또는 $s_j^{(t)}$를 가지고 각각의 뉴런들이 언제 활성화할지를 결정하는 것이다. 뉴런들이 갱신되는 순서는 무작위이거나 정해진 순서일 수 있다. 두 가지 경우 모두, 몇 단계의 갱신을 실행해서 수렴 상태가 되도록 확인해야 한다. 이는 네트워크가 이전의 입력 값들을 상기시키기에 충분하다.

어떤 방법을 사용해서 갱신하든 역치 값을 결정해서 보통 0값을 기준으로 뉴런이 활성화하도록 하며, 각각의 활성화를 결정하기 위해서는 다음의 식을 사용한다.

$$s_i = \text{sign}\left(\sum_j w_{ij} s_j\right), \tag{17.3}$$

여기서 sign(·)은 입력 값이 0보다 크다면 1을 출력하고, 그렇지 않으면 −1을 출력한다. 필요하다면 Bias 노드(상수 값인 +1 또는 −1값을 갖는 노드)를 추가해서 값을 같은 방법으로 변경한다.

뉴런들의 활성화를 설정하기 위해서(s_i) 홉필드 네트워크에 입력 값을 적용하고, 뉴런들의 값이 변하지 않을 때까지 갱신 공식을 적용한다. 가중치들의 값이 결정되면 이를 기억하는 것이 매우 간단하다. 학습 역시 아주 간단한데 홉필드 네트워크는 홉의 법칙을 사용해서 가중치를 학습한다.

$$w_{ij} = \frac{1}{N}\sum_{n=1}^{N} s_i(n) s_j(n), \tag{17.4}$$

여기서 N은 네트워크가 학습하기를 원하는 패턴들의 숫자이고, $s_i(n)$은 입력 패턴 n에 대한 뉴런 i의 활성화를 나타낸다. t 어깨글자는 사용되지 않는데 뉴런의 값을 바로 갱신하기 때문이다.

이전의 학습 알고리즘에는 학습률 η을 $\frac{1}{N}$로 사용했다. 학습은 효율적으로 **한 번에 일어나서** 홉필드 네트워크에 큰 영향을 미치지는 않지만, $\frac{1}{N}$을 이용해서 N과 최대 가중치 값이 독립적이게 만든다.

2진 이미지를 재생성하는 학습을 4.4.5절에 살펴본 것처럼 한다고 하자. 각 그림의 픽셀에 대해서 하나의 뉴런을 갖고, $s_i = 1$은 검은 픽셀 값을 위해서 사용하고, $s_i = -1$은 흰 픽셀 값을 위해 사용한다. 하나의 입력 패턴에 대해서 홉필드 네트워크는 이미지를 수정한다. 이미지를 바탕으로 가중치 값을 설정하고, 네트워크에 손상된 이미지를 입력하면 각각의 뉴런들은 모든 다른 뉴런 값을 바탕으로 활성화를 갱신한다. 많은 뉴런들의 상태가 마지막 상태로 수렴하기 전까지 1에서 −1로 바뀌며, 다시 원래 상태로 돌아가기를 몇 번 반복해서 이뤄진다. 그렇다면 어느 상태로 네크워크가 수렴하는가? 반 이상의 비트 정보가 맞는다면 평균적으로 각 뉴런에 대한 전체 입력 값은 50% 이상 맞을 것이고, 이는 오류들을 해결하기 충분하다. 이는 정답의 패턴이 더 중요하게 작용한다는 의미이고, 마지막에 수렴하는 최종 상태는 네트워크가 학습한 패턴이 된다.

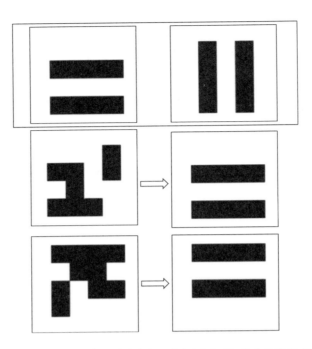

그림 17.3 홉필드 네트워크는 위 두 개의 이미지에 트레이닝된다. 두 번째 줄의 첫 번째 이미지가 네트워크에 입력되면 이는 다시 첫 번째 줄의 첫 번째 이미지로 수렴한다. 하지만 두 번째 이미지가 보여졌을 때 세 번째 이미지로 수렴하며, 이는 첫 번째 입력 패턴과는 반대다.

하지만 만약 반 이상의 입력 값이 틀리다면 어떻게 될까? 이는 검은색 픽셀이 흰색 픽셀이 되고, 흰색 픽셀이 검은 픽셀이 된다는 뜻이다. 이 경우에 네트워크는 반대의 패턴으로 수렴하며, 검은색과 흰색은 서로 변경된다(그림 17.3의 예제에서 살펴보겠다). 만약, 첫 번째 맞는 패턴을 x라고 한다면 두 번째 패턴은 $-x$일 것이며, 이는 또한 **견인자**(attractor)다.

물론, 네트워크는 많은 N개의 입력 패턴들을 통해서 학습하므로 아주 많은 견인자가 있을 것이다. 노이즈의 입력 값이 다른 트레이닝된 패턴들과 매우 유사하므로 이런 이유로 정답을 찾는 것은 보장되지 않는다. 어떻게 하면 많은 기억들을 홉필드 네트워크가 갖게 할 수 있고, 얼마나 많은 다른 패턴들을 네트워크가 기억할 수 있을까?

하지만 네트워크를 더 분석하기 전에 잠시 전체 알고리즘을 살펴보자.

- **학습**
  - N개의 d차원 +1, −1 입력 값을 트레이닝한다.
  - d뉴런의 집합을(1값의 바이어스 노드를 추가하면 $d+1$) 만들고, 가중치를 다음과 같이 설정:

$$w_{ij} = \begin{cases} \frac{1}{N} \sum_{n=1}^{N} x_i(n)x_j(n) & \forall i \neq j \\ 0 & \forall i = j \end{cases} \tag{17.5}$$

- **기억**
  - 뉴런들의 상태 s_i를 x_i로 설정해서 새로운 입력 $\mathbf{x}$를 제시
  - 반복
    * 뉴런들을 다음을 사용해서 갱신:

$$s_i^{(t)} = \text{sign}\left(\sum_j w_{ij} s_j^* \right), \tag{17.6}$$

  여기서 s_j^*는 뉴런이 벌써 갱신되었다면 $s_j^{(t)}$이 되고, 갱신되지 않았다면 $s_j^{(t-1)}$가 된다. 다시 말하면 동기적 갱신의 경우에는 모든 노드들에 대해서 $s_j^* = s_j^{(t-1)}$가 되며, 비동기 갱신에 대해서는 어떤 값이든 상관없다.
  - 네트워크가 수렴할 때까지
  - 뉴런들의 상태 s_i를 출력으로 사용

다양한 형태의 갱신을 구현하는 방법은 다음과 같은 코드로 나타나며, 동기성과 비동기성 버전의 차이를 보여 준다.

```python
def update_neurons(self):
    if self.synchronous:
        act = np.sum(self.weights*self.activations,axis=1)
        self.activations = np.where(act>0,1,-1)
    else:
        order = np.arange(self.nneurons)
        if self.random:
            np.random.shufflee(order)
            for i in order:
                if np.sum(self.weights[i,:]*self.activations)>0:
                    self.activations[i] = 1
                else:
                    self.activations[i] = -1
    return self.activations
```

그림 17.4는 홉필드 네트워크가 사용되는 예를 보여 준다. 네트워크는 'Binary Alphadigis' 데이터(웹 페이지 주소는 이 책의 웹사이트에 나와 있다) 0에서 9까지의 숫자 이미지에 트레인된다. '0'에서 '9'까지 'A'에서 'Z'까지의 20 × 16의 2진 이미지들이며, 그림의 제일 윗줄에 사용된 이미지가 나와 있다.

네트워크에 손상된 숫자 '2'의 그림이 제시되면 설정된 가중치 값들을 바탕으로 비동기적 무작위 갱신이 수행되고, 결국 원본 트레인 이미지가 나오게 된다.

17.1.3 에너지 함수

네트워크의 수용력을 다루기 전에 먼저 홉필드의 최대 성과인 **에너지 함수**를 살펴보자. 물리학에서 에너지 함수를 통해 시스템이 얼마의 에너지를 갖고 있는지를 계산하고, 시스템은 낮은 에너지 상태로 완화한다는 아이디어로 사용된다. 예를 들면, 화학 약품들은 섞이면서 안정된 화합물이 된다. d개의 뉴런들을 갖고 있는 홉필드 네트워크를 위한 에너지 함수는 다음과 같다(d는 바이어스 노드를 포함할 수도 있고, 포함하지 않을 수도 있다).

$$
\begin{aligned}
H &= -\frac{1}{2}\sum_{i=1}^{d}\sum_{j=1}^{d} w_{ij}s_i s_j \\
&= -\frac{1}{2}\mathbf{s}\mathbf{W}\mathbf{s}^T
\end{aligned}
\tag{17.7}
$$

여기서 $w_{ij}\,s_i s_j$ 값은 $w_{ji}s_j\,s_i$값과 대칭이므로 같기 때문에 중복을 피하기 위해 전체 합에서 $\frac{1}{2}$을 곱했고, 낮은 에너지 값으로 완화하기 위해서 음수의 부호가 적용되었다. 홉필드 네트워크는 자기 자신에게 연결되지 않으며, $w_{ii}=0$이다.

에너지 함수가 무엇을 계산하는지 살펴보기 위해서 하나의 트레이닝 예제를 학습하는 네트워크를 살펴보자. 이 경우에 $s_i = -1$이 되든지 $s_i = 1$이 되든지 $s_i^2 = 1$이므로 $w_{ij} = s_i s_j$이 된다.

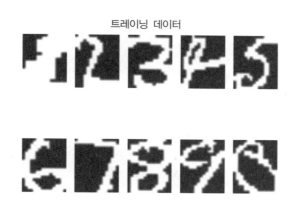

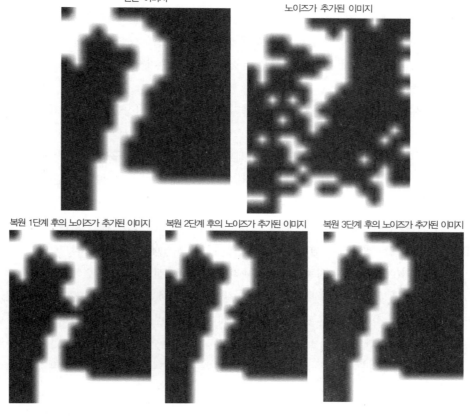

그림 17.4 홉필드 네트워크로 노이즈가 들어간 이미지를 다시 복원하는 예제를 보여 준다. 네트워크는 제일 위의 이미지들에 대해서 트레이닝되고, 두 번째 줄의 오른쪽 이미지에 대해서 적용된다. 이이미지는 원래 왼쪽 이미지에서 50개의 비트를 역으로 바꿔서 만들어졌다. 알고리즘의 세 번반복 후의 이미지는 마지막 줄에 나온다.

$$
\begin{aligned}
H &= -\frac{1}{2}\sum_{i=1}^{d}\sum_{j=1}^{d}w_{ij}s_is_j \\
&= -\frac{1}{2}\sum_{i=1}^{d}\sum_{j=1,j\neq i}^{d}s_is_js_is_j \\
&= -\frac{1}{2}\sum_{i=1}^{d}\sum_{j=1,j\neq i}^{d}s_i^2s_j^2 \\
&= -\frac{1}{2}\sum_{i=1}^{d}\sum_{j=1,j\neq i}^{d}1 \\
&= -\frac{d(d-1)}{2}.
\end{aligned}
\tag{17.8}
$$

$w_{ii} = 0$이므로 두 번째 줄에 두 번째 합은 $j \neq i$에 대해서만 작용된다.

분명하게도, 뉴런과 가중치가 다를 경우에 −1 대신 +1의 영향력을 주게 되고, 전체 합은 더 커지게 된다. 따라서 에너지 함수는 뉴런의 값과 가중치가 갖는 값 사이의 차이만큼을 표현해 준다.

에너지 함수는 네트워크의 신경 활동을 물리학적인 항으로 설정함으로써 오래동안 사용되었고, 물리학자들은 이를 통해서 아이싱 스핀 유리(ising spin glasses) 에너지 식을 바로 알아냈다. 아이싱 스핀 유리는 간단한 자성체 모델로 오랫동안 연구되어 왔다. 에너지 함수를 정하고 나면 네트워크가 안정화되면서 어떻게 변화하는지 살펴볼 수 있다.

네트워크가 안정되면 가중치와 뉴런의 활성화는 같아지는데 이때 에너지는 최소화되고, 그 전까지는 에너지가 높게 된다. 이는 견인자(attractor, 안정된 패턴)가 오차 함수의 **지역 최솟값**이라는 뜻이다. 에너지의 변화하는 모습은 네트워크가 **에너지 지형**을 학습하는 것으로 상상할 수 있다(예를 들어, 그림 17.4에서 에너지는 −1119.0에서 −6447.8로 변화). 만약에 중력으로 인해서 땅에서 공이 굴러 내려가는 것을 생각한다면 웅덩이 아랫 부분까지 굴러 내려가다가 결국 멈출 것이다. 많은 구멍이 있으면 어디에서 멈추느냐는 어느 지역에서 시작했느냐에 따라 달라진다. 이것이 네트워크에서 많은 이미지들이 저장되어 있는 경우에도 일어나며, 다른 이미지마다 다른 웅덩이들이 많이 있는 것이다. 공이 구덩이에 빠질 어트랙터 주변은 **견인소**(basin of attraction)라 부른다.

에너지 함수의 또 다른 이점은 지역 최솟값에서 네트워크는 결국 안정 상태에 도달한다는 점이다(사실, 이는 비대칭 갱신에서만 사실이며, 대칭적인 갱신의 경우에 절대 수렴하지 않는 경우가 있다). 네트워크가 지역적 최솟값에 도달하는지를 살펴보기 위해서 I 비트의 값이 변화하는 갱신 단계를 살펴볼 필요가 있다. 이 경우에 네트워크는 $s = (s_1, \dots s_i, \dots s_d)$에서

$\mathbf{s}' = (s_1, \ldots s'_i, \ldots s_d)$로 바뀌고, 에너지는 $H(s)$에서 $H(s')$로 된다. 이 차이점을 고려하면 다음과 같다.

$$H(\mathbf{s}) - H(\mathbf{s}') \quad = \quad -\frac{1}{2}\sum_{j=1}^{d} w_{ij}s_i s_j + \frac{1}{2}\sum_{j=1}^{d} w_{ij}s'_i s_j \qquad (17.9)$$

$$= \quad -\frac{1}{2}(s_i - s'_i)\sum_{j=1}^{d} w_{ij}s_j \qquad (17.10)$$

비트가 바뀌는 이유는 가중치와 다른 뉴런들의 값이 현재 값에 대해서 동의하지 않기 때문이며, 이로 인해 s_i와 $\sum_{j=1}^{d} w_{ij}s_j$ 값은 반대의 부호를 가져야 한다. 이와 유사하게 비트가 변경되었으므로 s_i와 s'_i 또한 다른 부호를 가져야 한다. 따라서 $H(\mathbf{s}) - H(\mathbf{s}')$는 양수가 되어야 하고, 네트워크의 총 에너지는 감소한다. 이는 곧 네트워크의 에너지가 변화하는 동안 최솟값으로 감소한다는 뜻이다. 하지만 네트워크가 전체 최적 값에 도달한다는 보장은 없다.

17.1.4 홉필드 네트워크의 수용력

홉필드 네트워크가 다른 기억들을 얼마나 저장할 수 있는지는 매우 중요한 질문이다. 다행히도, 네트워크의 한 뉴런 i의 안정성을 고려한다면 이는 꽤나 간단히 대답할 수 있다. 네트워크가 벌써 입력 $\mathbf{x}(n)$에 대해서 학습했다고 가정하자. 네트워크에 같은 입력 값이 다시 주어진다면, i뉴런의 출력 값은(식 17.4를 사용해서 $\frac{1}{N}$는 스케일링을 위해서 사용되었기 때문에 제외한다) 다음과 같다.

$$s_i \quad = \quad \sum_{j=1}^{d} w_{ij}x_j(n)$$

$$= \quad \sum_{j=1,j\neq i}^{d}\left((x_i(n)x_j(n))\,x_j(n) + \left(\sum_{m=1,m\neq n}^{N} x_i(m)x_j(m)\right)x_j(n)\right)$$

$$= \quad x_i(n)(d-1) + \sum_{j=1,j\neq i}^{d}\sum_{m=1,m\neq n}^{N} x_i(m)x_j(m)x_j(n) \qquad (17.11)$$

원하는 출력은 $s_i = x_i(n)$이며, 이는 $(d-1$번) 첫 번째 항의 값이고, 두 번째 항의 값이 0이 된다. 전체에 $e(d-1) \times (N-1)$번의 합이 있다는 것을 기억하자.

x_i에 가능한 값들은 +1과 −1인데 각 뉴런은 두 값에 대해서 동등한 가능성을 갖고 있으며, 이는 평균 0에 단위 분산을 갖는 2진수 값의 변수로 모델을 할 수 있다는 뜻이다. 따라서 전체 합은 $(d-1)x_i(n)$(이는 $-(d-1)$ 또는 $d-1$)이고, 분산은 $(d-1) \times (N-1)$(표준편차는 $(d-1)(N-1)^2$)가 되며, 가우시안 분포와 유사하다. 그렇다면 비트 i의 상태가 바뀔 확률은 어떻게 되나? 가우시안 분포의 꼬리 부분에서 일어나며, **가우시안 누적 분포 함수** ($t = \frac{-(d-1)}{\sqrt{(d-1)(N-1)}}$)를 사용해서 계산할 수 있다.

$$P(\text{bit } i \text{ flips}) = \frac{1}{\sqrt{2\pi}} \int_{-\infty}^{t} e^{-t^2/2} dt \tag{17.12}$$

이 식은 곧 $d-1$과 $N-1$의 비율이 중요하다는 뜻인데 당연하게도 많은 뉴런들은 더 많은 기억들을 담을 수 있으므로 그리 놀라워 보이지는 않는다. 비트가 변경될 확률은 언제나 있으며, 1% 확률로 이를 수용한다면 식 (17.12)는 $N \approx 0.18d$의 패턴들을 저장할 수 있다. 하지만 이는 업데이트 법칙의 첫 번째 반복에서 일어날 비트가 변경될 확률을 뜻하며, 네트워크에 똑같은 1%의 오류율을 감안한다면 $N \approx 0.138d$ 패턴을 저장할 수 있다. 따라서 예제 데이터 20 × 16 이미지들에 대해서 학습된 320개의 뉴런들은 대략 44개의 이미지를 저장할 수 있다.

17.1.5 연속 홉필드 네트워크

홉필드 네트워크의 연속적인 버전은 흑백 이미지 같은 더 흥미로운 데이터에 대해서 적용될 수 있다. 기본적인 차이점은 뉴런들이 −1에서 1 사이의 값에 대해서 실행되는 활성화 함수를 사용해야 한다는 점이다. 이는 이번 장 초반에 사용된 스케일드 버전(scaled version) **로지스틱(시그모이달) 함수**를 사용해서 해결할 수 있지만, **쌍곡 탄젠트(hyperbolic tangent)** 함수를 사용하는 것이 더 편리하다. 넘파이에는 np.tanh() 함수를 이용해서 범위 안에서 적용할 수 있다. 홉필드 네트워크를 변경해서 이를 적용하는 것은 이번 장의 연습 과제로 남긴다.

연속 홉필드 네트워크에서는 MLP에서 수행한 것과 같은 종류의 변형을 수행하고, 2진 역치 값 대신 연속 활성화 함수를 사용한다. 네트워크의 함수에 대한 이 변화는 식 (17.7)의 에너지 함수를 최소화하는 대신에 에너지 함수와 매칭되는 확률 분포에 대한 근사치를 구한다.

$$p(\mathbf{x}|\mathbf{W}) = \frac{1}{Z(\mathbf{W})} \exp\left[\frac{1}{2}\mathbf{x}^T\mathbf{W}\mathbf{x}\right], \tag{17.13}$$

여기서 $Z(\mathbf{W}) = \sum_{\mathbf{x}} \exp\left(\frac{1}{2}\mathbf{x}^T\mathbf{W}\mathbf{x}\right)$는 정규화 함수다.

식 (17.13)의 분포는 뉴런 활성화가 −1에서 1 사이가 아닌 0에서 1 사이에 놓여 있도록 변경한다면 직접적으로 계산할 수 있다. 또한, 이는 뉴런의 활성화에 대한 확률로 0값은 뉴런의 비활성화의 의미로 사용하고, 1값은 무조건 활성화의 의미로 사용한다. 이는 곧 확률 뉴런을 의미하며, $1/(1 + e^{-x})$의 확률 값에 따라 활성화한다. 확률 뉴런을 갖는 네트워크는 **볼츠만 머신**(Boltzmann machine)이라고 알려져 있다. 이는 확률 분포에 대한 정확한 **깁스 샘플**(Gibbs samples)(15.4.4절)을 만들어 내는데 다음 장에서 살펴보겠다.

17.2 확률 뉴런 – 볼츠만 머신

오리지널 볼츠만 머신은 홉필드 네트워크와 같이 완전하게 연결되어 있다. 하지만 입력 값이 명시될 수 있는 관찰 가능한 뉴런들과 함께 계산 모델에서 어떤 역할도 할 수 있는 **은닉 뉴런**들도 존재한다. 그림 17.5은 가능한 볼츠만 머신의 구조도를 보여 주는데 이는 완전하게 연결되어 있고, 관찰 가능한 뉴런들과 은닉 뉴런들로 이뤄져 있다.

볼츠만 머신이 어떻게 트레이닝되는지를 살펴보기 위해서 은닉 노드가 없는 확률 홉필드 네트워크를 살펴보겠다. 관찰 노드들의 상태는 $\mathbf{v}$라고 표현하며, 네트워크는 다음으로부터 샘플링된다.

$$P(\mathbf{v}|\mathbf{W}) = \frac{1}{Z(\mathbf{W})} \exp\left(\frac{1}{2}\mathbf{v}^T\mathbf{W}\mathbf{v}\right), \tag{17.14}$$

따라서 학습은 가중치 행렬 $\mathbf{W}$를 수정해서 식 17.14의 생성 모델(generative model)이 트레이닝 데이터(x^n)와 매치되도록 한다. 우도가 최대화되도록 log를 취한 후 w_{ik} 가중치 값에 대해서 미분 값을 계산해서 풀 수 있다.

$$\frac{\partial}{\partial w_{ij}} \log \prod n = 1^N P(\mathbf{x}^n|\mathbf{W}) = \frac{\partial}{\partial w_{ij}} \sum_{n=1}^{N} \frac{1}{2}(\mathbf{x}^n)^T\mathbf{W}\mathbf{x}^n - \log Z(\mathbf{W}) \tag{17.15}$$

$$= \sum_{n=1}^{N} \left(x_i^n x_j^n - x_i^n x_j^n P(\mathbf{x}|\mathbf{W}) \right) \tag{17.16}$$

$$= N\langle x_i x_j \rangle_{\text{data}} - \langle x_i x_j \rangle_{P(\mathbf{x}|\mathbf{W})}, \tag{17.17}$$

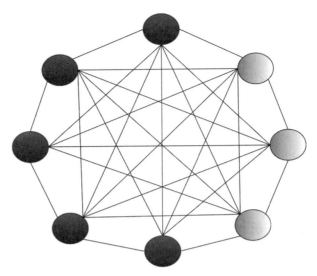

그림 17.5 BM 네트워크 구조. 모든 노드들은 다 연결되어 있으며 관찰 노드(어두운 회색)와 은닉 노드가 존재한다.

여기서 마지막의 〈, 〉표시는 평균이라는 뜻인데, 첫 번째 항은 전체 데이터에 대한 평균이고, 두 번째 항은 확률 분포에서 추출한 샘플들의 평균이다.

이는 곧 각 가중치에 대한 기울기는 **경험 상관관계**(empirical correlation)의 차이, 즉 데이터에서 두 값 사이의 상관관계와 현재 모델에서 둘 사이의 상관관계의 차이에 비례한다는 뜻이다. 분명하게 첫 번째는 계산하기 쉽지만, 두 번째 것은 직접 계산하기 쉽지 않다. 하지만 볼츠만 머신을 반복하면서 모델로부터 샘플링해서 추적할 수 있다.

볼츠만 머신을 처음으로 말한 힌튼(Hinton)은 알고리즘을 두 가지 부분인 **웨이크 슬립** (wake–sleep)을 계산하는 것으로 설명했다. 알고리즘은 어웨이크(awake)로 시작하고, 데이터의 상관관계를 계산한다. 네트워크는 잠시 숙면기(dream)에 빠지게 되고, 이제껏 살펴본 데이터에 대해서 꿈을 꾸며, 이때 모델 안에서의 상관관계를 추적한다.

위와 같은 방법은 은닉 뉴런들이 존재하는 네트워크에도 적용할 수 있다. 은닉 뉴런들은 $\mathbf{h}$ 상태로 표시하고, 전체 네트워크의 상태는 $\mathbf{y} = (\mathbf{v}, \mathbf{h})$가 된다. 은닉 상태는 알려지지 않은 관찰 불가능한 상태라는 것을 상기하자. 데이터 예제들 x^n이 주어진 상태에서 가중치 행렬 $\mathbf{W}$의 우도는(여기서 Z는 은닉 노드들 $\mathbf{h}$와 관찰 노드들에 대한 합) 다음과 같다.

$$P(\mathbf{x}^n|\mathbf{W}) = \sum_h P(\mathbf{x}^n, \mathbf{h}|\mathbf{W}) = \sum_\mathbf{h} \frac{1}{Z(\mathbf{W})} \exp\left(\frac{1}{2}(\mathbf{y}^n)^T \mathbf{W} \mathbf{y}^n\right). \tag{17.18}$$

로그 가능성(log likelihood)의 미분을 계산하면 w_{ij}에 대한 기울기는 네트워크가 수면기와 깨어 있을 때의 값들의 차이와 유사한 형태를 지닌다.

$$\frac{\partial}{\partial w_{ij}} \log P(\{\mathbf{x}^n\}|\mathbf{W}) = \sum_n \left(\langle y_i y_j \rangle_{P(\mathbf{h}|\mathbf{x}^n, \mathbf{W})} - \langle y_i y_j \rangle_{P(\mathbf{v}, \mathbf{h}|\mathbf{W})} \right).$$ (17.19)

불행히도, 이 상관관계들은 네트워크를 다음의 두 단계로 이뤄진 반복을 통한 샘플링을 해야 계산될 수 있다. 각 반복에서 첫 번째로 관찰 노드들이 입력 값으로 고정된 상태에서 은닉 노드들이 모델에서 어떤 값이든 선택할 수 있는 깨어 있는 상태가 수행된다. 두 번째로는 은닉 노드들과 관찰 노드들 모두 샘플들을 통해서 결정되는 수면 상태가 반복된다.

15장에서 이런 문제들을 해결하는 방법을 살펴봤는데 마르코프 체인을 설정해서 올바른 확률 분포로 수렴하도록 하는 것이었다. 체인을 평형점에 도달할 때까지 실행하고, 분포도에서 샘플을 추출하면 전체 샘플들로부터의 평균 값을 통해서 분포도의 평균을 측정할 수 있다. 불행히도, 이런 방법은 계산 비용이 매우 크며, 많은 단계 동안 각 단계의 수렴을 위해 마르코프 체인을 반복해야 한다.

관찰 노드들을 입력 값에 고정시키고 깁스 샘플링(15.4.4절)을 적용해서 네트워크가 수렴하면 식 (17.19)의 첫 번째 두 항을 계산한다. 다음 단계에서는 관찰 노드들 역시 어떤 값이든 선택할 수 있게 만들고, 전체 분포를 먼저 관찰 노드로부터 샘플링한다. 그리고 은닉 노드로부터 샘플링해서 네트워크를 통해 전체가 수렴하기 전까지 실행시키고 두 번째 항을 계산한다. 그러고 나면 가중치는 식 (17.19)를 사용해서 트레이닝될 수 있다.

볼츠만 머신은 생성(generative) 확률 모델을 만들므로 매우 흥미로운 뉴럴 네트워크다(가중치 업데이트를 위해서 샘플링된다). 하지만 매 학습 단계마다 몬테 카를로 샘플을 두 개의 분포도에서 실행해야 하므로 계산 비용이 매우 높다. 높은 계산 비용 때문에 일반 볼츠만 머신은 실제로 유명해지지 못했는데 이런 이유로 구현에 대해서는 살펴보지 않겠다. 하지만 간단한 볼츠만 머신의 버전은 다음 장에서 살펴볼 것이다.

17.2.1 제한 볼츠만 머신

알고리즘에서 가장 큰 계산 비용은 샘플링으로부터 두 가지 상관관계를 다 찾아야 한다는 점이며, 이는 학습의 각 단계마다 알고리즘은 많이 반복 수행해야 한다는 것을 뜻한다. 노드들의 개수가 증가함에 따라 이는 더욱 높은 계산 비용이 요구되는데 이런 이유로 알고리즘은 스케일하기 힘들다. 하지만 은닉 노드가 없는 몇몇 샘플은 머신에서 불필요하며, 데이터에서 직접 첫 번째 항을 계산하는 것은 가능하다. 따라서 머신을 좀 간결하게 만들면 두 번째 상관관계를 측정하기 위한 샘플링에 필요한 반복 횟수를 줄일 수 있다.

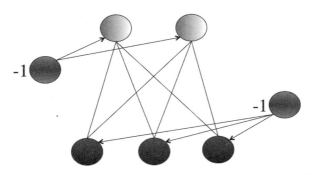

그림 17.6 RBM 네트워크의 구성도. 두 개의 층에 노드들이 대칭 가중치로 연결되어 있다.

각 층마다 상호접속이 문제를 만들어 낸다는 것을 알아냈고, 이 상호접속을 없애면 각 층의 노드들은 다른 층의 노드들이 주어진 상태에서 서로 조건부 독립이 된다. 다시 말하면 은닉 뉴런을 각각의 '전문가(expert)'로 생각하고, 관찰 뉴런에 대한 그들의 분포도를 곱하면 각 관찰 뉴런 확률 분포를 계산하는 것이 가능하다. 유사하게 은닉 노드들에 대한 분포도 관찰 노드들이 주어진 상태에서 계산할 수 있다.

따라서 **제한 볼츠만 머신**(RBM)은 두 층의 관찰 가능한 노드들과 은닉 노드들로 구성되어 있다. 각층 안에서는 상호 접속이 없고, 두 층 사이에서는 대칭 가중치를 사용해서 완전하게 연결된다. 이는 **양분 그래프**(bipartite graph)로 알려져 있고, 그림 17.6에 세 개의 입력 노드와 두 개의 은닉 노드의 예제가 나와 있다. 이는 **하모니엄**(Harmonium)이라는 이름의 머신으로 알려졌고, RBM 이름은 다루기 쉬운 트레이닝 알고리즘이 전체 볼츠만 머신과 매우 개념적으로 유사해서 더 많이 사용되고 있다.

RBM을 트레이닝하기 위해서 사용되는 알고리즘은 볼츠만 머신을 처음 제안한 힌튼 교수가 발견한 CD(Contrastive Divergence) 알고리즘으로 알려져 있는데 이는 웨이크 슬립(wake-sleep) 알고리즘이다. 이를 살펴보기 전에 수치상 예제를 고려해서 업데이트 식을 고안하고 구현 시 문제들을 고려해 보자.

제한 볼츠만 머신

- **초기화:** 모든 가중치를 작은 보통 평균 0 표준편차 0.01로부터 추출한 무작위 숫자(양수와 음수)로 초기화
- **CD 학습**
  - d차원 +1 또는 -1값을 갖는 입력 $\mathbf{x}(1), \mathbf{x}(2), \ldots, \mathbf{x}(N)$ 트레이닝 집합에 대해서
  - 정해진 숫자의 반복만큼 또는 오류가 적어질 때까지:
    * 깨어 있는 단계

* 관찰 노드를 입력 벡터의 값으로 고정
* 각 은닉 노드 j가 활성화할 확률을 계산(여기서 b_j는 은닉 노드 h_j에 대한 바이어스 입력)

$$p(h_j = 1|\mathbf{v}, \mathbf{W}) = 1/(1 + \exp(-b_j - \sum_{i-1}^{d} v_i w_{ij})) \qquad (17.20)$$

* 무작위 샘플을 만들어서 각 은닉 노드 h_j가 활성화할지 결정
* CDpos 계산 CDpos $= \frac{1}{N} \sum_i \sum_j v_i h_j$
* 수면 단계
* CD 단계에 대해서:
* v_i를 다음을 사용해서 다시 측정(여기서 a_i는 은닉 노드 h_j를 위한 바이어스 입력)

$$p(v_i' = 1|\mathbf{h}, \mathbf{W}) = 1/(1 + \exp(-a_i - \sum_{j=1}^{n} w_{ij} h_j)) \qquad (17.21)$$

* 무작위 샘플을 만들어서 각 관찰 노드 v_i의 활성화를 결정
* h_j를 다시 추측:

$$p(h_j' = 1|\mathbf{v}, \mathbf{W}) = 1/(1 + \exp(-\sum_{i=1}^{d} v_i' w_{ij})) \qquad (17.22)$$

* 무작위 샘플을 만들어서 은닉 노드 h_j의 활성화 결정
* 현재 값 v_i와 h_j를 이용해서 CDneg 계산 CDneg $= \frac{1}{N} \sum_i \sum_j v_i h_j$
- 가중치 갱신
- 가중치를 다음의 식을 이용해서 갱신(학습률 η, m은 모멘텀 크기, 현재 단계 τ, 지난 단계 $\tau-1$)

$$\Delta w_{ij}^\tau = \eta(CDpos - CDneg) + m\Delta w_{ij}^{\tau-1} \qquad (17.23)$$

$$w_{ij} \leftarrow \Delta w_{ij}^\tau \qquad (17.24)$$

- 바이어스 가중치를 같은 학습률을 사용해서 갱신($\mathbf{v}^n$은 n번째 입력 값에 대한 관찰 값들의 벡터):

$$CDpos_{\text{visible bias}} = \sum_{n=1}^{N} \mathbf{x}(n) \qquad (17.25)$$

$$CDneg_{\text{visible bias}} = \sum_{n=1}^{N} \mathbf{v}^n \qquad (17.26)$$

$$CDpos_{\text{hidden bias}} = \sum_{n=1}^{N} \mathbf{x}(n) \qquad (17.27)$$

$$CDneg_{\text{hidden bias}} = \sum_{n=1}^{N} \mathbf{h}^n \qquad (17.28)$$

$$\qquad (17.29)$$

– 오류항을 계산 ($\sum_i (v_i - v_i')^2$)

- Recall
  – 입력 $\mathbf{x}$를 현재 노드 v_i의 상태를 x_i로 설정해서 고정
    * 각 은닉 노드 j에 대한 활성화 계산

$$p(h_j = 1|\mathbf{v}, \mathbf{W}) = 1/(1 + \exp(-\sum_{i=1}^{d} v_i w_{ij})) \tag{17.30}$$

    * 무작위 샘플을 만들어서 은닉 노드 h_j 활성화를 결정
    * v_i를 다시 추정:

$$p(v_i' = 1|\mathbf{h}, \mathbf{W}) = 1/(1 + \exp(-\sum_{j=1}^{n} w_{ij} h_j)) \tag{17.31}$$

    * 무작위 샘플을 생성해서 관찰 노드 v_i 활성화 결정

이는 꽤 복잡한 알고리즘인데 간단한 예제를 통해서 RBM을 살펴보자. 예를 들어, 학교 졸업이수를 위해서 다섯 개 과목, 즉 소프트웨어 공학(SE), 머신러닝(ML), 인간 컴퓨터 상호작용(HCI), 이산수학(DM), 데이터베이스(DB) 중에 세 개의 과목을 골라서 들어야 한다고 하자. 만약에 조교가 학생들에게 알맞은 수업을 추천해 주려면 학생들이 프로그래밍 또는 정보 이론 중 어느 쪽을 선호하는지 알아야 한다. 지난 몇 년간의 예제들을 통해서 조교는 프로그래밍을 선호하는 학생에게 (ML, DM, DB)와 (SE, HCI, DB)를 추천하고, IT를 선호하는 학생에게 (SE, ML, DB)를 추천한다. 물론, 두 쪽 다 선호하는 학생들도 있고, 그들의 선택은 두 가지를 합친 것이 될 것이다.

어떤 학생이 어떤 과목을 선택했는지를 가지고 RBM은 데이터에서 존재하는 클러스터들을 찾아내고, 학생들의 정보를 가지고 어떤 수업을 추천할 수 있다.

수업 과목				
SE	ML	HCI	DM	DB
0	1	0	1	1
1	1	0	1	0
1	1	0	0	1
1	1	0	0	1
1	0	1	0	1
1	1	1	0	0

간단한 위의 예제를 통해서 계산적으로 얼마나 효율적인지를 알 수 있다. 알고리즘의 깨어 있는 단계는 입력 값을 이용해서 확률 계산을 하고, 초기에 무작위로 정해진 가중치들을 기준으로 은닉 층을 위한 활성화를 샘플링한다. 관찰 노드와 은닉 노드들의 활성화가 일어난 수를 계산하고, 이를 통해서 데이터에 대한 기댓값을 측정한다. 따라서 특정 입력 값에 대한 은닉 노드들의 계산된 활성화 값은 다음과 같다.

은닉 노드 1	은닉 노드 2
1	0
0	1
1	1
0	1
0	1
0	0

또한, 다섯 개의 수업에 대해서 **CDpos**의 값은 다음과 같다.

수업 과목	은닉 노드 1	은닉 노드 2
SE	1	4
ML	2	3
HCI	0	1
DM	1	1
DB	2	3

또한, 바이어스 노드에 대한 비슷한 계산도 있다. 알고리즘은 몇 번의 갱신 단계를 통해서 관찰 노드들과 은닉 노드들을 샘플링하고, **CDneg** 값을 같은 방법으로 예측하며, 이는 가중치 업데이트를 위해서 비교된다. 비교 단계는 두 개의 행렬의 차이를 구하고, 모멘텀 값을 적응시켜서 같은 방향으로 가중치가 변화하도록 한다.

몇 번의 학습을 반복하고 나서 알고리즘이 적절한 구조를 찾아내면서 확률은 분명하게 0.5값과는 다르게 변하기 시작한다. 예를 들어, 첫 10번의 반복이 지나고 나면 확률은 다음과 같다.

수업 과목				
SE	ML	HCI	DM	DB
0.78	0.63	0.23	0.29	0.49
0.90	0.76	0.19	0.22	0.60
0.90	0.76	0.19	0.22	0.60
0.90	0.76	0.19	0.22	0.60
0.89	0.75	0.34	0.30	0.63
0.89	0.75	0.34	0.30	0.63

이 단계에 이르면 확률 또는 관찰 노드들을 입력 값으로 고정하고, 은닉 노드들의 활성화를 살펴보거나 은닉 노드들을 특정 값으로 고정하고, 관찰 노드들의 확률 또는 활성화 값을 살펴볼 수 있다.

트레이닝 입력 값에 대해서 은닉 노드의 활성화들을 살펴보면 다음과 같다.

은닉 노드 1	은닉 노드 2
0	1
0	1
1	1
1	1
1	0
1	0

이를 통해서 알고리즘이 같은 카테고리들을 찾아내고 데이터를 생성하는 데 사용되었으며, 중간의 두 학생은 수업들을 섞어서 듣는다는 것을 알 수 있다.

또한, 수업(SE, ML, DB)을 들은 새로운 학생들을 입력 노드에 대입하면 알고리즘은 은닉 노드의 값 1과 은닉 노드 값 2에 대해 모두 1의 값으로 활성화할 것이다. 만일, 첫 두 개의 은닉 노드들만 사용한다고 관찰 노드들로부터 몇 번의 샘플을 한다면, (11101) 또는 (11100)과 같은 출력 값을 볼 수 있다. 이는 알고리즘이 세 개의 수업만 골라야 한다는 것을 모르기 때문이다.

17.2.2 CD 알고리즘 유도

알고리즘과 이를 사용하는 작은 예제를 살펴봤으니 이제 알고리즘 유도 과정을 살펴보자. 알고리즘의 개념을 이해하기 위해서 확률 분포 $p(\mathbf{y}, \mathbf{W})$ 계산을 다음과 같이 살펴보자.

$$p(\mathbf{y}, \mathbf{W}) = \frac{1}{Z(\mathbf{W})} \exp(\mathbf{y}^T \mathbf{W} \mathbf{y}). \tag{17.32}$$

이 공식에 대해서 최대 우도를 찾기 위해서는 이전에 살펴본 대로 트레이닝 데이터를 사용해서 이에 대한 로그 우도(log likelihood)의 미분 값을 계산해야 한다. 이는 식 (17.15)와 같다는 것을 이미 보았지만, 좀 다른 방법으로 작성해 보겠다.

N개의 트레이닝 입력 값에 대한 로그 우도는 다음과 같다.

$$
\begin{aligned}
\mathcal{L} &= \frac{1}{N} \sum_{n=1}^{N} \log p(\mathbf{x}^n, \mathbf{W}) \\
&= \langle \log p(\mathbf{x}, \mathbf{W}) \rangle_{\text{data}} \\
&= -\frac{1}{2} \langle (\mathbf{x}^n)^T \mathbf{W} \mathbf{x}^n \rangle_{\text{data}} - \log Z(\mathbf{W})
\end{aligned}
\tag{17.33}
$$

가중치에 대한 미분 값을 살펴보면 두 번째 항은 없어지고 다음이 된다.

$$\frac{\partial \mathcal{L}}{\partial \mathbf{W}} = -\langle \frac{\partial \mathcal{L}}{\partial \mathbf{W}} \rangle_{\text{data}} + \langle \frac{\partial \mathcal{L}}{\partial \mathbf{W}} \rangle_{p(\mathbf{x}, \mathbf{W})} \tag{17.34}$$

이를 잘 살펴보면 문제가 무엇인지 명확해진다. 두 번째 항은 모든 확률 분포에 대한 평균이며, 이는 정규화 항 $Z(\mathbf{W})$인 모든 가능한 $\mathbf{x}$값에 대한 합을 포함하고 있으므로 계산 비용이 매우 높다.

그렇다면 우도의 최댓값을 찾기 위한 대안이 있는지 살펴보자. 이에 대한 한 가지 방법은 **KL**(Kullback–Leibler) **발산**(divergence)의 최솟값을 찾는 것이며, 이는 두 확률 분포 간의 차이를 계산한다. 사실, 이는 12장에서 본 **정보 이득**과 같다. 확률 분포 p와 q 사이의 **KL** 발산은 다음과 같다.

$$KL(p\|q) = \int p(x) \log \frac{p(x)}{q(x)} dx \tag{17.35}$$

이는 비대칭이라는 점을 기억하자. 따라서 $KL(p\|q) \neq KL(q\|p)$이다.

KL 발산을 최소화하는 것이 로그 우도의 최대화와 같은지를 살펴보기 위해서 다음과 같은 유도가 필요하다.

$$KL(p(\mathbf{x}, \mathbf{W})_{\text{data}} || p(\mathbf{x}, \mathbf{W})_{\text{model}}) = \sum_{n=1}^{N} p_{\text{data}} \log \frac{p_{\text{data}}}{p_{\text{model}}} dx$$

$$= \sum_{n=1}^{N} p_{\text{data}} \log p_{\text{data}} - \sum_{n=1}^{N} p_{\text{data}} \log p_{\text{model}}$$

$$= \sum_{n=1}^{N} p_{\text{data}} \log p_{\text{data}} - \frac{1}{N} \sum_{n=1}^{N} \log p(\mathbf{x}^n | \mathbf{W})$$

$$(17.36)$$

첫 번째 항은 가중치 값과 독립적이므로 최적화에서 제외할 수 있으며, 두 번째 항은 우도의 정의이다.

힌튼의 기발함은 바로 **KL** 발산을 최소화하지 않고 두 개의 **KL** 발산 간의 차이를 줄인다는 것이며, 이는 다음과 같다.

$$KL(p_{\text{data}} \, || \, p_{\text{model}}) - KL(p_{\text{MCMC}}(n) \, || \, p_{\text{model}})$$

식 17.34의 계산 비용이 높은 항들이 제거된다. $P_{\text{MCMC}}(n)$은 마르코프 체인으로부터 n샘플들을 통해 구한 확률 분포이며, 보통 $n = 1$이다.

이것이 대조 발산 알고리즘의 개념이다. 데이터에 대한 기댓값을 계산하고, 깁스 샘플링을 다음 항에 대해서 작은 스텝(step) 수로 데이터 분산에 시작한다. 웨이크 슬립 알고리즘에서는 네트워크가 숙면기에 오랫동안 머무르지 못하게 하며, 숙면기에 실행했던 것들을 적용한다.

두 알고리즘의 차이를 살펴보기 위해서 관찰 노드들만으로 이루어진 볼츠만 머신을 살펴보자. 최대 우도(maximum likelihood)를 이용해서 전체 계산을 수행하면 가중치 갱신 공식은 다음과 같다.

$$w_{ij} \leftarrow w_{ij} + \eta(\langle v_i v_j \rangle_{\text{data}} - \langle v_i v_j \rangle_{p(\mathbf{x}, \mathbf{W})} \qquad (17.37)$$

CD 알고리즘을 사용한다고 많이 달라지는 것은 아니다.

$$w_{ij} \leftarrow w_{ij} + \eta(\langle v_i v_j \rangle_{\text{data}} - \langle v_i v_j \rangle_{\text{MCMC}}(n)) \qquad (17.38)$$

제한 볼츠만 머신에서 **CD** 가중치 갱신은 다음과 같다.

$$w_{ij} \leftarrow w_{ij} + \eta(\langle v_i h_j \rangle_{p(\mathbf{h}|\mathbf{v}, \mathbf{W})} - \langle v_i h_j \rangle_{\text{MCMC}}(n)) \qquad (17.39)$$

첫 번째 항은 트레이닝 데이터에 대해서 은닉 노드들의 분포를 추정하고, 두 번째 항은 마르코프 체인을 몇 스텝 실행해서 분포를 추정한다. 마르코프 체인의 실행은 **교대 깁스 샘**

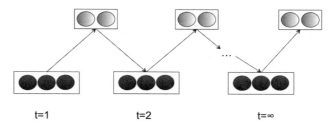

t=1   t=2   t=∞

그림 17.7 교대 깁스 샘플링의 모형. 관찰 노드들의 초기 값은 은닉 노드들의 확률 분포를 계산하는 데 사용되고, 다시 이를 사용해서 관찰 노드의 값을 다시 측정하며, 이 과정은 반복된다.

플링의 형태를 갖고 있으며, 은닉 노드들을 추정하기 위해서 관찰 노드와 가중치가 이용되고, 다음으로 이를 이용해서 관찰 노드들을 측정하는 작업이 반복된다. 이는 그림 17.7에 나와 있다.

MLP의 경사하강(또는 상승)법에 기반을 둔 다른 알고리즘처럼 가중치 업데이트를 위해서 모멘텀 항을 사용하는 것이 매우 도움이 되는데 이는 RBM 알고리즘의 설명에 나와 있다. 이제 RBM 구현에 있어서 유의할 몇 가지 사항을 살펴보겠다.

알고리즘을 살펴보면 바이어스 가중치는 다른 것들로부터 분리되어 있고, 갱신 법칙 또한 다르다는 것을 알 수 있다. 이는 관찰 노드들과 은닉 노드들에 대해 두 가지 다른 바이어스 가중치가 존재하기 때문이다. 바이어스는 다른 연결과는 다르므로 비대칭 가중치이며, 각각의 뉴런에 대한 다른 활성화 역치 값을 부여하기 위한 편리한 방법이다.

대부분의 계산 과정은 넘파이를 사용하는 것인데 한 가지 주의해야 할 점은 뉴런이 활성화해야 하는지 아닌지를 무작위 샘플로부터 결정하는 부분이다. 뉴런에 대한 확률 계산은 다음과 같다.

```
sumin = self.visiblebias + np.dot(hidden,self.weights.T)
self.visibleprob = 1./(1. + np.exp(-sumin))
```

뉴런의 활성화를 결정하는 간단한 방법 중 하나는 0에서 1 사이의 무작위 수를 추출하고 크기를 비교하는 방법이다. 두 가지 다른 방법들은 다음과 같다.

```
self.visibleact1 = (self.visibleprob>np.random.rand(np.shape(self.visibleprob)↵
[0],self.nvisible)).astype('float')
self.visibleact2 = np.where(self.visibleprob>np.random.rand(self.visibleprob.↵
shape[0],self.visibleprob.shape[1]),1.,0.)
```

위의 두 가지 출력 값에는 차이가 없는데 이를 더 알아보기 위해서는 파이썬이 제공하는 TimeIt 모듈, 시간에 관련된 툴들을 살펴봐야 한다. 이는 여러 가지 방법으로 사용될 수 있으며, 이를 보이기 위해서 파이썬 커맨드 라인을 사용한다. TimeIt 모듈은 특정 커맨드들을 정해진 만큼 수행하고, 수행 시간에 대한 정보를 반환한다.

컴퓨터에서 이를 수행했을 때를 다음 몇 줄들이 보여 주는데 timeit의 첫 번째 인수는 시간에 대한 명령어, 두 번째는 설정, 그리고 마지막은 몇 번을 수행하는지 결정한다. 다음의 코드는 작은 크기의 무작위 번호로 채워진 배열을 가지고 2진 활성화 값으로 변경하는 작업을 두 가지 방법으로 1000번 수행한다.

```
>>> import timeit
>>> timeit.timeit("h = (probs > np.random.rand(probs.shape[0],probs.shape[1])
).astype('float')",setup="import numpy as np; probs =
np.random.rand(1000,100)",number=1000)
2.2446439266204834
>>> timeit.timeit("h= np.where(probs>np.random.rand(probs.shape[0],probs.
shape[1]),1.,0.)",setup="import numpy as np; probs =np.random.rand(1000,100)
",number=1000)
5.140886068344116
```

두 번째 방법은 첫 번째 방법보다 두 배의 시간이 걸리며, 둘 다 빠르지 않다. RBM 실행에서 위와 같은 계산이 많이 이뤄지므로 첫 번째 방법을 사용하는 게 더 좋다.

참값이 int가 아닌 float로 변경된 이유는 넘파이가 기본적으로 더 작은 복잡도를 갖는 타입으로 변경해 버리기 때문이며, 활성화가 자동으로 int가 되면 모든 확률에 계산은 int가 되며 엄청난 오류가 일어나기 때문이다.

위의 코드를 이용해서 두 층의 활성화를 계산하는데 파이썬 코드에서 간단한 대조 발산 단계 수행은 위의 알고리즘 설명과 매우 유사하다.

```
def contrastive_divergence(self,inputs,labels=None,dw=None,dwl=None,dwvb=None,
dwhb=None,dwlb=None,silent=False):
    # 입력 값을 관찰 노드에 고정
    visible = inputs
    self.labelact = labels

    for epoch in range(self.nepochs):
# 깨어 있는 단계
# 은닉 노드들을 샘플링
    self.compute_hidden(visible,labels)
```

```python
# <vh>_0을 계산
positive = np.dot(inputs.T,self.hiddenact)
positivevb = inputs.sum(axis=0)
positivehb = self.hiddenprob.sum(axis=0)

# 수면 단계
# 제한적인 깁스 샘플링을 사용해서 은닉 분포로부터 샘플링
for j in range(self.nCDsteps):
    self.compute_visible(self.hiddenact)
    self.compute_hidden(self.visibleact,self.labelact)

# <vh>_n 계산
negative = np.dot(self.visibleact.T,self.hiddenact)
negativevb = self.visibleact.sum(axis=0)
negativehb = self.hiddenprob.sum(axis=0)

# 학습 법칙(모멘텀 항을 사용한)
dw = self.eta *((positive - negative) / np.shape(inputs)[0] - self.decay*self.weights)↵
+ self.momentum*dw
self.weights += dw
dwvb = self.eta *(positivevb - negativevb) / np.shape(inputs)[0] + self.momentum*dwvb
self.visiblebias += dwvb
dwhb = self.eta *(positivehb - negativehb) / np.shape(inputs)[0] + self. momentum*dwhb
self.hiddenbias += dwhb
error = np.sum((inputs - self.visibleact)**2)

visible = inputs
self.labelact = labels
```

17.2.3. 지도학습

RBM은 홉필드 네트워크처럼 패턴 완성을 수행할 수 있는데 트레이닝 이후에 부분적인 입력 값이나 노이즈가 추가된 입력 값을 네트워크에 보여 주면 네트워크는 낮은 에너지의 트레인 상태로 된다. 하지만 RBM을 발전시켜서 추가적인 **소프트맥스**(soft-max)(4.2.3절) 층을 사용하면 그림 17.8처럼 대칭 가중치를 통해 분류를 수행할 수 있다.

노드들에는 로지스틱(logistic) 대신에 소프트맥스(soft-max) 함수를 활성화 함수로 사용해서 하나의 뉴런만 활성화하도록 한다. 추가적인 가중치들을 위한 트레이닝 법칙 역시 대조 발산을 바탕으로 이뤄진다.

RBM 구현 추가 사항은 매우 간단한데, 분명한 차이는 관찰 노드들의 샘플링에 있다. 입력 노드와 라벨 노드($\mathbf{l}$)가 있으므로 $p(\mathbf{v}|\mathbf{h}, \mathbf{W})$와 $p(\mathbf{l}|\mathbf{h}\mathbf{W}')$를 계산해야 하고, 여기서 $\mathbf{W}'$

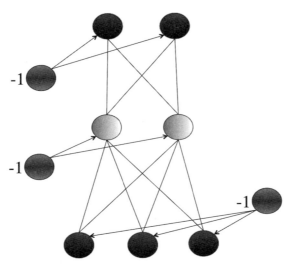

그림 17.8 RBM을 사용한 지도학습. '라벨' 노드들을 위한 층이 추가되어서 대칭 가중치로 연결되었다. 하지만 노드들은 로지스틱(logistic) 활성이 아닌 소프트맥스(soft-max) 활성화 함수를 사용.

는 은닉 노드들을 라벨 노드들로 연결하는 추가적인 가중치 값이다. 추가적인 가중치들은 은닉 노드가 주어진 상태에서 독립이므로 가중치들은 서로 조건에 포함되지 않는다. 하지만 은닉 노드들의 확률은 서로서로 조건적이다(또한, 두 가중치들의 집합도 조건적이다): $p(\mathbf{h} \mid \mathbf{v}, \mathbf{l}, \mathbf{W}, \mathbf{W}')$

라벨 노드들이 소프트맥스 단위이므로 활성화는 4.2.3절에 서술된 대로 다르다. 하지만 구현은 소프트맥스 수식을 사용하면 숫자들이 매우 커지게 되어서 상당히 이상할 수 있다 (e^x를 아주 큰 x에 대해서 계산해야 하므로). 이에 대한 한 가지 대책은 모든 번호들에서 가장 큰 값을 빼서 모든 번호를 0으로 만들거나 0보다 작아지게 만드는 것이다. 불행히도, 이는 코드를 복잡하게 만든다.

```python
# 라벨 활성화를 계산(softmax)
if self.nlabels is not None:
 sumin = self.labelbias + np.dot(hidden,self.labelweights.T)
 summax = sumin.max(axis=1)
 summax = np.reshape(summax,summax.shape+(1,)).repeat(np.shape(sumin)[1], axis=-1)
 sumin -= summax
normalisers = np.exp(sumin).sum(axis=1)
normalisers = np.reshape(normalisers,normalisers.shape+(1,)).repeat(np.
 shape(sumin)[1],axis=-1)
 self.labelact = np.exp(sumin)/normalisers
```

그림 17.9는 RBM에 50개의 은닉 노드를 사용해서 A, B, S를 2진 알파벳 글자 데이터세트에 라벨을 사용하지 않고 적용한 결과를 보여 준다. 그림 17.10은 같은 예제에 RBM과 라벨을 사용한 결과를 보여 준다. 알고리즘은 1,000번의 반복학습을 하고, 제일 윗줄은 트레이닝 세트(각 글자에 대한 20개의 예제와 함께)와 이에 대한 각각의 수정된 버전을 보여 주고, 마지막 줄에는 57개의 예제에 대한 테스트 세트와 이의 수정된 것을 보여 준다. 대부분의 복원 결과는 좋아 보인다. 라벨된 알고리즘의 경우 트레이닝 예제에 0개의 오답과 테스트 예제에 대해서는 5개의 오답이 나왔고, 라벨이 없는 경우에 0개의 트레이닝 예제에 대한 오답과 7개의 테스트 예제에 대한 오답이 나왔다.

17.2.4 유향 신뢰 네트워크

RBM이 복잡한 데이터에 대한 학습을 꽤 잘 한다는 것을 살펴봤고, 생성 모델(generative model)에 네트워크를 사용할 수 있다는 것을 통해서 학습이 무엇인지를 살펴봤다. RBM의 위력을 이해하는 한 가지 방법은 그림 17.11에서 보듯이 RBM과 같은 확률 뉴런들과 연결된 층끼리 서로 연결된 같은 가중치 행렬로 만들어진 무한층의 유향 네트워크와 같다고 보는 것이다.

가중치들에 주어진 상태에서 네트워크를 사용해서 트레이닝에 이용되었던 무한 깊이의 네트워크에 무작위로 배치되었던 가능한 입력 값들을 만드는 데 사용할 수 있다. 이전 층의 활성화는 가중치를 사용해서 추론할 수 있고, 부모 노드들의 확률 분포에서 각 뉴런의 2진 상태를 정한다. 이 작업은 관찰 노드들에 이를 때까지 반복되면 가능한 입력을 복원할 수 있다.

네트워크를 반대로 관찰 노드로부터 각 층들을 통과해서 올라가는 것도 가능한데 이를 위해서는 위에서 아래로 움직이는 가중치 행렬을 뒤바꿔야 한다. 이는 관찰 층에 대한 값들을 설정하고, 은닉 층들에 대한 **계승 분포**(factorial distribution)(각 독립적인 분포들을 곱해서)를 추론할 수 있게 한다. 은닉층의 노드들은 서로 독립적이므로 각 독립적인 분포를 곱하는 계승 분포가 되는 것이다. 각 층들에 작업을 계속해서 올라갈 수 있고, 이를 통해서 은닉 층들의 사후분포로부터 샘플링이 가능하다.

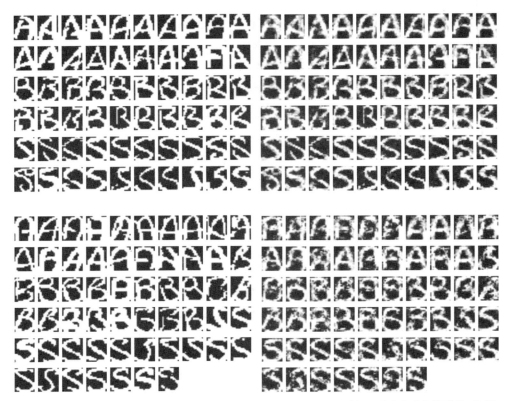

그림 17.9 라벨이 없는 RBM 트레이닝. 왼쪽 위: 트레이닝 세트. 오른쪽 위: 트레이닝 세트의 복원 버전들. 왼쪽 아래: 테스트 세트. 오른쪽 아래: 테스트 세트에서 복원. 몇 가지 오류들을 살펴볼 수 있는데, 다섯 번째 줄의 마지막 그림은 S가 B로 복원되었다.

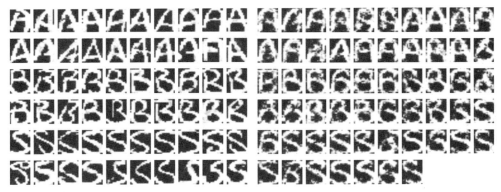

그림 17.10 표식된 RBM의 트레이닝 왼쪽: 트레이닝 세트가 복원, 오른쪽: 테스트 세트의 복원

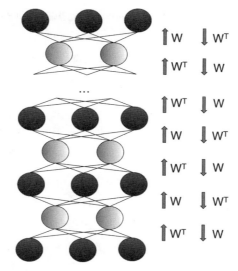

그림 17.11 무한개의 층을 가진 유향 신뢰 네트워크

사후 분포에서 샘플링할 수 있으므로 데이터의 확률에 대한 미분 값도 계산할 수 있다(데이터에 대한 로그 확률).

$$\frac{\partial \log p(\mathbf{v}^0)}{\partial w_{ij}} = \langle h_j^0 (v_i^0 - \hat{v}_i^0) \rangle, \tag{17.40}$$

여기서 $\mathbf{v}^0$는 관찰 층 0번째의 배열 값을 의미하고, $\mathbf{v}_i$는 관찰 배열이 은닉 값들로부터 샘플로 재건된다면 뉴런 i가 활성화할 확률을 나타낸다. 가중치 배열은 각 층들($\hat{v}_j^0 = v_i^1$) 간에는 값이 같다.

각 층에서 가중치 배열은 같으므로 가중치의 전체 미분 값은 이를 포함한 모든 층에 영향을 미친다.

$$\frac{\partial \log p(\mathbf{v}^0)}{\partial w_{ij}} = \langle h_j^0 (v_i^0 - v_i^1) \rangle + \langle v_i^1 (h_j^0 - h_j^1) \rangle + \langle h_j^1 (v_i^1 - v_i^2) \rangle + \langle v_i^2 (h_j^1 - h_j^2) \rangle + \dots \tag{17.41}$$

이를 자세히 살펴보면 대부분의 항은 제거되며, 마지막에 남는 식은 다음과 같다.

$$\frac{\partial \log p(\mathbf{v}^0)}{\partial w_{ij}} = \langle v_i^0 h_j^0 \rangle - \langle v_i^\infty h_j^\infty \rangle, \tag{17.42}$$

이는 전체 볼츠만 머신과 완전히 같다. 두 개의 네트워크는 같은 기울기 값의 최솟값을 찾고 있으며, 같은 샘플링 단계를 갖고 있어서 동일하다.

RBM은 추론을 수행할 때 **중도 설명**(explaining away, **설명해 치워 버리다**)에 대한 필요성을 제거하는 것처럼 보인다. 중도 설명은 신뢰 네트워크의 추론에서 어려운 점 중 한 가지다. 어떤 일이 일어났을 때 이에 대한 가능한 이유들 중에 하나를 선택하기를 원하므로 관찰 노드가 주어졌을 때 이에 대한 원인이 될 수 있는 두 개의 은닉 노드들이 자동으로 활성화되지 않도록 한다.

중도 설명이 왜 중요한지를 알아보기 위해서 무지의 영역에 대한 다지선다형의 문제를 푼다고 하자. 시험을 통과하기 위해서는 매우 운이 좋아서 찍은 것들이 다 맞거나 좋은 성적을 받은 답안지와 바뀌는 일이 생겨야 한다.

두 가지 모두 다 일어날 것 같지 않으며, 두 가지는 서로 독립적이다. 만약에 수업 시간에 아주 뛰어난 모범생이 결과를 받고 뛰쳐나간다면 당신은 시험지가 바뀐 것을 알아차릴 것이고, 집에 가는 길에 복권을 사고 싶은 기분일 것이다. 다시 말하면, 두 가지는 시험의 성공을 설명하는 것이라는 사실 아래 서로 독립적이지만 조건부 종속적이다.

중도 설명은 무한의 신뢰 네트워크에서는 문제가 되지 않는데 유한의 경우는 문제가 된다. 하나의 은닉 층을 가진 네트워크에 관찰 입력 값으로 배열을 고정시킨다고 하자. 은닉 층의 노드들은 데이터 배열을 바탕으로 그들 사이의 조건부 의존성들을 분포에 포함할 것이다. 무한의 경우에는 다른 은닉층들이 이를 제거해서 일어나지 않는다. 이런 항들의 상쇄는 **상보 사전 분포**(complementary priors)라고 알려져 있다.

RBM은 그 자체로 흥미롭지만, 이를 발전시키면 더 흥미롭게 만들 수 있다. 그리고 다음 장에서 살펴보게 되듯이 무제한의 유향 신뢰 네트워크에서의 동질성은 알고리즘에 도움을 준다.

17.3 딥러닝 / 심층학습

4장에서 MLP는 어떤 결정의 형태도 학습할 수 있다는 것을 보았다. 하지만 학습의 부분적인 스토리를 말해 줄 때에만 할 수 있었다. 흥미로운 함수를 학습하기 위해서는 아주 많은 노드들이 필요할 것이고, 이는 더 많은 가중치들과 트레이닝 데이터가 요구되고, 더 오랜 학습 시간과 지역적인 최솟값의 문제 등에 노출된다. 이론적으로 사실이지만, MLP가 학습의 끝이거나 지도학습의 끝이라는 뜻은 아니다.

이 책에서 이야기했던 모든 알고리즘들은 매우 **얕은데** 이유는 입력들의 집합을 가지고 선형 또는 비선형 조합을 하는 것 이외에는 하는 일이 없기 때문이다. 트리들을 바탕으로 이뤄지는 방법들조차도 하나의 입력을 한 번에 하나씩 따지며, 이는 입력들의 가중치 결합일 뿐이다.

여러 층의 뉴런으로 만들어진 열이 있지만 이미지를 분석하지는 않는다. 그래서 마치 우리 두뇌가 작동하는 방식으로는 보이지 않을 것이다. 예를 들면, 그림 17.12는 이미지와 다른 표현법들과 이미지에서 유도될 수 있는 몇몇의 피처들을 보여 준다. 이미지 인식을 위함이라면 단지 픽셀 값을 머신러닝 알고리즘에 입력하지는 않을 것이다. 왜냐하면 이를 통해서는 각 픽셀 값들의 조합을 찾아서 분류를 수행하려 하기 때문이다. 그 대신, 몇몇의 피처를 이미지에서 찾아내고, 이를 학습 알고리즘에 집어넣는다. 문제에 대한 지식을 통해서 이미지의 형태를 대표할 유용한 피처들을 고른다. 예를 들면, 물체의 형태를 보면 테두리가 질감보다 유용할 것이다. 얼마나 둥근 물체인지를 아는 것도 유용할 것이다. 또한, 이미지에 비추는 빛의 강도가 변한다면 픽셀의 강도는 유용하지 않을 것이지만, 테두리와 이미지의 강도로부터 유도된 다른 피처들은 유용할 것이다.

이런 종류의 모든 지식을 전문가에게 주어서 입력 피처들의 선택 가능한 옵션으로 두고 고안된 피처들의 조합은 인지를 위해서 충분할 것이라는 희망 아래 머신러닝 알고리즘에 집어넣는다.

하지만 이미지를 살펴보고, 몇 가지 다른 인지 문제들을 수용할 때에는 모양, 질감, 색깔 등을 독립적으로 또는 함께 살펴본다. 인지 문제 자체를 많은 부분적인 문제들로 쪼개고, 그것들을 해결하고, 각기 부분적인 문제의 결과를 종합해서 결정을 내린다. 각 이미지 부분의 색으로 시작해서 전체 추상적인 표현들을 살펴보고, 그것들을 종합해서 전체 이미지가 나올 때까지 진행한다.

단순하게 더 많은 층들을 추가하고, 역전파 알고리즘(back-propagation algorithm)을 사용해서 가중치를 갱신할 수 있으므로 MLP의 입력 값에서 더 복잡한 조합으로 고안된 피처들을 통해 아주 깊은 네트워크를 만들 수 있다. 여기서 검색해야 하는 공간이 너무 커지다 보니 백프로퍼게이션 알고리즘에서 기울기를 추정하는 데 노이즈가 점점 더 많아지게 된다. 따라서 네트워크를 **깊게** 만드는 것은 어렵지 않지만, 트레이닝은 어려움이 많다. 사실 낮은 층의 네트워크를 가질 때보다 더 적은 트레이닝이 필요하게 되지만, 트레이닝이 쉬워진다는 뜻은 아니다.

딥러닝을 통해서 처음 한 실험은 4.4.5절의 **오토인코더(autoencoders)**다. 오토인코더는 MLP 중에 입력 값과 출력 값을 고정하고, 은닉 노드들로 입력 값들을 저차원으로 표현한다. 이는 또한 패턴 완성하기에도 사용될 수 있다.

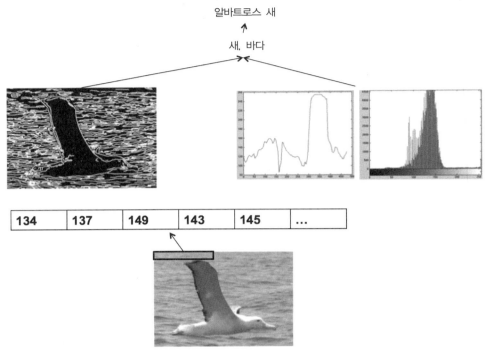

그림 17.12 딥러닝의 이미지에 대한 초기의 분석은 아래의 새 예와 같이 픽셀 값들로 이뤄진다. 다른 층의 학습자들은 데이터에 고차원의 연관성을 만들 수 있고, 전체 시스템은 더 복잡한 함수를 학습할 수 있다.

아이디어는 매우 간단하다. 하나의 오토인코더를 트레이닝하고 네트워크의 은닉 층을 다음의 입력 값으로 이용한다. 두 번째 네트워크는 기본 입력 값에 대한 고차원의 표현을 학습하고, 오리지널 네트워크의 은닉 노드들에 대한 활성화를 바탕으로 한다. 더 많은 오토인코더는 트레이닝될 수 있고, 위에 쌓이고, 마지막에 퍼셉트론을 놓아서 분류나 회귀를 수행한다. 마지막 은닉 노드들의 활성화를 가지고 지도학습을 수행한다. 그림 17.13은 학습의 개략적인 모습을 표현해 주고 있다.

간단한 계획은 문제가 되기도 하는데 각 오토인코더는 지도학습으로 트레이닝되며, 입력과 출력이 같고 보통의 백프로퍼게이션 학습을 통해서 이뤄지지만, 은닉 층이 무엇을 학습해야 하는지에 대한 진정한 정보는 없다. 마지막 층의 퍼셉트론에서 진짜 지도학습이 이뤄지지만, 네트워크는 입력 값이 무엇인지를 알아야 한다. 하지만 더 유용한 입력 값의 표현을 생성하기 위해 트레이닝 시에 사용할 수 있는 하부 오토인코더 가중치들에 대한 오류 정보는 주어지지 않는다.

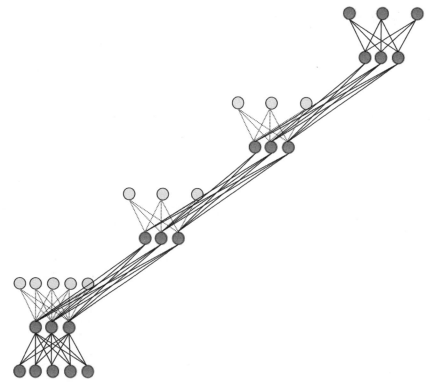

그림 17.13 오토인코더의 집합들로 만들어진 딥러닝의 전체 그림. 하나의 오토인코더의 은닉 층은 입력 데이터에 대한 묘사를 제공하고, 다음 입력 값으로 이용된다. 각 오토인코더의 반쪽은 입력 값의 복원을 담당하며, 이는 옅은 회색 점선의 가중치로 나타난다.

오토인코더와 RBM 사이에 유사성이 있는데 같은 목표를 수행하지만 오토인코더는 입력에서 은닉 노드를 거쳐 출력으로 가중치가 실행되는 데 반해 RBM 가중치는 대칭적이다. 이는 곧 RBM을 반대 방향으로 수행할 수 있다는 말이며, 은닉 노드들의 샘플을 택해서 관찰 노드의 값을 추정할 수 있게 한다. 이는 네트워크가 보는 입력 값의 타입에 대한 **생성 모델**이다. RBM의 위에서 얻은 정보를 입력 관찰 값까지 거꾸로 통과시켜서 RBM의 가중치 값들과 실제로 찾은 표현 값을 변경할 수 있는 기회를 준다.

딥러닝은 요즘에 아주 활발하게 이뤄지는 연구 분야이며, 구글(Google)과 같은 다양한 회사가 아주 중요하게 생각한다. 구글은 딥러닝의 아이디어를 사용해서 개발된 많은 회사들을 인수하고, 많은 연구원들을 고용하고 있다.

RBM의 집합인 Deep Belief Network(DBN)은 다음 장의 주제다.

17.3.1 심층 신뢰 네트워크

개념적으로 DBN은 오토인코더와 아주 유사하다. 라벨이 없는 RBN을 쌓아 놓고, 제일 위층에는 라벨이 있는 RBM을 사용한 것이다. 하지만 전체 구성은 간단하지만, 어떻게 트레이닝하는지는 더 생각해 봐야 한다.

RBM들의 스택(stack)을 설정하고, CD를 이용해서 네트워크의 모든 가중치들 학습을 한 번에 하려고 하지만, 확률에 수렴하기까지 네트워크에는 오랜 시간이 걸리며, 많은 샘플링 과정을 네트워크 위아래로 적용시켜야 한다.

대신에 탐욕적으로 오토인코더에서 했던 것처럼 RBM의 순서대로 트레이닝한다. 입력을 관찰 노드에 고정시키고, RBM을 트레이닝하고, 입력 값의 생성 모델을 설명하는 대칭적인 가중치들을 학습한다. RBM의 은닉 노드에 대해서 샘플링하고, RBM을 순서대로 트레이닝하고, i층의 관찰 노드들을 $i-1$층의 은닉 노드 샘플들로 고정시킨다. 마지막 층에서 RBM은 라벨들이 사용해서 트레이닝한다. DBN을 위한 탐욕 학습 알고리즘(greedy learning algorithm)은 오토인코더에서 똑같이 사용할 수 있지만, 아직 끝나지 않았다.

이쯤에서 네트워크에 두 가지 목표가 있다는 것을 알아차릴 수 있다. 입력 값을 관찰 노드들을 통해서 인지하고(일반 분류) 은닉 노드들을 바탕으로 입력처럼 보이는 샘플들을 만들어 낸다. RBM은 대칭적이므로 가중치 행렬은 두 가지 목적을 위해 다 사용된다. 하지만 RBM의 위나 아래에 추가적인 층을 더하기 시작하면 아래층의 트레이닝 결과에 따라서 각 RBM 트레이닝의 성과가 결정된다. 인지를 수행하기 위해 아래에서 관찰 노드로부터 위로 작업할 때, 그리고 샘플을 출력 노드로부터 작성해서 아래 방향으로 갈 때 두 가지 사이에서 상황은 더 엇갈리기 시작한다. 이유는 생성 모델에서 가중치는 은닉 노드의 확률이 인식 모델에서 왔는데 이는 더 이상 사실이 아니기 때문이다. 현재 층의 위에서 오는 것이므로 학습했던 값들과 다르기 때문이다.

이런 이유로 트레이닝은 두 단계로 나뉜다. 첫 번째는 그리디(dreedy) 방법이며, 하나의 가중치 집합만 존재하므로 오토인코더의 집합인 트레이닝이다. 두 번째는 인지 가중치와 생성 가중치는 제일 위층의 라벨이 있는 RBM을 제외하고는 분리된다(위로는 층이 없으므로 가중치는 여전히 같다). 이제 이전에 살펴본 웨이크 슬립 알고리즘의 변형을 사용할 수 있다. 관찰 노드에 입력 값을 고정하고, 인식 가중치를 사용해서 각 은닉 변수에 대한 상태를 고르고, 생성 가중치를 식 (17.40)을 사용해서 조절한다. RBM의 연상 기억에 도달하면 이를 보통처럼 트레이닝하고, 은닉 노드들의 샘플을 깁스 샘플링을 사용해서 생성한다. 이 값들을 사용해서 제일 위에 라벨이 없는 RBM의 관찰 노드들을 샘플링하고, 인지 가중치의 트레이닝에 비슷한 갱신 법칙을 사용한다(은닉 노드들과 관찰 노드들을 번갈아 가면서).
따라서 처음에는 한 가중치의 집합만 있고, 학습의 적당한 곳에서 복제되고, 이로부터
다시 수정된다. 다음의 코드는 넘파이를 사용해서 구현하는 한 방법이다.

```python
def updown(self,inputs,labels):

    N = np.shape(inputs)[0]

    # 가중치를 분리
    for i in range(self.nRBMs):
        self.layers[i].rec = self.layers[i].weights.copy()
        self.layers[i].gen = self.layers[i].weights.copy()

    old_error = np.iinfo('i').max
    error = old_error
    self.eta = 0
    for epoch in range(11):
        # 웨이크 단계

        v = inputs
        for i in range(self.nRBMs):
            vold = v
            h,ph = self.compute_hidden(v,i)
            v,pv = self.compute_visible(h,i)

            # 생성 가중치를 트레인
            self.layers[i].gen += self.eta * np.dot((vold-pv).T,h)/N
            self.layers[i].visiblebias += self.eta * np.mean((vold-pv),axis=0)

            v=h

        # 라벨이 있는 RBM을 트레인
        self.layers[self.nRBMs].contrastive_divergence(v,labels,silent=True)

        # 라벨이 있는 RBM을 샘플
        for i in range(self.nCDsteps):
            h,ph = self.layers[self.nRBMs].compute_hidden(v,labels)
            v,pv,pl = self.layers[self.nRBMs].compute_visible(h)

        # 클래스 오류 계산
        #print (pl.argmax(axis=1) != labels.argmax(axis=1)).sum()
```

```
# 슬립 단계

# 라벨이 있는 RBM의 마지막 상태로 초기화
 h = v
for i in range(self.nRBMs-1,-1,-1):
    hold = h
    v, pv = self.compute_visible(h,i)
    h, ph = self.compute_hidden(v,i)

    # 트레인 인식 가중치
    self.layers[i].rec += self.eta * np.dot(v.T,(hold-ph))/N
    self.layers[i].hiddenbias += self.eta * np.mean((hold-ph),axis=0)

    h=v

old_error2 = old_error
old_error = error
error = np.sum((inputs - v)**2)/N
if (epoch%2==0):
        print epoch, error
if (old_error2 - old_error)<0.01 and (old_error-error)<0.01:
    break
```

탐욕 알고리즘과 웨이크 슬립 알고리즘의 조합은 **RBN**을 트레이닝한다. 전체 최대 우도 트레이닝이 사용되면(**CD** 대신에) 생성 모델하에서는 데이터의 로그 확률로 축소될 수 없다. 하지만 적당한 시간 안에 좋은 결과를 주므로 보통은 **CD** 학습이 이용된다.

분류와 생성 모델의 두 경우에 모두 적당한 노드에 대한 값을 고르는 것과 네트워크의 층들을 위아래로 샘플링해야 한다. 전체 알고리즘은 다음과 같다.

심층 신뢰 네트워크 알고리즘

- **초기화**
  - 미리 정의된 개수의 은닉 노드들을 사용하고, 이에 대응되는 관찰 노드들을 위층에 사용해서 라벨이 없는 RBMs을 생성 마지막에는 한 층의 라벨이 있는 RBM 사용
  - 모든 가중치를 작은 난수로 초기화, 보통 평균 0, 표준 편차 0.01값의 정규분포로부터 생성

- **탐욕 학습**
  - 입력 벡터를 첫 번째 RBM의 관찰 값들에 고정하고, 17.2.1절의 CD 학습 알고리즘을 이용해 트레인
  - RBM의 은닉 노드를 샘플링하고 이 값들을 이용해서 다음 RBM의 관찰 노드 값으로 설정

- 라벨이 있는 RBM에 도달할 때까지 계속 위로 반복; RBM의 가장 위 은닉층을 입력, 출력 관찰 노드를 출력으로 사용해서 지도학습
- **웨이크 단계**
  * 미리 정해진 횟수만큼 또는 학습이 멈춰질 때까지 반복:
  * 라벨이 없는 RBM(k)에 대해서 :
    · 가중치 행렬을 복제하고, 인식을 위한 것과 생성을 위한 것을 분리
    · 관찰 노드를 관련 입력 값으로 설정(입력 값 또는 네트워크의 은닉 노드들)
    · 은닉 노드들을 샘플링하고 그 값을 사용해서 관찰 노드들을 재건
    · 생성 가중치를 업데이트:

$$w_{ij}^{g,(k)} \leftarrow w_{ij}^{g,(k)} + \eta h_j (v_i - \hat{v}_i) \tag{17.43}$$

여기서 v_i는 관찰 노드 i에 대한 입력 값, $\hat{v}_i$는 새로 재건된 버전, RBM에 대한 지시자(k)
    · 바이어스를 업데이트:

$$w_{\text{visible},ij} \leftarrow w_{\text{visible},ij} + \eta \text{mean}(v_i - \hat{v}_i) \tag{17.44}$$

  * 라벨이 있는 RBM을 CD 학습의 정규화로 트레인
  * 교대 깁스 샘플링을 사용해서 작은 횟수의 반복으로 라벨이 있는 RBM의 은닉 노드와 관찰 노드를 위한 샘플
  * 언라벨 RBMs(k)에 대해서, 위에서부터 시작:
    · 상위 층 관찰 노드들의 샘플 값으로 은닉 노드들을 초기화
    · 관찰 노드들을 샘플하고 이 샘플들로 은닉 노드들을 재건
    · 인식 가중치 업데이트:

$$w_{ij}^{r,(k)} \leftarrow w_{ij}^{r,(k)} + \eta v_i (h_j - \hat{h}_j) \tag{17.45}$$

여기서 h_j는 은닉 노드 j에 대한 입력 값, $\hat{v}_j$는 재건된 버전
    · 바이어스를 업데이트:

$$w_{\text{hidden},ij} \leftarrow w_{\text{hidden},ij} + \eta \text{mean}(h_j - \hat{h}_j) \tag{17.46}$$

알고리즘의 구현에 특별히 다른 점은 없다. 이것이 얼마나 잘 동작하는지를 알아보기 위해서 2진 알파디짓(Alphadigit) 데이터세트의 세 문자를 RBM을 사용해서 살펴본다. 그림 17.14는 은닉층에 100개의 노드를 가지고, 세 개층 RBN으로 만들어진 DBN의 출력 값을 보여 준다.

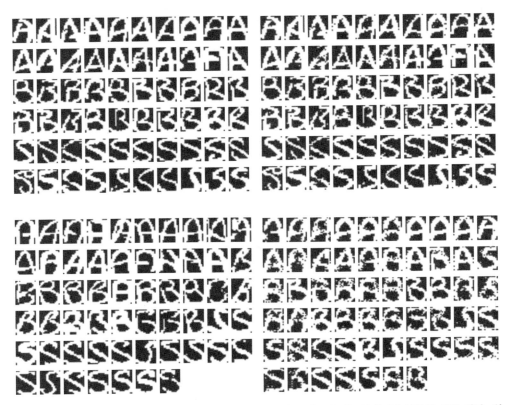

그림 17.14 DBN을 사용한 트레이닝. 왼쪽 위: 트레이닝 세트, 오른쪽 위: 트레이닝 세트의 복원 버전, 왼쪽 아래: 테스트 세트, 오른쪽 아래: 테스트 세트의 복원 버전. 마지막 예제와 같이 어떤 경우에 오류는 여전히 심각하지만, 하나의 RBN을 사용했을 때보다 더 선명한 복원 결과를 준다.

더 읽을거리

홉필드 네트워크와 볼츠만 머신의 초기 자료들은 다음을 참고하기 바란다.

- D.J.C. MacKay. *Information Thoery, Inference and Learning Algorithms*. Cambridge University Press, Cambridge, UK, 2003. For more up-to-date information, Hinton's papers are the best resource.

RBM 구현을 하려면 다음의 자료들을 참고하기 바란다.

- G. E. Hinton. A practical guide to training restricted Boltzmann machines. Technical Report UTML TR 2010-003, Department of Computer Science, University of Toronto, 2010.

심층 신뢰 네트워크를 위해서는 다음을 참고하기 바란다.

- G. E. Hinton and R. R. Salakhutdinov. Reducing the dimensionality of data with neural networks. *Science,* 313(5786):504–507, 2006.
- Yoshua Bengio. Learning deep architectures for AI. Technical Report 1312, Dept. IRO, Universit'e de Montréal.
- Juergen Schmidhuber. Deep Learning in Neural Networks: An Overview http://arxiv.org/abs/1404.7828

연습 문제

17.1 홉필드 네트워크에서 학습률은 중요한 파라미터가 아니다. 왜 그렇지 않은지 생각해 보고 어째서 $\frac{1}{N}$을 사용하는지 생각해 보자.

17.2 tanh()을 활성화 함수로(코드에서 np.tanh()로 사용 가능) 사용해서 홉필드 네트워크 코드 연속 버전으로 수정해 보자. 숫자 인식 문제에 대해서 흑백으로 변경하고, 이를 사용해서 인식하는 과제를 수행해 본다.

17.3 순회 세일즈맨 문제(TSP)는 9.4절에서 다뤄졌는데 이 역시 N개의 도시인 $N \times N$ 네트워크를 사용해서 홉필드 네트워크를 사용해서 풀 수 있다. 열의 경우 도시를 나타내고, 행들은 각각의 도시가 수행된 순서를 나타내며, 한 번에 하나의 뉴런을 각각 행과 열에 대해서 활성화한다. 근접한 열과는 가중치를 도시 간의 거리에 -1을 곱해서 택하고, 같은 행 또는 열에 있는 노드들끼리는 각 행과 열에 대해서 하나만 활성화하도록 아주 큰 음수 값을 적용한다. 이를 구현하고, TSP를 푸는 9.4절의 방법과 비교하라.

17.4 수평과 수직 띠들을 2차원 4×4로 이뤄진 배열에 데이터를 만들자. RBM이 수평과 수직의 띠들을 구별할 수 있는지 테스트해 보고, 결과가 예측하는 대로 나오는지 살펴보자.

17.5 RBM에서 어떤 노드가 사용되거나 실제 활성할 확률은 난수를 바탕으로 이루어진다. 힌튼('더 읽을거리'에 제공된)은 은닉 노드들을 위해서 활성화를 사용하지만(CD 학습의 마지막 단계를 제외하고) 관찰 노드들에서는 확률이면 충분하다고 제안했다. 코드를 변경해서 두 개의 버전에 적용하고, AlphaDigits 데이터세트에 결과로 비교하라.

17.6 힌튼은 또한 10에서 100개의 예제를 사용하는 미니배치를 사용해서 기울기를 추측하면 효율적이라고 제안했다. 이를 구현하고 얼마나 많은 경우에 다양한 데이터에 대해서 잘 동작하는지 조사하자. 매 반복 때 데이터의 순서를 뒤바꾸는 것을 잊지 말자.

17.7 MNIST 데이터세트에 심층 신뢰 네트워크를 적용하고, 단일 RBM과 비교하라.

18

가우시안 프로세스

이제까지 지도학습 머신러닝 알고리즘은 함수의 파라미터를 트레이닝 데이터에 오차 함수를 최소화하면서 적응시킨다. 그리고 함수를 이용해서 이전에 보지 못한 데이터에 사용한다. 여러 방법의 차이점은 데이터를 표현하는 데 사용하는 모델 함수들의 종류였다. 예를 들면, 3장의 선형 모델과 5장의 구간적 상수 스플라인(piecewice constant spline)을 들 수 있다. 하지만 데이터가 생성되는 데에 내재하는 과정을 알지 못한다면 적당한 모델을 고르는 것은 시행착오를 통해서 가능하다.

아주 간단한 예로 그림 18.1은 몇 개의 데이터 점들을 보여 준다. 하나의 가우시안 분포로부터 생성되었다고 가정한다면, 이를 적용하기 위해서 평균과 표준편차 두 개의 파라미터를 사용하며, 이는 그림의 중간에 나와 있다. 하지만 다른 분포를 사용한다면(여기서는 웨이불(weibull) 분포를 이용) 오른쪽에 보이는 것처럼 더 좋은 결과를 보여 준다(여기서 점선은 웨이불 분포 실선은 가우시안 분포를 사용했다). 가우시안에서는 평균 0.7 분산 0.25의 값을 웨이불에서는 $k = 2$와 $\lambda = 1$를 사용했다.

$$f(x; k, \lambda) = \begin{cases} \frac{k}{\lambda}\left(\frac{x}{\lambda}^{k-1}e^{-\left(\frac{x}{\lambda}\right)^k}\right), & x \geq 0 \\ 0 & x < 0 \end{cases} \tag{18.1}$$

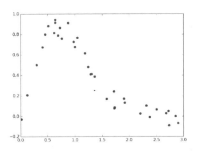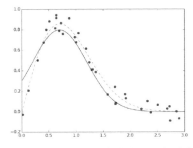

그림 18.1 왼쪽: 데이터포인트들, 오른쪽: 두 가지 데이터를 두 가지 방법 가우시안(실선)과 웨이불 분포(점선)를 이용해 데이터를 적응시킴. 둘 다 잘 적응하는 것으로 보이지만, 웨이불 분포는 데이터에 더 잘 적응하는 것처럼 보인다.

이 문제에 대해서 한 가지 가능한 답은 최적화 과정에서 여러 모델과 함께 모델들의 파라미터를 찾는 것이다. 이를 위해서는 확률 분포의 아이디어를 일반화해서 이에 최적화를 수행할 수 있도록 만드는 것이다. 이는 **확률 과정**(stochastic process)이라고 알려져 있으며, 확률 분포(다변량 가우시안의 평균이나 공분산 행렬)를 설명하는 파라미터들의 집합 대신에 난수 변수들의 집합을 모아 놓는 것이다. 이를 통해서 함수들의 집합과 이 함수들의 집합에 대한 분포도를 사용한다. 그림 18.2는 확률 과정 $f(x) = \exp(ax)\,\cos(bx)$(평균 0과 분산 0.25의 가우시안으로부터 구한 a, 평균 1과 분산 1의 가우시안으로부터 구한 b)로부터 구한 샘플들의 집합을 보여 주고, 1만 개의 샘플들을 사용해서 구한 확률 분포 $f(1)$을 보여 준다.

일반적인 확률 과정을 처리하는 것은 매우 어려운데, 이는 난수 변수들을 조합하는 것이 일반적으로 매우 어렵기 때문이다. 하지만 과정에서 모든 난수 변수들은 가우시안 분포로부터 나오고 이들의 결합 분포 또한 가우시안이라 하면 **가우시안 프로세스**(GP, Gaussian process)는 모든 것을 더 쉽게 처리할 수 있다. 이를 통해도 여전히 강력하다는 것을 보이기 위해서 그림 18.3은 평균 1과 표준편차 0.25의 가우시안 분포로부터 만들어진 a값의 $f(x) = \exp(-ax^2)$로부터 샘플된 집합을 보여 준다.

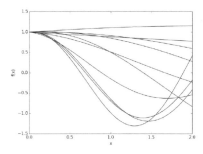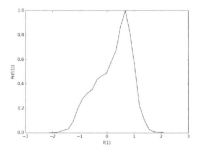

그림 18.2 왼쪽: 가우시안 분포로부터 추출된 a, b값으로 $f(x) = \exp(ax)\cos(bx)$ 확률 과정으로부터 10개의 샘플 추출. 오른쪽: $f(x)$에 대한 1만 개의 샘플을 바탕으로 $f(1)$의 확률 분포

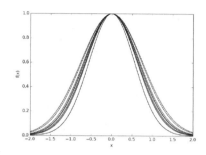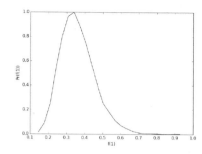

그림 18.3 왼쪽: 확률 과정 $f(x) = \exp(-ax^2)$에 $a > 0$의 가우시안 분포로부터 추출된 10개 샘플. 오른쪽: $f(x)$의 1만 개의 샘플로부터 구한 $f(1)$의 확률 분포

가우시안 프로세스를 가지고 모델링하는 방법은 확률 분포를 함수들의 공간에 놓고 이를 통해서 샘플링을 하는 것이다. 함수는 어떤 고차원의 입력 **x**를 함수 $f(\mathbf{x})$로 매핑하고, 이를 통해서 함수를 설명하기 위해서 가능한 모든 값 x에 대한 함수 $f(x)$의 무한한 길이의 값 벡터 집합을 사용한다. 하나의 샘플은 이 벡터에 대한 세부 사항으로 구성된다. 하지만 모든 것이 가우시안이므로 평균과 공분산 행렬을 사용해서 가우시안 분포를 기술하듯이 가우시안 프로세스에 대해서도 역시 평균과 공분산 행렬을 사용할 수 있다.

특정 함수에 대한 설명을 위해서는 무한 길이의 벡터가 요구되지만, 가우시안 프로세스의 가우시안 함수 특성으로 인해 단지 제한적인 점들의 집합을 가지고도 비슷한 유추의 결과를 보여 준다(더 자세한 사항은 '더 읽을거리' 참고).

가우시안 프로세스는 다양한 버전이 오랫동안 발전되어 왔고, **크리깅**(kriging)이라는 최초 고안자의 이름을 딴 버전과 **콜모고로프-와이너 예측**(kolmogorov-wiener prediction)이 있다. 1차원을 넘어서는 것은 **가우시안 랜덤 필드**(Gaussian random field)라고 부르며, 이미 16.2절에서 살펴봤다.

사실, 가우시안 프로세스는 데이터 점들에 대해서 스무드 커브(smooth curve)를 적응시키는 스무더(smoother)일 뿐이다. 이렇게 간단한 과정이 강력하게 사용된다는 것은 매우 놀라운 일이지만, 회귀 문제에서 이미 데이터에 대한 스무드 함수를 찾는 것은 살펴봤다. 이번 장 마지막에서 가우시안 프로세스는 분류 문제에도 사용될 수 있는 것을 볼 텐데 이런 시각에서 본다면 더 놀라운 일이다. 어떻게 보이든 이제 사용해 보자.

18.1 가우시안 프로세스 회귀

이미 언급했듯이 GP는 평균과 공분산의 함수로 나타낸다. 사실, 평균 값을 빼는 것은 일반 적이지 않아서 평균을 0으로 잡는다. 이 경우에 GP는 함수 $G(k(\mathbf{x}, \mathbf{x}'))$로 나타낼 수 있으며, 함수 f(x)의 근본적인 함수를 모델링한다. 공분산 함수 $k(\mathbf{x}, \mathbf{x}')$는 f의 $\mathbf{x}$에서의 값과 $\mathbf{x}'$에서 의 값 사이의 기대 공분산 행렬이다. GP를 정의하는 무작위 변수들은 각 $\mathbf{x}$입력 값에 대한 $f(\mathbf{x})$를 예측하는 데 사용한다.

공분산 함수 설명을 통해서 GP의 표현적인 힘이 제공된다. 공분산 함수는 8장에서 이미 논의했듯이 **커널**과 같으며, SVM과 GP 사이의 강력한 고리다(자세한 설명은 '더 읽을거리' 참고). SVM에서 힌트를 얻어서 공분산 행렬은 RBF 커널의 형태다.

$$k(\mathbf{x}, \mathbf{x}') = \sigma_f^2 \exp\left(-\frac{1}{2l^2}|\mathbf{x} - \mathbf{x}'|^2\right). \tag{18.2}$$

GP에서 이는 RBF가 아닌 보통 제곱 지수 공분산 행렬로 알려져 있다. 입력 벡터들의 집합에 대해서 이를 통해 공분산 행렬 $\mathbf{K}$에 대해 설명할 수 있고, 여기서(i, j)는 $K_{ij} = k(\mathbf{x}^{(i)}, \mathbf{x}^{(j)})$로 행렬의 요소다.

공분산 함수에는 두 개의 파라미터$(\sigma_f, 1)$가 있는데 잠시 후 살펴보겠다. 먼저, GP를 이용해서 $f(\mathbf{x})$의 트레이닝 세트를 바탕으로 몇 개의 $\mathbf{x}^*$값에 대해서 $f^* = f(\mathbf{x}^*)$값들을 예측하 는 데 어떻게 사용하는지 알아보자.

지도학습에서 일반적이듯이 트레이닝 세트는 N개의 라벨이 있고, 예제$(\mathbf{x}_i, t_i)$, $i = 1 .. N$ 로 이뤄져 있다. GP에서는 결합 밀도(joint density) $P(t^*, \mathbf{t}_N)$도 역시 가우시안이어서$(t^*$는 하나 의 테스트 점을 $\mathbf{t}_N$은 전체 트레이닝 목표 라벨들의 집합을 나타냄) 조건부 분포는 다음과 같다.

$$P(t^*|\mathbf{t}_N) = P(t^*, \mathbf{t}_N)/P(\mathbf{t}_N). \tag{18.3}$$

결합 분산에 대한 공분산 행렬은 $\mathbf{K}_{N+1}$이고, 이는 $(N + 1) \times (N + 1)$의 크기를 갖고 있 으며, 다음과 같이 나눌 수 있다.

$$\mathbf{K}_{N+1} = \left(\begin{bmatrix} \mathbf{K}_N \\ \mathbf{k}^{*T} \end{bmatrix} \begin{bmatrix} \mathbf{k}^* \\ [k^{**}] \end{bmatrix}\right) \tag{18.4}$$

여기서 $\mathbf{K}_N$은 트레이닝 데이터에 대한 공분산 행렬을 나타내고, $\mathbf{k}^*$는 테스트 점들 $\mathbf{x}^*$와 트레이닝 데이터와의 공분산 행렬을 나타내며, k^{**}는(하나의 스칼라 값) 테스트 집합 간의 공분산 행렬을 나타낸다. N개의 트레이닝 데이터가 존재하고, n개의 테스트 점들이 존재한다면, 위의 행렬은 $N \times N$, $N \times n$, $n \times n$가 된다. 이제부터는 $\mathbf{K}$ 크기를 표시하지 않고 사용하며, 트레이닝 데이터에 대한 공분산 행렬은 $\mathbf{K}_N$으로 사용한다.

트레이닝과 테스트 데이터에 대한 조합 분포는 가우시안 분포 평균 0과 식 (18.4)의 공분산 행렬을 따른다. 테스트 데이터에 대해서 값들을 관찰할 수 있으므로 각 점들에서 관찰 값과 매칭하는 샘플들만 생산한다. 이는 난수 샘플들을 선택해서 수행할 수 있으며, 매칭하지 않는 경우에 버릴 수 있지만, 수행 시에 많은 샘플들이 소비되므로 오래 걸린다.

다행히 결합 분포를 트레이닝 데이터의 조건 분포로 나타낼 수 있으며, 이는 다음과 같은 사후 분포를 이끈다.

$$P(t^*|\mathbf{t}, \mathbf{x}, \mathbf{x}^*) \propto \mathcal{N} \left(\mathbf{k}^{*T} \mathbf{K}^{-1} \mathbf{t}, k^{**} - \mathbf{k}^{*T} \mathbf{K}^{-1} \mathbf{k}^* \right), \tag{18.5}$$

여기서 $N(m, \sum)$는 평균 m과 공분산 $\sum$의 가우시안 분포를 나타낸다.

여기서 중요한 점 하나는 $N \times N$의 $\mathbf{K}$행렬에 역행렬을 구하는 데 매우 높은 계산 비용이 소비된다는 것이며, 이는 또한 수치적으로 안정되지 않는다. 좋은 소식은 트레이닝 데이터에 대한 공분산 행렬만의 역행렬이 구해지면 된다는 것이며, 이는 이미 수행해 본 적이 있다. 하지만 아주 많은 트레이닝 데이터가 존재한다면 이는 여전히 $\mathcal{O}(N^3)$의 매우 높은 계산 비용이 요구되며, 행렬은 수치적으로 전환이 불가능하다.

18.1.1 노이즈 추가하기

그림 18.4의 왼쪽 위에는 트레이닝 데이터라고 표시된 다섯 개의 데이터 점들에 대해서 제곱 지수 커널의 사후 분포 평균에서 ±2 표준편차의 범위를 보여 준다. 그림에서 트레이닝 데이터의 분산은 0인 것을 볼 수 있는데 만약 데이터에 어떠한 노이즈도 없다면 문제가 되지 않는다. 하지만 물론 트레이닝 데이터에 노이즈가 없을 가능성은 거의 없다. GP에 노이즈를 추가하는 일반적인 방법은 Ii.i.d의 가우시안 노이즈를 공분산 행렬에 추가적인 파라미터로 $\mathbf{K}$ 대신에 $\mathbf{K}+\sigma_n^2\mathbf{I}$를 사용하는 것이다. 여기서 I는 N × N의 단위 행렬이다. 트레이닝 데이터에 대해서만 노이즈가 추가되고, 커널의 파라미터는 **하이퍼파라미터**(hyperparameter) σ_n을 포함한다.

사후 분포는 다음과 같다.

$$P(t^*|\mathbf{t}, \mathbf{x}, \mathbf{x}^*) \propto \mathcal{N} \left(\mathbf{k}^{*T} (\mathbf{K} + \sigma_n \mathbf{I})^{-1} \mathbf{t}, k^{**} - \mathbf{k}^{*T} (\mathbf{K} + \sigma_n \mathbf{I})^{-1} \mathbf{k}^* \right). \tag{18.6}$$

그림 18.4의 다른 세 개의 그림들은 관찰 노이즈의 양을 늘려감에 따라 어떻게 영향을 미치는지를 보여 준다. 하나의 하이퍼파라미터의 영향을 고려해 보기 위해서 σ_f와 1의 역할에 대해서 생각해 보자. 그림 18.5는 이 파라미터를 같은 데이터에 변화시켜 적용시켰을 때의 결과를 보여 준다. **시그널(signal) 분산** σ_f^2는 전반적인 함수의 분산을 조절하고, **길이 스케일** l은 스무딩의 정도를 변화해서 트레이닝 데이터에 얼마나 잘 적응시킬지를 결정한다.

가장 중요한 파라미터는 1 요소인데 이는 길이 스케일 역할을 하고, 입력 값이 변화함에 따라 얼마나 빠르게 함수가 변화하는지를 말해 준다. 그림 18.6은 GP 회귀를 비슷한 데이터에 적용한 것을 보여 주는데 두 번째 줄에는 x값들의 점들을 더 가까이 놓았다. 왼쪽에는 $l = 1.0$의 값을 적용하고, 오른쪽에는 $l = 0.5$값을 적용했다. 왼쪽 위와 오른쪽 아래의 그림들은 데이터의 거리들과 **길이 스케일**이 매치되어서 더 완만하게 보인다.

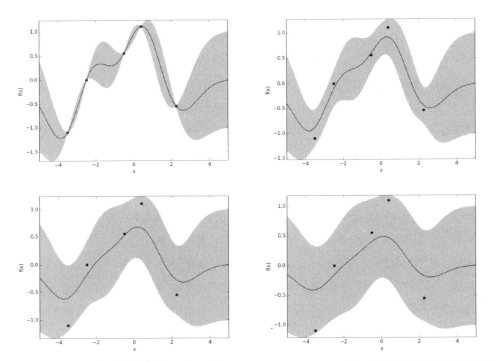

그림 18.4 트레이닝 데이터에 제곱 지수 커널(squared exponential kernel)을 사용해서 공분산을 추정하는 데 노이즈를 추가했을 때의 효과. 각 그림은 평균과 2 표준편차 오류를 사용한 띠를 표시하고 있다. 가우시안 프로세스를 다섯 개의 점으로 표시된 데이터 점들에 적용했다. 왼쪽 위: σ_n = 0.0, 오른쪽 위: σ_n = 0.2, 왼쪽 아래: σ_n = 0.4, 오른쪽 아래: σ_n = 0.6.

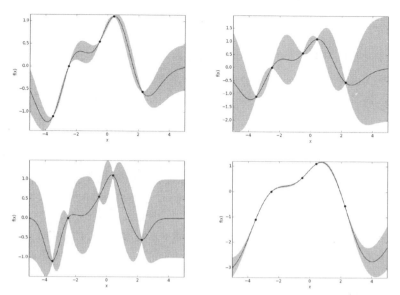

그림 18.5 그림 18.4의 왼쪽 위 그림과 비교해서 두 개의 파라미터를 사용했을 때의 제곱 지수 커널의 효과. 각 그림은 평균과 2 표준편차 오류 띠를 가우시안 프로세스를 다섯 개의 점으로 표시된 곳에 적응했다. 커널에 적용한 파라미터들은 다음과 같다. 왼쪽 위: $\sigma_f = 0.25$, $l = 1.0$, $\sigma_n = 0.0$, 오른쪽 위: $\sigma_f = 1.0$, $l = 1.0$, $\sigma_n = 0.0$, 왼쪽 아래: $\sigma_f = 0.5$, $l = 0.5$, $\sigma_n = 0.0$, 오른쪽 아래: $\sigma_f = 0.5$, $l = 2.0$, $\sigma_n = 0.0$.

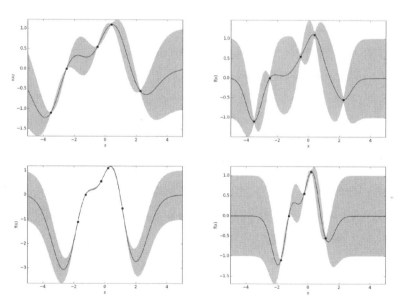

그림 18.6 GP 회귀 분석에서 길이의 스케일을 변경할 때의 효과. 위쪽 줄은 하나의 데이터세트를 보여 주며, 두 번째는 같은 데이터에 가깝게 놓인 점들의 예를 보여 준다. 길이 스케일은 왼쪽의 경우 $l = 1.0$값을 오른쪽의 두 개에는 $l = 0.5$를 적용했다.

18.1.2 구현

기본적인 가우시안 프로세스 회귀(Gaussian process regression)를 프로그램하기 위해 필요한 모든 것을 살펴봤다. 트레이닝 데이터의 공분산 행렬을 계산하고, 트레이닝과 테스트 데이터의 분산과 테스트 데이터의 공분산 값을 계산한다. 그리고 사후 분포의 평균과 분산을 계산하고, 이로부터 샘플링한다. 결과는 다음과 같은 알고리즘이 된다.

가우시안 프로세스 회귀

- 주어진 트레이닝 데이터$(\mathbf{X}, \mathbf{t})$, 테스트 데이터 $\mathbf{x}^*$, 분산 함수 $k()$와 하이퍼파라미터들 $\theta = (\sigma_f^2, l\sigma_n^2)$에 대해서:
  - 하이퍼파라미터 θ에 대한 공분산 행렬 계산 $\mathbf{K} = k(\mathbf{X}, \mathbf{X}) + \sigma_n \mathbf{I}$
  - $\mathbf{k}^* = k(\mathbf{X}, \mathbf{x}^*)$ 공분산 행렬 계산
  - $k^{**} = k(\mathbf{x}^*, \mathbf{x}^*)$ 공분산 행렬 계산
  - 과정에 대한 평균 $\mathbf{k}^* \mathrm{T} \ \mathbf{K}^{-1} \mathbf{t}$ 계산
  - 분산 계산 $k^* - \mathbf{k}^{*T} \mathbf{K}^{-1} \mathbf{k}^*$

하지만 이를 구현하기 전에 고유 값이 0으로 가까워지면서 $(\mathbf{K} + \sigma_n \mathbf{I})$ 행렬의 역행렬 계산은 항상 안정적이지 않는 몇 가지 수치적인 문제점을 해결해야 한다.

$\mathbf{K}$는 대칭적이고 양의 값(positive definite)이므로 역행렬을 구하는 안정적인 방법들이 존재한다. 중요한 점은 **콜레스키 분해**(Cholesky decomposition)인데 이는 실수의 행렬 $\mathbf{K}$를 0이 아닌 값들로 이뤄진 **하부 삼각행렬 L**의 곱인 $\mathbf{L}\mathbf{L}^T$로 변경한다. 이 방법에는 두 가지 이점이 있다. 첫째로는 하부 삼각행렬의 역행렬을 계산하는 것은 계산 비용이 적다는 것이며($\mathbf{K}^{-1} = \mathbf{L}^T \mathbf{L}^{-1}$이고 여기서 $\mathbf{L}^{-T} = (\mathbf{L}^{-1})^T$), 두 번째로는 매우 쉽고 빠른 선형 시스템 $\mathbf{Ax} = \mathbf{b}$을 푸는 데 도움을 준다는 점이다.

사실, 두 가지 이점에 같은 점이 있는데 $\mathbf{A}$의 역행렬을 $\mathbf{B}$행렬이라면 $\mathbf{AB} = \mathbf{I}$이고, 이에 대해서 열마다 각각 $\mathbf{AB}_i = \mathbf{I}_i$를 풀 수 있다는 점이다(아랫글자는 i번째 열을 지시한다).

$\mathbf{LL}^T\mathbf{x} = \mathbf{t}$를 풀기 위해서 $\mathbf{z}$를 찾기 위한 $\mathbf{Lz} = \mathbf{t}$를 푸는 전진 대입과 $\mathbf{x}$를 찾기 위한 $\mathbf{L}^T\mathbf{x} = \mathbf{z}$를 푸는 후진 대입을 사용한다.

콜레스키 분해를 사용하면 $\mathcal{O}(n^3)$이고, 이를 풀기 위한 $\mathcal{O}(n^2)$의 계산 비용이 들며, 전체적으로 수치값이 안정된다. 넘파이는 이 두 가지를 계산하기 위해서 `np.lingalg` 모듈을 제공하고, 전체 평균(f)와 분산(V)에 대한 계산은 다음과 같다.

```
L = np.linalg.cholesky(k)
beta = np.linalg.solve(L.transpose(), np.linalg.solve(L,t))
kstar = kernel(data,xstar,theta,wantderiv=False,measnoise=0)
f = np.dot(kstar.transpose(), beta)
v = np.linalg.solve(L,kstar)
V = kernel(xstar,xstar,theta,wantderiv=False,measnoise=0)-np.dot(v.transpose(),v)
```

V에 대한 계산은 $\mathbf{v}^T\mathbf{v}$를 사용하며($\mathbf{Lv = k^*}$) 이를 통해서 식 (18.6)의 분산과 매칭하는지 보기 위해서는 약간의 대수학이 필요하다.

$$
\begin{aligned}
\mathbf{k^*}^T\mathbf{K}^{-1}\mathbf{k^*} &= (\mathbf{Lv})^T\mathbf{K}^{-1}\mathbf{Lv} \\
&= \mathbf{v}^T\mathbf{L}^T(\mathbf{LL}^T)^{-1}\mathbf{Lv} \\
&= \mathbf{v}^T\mathbf{L}^T\mathbf{L}^{-T}\mathbf{L}^{-1}\mathbf{Lv} \\
&= \mathbf{v}^T\mathbf{v}
\end{aligned}
$$

식 (18.6)과 식을 비교하면 평균 값은 좀 다른 방식으로 표현될 수 있음을 알아차릴 수 있다.

$$
m(\mathbf{x}, \mathbf{x}^*) = \sum_i \beta_i k(\mathbf{x}_i, \mathbf{x}^*), \tag{18.7}
$$

여기서 β_i는 I번째 $\beta = (\mathbf{K} + \sigma_n^2\mathbf{I})^{-1}\mathbf{t}$를 나타낸다. 이는 GP 회귀를 트레이닝 데이터에 위치한 기본 함수들의 집합의 합으로 간주할 수 있음을 뜻하는데 5장에서 보았듯이 제곱 지수 분산 행렬은 RBF 방법을 정확하게 생산한다. 이번 장에서 RBF의 위치를 나타내는 가중치를 변경할 수 있었지만, 여기서는 출력 값에 연결하는 가중치를 변경할 수 있고, GP는 이런 면에서 선형 뉴럴 네트워크가 된다.

데이터에 적응하도록 하이퍼파라미터들을 제공하고, GP를 회귀에 사용하는 것은 매우 간단하다. 이제 GP의 적응 능력을 향상하기 위해서 데이터에 기반해서 파라미터를 변형하며 학습을 한다.

18.1.3 파라미터 학습하기

제곱 지수 공분산 행렬(식 (18.2))은 세 개의 **하이퍼파라미터**(σ_f, σ_n, l)가 선택되어야 하는데 이들은 이미 살펴봤듯이 출력 커브의 모양에 중대한 영향을 미치므로 정확한 값을 찾는 것은 매우 중요하다. 다음 장에서 더 복잡한 공분산 행렬들을 살펴볼 것인데 더 많은 하이퍼파라미터들을 선택해야 하므로 이를 자동으로 선택하는 것은 GP에서 매우 유용하다.

하이퍼파라미터들의 집합을 $\boldsymbol{\theta}$로 표시하면 이의 문제에 대한 해답은 하이퍼파라미터들에 대한 사전 분포를 선택하고, 출력 목표 값의 확률을 최대화하기 위해 이를 통합한다.

$$P(t^*|\mathbf{x},\mathbf{t},\mathbf{x}^*) = \int P(t^*|\mathbf{x},\mathbf{t},\mathbf{x}^*,\boldsymbol{\theta})P(\boldsymbol{\theta}|\mathbf{x},\mathbf{t})d\boldsymbol{\theta}. \tag{18.8}$$

통합은 매우 다루기 쉽지 않지만, $\boldsymbol{\theta}$에 대한 사후 확률은 구할 수 있다(주변 우도(marginal likelihood) 곱하기 $P(\boldsymbol{\theta})$). 주변 우도의 로그 값은(함수의 가능한 값들을 통합하는 것은 하이퍼파라미터의 **증거**로 알려져 있음) 다음과 같다.

$$\log P(\mathbf{t}|\mathbf{x},\boldsymbol{\theta}) = -\frac{1}{2}\mathbf{t}^T(\mathbf{K}+\sigma_n^2\mathbf{I})^{-1}\mathbf{t} - \frac{1}{2}\log|\mathbf{K}+\sigma_n^2\mathbf{I}| - \frac{N}{2}\log 2\pi. \tag{18.9}$$

위의 식을 얻기 위해서는 두 개의 가우시안의 곱은 역시 가우시안이라는 사실을 적용했고, 다변량 가우시안의 식에 로그를 적용한다.

이제 이 로그 우도를 최소화할 것이고, 9장(9.3절의 켤레 기울기(conjugate gradients))의 기울기 하강법 풀이를 통해서 각 하이퍼파라미터들에 대해서 기울기를 먼저 계산해야 한다. 이제 $\mathbf{Q} = (\mathbf{K}+\sigma_n^2\mathbf{I})$의 식을 작성할 것인데 여기서 $\mathbf{Q}$는 모든 하이퍼파라미터 θ_i에 대한 함수임을 상기하자. 미분식은 두 개 행렬의 아주 간단한 형태를 보인다($\frac{\partial Q}{\partial\theta}$는 행렬의 요소별 미분을 나타냄).

$$\frac{\partial\mathbf{Q}^{-1}}{\partial\boldsymbol{\theta}} = -\mathbf{Q}^{-1}\frac{\partial\mathbf{Q}}{\partial\boldsymbol{\theta}}\mathbf{Q}^{-1} \tag{18.10}$$

$$\frac{\partial\log|\mathbf{Q}|}{\partial\boldsymbol{\theta}} = \mathrm{trace}\left(\mathbf{Q}^{-1}\frac{\partial\mathbf{Q}}{\partial\boldsymbol{\theta}}\right). \tag{18.11}$$

$$\frac{\partial}{\partial\boldsymbol{\theta}}\log P(\mathbf{t}|\mathbf{x},\boldsymbol{\theta}) = \frac{1}{2}\mathbf{t}^T\mathbf{Q}^{-1}\frac{\partial Q}{\partial\boldsymbol{\theta}}\mathbf{Q}^{-1}\mathbf{t} - \frac{1}{2}\mathrm{trace}\left(\mathbf{Q}^{-1}\frac{\partial\mathbf{Q}}{\partial\boldsymbol{\theta}}\right). \tag{18.12}$$

이제 필요한 것은 공분산을 각 하이퍼파라미터에 대한 미분으로 계산하는 것이고, 여기에 결합 증감 해법기(conjugate gradient solver)를 사용해 로그 우도 최적화를 계산한다.

하이퍼파라미터가 제시되는 방법을 조금 변경한다면 위에 설명한 계산은 쉽게 수행된다. 모든 하이퍼파라미터들은 양수이므로(식 (18.2)의 제곱이므로) 지수 함수를 취해도 양수를 유지할 수 있고, 계산에 $1/\sigma_l$ 곱을 적용해서 계산을 더 용이하게 한다.

제곱 지수 커널은 다음과 같다(마지막 항에 $\mathbf{I}$는 단위 행렬).

$$k(\mathbf{x}, \mathbf{x}') = \exp(\sigma_f) \exp\left(-\frac{1}{2}\exp(\sigma_l)|\mathbf{x} - \mathbf{x}'|^2\right) + \exp(\sigma_n)\mathbf{I} \qquad (18.13)$$

$$= k' + \exp(\sigma_n)\mathbf{I} \qquad (18.14)$$

다음의 것들은 계산이 쉽고 용이하다.

$$\frac{\partial k}{\partial \sigma_f} = k' \qquad (18.15)$$

$$\frac{\partial k}{\partial \sigma l} = k' \times \left(-\frac{1}{2}\exp(\sigma_l)|\mathbf{x} - \mathbf{x}'|^2\right) \qquad (18.16)$$

$$\frac{\partial k}{\partial \sigma_n} = \exp(\sigma_n)\mathbf{I} \qquad (18.17)$$

$\frac{\partial k}{\partial \sigma l}$에 있는 괄호 안의 항은 지수 계산에 이미 적용된 것과 같다.

18.1.4 구현

기본 알고리즘은 다시 봐도 아주 간단한데 결합 증감 해법기(conjugate gradient solver)를 통해서 로그 우도를 최소화시키고, 파라미터에 대한 미분 값을 계산한다. 사이파이(SciPy) 최적기는 9.3절에서 사용된 것이며, 구문 또한 똑같다.

```
result = so.fmin_cg(logPosterior, theta, fprime=gradLogPosterior,args=[(X,y)],
gtol=1e-4,maxiter=5,disp=1)
```

로그 우도와 미분 함수에 대해나 가능한 구현은 다음과 같다.

```
def logPosterior(theta,args):
        data,t = args
        k = kernel2(data,data,theta,wantderiv=False)
        L = np.linalg.cholesky(k)
        beta = np.linalg.solve(L.transpose(), np.linalg.solve(L,t))
        logp = -0.5*np.dot(t.transpose(),beta) - np.sum(np.log(np.
        diag(L))) - np.shape(data)[0] /2. * np.log(2*np.pi)
        return -logp

def gradLogPosterior(theta,args):
```

```
                    data,t = args
                    theta = np.squeeze(theta)
                    d = len(theta)
                    K = kernel2(data,data,theta,wantderiv=True)

                    L = np.linalg.cholesky(np.squeeze(K[:,:,0]))
                    invk = np.linalg.solve(L.transpose(),np.linalg.solve(L,np.↵
                    eye(np.shape(data)[0])))

                    dlogpdtheta = np.zeros(d)
                    for d in range(1,len(theta)+1):
                            dlogpdtheta[d-1] = 0.5*np.dot(t.transpose(), np.dot(↵
                            invk, np.dot(np.squeeze(K[:,:,d]), np.dot(invk,t))))↵
                            - 0.5*np.trace(np.dot(invk,np.squee
ze(K[:,:,d])))
                    return -dlogpdtheta
```

구현에서 아직 다루지 않은 것은 공분산 행렬을 계산하는 방법인데 이는 그리 복잡하지 않다. 함수는 두 가지 데이터 점들의 집합을 입력받고 공분산 행렬을 출력하는데 이와 함께 기울기 미분도 출력하는 것이 요구된다. 한 가지 가능한 방법은 제곱 지수 커널이다.

```
def kernel(data1,data2,theta,wantderiv=True,measnoise=1.):
        # 제곱지수
        theta = np.squeeze(theta)
        theta = np.exp(theta)
        if np.ndim(data1) == 1:
                d1 = np.shape(data1)[0]
                n = 1
        else:
                (d1,n) = np.shape(data1)

        d2 = np.shape(data2)[0]
        sumxy = np.zeros((d1,d2))
        for d in range(n):
                D1 = np.transpose([data1[:,d]]) * np.ones((d1,d2))
                D2 = [data2[:,d]] * np.ones((d1,d2))
                sumxy += (D1-D2)**2*theta[d+1]

        k = theta[0] * np.exp(-0.5*sumxy)

        if wantderiv:
```

```
                K = np.zeros((d1,d2,len(theta)+1))
                K[:,:,0] = k + measnoise*theta[2]*np.eye(d1,d2)
                K[:,:,1] = k
                K[:,:,2] = -0.5*k*sumxy
                K[:,:,3] = theta[2]*np.eye(d1,d2)
                return K
        else:

                return k + measnoise*theta[2]*np.eye(d1,d2)
```

그림 18.7은 초기 난수 하이퍼파라미터들을 바탕으로 가우시안 프로세스의 최적화 전과 후의 예제를 보여 준다. 최적화의 전에는 하이퍼파라미터들의 초기 난수 값을 바탕으로 데이터에 대한 로그 우도를 모델로 적용하며 60이었지만, 최적화 후에는 16이 된다. 모델의 적응도는 최적화 과정 후에 아주 좋아졌다.

18.1.5 공분산 함수 고르기

어떠한 커널과 마찬가지로 분산 함수를 선택하는 것은 성공적인 예측에 중요한 요인이 된다. GP학습의 모델링 부분은 인간에 의존적인데 적당한 분산 함수를 고르고 알고리즘은 파라미터들을 학습한다. 요구되는 모든 것은 함수가 양의 정부호(positive-definite)(또는 비음 정부호(non-negative definite))의 공분산 행렬을 생성해야 한다는 것이다. 꽤나 다양한 GP를 위한 커널 선택이 있는데 가지고 있는 하나의 제약은 양의 정부호이어야 한다는 것이며, 8.2절에서 본 **머서 이론**(Mercer's theorem)을 사용해서 커널들을 더하고 곱하는 것은 가능하다. 이 과정의 장점은 전체 분산 함수들을 결합시켜서 데이터의 다른 부분들을 표현할 수 있는 것이다. 예를 들어, 두 개의 제곱 지수 과정이 수행되고 있는데 길이 스케일만 다르다고 판단된다면 두 개의 커널을 포함시키고, 다른 길이의 스케일 값을 최적화하면 된다.

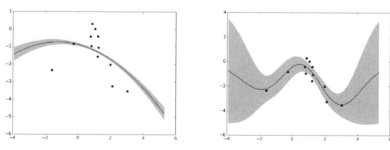

그림 18.7 왼쪽: 데이터와 난수 파라미터들을 통한 모델, 오른쪽: 적용된 모델

일반적으로 자주 사용되는 분산 함수들은 다음과 같다.

상수(Constant) $k(\mathbf{x}, \mathbf{x}') = e^{\sigma}$

선형(Linear) $k(\mathbf{x}, \mathbf{x}') = \sum_{d=1}^{D} e^{\sigma_d} \mathbf{x}_d \mathbf{x}'_d$

제곱 지수(Squared Exponential) $k(\mathbf{x}, \mathbf{x}') = e^{\sigma_f} \exp\left(-\frac{1}{2} \exp(\sigma_l)(\mathbf{x} - \mathbf{x}')^2\right)$

온스타인 웰렌백(Ornstein–Uhlenbeck) $k(\mathbf{x}, \mathbf{x}') = \exp\left(-\exp(\sigma_l)|\mathbf{x} - \mathbf{x}'|\right)$

마턴(Matern) $k(\mathbf{x}, \mathbf{x}') = \frac{1}{2^{\sigma_\nu - 1}\Gamma(\sigma_\nu)}\left(\frac{\sqrt{2\sigma_\nu}}{l}(\mathbf{x} - \mathbf{x}')\right)^{\nu} K_\nu\left(\frac{\sqrt{2\sigma_\nu}}{l}(\mathbf{x} - \mathbf{x}')\right)$,

여기서 $k_{\sigma\nu}$는 수정 베셀 함수(bessel funtion)이고, Γ는 감마 함수(gamma function)다.

주기적(Periodic) $k(\mathbf{x}, \mathbf{x}') = \exp\left(-2\exp(\sigma_l)\sin^2(\sigma_\nu \pi(\mathbf{x} - \mathbf{x}'))\right)$

유리수 2차(Rational Quadratic) $k(\mathbf{x}, \mathbf{x}') = \left(1 + \frac{1}{2\sigma_\alpha}\exp(\sigma_l)(\mathbf{x} - \mathbf{x}')^2\right)^{-\sigma_\alpha}$

18.2 가우시안 프로세스 분류

가우시안 프로세스를 사용해서 복수 클래스의 분류를 수행하는 것은 가능한데 여기서 +1 과 -1의 두 가지 클래스를 고려하겠다. 과정의 목표는 클래스 1에 속하는 입력 $\mathbf{x}$의 확률을 모델링하는 것이고, 이는 출력 값이 0에서 1 사이의 확률 값이어야 한다는 점이다. 뉴런에서 다뤘던 같은 방법으로 이를 해결한다. 로지스틱 함수 $P(t^* = 1|a) = \sigma(a) = 1/(1 + \exp(-a))$ 를 이용해서 값을 변경시키는데 a는 GP 회귀의 출력 값이고, 여기서 로지스틱 함수 $\sigma(\cdot)$를 사용하므로 주의를 기울여야 한다. σ_n는 하이퍼파라미터이고, σ^2는 분산이다. 두 개의 클래스 $P(t^* = -1|a) = 1 - P(t^* = 1|a)$가 존재하므로 이를 다음과 같이 작성할 수 있다. $p(t^*|a) = \sigma(t^* f(x^*))$. GP 분류는 GP 사전을 **은닉 함수** $f(\mathbf{x})$에 대해서 찾고, 이를 로지스틱 함수에 넣어서 예측 클래스에 대한 사전을 찾는 것이다.

$$p(t^* = 1|\mathbf{x}, \mathbf{t}, \mathbf{x}^*) = \int \sigma(f(\mathbf{x}^*)) p(f(\mathbf{x}^*)|\mathbf{x}, \mathbf{t}, \mathbf{x}^*) df(\mathbf{x}^*). \tag{18.18}$$

이는 1D 통합이고 수치적으로 계산할 수 있지만, 우도 함수는 $p(f(\mathbf{x}^*)|\mathbf{x}, \mathbf{t}, \mathbf{x}^*)$ 가우시안 함수가 아니라서 계산이 다루기 힘들다. 따라서 근사치를 통해서 접근해야 하고, 이를 위해 몇 가지 MCMC와 같은 방법이 요구되지만, 여기서는 간단한 버전을 고려한다. **라플라**

스 근사치(Laplace's approximation)는 이번 장의 마지막에 나와 있으며, 고급 근사치 방법들도 나와 있다.

18.2.1 라플라스 근사

라플라스 근사(Laplace's approximation)는 가우시안을 포함해서 적분의 식에 대한 $\int \exp(f(\mathbf{x}))d\mathbf{x}$ 근사 값을 구하는 것이다. 기본 아이디어는 함수 $f(\mathbf{x})$의 어떤 $\mathbf{x}_0$값에서의 전반적 최댓값을 찾는 것이다. $F(\mathbf{x})$의 미분은($\nabla f(\mathbf{x})$) 0이 되고, $\mathbf{x}_0$값에서의 2차 테일러 전개식은 다음과 같다 ($\nabla\nabla f(\cdot)$은 헤시안 행렬).

$$f(\mathbf{x}) \approx f(\mathbf{x}_0) + \frac{1}{2}(\mathbf{x} - \mathbf{x}_0)^T \nabla\nabla f(\mathbf{x})(\mathbf{x} - \mathbf{x}_0). \tag{18.19}$$

가우시안의 로그는 2차 함수이기에 유일한 최댓값을 갖고 $f(\mathbf{x})$를 $\log f(\mathbf{x})$로 대체하면 다음과 같다.

$$f(\mathbf{x}) \approx f(\mathbf{x}_0) \exp\left(\frac{1}{2}(\mathbf{x} - \mathbf{x}_0)^T \nabla\nabla \log f(\mathbf{x})(\mathbf{x} - \mathbf{x}_0)\right). \tag{18.20}$$

이를 정규화시켜서 가우시안 분포로 만드는 것은 다음과 같다.

$$\begin{aligned} q(f(\mathbf{x})|\mathbf{x}, \mathbf{t}) &\propto \exp\left(-\frac{1}{2}(f(\mathbf{x}) - \hat{f}(\mathbf{x}))^T \mathbf{W}(f(\mathbf{x}) - \hat{f}(\mathbf{x}))\right) \\ &= \mathcal{N}(f(\mathbf{x})|f(\mathbf{x}_0, \mathbf{W}^{-1})), \end{aligned} \tag{18.21}$$

여기서 $\mathbf{W} = -\nabla\nabla \log f(\mathbf{x})$이다.

라플라스 근사를 계산하기 위해서는 $\mathbf{x}_0$의 값을 찾고 헤시안 행렬의 값을 구해야 한다. $\mathbf{x}_0$를 찾는 것은 **뉴턴 랩슨 반복**(Newton–Raphson iteration)을 사용해서 가능하고, 이는 $f(\mathbf{x}) = 0$의 근사치 값을 다음의 계산을 반복해서 찾는다(사실 여기서는 $f'(x) = 0$이다).

$$x_{n+1} = x_n - \frac{f(x_n)}{f'(x_n)} \tag{18.22}$$

반복은 요구되는 정확도에 변화량이 충분히 적을 때까지 계속된다.

18.2.2 사후 확률 계산

GP를 위해 필요한 $p(f(\mathbf{x}^*)|\mathbf{x}, \mathbf{t}, \mathbf{x}^*)$의 근사 값을 계산하는 단계에 대해서 살펴보겠다. 베이스의 법칙을 사용하면 다음과 같다.

$$p(f(\mathbf{x})|\mathbf{x},\mathbf{t}) = \frac{p(\mathbf{t}|f(\mathbf{x}))p(f(\mathbf{x})|\mathbf{x})}{p(\mathbf{t}|\mathbf{x})}. \tag{18.23}$$

분모가 $f()$와 독립적이고, 이를 최적화 계산에서 제외할 수 있다. 분모의 첫 번째 항은 다음과 같다.

$$p(\mathbf{t}|f(\mathbf{x})) = \prod_{i=1}^{N} \sigma(f(\mathbf{x}_i))^{t_n}(1-\sigma(f(\mathbf{x}_i)))^{1-t_n}. \tag{18.24}$$

위의 식에 로그를 취하고, 이를 미분해서 식 (18.21)을 이용하면 다음과 같다.

$$\nabla \log p(\mathbf{t}|f(\mathbf{x})) = \mathbf{t} - \sigma(f(\mathbf{x})) - \mathbf{K}^{-1}f(\mathbf{x}) \tag{18.25}$$

$$\nabla\nabla \log p(\mathbf{t}|f(\mathbf{x})) = -\mathrm{diag}(\sigma(f(\mathbf{x}))(1-\sigma(f(\mathbf{x})))) - \mathbf{K}^{-1}, \tag{18.26}$$

여기서 $\mathrm{diag}()$는 0 행렬의 대각선에 값을 입력하는 것이고, 이 행은 식 (18.21)의 $\mathbf{W}$ 행렬이다. 이제 $\log p(\mathbf{t}|f(\mathbf{x}))$의 최댓값을 찾아서 뉴턴 랩슨 반복을 만든다.

$$\begin{aligned}
f(\mathbf{x})^{\mathrm{new}} &= f(\mathbf{x}) - \nabla\nabla \log p(\mathbf{t}|f(\mathbf{x})) \\
&= f(\mathbf{x}) + (\mathbf{K}^{-1} + \mathbf{W})^{-1}(\nabla \log p(\mathbf{t}|f(\mathbf{x})) - \mathbf{K}^{-1}f(\mathbf{x})) \\
&= (\mathbf{K}^{-1} + \mathbf{W})^{-1}(\mathbf{W}f((x)) + \nabla \log p(\mathbf{t}|f(\mathbf{x}))).
\end{aligned} \tag{18.27}$$

따라서 사후 확률에 대한 라플라스 근사는 다음과 같다.

$$q(f(\mathbf{x})|\mathbf{x},\mathbf{t}) = \mathcal{N}(\hat{f}, (\mathbf{K}^{-1} + \mathbf{W})^{-1}). \tag{18.28}$$

이를 바탕으로 사후 평균과 분산의 근사 값을 구할 수 있다. 평균 값에 대해서 $\log p(\mathbf{t}|f(\mathbf{x}))$의 최댓값을 사용해야 한다.

$$\hat{f}(\mathbf{x}) = \mathbf{K}(\nabla \log p(\mathbf{t}|\hat{f}(\mathbf{x}))), \tag{18.29}$$

GP 회귀의 평균과 분산은 사후 분포를 준다.

$$P(t^*|\mathbf{t},\mathbf{x},\mathbf{x}^*) \propto \mathcal{N}\left(\mathbf{k}^{*T}(\mathbf{t} - \sigma(f(\mathbf{x}))), k^{**} - \mathbf{k}^{*T}(\mathbf{K} + \mathbf{W}^{-1})^{-1}\mathbf{k}^*\right) \tag{18.30}$$

최적화를 위해서 GP 회귀에서 한 것처럼 로그 가능성과 각 하이퍼파라미터에 대한 미분 값을 계산해야 한다. 로그 가능성은 다음과 같다.

$$\log p(\mathbf{t}|\mathbf{x},\boldsymbol{\theta}) = \int p(\mathbf{t}|f(\mathbf{x}))p(f(\mathbf{x})|\boldsymbol{\theta})df(\mathbf{x}), \tag{18.31}$$

라플라스 근사를 이용하면 다음을 얻는다.

$$\log p(\mathbf{t}|\mathbf{x}, \boldsymbol{\theta}) \approx \log q(\mathbf{t}|\mathbf{x}, \boldsymbol{\theta})$$
$$= \log p(\hat{f}(\mathbf{x})|\boldsymbol{\theta}) + \log p(\mathbf{t}|\hat{f}(\mathbf{x}) - \frac{1}{2}\log|\mathbf{W} + \mathbf{K}^{-1}| + \frac{N}{2}\log(2\pi).$$
$$(18.32)$$

각 하이퍼파라미터에 대해서 미분을 하면 $\hat{f}()$와 $\mathbf{K}$ 모두 $\boldsymbol{\theta}$에 의존적이므로 두 개의 항을 유도한다. 회귀를 위한 행렬의 단위도 유용하며, 첫 번째 파트는 $\boldsymbol{\theta}$에 의존적인 모든 요소들을 포함해서 회귀의 경우와 매우 유사하다.

$$\frac{\partial}{\partial \boldsymbol{\theta}_j} \log p(\mathbf{t}|\boldsymbol{\theta})\bigg|_{\text{explicit}} = \frac{1}{2}\hat{f}(\mathbf{x})^T \mathbf{K}^{-1} \frac{\partial \mathbf{K}}{\partial \boldsymbol{\theta}_j} \mathbf{K}^{-1}\hat{f}(\mathbf{x}) - \frac{1}{2}\text{trace}\left((\mathbf{I} + \mathbf{K}\mathbf{W})^{-1}\mathbf{W}\frac{\partial \mathbf{K}}{\partial \boldsymbol{\theta}_j}\right)$$
$$(18.33)$$

체인 룰(chain rule)을 이용해서 다른 파트($\frac{\partial}{\partial \boldsymbol{\theta}_j} = \frac{\partial}{\partial \hat{f}}\frac{\partial \hat{f}}{\partial \boldsymbol{\theta}_j}$)를 유도한다.

$$\frac{\partial \hat{f}}{\partial \boldsymbol{\theta}_j} = (\mathbf{I} + \mathbf{W}\mathbf{K})^{-1}\frac{\partial \mathbf{K}}{\partial \boldsymbol{\theta}_j}(\mathbf{t} - \sigma(\hat{f}(\mathbf{x})), \qquad (18.34)$$

따라서 다음을 계산하면 된다.

$$\frac{\partial}{\partial \hat{f}(\mathbf{x}_i)}\log|\mathbf{W} + \mathbf{K}^{-1}|$$
$$= \left((\mathbf{I} + \mathbf{W}\mathbf{K})^{-1}\mathbf{K}\right)_{ii}\sigma(\hat{f}(\mathbf{x}_i))(1 - \sigma(\hat{f}(\mathbf{x}_i)))(1 - 2\sigma(\hat{f}(\mathbf{x}_i))\frac{\partial \hat{f}(\mathbf{x}_i)}{\partial \boldsymbol{\theta}_j}$$
$$(18.35)$$

위의 식은 $\sigma(\cdot)$의 3차 미분을 포함한다. 세 개의 항을 다 조합하면 전체 변화도를 구할 수 있으며, 이제 결합 증감 해법기(conjugate gradient solver)를 적용한다.

18.2.3 구현

알고리즘은 이제까지 다룬 내용을 기반으로 구현될 수 있지만, 회귀의 경우와 마찬가지로 계산 시간과 안정성을 향상시키기 위한 트릭이 존재한다. 가장 중요한 것은 $(\mathbf{K} + \mathbf{W}^1)$ 행렬의 역행렬을 구하기 위해서 다른 기질 일체성을 사용하는 것이다.

$$(\mathbf{K} + \mathbf{W}^{-1})^{-1} = \mathbf{K} - \mathbf{K}\mathbf{W}^{\frac{1}{2}}\mathbf{B}^{-1}\mathbf{W}^{\frac{1}{2}}\mathbf{K}, \qquad (18.36)$$

여기서 $\frac{1}{2}$는 요소별 제곱근을 의미하고, $\mathbf{B}$는 대칭 양의 정부호 행렬(positive definite matrix)이다.

$$B = \mathbf{I} + \mathbf{W}^{\frac{1}{2}} \mathbf{K} \mathbf{W}^{\frac{1}{2}}. \qquad (18.37)$$

구현을 쉽게 하기 위해서 알고리즘은 계산을 효율적으로 하도록 작성된다.

가우시안 프로세스 분류

- 뉴턴 랩선 반복을 사용해서 최댓값을 구하기 위해서는:
  - 하이퍼파라미터 $\boldsymbol{\theta}$를 위해 공분산 행렬 계산 $\mathbf{K} = k(\mathbf{X}, \mathbf{X}) + \sigma_n \mathbf{I}$
  - 다음을 변화 값 < 포용 값을 만족하기 전까지 반복:
    * $W = -\nabla\nabla \log p(f(\mathbf{x}))$
    * $L = \text{cholesky}(\mathbf{I} + \mathbf{W}^{\frac{1}{2}} \mathbf{K} \mathbf{W}^{\frac{1}{2}})$
    * f를 식 (18.27)와 식 (18.36)의 역행렬의 형태를 이용해서 업데이트
    * change = oldf $-f$

- 예측하기 위해서:
  - 공분산 행렬을 계산 $\mathbf{k}^* = k(\mathbf{x}^*, \mathbf{X})$
  - 공분산 행렬을 계산 $k^{**} = k(\mathbf{x}^*, \mathbf{x}^*)$
  - 최댓값 f^*를 뉴턴 랩선 반복 알고리즘을 사용해서 계산
  - 과정의 평균 값은 $\mathbf{k}^* \nabla \log p(f(\mathbf{x}))$
  - $\mathbf{v}$에 대해서 $\mathbf{L}\mathbf{v} = \mathbf{W}^{\frac{1}{2}} \mathbf{k}^*$를 풀기
  - 분산은 $k^{**} - \mathbf{v}^T \mathbf{v}$

- 로그 우도와 변화량 계산:
  - 로그 우도를 식 (18.31)로 계산
  - $\mathbf{R} = \mathbf{W}^{\frac{1}{2}} \mathbf{B}^{-1} \mathbf{W}^{\frac{1}{2}}$ 계산, 여기서 $\mathbf{B}$는 식 (18.37)로부터 정의
  - 식 (18.35)를 사용해서 $\mathbf{s}_2 = \frac{\partial}{\partial f(\mathbf{x})}$ 계산
  - 각각의 하이퍼파라미터들에 대해 $\boldsymbol{\theta}_j$:
    * $\boldsymbol{\theta}_j$에 관련된 공분산 행렬의 변화량 계산
    * 변화량 $s_1 = \frac{\partial}{\partial \boldsymbol{\theta}_j} \log p(\mathbf{t}|\boldsymbol{\theta})$를 식 (18.33)을 사용해서 계산
    * $\mathbf{s}_2 = \frac{\partial \hat{f}}{\partial \boldsymbol{\theta}_j}$ 식 (18.34)를 사용해서 계산
    * $\boldsymbol{\theta}_j$에 대한 로그 우도의 전체 변화량은 $s_1 + \mathbf{s}_2^T \mathbf{s}_3$

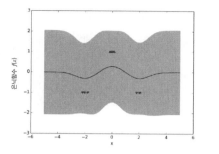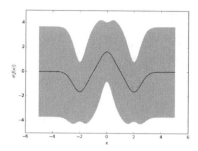

그림 18.8 아주 간단한 데이터세트의 가우시안 프로세스 분류(왼쪽 그림에 표시). 은닉 함수는 왼쪽에 보이고, 로지스틱 함수의 결과는 오른쪽에 있다.

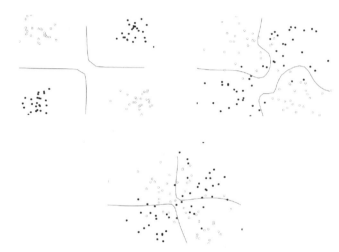

그림 18.9 가우시안 프로세스 분류를 변형된 XOR 데이터에 적용시킴. 표준편차 값은 왼쪽 0.1, 중간 0.3, 오른쪽 0.4로 적용. 실선은 $p = 0.5$의 결정 경계를 보여 준다.

그림 18.8은 매우 간단한 가우시안 프로세스 분류의 예제를 보여 준다. 데이터는 $x = -2$와 $x = +2$ 주변의 몇몇 데이터 점들로 이뤄져 있는 하나의 클래스와 또 다른 클래스의 $x = 0$ 주변에 있는 몇몇 데이터 점들을 보여 준다.

다중 클래스 분류 역시 GP를 적용할 수 있다. 기본 아이디어는 각 클래스마다 분리된 은닉 함수를 사용해서(c개의 클래스에 대해서 $f(\mathbf{x})$ 함수는 c 배수만큼 오래 걸린다) 다음과 같다.

$$(f_1^{C_1}, f_2^{C_1}, \cdots f_n^{C_1}, f_1^{C_2}, f_2^{C_2}, \cdots f_n^{C_2}, \cdots f_1^{C_c}, f_2^{C_c}, \cdots f_n^{C_c}). \tag{18.38}$$

목표 벡터는 같은 크기를 가져야 하며, n개의 1값을 f_i의 클래스에 대해서 갖고 있으며, 나머지는 0값이 된다. 분류 함수는 독립적인 공분산 행렬의 블록들의 집합으로 표현된다.

또한, soft-max 함수를 로지스틱 함수 대신 사용해서 회귀의 출력 값을 만드는 데 사용해야 하며, 이는 로그 가능성과 변화량의 계산 과정을 변화시킨다. 자세한 사항은 '더 읽을거리'에서 살펴보기 바란다.

가우시안 프로세스에 대해서는 10여 년이 넘는 오랜 작업들이 있었는데 아주 복잡한 최적화 방법과 더 좋은 다중 클래스 분류와 가우시안 프로세스와 뉴럴 네트워크, 스플라인 그리고 많은 토픽에 관한 상관관계로 이뤄졌다. 하지만 이에 관한 자세한 사항은 이 책의 범위를 넘어서므로 '더 읽을거리'에서 살펴보자.

꽤 간단한 아이디어로 가우시안 프로세스는 다양한 토픽에 적용할 수 있고, 분산 함수는 데이터에서 볼 수 있는 상관관계를 잘 내포하고 있어서 사용자들은 많은 통제를 해야 한다. 이번 장에서는 간단한 통제를 사용했는데도 계산적으로 안정되고 비교적 빠른 수행을 위해서 많은 노력이 필요했다. 하지만 근사 값을 매우 빠르게 구하는 것과 같은 더 많은 발전들이 적용될 수 있다. 더 많은 이야기들은 '더 읽을거리'에서 알아보기 바란다.

더 읽을거리

가우시안 프로세스에 대한 매우 읽기 좋은 책이 있다.

- Carl Edward Rasmussen and Christopher K.I. Williams. *Gaussian Processes for Machine Learning.* MIT Press, Cambridge, MA, USA, 2006.

또 다른 유용한 개요는 다음을 참고하기 바란다.

- D. MacKay. Neural networks and machine learning. *NATO ASI Series, Series F, Computer and Systems Sciences,* 168:133-166, 1998.

GP는 다음을 참고하기 바란다.

- D.J.C. MacKay.(Chapter 45) *Information Theory, Inference and Learning Algorithms.* Cambridge University Press, Cambridge, UK, 2003.
- C.M. Bishop.(Section 6.4) *Pattern Recognition and Machine Learning.* Springer, Berlin, Germany, 2006.

연습 문제

18.1 현재 구현은 제곱 지수 커널을 사용했다. 18.1.5절에 나열된 몇 가지를 구현해 보고, 이를 특히 팔머스톤 북부 오존 층 데이터세트(4.4.4절)에 실행해 보자. 5.4.3절의 라스무센(Rasmussen)과 윌리엄스(Williams)가 도움이 될 것이다.

18.2 최적화의 결과를 다른 BFGS와 같은 최적화기를 통해 사용하고, 결과를 비교해 보자.

18.3 다중 클래스 분류의 간단한 버전은 SVM에서 사용한 것처럼 원 어게인스트 올 (one-against-all) 분류를 이용했다. Iris 데이터세트에 이를 구현해서 적용해 보고, 얼마나 잘 동작하는지 살펴보자.

APPENDIX

파이썬

이 책의 예제들은 파이썬으로 쓰였고, 다양한 그래프와 결과들은 역시 책의 웹사이트를 통해 공유된 파이썬 코드로 만들어졌다. 이번 장의 목표는 간단한 파이썬과 특히 파이썬을 위한 수치 라이브러리 넘파이(NumPy)에 관한 소개다.

A.1 파이썬과 다른 패키지들 설치

파이썬 언어는 매우 간결하지만, 다양한 일들을 위해서 많은 익스텐션(extension)과 라이브러리(library)를 이용할 수 있다. 이 책의 예제 대부분은 수치 라이브러리 넘파이를 사용했고, 그림들은 Matplotlib을 사용해서 만들어졌다. 두 개의 패키지는 MATLAB과 유사한 문법(syntax)을 가지고 있다. 또한, 몇몇 예제는 과학 프로그래밍 라이브러리 사이파이를 사용했다.

인터넷 검색을 통해서 사용되는 운영 시스템에 대한 파이썬 해석기(Python interpreter)와 이 책에 사용된 모든 패키지를 포함한 자체 풀림 압축 파일들을 구할 수 있다. 패키지들을 다운로드한다면 보통 설치 스크립트(setup.py)가 제공되어 이를 shell에서 실행하면 된다. 패키지 웹 페이지에는 사용법이 공개되어 있다.

A.2 시작하기

파이썬을 이용하는 두 가지 보편적인 방법이 있다. 첫 번째는 Python 또는 IDLE 같은 대화식 명령 환경(interactive command environment)이며, 보통 파이썬 해석기와 함께 제공된다. 파이썬을 이와 같은 방법으로 사용하면(윈도우에서 Start / IPython를 사용하거나 다른 운영체제에서는 python이라고 명령 프롬프트(command prompt)에서 사용한다) 보통 >>>로 시작하는 명령 프롬프트를 사용한다.

C 나 Java와는 다르게, 이 명령 프롬프트에 직접 명령어를 입력할 수 있고, 이를 바로 해석기가 실행하고, 결과를 화면에 보여 준다. 함수를 텍스트 에디터에 작성하고, 이를 명령 프롬프트를 사용해서 함수를 이용해 실행할 수 있다. A.3절에서 함수에 대해서 더 알아보겠다. *iPython*과 같은 몇몇 Python IDEs와 코드 편집기를 다양한 운영체제에 대해서 사용할 수 있다. 자바 환경의 IDE 이클립스(Java-based IDE *Eclipse*)는 파이썬의 익스텐션 *PyDev*를 제공하며, 과학적인 파이썬을 목표로 하는 *Spyder*까지 두 가지 사용 가능한 대안이다. 모두 인터넷에 공짜로 내려받을 수 있으며, 보통 유용한 모든 문법 강조 기능(syntax highlighting)이나 개발 도움말(development help)이 포함되어 있다. 또한, 프로그램을 직접 실행시키거나 대화식 파이썬 환경(interactive Python environment)을 설정해서 작은 코드를 테스트하고, 어떻게 동작하는지 확인할 수 있다.

어떤 언어든지 빨리 적응하기 위해서 가장 좋은 방법은 프로그램을 작성해 보는 것이다. 이 책에 많은 코드와 프로그래밍 과제가 있지만, 파이썬을 사용해 본 적이 없다면 이 책에 있는 코드 예제를 사용하기 전에 언어에 익숙해지는 것이 도움이 될 것이다. A.3절에서는 어떻게 파이썬 프로그램을 작성하는지 살펴볼 것인데 파이썬 실행 iPython이나 IDLE에서 명령 프롬프트에서 python이라고 입력하거나 이클립스에서 PyDev(Eclipse extension)를 사용하거나 Spyder의 콘솔(the console)에서 가능하다. 지금은 명령어(command line)를 이용해서 어떻게 작동하는지 살펴보겠다.

파이썬에서 변수를 생성하는 것은 쉽다. 이름을 짓고 값을 넣어 주면 된다. 파이썬은 **강형**(strongly typed) 언어이므로 정수(integer, 整數)인 변수가 갑자기 스트링(string)이나 플롯(float) 값으로 변경되지 않는다. C언어와 같은 하위층(lower level) 언어와 다르게 파이썬에서는 변수의 선언과 생성은 자동으로 된다. 명령 프롬프트에(>>> 생긴 곳에) a = 3를 입력해 보자(>>> a = 3). 이는 정수(integer)인 변수를 생성하고 값을 3으로 초기화한다. 입력 값이 정수로 입력된 것을 테스트해 보기 위해 다음과 같이 입력한다면 >>> a/2 결과 값이 1이 된다. 파이썬이 실제로 하는 것은 설정된 타입에 맞게 가장 정확한 값을 계산하는 것인데 여기서 a를 정수로 설정했고, 2도 정수 값이므로 결과 값도 정수가 된다. 이를 확인하기 위해서는 type()이라는 함수를 사용하면 된다. 다음과 같이 type(3/2)을 입력하면 정수가 나온다(파이썬2.7 기준) 따라서 다음과 같은 >>> a/2.0 명령어는 아주 잘 동작하고, 2.0는 float이므로 다음도 역시 (type(3/2.0) = float다. float를 입력할 때는 위에 입력한 0값을 제외하고 2.으로 사용해도 된다. 변수의 값을 확인하기 위해서는 이름을 명령 프롬프트에 '>>> print a'라고 입력한다. 보통의 산술 연산자와 숫자를 사용해서 덧셈, 뺄셈, 등등 무엇이든 계산할 수 있다. 제곱의 경우는 a**2 또는 pow(a,2)로 표현된다. 사실, 파이썬을 아주 정확한 계산기로 사용할 수 있다.

다른 프로그래밍 언어에서도 나타나듯이 비교연산자는 두 개의 등호(==)를 사용한다. 이를 사용하면 Boolean 값인 True(1)와 False(0)가 출력으로 나온다. 예를 들면, >>> 3 < 4은 True를 >>> 3 == 4은 False를 출력해 낸다. 또 다른 산술 비교(<, <=, >, >=) 역시 사용할 수 있는데 이것들은 또한 연속적으로 사용할 수 있다. 예를 들면, 3<x<6의 경우 양쪽 다 사실이므로 True다. 두 값이 같지 않다는 것은 != 또는 <>를 사용한다. 또 다른 비교연산자 is는 두 개의 변수가 같은 object를 가리키고 있는지를 보여 준다. 파이썬은 레퍼런스 (reference)를 통해서 작동한다. 따라서 >>> a = b 의 명령어는 b의 값을 a에 복사하지 않고, 변수 b에 대한 지시자를 a에 할당한다. 일반적인 논리 연산자(logical operator)는 파이썬에서는 약간 덜 일반적이다.

보통 논리 연산자의 경우에는 and, or, not 같은 단어를 사용하고, symbols의 경우는 &, | bit-wise and/or를 계산한다. 비트 연산자는 꽤나 유용한데, 나중에 이를 더 살펴볼 것이다. integer와 floating을 통해서 숫자를 사용하는 것 이외에 파이썬에서는 strings 또한 사용할 수 있는데 이는 홑따옴표 또는 쌍따옴표(' 또는 ")를 사용해서 문자를 감싼다. >>> b = 'hello'. strings의 경우 더하기(+) 연산자는 **overload**되어서 또 다른 의미인 연결 (concatenation)하는 연산을 한다. 예를 들면, >>> 'a' + 'd' 의 경우에는 문자들을 연결해서 새로운 string인 'ad'를 생성한다. 기본적인 데이터 타입들을 만들어서 파이썬은 이를 조합해서 세 개의 다른 기본 데이터 구조를 제공한다.

리스트(list)

리스트는 기본 데이터 타입들의 조합이며, 꺾쇠괄호를 사용해서 표현한다. 예를 들어, >>> mylist = [0, 3, 2, 'hi']는 정수와 하나의 스트링을 담고 있는 리스트다. 이는 다른 여러 가지 타입을 담을 수 있으며, 다른 언어가 배열을 다루는 방법과 다르게 한다. 파이썬은 내부적으로 **객체지향형**(object-oriented)이므로 어떤 변수든지 object가 되고, 리스트는 object

들의 집합이 되는 것뿐이다. 이것이 왜 어떤 타입의 object가 되든 문제가 되지 않는 이유다. 이는 또한 리스트를 포함한 리스트를 문제 없이 사용할 수 있게 한다: >>> newlist = [3, 2, [5, 4, 3], [2, 3, 2]].

리스트에서 특정 요소를 접근하는 것은 인덱스를 사용해서 접근한다. C언어처럼 하지만, MATLAB과는 다르게 파이썬의 인덱스는 0부터 시작하며, >>> newlist[0] 는 첫 번째 요소를 반환한다(3). 또한, 마지막 요소를 인덱스를 사용해서 접근할 수 있는데 이는 >>> newlist[-1]는 마지막 요소에 접근할 때 사용하며, >>> newlist[-2]는 마지막에서 두 번째 요소에 접근할 때 사용한다. 리스트의 길이는 len으로 확인할 수 있고, 다음은 >>> len(newlist) 4를 반환한다. >>> newlist[3] 은 newlist(i.e., [2, 3, 2])의 네 번째 요소를 반환한다. 그 리스트의 요소에 접근하기 위해서는 또 다른 인덱스가 필요하다. 예를 들면, >>> newlist[3][1]은 3을 반환한다.

파이썬의 다른 유용한 기능 중 하나는 slice 연산이다. 이는 콜론(:)을 사용해서 표현되고, 리스트의 부분을 접근하기 편리하게 한다. 예를 들어, '>>> newlist[2:4]'는 newlist의 두 번째와 세 번째 요소에 접근한다(slice에서 사용하는 인수들의 첫 번째 숫자는 시작하는 곳을 포함하며, 뒤의 숫자는 끝나는 숫자를 포함하지 않는다. 즉, 두 번째 숫자가 포함되지 않는 첫 번째 위치를 가리킨다). slice는 또한 세 개의 연산, [start:stop:step]을 입력할 수 있으며, 마지막 요소는 단계 크기를 나타낸다. 만약, '>>> newlist[0:4:2]'라고 입력된다면 0번째와 두 번째 원소가 출력되며, 이를 통해 역순으로 리스트의 요소(>>> newlist[::-1])들을 사용할 수 있다. 마지막 예제는 다른 여러 가지 slice 연산의 개선을 보여 준다. 만약에 첫 번째 숫자를 입력하지 않으면(예를 들면, [:3]), 자동적으로 0의 값을 택한다. 또한, 두 번째 값을 입력하지 않으면([1:]과 같이), 리스트의 마지막을 택한다. 이는 매우 유용하며, 특히 두 번째의 경우에 값을 사용할 경우 리스트의 길이를 측정하지 않아도 되므로 이에 해당하는 계산 비용이 절감된다. >>> newlist[:]는 리스트의 모든 원소들을 반납한다.

이 예제는 매우 유용하지 않게 보일 수 있으나 파이썬은 객체지향이며, 모든 변수의 이름들은 단지 object를 향한 포인터의 값이라는 것을 다시 알 수 있다. 이는 변수의 타입을 복사하는 것은 생각보다 명확하지 않다는 뜻이다. 예를 들어, 다음과 같은 명령어 >>> alist = mylist는 alist에 mylist의 모든 값을 복사하기를 수행한다는 것을 예상할 수도 있다. 하지만 >>> alist[3] = 100 alist의 값을 변경하고 mylist의 값들을 살펴보면 제3의 원소가 이제 100이란 값으로 변경된 것을 볼 수 있다. 따라서 값을 복사하고 싶으면 매우 조심히 사용해야 한다. slice 연산자를 이용하면 실제 값을 복사(>>> alist = mylist[:])할 수 있다. 불행히도 리스트의 리스트들을 사용한다면 주의해야 할 사항이 있다. 리스트는 object

에 대한 포인터의 개념으로 작용한다. 따라서 slice 연산자를 사용하면 objecs에 대한 값이 출력되지만, 이는 첫 번째 레벨까지만 작동한다. 이를 알아보기 위해서 >>> blist = newlist[:]를 동작시키고, 다음과 같이 blist를 변경해 보자. >>> blist[2][2] = 100 그리고 다시 newlist를 살펴보자. 방금 실행한 것은 **shallow copy**라고 부르며, 전체를 다 복사하기 (deep copy) 위해서는 deepcopy 명령어를 사용해야 한다. 또한, 이를 사용하기 위해서는 copy 모듈을 import(>>> import copy)해야 한다(importing에 대해서는 A.3.1절에서 더 살펴보겠다). 전체 리스트의 값들을 복사하기 위해서는 이제 '>>> clist=copy.deepcopy(newlist)' 와 같은 명령어를 사용할 수 있다.

리스트에 이용될 수 있는 다양한 함수가 있는데 재미있는 점은 그것들은 사실 object라는 것이다. 사용되는 함수들(methods)은 object class의 일부분이므로 리스트 자체를 변경하고 실제로 새로운 리스트를 만들어서 돌려주는 것은 아니다(이는 working in place라고 부른다). 이를 확인하기 위해서 새로운 리스트 >>> list = [3, 2, 4, 1]를 만들고 이를 정렬해서 출력해 보자. 함수 sort()를 이용하면 정렬을 할 수 있고, 이를 이용해서 >>> print list.sort()를 실행하면 아무것도 출력되지 않는다. 하지만 >>> list.sort()를 통해 정렬하고, by >>> print list를 하면 정렬된 리스트가 출력된다. 따라서 리스트에 대한 함수는 리스트 자체를 수정하는 것이고, 어떤 연산자들도 수정된 리스트에 대해 적용된다.

리스트에 적용되는 가능한 함수들은 다음과 같다.

append(x) x를 리스트의 마지막에 덧붙인다.

count(x) 리스트에 x가 몇 번 나타나는지 센다.

extend(L) 원래 있던 리스트의 마지막에 리스트 L에 있는 원소들을 덧붙인다.

index(x) x라는 값이 처음으로 나타나는 인덱스를 리턴한다.

insert(i, x) x라는 요소를 리스트의 i번째에 입력한다. 나머지는 뒤로 한 칸씩 밀린다.

pop(i) 인덱스 i에 있는 요소를 제거한다.

remove(x) x라는 값이 처음으로 나오는 원소를 찾아서 제거한다.

reverse() 리스트의 순서를 역순으로 바꾼다.

sort() 리스트를 크기 순서로 정렬한다.

리스트는 다음과 같이 비교되며, '>>> a==b', 두 리스트의 요소들을 하나씩 다 비교하며 모든 요소의 값이 같다면 True를 출력하고, 그렇지 않다면 False를 출력한다(리스트의 크기도 같아야 한다).

튜플

튜플(tuple)은 읽기 전용이며, 변경할 수 없는 리스트다. 튜플은 둥근괄호를 사용해서 정의된다(>>> mytuple =(0, 3, 2, 'h')). 파이썬에 왜 튜플이 존재하는지 의아할 수 있지만, 이는 실수로 리스트를 변경하는 일이 없도록 막기 위해서 사용되기에 유용하다.

딕셔너리

위에서 살펴본 리스트는 각 원소의 위치를 인덱스로 사용한다. 하지만 딕셔너리(dictionary)에서는 키 값을 원하는 값으로 설정할 수 있다. 따라서 만약 매 개월마다 며칠이 있는지 리스트로 만든다고 가정하면 딕셔너리를 이용해서 다음과 같이 만들 수 있다(중괄호를 이용). >>> months = {'Jan': 31, 'Feb': 28, 'Mar': 31}. 각각의 원소는 그들의 key값을 사용해서 접근한다. 예를 들면, >>> months['Jan'] 은 31값을 반환한다. 존재하지 않는 key값을 사용하면 exception error를 반환한다. 함수 months.keys()는 딕셔너리에 있는 모든 key들의 리스트를 반환하며, 이는 딕셔너리의 모든 원소를 살펴볼 때 유용하다. months.values()는 딕셔너리에 있는 모든 값들을 반환하며, months.items()는 담겨 있는 모든 것들을 튜플의 리스트로 반환한다. 이 외에도 많은 것들이 딕셔너리를 통해서 사용할 수 있는데 자세한 사항은 12장에서 이를 사용하며 살펴본다.

　또 다른 파이썬에서 직접 구현된 함수가 있는데 그것은 file이다. 이를 통해서 직접 파일들을 읽고 쓰는 작업이 간단해진다. 파일을 여는 데는 다음과 같이 >>> input = open('filename'), 파일 이름을 이용해서 open을 사용하고, 파일을 닫는 데는 >>> input.close()를 사용한다. 읽는 것은 readlines()와 read()를 통해서 할 수 있고, 쓰는 것은 writelines()와 write()를 사용해서 할 수 있다. 또한, 한 줄씩 읽거나 쓰는 readline()와 writeline() 함수도 사용할 수 있다.

A.2.1 MATLAB과 R 사용자를 위한 파이썬

넘파이 패키지를 사용하면 MATLAB 또는 R와 유사한 방식으로 파이썬을 이용할 수 있다. 이들을 비교한 웹사이트들이 많이 있지만, 가장 중요한 점은 인덱스가 0에서 시작하는 것과 배열을 위해서는 둥근괄호가 아닌 꺾쇠괄호를 사용해야 한다는 것이다. 몇 가지 다른 점이 있지만, 유사점이 훨씬 많다.

A.3 기본 코드

파이썬은 꽤 적은 수의 명령어를 가지고 있으며, 이를 사용하기에 꽤 간단하게 디자인되었다. 이번 장에서는 기본 명령어들을 살펴보고, 다른 프로그래밍 디테일들을 살펴보겠다. 파이썬을 시작하기에 도움이 되는 많은 자료들이 있는데 이번 장의 마지막에 좋은 책들을 소개하겠다. 물론, 인터넷 검색을 하면 많은 자료를 얻을 수 있다.

A.3.1 코드 작성하기와 코드 임포팅

파이썬은 **스크립트** 언어이므로 모든 것들은 명령어 창에서 입력으로 작동시킬 수 있다. 하지만 작은 줄의 코드를 작성할 때에도 텍스트 에디터나 IDE를 사용해서 작동시키는 것이 더 편리하다. 프로그래밍 GUI는 각자의 에디터를 제공하고 있지만, 컴퓨터에 있는 어떤 텍스트 에디터도 사용할 수 있다. 무엇보다도 tab이 항상 같은 방식으로 동작하는 에디터를 사용하는 것이 중요한데 왜냐하면 파이썬이 띄어쓰기 공간을 가지고 코드들의 구성을 파악하기 때문이다.

파일은 명령어들의 조합인 스크립트 또는 함수, 클래스들을 포함할 수 있다. 어떤 구성을 갖든지 .py라는 파일 형식 이름으로 저장해야 하며, 이를 초기에 실행할 때 파이썬은 이를 컴파일하고, .pyc 파일을 생성한다. 어떤 함수나 명령어는 파이썬에서 **모듈**(module)로 알려져 있으며, 이를 사용하기 위해서는 import 명령어를 사용해야 한다. 가장 기본적인 명령어의 형태는 import name이다. 파이썬에 스크립트 파일을 임포트(import)하면 파이썬은 이를 바로 실행하지만, 몇 개의 함수 집합이라면 이를 실행하지 않는다.

각 함수를 사용하기 위해서는 >>> name.functionname()의 형태로 모듈의 **이름**(name)과 **함수 이름**(functionname)을 연결해서 사용해야 한다. 인자는 괄호 안에 넣어서 전달될 수 있으며, 인수들이 필요 없다고 해도 괄호는 여전히 필요하다. 어떤 경우에는 이름이 너무 길기 때문에 이를 import x as y를 이용해서 y로 줄여서 사용할 수 있다. 함수를 사용하기 위해서는 원래 이름이 아닌 y를 이용해서 >>> y.functionname()로 사용할 수 있다.

명령창에 코드를 입력할 때 파이썬에는 꽤 귀찮은 점이 있는데 import는 모듈에 대해서 한 번만 작동한다. 모듈이 한 번 임포트된 후에 코드를 고치면 파이썬에 고쳐진 모듈을 적용하기 위해서는 >>> reload(name)를 이용해서 다시 업데이트해야 한다. import를 사용하는 것은 어떤 오류도 발생시키지 않지만, 작동 또한 하지 않는다.

많은 모듈들은 부분집합을 가지는데 이 때문에 임포트할 때에 더 세부적으로 입력해야 한다. 특정 부분의 모듈을 임포트하기 위해서는 using from x import y를 사용한다. 또는 전체를 사용하기 위해서는 using from x import *을 사용한다(어떤 모듈들은 매우 크므로 전체를 임포트하는 것은 좋은 생각이 아니다). 마지막으로 모듈을 임포트하고 싶은 이름을 사용하려면 using from x import y as z를 이용한다.

프로그램은 또한 어떤 모듈이든 쓰기 전에 임포트되어야 하며, 보통 파일의 제일 위쪽에 선언된다(물론, 선언의 위치는 어디가 되어도 상관없긴 하다). 또한, 파이썬 사용 시 pythonpath를 설정해서 코드가 어느 폴더에 있는지를 선언해야 한다. Eclipse는 현재 프로젝트 패스(path) 이외에 어떤 다른 패키지도 포함하지 않으며, 다른 패키지를 찾기 위해서 properties를 사용해서 패스를 설정해 줘야 하며, 스파이더의 경우에는 'spyder' 메뉴에서 설정한다. 둘 다 사용하지 않는다면 패스에 모듈을 덧붙여 줘야 한다. 아래와 같은 방법으로 사용한다.

```python
import sys
sys.path.append('mypath')
```

A.3.2 흐름 제어

다른 언어에 익숙한 독자들이 파이썬에서 가장 어색하게 생각하는 것은 프로그래밍 언어가 띄어쓰기를 사용해서 문법을 완성한다는 것이다. 즉, 공란을 사용해서 코드의 구문을 완성한다. 따라서 반복 구문이나 다른 생성자를 이용한다면 begin... end 또는 괄호{}를 사용하는데, 반면에 파이썬에서는 콜론(:)을 사용하고 띄어쓰기를 사용해서 명령어들을 이용한다. 처음에는 꽤 이상하게 보이는데 한 번 익숙해지면 편리하다. 다른 특이한 특징은 선택적인 else 구문을 반복(loop) 뒤에 사용할 수 있다는 것이다. 이 구문은 반복 구문이 끝날 때 보통 실행된다. 만약, break 구문을 통해서 반복문을 빠져나온다면 else 구문은 실행되지 않는다.

사용할 수 있는 제어 구문(control structures)은 if, for, while이다.

if 구조문의 형태는 다음과 같다.

```python
if statement:
    commands
elif:
    commands
else:
    commands
```

가장 자주 사용되는 반복문 구문은 for이며, **리스트**의 값들을 돌아가며 실행해서 다른 언어와 약간 차이가 있다.

```
for var in set:
    commands
else:
    commands
```

이 반복문과 함께 사용되는 명령어는 range이며, 이는 리스트의 출력을 만들어 낸다. 기본적으로 작동을 보기 위해 다음과 같이 입력하면 >>> range(4), 리스트([0, 1, 2, 3])를 출력한다. 하지만 두 개 또는 세 개의 인자들을 입력할 수 있고, 이는 slice 명령어와 같이 동작하지만, 차이점은 콤마를 대신 사용한다는 것이다: >>> range(start,stop,step). 또한, 순서를 반대로 입력할 수 있는데, 이를 보기 위해 '>>> range(5,-3,-2)'를 입력하면" 출력이 [5, 3, 1, -1]이 되는 것을 볼 수 있다.

마지막은 whlie 반복 구문이다.

```
while condition:
    commands
else:
    commands
```

A.3.3 함수

함수는 다음과 같이 정의된다.

```
def name(args):
    commands
    return value
```

반환되는 값을 설정하는 것은 선택적이며, 이를 설정할 때에 함수에서 반환하는 값을 사용할 수 있다(사용되지 않을 때 아무것도 반환되지 않는다). 또한, 몇 개의 요소를 콤마를 이용해서 한 줄에 입력하면 한 번에 **리턴**(return)할 수 있다. 함수를 정의한 후에는 이를 명령 창에서 입력해서, 또는 다른 함수에서 이를 사용해서 확인할 수 있다. 파이썬은 대소문자를 구별하며, 함수 이름들과 변수 이름에서 Name은 name과 다르다.

예를 들면, 삼각형의 두 변의 길이를 입력으로 받고(x와 y), 나머지 변의 길이를 구하는 함수를 생각해 보자. 코멘트(comment)를 입력하기 위해서는 '#'를 사용한다.

```python
def pythagoras(x,y):
    """ Computes the hypotenuse of two arguments"""
    h = pow(x**2+y**2,0.5)
    # pow(x,0.5)는 제곱근을 계산한다.
    return h
```

피타고라스 함수를 이용하면 pythagoras(3,4) 답이 5.0가 나올 것이다. 또한, 어떤 순서를 사용해도 함수의 변수에 직접 입력하면 동작한다. 예를 들면, pythagoras(y=4,x=3)는 완벽하게 동작한다. 함수를 만들 때 디폴트(default) 값을 설정할 수 있으며, 이를 통해서 인자가 입력되지 않으면 디폴트 값을 사용하게 할 수 있다. 함수의 정의에서 'def pythagoras(x=3,y=4):'로 설정하면 된다.

A.3.4 문서 설명글

파이썬에서 도움에 관련된 기능들은 help()를 사용하면 된다. 특정 모듈에 대한 도움은 help('modulename')과 같이 사용할 수 있다. 방금 살펴본 피타고라스 정리에 대한 도움은 help(pythagorus)를 통해서 함수의 정의나 세부 정보를 확인할 수 있다. 대부분의 코드에서 유용한 정보는 doc string이며, 이는 함수를 정의하는 데 제일 먼저하는 것이다. 문자를 세 개의 쌍따옴표(""")를 사용해서 감싼다. 함수나 클래스를 위한 문서로 작동하도록 만들어 졌으며, 이에 접근하려면 >>> print functionname.__doc__.과 같이 사용한다.

파이썬 문서를 만드는 pydoc은 세 개의 쌍따옴표로 감싼 문장들을 사용해서 javadoc과 같은 방식으로 함수에 대한 문서를 자동으로 만든다.

A.3.5 map과 lambda

파이썬은 반복적인 함수 실행을 위해서 특별한 기능을 제공한다. 같은 함수를 다른 여러 개의 원소를 사용해서 실행시키고 싶다면 리스트의 원소들을 돌아가면서 함수를 실행할 필요 없이 map 명령어를 이용하면 된다. map(function,list)은 각 리스트의 원소를 사용해서 함수를 수행한다. 또한, 함수를 직접 정의하지 않고도 lambda 명령어를 통해서 사용할 수 있는

데, 이는 lambda args : command와 같다. lambda 함수는 하나의 명령어만 실행할 수 있지만, 이를 통해서 매우 짧은 코드로 복잡한 작업을 수행할 수 있다. 예를 들면, 다음과 같은 코드를 통해서 리스트의 각 값들을 세제곱 값에 7을 더하는 작업을 수행한다.

```
map(lambda x:pow(x,3)+7,list)
```

lambda를 사용할 수 있는 다른 방법은 filter 명령어와 함께 사용하는 것이다. 이는 리스트의 원소들이 True인지를 확인하는 것이다.

```
filter(lambda x:x>=2,list)
```

이는 리스트의 원소 중에 2보다 크거나 같은 값을 가진 원소들을 반환한다. 앞으로 살펴보겠지만, 넘파이는 숫자들로 이뤄진 배열에 보다 간단한 방법을 제공한다.

A.3.6 예외

다른 어떤 언어들처럼 파이썬도 exceptions 구문을 제공한다. 이는 try ... except ... else 또는 try... finally의 구조로 사용된다. 예제는 가장 자주 이용되는 구문을 보여 준다. exceptions의 타입을 포함한 더 자세한 사항은 파이썬 프로그래밍 책을 참고하자.

```
try:
    x/y
except ZeroDivisonError:
    print "Divisor must not be 0"
except TypeError:
    print "They must be numbers"
except:
    print "Something unspecified went wrong"
else:
    print "Everything worked"
```

A.3.7 클래스

파이썬은 **객체지향**의 언어이므로 클래스들은 다음과 같이 정의된다.

```
class myclass(superclass):

    def __init__(self,args):

    def functionname(self,args):
```

여기서 수퍼클래스(superclass)가 정의되지 않았다면 클래스는 어떤 것도 상속받을 필요는 없다.

클래스의 생성자는 __init__(self,args)처럼 정의되며, 소멸자도 역시 __del__(self)처럼 정의될 수 있지만, 이는 잘 이용되지 않는다. 클래스에 있는 함수들은 classname.functionname()과 같이 접근된다. self 인자는 모든 함수에서 제외될 수 있으며, 파이썬은 이 경우 직접 이를 채워 준다. 이 책의 많은 예제들은 이 책의 웹사이트에 제공된 클래스들을 바탕으로 이뤄진다. 클래스를 사용하기 전에 이에 대한 인스턴스(instance)를 생성해야 한다. 모듈을 사용할 때 주의해야 할 점이 하나 있는데 프로그램에서 모듈을 임포트한 후에 모듈의 코드를 변경하고 리로드(reload)한다 하더라도 프로그램은 모듈을 리로드하지 않는다. 따라서 임포트하고 변경된 모듈을 실행하기 위해서는 다음과 같이 수행한다.

```
import myclass
var = myclass.myclass()
var.function()
```

모듈을 사용하고 있지만, 수정해야 하는 경우에는, 예를 들면 테스팅 동안이나 개발하는 시기에는 조금 변경해서 다음과 같이 사용한다.

```
import myclass
reload(myclass)
var = myclass.myclass()
var.function()
```

A.4 넘파이와 Matplotlib 사용하기

이 책에 사용되는 대부분의 명령어는 사실 넘파이나 Matplotlib 패키지에서 제공되는 것이지 파이썬 언어에서 기본으로 제공되는 것이 아니다. 더 자세한 명령어들은 이 책의 곳곳에서 사용될 때 설명되고 있다. 넘파이에 있는 함수들을 사용해서 수행할 수 있는 작업들에 대한 많은 예제들이 넘파이 웹 페이지에 많이 있다. 또한, 대부분의 넘파이 함수를 어떻게 사용하는지는 help(np.dot)처럼 help(np.functionname)의 형태로 알 수 있다. 넘파이는 기본적인 함수들의 집합과 사용 시에 임포트해야 하는 패키지들로 구성되어 있다. 넘파이의 기본 라이브러리를 임포트하고 사용하려면 다음과 같이 입력한다.

```
>>> import numpy as np
```

A.4.1 배열

이 책에서 수치 관련 작업을 위해서 가장 중요한 데이터 구조는 **배열**(array)이다. 다른 언어에서는 행렬이나 다차원 배열로 표현되는데 이는 하나 이상의 차원의 숫자나 문자들로 표현된다. 파이썬의 리스트와는 다르게 배열의 모든 값은 같은 타입(예를 들어, Boolean, integer, real, complex number)을 가져야 한다.

배열은 함수를 사용해서 설정하며, 리스트나 리스트들의 집합으로 값을 전달한다. 1차원 또는 2차원 배열이 만들어지는 예를 보자. 배열은 40차원까지 어떠한 값의 고차원도 사용할 수 있으며, 이는 이 책에서 다루는 대부분의 예제에 있어서 충분하다.

```
>>> myarray = np.array([4,3,2])
>>> mybigarray = np.array([[3, 2, 4], [3, 3, 2], [4, 5, 2]])
>>> print myarray
[4 3 2]
>>> print mybigarray
[[3 2 4]
 [3 3 2]
 [4 5 2]]
```

숫자들이 규칙적이지 않은 경우에 작은 배열을 만드는 데 충분하지만, 그렇지 않은 몇 가지 경우가 있다. 다음의 예처럼 배열을 만드는 몇 가지 좋은 방법이 있다.

np.arange() 특정 값을 갖는 배열을 만들며, array에서 range() 함수와 같은 역할을 한다. 예를 들면, np.arange(5) = array([0, 1, 2, 3, 4])이며, np.arange(3,7,2) = array([3, 5])이다.

np.ones() 모든 값이 0으로 초기화해서 배열을 만든다. np.ones()와 np.zeros()에서 배열을 1차원 이상으로 만들 때 두 쌍의 괄호 세트가 필요하다. np.ones(3) = array([1., 1., 1.])과 np.ones((3,4)) =
array([[1., 1., 1., 1,]
 [1., 1., 1., 1.]
 [1., 1., 1., 1.)])이다.
배열의 타입을 설정할 수 있는데, 예를 들면 다음은 float로 만든다. a = np.ones((3,4), dtype =float). 비록 넘파이는 float로의 캐스팅이 쉽지만, 이는 타입에 대한 캐스팅을 쉽게 만들어 주므로 매우 유용하다.

np.zeros()는 np.ones()와 비슷하며, 모든 행렬의 값을 0으로 만들어 준다.

np.eye()는 단위 행렬을 만든다. 예를 들면, 2차원 행렬은 대각선은 1값들로 초기화되며, 이를 제외하면 모든 값이 0이 된다. 하나의 인자로 정사각형 단위 행렬을 만든다. 예를 들면 다음과 같다.
 : np.eye(3) =
 [[1. 0. 0.]
 [0. 1. 0.]
 [0. 0. 1.]]
두 개의 인자를 사용한다면 이는 행과 열의 개수를 정할 수 있다.
 : np.eye(3,4) =
 [[1. 0. 0. 0.]
 [0. 1. 0. 0.]
 [0. 0. 1. 0.]]

np.linspace(start,stop,npoints) 균등한 간격을 갖는 값의 원소들로 배열을 만들어 낸다. 또한 원소의 개수만 입력하면 간격은 자동으로 계산되어서 정해진다. 예를 들면 다음과 같다.
 np.linspace(3,7,3) = array([3., 5., 7.])

np.r_[]과 np.c_[] 이는 slice 연산을 통해서 행과 열에 대해서 연결 연산(concatenation)을 수행한다.
 : np.r_[1:4,0,4] = array([1, 2, 3, 0, 4]).
 np.linspace()에는 변형이 있는데 j를 마지막에 입력해서 사용한다.
 : np.r_[2,1:7:3j] = array([2. , 1. , 4. , 7.]).
 이는 또 다른 넘파이의 기능이며, np.arange() 또는 np.meshgrid()와 함께 사용할 수 있다. 마지막의 j는 세 개의 균등한 간격을 갖는 값을 1부터 시작해서 7을 포함한 값까지 생성한다는 뜻이며, 열에도 동등하게 사용시킬 수 있다.

다음에 쓰여질 예제에는 '>>> a = np.arange(6).reshape(3,2)'와 같은 배열이 사용된다. 이는 다음을 생성한다.

```
array([[0, 1],
       [2, 3],
       [4, 5]])
```

배열의 요소를 접근하기 위해서는 꺾쇠괄호('[' , ']')를 사용하며, 인덱스는 0부터 시작한다. 따라서 a[2,1]는 5를 반환하고, a[:,1]는 array([1, 3, 5])를 반환한다. 또한, 배열의 다양한 부분 정보에 접근하고 수정하는 여러 가지 방법이 다음에 소개된다.

배열에 대한 정보를 얻고 모양을 변경하고 이를 복사한다.

np.ndim(a)는 배열의 차원을 반환한다. 위의 예에서는 2값을 반환한다.

np.size(a)는 배열의 요소 개수를 반환하며, 위의 예에서는 6값을 반환한다.

np.shape(a)는 배열의 개수를 반환하며, 예제에서는 (3, 2)를 반환한다. 또한 결과의 첫 번째 요소를 접근하려면 shape(a)[0]를 이용한다.

np.reshape(a,(2,3)) 배열을 새로운 차원으로 변환한다. 새로운 차원은 괄호 안에 입력받으며, np.reshape()에서는 또한 '-1' 값을 사용해서 가능한 한 요구되는 대로의 의미로 1차원에서 사용이 가능하다. 이를 통해서 차원을 변경시킬 때 계산 과정을 피할 수 있게 한다. 예를 들면, 위의 예제는 np.reshape(a,(2,-1)) 또는 np.reshape(a,(-1,2))로 사용할 수 있다.

np.ravel(a)는 행렬을 1차원으로 만든다. 위의 예제에서는 1차원 배열인 [0, 1, 2, 3, 4, 5]로 만든다.

np.transpose(a) 전치 행렬을 만든다. 예를 들어, 다음과 같다.
    [[0 2 4]
     [1 3 5]]

a[::-1] 각 차원의 원소를 역으로 만든다.

np.min(), np.max(a), np.sum(a) 최솟값 최댓값 그리고 원소들의 합을 반환한다.
    이를 이용해서 행의 합 또는 열의 합을 사용하는 데 axis를 이용한다. 예를 들면, 열의 합을 위해서는 np.sum(axis=0)를 사용하고, 또한 행의 합을 위해서는 np.sum(axis=1)를 사용한다.

np.copy() 행렬의 전체를 복사한다.

대부분의 함수들은 또 다른 형태의 접근을 지원하며, 예를 들면 a.min()는 행렬 a에서 최솟값을 반환한다. 이는 하나의 행렬을 다룰 때 특히 유용한데 전치 행렬의 경우 a.T로 사용할 수 있고, 타이핑에 드는 에너지도 줄여 준다.

파이썬처럼 넘파이도 객체(object)를 직접 다루기보다는 이에 대한 레퍼런스(reference)를 다룬다. 따라서 행렬 전체를 복사하기 위해서는 c=a.copy()를 이용한다.

행렬을 정의하고 나면 이를 사용해서 더하고 곱하는 연산을 다른 방식으로 할 수 있다. 위에서 사용된 방법을 포함해서 앞으로의 예제를 위해서 행렬 a와 같은 크기를 가진 행렬 b와 행렬 c를 사용한다.

행렬 b는 >>> b = np.arange(3,9).reshape(3,2)와 같이 만들어지며, 행렬 c는 또한 같은 내적 차원을 가져야 한다. 행렬 a가 (x, 2)라면 행렬 c는 x y 값에 상관없이 (2, y)가 되어야 한다. >>> c = np.transpose(b). 배열과 행렬에 사용할 수 있는 몇몇 연산자를 살펴보자.

배열에 대한 연산

a+b 행렬의 합. 예제를 위한 출력 값은 다음과 같다.
```
array([[ 3, 5],
       [ 7, 9],
       [11, 13]])
```

a*b 요소별 곱셈을 계산한다. 출력 값:
```
array([[ 0, 4],
       [10, 18],
       [28, 40]])
```

np.dot(a,c) 행렬 곱셈. 출력 값:
```
array([[ 4, 6, 8],
       [18, 28, 38],
       [32, 50, 68]])
```

pow(a,2) 행렬의 요소들의 제곱(이는 파이썬에서 제공하는 함수이며, 넘파이에서 제공하는 함수가 아님). 출력 값:
```
array([[ 0, 1],
       [ 4, 9],
       [16, 25]])
```

pow(2,a) 행렬의 요소를 2의 a제곱 계산한다(파이썬의 함수). 출력 값:
```
array([[ 1, 2],
       [ 4, 8],
       [16, 32]])
```

행렬 뺄셈과 원소별 나눗셈도 역시 정의되어 있으며, 위에서 살펴본 바와 같이 사용된 분모에 따라서 type이 결정된다. 예를 들면, a의 원소들이 정수라면 a/3는 float이 아닌 정수를 반환한다(단, 파이썬3에서는 float).

또 하나의 행렬에 있어서 아주 유용한 기능이 있는데 이는 np.where() 명령어다.

이는 두 가지 형태를 제공한다. 첫째, x = np.where(a>2)는 논리 연산을 통해서 x 변수가 참인 인덱스들을 반환한다. 둘째, x = np.where(a>2,0,1)는 같은 연산에서 논리 연산이 참일 때는 0을 대입하고, 거짓일 때는 1을 대입해서 반환한다.

비트 논리 연산을 사용하면 논리 연산에 대해 조건 연산을 사용할 수 있다. 예를 들면, indices = np.where((a[:,0]>3)|(a[:,1]<3))는 두 개의 조건문 중 하나라도 참인 것들의 인덱스들을 리스트로 반환한다.

A.4.2 난수

넘파이에는 난수를 제조하는 기능이 있는데 importing NumPy를 수행한 후에 np.random을 통해서 접근할 수 있다. 함수에 관해 자세히 알기 위해서는 importing NumPy를 수행한 후에 help(np.random)를 사용한다. 더 많은 유용한 함수들이 다음과 같다.

np.random.rand(matsize) 등분포의 0에서 1 사이의 난수를 matsize 크기의 행렬에 만든다.
np.random.randn(matsize)는 평균이 0이며, 단위 분산의 가우시안 무작위 번호를 만든다.
np.random.normal(mean,stdev,matsize) 특정 평균 값과 표준편차를 갖는 가우시안 무작위 번호를 생산한다.
np.random.uniform(low,high,matsize) 등분포인 번호를 low에서 high 사이의 값으로 생성한다.
np.random.randint(low,high,matsize) low와 high 사이의 난수 정수를 생성한다.

A.4.3 선형 대수

넘파이는 좋은 선형 대수(linear algebra) 패키지를 제공하는데 이를 통해서 기본 선형 대수 함수들을 수행할 수 있다. 함수들은 np.linalg.inv(a), etc.에 접근할 수 있는데 a는 행렬이고, 가능한 함수들은 다음과 같다(이 책에서 사용될 때마다 다시 이를 정의하겠다).

np.linalg.inv(a) 정사각 행렬 a의 역행렬을 계산한다.
np.linalg.pinv(a) 정사각형이 아닌 행렬 a에 대한 pseudo-inverse를 계산한다.
np.linalg.det(a) a의 행렬식 계산
np.linalg.eig(a) a의 고유 값과 고유 벡터 계산

A.4.4 그래프 그리기

Matplotlib 패키지에서 사용되는 그래프 그리기 함수들은 pylab이라고 또한 알려져 있으며, import pylab as pl로 사용한다. 이는 MATLAB plotting 함수들과 동일한 기능을 제공하기 위해서 만들어졌다. 모든 함수들에 대한 예제들은 Matplotlib 웹 페이지에 제공되어 있지만, 두 가지 가장 중요한 것은 pl.plot와 pl.hist이다. plt을 생성하면 이는 보이지 않는데 보통 대화식 그래프 그리기(interactive plotting)가 켜져 있지 않아서이며, 이는 >>> pl.ion() 로 사용할 수 있다. Matplotlib을 Eclipse에서 사용한다면 프로그램이 종료될 때마다 모든 디스플레이(display) 창들이 닫히는 불편함이 있다. 이를 해결하기 위해서는 함수의 마지막에 show()란 명령어를 사용해야 한다.

기본적인 Matplotlib의 명령어는 다음에 소개되지만, 진보된 기능들은 패키지의 웹 페이지를 참조하기 바란다. 다음의 코드는(파일에 작성하고 스크립트로 실행하는 것이 추천된다) −2에서 2.5 사이의 값을 0.01 간격으로 가우시안 함수에 적용하고, 두 개의 축과 그래프의 제목을 설정하고 있다. 이에 대한 결과 그래프는 그림 A.1에 보인다.

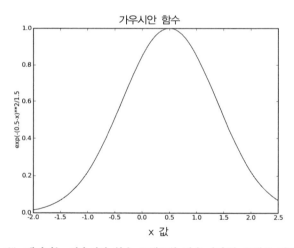

그림 A.1 Matplotlib 패키지는 가우시안 함수 그래프와 같은 유용한 그래프 결과물을 제공한다.

```
import pylab as pl
import numpy as np

gaussian = lambda x: exp(-(0.5-x)**2/1.5)
x = np.arange(-2,2.5,0.01)
y = gaussian(x)
```

```
pl.ion()
pl.figure()
pl.plot(x,y)
pl.xlabel('x values')
pl.ylabel('exp(-(0.5-x)**2/1.5')
pl.title('Gaussian Function')
pl.show()
```

넘파이에 제공되는 np.meshgrid()는 격자 형태의 인덱스들을 쉽게 만들고 접근할 수 있게 해 줌으로써 매우 유용하다. np.meshgrid()를 이용해서 격자 형태로 좌표들을 생성해서 분류 선을 찾는 데 이용될 수도 있을 뿐더러 이를 pl.contour()를 통해서 그래프로 표현할 수도 있다.

```
pl.figure()
step=0.1
f0,f1 = np.meshgrid(np.arange(-2,2,step), np.arange(-2,2,step))

# 분류 알고리즘을 실행
out = classifier(np.c_[np.ravel(f0), np.ravel(f1)],soft=True).T
out = out.reshape(f0.shape)
pl.contourf(f0, f1, out)
```

A.4.5 주의 사항

넘파이는 대부분 이용하기 좋고 매우 강력하다. 하지만 한 가지 저자가 싫어하는 부분은 두 가지 다른 벡터의 타입들이다. 다음에 제공되는 명령어는 명령어 창에 입력하면 다음과 같은 문제점을 보여 준다.

```
>>> a = np.ones((3,3))
>>> a
array([[ 1., 1., 1.],
       [ 1., 1., 1.],
       [ 1., 1., 1.]])
>>> np.shape(a)
(3, 3)
>>> b = a[:,1]
```

```
>>> b
array([ 1., 1., 1.])
>>> np.shape(b)
(3,)
>>> c = a[1,:]
>>> np.shape(c)
(3,)
>>> print c.T
>>> c
array([ 1., 1., 1.])
>>> c.T
array([ 1., 1., 1.])
```

　slice 기능을 사용해서 행 벡터나 열 벡터를 생성하면 넘파이는 이를 list로 만들어 버린다. 이는 transpose 명령어를 사용할 수 없게 만들며, 수학식을 그대로 구현하다 보면 생각지 않은 오류를 만들게 된다. 따라서 이 같은 오류는 프로그래밍을 할 때 찾기 어렵게 만든다. 이를 해결하기 위해서 몇 가지 방법이 있지만, 가장 간단한 방법은 아래와 같다. slice 명령어를 사용할 때 시작과 끝을 표시하거나 이의 모양을 변경하는 방법이 있다.

```
>>> c = a[0:1,:]
>>> np.shape(c)
(1, 3)
>>> c = a[0,:].reshape(1,len(a))
>>> np.shape(c)
(1, 3)
```

더 읽을거리

파이썬은 일반적인 컴퓨팅이나 과학적인 컴퓨팅에서 큰 인기를 얻었다. 파이썬을 위한 확장 패키지들을 사용하는 것은 간단하고(특정한 프로그래밍 명령어를 요구하지 않으며, 파이썬 모듈은 패키지로 임포트될 수 있다), 많은 코드를 인터넷에서 쉽게 구할 수 있다. 어떤 검색 엔진에서도 찾을 수 있고, Python Cookbook 웹 페이지도 좋은 곳이다.

　파이썬에 대한 더 완벽한 입문서를 찾는다면 다음을 확인하자.

- M.L. Hetland. *Beginning Python: From Novice to Professional,* 2nd edition, Apress Inc., Berkeley, CA, USA, 2008.
- G. van Rossum and F.L. Drake Jr., editors. *An Introduction to Python.* Network Theory Ltd, Bristol, UK, 2006.
- W.J. Chun. *Core Python Programming.* Prentice-Hall, New Jersey, USA, 2006.
- B. Eckel. *Thinking in Python.* Mindview, La Mesa, CA, USA, 2001.
- T. Oliphant. Guide to NumPy, e-book, 2006. The official guide to NumPy by its creator.

연습 문제

A.1 6×4의 모든 요소가 2값을 갖는 배열 a를 만드시오.

A.2 6×4의 대각요소에 3값을 나머지는 1값을 갖는 배열 b를 만드시오.

A.3 두 개의 행렬을 곱할 수 있나? 왜 a * b는 동작하는데 dot(a, b)는 동작하지 않는가?

A.4 dot(a.transpose(),b)와 dot(a,b.transpose())를 계산하자. 왜 두 개의 결과가 다른가?

A.5 화면에 출력할 수 있는 함수를 만들고, 사용하고 있는 프로그래밍 환경에서 이를 실행하라.

A.6 난수를 생성하고 이들의 합과 평균 값을 출력하라.

A.7 반복문을 갖는 함수를 만들어서 배열을 돌아가며 1의 개수를 세어 보자. 같은 작업을 where() 함수를 사용해서 실행해 보자(info(where)를 통해 더 많은 정보 확인).

찾아보기